73.658

LES GRANDS ÉVÉNEMENTS DE
L'HISTOIRE DES ENFANTS

LAROUSSE - 17, RUE DU MONTPARNASSE - 75298 PARIS CEDEX 06

LA MÉMOIRE DE L'HUMANITÉ

LES GRANDS ÉVÉNEMENTS DE L'HISTOIRE DES ENFANTS

sous la direction de

Nadeije Laneyrie-Dagen
maître de conférences à l'École normale supérieure

LAROUSSE

Édition
Michel Guillemot

Rédaction
Florence Maruéjol (préhistoire et Antiquité)
Étienne de La Vaissière (Moyen Âge)
Frédéric Besset et Marie-Ève Therenty (époque moderne)
Nanon Gardin, Florence Maruéjol
et Marie-Ève Therenty (époque contemporaine)

Lecture-correction
Service de lecture-correction Larousse

Mise en page
dddp

Iconographie
Nanon Gardin

Fabrication
Janine Mille

Couverture
Véronique Laporte

© Larousse, 1995

Toute reproduction, par quelque procédé que ce soit, de la nomenclature contenue dans le présent ouvrage et qui est la propriété de l'Éditeur, est strictement interdite.

Librairie Larousse (Canada) limitée, licencié quant aux droits d'auteur et usager inscrit des marques pour le Canada

ISBN 2-03-505307-2

AU LECTEUR

Comme les autres ouvrages de la collection « la Mémoire de l'Humanité », les Grands Événements de l'histoire des enfants sont présentés de façon chronologique, un fait succédant à un autre en fonction de la date à laquelle il se situe.

Au récit de chaque événement est consacrée une double page. La date est repérable immédiatement, inscrite dans une vignette placée dans le haut de la page de gauche, de couleur verte pour les événements situés avant notre ère, de couleur rouge pour les dates de notre ère.

L'essentiel du texte s'attache à raconter les circonstances de l'événement, à mettre en scène les protagonistes. Ce récit s'enrichit d'informations supplémentaires, qui prennent place dans les encadrés. Lorsque le contexte historique explique en partie les éléments d'une situation, le temps, le lieu sont ainsi présentés en marge du texte principal, dans un encadré inscrit entre deux filets, verts pour les dates situées avant notre ère, rouges pour celles appartenant à notre ère. Si un témoin de l'événement, un contemporain du personnage évoqué ou un historien important parle de celui-ci, un extrait de son témoignage est fourni dans un autre encadré inscrit entre deux filets, verts si l'événement ou la biographie sont antérieurs à notre ère, rouges dans l'autre cas. Il en va de même s'il faut donner des précisions de caractère technique concernant un aspect particulier du sujet traité. Un dernier encadré apparaît alternativement : il rétablit le récit dans une perspective de long terme, met celui-ci en rapport avec des faits apparentés ou des personnages dont la vie a quelque rapport avec ceux présentés dans le texte principal.

L'iconographie tient une place considérable dans ce livre. Les documents contemporains, à chaque fois que cela est possible, l'interprétation allégorique ou cinématographique d'un thème ou d'un personnage, reflet des fantasmes engendrés par ceux-ci, apportent sur chaque sujet la vision des témoins de l'époque et celle des générations suivantes.

Enfin, un index des noms de personnes, à la fin de l'ouvrage, permet de retrouver aisément les enfants, ou les adultes, qui ont joué un rôle dans l'histoire des enfants.

PRÉFACE

Écrire un livre d'histoire sur l'enfance n'est pas chose aisée. Car l'enfance, en un sens, n'existe pas. Âge du devenir, elle est par définition éphémère et changeante. Entre le nourrisson, le petit enfant qui commence à marcher et à parler et l'adolescent, la distance est grande et le terme commun d'enfance peu adéquat pour ces réalités bien différentes. Pourtant, ce sujet insaisissable et précaire, l'enfant, est au centre de toutes les nostalgies, de tous les rêves et de toutes les espérances. Notre société du XXe siècle, plus qu'aucune autre, a fait de lui l'être dont on attend plaisir et amour, et sur qui reposent tous les espoirs et toutes les craintes. En a-t-il toujours été ainsi ou, comme le montrait l'historien Philippe Ariès dans un livre célèbre, *l'Enfant et la vie familiale sous l'Ancien Régime,* le sentiment moderne de l'enfance est-il une pure invention des XVIIe et XVIIIe siècles ? Autrement dit, les manifestations de l'amour de l'enfance, à notre époque, sont-elles propres à nos contemporains ? Ou bien, sous des visages divers, dans des conditions historiques et matérielles distinctes, doit-on considérer que l'enfance, en tout temps et tous lieux, a été l'objet des espoirs et attentes de l'humanité ? Telles sont les questions auxquelles *les Grands Événements de l'histoire des enfants* se proposent de répondre.

Dans l'Antiquité, comme au Moyen Âge, l'enfance est brève, l'accès aux responsabilités économiques et sociales, la rupture avec les siens, beaucoup plus précoces : les jeunes filles sont mariées tôt (dès leur puberté accomplie, à Rome) ; les jeunes garçons mis au travail, dans l'atelier ou à la ferme, dès 8 ans ; les nobles et les rois accèdent au pouvoir quand ils abordent leur quatorzième année. Exigences de ces époques, ces réalités ne révèlent pas une cruauté particulière : la vie des enfants au travail n'est pas forcément noire. En racontant l'existence des pâtres de Montaillou ou celle des apprentis du « grand atelier » italien, au XIIIe ou au XIVe siècle, *les Grands Événements de l'histoire des enfants* montrent des jeunes garçons et des jeunes filles astreints à une tâche et à une discipline, certes, mais vivant ces obligations dans l'harmonie avec les grands, et dans une insouciance plus grande, sans doute, que celle des petits écoliers d'aujourd'hui. En revanche, les conditions de vie sont difficiles : souvent éloigné des siens pendant ses premières années, soumis à une hygiène et à des soins précaires, à une nourriture mal adaptée, menacé par de multiples maladies, l'enfant semble bien fragile pour qu'on ose s'y attacher réellement. S'il survit — lot des plus forts et des plus aptes à la vie —, il rentre rapidement dans la famille pour y mener une existence de petit adulte. Néanmoins, l'amour des enfants semble être un sentiment ancien. Le pharaon Akhenaton et son épouse Néfertiti enlaçant leurs enfants sur des bas-reliefs pleins d'émotion, l'écrivain romain Quintilien, désespéré, interrompant son ouvrage pour pleurer la mort de son fils, les mères du Moyen Âge prêtes à tout pour sauver leurs enfants menacés illustrent la force et la persistance de ce sentiment à travers les âges. Car l'enfant est aussi le lien entre le passé et le présent, le rameau frêle et incertain de l'arbre généalogique.

Avec l'époque moderne, les choses vont changer. Si les conditions de vie ne sont pas encore tellement meilleures, la singularité de l'enfance commence à être perçue plus fortement. En s'appuyant sur des règlements de police, des manuels de pédiatrie, des remarques de responsables d'institutions enfantines, *les Grands Événements de l'histoire des enfants* montrent comment ces changements vont lentement s'insinuer dans les esprits. Au moment où les enfants commencent à être regroupés entre eux, dans les écoles, les pensions ou les lycées, apparaît l'idée d'une singularité de cet âge. Les philosophes entreprennent alors de réfléchir sur les moyens de développer l'esprit et l'affectivité de ces êtres « à part », et les pédagogues inventent des méthodes, un matériel, pour leur transmettre le savoir d'une façon appropriée à chaque étape mentale. À la fin du XVIIIe siècle se produit la révolution des mentalités qui conduit à faire du premier âge de la vie un moment idéal, qu'il convient de protéger et de choyer. L'enfant est célébré comme un héros (Bara ou Gavroche), fêté comme un génie (Pascal ou Mozart), pleuré comme une victime (Cosette), adulé comme une figure de candeur et de rêve (Alice). Et, si la réalité, hélas, n'est pas toujours à la hauteur de ces changements (les petits mousses continuent d'être maltraités par les matelots, les petits employés des mines ou des usines de l'Angleterre de la révolution industrielle sont odieusement exploités), ce ne sont maintenant que de dramatiques exceptions. Aussi, quand le psychanalyste Sigmund Freud, à l'orée du XXe siècle, prenant le contre-pied de la vision angélique de l'enfant, ose démontrer qu'il est aussi un être sexuel, sujet aux mêmes troubles et aux mêmes désirs que ceux de l'adulte, il déclenche un véritable scandale.

Si notre époque ne croit plus à l'innocence des enfants, elle continue en revanche à faire de ceux-ci des êtres différents au sein de la société. La dernière partie des *Grands Événements de l'histoire des enfants* le montre clairement. Invités à étudier par classes d'âge, à se distraire ensemble, soignés par des médecins spécialisés, les enfants du XXe siècle ont leurs propres livres, leurs jouets, leurs vêtements, leurs émissions de télévision et des espaces, parcs ou restaurants, qui leur sont réservés. Ils ont même, dans certains cas, leurs propres institutions, conseils municipaux ou parlements expérimentaux. Depuis 1989, ils disposent même d'un appareil légal international visant à les protéger, la Convention sur les droits de l'enfance. Les enfants des abords de l'an 2000 sont-ils, pour autant, les plus heureux de tous les temps ? Mieux soignés, mieux éduqués, plus choyés, ils ne le sont que dans une partie du monde, les pays développés : l'histoire lamentable des enfants esclaves en Inde, les témoignages sur la prostitution enfantine en Asie, la chronique des bandes de petits délinquants abandonnés à eux-mêmes à Manille, l'utilisation de jeunes adolescents comme soldats dans le Moyen-Orient, toutes ces réalités contemporaines, que ce livre ne saurait passer sous silence, viennent rappeler que sur des continents ou dans des pays entiers, des millions de jeunes êtres continuent à être exploités et à souffrir de la misère ou de la guerre.

En entreprenant ce livre, nous aurions souhaité, sur un sujet si cher, écrire des pages exclusivement joyeuses, au moins pour notre temps. Mais ce serait mentir que de brosser un tableau aussi naïvement serein. Si ce livre parvient à dresser le récit authentique des bonheurs et des malheurs du jeune âge, des progrès, incontestables, de la condition de l'enfance aujourd'hui, mais aussi des risques qui pèsent sur elle, alors, il aura accompli son but.

Nadeije Laneyrie-Dagen

SOMMAIRE

Préface 8

CHRONOLOGIE DES ÉVÉNEMENTS

avant notre ère

2000000	L'enfant de Taung	12
2300	Les jeux et jouets en Égypte	14
1749	Les écoliers mésopotamiens	16
1500	Les nouveau-nés en Égypte.............	18
1351	Les fillettes d'Akhenaton	20
1347	Toutankhamon.......................	22
VIᵉ siècle	La circoncision chez les Hébreux	24
409	L'enfant et la divination	26
394	La pédérastie à Athènes	28
385	Les petites courtisanes de Corinthe.....	30
310	Les bûchers de Carthage	32
IVᵉ siècle	Les enfants de Sparte..................	34
200	L'école grecque.......................	36
17	L'enfant et la religion à Rome..........	38
6	L'Enfant Jésus	40

de notre ère

95	La mort de l'enfant à Rome............	42
IIᵉ siècle	Le mariage des fillettes	44
111-112	L'exposition à Rome...................	46
218	Élagabal.............................	48
354	Saint Augustin.......................	50
418	Le baptême des enfants	52
476	Romulus Augustule	54
VIᵉ siècle	L'adoption en terre celtique............	56
654	Le Wergeld..........................	58
789	L'école de Charlemagne	60
845	Les oblats............................	62
950	Une mode pour 1 000 ans.............	64
1035	Le bâtard conquérant..................	66
1098	Hildegarde de Bingen	68
XIIᵉ-XIIIᵉ siècle	Tristan	70
1138	La protection de l'enfance	72
1155	L'orphelin de la steppe	74
1174	Le roi lépreux	76
1198	L'ordre du Saint-Esprit................	78
1212	Les croisades des enfants	80
1214	L'éducation du fils du calife	82
1223	La crèche de Greccio	84
1240	Saint Guinefort.......................	86
1240	« La puériculture médiévale »	88
1250-1260	Les mamelouks d'Égypte	90
1280	Les apprentis du « grand atelier »	92
1318	Les petits pâtres de Montaillou.........	94
1350-1500	« Refaire le mort »	96
XVᵉ siècle	Les têtes façonnées des Incas	98
1440	Les « Public Schools » anglaises	100
1440	Le mythe de l'ogre	102
1444	François Villon entre à l'Université	104
1483	Les enfants d'Édouard	106
1485	Guerrieri de Tribaldo..................	108
1491	Anne de Bretagne	110
1491	L'âge violent.........................	112
1500	Les « sanctuaires à répit »	114
1548	La pédagogie réinventée	116
1559	Jouer à la Renaissance.................	118
1582	L'entrée dans le monde des hommes ..	120
1601-1627	Une enfance royale	122
1633	L'hôpital des enfants trouvés	124
1638	Blaise Pascal	126
1638-1651	L'enfance de Louis XIV................	128
1639	L'autorité parentale...................	130
1643	La figure du page	132
1650-1750	La réhabilitation de l'enfance...........	134
1673	Le bâtard royal.......................	136
1697	Les « Contes de ma mère l'Oye »......	138
XVIIIᵉ siècle	L'apogée des nourrices	140
1707	Les « petites mains » de la marine	142
1750	Le temps des rafles d'enfants..........	144
1750-1864	Les livres pour enfants	146
1762	Rousseau publie l'« Émile »	148

1762	Mozart ou le génie	150
1764	L'enfant soldat	152
1768-1881	Instruire ou amuser ?	154
1784	Une enfance paysanne	156
1792	L'âge adulte : 21 ans	158
1792	L'école de la Révolution	160
1793	L'assistance publique	162
1793	Joseph Bara	164
1795	Mort d'un symbole	166
1800	Victor	168
1802	La protection du travail enfantin	170
1808	Le premier baccalauréat	172
1823	Le Père Noël, cet Américain	174
1836	Le jardin d'enfants	176
1836-1865	La Petite-Roquette	178
1840	L'enfance idiote	180
1844-1862	La crèche	182
1847	Les « Niños Héroes »	184
1858	Hakadah	186
1871	Arthur Rimbaud	188
1876	Les premières colonies de vacances	190
1877	La France vue par deux enfants	192
1882	Le « certif »	194
1887	Helen Keller	196
1896	La naissance de la bande dessinée	198
1903	Le Teddy Bear	200
1904	Le tsarévitch Alexis	202
1905	La « sexualité infantile »	204
1907	Le scoutisme	206
1908	Puyi	208
1908	L'enfance violée	210
1912	Bébé Cadum	212
1914-1918	Jean-Corentin Carré	214
1920	La colonie Gorki	216
1920	L'invention des surdoués	218
1921-1922	L'apparition du B.C.G.	220
1921	« Libres enfants de Summerhill »	222
1932	Le rapt du petit Lindbergh	224
1934	Mary Poppins	226
1935-1944	Le « Lebensborn »	228
1936	Les jeunesses hitlériennes	230
1936	La découverte de la mer	232
1937	Blanche-Neige	234
1940	Le dalaï-lama	236
1942	Le journal d'Anne Frank	238
1944	La maison d'Izieu	240
1945	Le juge pour enfants	242
1946-1964	Le baby-boom	244
1947-1967	Les orphelins du Commonwealth	246
1951-1955	Naissance du rock'n'roll	248
1952	L'enfance autiste	250
1955	Minou Drouet	252
1959	Le triomphe de la couche-culotte	254
1959	La mutilation des fillettes	256
1959	Barbie	258
1960	Une mode pour les teen-agers	260
1964	Les Jackson Five	262
1966	L'affaire Novack	264
1969	« Sesam Street »	266
1972	Jeudi est mort, vive mercredi !	268
1972	Les enfants naturels	270
1974	Le lobby McDonald's	272
1974	Les enfants de Manille	274
1976	Nadia Comaneci	276
1978	Louise Brown	278
1979	Le conseil municipal des enfants	280
1980	Les enfants du divorce	282
1980	Quand les enfants font la guerre	284
1982	L'enfant martyr	286
1985	La drogue	288
1986	Le suicide des adolescents	290
1986	Les petits esclaves du tiers-monde	292
1987	La « guerre des pierres »	294
1989	Les droits de l'enfant	296
1989	Batman	298
1990	Vaulx-en-Velin	300
1991	La crise d'adolescence	302
1991	La prostitution enfantine	304
1992	Génération sida ?	306
1993	Jordy	308
1993	La maternelle de Neuilly	310
1993	Vidéomania	312
1994	Liverpool	314
2000	Soigner in utero	316
	Index	318

2 000 000

Le squelette d'un enfant de 6 ans
L'ENFANT DE TAUNG

En 1924 est mis au jour dans le sud de l'Afrique, à Taung, le crâne d'un individu de sexe indéterminé mort à l'âge de 6 ans. Ces vénérables restes, vieux de quelque 2 millions d'années, appartiennent à une espèce inconnue jusque-là, qui fait le lien entre les grands singes et l'homme, les australopithèques.

L'annonce de cette découverte provoque de vives réactions dans le monde scientifique. Le crâne de l'enfant de Taung démontre en effet qu'il faut désormais situer en Afrique l'unique berceau de l'humanité. C'est un fait que les savants du début du XXe siècle admettent très difficilement, puisqu'ils recherchent alors l'origine du singe et de l'homme sur le continent asiatique.

Un curieux presse-papiers

Au cours d'une visite qu'il rend en novembre 1924 au directeur de la société exploitant les carrières de Taung, aujourd'hui en Afrique du

---

Un autre jeune : Lucy

Avant que n'apparaisse l'espèce à laquelle appartient l'enfant de Taung — *Australopithecus africanus* —, une autre race d'hominidé a existé, autour de la dépression d'Afar, en Afrique, qui lui a donné son nom : ***Australopithecus afarensis.***

C'est là encore **un individu jeune** qui a fourni aux savants les plus anciens vestiges de cette espèce — la première qui puisse vraiment être comptée parmi les ancêtres de l'homme —, ce qui s'explique par la faible longévité des êtres vivants à cette époque.

Lucy, une jeune femme d'une vingtaine d'années ou un peu moins, vivait en Éthiopie il y a près de 3 millions d'années. Elle mesurait 1,05 m — la taille actuelle d'une fillette de 6 ou 7 ans. Elle marchait debout, le dos voûté, la tête légèrement penchée en avant, ses bras, encore longs, pendant le long du corps. Son régime alimentaire se composait de fruits et de légumes, complétés par des insectes.

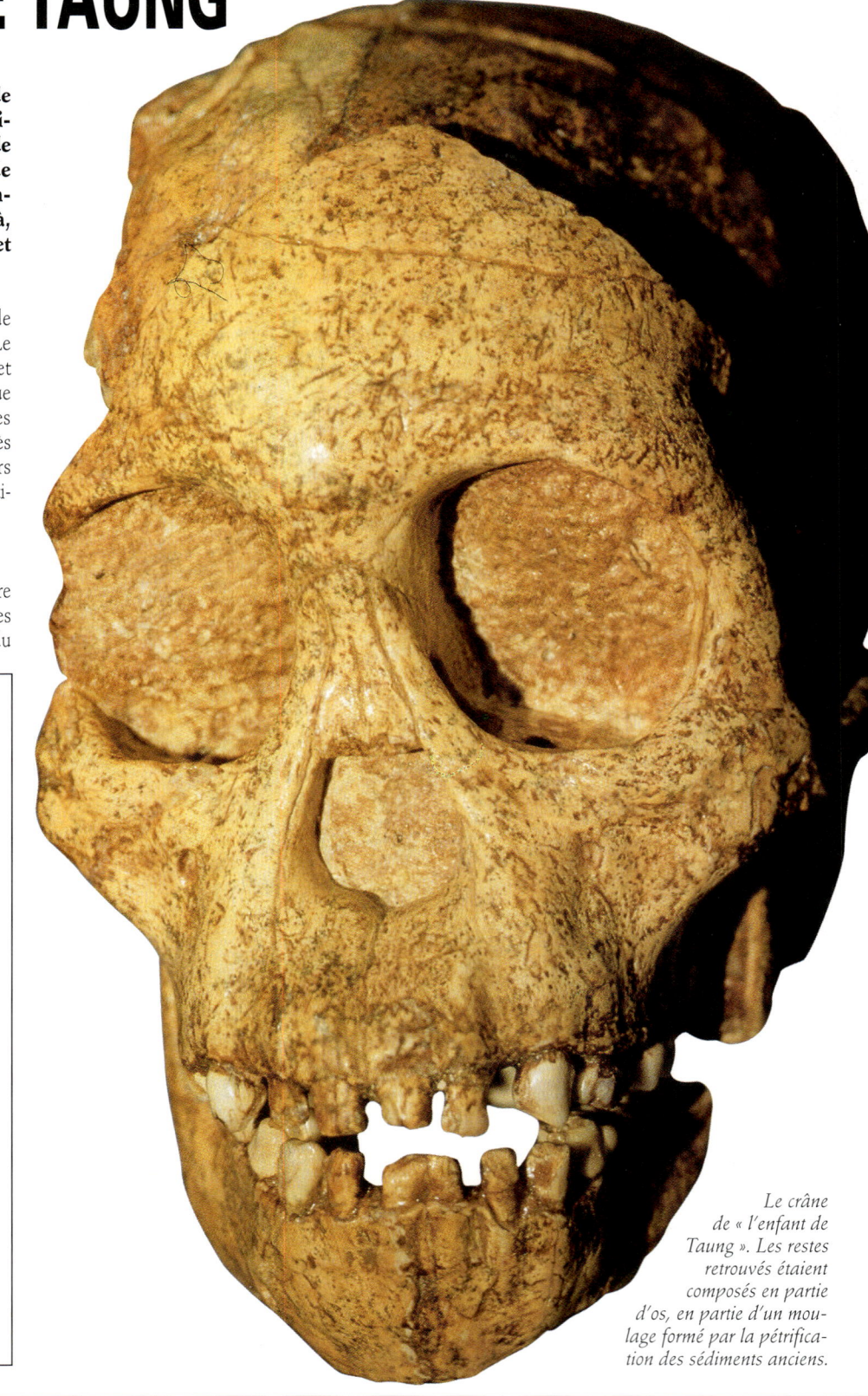

Le crâne de « l'enfant de Taung ». Les restes retrouvés étaient composés en partie d'os, en partie d'un moulage formé par la pétrification des sédiments anciens.

La piste d'empreintes de Laetoli.

La plus ancienne sépulture du monde : une tombe d'enfant

Un vestige vieux de 90 000 ans. Sur le site de Qafzeh, en Israël, ont été trouvées les traces les plus anciennes (100 000 ans) de *Homo sapiens sapiens,* c'est-à-dire de l'homme moderne. C'est là aussi qu'a été mise au jour la plus ancienne sépulture connue. La tombe, destinée à un enfant de 12 ans, remonte à 90 000 ans environ.

Le rite de l'enterrement. Dans la sépulture, creusée à l'entrée d'une grotte, le corps du garçon reposait sur le dos, les jambes semi-fléchies. Dans ses mains, ramenées près du cou, avait été placé un bois de daim. Outre la ramure de cervidé, le tombeau contenait un œuf d'autruche, également déposé en guise d'offrande.

Sud, dans l'État du Bophuthatswana, un géologue repère le crâne de l'enfant. Il est posé sur le bureau de son hôte, où il sert de presse-papiers. Étonné par ce fossile, trouvé dans les gisements de calcaire locaux, il se met d'accord avec le directeur pour emporter la pièce, afin de la montrer à un anatomiste de l'université de Johannesburg, Raymond Dart. Ce dernier se met tout aussitôt au travail, ôte délicatement la pierre dure qui entoure le crâne, composé de l'os frontal, de la face, de la mandibule et du moulage de la cavité crânienne, remarquablement bien conservé. Après étude, le savant acquiert la certitude que ce crâne d'enfant ne se rattache ni à l'espèce des grands singes (chimpanzés, gorilles, orangs-outans), ni à celle de l'homme *(Homo),* mais qu'il révèle l'existence d'une nouvelle espèce. Il nomme l'enfant de Taung *Australopithecus africanus,* ce qui signifie « singe du Sud africain », par référence à son lieu d'origine.

L'enfant de Taung, un bipède

Comme tous les australopithèques, l'enfant de Taung se distingue des grands singes par son mode de locomotion. Il est bipède en permanence, alors que les singes ne le sont que de manière très occasionnelle. Sans doute ne marche-t-il pas encore complètement redressé, comme le fait l'homme actuel. Nous ne possédons pas le reste du squelette du petit garçon, mais, à examiner les ossements des autres australopithèques, on peut l'imaginer avec des bras courts — comme les enfants d'aujourd'hui — mais très puissants : l'enfant devait non seulement courir, mais aussi grimper aux arbres, qui lui servaient, à lui et à sa famille, à la fois de refuge et de garde-manger. Il était sans doute beaucoup plus petit qu'un garçonnet de 6 ans de notre époque. Adulte, il n'aurait guère atteint que 1,25 m environ et aurait pesé entre 25 et 30 kg. Le cerveau de l'enfant devait être également beaucoup plus petit que celui d'un garçon actuel. En effet, la capacité du crâne retrouvé est environ quatre fois moindre que celle du crâne d'un individu de même âge de l'espèce *Homo sapiens,* différence qui se retrouve chez les individus adultes. Cette faible capacité est due aux proportions réduites de la cavité crânienne et à un front encore très étroit. Les dents de l'enfant de Taung nous renseignent sur son régime alimentaire, qui est celui d'un omnivore. Il devait manger principalement des végétaux (des racines, des fruits sauvages) mais aussi de la viande, prélevée sur des animaux tués par les félins — et dérobés à ces derniers par les adultes — ou sur des charognes disputées aux prédateurs. L'étude de la morphologie endocrânienne sur les restes d'autres individus de l'espèce *Australopithecus* permet d'affirmer que l'enfant ne disposait pas d'un langage articulé.

Un enfant de 3 600 000 ans

Cinquante ans après la découverte de l'enfant de Taung, en 1976, l'archéologue britannique Mary Leakey a mis au jour, à Laetoli, en Tanzanie, les traces d'un autre enfant. Ce jeune individu n'est connu que par les empreintes de ses pas qui forment une piste de 70 m dans des boues durcies et recouvertes de cendres volcaniques. Ces empreintes sont accompagnées par celles de deux adultes. Datées de 3 600 000 ans, elles font de cet enfant le plus vieux du monde. Il fait partie de l'espèce la plus ancienne d'australopithèques, *Australopithecus afarensis,* antérieure à celle à laquelle appartient l'enfant de Taung et qui s'est développée entre 5 500 000 ans et 2 800 000 ans. Appartient-il déjà à l'espèce humaine ? C'est en tout cas le plus ancien hominidé connu.

Du singe à l'homme… illustration de l'ouvrage du Dr. Ringade, la Création naturelle et des êtres vivants, *à la fin du XIXᵉ siècle.*

2300

Jeux de plein air dans la tombe de Mérérouka
LES JEUX ET JOUETS EN ÉGYPTE

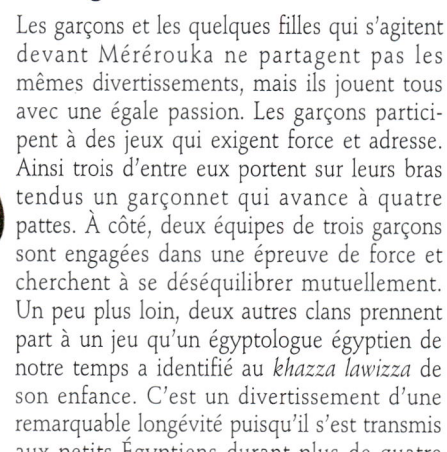

Depuis toujours le chaud climat égyptien a incité les enfants à fuir l'atmosphère souvent étouffante des maisons et à s'amuser au grand air. Un noble qui a vécu vers 2300 avant notre ère, Mérérouka, se plaît à évoquer leurs jeux sur les parois de sa tombe. Ces représentations comptent parmi les plus anciennes et les plus complètes que l'on connaisse.

Sur l'une des parois de sa tombe, située dans la nécropole de Saqqarah, près du Caire actuel, Mérérouka assiste aux ébats de divers groupes d'enfants. La nudité des garçons et la tresse qui pend sur un côté de leur visage sont caractéristiques de leur jeune âge et les distinguent clairement des adultes. Rien n'indique l'origine des joueurs ; aussi ignore-t-on si les jeunes nobles se mêlent aux enfants de simples fonctionnaires ou de paysans.

De la guerre à la danse

Les garçons et les quelques filles qui s'agitent devant Mérérouka ne partagent pas les mêmes divertissements, mais ils jouent tous avec une égale passion. Les garçons participent à des jeux qui exigent force et adresse. Ainsi trois d'entre eux portent sur leurs bras tendus un garçonnet qui avance à quatre pattes. À côté, deux équipes de trois garçons sont engagées dans une épreuve de force et cherchent à se déséquilibrer mutuellement. Un peu plus loin, deux autres clans prennent part à un jeu qu'un égyptologue égyptien de notre temps a identifié au *khazza lawizza* de son enfance. C'est un divertissement d'une remarquable longévité puisqu'il s'est transmis aux petits Égyptiens durant plus de quatre

millénaires ! Deux garçons, assis côte à côte, jambes allongées, bras tendus, forment un obstacle que doivent sauter leurs adversaires ; après chaque passage, ils élèvent une main ou un pied. Les rôles s'inversent lorsque l'un des concurrents touche le camarade qui est à terre. Les amis s'encouragent en poussant de joyeuses exclamations : « Tiens bon, camarade, me voici ! » Un autre groupe se sent plus attiré par le jeu de la treille. Deux garçons, debout et dos à dos, pivotent à vive allure en entraînant deux de leurs amis. D'autres enfants ont choisi des jeux inspirés du monde des adultes. Un jeu plus brutal a pour protagoniste principal un prisonnier, incarné par l'un des joueurs, qui reçoit une volée de coups, sans doute peu appuyés, de la part de ses compagnons. Les filles, vêtues de robes longues ou de jupes, préfèrent des distractions moins violentes. Elles exhibent leur agilité et leur grâce dans des danses qu'elles interprètent avec des miroirs, empruntés aux adultes.

Des jeux variés

Débordants de vitalité et d'imagination, les jeunes Égyptiens ne manquent pas de jeux. Aux divertissements collectifs figurés sur la tombe de Mérérouka s'en ajoutent bien d'autres. Le tir de bâtons sur une cible tracée sur le sol, par exemple, est particulièrement apprécié des enfants qui veulent prouver leur adresse. Le jeu de l'anneau demande plutôt de la force et de la rapidité : deux joueurs plaquent un anneau au sol à l'aide d'un bâton et s'empêchent mutuellement de le lever. Le jeu des maillets voit les garçons soulever ces

---

Jouets et jeux dans la Grèce et la Rome antiques

À la naissance, les enfants grecs et romains reçoivent des jouets qui célèbrent cet événement. Par la suite, il est d'usage de leur offrir des présents à chaque anniversaire et à l'occasion du Nouvel An.

Des jouets qui protègent les bébés. Les crécelles, hochets et sonnailles, jouets sonores donnés aux tout-petits, sont des objets investis d'un rôle magique. Leur bruit est censé écarter les esprits malfaisants qui menacent le petit propriétaire.

L'embarras du choix. Après le premier âge, les enfants découvrent toute une gamme de jouets. Yo-Yo, toupie, cerceau orné de clochettes, attelages, jouets en forme d'animaux, quand il ne s'agit pas des animaux eux-mêmes, et poupées. Dînettes et meubles en réduction transfèrent dans le monde des enfants l'univers des adultes et en facilitent l'imitation. La balançoire, qui a fait la joie des jeunes Grecs, comme l'attestent textes et représentations, a certainement été appréciée ensuite par les petits Romains.

Jeux collectifs et jeux de hasard. Comme jeux collectifs, les enfants grecs et romains connaissent les jeux de balle, le saute-mouton, la mouche cuivrée (ancêtre de colin-maillard). Ils jouent à cache-cache et à chat et aiment les devinettes. Dés, osselets, pile ou face, pair et impair (dans la main fermée, il faut deviner s'il y a un nombre pair ou impair de piécettes ou d'objets) sont les jeux de hasard qu'affectionnent les enfants. Les noix, qui font office de billes, mais qui peuvent servir aussi pour jouer à pair et impair, sont inséparables de l'enfance des garçons.

lourds objets et s'efforcer de les maintenir à bout de bras le plus longtemps possible. Le jeu des pots consiste, quant à lui, à deviner sous quel pot est caché un objet déterminé. Il existe également un jeu dans lequel un adversaire assis au sol, la tête dans ses mains, doit deviner qui le frappe dans le dos ou attraper le joueur qui le touche. Outre la danse, les filles se livrent à toutes sortes d'acrobaties. Elles sautent, font le pont et la bascule. Elles jonglent avec une balle, en cuir, en paille, ou se l'envoient. Parfois, pour rendre le jeu plus excitant, les fillettes se lancent la balle perchées sur le dos d'une compagne.

Des jouets pour riches et pauvres

Les jouets, absents des représentations et des textes, sont connus grâce à l'archéologie. Les plus beaux exemplaires ont été réalisés par d'habiles artisans pour les enfants des riches. C'est pour ces heureux privilégiés qu'ont été fabriqués les premiers jouets, articulés et actionnés par un fil, connus au monde. Parmi eux figurent un lévrier en ivoire, en pleine course, qui ouvre et ferme la gueule, des pygmées en ivoire qui dansent et une femme broyant du grain. Les tout-petits secouent des hochets, des crécelles et des clochettes ou font tourner des toupies. Dès qu'ils commencent à marcher, ils traînent derrière eux des chariots ou des animaux — cheval, oiseaux ou singes — montés sur roulettes.

À un âge un peu plus avancé, les enfants se distraient avec des jeux de table tels que le jeu du serpent, sorte de jeu de l'oie, et le senet, qui consiste à faire avancer ses pions au rythme des lancers de dés ou de leur équivalent et à les sortir du damier avant l'adversaire. Il n'est guère difficile de faire le bonheur des fillettes. Une simple poupée, très stylisée, en bois, en chiffon ou en terre cuite suffit. Elles lui accordent une attention toute maternelle, calquée sur le comportement des adultes. Les enfants de pauvres possèdent peu de jouets. Ils se contentent de grossières figurines de terre crue et font surtout travailler leur imagination.

Le jeu du Mehen (IIIe siècle avant notre ère, Cambridge, Fitzwilliam Museum).

Jouets d'enfants : un porc-épic, un lion et une oie (vers 1150 avant notre ère, Paris, musée du Louvre).

Jeunes filles jouant au manège (bas-relief polychrome du tombeau de Mérérouka).

1749

Un texte d'apprentissage pour les futurs scribes
LES ÉCOLIERS MÉSOPOTAMIENS

« Écolier, où es-tu allé depuis ta plus tendre enfance ? — Je suis allé à l'école. — Qu'as-tu fait à l'école ? — J'ai récité ma tablette, je l'ai remplie d'écriture, je l'ai terminée ; puis on m'a indiqué ma récitation et, dans l'après-midi, on m'a indiqué mon exercice d'écriture. À la fin de la classe, je suis allé chez moi. »

Ce texte, aujourd'hui conservé au musée du Louvre, à Paris, est gravé sur une tablette d'argile qui provient de Mésopotamie et remonte à 1749 avant notre ère. Il fait partie d'une composition littéraire qu'un professeur a consacrée à la vie quotidienne des écoliers et qui a été copiée de multiples fois. Devenu un classique, celle-ci a servi d'exercice à de nombreuses générations d'apprentis scribes. Elle décrit une existence difficile qui ne laisse guère de place aux distractions.

De l'argile et des calames

Les apprentis scribes apprennent tout d'abord à réaliser eux-mêmes le support nécessaire à leurs exercices d'écriture. Ils pétrissent l'argile et lui donne la forme d'une tablette ronde et assez plate. La réalisation maladroite de certaines tablettes s'explique par le jeune âge et le manque d'expérience de leurs exécutants. On n'a retrouvé aucun calame, ces stylets dont les scribes se servaient pour écrire sur l'argile. Réalisés à partir de matériaux périssables, généralement en bois ou en roseau, ces instruments n'ont pas résisté au temps. On sait cependant, par des représentations et par la forme des caractères gravés dans l'argile, qu'ils se terminaient par une pointe triangulaire, en forme de clou : c'est d'ailleurs pour cette raison que l'écriture mésopotamienne est dite « cunéiforme », c'est-à-dire en forme de coin — ou de clou.

La scolarité des petits Mésopotamiens

Les enfants qui étudient, le plus souvent issus de la noblesse, préparent tous le métier de scribe, c'est-à-dire de fonctionnaire. Comme les filles n'exercent que très exceptionnellement cette charge (cela arrive cependant parfois), elles sont exclues du système d'enseignement. Les élèves vont à l'école en général vers l'âge de 5 ou 6 ans et la quittent à l'adolescence. Ils travaillent sous la direction d'un maître, appelé « père de l'école », et de son assistant, nommé « grand frère ». De longues années sont consacrées à l'apprentissage de la lecture et de l'écriture. Très complexe, cette dernière permet de noter les deux langues utilisées en Mésopotamie : le sumérien, devenu langue morte au XIXe siècle avant notre ère, et l'akkadien. L'écolier apprend tout d'abord les nombreuses syllabes de l'akkadien et les idéogrammes — signes qui donnent le sens d'un mot mais ne se prononcent pas — les plus simples du sumérien. Après quoi, il s'initie aux listes de mots et commence à écrire de petites phrases. Le maître inscrit sur la tablette de l'élève l'exercice que ce dernier doit mémoriser puis recopier ; il lui fait ensuite réciter le texte et corrige son devoir écrit. Le maniement délicat du stylet, qui grave dans l'argile fraîche, est un art difficile pour le débutant ; de l'inclinaison donnée à la pointe du calame dépend la forme du signe incisé. Une fois la maîtrise de l'écriture acquise, les élèves abordent d'autres domaines de la connaissance, comme la littérature et les mathématiques ; l'arithmétique est nécessaire pour les scribes qui tiendront

Ur-Nanshe, roi de Lagash, avec ses fils (détail d'un bas-relief, Paris, musée du Louvre).

Vestiges du palais de Mari (aujourd'hui en Syrie).

Tablette d'écolier mésopotamien (Paris, musée du Louvre).

des comptabilités ou seront amenés à faire beaucoup de calculs. Ils sont alors assez savants pour copier de grandes œuvres littéraires, mythes, épopées, prières. Selon les domaines professionnels auxquels ils sont destinés, les élèves devront étudier encore la théologie, le droit, les sciences, la géographie ou le dessin.

Une vie bien remplie

La journée des écoliers de Mari et d'autres cités de Mésopotamie est fort longue. Mais heureusement, les petits apprentis scribes disposent de six jours de congé par mois pour reprendre des forces. Les élèves sont à l'école du lever au coucher du soleil ; ayant emporté leur déjeuner, préparé à la maison, ils le consomment avec leurs petits camarades. Toute la journée, exercices d'écriture et récitations se succèdent. Il n'est pas question pour les garçons de chahuter ou de parler en classe : les maîtres n'hésitent pas à distribuer des coups de bâton à ceux qui se tiennent mal ou exécutent incorrectement leurs devoirs. Avant ou après l'école, les jeunes continuent à faire l'objet d'une étroite surveillance. Les parents leur interdisent notamment de traîner dans les rues. Témoin ce dialogue entre un père et son fils, trouvé comme modèle d'écriture sur une tablette de Mari : « Où es-tu allé ? — Je ne suis allé nulle part. — Si tu n'es allé nulle part, pourquoi muser comme un fainéant ? Va à l'école. » La famille redoute en effet les mauvaises influences qui pourraient détourner les enfants des études : de la réussite de celles-ci dépend l'accès effectif de ceux-là aux fonctions administratives qui garantissent richesse et rang social. Le texte de la tablette conservée au musée du Louvre s'achève sur les perspectives qui s'ouvrent aux élèves disciplinés et consciencieux : « Parce que tu n'as pas dédaigné ma parole (celle du maître)... puisses-tu atteindre le pinacle de l'art du scribe ; puisses-tu y accéder pleinement... De tes frères puisses-tu être le guide, de tes amis le chef ; puisses-tu atteindre au plus haut rang parmi les écoliers... Tu as bien rempli tes tâches scolaires, te voici devenu un homme de savoir. »

Le plus vieux manuel scolaire du monde

Alors que la Mésopotamie a créé la plus ancienne écriture du monde, c'est l'Égypte qui, pour la formation de ses scribes, a rédigé le plus vieux manuel scolaire, *Kémit*.

La « Somme ». Telle est la signification de *Kémit*, le nom donné au petit livre composé vers 2100 avant notre ère à l'intention des écoliers égyptiens. L'ouvrage comprend une série de formules épistolaires courantes et des conseils pour devenir un bon fonctionnaire. Il a connu, au Nouvel Empire (1552-1070), un énorme succès, comme en témoignent les quelque 400 copies sur des ostraca — tessons de poteries servant de brouillons — qui nous sont parvenues. *Kémit* est écrit en hiératique, l'écriture cursive qui a supplanté les hiéroglyphes pour tous les documents administratifs et officiels. Seuls les élèves qui se destinent à une carrière cléricale ou les artistes qui décorent les monuments religieux apprennent l'écriture hiéroglyphique.

Un guide pour les débutants. Avec son écriture archaïque, *Kémit* est le livre de base pour les élèves, qui entrent à l'école entre 5 et 10 ans et sont recrutés dans toutes les couches de la société. Le maître utilise le texte pour faire des exercices de lecture et d'écriture ainsi que des dictées. Les écoliers, après avoir trempé leurs fins pinceaux de bois ou de roseau dans des godets d'encre noire, s'appliquent à tracer les signes sur leurs ostraca ou sur des tablettes de bois stuqué que l'on peut effacer. Ils n'écrivent pas sur papyrus, car ce support, coûteux, est réservé aux documents importants.

1500

Des recettes pour faciliter la naissance
LES NOUVEAU-NÉS EN ÉGYPTE

Hiéroglyphe figurant une femme en train d'accoucher (Londres, British Museum)

Incantation pour guérir un enfant

Inscrite sur un papyrus datant d'environ 1450 avant notre ère et conservé à Berlin, cette formule magique enjoint, de manière émouvante, au démon de la mort de quitter le corps de l'enfant menacé :
« *Disparais [larve] qui vient dans les ténèbres, qui entre sournoisement, ton nez derrière toi, et le visage tourné en arrière, mais à qui échappera ce pourquoi tu es venu ! / Es-tu venu pour embrasser cet enfant ? / Je ne permettrai pas que tu l'embrasses.*
Es-tu venu pour le calmer ? / Je ne permettrai pas que tu le calmes. / Es-tu venu pour lui nuire ? / Je ne permettrai pas que tu lui nuises. / Es-tu venu pour le prendre ? / Je ne permettrai pas que tu me le prennes. »

« Papyrus de Berlin », verso 2, 2-2, 5, cité dans F. Lexa, la Magie dans l'Égypte antique de l'Ancien Empire jusqu'à l'époque copte, II, Paul Geuthner, Paris, 1925.

Les couples égyptiens ont pour souci naturel d'engendrer des enfants et de les maintenir en vie. Des traités médicaux, tel le « papyrus Ebers », rédigé vers 1500 avant notre ère, s'efforcent de les aider dans cette entreprise.

Le « papyrus Ebers » (du nom de l'égyptologue allemand qui a acquis le document au XIXe siècle) est une sorte de somme des connaissances médicales de l'époque. Il consacre plusieurs chapitres à la naissance et aux maladies des bébés, questions très importantes pour les Égyptiens. Les remèdes qu'il propose pour soigner les enfants accordent souvent une large place à la magie, seul recours possible lorsque la médecine ne peut rien — ce qui est le cas le plus fréquent. Divers ouvrages médicaux, composés entre 2000 et 1200 avant notre ère, complètent les informations du papyrus Ebers en ce qui concerne les nouveau-nés.

Avoir un enfant

Les Égyptiens établissent le lien entre sexualité et procréation. Même s'ils n'ont pas une idée très claire du processus de la reproduction, ils devinent le rôle de la semence masculine. Ils considèrent que celle-ci provient de la moelle des os et qu'elle provoque la formation du squelette de l'enfant dans le ventre de la femme ; la chair serait quant à elle due à la mère. La stérilité du couple est un phénomène qui inquiète beaucoup les Égyptiens. Elle est très généralement attribuée à l'épouse. Les papyrus contiennent de nombreuses recettes permettant d'établir si la femme peut concevoir ou non.
Ainsi, il est recommandé de « Verser des melons d'eau mêlés à du lait d'une femme ayant mis au monde un garçon dans le vagin de la femme. Si elle vomit, elle enfantera. Si elle a des vents, elle n'enfantera pas ». La stérilité, décelée par ces méthodes quelque peu particulières, est une fatalité. La médecine renonce à la traiter. Certains tests, plus élaborés mais guère plus fiables, offrent de déterminer le sexe de l'enfant en même temps que la capacité de procréation de la femme : « Que la femme arrose de son urine l'orge et le froment dans deux bourses comme on en a pour les dattes et les gâteaux, tous les jours. Si l'une des deux sortes germe, elle enfantera. Si c'est l'orge, ce sera un garçon, si c'est le froment, ce sera une fille. Si rien ne germe, elle n'enfantera pas. »

La naissance d'un nouvel être

Quand tout s'est heureusement passé et que la grossesse arrive à son terme, la future mère fait appeler les sages-femmes. Les médecins n'interviennent pas, sauf dans quelques cas extrêmes, qui dépassent de toute façon leurs compétences. La parturiente s'accroupit sur le sol ou sur deux tas de briques parallèles qui font office de siège d'accouchement. L'une des sages-femmes tient l'accouchée par-derrière, l'autre, assise par-devant, se prépare à recevoir l'enfant. Pour calmer la douleur et l'inquiétude de leur patiente, elles multiplient les paroles apaisantes et lui font boire de la bière. Le papyrus Ebers, dans sa partie consacrée à l'accouchement, donne une vingtaine de recettes pour le faciliter ou l'accélérer, mais il s'agit surtout de lotions et de massages. Lorsque l'enfant sort du ventre maternel, les sages-femmes coupent le cordon ombilical et lavent le petit corps. Le bébé doit souvent son nom aux paroles prononcées par la mère pendant la venue au monde : « Le garçon que je désirais », « La jolie fille nous a rejoints ». En cas de complications, la mère et l'enfant ont très peu de chances de survivre. L'espoir est également très mince pour l'être fragile né avant terme ; hormis des incantations, il n'y a rien à faire. Et même quand l'accouchement s'est bien déroulé, le nouveau-né n'est pas assuré de vivre très longtemps, les risques d'infection et de maladie étant très élevés.

Les débuts de la vie

C'est pourquoi le papyrus Ebers indique des recettes pour déterminer aussitôt après la naissance si le nourrisson vivra ou non : « Un autre moyen de prévoir si un enfant vivra le jour de sa venue au monde. S'il dit *nii*, cela signifie qu'il vivra. S'il dit *mebi*, cela veut dire qu'il mourra », ou encore : « Si l'on entend un gémissement, cela signifie qu'il mourra. S'il baisse son visage, c'est aussi signe qu'il mourra. » L'enfant qui franchit ces premiers écueils est allaité par sa mère pendant trois ans. Les femmes riches ou suffisamment aisées qui ne veulent ou ne peuvent alimenter leur progéniture ont recours à des nourrices.

Femmes portant leurs enfants sur le dos ou sur les épaules (bas-relief de la tombe du vice-roi Harembhab à Bîbân el-Mulûk, XIV⁰ siècle avant notre ère, Leyden, Musée égyptien).

Femme égyptienne avec son nourrisson (bouteille en terre cuite, Paris, musée du Louvre).

Les mères pauvres qui n'ont pas de lait font boire à leur bébé du lait de vache. Auparavant, elles auront sans doute essayé de stimuler la lactation à l'aide de remèdes identiques à ceux que propose le papyrus Ebers. Ce sont soit des potions à base d'ingrédients aussi curieux qu'une épine dorsale de silure cuite avec de l'huile, soit des incantations, certainement pas moins efficaces que le breuvage précédent. Le document donne également la composition de pommades pour soigner les seins. Toux et difficultés urinaires sont les seules maladies infantiles, avec celle nommée *baa* et non identifiée, évoquées par les papyrus. Contre la toux, le papyrus Ebers préconise de faire boire à l'enfant des dattes écrasées, mélangées avec du lait. Contre la rétention d'urine, il conseille de faire cuire un vieux grimoire dans de l'huile puis d'enduire le ventre du bébé avec cette lotion. Dans les cas désespérés, on fait absorber à l'enfant une souris cuite, désossée de préférence. Lorsque les os de l'animal sont conservés, on les enferme dans un tissu et on les suspend autour du cou du malade ; puis on attend... Ce type de remède, qui ne doit plus rien à la médecine mais appartient au domaine de la magie, n'a certes pas fait baisser le taux de mortalité infantile considérable de l'Égypte antique. Les amulettes protectrices, innombrables, n'y sont pas davantage parvenues. Au moins ont-elles permis aux mères d'espérer une éventuelle guérison de leur petit et de croire qu'elles pouvaient peut-être lui épargner des maladies fatales.

1351

Les funérailles de la princesse Maketaton
LES FILLETTES D'AKHENATON

Vers 1351 avant notre ère, une petite princesse, nommée Maketaton, s'éteint et entre dans le royaume des morts. C'est la deuxième fille d'un roi et d'une reine qui comptent parmi les plus célèbres d'Égypte : Aménophis IV/ Akhenaton (1364-1347) et Néfertiti.

Maketaton est née en l'an 2 du règne d'Aménophis IV, en 1362 avant notre ère. Elle a vu le jour à Thèbes, la capitale située dans le sud du pays, sans doute avant que son père n'entreprenne la grande réforme religieuse qui bouleverse l'Égypte. En effet, le souverain adopte comme divinité principale le disque solaire Aton, qui finira par remplacer Amon, le grand dieu national, puis par exclure complètement toutes les autres divinités. Avec son épouse Néfertiti, le roi est l'incarnation terrestre d'Aton. En l'an 6 de son règne, Aménophis IV (qui a pris le nom d'Akhenaton, « Celui qui est agréable à Aton ») transfère sa capitale à Tell al-Amarna en Moyenne-Égypte. Ces changements ont notamment pour conséquence de mettre en valeur, pour la première fois dans l'histoire pharaonique, les enfants royaux.

Le destin des sœurs de Maketaton

La mort de Maketaton est suivie, un an après, de celle de Néfertiti. La fille aînée, Méritaton, qui a 14 ou 15 ans, épouse alors son père. Devenue reine, elle remplace Néfertiti dans son rôle d'incarnation terrestre d'Aton et sert d'intermédiaire entre le dieu et les hommes. La troisième fille, Ankhesenpaaton, imite son exemple, mais n'occupe que le second rang. Chacune donne au roi une fille, qui porte le même nom qu'elle, suivi de l'épithète « la jeune ». Méritaton épouse ensuite l'héritier du trône, un parent d'Akhenaton nommé Semenkharê, mais elle meurt ; sa sœur se marie avec le prince veuf. Lorsque celui-ci s'éteint à son tour, elle épouse le jeune Toutankhaton — qui deviendra Toutankhamon — afin de conforter son trône. Elle a alors une quinzaine d'années. Le destin des trois cadettes est inconnu. L'une d'elles a peut-être suivi de près Maketaton dans la mort.

Tête d'une princesse de la famille d'Akhenaton, dite princesse amarnienne (calcaire peint, Paris, musée du Louvre).

Le couple pharaonique et ses enfants (relief d'autel, Berlin, Staatliche Museen).

Un drame familial

L'importance nouvelle accordée à la progéniture royale explique l'existence dans la tombe royale de Tell al-Amarna des représentations de funérailles de princesses, les seules connues pour l'Égypte antique. Devant le petit corps de Maketaton, allongé sur un lit, les parents, Néfertiti et Akhenaton, pleurent et se lamentent. À leurs plaintes se mêlent les sanglots des sœurs de la jeune morte, les gémissements et les cris des pleureuses et de toute la cour. Les artistes ont fort bien rendu la douleur provoquée par cette perte cruelle, survenue probablement en l'an 13 du règne d'Akhenaton. La fillette a reçu toutes les offrandes de nourriture et de boisson nécessaires à son séjour dans l'au-delà, ce monde qui n'est plus présidé par Osiris, le très ancien dieu des Morts, mais par Aton et son prophète Akhenaton. Maketaton avait été déposée dans un sarcophage de granite, dont les archéologues ont retrouvé de petits fragments ; mais, après l'abandon de la ville et le retour à la religion traditionnelle qui ont suivi le décès d'Akhenaton en l'an 17 du règne, la sépulture a été très sévèrement endommagée, le cercueil brisé. Parmi les personnes qui assistent à l'enterrement figure une nourrice portant un enfant de sang royal. Certains spécialistes en ont tiré la conclusion que Maketaton serait morte en donnant naissance à un enfant qu'elle aurait eu avec son père. Dans ce cas, il faut admettre qu'elle a été particulièrement précoce puisqu'elle est morte à l'âge de 11 ans environ… Une autre salle de la tombe royale conserve des sculptures de scènes de funérailles similaires, mais, le nom de la morte ayant été martelé, on ne sait pas de quelle fille de la famille royale il s'agit. Peut-être est-ce l'une des trois dernières princesses ?

Une vie de princesse

L'attachement d'Akhenaton et de Néfertiti à leurs six filles n'apparaît pas uniquement lors des funérailles de Maketaton. L'amour du couple pour les princesses explique la place de choix qu'elles occupent dans la vie officielle. Les fillettes participent généralement au culte que le roi et la reine rendent au dieu Aton ; pendant que les parents offrent des victuailles à celui-ci, elles agitent des instruments de musique, les sistres, censés égayer le dieu. Dans le domaine civil, elles aident le couple royal à distribuer aux courtisans méritants les bijoux en or de la récompense. On sait même que, en l'an 12, les six princesses assistent à une très grande cérémonie : la remise des tributs par les pays sous domination égyptienne. Dans l'intimité, la tendresse qui lie les membres de la famille royale est encore plus perceptible. Les petites princesses sont assises ou debout sur les genoux de leurs parents, attitude qui n'appartient qu'à la famille royale amarnienne ; très libres, elles jouent avec la couronne royale ou avec une boucle d'oreille que leur tend le père, chatouillent le menton de leur mère et discutent avec leurs parents. Le pharaon et son épouse, au contraire des autres souverains égyptiens, n'hésitent pas à se faire figurer alors qu'ils embrassent tendrement leurs filles. D'autres scènes montrent les princesses qui, assises sur de moelleux coussins, se chatouillent gentiment, s'enlacent. Les artistes vont jusqu'à représenter les enfants prenant leur repas. Nues ou vêtues de robes légères, les princesses sont représentées avec les mêmes caractéristiques physiques qu'Akhenaton, crâne étiré vers l'arrière, cuisses larges. Ce style, qui résulte de considérations théologiques et ne reflète pas l'apparence réelle d'Akhenaton, s'est étendu à l'entourage du roi, enfants compris, mais il n'est pas systématiquement appliqué, au moins dans la statuaire, comme en témoignent de très beaux portraits des princesses royales.

Scènes de lamentations lors des funérailles (bas-relief en calcaire, Paris, musée du Louvre).

Des enfants méconnus

Des centaines d'anonymes. L'histoire égyptienne a généralement laissé dans l'ombre les enfants royaux. Les informations que l'on possède sur les six filles d'Akhenaton font figure d'exception. Ainsi, les enfants de Ramsès II (1290-1224) — pourtant plus d'une centaine de filles et de garçons, nés des grandes épouses royales ou des concubines du harem — sont moins bien connus que la progéniture du pharaon hérétique.

Seuls, les fils aînés… Les documents du règne de Ramsès n'apportent pas de détails sur l'enfance de ces petits personnages. Les renseignements concernant l'éducation reçue par les princes et les princesses, leurs jeux et les relations qu'ils ont avec leur père sont rares ou inexistants. On sait en revanche que, dès l'adolescence, les fils aînés, enfants des grandes épouses royales et appelés un jour à de hautes charges, accompagnent leur père dans certaines campagnes militaires ou qu'ils assument des fonctions de prêtre. Les noms de beaucoup d'enfants sont conservés grâce aux représentations, dans les temples de Ramsès II, des processions religieuses auxquelles participent les fils et les filles du roi.

Les filles-épouses royales. Comme Akhenaton, Ramsès II a épousé deux de ses filles. L'une d'elles lui a aussi donné une fille.

1347

Un enfant de 8 ans devient pharaon
TOUTANKHAMON

En 1347 avant notre ère, un petit garçon de 8 ans, alors appelé Toutankhaton, monte sur le trône d'Égypte. Il hérite d'un royaume ébranlé par une réforme religieuse qui a balayé les anciens dieux et les a remplacés par un dieu unique, Aton. C'est sous le règne de cet enfant que s'effectuera le retour aux croyances traditionnelles.

Par un curieux caprice du destin, le pharaon devenu le plus célèbre de tous les rois d'Égypte depuis la découverte de sa tombe, en 1922, est l'un des plus mal connus sur le plan historique. Aujourd'hui encore, il est impossible de définir précisément ses origines.

De père et de mère inconnus

Le pharaon Aménophis IV/Akhenaton, qui a régné dix-sept ans et imposé à son pays le dieu Aton, ne semble pas être le père de Toutankhamon. En effet, Akhenaton a eu six filles avec son épouse Néfertiti, une fille d'une épouse secondaire, nommée Kiya, et deux filles de deux de ses propres enfants. Nulle part dans les représentations pourtant nombreuses de la famille royale, on ne voit apparaître Toutankhamon. Si celui-ci avait été le fils d'Akhenaton et son héritier en ligne directe, on imagine mal qu'il n'ait pas figuré aux côtés de son géniteur comme les petites princesses. En revanche, on connaît un frère de Toutankhamon. Il s'agit de l'homme, encore jeune, enterré dans une tombe de la Vallée des Rois, à Thèbes, aménagée juste après l'épisode amarnien. Cette parenté a été établie par des analyses scientifiques. La momie est fort probablement celle du roi Semenkharê, qui a succédé à Akhenaton et qui est mort après deux ans de règne. En tant que plus proches parents mâles d'Akhenaton, Semenkharê et Toutankhamon ont recueilli tour à tour la couronne royale. Ils étaient sans doute ses neveux ou ses cousins. Lorsqu'il accède à la royauté, Toutankhamon prend pour épouse la troisième fille d'Akhenaton et de Néfertiti. Au moment de son mariage, Ankhesenpaaton, qui va devenir Ankhesenamon, est âgée d'une quinzaine d'années. Les deux fœtus retrouvés dans la tombe de Toutankhamon sont peut-être des enfants mort-nés du couple.

Un règne de neuf ans

Le jeune roi gouverne avec l'aide de puissantes personnalités, Aye, régent et vizir, et Horemheb, général en chef des armées, qui devaient d'ailleurs lui succéder à la tête du pays. Les deux hommes préparent le retour aux anciens cultes et la restauration des revenus, parfois considérables, des sanctuaires. En l'an 2 du règne, Toutankhamon quitte Tell al-Amarna, l'éphémère capitale fondée par Akhenaton, et s'installe à Memphis, près du Caire actuel. Il en fait le centre administratif. En même temps, il change son nom de Toutankhaton « Image vivante d'Aton » en Toutankhamon « Image vivante d'Amon », le grand dieu de l'Égypte, adoré dans le temple de Karnak à Thèbes, la capitale religieuse. La démolition des monuments dédiés à Aton commence. Les sanctuaires sont démontés petit à petit, leurs blocs sont réutilisés dans les nouvelles constructions. Toutankhamon décore certaines parois des temples de Karnak et de Louqsor, voués à Amon, et élève de nombreuses statues du dieu et de lui-même. Sur le plan extérieur, deux expéditions militaires, l'une au Proche-Orient, l'autre en Nubie, ont peut-être lieu.

Des funérailles hâtives

En décembre 1339 ou janvier 1338, Toutankhamon, à peine âgé de 17 ou 18 ans, succombe à une blessure à la tête. Accident, meurtre, nul ne sait quelles sont les circonstances de sa mort. Aussitôt, les conseillers du jeune roi s'occupent de l'enterrement. Le corps est confié aux embaumeurs, qui ne soignent guère le travail, comme l'atteste la momie mal conservée du pharaon. Les dignitaires, qui président aux destinées du royaume, décident ensuite d'inhumer le défunt dans une petite tombe de la Vallée des Rois, formée de quatre salles. Ce n'est pas celle que se réservait Toutankhamon. Seule la salle du sarcophage a été décorée très rapidement de quelques peintures évoquant le cortège funèbre, le rite de l'ouverture de la bouche, qui donne vie à la momie, et l'accueil du roi dans l'au-delà par les divinités. En mars-avril 1338, tout est prêt pour les funérailles.

En trois mois, un fabuleux équipement a été rassemblé pour accompagner le roi dans sa dernière demeure. Quelque 3 000 ans plus tard, en 1922 exactement, les Anglais Howard Carter et lord Carnavon le retrouvent. Il est constitué d'une incroyable quantité de splendides objets, entassés dans les quatre salles de la sépulture : sarcophage et masque en or massif, somptueux bijoux en or et pierres semi-précieuses, chapelles en bois recouvert de feuilles d'or, chars, lits, sièges, dizaines de coffres contenant notamment des vêtements, des objets de toilette et de la vaisselle, jeux, instruments de musique, barques en bois pour naviguer dans le royaume des morts, statues du roi et des divinités... rien n'avait été épargné pour assurer la vie éternelle du jeune pharaon.

→ **Voir aussi** : p. 20-21 (Les fillettes d'Akhenaton).

La volonté d'oublier

Après l'accession au trône d'Horemheb (1333-1306), le pharaon qui clôt la XVIIIe dynastie (1552-1306), tous **les souverains qui sont liés à la période amarnienne** - Aménophis IV/Akhenaton, Semenkharê, Toutankhamon et Aye — sont omis des listes royales. Cela revient à faire comme s'ils n'avaient jamais existé.

L'Égypte veut **effacer complètement des mémoires l'épisode amarnien** et sa réforme religieuse. Mais elle n'atteindra pas son but. En effet, aujourd'hui, **Akhenaton et Toutankhamon comptent parmi les souverains égyptiens les plus illustres**, le premier grâce à sa ville Tell al-Amarna et aux nombreux blocs décorés provenant de ses temples, le second grâce à sa tombe.

La déesse Isis protégeant le roi (détail d'un des grands catafalques en bois doré, Trésor de Toutankhamon, Le Caire, Musée égyptien).

Toutankhamon et sa jeune épouse (détail de la décoration du trône de Toutankhamon, Le Caire, Musée égyptien).

Le roi-enfant (bois doré, Le Caire, Musée égyptien).

La royauté promise à des enfants

Il arrive que les dieux interviennent par le biais de l'oracle ou du songe pour annoncer à des enfants qu'ils porteront la couronne d'Égypte. Cela a été le cas de Thoutmosis III (1490-1436) et de Thoutmosis IV (1412-1402).

L'oracle d'Amon. Thoutmosis III raconte que tout jeune enfant, il accompagnait le roi son père qui officiait dans le temple de Karnak. C'est alors que la statue du dieu Amon, portée en procession à l'intérieur du monument, s'est arrêtée devant lui. Le dieu, qui avait cherché puis identifié le petit garçon au milieu de la foule des assistants, le désignait de cette façon comme le futur roi.

Un très beau songe. Le jeune prince Thoutmosis, le futur Thoutmosis IV, part se promener près des pyramides de Gizeh à midi. Très las, il se repose au pied du sphinx et s'endort. Hamarkhis, le dieu solaire représenté par cette statue, lui apparaît alors en songe et lui promet la royauté s'il jure qu'aussitôt monté sur le trône il le dégagera du sable. Le prince respecta cette condition puis fit dresser une stèle près du sphinx pour commémorer ces événements.

VIe siècle

La Bible exige l'opération des nouveau-nés

LA CIRCONCISION CHEZ LES HÉBREUX

Dans un passage de l'Ancien Testament, rédigé à la fin du VIe siècle avant notre ère, Dieu ordonne à Abraham, premier patriarche et grand ancêtre des Hébreux, de faire circoncire à l'âge de huit jours tous les nouveau-nés mâles de son peuple.

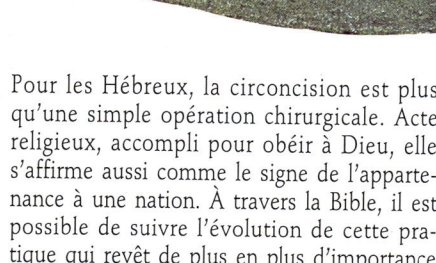

Couteau de circoncision avec la figure du dieu Anubis (bronze, Paris, musée du Louvre).

Pour les Hébreux, la circoncision est plus qu'une simple opération chirurgicale. Acte religieux, accompli pour obéir à Dieu, elle s'affirme aussi comme le signe de l'appartenance à une nation. À travers la Bible, il est possible de suivre l'évolution de cette pratique qui revêt de plus en plus d'importance avec le temps.

La circoncision, un ordre de Dieu

« Tous vos mâles seront circoncis : vous aurez la chair de votre prépuce circoncise, ce qui deviendra le signe de l'alliance entre moi et vous. Seront circoncis à l'âge de huit jours tous vos mâles de chaque génération ainsi que les esclaves nés dans la maison ou acquis à prix d'argent. » C'est en ces termes que Dieu s'adresse à Abraham. L'opération qu'il exige consiste à enlever le prépuce, autrement dit la peau mobile qui recouvre le gland de la verge. L'emploi d'un couteau de silex recommandé par le Seigneur dans un autre texte de la Bible : « Fais-toi des couteaux de silex et remets-toi à circoncire les fils d'Israël », démontre que l'intervention existait dans la région depuis fort longtemps. En effet, celle-ci remonte à une période où l'on ignorait l'usage du métal, c'est-à-dire à la préhistoire. À l'époque reculée (avant le XIIIe siècle) à laquelle les théologiens du VIe siècle avant notre ère situent le personnage d'Abraham, et encore pendant de longs siècles, c'est le père de famille qui se charge de la circoncision de ses fils, âgés de huit jours. La mère n'est qu'exceptionnellement responsable de l'opération. En principe, elle ne doit même pas assister à l'intervention. Le livre saint ne donne pas davantage de détails sur le déroulement de l'ablation du prépuce. Grâce à d'autres textes hébreux, on sait que, plus tard, au temps de Jésus notamment, la circoncision est confiée à un spécialiste appelé *mohel*. Celui-ci incise le prépuce du bébé et le déchire, étanche le sang qui coule en le suçant, puis applique sur la plaie un emplâtre à base d'huile, de vin et de cumin. Un couteau en métal remplace désormais le vieux silex. Le père, le praticien et les personnes présentes récitent les prières appropriées. L'opération n'est pas sans effet sur le bébé. D'après les textes, c'est surtout le troisième jour que la douleur est le plus sensible. L'obligation de circoncire les nouveau-nés huit jours après leur naissance est si impérieuse que l'opération se pratique à tout moment, sabbat (repos du samedi consacré au culte divin) et fêtes juives compris.

Une fonction mal connue

La Bible ne donne guère d'information sur la signification originelle de la circoncision, pratiquée par de nombreux peuples du Proche-Orient ainsi que par les Égyptiens depuis la plus haute antiquité. Rite magique visant à écarter la colère divine des enfants mâles, cérémonie tribale marquant l'entrée du jeune garçon dans une tribu ou un peuple, rituel de fertilité masculine coïncidant avec la puberté et intervention sanitaire destinée à prévenir les maladies infectieuses sont quelques-uns des buts que cette opération a peut-être cherché à atteindre. Pour les adolescents, elle se présente aussi comme une préparation au mariage.

Le signe de l'alliance

Quelle que soit sa raison d'être à l'origine, la circoncision est devenue le signe concret et éternel de l'alliance conclue entre Dieu et Abraham. Pour Dieu, elle est le symbole du lien qu'il a tissé avec l'homme. Pour l'homme, elle est la preuve qu'il appartient au peuple élu et à Dieu. C'est pendant l'exil des Hébreux à Babylone que la circoncision a acquis ce sens. Au début du VIe siècle avant notre ère, les Hébreux, qui se rebellent contre le roi de Babylone, maître de leur pays, sont déportés en Babylonie. Ils vivent au milieu de peuples qui ne pratiquent pas la circoncision. L'ablation du prépuce devient alors la marque de leur différence et de leur appartenance à la nation juive.

Or, c'est effectivement après l'exil, à la fin du VIe siècle, qu'est rédigé le texte dans lequel Dieu annonce que la circoncision sera le signe de l'alliance avec son peuple. Dans la première moitié du IIe siècle avant notre ère, la circoncision est un rite si bien implanté auprès de certains Juifs que ceux-ci sont prêts à risquer la mort pour la pratiquer sur leurs enfants. En Syrie-Palestine règne alors un roi d'origine grecque qui fait interdire la circoncision. La Bible évoque le châtiment de femmes qui n'ont pas respecté cette défense. « Deux femmes furent déférées en justice pour avoir fait circoncire leur enfant. On leur fit faire en public le tour de la ville, leur enfant suspendu aux mamelles, avant de les précipiter du haut des remparts. » La loi condamne avec la même sévérité les personnes qui réalisent l'opération.

Cette répression est loin d'être suffisante pour faire disparaître une pratique millénaire à laquelle les Hébreux attachent un nouveau prix. Après l'émergence du christianisme, la circoncision permet de différencier les fidèles de la nouvelle religion, qui ne l'adoptent pas, des adeptes du judaïsme. À travers les âges et jusqu'à aujourd'hui, elle est demeurée un rite fondamental pour les Juifs.

La Circoncision de Jésus (fresque de Jean Canavero, XVᵉ siècle, La Brigue, église Notre-Dame-des-Fontaines).

Scène de circoncision (bas-relief ornant le tombeau égyptien d'Ankhmahor).

La circoncision des enfants d'Égypte

Des documents uniques. La plus ancienne représentation connue de la circoncision orne le tombeau du noble Ankhmahor à Saqqarah, nécropole antique située près du Caire actuel. Elle remonte à 2300 environ avant notre ère. Un garçon, debout, fermement tenu par un auxiliaire, est opéré non par un médecin, mais par un prêtre assis en face de lui. Ce dernier incise le prépuce à l'aide d'un couteau de silex ovale. Une deuxième scène montre la suite de l'intervention. Un personnage enduit la blessure d'une sorte d'onguent. Vers 1400 avant notre ère, le temple de Mout, à Karnak, est décoré d'une scène de circoncision identique. Cette fois, elle ne concerne plus un personnage anonyme, mais un jeune prince, le futur pharaon Thoutmosis IV.

Les bénéficiaires de l'opération. En Égypte, la circoncision n'a pas lieu après la naissance, mais plutôt à partir de l'âge de dix ans. La circoncision, qui peut être effectuée collectivement, touche indifféremment toutes les classes sociales, comme le montrent les bas-reliefs figurant des paysans et des ouvriers circoncis, mais elle n'est pas systématique. Ainsi, les pharaons du Nouvel Empire, dont on possède les momies, n'ont pas tous subi cette intervention. À partir de la Basse Époque (664-525 avant notre ère), elle devient obligatoire pour les prêtres, pour des raisons de pureté rituelle.

409
Les Babyloniens rédigent le premier horoscope
L'ENFANT ET LA DIVINATION

Représentation babylonienne du cosmos (Londres, British Museum).

Un horoscope de l'an 75 avant notre ère

« L'an 236 (ère séleucide) d'Arsace, le roi. *Mois d'Abou 1, le 25, dans la douzième période, l'enfant est né. À ce moment, la Lune était dans le Lion, le Soleil dans la Vierge, Jupiter [et Mars] dans les Gémeaux, Vénus dans la Balance, [Mercure dans] le Lion, Saturne dans le Scorpion. Ce mois, [le 13, la lune s'est couchée après le lever du soleil] ; [...] le 21, Mercure était visible à l'est [pour la première fois dans le Lion], le 26 c'était la dernière visibilité lunaire avant le lever du soleil. Cette année au mois de Simanou, le 16 solstice d'été ; [nuit du] 29 éclipse solaire dans le Cancer qui est passée. Mois d'Ouzou, nuit du 13 éclipse lunaire dans le Verseau. [...]* »

F. Rochberg-Halton, Babylonian Horoscopes and their Sources, *Orientalia* 58, Rome, 1979.

Depuis la plus haute antiquité, la Mésopotamie (région située entre le Tigre et l'Euphrate) pratique la divination, art de découvrir les connaissances cachées. Jusqu'au Ve siècle avant notre ère, ses devins s'efforcent surtout de déchiffrer le destin des rois et de savoir ce qu'il adviendra de leur pays.

Au Ve siècle, les Babyloniens, héritiers des civilisations qui se sont développées en Mésopotamie, inventent une façon plus personnalisée de lire l'avenir : l'horoscope, rédigé à la naissance de l'enfant. L'enfant occupe une grande place dans l'astrologie et la divination. Il est non seulement l'objet des prédictions, mais il sert aussi lui-même de signe pour prédire l'avenir.

Des horoscopes pour les enfants

Le premier horoscope connu date de 409 avant notre ère. Contrairement aux horoscopes postérieurs, il ne définit pas la position des planètes le jour de la naissance, mais mentionne les conjonctions d'astres au cours des mois qui ont précédé cet événement. Ainsi, pour le 9e mois de l'année, il indique : « Aux environs du 15, Mercure était à l'est des Gémeaux : première visibilité [de la Lune] à l'est. » La formule d'introduction servira en revanche de modèle aux autres horoscopes : « Mois de Tebêt [le 10e de l'année], le 24, au matin du 25, en l'an 13 de Darius [II], l'enfant est né. » Le bébé pour lequel est fait l'horoscope n'est pas nommé, ce qui restera généralement le cas par la suite ; rien ne permet de connaître le rang social de la famille à laquelle il appartient. Pour élaborer les horoscopes, les astrologues babyloniens se fondent sur le zodiaque, mis au point à la même époque. Il s'agit du cercle imaginaire où se situe le mouvement apparent du Soleil, de la Lune et des planètes dans le ciel. Ce cercle est divisé en douze parties égales, qui portent chacune le nom d'une constellation — Gémeaux ou Balance par exemple. Les astrologues babyloniens citent également dans leurs horoscopes les éclipses lunaires et solaires, les équinoxes et les solstices qui ont eu lieu dans les mois précédant la venue au monde de l'enfant. En effet, chacun pense alors que la position des astres dans le zodiaque au moment de la naissance reflète le destin fixé par les dieux pour le nouvel être. L'horoscope, en établissant l'état exact du ciel à l'instant crucial de la mise au monde, donne donc les moyens au devin de prédire aux parents les grandes lignes de cette destinée.

Des horoscopes aux présages de naissance

Les astrologues babyloniens attribuent aux planètes un caractère plus ou moins favorable. Jupiter et Vénus sont bénéfiques, Mercure est ambigu ou bénéfique, Saturne et Mars sont maléfiques. Cela entre en ligne de compte lors de l'interprétation de l'horoscope. Malheureusement pour nous, aucun commentaire n'accompagne les horoscopes conservés. Soit les prédictions concernant l'avenir de l'enfant étaient communiquées oralement, soit elles étaient enregistrées sur d'autres documents qui se sont perdus. À l'inverse, les présages de naissance, apparus à la même époque que les horoscopes, mais comportant des prévisions beaucoup plus générales, contiennent des éléments de commentaire. Dans une première partie, en effet, se trouve notée la concomitance d'un phénomène céleste (le lever ou le coucher des astres et des planètes) et de l'événement terrestre que constitue la naissance de l'enfant. La seconde partie des textes énonce les conclusions que l'on peut tirer de la simultanéité de ces deux faits en ce qui concerne le futur statut social de l'enfant, son niveau de fortune et sa progéniture. Les astrologues remarquent par exemple que « si un enfant naît quand Vénus se lève : sa vie sera calme, voluptueuse ; où qu'il aille, on l'aimera ; ses jours seront longs ». Ces mêmes devins considèrent que « si un enfant naît quand Mars se lève et que Jupiter se couche : plus tard la main de son ennemi le fera prisonnier ».

L'enfant-présage

Une certaine catégorie de nouveau-nés a formé à elle seule une branche de la divination, très éloignée de l'astrologie. Il s'agit des enfants qui présentent des anomalies ou encore des monstruosités. Pour les Mésopotamiens, ces déformations constituent des présages qui se rapportent généralement au pays, et plus rarement aux particuliers ou à l'enfant lui-même. Ces présages ont été réunis dans un recueil intitulé *Si un petit, un nouveau-*

né.... : « Si une femme enfante et que l'enfant n'ait pas d'oreilles : il y aura un désastre dans le pays et le pays sera diminué. » Fait plus étonnant, les naissances multiples sont également considérées comme annonciatrices d'infortunes : « Si une femme enfante deux garçons : il y aura un désastre dans le pays ; le pays connaîtra l'affliction ; le malheur sera dans la maison de leur père. » Les devins s'intéressent aussi aux enfants dont le visage offre une vague ressemblance avec un animal : « Si une femme enfante un lion : prise de la ville, captivité de son roi » ; « Si une femme enfante un cochon : une femme s'emparera du trône. » Si ce domaine de la divination mésopotamienne n'a guère eu d'avenir, cela n'a pas été le cas des horoscopes, dont la tradition est parvenue jusqu'à nous à travers les anciens Grecs.

L'astrologue (illustration du *Roman de Mélusine*, XVᵉ siècle, Paris, Bibliothèque nationale de France)

Un zodiaque égyptien (bas-relief en grès provenant du temple de Dendérah, Paris, musée du Louvre).

Un adolescent grec déchaîne les passions
LA PÉDÉRASTIE À ATHÈNES

Du philosophe grec Platon à la romancière contemporaine Marguerite Yourcenar, la pédérastie, ou union charnelle et sentimentale d'un adolescent et d'un adulte, a fait couler beaucoup d'encre.

Au-delà de l'aspect intellectuel du contact des âmes, mis en avant par une série d'auteurs, cette institution athénienne, pratiquée davantage dans la classe aristocratique que dans le peuple, correspond d'abord à une phase homosexuelle tolérée dans l'évolution d'un homme. L'histoire de Simon, citoyen athénien qui tâche d'arracher le jeune Théodote à un autre amant, vers 394 avant notre ère, le montre de façon claire, voire quelque peu sordide.

Un amoureux dépité

Simon, citoyen d'Athènes, accuse d'agression un de ses compatriotes. L'accusé, dont le nom est inconnu, est défendu par le célèbre orateur athénien Lysias, auteur du plaidoyer *Contre Simon* qui dévoile tous les détails de cette sordide affaire. Un adolescent, Théodote, vit avec cet homme anonyme, qui nous est présenté comme déjà âgé (à aucun moment, cependant, son âge n'est indiqué) ; les deux amants, liés par une sincère affection, coulent des jours paisibles. C'est alors que Simon, personnage indélicat et brutal, lui aussi amoureux du jeune homme, vient troubler leur union : un soir, ivre, il pénètre de force dans la maison de son rival et le roue de coups. Craignant de devenir la risée de la ville, l'amant garde le silence sur cet épisode et emmène un temps son mignon loin d'Athènes. L'absence, cependant, ne fait pas renoncer Simon, qui cherche à faire enlever Théodote dès le retour de celui-ci. La tentative échoue, s'achève par une bataille rangée, dont l'amant « âgé » — de nouveau — sort blessé. Mais ce dernier se refuse encore à porter plainte, pour protéger sa dignité. La violence n'ayant abouti à aucun résultat, Simon essaie la ruse. Il prétend qu'il a passé avec Théodote une convention qui lui assure ses faveurs. Il aurait donné au garçon une somme énorme, que celui-ci, revenant sur le marché conclu, lui aurait rendue. Après quoi, Simon prend l'initiative d'un procès, affirmant que l'amant de Théodote l'a lui-même agressé ! C'est à cette occasion qu'intervient Lysias : il faut à l'avocat tout le talent de sa brillante plaidoirie, appuyée sur des témoignages, pour convaincre les juges de l'innocence de l'amant de l'adolescent et écarter la menace de bannissement et de confiscation de ses biens qui pèse sur lui.

La pédérastie et la loi

Dans l'affaire de Simon, le tribunal ne s'intéresse pas aux rapports de Théodote et de son protecteur. Si ce dernier est mal à l'aise devant les juges, c'est uniquement parce que sa vie privée est révélée et qu'il se sent grotesque. Il sollicite l'indulgence des magistrats, qui pensent manifestement qu'à l'âge mûr auquel il est parvenu ses sentiments pour le jeune garçon sont « par trop déraisonnables ». La réserve est d'importance : elle montre quelles limites la société athénienne met à sa tolérance envers la pédérastie. Elle admet le lien charnel qui peut unir un adolescent (appelé *éromène*) à un homme adulte (l'*éraste*) comme une phase transitoire, qui marque le début de la vie d'adulte. Elle ferme donc les yeux sur un protecteur de 20 ou 30 ans, mais juge au contraire plus sévèrement celui qui, au-delà de cet âge, continue à entretenir des liens homosexuels avec des jeunes gens encore imberbes. La justice athénienne n'intervient cependant dans les affaires de pédérastie que dans quelques cas extrêmes. Elle sévit contre les hommes qui violentent les enfants, et elle punit les citoyens qui cèdent par contrat et contre rémunération un enfant de naissance libre à un adulte. Mais, dans ce dernier cas, elle ne sanctionne pas l'enfant, qui n'est pas responsable des tractations menées. À l'inverse, la loi est sévère envers le jeune homme libre prostitué au cours de son adolescence et qui continue dans cette voie au-delà de l'âge de la majorité, fixé à 18 ans. Le coupable est déchu de ses droits civiques.

Platon, apôtre de la pédérastie spirituelle

Pour Platon, la pédérastie élève les âmes quand elle unit deux partenaires qui placent leur relation sous le signe de la philosophie et dominent leur désir charnel. Ces amants goûteront dans l'au-delà la félicité complète, qui récompense les âmes, libérées du corps. Platon admet que certains couples puissent succomber à la tentation, mais alors leur bonheur dans l'au-delà sera moindre. Les amants qui se laissent emporter sans retenue par les plaisirs seront privés des joies de cette vie future. Dans les Lois, *une de ses dernières œuvres, Platon condamne formellement la pédérastie charnelle comme étant contraire aux règles de la nature sur lesquelles il fonde la loi morale. Prenant pour exemple ce qu'il croit savoir du comportement animal, il déclare que l'acte sexuel doit s'accomplir entre homme et femme et avoir pour seul but la procréation, comme pour le mâle et la femelle dans le monde des bêtes. Les idées de Platon, qui n'ont rien changé aux mœurs de son temps, influenceront en revanche la pensée chrétienne.*

Scène de banquet (détail d'une fresque provenant de la tombe du Plongeur, début du Ve siècle avant notre ère, Paestum).

Homme et éphèbe (détail d'une coupe en céramique grecque, Paris, musée du Louvre).

Antinoüs, favori de l'empereur romain Hadrien (détail d'une statue de marbre du IIe siècle de notre ère, Delphes, Musée archéologique).

Un certain embarras

Gênés par la dimension sexuel de la relation entre le garçon, partenaire passif, et l'adulte, partenaire actif, **les auteurs athéniens ont tâché de justifier la pédérastie en lui conférant une dimension spirituelle.** Ils jettent un voile pudique sur le caractère charnel de l'institution. L'adulte, affirment-ils, est d'abord un éducateur : il enseigne la vertu à son jeune partenaire, élargit son savoir et se charge de développer les qualités morales du garçon.

Ces aspirations intellectuelles ne sont pourtant pas suffisantes pour convaincre la plupart des pères de laisser leurs fils lier librement une intrigue amoureuse. C'est l'une des raisons pour lesquelles **un esclave, le pédagogue,** accompagne leurs enfants à l'école.

La pédérastie n'est pas l'apanage d'Athènes ; elle est en effet répandue dans tout le monde grec. **À Sparte,** par exemple, les unions viriles entre adultes et adolescents, également à visée éducative, forment la règle. Il ne s'agit pas cette fois de former de beaux esprits mais de nobles et vaillants guerriers.

Nééra achetée par une proxénète en Grèce
LES PETITES COURTISANES DE CORINTHE

La petite Nééra n'a guère plus de 4 ou 5 ans lorsqu'elle est achetée sur le marché aux esclaves de Corinthe, en Grèce. Sa nouvelle maîtresse, une proxénète, la destine à la prostitution. C'est un sort qui guette de nombreuses fillettes, réduites, comme elle, en esclavage.

Vers 340 avant notre ère, le passé de prostituée de Nééra, qui a débuté quelque 45 ans plus tôt sous la férule de sa propriétaire, est étalé au grand jour à l'occasion d'un procès. Nééra et son époux sont poursuivis en justice pour avoir violé les

Les conseils d'une mère à sa fille

Dans le Dialogue des courtisanes de Lucien de Samosate, écrivain grec du IIe siècle de notre ère, une mère, qui veut vaincre la misère, encourage sa fille à se prostituer. Elle lui cite en exemple une petite courtisane.

« Sans aller jusqu'à éclater de rire à tout propos, comme tu en as l'habitude, elle souriait d'une manière agréable et engageante. Puis, adroite à se conduire dans ses rapports avec les hommes, elle ne trompait point ceux qui venaient chez elle ou qui l'emmenaient dehors et ne faisait pas elle-même les avances. Si, parfois, elle va souper en ville pour un salaire, elle ne s'enivre pas, car rien ne rend plus ridicule et les hommes n'aiment pas les femmes qui boivent ; elle ne se gorge pas de viande indécemment, elle n'y touche que du bout des doigts, elle prend chaque bouchée en silence, au lieu de s'en bourrer les deux joues ; elle boit doucement, non d'un seul trait, mais par petites gorgées.
— Même si elle a soif, mère ?
— Surtout alors, Corinne. Elle ne parle pas plus qu'il ne faut, elle ne se moque d'aucun des convives, elle ne regarde que celui qui l'a payée et s'attire ainsi son affection. Lorsqu'il faut se mettre au lit, elle ne se montre ni dévergondée ni indifférente. Elle ne songe absolument qu'à une chose, engager son amant et le rendre amoureux. »

Lucien de Samosate, Œuvres complètes, III, traduction E. Chambry, librairie Garnier Frères, Paris, 1934.

Jeune fille enlevée de force (détail d'une peinture pompéienne représentant le sacrifice d'Iphigénie, Naples, Musée national).

lois d'Athènes interdisant le mariage entre une étrangère et un citoyen athénien. Pour étayer l'accusation, Nééra a fait l'objet d'une enquête poussée qui remonte à son enfance.

Un mauvais début

On ne sait pas exactement comment Nééra est parvenue sur le marché aux esclaves. Elle a peut-être été abandonnée au coin d'une rue par des parents peu désireux de nourrir une bouche inutile : les enfants — des filles le plus souvent — ainsi délaissés sont généralement ramassés par des personnes qui les revendent aux trafiquants d'esclaves, ou par les trafiquants eux-mêmes, et deviennent automatiquement des esclaves, à moins qu'on ne puisse prouver qu'ils sont de naissance libre. Nééra a pu aussi être capturée par une des nombreuses bandes de pirates qui sévissent en Méditerranée et qui, débarquant dans des cités peu préparées à se défendre, enlèvent de préférence les enfants et les adolescents. Ces bandits sont, en effet, les principaux pourvoyeurs d'esclaves. Enfin, troisième possibilité, la petite Nééra a pu être faite prisonnière par une armée en campagne qui a cédé son riche butin humain à des marchands. C'est de cette manière qu'a commencé la carrière de la petite Laïs, consœur de Nééra. Capturée lors d'une expédition menée en Sicile par les Athéniens, elle a été vendue à Corinthe, capitale grecque du plaisir. La proxénète, une certaine Nicarétè, a acheté en même temps que la petite Nééra six autres fillettes qu'elle destine également à la prostitution.

Une rentabilité immédiate

Nicarétè connaît bien son métier. Dans leur plaidoyer, les détracteurs de Nééra précisent que sa propriétaire « avait le don de reconnaître les promesses de beauté chez les petites filles » et qu'elle « s'entendait, en femme experte, à les élever et à faire leur éducation ». La formation que la proxénète assure aux fillettes constitue un investissement pour l'avenir. Cela lui permettra de tirer le meilleur parti de ses jeunes esclaves et d'accroître ses bénéfices. Ce placement ne lui coûte pas cher dans la mesure où elle commence très tôt à louer les petites filles. Vers 6 ans, en effet, Nééra est envoyée exercer son métier pour la première fois. Pour gagner davantage d'argent, la rusée Nicarétè prétend que les fillettes sont ses propres enfants et qu'elles sont donc de naissance libre. Or la loi interdit formellement de prostituer ce type d'enfants. Le risque qu'elle prétend courir fait monter les enchères. Pour proposer les services de ses protégées, cette redoutable femme d'affaires sait profiter de la situation de son mari. Le personnage, un cuisinier, prépare les banquets des hommes riches. Il sert d'introduction à Nicarétè, qui pourvoit alors aux distractions accompagnant le festin. Les hommes qui louent la compagnie de Nééra sont généralement des Athéniens appartenant à l'élite politique, intellectuelle et artistique. Ils recherchent à Corinthe, ville célèbre par ses prostituées, des objets pour leur plaisir.

Des fillettes bien élevées

Nicarétè a longuement préparé les fillettes à leur futur rôle. Sitôt entrées chez elle, Nééra et ses compagnes apprennent à mettre leur corps en valeur en utilisant des fards et, si nécessaire, des artifices tels que rembourrage des seins ou du postérieur. Elles savent présenter un beau maintien tout en faisant apparaître discrètement une épaule séduisante, ou encore en riant de façon à découvrir une dentition parfaite. Le contrôle des sentiments fait aussi partie des leçons. La petite fille doit savoir dédaigner l'amoureux jeune et beau et favoriser le riche vieillard. Parallèlement à tous ces préceptes, très importants pour réussir dans le domaine de l'amour, Nééra assiste à des cours de musique, de chant et de danse afin d'animer dignement les banquets auxquels elle participe. Quant à la culture de l'esprit, elle l'acquiert auprès des hommes qu'elle fréquente. Dès l'âge de 10 ans, Nééra est suffisamment accomplie pour être liée à des hommes par un contrat de location. Celui-ci assure aux amants la possession exclusive de la fillette pendant une période déterminée.

À l'adolescence, Nééra est devenue une courtisane très recherchée. Après avoir tiré profit de la jeunesse de sa pensionnaire, Nicarétè lui permet alors de se racheter avec l'aide de ses protecteurs du moment. Elle poursuit, une fois libre, son existence de dame galante, avant d'épouser finalement l'un de ses amants, un citoyen athénien. C'est pour cette union illégale — étant corinthienne, sinon barbare, elle est étrangère à Athènes — qu'elle est poursuivie. Nous ignorons quelle a été la conclusion de son procès.

Les approches de l'amour physique (terre cuite, art hellénistique, Paris, musée du louvre).

Satyre et ménade (fragment de sarcophage, art hellénistique, Paris, musée du Louvre).

310

Des enfants sacrifiés aux dieux
LES BÛCHERS DE CARTHAGE

En 310 avant notre ère, selon l'historien grec Diodore de Sicile, les habitants de Carthage, dans l'actuelle Tunisie, auraient sacrifié aux dieux des centaines d'enfants, dans l'espoir de sauver leur patrie d'un très grave danger.

La réalité de cet événement n'a cependant jamais été attestée par l'histoire. Peut-être l'écrivain, soucieux de retenir dramatiquement l'attention, invente-t-il un fait, pour évoquer de manière frappante une autre coutume des Carthaginois, qui atteint son plein développement justement au IVe siècle avant notre ère.

Écarter la menace

Diodore raconte la chose suivante. En 310, le tyran de Syracuse, en Sicile, cherche à dégager l'île de l'emprise carthaginoise. Pour parvenir à ses fins, il se transporte de l'autre côté de la Méditerranée et assiège Carthage. Les prêtres de la ville proclament alors que cette catastrophe est un juste châtiment envoyé par les dieux pour punir de leurs fautes les nobles personnages de la cité. Ils réclament plusieurs centaines d'enfants, issus de l'aristocratie, pour les sacrifier sur un bûcher afin d'apaiser les divinités et faire en sorte que celles-ci les

Le Sacrifice d'Abraham *(carreau en terre cuite du Ve siècle de notre ère, Tunis, musée du Bardo). Dans l'Ancien Testament, Dieu arrête au dernier moment le bras d'Abraham s'apprêtant à tuer son fils. Il signifie ainsi son interdiction de sacrifier désormais des humains.*

aident à repousser les assaillants. Les enfants auraient été placés sur les mains d'une immense statue en bronze de Baal Hammon, le dieu protecteur de la ville, et de là auraient roulé dans un grand brasier. Les travaux effectués par des archéologues, jusqu'à présent, n'ont pu confirmer l'existence d'un tel sacrifice collectif.

Le « tophet » de Carthage

Depuis le VIIIe siècle, il existe à Carthage, colonie fondée à la fin du siècle précédent par des Phéniciens originaires de la puissante cité de Tyr (aujourd'hui Sour, au Liban), une zone sacrificielle à ciel ouvert. Elle porte le nom de *tophet* — qui veut dire sans doute « brûloir » — emprunté à la Bible. Le terme y désigne le ravin, proche de Jérusalem, où des filles et des garçons sont immolés en l'honneur de Baal. Le rite sacrificiel lui-même a été importé du Proche-Orient par les colons qui se sont installés en Afrique du Nord. Le tophet de Carthage se trouve près de l'ancien port de commerce, dans un lieu appelé de nos jours Salammbô. Entouré d'un mur d'enceinte, le tophet abrite des milliers d'urnes, enfouies dans le sol et surmontées de stèles. L'aire sacrée, qui est restée en activité pendant six siècles (du VIIIe siècle à la destruction définitive de Carthage, en 146 avant notre ère), se compose de six couches d'urnes et de stèles. Les monuments se superposent sur six mètres de hauteur. Une partie des urnes contient les ossements calcinés d'enfants, bébés mort-nés, nouveau-nés et petits enfants qui n'ont pas plus de 4 à 6 ans. Aux os et aux cendres se mêlent parfois des bijoux et des amulettes. D'autres urnes renferment les restes carbonisés d'agneaux et de chevreaux. Au IVe siècle avant notre ère, les sacrifices humains sont beaucoup plus nombreux que ceux de jeunes animaux. Cela montre qu'à cette époque, on remplace moins souvent les enfants par des bêtes et donc que les rites de sacrifice, s'il s'agit bien d'enfants vivants, se sont aggravés.

Une question sans réponse

Les textes des auteurs de l'Antiquité et les fouilles archéologiques ont permis de retracer le déroulement des sacrifices du tophet. Il a cependant été impossible d'établir, d'après les analyses des ossements, si les enfants étaient

vivants ou morts lors de l'exécution du rite. On ne sait donc pas si les petites victimes étaient décédées de mort naturelle avant le sacrifice ou, comme l'affirme Diodore de Sicile, si elles étaient d'abord égorgées avant d'être déposées dans le feu, ou encore si elles étaient brûlées vives. Sur l'aire de sacrifice, un espace est réservé au brasier. Ce lieu n'a pas été retrouvé au tophet de Carthage, mais il a été découvert à Sousse, autre cité phénicienne de Tunisie, et on sait qu'il consiste en une fosse de 4 m², à ciel ouvert. Lors du sacrifice, on allume un petit bûcher et on y dépose l'enfant sur le dos. Quand le corps est consumé, on éteint le feu en y jetant de la terre, puis on transfère les cendres dans une

urne, qui sera enfouie dans le sol. Avant de refermer l'urne, on ajoute parfois bijoux et amulettes.

Pour Tanit et Baal

Au-dessus de l'urne, une stèle couverte d'inscriptions indique que le sacrifice est destiné à Tanit « Face de Baal », déesse de la Fécondité, et à son époux Baal Hammon, grand dieu de Carthage. Le texte précise que le sacrifice a eu lieu en échange d'une faveur demandée aux dieux ou en remerciement pour la réalisation d'un vœu exaucé par les divinités. Les personnes qui dédient la stèle sont citées ainsi que quelques-uns de leurs ancêtres. Le souhait formulé devait être particulièrement important

Le « tophet » de la déesse Tanit à Carthage. Dans les urnes reposent les cendres des bébés brûlés sur l'autel de la divinité.

Prêtre carthaginois portant sur son bras un enfant qu'il s'apprête à sacrifier (détail d'une stèle, Tunis, musée du Bardo).

Des dieux assoiffés de sang

À des milliers de kilomètres de Carthage et des siècles plus tard, il est une autre région du monde où l'existence d'atroces sacrifices d'enfants ne fait aucun doute : le Pérou des Incas. L'Empire inca (1440-1532), qui a pratiqué les sacrifices humains sur une échelle moindre que d'autres peuples d'Amérique, tels les Aztèques au Mexique, a choisi pour principales victimes des enfants.

Les petits sacrifiés. Ce sont des fillettes et des garçons, âgés de 10 ans environ, physiquement parfaits, qui sont recrutés dans les diverses provinces de l'empire. Avant d'être immolées, les victimes sont nourries et enivrées afin de se présenter devant les dieux avec un visage satisfait.

Des cérémonies grandioses. Les enfants sont offerts aux dieux pour de grandes occasions : avènement de l'empereur, guerre, famine, épidémie. Ils sont étranglés ou égorgés dans les principaux sanctuaires du pays. Une fois leur sang répandu sur le visage de la statue divine, les corps sont enterrés rituellement, avec des offrandes.

Un rite magique. Le sacrifice de ces vies a pour but de transmettre aux dieux l'énergie contenue dans les jeunes corps. Lors des grandes crises, le rite sanglant augmente la puissance des divinités dont dépendent directement la force et la santé du souverain, considéré comme responsable de la prospérité du pays tout entier.

pour justifier un sacrifice humain, si toutefois l'enfant était bien livré vivant aux flammes. Certains spécialistes, qui contestent l'hypothèse du sacrifice sanglant, proposent de voir dans le tophet une nécropole pour les enfants. Ils s'étonnent de la rareté des tombes de jeunes à Carthage, à une époque où la médecine étant plus qu'approximative, la mortalité infantile était très élevée. Les petits morts auraient été recommandés aux dieux puis brûlés de manière rituelle. On leur aurait assuré ainsi une autre vie dans l'au-delà. Seules de nouvelles découvertes archéologiques ou des progrès dans le domaine des analyses scientifiques permettront de déterminer si Carthage offrait aux dieux des enfants vivants ou déjà morts avant d'être sacrifiés.

IVe siècle

La rigueur d'une éducation guerrière
LES ENFANTS DE SPARTE

La ville de Sparte, ou Lacédémone, en Grèce, a mis au point un système éducatif qui a pour but de transformer les garçons en robustes soldats et les fillettes en solides reproductrices. L'éducation spartiate se caractérise par une soumission complète des enfants à l'État.

Les méthodes pédagogiques des Spartiates ont fortement intrigué les autres Grecs. Au IVe siècle avant notre ère, l'écrivain athénien Xénophon, ami et admirateur de Sparte, rédige un ouvrage intitulé *la République des Lacédémoniens,* dans lequel il décrit l'éducation des enfants. Ses informations sont complétées par le philosophe Platon, son compatriote et contemporain, et plus tard par l'historien grec Plutarque (Ier-IIe siècle de notre ère).

Une sélection sans pitié

Comme le rappelle Xénophon, c'est au législateur mythique Lycurgue, qui aurait vécu au IXe siècle avant notre ère, que les Spartiates attribuent leurs méthodes éducatives. Cette légende enracine les lois et les coutumes de la cité dans un passé lointain et leur confère autorité et prestige. En fait, celles-ci remontent à 550 avant notre ère environ, date à laquelle la ville se replie sur elle-même et adopte une orientation entièrement militaire. Pour les petits Spartiates, tout commence ou s'arrête dès la naissance. En effet, une commission d'anciens de la cité examine les bébés et conserve uniquement ceux qui sont beaux, bien formés et robustes. Les nourrissons laids, contrefaits ou fluets sont jetés dans un dépotoir et donc condamnés à une mort certaine. L'origine de cette pratique, appelée « eugénisme », est elle aussi attribuée à Lycurgue. L'enfant laissé en vie est nourri par de robustes nourrices, réputées dans l'ensemble de la Grèce. Celles-ci ne serrent pas les enfants dans des linges, comme c'est l'usage dans le reste de la Grèce à l'époque, mais elles laissent leurs membres libres. Ainsi, pense-t-on, les nourrissons deviendront rapidement plus corpulents et plus courageux. Le garçon sevré demeure dans sa famille jusqu'à l'âge de 7 ans révolus. L'« élevage » cède alors la place à l'éducation, dont l'État a le monopole exclusif.

Endurcir le corps

L'éducation est placée sous le contrôle d'une personne qui a notamment pour tâche de répartir les enfants en unités et de leur donner un chef, recruté parmi les plus grands d'entre eux. Ces ensembles sont à leur tour divisés en groupes plus petits, dirigés par le plus combatif de leurs membres. L'enfant doit strictement obéir à tous ces responsables. La scolarité dure 13 ans et compte 3 cycles : de 7 à 11 ans, de 12 à 15 ans, et de 16 à 20 ans. Au cours du premier cycle, l'enfant est encore hébergé par sa famille. Il retrouve simplement ses camarades pour les exercices et les jeux. Ensuite, le système éducatif devient beaucoup plus contraignant, voire cruel. Le garçon, désormais, est coupé des siens, et vit en communauté. L'éducation, qui consiste à préparer le futur guerrier à défendre sa patrie, jusqu'à la mort s'il le faut, est plus physique et morale qu'intellectuelle. L'apprentissage de la lecture et de l'écriture s'y réduit au strict nécessaire. La poésie et la musique figurent au programme, non pour éveiller le sens esthétique des jeunes, mais pour exalter les vertus guerrières et pousser les futurs soldats au combat. Course, lutte, maniement des armes (épée ou javelot) et mouvements de troupes accroissent la force musculaire des enfants et leur apprennent la rude discipline qui règne sur les champs de bataille. Pour tester l'ardeur au combat des garçons et les habituer à supporter les coups, on les excite et on les pousse à se battre entre eux. Comme le rapportent Xénophon et Plutarque, la gymnastique n'est pas réservée aux seuls garçons. Pour porter des enfants sains et vigoureux, les jeunes femmes spartiates doivent avoir un corps ferme et bien musclé, hérité de leur enfance et de leur adolescence. Comme leurs petits compagnons, les fillettes courent, se livrent à des épreuves de force et lancent le javelot et le disque.

Forger le caractère

Pour l'État spartiate, le développement du corps s'accompagne obligatoirement d'une formation morale impitoyable, qui doit permettre au futur citoyen d'affronter les pires situations. L'enfant grandit donc dans des conditions de très grande austérité qui ont pour but de lui apprendre à surmonter peines et douleurs. Dès l'âge de 12 ans, il reçoit un seul et unique vêtement qu'il porte toute l'année, été comme hiver. De cette façon, il

Gymnastes combattant (détail d'une coupe en céramique grecque du VIe siècle avant notre ère, Athènes, musée de l'Agora).

Vol et dissimulation

L'écrivain Plutarque décrit ainsi la vie des petits Spartiates :

« [Pour préparer le repas], le chef d'unité [...] ordonne aux plus forts d'apporter du bois, aux plus petits, des légumes. Et, pour en apporter, ils doivent voler, les uns en allant dans les jardins, et les autres en se glissant dans les syssities [les salles où mangent les hommes faits] avec beaucoup d'adresse et de précaution. Si le voleur est pris, il reçoit de nombreux coups de fouet pour s'être montré négligent et maladroit. Ils dérobent toute la nourriture qu'ils peuvent et apprennent ainsi à attaquer habilement ceux qui dorment ou se relâchent de leur surveillance. La punition de celui qui se laisse prendre sur le fait, c'est d'être battu et d'endurer la faim. [...] »

« Les enfants qui volent se préoccupent tellement de n'être pas pris que l'un d'eux, qui avait dérobé un renardeau et le tenait caché sous son manteau, laissa, dit-on, la bête lui déchirer le ventre avec ses griffes et ses dents, et, pour n'être pas découvert, soutint la douleur jusqu'à en mourir. »

Plutarque, *Vies, I,*
traduction R. Flacelière, E. Chambry, M. Juneaux,
Les Belles Lettres, Paris, 1964.

apprend à lutter contre le froid et contre la chaleur. Il se familiarise aussi avec la saleté puisqu'il quitte rarement son habit pour se laver... Privé de chaussures, il est censé endurcir ses plantes de pied et se déplacer avec une plus grande agilité. L'enfant n'a point non plus à attendre le réconfort d'un bon repas. Délibérément, il n'est pas nourri à sa faim ; il doit apprendre à supporter le manque d'aliments tout en continuant à travailler. Mais les Spartiates, qui entendent développer les facultés de ruse et de débrouillardise chez leurs jeunes, ne les dissuadent pas de se procurer des victuailles supplémentaires en volant, la seule condition, pour les enfants, étant de ne pas se faire prendre. Découvert, le voleur maladroit est très sévèrement châtié, non parce qu'il a commis un acte répréhensible, mais parce qu'il a échoué dans sa tentative. Ainsi que l'écrit Xénophon, « on punit celui qui exécute mal ce qu'on lui apprend ». Le soir, le petit Spartiate dort sur une inconfortable paillasse qu'il a confectionnée lui-même en allant cueillir des roseaux de ses mains nues, sans l'aide d'un quelconque instrument. Cette éducation si rigoureuse, si inhumaine à nos yeux, imposée à des générations de jeunes Spartiates, n'a finalement pas empêché le déclin puis l'effacement de la grande cité lacédémonienne.

Les Jeunes Spartiates *(peinture d'Edgar Degas, Londres, National Gallery).*

L'entraînement des jeunes Spartiates *(illustration de la fin du XIXᵉ siècle).*

200

Un donateur finance l'enseignement à Milet
L'ÉCOLE GRECQUE

En l'an 200 avant notre ère — ou au début de l'année 199 —, un personnage nommé Eudèmos fait don à sa ville natale de Milet, cité grecque d'Asie Mineure (aujourd'hui la Turquie), d'une très importante somme d'argent. Conformément à sa volonté, plus de la moitié des intérêts rapportés par cet argent, placé à la banque de la ville, sont destinés au financement de la construction d'écoles et à la rémunération de leurs enseignants.

La générosité d'Eudèmos permet à Milet de posséder une école publique, primaire et secondaire. La majorité des cités grecques n'ont pas ce privilège, car elles ne disposent généralement pas des moyens nécessaires pour les créer et les administrer. L'école, implantée partout en pays grec, est donc le plus souvent laissée à l'initiative privée : ce sont les parents qui recrutent et rémunèrent les maîtres. Ces établissements sont ouverts à tous les enfants de citoyens libres, garçons et filles. Les petits esclaves y sont exceptionnellement admis.

En route pour l'école

À l'âge de 7 ans, les enfants quittent le giron maternel et commencent leurs études. Eudèmos, le riche citoyen de Milet, leur destine l'école primaire. Celle-ci accueille les garçons et les fillettes, riches et pauvres, qui ont entre 7 et 11 ou 12 ans. Pour les élèves qui ont achevé le premier cycle et qui ont la possibilité matérielle de continuer à étudier, le généreux donateur a prévu une école secondaire, que fréquenteront ces enfants jusqu'à la fin de l'adolescence. Les garçons y sont là plus nombreux que les filles. Tous les matins, au lever du soleil ou même avant, les élèves convergent vers l'école. La classe n'est interrompue que par les fêtes civiles et religieuses de la cité, assez fréquentes. À Milet, les écoliers bénéficient également d'une journée de repos mensuel en l'honneur d'Eudèmos. Les enfants sont conduits à l'école par un esclave, appelé pédagogue, dont le rôle est de protéger l'enfant des dangers qui le guettent dans la rue et de porter ses affaires. Il se charge aussi de lui faire répéter ses leçons et veille sur son éducation morale. Les élèves se retrouvent dans un local quelconque — portique, auvent de boutique —, qui dispose d'un fauteuil à haut dossier servant de chaire au maître et de tabourets pour eux-mêmes. Le maître qui y dispense son enseignement ne jouit pas d'une

Scène d'école (détail d'un bas-relief romain, IIIe ou IIe siècle avant notre ère, Trèves, Rheinisches Landesmuseum).

Matériel d'écolier (Saint Albans, Verulamium Museum).

La vie d'un écolier romain

La Rome antique dispense son enseignement en grec et en latin. L'un des manuels de conversation bilingues qu'elle utilise évoque la journée d'un petit écolier :

« *Mes camarades viennent à ma rencontre : je les salue et ils me rendent mon salut. J'arrive devant l'escalier ; je monte les marches bien tranquillement comme il se doit. Dans le vestibule, je dépose mon manteau ; un coup de peigne, j'entre et je dis : "Salut, maître." Lui m'embrasse et me rend mon salut. L'esclave me tend tablettes, écritoire et règle. "Salut, camarades. Donnez-moi ma place. Serre-toi un peu. — Venez ici. — C'est ma place ! — Je l'ai prise avant toi !" Je m'assieds et me mets au travail.*

J'ai fini d'apprendre ma leçon. Je demande au maître qu'il me laisse aller déjeuner à la maison ; il me laisse partir ; je lui dis : "Porte-toi bien", et il me rend mon salut. Je rentre à la maison [...]. Ayant déjeuné, je repars pour l'école. Je trouve le maître en train de lire ; il nous dit : "Au travail !" »

H.-I. Marrou, Histoire de l'éducation dans l'Antiquité, Le Seuil, Paris, 1975.

grande considération. Ce manque d'estime vient du fait qu'il vit d'un salaire, ce qui est considéré comme déshonorant pour un Grec, et qu'il n'a pas de formation spéciale. On lui demande simplement de savoir lire et écrire et d'être respectable. À Milet, Eudèmos a décidé que les maîtres de ses écoles seraient élus chaque année par l'assemblée des citoyens. Leur salaire, financé par son legs, est à peine plus élevé que celui d'un artisan. Dans la plupart des cités, les enseignants dépendent des parents d'élèves, plus ou moins scrupuleux dans l'acquittement de leurs dettes.

À l'école primaire

Pendant les quatre ou cinq années que dure l'école primaire, l'enfant apprend à lire, à écrire, à mémoriser des textes et à compter. L'enseignement, très progressif, ne cherche pas à éveiller l'intérêt de l'enfant. Celui-ci assimile l'alphabet avant de passer aux syllabes. Puis il découvre les mots. On lui soumet d'abord les plus ardus, à la fois par leur prononciation et par leur sens. On pense qu'une fois ces difficultés surmontées l'enfant n'aura plus de problèmes pour apprendre le reste. Après cette étape, le maître présente à ses élèves des phrases et des petits textes. La lecture, rendue complexe par le manque de séparation entre les mots et l'absence de ponctuation, s'effectue à haute voix. Elle est suivie de la récitation. En même temps que la lecture, l'écolier s'entraîne à écrire. Au début, le maître trace un modèle et repasse par-dessus en tenant la main de l'élève. L'enfant le reproduit ensuite sur des lignes et des pages entières. Dès que son niveau le lui autorise, il recopie des sentences qui stimulent son ardeur au travail : « Travaille bien mon petit, sinon le fouet ! » Le calcul consiste simplement à compter sur ses doigts et à connaître le nom et les symboles des chiffres. Le cycle primaire ne s'intéresse pas aux opérations.

Dans le secondaire

L'enseignement secondaire est surtout orienté vers les études littéraires. Poètes, écrivains classiques et, dans une moindre mesure, historiens forment l'essentiel du programme. Homère, Hésiode, Euripide, Aristophane, Hérodote sont les compagnons de l'élève du secondaire. L'étude des œuvres repose sur une méthode très précise. Après la critique du texte faite par le maître, qui consiste à comparer les diverses copies de la classe, intervient la lecture. Les enfants lisent attentivement à voix haute, en donnant le ton. Quand la lecture s'achève, les élèves se consacrent à l'explication du texte. Ils s'efforcent de comprendre le vocabulaire, d'identifier les lieux, les personnages et les événements. L'analyse grammaticale, apparue plus tardivement, au Ier siècle avant notre ère, s'accompagne d'exercices de conjugaison et de déclinaison. L'enfant se familiarise également avec la rédaction. Les mathématiques occupent une part décroissante dans les études secondaires, de plus en plus tournées vers la littérature. Il en ira de même du sport qui, au IVe siècle avant notre ère, occupe encore une place de choix dans la scolarité grecque. C'est au niveau du secondaire, à partir de 12 ans, que les enfants fréquentent assidûment le gymnase. Ils s'exercent à la course à pied, au saut en hauteur, à la lutte, au lancer du disque et du javelot qui sont les disciplines de l'athlétisme, ainsi qu'à la boxe et au pancrace, sport de combat. La danse, pour les filles, et la musique font également partie des matières enseignées. Grâce au contenu de son enseignement, l'école a opéré l'unité du monde grec, éclaté en cités indépendantes. Les établissements scolaires, dans les différentes régions où vivent les Grecs — l'Asie Mineure (Ionie), l'Égypte, la Syrie-Palestine et même la Babylonie —, fonctionnent tous selon les mêmes règles et enseignent le même contenu. Adoptées par Rome, les méthodes pédagogiques et les disciplines du système éducatif grec seront ensuite diffusées dans l'immense empire que contrôle cette cité. Elles contribueront à forger la culture gréco-romaine, qui imprégnera les peuples de cet empire jusqu'à la fin de l'Antiquité.

Le maître et son élève (détail d'une coupe en céramique grecque du Ve siècle avant notre ère, Berlin, Staatliche Museen).

Un chœur d'enfants célèbre les jeux séculaires

L'ENFANT ET LA RELIGION À ROME

« Phébus [Apollon], et toi, reine des forêts, Diane, parure lumineuse du ciel, [...] donnez-nous ce que vous demandent nos prières, à la date sacrée où les vers sibyllins ont prescrit que l'élite des vierges et des jeunes garçons purs dirait un chant pour les dieux à qui ont plu les sept collines [Rome]. »

Les ruines de la maison des Vestales, à Rome, sur le Forum.

Le jeu de Troie

Le jeu de Troie, introduit à Rome vers la fin du IIe ou le début du Ier siècle avant notre ère, rassemble dans une imitation de combat à cheval 2 escadrons comptant chacun 12 garçons dont l'âge s'échelonne entre 7 et 14 ans. Les évolutions des enfants et de leurs montures se rattachent à des rites funéraires qui visent à triompher de la mort et à renaître dans l'au-delà. Ce faux combat simule la victoire du bien sur le mal, obtenue par de jeunes garçons.
L'empereur Auguste (27 avant notre ère - 14 de notre ère) ajoute un troisième escadron. Les souverains qui lui succèdent engagent leurs enfants, les princes impériaux, dans le jeu de Troie. De religieuse la signification du jeu devient alors politique. Les princes démontrent leur aptitude à commander en dirigeant l'un des escadrons composés de jeunes nobles.

Tel est le début de l'hymne qu'entonne un chœur de 54 enfants lors des jeux séculaires. Cette fête, célébrée en 17 avant notre ère, sous le règne d'Auguste, marque la fin d'un siècle selon le calendrier romain, et l'avènement d'une ère nouvelle, placée sous le signe de la prospérité et de la paix retrouvée. Les enfants y jouent un rôle important, conforme à la place qu'ils occupent dans la religion romaine.

Des enfants nobles et purs

Pour enraciner les jeux séculaires dans la tradition, Auguste recourt aux *Livres sibyllins*, très anciens recueils d'oracles, attribués à la sibylle, ou prophétesse de Cumes, en Italie. Ces textes prophétiques, déchiffrés par des spécialistes, préconisent, selon le souverain, de célébrer tous les 110 ans des jeux séculaires qui durent 3 jours. Au cours de ces journées se succèdent des prières et des sacrifices qui ont pour but d'assurer la protection de Rome et de garantir sa pérennité. Les *Livres sibyllins* exigent également qu'un chant soit interprété par des fillettes vierges et des garçons purs issus de familles nobles. Le chœur d'enfants se produit le 3 juin de l'an 17 avant notre ère, c'est-à-dire au cours du troisième et dernier jour des jeux séculaires. Il est formé de 27 filles et 27 jeunes gens dont le père et la mère sont encore vivants, car il est impératif que les jeunes n'aient pas été approchés et souillés par la mort. Les choristes chantent cette année-là le *Chant séculaire*, hymne qui a été composé spécialement pour la cérémonie par le poète latin Horace. On ne sait pas si les 19 strophes qui composent cette œuvre, vibrante d'espoir, ont été dites par l'ensemble du chœur ou si elles ont été récitées en alternance par les filles et par les garçons. Les enfants ont chanté l'hymne en entier à deux reprises, après les sacrifices rituels d'animaux et les offrandes. En premier lieu, ils se sont produits sur la colline sacrée du Palatin, dédiée au dieu grec Apollon, le protecteur d'Auguste, puis ils se sont rendus sur la colline du Capitole, vouée à Jupiter, le principal dieu de Rome, et à son épouse, la déesse Junon. Leur pureté et leur innocence font des petits choristes les intercesseurs privilégiés auprès des divinités.

Du culte familial à la religion officielle

Ces mêmes qualités — pureté, innocence — sont à l'origine des fonctions attribuées aux enfants plus généralement, dans le cadre de la religion domestique. Le culte familial, d'abord réservé aux nobles romains, a ensuite gagné toutes les familles libres. Dans la maison, on honore le fondateur de la famille ainsi que le lare familier, dieu du Foyer, et les pénates, deux divinités du garde-manger (*penus*) et des provisions. La demeure possède un foyer où brûle en permanence un feu sacré. Le père, qui officie comme prêtre, initie ses petits garçons aux prières, aux hymnes et aux rites de ces cultes domestiques, les préparant ainsi à perpétuer son sacerdoce. Les fillettes, elles, assistent simplement leur géniteur, elles n'apprennent pas les rites du culte familial. En effet, elles ne seront jamais appelées à les

Jeune fille priant (statue en bronze du Ier siècle avant notre ère, Naples, Musée archéologique).

mettre en pratique puisqu'elles quittent leur famille au moment de leur mariage. Le seul rite auquel les fillettes prennent part, au même titre que leurs frères, consiste à jeter, au cours des repas, une part de la nourriture dans le foyer. Grâce à leur état permanent de pureté les enfants des deux sexes accèdent librement à la pièce servant de garde-manger, endroit sacré, pour y prélever les provisions, alors que les adultes sont obligés de se purifier rituellement avant d'y pénétrer. Hors de la maison, les enfants libres, mais pas les jeunes esclaves, sont sollicités par la religion d'État. Ainsi, le prêtre et la prêtresse de Jupiter, couple marié, sont secondés par leurs enfants. S'ils n'en ont pas, ils ont recours à des enfants impubères et dont les parents sont vivants. Ces jeunes aides — *camilli,* pour les garçons — sont présents lors des sacrifices d'animaux ; ils portent les ustensiles pour les libations, l'encens. Les fillettes, appelées *camillae,* se consacrent plus particulièrement au tissage du voile de la prêtresse de Jupiter. Les camilli ont aussi des fonctions dans d'autres cultes divins. Outre leur participation aux sacrifices rituels, ils sont parfois chargés de lancer des aliments dans le foyer, comme dans les demeures privées.

Des fillettes pour Vesta

Il est à Rome un autre culte officiel, fondamental pour la survie de la cité, qui ne peut se passer des enfants : c'est celui de Vesta, la déesse du Foyer. Ses prêtresses, les « vestales », sont recrutées exclusivement parmi des fillettes âgées de 6 à 10 ans. Pour être candidates, les enfants doivent être vierges, dépourvues d'imperfections physiques, avoir encore leur père et leur mère et faire partie de la classe sociale supérieure. Lorsqu'une liste de 20 candidates a été établie, le grand pontife, c'est-à-dire le grand prêtre de Rome, tire au sort l'un des noms. L'élue entre au service de Vesta pour trente ans, période durant laquelle elle devra conserver sa virginité, sous peine de mort. Après la cérémonie qui consacre l'entrée de la nouvelle recrue dans le corps des vestales, les prêtresses plus âgées se chargent de son éducation. L'enfant découvre ainsi les prières qu'il faut réciter quotidiennement pour la sauvegarde de la ville. Mais la petite fille apprend surtout à entretenir le feu sacré de Rome, qui ne doit jamais s'éteindre, faute de quoi la ville court les plus graves dangers. De la vigilance des vestales, petites et grandes, dépend l'existence même de la glorieuse cité romaine.

Procession conduite par les vestales, (peinture de Lawrence Alma-Tadema, Le Printemps, Malibu, Paul Getty Museum).

6

La naissance du Fils de Dieu à Bethléem
L'ENFANT JÉSUS

Jésus enfant dans la maison de Marie et de Joseph le charpentier (détail d'une image pieuse du XIXᵉ siècle).

Vierge à l'Enfant, avec saint Joseph et saint Jean-Baptiste (peinture de Raphaël, la Vierge à la Rose, Madrid, musée du Prado).

Un témoignage insolite

Rédigés tardivement et jamais reconnus par l'Église, les Évangiles apocryphes livrent de l'enfance de Jésus un témoignage fort curieux, qui montre un enfant aussi redoutable que miraculeux…

« […] Une autre fois, Jésus se promenait dans le village, quand un enfant, en courant, le heurta à l'épaule. Irrité, Jésus lui dit : "Tu ne poursuivras pas ta route." À l'instant, l'enfant s'écroula, mort. À cette vue, certains s'exclamèrent : "D'où sort cet enfant, dont chaque parole devient réalité ?" Les parents du jeune mort allèrent se plaindre à Joseph : "Avec un fils comme le tien, tu ne dois plus rester avec nous, dans le village, ou alors apprends-lui à bénir, au lieu de maudire ; car il fait mourir nos enfants."

Joseph prit son fils à part et le tança : "Qu'est-ce qui t'a pris ? Ces gens souffrent, ils nous détestent, et ils veulent nous chasser !" Jésus répondit : "Je sais que les paroles que tu dis ne viennent pas de toi ; aussi, par égard pour ta personne, me tairai-je. Mais eux recevront leur châtiment." Aussitôt, les plaignants furent frappés de cécité. »

Évangile du Pseudo-Thomas, 4, 1 et 5, 1, traduction F. Quéré, Le Seuil, Paris, 1983.

Vers 6 avant notre ère, dans une étable de la petite ville de Bethléem en Judée, une vierge, Marie, donne le jour à un enfant. La naissance de Jésus, incarnation de Dieu sur terre, est, pour les chrétiens, une grâce divine qui permet à l'humanité pécheresse d'être sauvée.

L'historicité de Jésus demeure, quant à elle, problématique. De son enfance, en tout cas, nous ne savons que ce que rapportent deux de ses premiers disciples, les évangélistes Matthieu et Luc, ainsi que des textes plus tardifs et que ne reconnaît pas l'Église : *les Évangiles apocryphes*.

L'enfant de Dieu et d'une vierge

Jésus est le fils de gens simples : Marie, une adolescente de 15 ans, et Joseph, un charpentier veuf et plus âgé que Marie — mais qui n'a guère que 20 ans. Alors qu'elle n'est que fiancée à Joseph — et qu'elle n'a donc pas encore connu l'acte de chair —, Marie reçoit la visite de l'ange Gabriel, qui lui annonce qu'elle va concevoir un fils de Dieu. Le même ange visite un peu plus tard Joseph en songe, pour l'informer de la même nouvelle. Le charpentier accepte alors d'être sur cette terre le père adoptif du Fils du Seigneur. Il accueille l'enfant à naître dans sa lignée, celle de David et des rois d'Israël, et lui donne le nom de Jésus, qui signifie « Le Seigneur est le salut ».

La naissance de l'enfant Jésus

Un décret de l'empereur romain, duquel dépend alors la Palestine, ayant ordonné à tous les habitants du pays de se faire recenser dans leur ville d'origine, Joseph, qui habite Nazareth, se rend à Bethléem, cité de David, en compagnie de Marie, qui est devenue sa femme. Durant le voyage, Marie accouche. Les chrétiens font de la naissance de l'enfant l'événement fondateur d'une ère nouvelle, et la situent donc en l'an zéro. En fait, les calculs des historiens modernes tendent à la placer quelques années plus tôt qu'on ne le faisait jadis. De sorte que, paradoxalement, Jésus dut naître... vers l'an 6 avant notre ère. Joseph et Marie ne sont pas les seuls à voyager à ce moment-là. Tout le peuple de Palestine se déplaçant afin de se faire recenser, Joseph ne parvient pas à trouver pour sa femme une auberge où il reste de la place. C'est dans une étable, seul refuge disponible, que Jésus serait né. Dans cette humble demeure, l'Enfant divin n'est pas abandonné. Un bœuf et un âne (qui sont peut-être les symboles de l'Ancien et du Nouveau Testament) le réchauffent de leur haleine. Des bergers viennent l'adorer, avertis de la prodigieuse naissance par des anges. Des mages, eux aussi miraculeusement prévenus et conduits par une étoile, arrivent des extrémités du monde pour lui apporter leurs offrandes. L'enfant étant né juif, il est circoncis, conformément au rite hébraïque, huit jours après sa naissance et présenté au Temple de Jérusalem quelques semaines plus tard.

Les premières paroles de Jésus

Luc signale que la famille, après la Présentation au Temple, retourne chez elle, à Nazareth. Sur l'enfance de Jésus, il écrit simplement : « Quant à l'enfant, il grandissait et se fortifiait, tout rempli de sagesse, et la faveur de Dieu était sur lui. » L'étude des paraboles et des actes de Jésus permet cependant de deviner en lui un homme d'une assez grande culture. Manifestement, il apprit dans son enfance, outre le dialecte de Galilée, l'hébreu classique et sans doute aussi le grec. Il devait également savoir lire — on ne peut expliquer autrement sa parfaite connaissance des textes de l'Ancien Testament. Comme tout enfant juif, il a enfin forcément reçu une éducation religieuse et fréquenté la synagogue. En outre, appelé à succéder à Joseph comme charpentier, il a fait l'apprentissage de ce métier. Au Moyen Âge, nombreux sont les peintres qui représentent Jésus garçonnet jouant dans l'atelier de son père. Mais Jésus, en fait, n'eut jamais besoin réellement d'apprendre. Dieu lui-même et Fils de Dieu, il est, dès sa naissance, omniscient. De ce point de vue, un épisode important de sa jeunesse — le seul événement sur lequel Luc s'arrête, entre les premiers mois de la vie de Jésus et le début de sa mission, à 30 ans, après la mort de Joseph — se situe alors que le garçon a 12 ans. Venu à Jérusalem avec ses parents pour célébrer la Pâque juive, il s'éloigne de ceux-ci, qui le retrouvent, après de longues recherches, dans le Temple, où il converse avec les docteurs. Marie reproche : « Mon enfant, pourquoi as-tu agi de la sorte avec nous ? Vois, ton père et moi, nous te cherchons tout angoissés. » Jésus répond par ces mots significatifs : « Pourquoi me cherchiez-vous ? Ne saviez-vous pas qu'il me faut être chez mon Père ? » Il veut alors parler de Dieu, et non de Joseph. Ces paroles, les premières de Jésus que rapportent les Évangiles, marquent l'éveil de sa vocation. L'épisode montre aussi que l'enfant, qui n'a pas atteint l'adolescence, est déjà plus savant et plus avisé que les prêtres âgés — les plus sages des Juifs — avec lesquels il discute et qui l'écoutent bouche bée. Cette précocité intellectuelle marquera, pendant tout le Moyen Âge, une certaine image de la sainteté enfantine.

→**Voir aussi** : p. 24-25 (La circoncision chez les Hébreux); p. 68-69 (Hildegarde de Bingen).

Le Massacre des Innocents *(fresque de Giotto, début du XIV*e *siècle, Padoue, chapelle des Scrovegni).*

Le massacre des Innocents

La venue au monde de Jésus a pour contrepartie un massacre d'enfants.

Des enfants promis à la sainteté. Averti que les Juifs attendent l'imminente naissance d'un roi (eux-mêmes n'ont pas compris que le règne auquel aspire Jésus se situe non sur terre, mais au ciel), Hérode, qui règne sur la Palestine au nom de Rome, tente d'abord d'apprendre des mages, dont il sait la venue et qu'il convoque, le lieu exact où se produira la naissance. N'obtenant pas de renseignements précis, il ordonne la mise à mort de tous les garçons de Bethléem âgés de moins de 2 ans — les 20 ou 30 petits innocents qui meurent ainsi donnent à la chrétienté des premiers siècles un modèle de sainteté enfantine : le martyre pour le Christ.

La fuite en Égypte. Cependant, la nuit précédant le massacre, l'ange révèle à Joseph, en songe, les noirs desseins d'Hérode : Joseph fuit alors en hâte en Égypte avec sa femme et le nouveau-né. La famille ne rentrera en Palestine qu'après la mort du souverain.

95

Le petit Quintilien emporté par la maladie
LA MORT DE L'ENFANT À ROME

Rudement éprouvé quelques années auparavant par la mort de son épouse, âgée de 19 ans à peine, puis par celle d'un fils de 5 ans, l'écrivain latin Quintilien perd en 95 son premier-né et, avec lui, son ultime raison de vivre. Le petit garçon se nomme Quintilien, comme son père.

À une époque où le taux de la mortalité infantile est particulièrement élevé, l'épreuve que représente la mort d'un enfant est partagée par de nombreux parents romains. Leur attitude face à cet événement cruel évolue au cours du temps. Si les ancêtres de Quintilien conservaient la plus extrême réserve dans la peine, les contemporains de l'auteur du Ier siècle n'hésitent plus à laisser libre cours à leur douleur.

Un garçonnet plein de promesses

Tel que l'évoque son père, au plus vif de la douleur, le jeune Quintilien, mort dans sa dixième année, apparaît comme un enfant exceptionnellement intelligent et doué pour les études. Nul besoin pour les maîtres de s'armer d'une baguette, outil pédagogique hautement prisé par le système éducatif romain, pour lui faire apprendre ses leçons. À ces brillantes capacités intellectuelles, Quintilien joint des qualités de cœur. Il est gentil, généreux, honnête et pieux. Grâce à ces mérites, mais aussi à son origine sociale, l'enfant — eût-il vécu — avait un avenir tout tracé : les plus hautes charges lui étaient tout naturellement promises. Tout cela fait dire à son père : « J'aurais dû redouter dès lors la violence de la foudre, car on a communément observé qu'une maturité précoce périt plus vite et qu'il y a je ne sais quelle jalousie qui fauche de si grandes espérances, pour que nous n'excédions pas sans doute la mesure impartie à la condition humaine. » Pendant 8 mois, l'enfant lutte contre une maladie, dont le père ne précise pas la nature. C'est pour lui l'occasion de révéler sa grande force d'âme, qui fait l'admiration de son entourage. Face aux souffrances qu'il endure, à la peur de ce qui l'attend, le petit garçon de 9 ans se montre ferme, grave et courageux. Aux moments les plus difficiles, c'est lui-même qui soutient et console son père, accablé par le chagrin. Peu avant de quitter le monde, il sombre dans un délire qui oriente ses ultimes pensées vers l'école. Quintilien se souvient avec une profonde émotion de l'instant final : « Objet de mes vaines espérances, ai-je pu voir sombrer ton regard, ton souffle s'enfuir ? Ai-je pu tenir dans mes bras ton corps glacé, sans vie, recueillir ton âme et respirer encore l'air que

Momies ornées des portraits des enfants de l'Égyptienne Aline (Berlin, Staatliche Museen, Aegyptisches Museum).

▷ *Les funérailles de l'Amour (peinture de l'atelier d'Antoine Caron, XVIe siècle, Paris, musée du Louvre).*

respirent les hommes, méritant, oui, méritant d'endurer le déchirement que j'éprouve, d'endurer ces pensées ? »

Quand l'enfant disparaît

À Rome, les funérailles de l'enfant suivent la mort de très près. Celles de Quintilien ont dû être organisées dès le lendemain. Vingt-quatre heures durant (c'est-à-dire moins longtemps que pour les adultes), le corps du petit être a dû demeurer exposé dans la maison. Puis les obsèques ont eu lieu, durant la nuit, à la lueur des torches et des bougies — et non de jour comme on l'aurait fait pour des gens plus âgés. Ces particularités s'expliquent par la hantise que les Romains ont de la mort. Celle-ci, à leurs yeux, ne correspond pas seulement à un deuil. Elle constitue à proprement parler une souillure, qui rompt l'ordre normal du monde. Cette souillure est encore plus sérieuse, scandaleuse, lorsque le décès est prématuré : c'est pourquoi les cérémonies se déroulent dans l'obscurité, loin des regards de la cité. Les parents choisissent pour leur progéniture l'incinération ou l'inhumation, l'une des deux pratiques funéraires en usage. Mais les petits enfants qui n'ont pas encore percé leurs

---

Des pères désespérés

Pline le Jeune décrit ainsi l'attitude de Regulus, à la mort de son fils, mais juge son chagrin trop ostentatoire :
« Il a décidé de pleurer son fils, il le pleure comme pas un. Il a décidé de faire faire de lui statues et portraits en abondance, il y travaille dans tous les ateliers, il le fait représenter par la couleur, représenter en cire, représenter en bronze, représenter en argent, représenter en or, en ivoire, en marbre. Et lui de son côté vient de lire en présence d'une immense assistance qu'il avait invitée l'éloge de sa vie, l'éloge de la vie d'un enfant ! »

Pline le Jeune, Lettres, IV, 2, traduction A.-M. Guillemin, Les Belles Lettres, Paris, 1927.

Le poète Stace décrit quant à lui le déchirement d'un certain Mélior qui a perdu son fils adoptif :
« Quel tu étais à l'instant suprême des funérailles, à côté du bûcher, ô Mélior autrefois si paisible, j'en fus épouvanté. Était-ce bien toi, jadis si gai, si aimable à voir ? D'où te venaient ces transports, ces mains cruelles, et le désordre sauvage de ta chevelure alors que tantôt, étendu sur le sol, tu te détournais d'une lumière injuste, tantôt, d'un air farouche, tu déchirais également tes vêtements et ta poitrine, pressais ces yeux chéris et mouillais de tes baisers ces pauvres lèvres glacées ? »

Stace, Silves, II, 2, 158-178, texte établi par H. Frère et traduit par H. J. Izaac, revu par C. Moussy, Les Belles Lettres, Paris, 1992.

dents ne sont jamais incinérés. En effet, les dents demeurant les seuls vestiges de ceux qui ont été brûlés, les enfants trop jeunes n'auraient pas laissé de trace de leur existence. Aux temps les plus reculés de Rome, les nourrissons de moins de 40 jours sont enterrés sous le seuil ou près d'un des murs de la maison. Puis, quand Rome devient une cité importante, ils sont conduits hors de la ville, où ils retrouvent l'ensemble des morts : c'est là aussi que les restes du fils de Quintilien ont dû être déposés. Le cortège qui accompagne l'enfant vers le bûcher funéraire ou vers sa tombe est silencieux. En effet, les pleureuses en sont exclues. La cérémonie, qui ne comporte pas de libations, est simple et rapide.

Le réconfort des parents

Pour les parents, il est malséant d'étaler son chagrin lors de l'accomplissement des rites funéraires. Mais, autant sous la République romaine, qui s'achève trois décennies avant notre ère, on a appris à supporter sans révolte la mort des enfants en bas âge et à ne pas afficher les sentiments que l'on éprouve face au décès d'enfants plus âgés, autant sous l'Empire on ne craint pas d'exprimer son émotion. C'est ainsi que Quintilien interrompt purement et simplement le cours du traité qu'il est en train d'écrire *(De l'institution oratoire)*, pour y insérer les lignes où il se plaint de la mort de son fils. Nombreux sont les pères et les mères gravement affectés, qui le disent ou le manifestent. L'écrivain Pline le Jeune rapporte l'exemple d'un certain Regulus, qui fit mettre à mort près du bûcher funéraire les poneys, les chiens, les rossignols, les perroquets, les merles ayant appartenu à son fils. Les multiples épitaphes, gravées sur les stèles et les sarcophages, évoquent aussi la perte irréparable subie par des parents inconsolables. La croyance en l'immortalité de l'âme, qui apparaît au début de notre ère, accorde cependant un certain réconfort aux parents qui pensent que l'âme bienheureuse de leur enfant séjourne dans le ciel. Ils ne craignent pas, comme autrefois, d'entendre l'âme de leur enfant pleurer dans les ténèbres des Enfers. Quant au souvenir de l'enfant sur terre, il est perpétué par des momuments, stèles et sarcophages.

Stèle de la petite Julia Victorina, morte à l'âge de dix ans (Paris, musée du Louvre).

IIe siècle

Un médecin vitupère les unions prématurées

LE MARIAGE DES FILLETTES

Soranos, médecin grec originaire d'Asie Mineure qui exerce ses talents à Rome sous les règnes des empereurs Trajan (98-117) et Hadrien (117-138), est l'auteur du premier traité gynécologique connu. Dans cet ouvrage, il se prononce contre le mariage trop précoce des fillettes.

Cet avis concerne une pratique bien implantée dans la Rome antique et parfaitement légale, celle du mariage des fillettes impubères. Médecins, juristes et même historiens se sont chacun à leur façon érigés contre cette coutume. Ils se sont prononcés contre le mariage, à un âge trop précoce, d'enfants nées libres, sans toutefois condamner les relations qu'entretiennent les hommes avec des fillettes esclaves.

Pour le bien des familles et du mari

Dans un texte longtemps passé inaperçu mais devenu célèbre par la suite, l'historien grec Plutarque (Ier-IIe siècle de notre ère) dénonce ainsi les mariages de fillettes non formées, livrées à l'âge de 12 ans — ou même avant, précise-t-il — à la brutalité d'un mari qui n'a pas la délicatesse d'attendre la maturité de sa jeune épouse. Sensible à la frayeur des petites filles devant ce qu'elles ne peuvent concevoir que comme une intolérable agression, Plutarque constate que pareille conduite ne peut qu'engendrer de la haine vis-à-vis du mari. Or, ces mariages prématurés sont loin d'être exceptionnels dans l'Empire romain. Ils visent à rapprocher les familles le plus tôt possible. En même temps, ils procurent au mari une toute jeune épouse dont il forme le caractère et la sexualité. La famille impériale elle-même offre des exemples de telles unions. Ainsi, l'empereur Auguste, marié à une fillette, la répudie encore vierge, ce dont s'émerveille l'historien qui rapporte le fait. L'empereur Néron, né d'une mère mariée à 12 ans, épouse lui-même une enfant de 11 ans.

Un âge limite

Les juristes, parvenus de leur côté aux mêmes conclusions que Plutarque, s'efforcent de limiter les excès de cette pratique néfaste en fixant un âge légal minimum au mariage pour les petites filles. La loi reconnaît le mariage à partir du moment où l'enfant a achevé sa douzième année. Si, avant la fin de cette période, elle vit avec son conjoint, les spécialistes du droit ne la considèrent pas comme l'épouse légitime. De cette façon, les légistes adoptent un moyen terme entre une tradition bien établie — le mariage précoce — et les exigences de la nature — l'attente de la puberté. Dans le droit matrimonial, il existe pourtant une disposition qui pourrait éviter aux fillettes ces unions prématurées. En effet, pour que le mariage soit valide, il faut obtenir le consentement mutuel des époux. Mais la petite fille désireuse de refuser son futur conjoint se voit alors dans l'obligation d'affronter son père, le tout-puissant chef de famille. Pour contrer la volonté paternelle, il lui faudrait posséder une force d'âme rare à un âge si tendre.

L'avis du médecin

Soucieux de la santé de ses petites patientes, le médecin Soranos s'oppose lui aussi aux unions des fillettes impubères, fournissant ainsi le premier avis médical connu sur ce sujet délicat traité d'abord par des non-praticiens. Le médecin affirme hautement : « Il est bon de maintenir une fille vierge jusqu'au moment où la menstruation s'installe d'elle-même : on aura alors la preuve que la matrice est désormais capable de remplir les fonctions qui lui sont propres et l'une de ses fonctions est la conception. » Il constate ensuite que « la première apparition des règles a lieu en général vers la quatorzième année » et ajoute : « c'est là, réellement, un signe naturel de l'époque où peut se faire la défloration ». Cet âge correspond à l'âge moyen de la puberté des fillettes dans toute l'Europe au XXe siècle : il serait donc faux de soutenir que les petites filles méditerranéennes, dans l'Antiquité, auraient été pubères plusieurs années avant celles de notre époque, ce qui aurait, d'une certaine manière, légitimé l'âge précoce de leurs noces. Le médecin grec, inquiet pour la

Jeune fille garnissant un vase de fleurs (mosaïque romaine, Aquilée, basilique).

Des mœurs radicalement opposés

L'historien grec Plutarque compare les pratiques matrimoniales de la cité de Sparte et de la ville de Rome, à l'époque (approximativement Xe-VIIe siècle) de Lycurgue, législateur mythique de Sparte, et de Numa, roi légendaire de Rome. Les faits qu'il évoque pour Rome sont toujours en vigueur à son époque.

« Avec les autres façons de traiter les filles s'accorde aussi ce qui concerne leur mariage. D'un côté, Lycurgue les marie quand elles sont formées et ressentent le désir, afin que les rapports, à l'appel de la nature, soient le commencement du plaisir et de la tendresse plutôt que celui de la haine et de la peur des filles forcées contre nature et afin que leurs corps aient la force de supporter les grossesses et les douleurs de l'enfantement, étant donné qu'on les marie seulement pour qu'elles aient des enfants. De l'autre côté, les Romains les marient à douze ans et plus jeunes encore ; ainsi le mari a les prémices intactes du corps et du caractère. D'où il appert que la première solution tient plus compte de la question physique en vue de la procréation et que la seconde solution tient plus compte de la question du caractère en vue du bon accord dans la vie commune. »

Plutarque, Vie de Numa, traduction M. Durry, « Sur le mariage romain. Autocritique et mise au point », Revue internationale des droits de l'Antiquité, III, 1956.

santé de ces très jeunes filles, considère d'ailleurs que, même après la puberté, la défloration ne va pas toujours sans danger. Selon lui, les adolescentes, dans les mois, voire les années, qui suivent leurs premières règles, n'ont pas encore atteint leur plein développement : elles sont encore trop jeunes pour concevoir sans risques pour elles et pour l'enfant. Pas plus en fait que l'opinion des historiens ou les mesures légales imaginées par les juristes l'opinion de Soranos ne semble avoir eu d'effet. Les mariages précoces, dont il est difficile d'évaluer l'ampleur exacte, prendront fin progressivement, à mesure que l'avènement du christianisme imposera de nouveaux usages dans l'ensemble de l'Empire.

La toilette de la mariée (détail d'une fresque de la villa des Mystères, à Pompéi).

Scène de mariage (bas-relief d'un sarcophage romain, Paris, musée du Louvre).

De l'Inde ancienne à l'Islam : les mariages de fillettes impubères

La pratique du mariage avant la puberté n'est pas spécifique à la société romaine. D'autres civilisations, contemporaines ou postérieures, l'ont connue.

En Inde. À partir de 300 avant notre ère apparaît en Inde la coutume de marier les filles avant la puberté, à 9 ou 10 ans, afin de s'assurer qu'elles arrivent vierges au mariage. Cette pratique, qui n'a pas détrôné la règle générale du mariage après la nubilité, s'est néanmoins maintenue jusqu'à son interdiction par la Constitution indienne de 1947.

En terre d'Islam. Dans le monde musulman, le mariage d'une fillette impubère le plus célèbre est celui de la petite Aïcha et de Mahomet. Aïcha, l'épouse préférée du Prophète, a 6 ans lors de la cérémonie du mariage et 9 ans lors de sa consommation. Malgré la loi coranique qui fixe à 12 ans l'âge du mariage pour les filles, les parents ont très souvent marié leurs enfants plus jeunes. L'Algérie du début du XXe siècle offrait encore des exemples de ce genre d'unions. En Kabylie, où, selon la loi, les filles ne pouvaient se marier avant 15 ans, les intéressées dissimulaient leur âge véritable ou attendaient d'avoir atteint la limite légale pour faire leur déclaration de mariage. Dans l'esprit des juristes musulmans qui ont toléré ces mariages prématurés, le but est de permettre à l'individu de contracter une union intéressante dès son jeune âge.

111-112

L'empereur Trajan fixe le sort des enfants abandonnés
L'EXPOSITION À ROME

L'exposition, c'est-à-dire l'abandon d'un nouveau-né dans un lieu public, est un phénomène largement répandu dans le monde romain. À la fin de l'année 111 ou au début de 112, l'empereur Trajan (98-117) répond à l'écrivain latin Pline le Jeune, gouverneur de la province de Bithynie (au nord-ouest de l'actuelle Turquie), qui l'interroge sur le statut de ces enfants abandonnés.

L'exposition est présente dès les débuts légendaires de l'histoire de Rome au VIIIe siècle avant notre ère. Un mythe attribue la fondation de la cité à un personnage exposé avec son frère, à sa naissance. Le nourrisson, Romulus, et son frère jumeau, Remus, abandonnés dans une corbeille jetée dans le Tibre, doivent la vie sauve à une louve.

Le statut des enfants exposés

Dans la province de Bithynie, les enfants exposés posent un réel problème au gouverneur romain, Pline le Jeune. Après leur abandon par leurs parents, des citoyens romains, ces jeunes de naissance libre ont souvent été recueillis par des individus qui les ont réduits en esclavage. Le représentant de l'autorité romaine s'interroge sur leur statut. Faut-il les considérer comme des personnes libres ou comme des esclaves ? Il consulte les édits impériaux existants, mais, n'ayant pas l'assurance qu'ils s'appliquent à sa région, il préfère s'adresser directement à l'empereur Trajan. Le souverain décrète alors que tous les enfants nés libres puis exposés restent libres et n'ont pas le statut d'esclaves. Leurs propriétaires sont donc contraints de leur accorder la liberté et ne peuvent exiger d'eux aucun dédommagement pour les frais engagés pour leur éducation. À aucun moment, Trajan ne remet en cause l'exposition elle-même. La coutume est admise par la loi et acceptée par tous ; personne ne la juge condamnable moralement. Les Romains s'étonnent même que certains peuples, comme les Germains ou les Juifs, se fassent un devoir de conserver et d'élever tous les enfants qui naissent. En 331, l'empereur Constantin revient sur les mesures, trop favorables à ses yeux, qui protègent les enfants trouvés nés libres. Désormais, quelle que soit leur origine, libre ou servile, les enfants abandonnés doivent avoir le même statut que les personnes qui les recueillent. S'ils sont adoptés, ils ne peuvent plus être repris par leurs parents naturels après dédommagement, comme c'était le cas jusque-là. S'ils sont transformés en esclaves, ils le demeurent pour le restant de leurs jours.

Rejetés dès la naissance

C'est le père de famille, qui a le droit de vie et de mort sur ses enfants, qui décide le plus souvent d'exposer le nouveau-né à sa naissance ou bien de l'élever. Les raisons qui le poussent à abandonner le bébé sont très variées. Le dénuement n'en est qu'un des motifs, même s'il s'agit de l'un des plus importants. En effet, les pauvres n'ont pas le monopole de l'exposition : celle-ci touche toute la société, toutes classes confondues. Les enfants mal formés ou infirmes, qui exigent beaucoup de soins, sont

Trajan (statue ruinée en bronze, Nimègue, musée provincial). Le grand empereur romain de la fin du Ier siècle de notre ère, précisa le statut des enfants abandonnés dans tout l'Empire.

L'indignation d'un philosophe

Au Ier siècle de notre ère, Philon, philosophe grec d'origine juive, dénonce les parents infanticides et ceux, beaucoup plus nombreux, qui recourent à l'exposition :

« Les uns perpètrent le crime de leur propre main et, poussés par leur sauvagerie et leur effrayante insensibilité, étouffent, suffoquent les nouveau-nés dès qu'ils respirent ; d'autres les jettent dans une rivière ou dans les profondeurs de la mer, après avoir accroché à leur corps un objet lourd afin que ce poids les fasse aller plus rapidement par le fond ; d'autres encore vont les exposer dans un endroit désert pour leur donner soi-disant une chance de salut, mais les livrant en réalité aux plus cruels des malheurs. Car tous les fauves friands de chair humaine viennent en toute liberté hanter les lieux et faire chère lie aux dépens des nouveau-nés, morceau de choix que leur apprêtent les seuls protecteurs des enfants, ceux qui devraient les préserver au premier chef, je veux dire le père et la mère. Et les restes font les délices des oiseaux carnassiers descendus du ciel. »

Philon d'Alexandrie, Des lois spéciales, III, 114-115, traduction par A. Mosès, éditions du Cerf, Paris, 1970.

La louve allaitant Romulus et Remus (statue de bronze du Ve siècle avant notre ère, Rome, musée du Capitole).

Faustule ramène le petit Romulus à sa femme (peinture de Cortone, Paris, musée du louvre).

les premiers menacés. Les filles, moins « utiles » que les garçons et dont le mariage occasionne de grosses dépenses, sont plus volontiers sacrifiées. Les petits pauvres sont plus fréquemment exposés que les enfants des milieux aisés : c'est la seule solution qui se présente à des parents qui n'ont à leur offrir qu'une vie de misère, d'autant plus terrible que les bouches à nourrir sont plus nombreuses. Quant aux pères riches, ils recourent fort commodément à cette pratique afin de limiter l'étendue de leur famille. Ils abandonnent les garçons et les filles qui naissent après leurs deux ou trois premiers enfants, évitant de cette façon la dispersion du patrimoine entre un trop grand nombre d'héritiers. Les familles choisissent aussi ce moyen pour se débarrasser des malheureux qui sont le fruit de l'adultère, d'un viol ou encore d'un faux pas de la mère ; dans ce cas, l'exposition a pour but d'éviter le scandale. Il appartient également au maître de maison de décider du sort de l'enfant qui résulte de ses relations avec ses esclaves : s'il ne désire pas le garder, il l'expose. La mésentente entre le père et la mère, le refus de certains couples ou de prostituées d'élever leurs enfants sont les autres causes d'abandon.

Un avenir plus qu'incertain

Les parents privilégient l'exposition à l'infanticide, car cela leur évite de tuer l'enfant de leurs propres mains. En même temps, ils peuvent espérer donner une petite chance de survie au bébé abandonné. Les géniteurs ou une servante déposent l'enfant dans un lieu public, tel un parvis de temple ou un marché. Souvent, un bijou, une amulette, un jouet accompagne le nouveau-né. L'objet montre que l'enfant est de naissance libre ou indique son rang social ; plus tard, il permettra éventuellement de l'identifier. Beaucoup de ces nourrissons, en mauvaise santé, mal nourris, sont voués, faute de soins, à une mort rapide. Les plus chanceux sont recueillis par des couples sans enfants ou par des célibataires qui les adoptent et s'en occupent comme s'ils étaient de leur propre sang. Les moins bien lotis tombent aux mains de gens qui les revendent comme esclaves ou qui les élèvent eux-mêmes avant de les transformer en main-d'œuvre servile. Ou, pire, ils échouent chez des proxénètes qui monnayent aussi bien les charmes des garçons que ceux des fillettes. D'autres enfin sont estropiés par d'affreux personnages qui en font des mendiants. Lorsque les écrivains latins font d'une histoire d'enfant exposé la trame de leurs œuvres, ce n'est pas cet aspect tragique de l'exposition qu'ils retiennent : ils ne s'intéressent qu'aux retrouvailles des enfants et de leurs parents naturels, événement plutôt rare dans la réalité.

218

Rome gouvernée par un jeune excentrique
ÉLAGABAL

En 218, grâce aux manœuvres habiles de sa grand-mère et à son charme irrésistible, un jeune Syrien de 14 ans se hisse sur le trône impérial. Mais sa vie entière est dominée par deux grandes passions : la recherche du plaisir et l'adoration vouée à son dieu, importé de Syrie. Elles finiront par dresser contre lui l'ensemble du peuple romain.

Élagabal (statue en marbre, Rome, musée du Capitole).

Les Roses d'Élagabal (peinture de Lawrence Alma-Tadema, collection particulière). Le jeune empereur, d'origine orientale, scandalisa le peuple par ses mœurs, son luxe et surtout son attachement pour des divinités non romaines.

Au temple (peinture de Lawrence Alma-Tadema, collection privée). L'étrange vision que nous fournit le peintre anglais de la fin du XIXᵉ siècle, aurait à peine surpris davantage les Romains que... le spectacle que leur offrait la vie d'Élagabal lui-même.

Au cours de l'année qui précède son accession au trône, Élagabal séduit les soldats de la légion romaine stationnée près d'Émèse, sa ville d'origine en Syrie. Les militaires admirent sa grande beauté et la grâce incomparable avec laquelle il danse pour le dieu Héliogabale, divinité de la Montagne et du Soleil, dont il est le grand prêtre. L'or de sa grand-mère achève de convaincre les soldats de prendre son parti et de le porter au pouvoir à la place de l'empereur régnant. « Élagabal » est un sobriquet dérivé du nom du dieu syrien adoré par le jeune souverain.

Une entrée fracassante

Élagabal, quittant la Syrie durant l'été 218, parvient à Rome un an après. Pour se présenter au peuple romain, il refuse d'écouter les conseils de sa grand-mère. Celle-ci lui recommande pourtant, fort raisonnablement, de quitter son costume de grand prêtre, bariolé et de type oriental, pour adopter une tenue plus appropriée à la circonstance. L'étrange apparition dont les Romains sont les témoins n'est que la première de la série de surprises que l'adolescent leur réserve. Élagabal entre dans Rome avec son dieu, qu'il transporte depuis la Syrie : Héliogabale s'incarne dans une pierre noire conique décorée de gemmes et ornée d'un aigle, trônant sur un char, précédé par l'empereur. Par la fantaisie du souverain, cette curieuse divinité va bientôt dominer la cité romaine.

Une vie de débauche et d'extravagances

Élagabal ne néglige rien pour égayer sa vie privée. En l'espace de 3 ans, il se marie et divorce trois fois. Son deuxième mariage est un sacrilège qui fait frémir les Romains. Il s'unit à une vestale, vierge chargée d'entretenir le feu sacré de Rome. La jeune fille perd ainsi une virginité, investie de grands pouvoirs magiques, dont dépend la sauvegarde de la ville. Ces unions n'empêchent pas Élagabal d'apprécier les aventures homosexuelles, dans lesquelles il tient le rôle de la femme, et de se divertir en jouant à la prostituée. Les histo-

riens latins rapportent qu'« il faisait de tous les orifices de son corps les réceptacles du plaisir » et qu'« il ne s'occupa que de trouver des émissaires chargés de lui procurer des hommes dotés de membres virils imposants et de les conduire au palais pour qu'il puisse jouir de leurs attributs ». À la recherche de sensations nouvelles, il finit par épouser… un esclave. Ces fantaisies sexuelles pourraient ne choquer que médiocrement les Romains, habitués aux comportements capricieux de leurs empereurs, si Élagabal n'affichait de plus son mépris pour les institutions de l'État. Ainsi, un danseur et un conducteur de char sont élevés aux dignités de chef de la garde impériale et de responsable du ravitaillement de la capitale. Même si la famille de l'adolescent assure la bonne marche du gouvernement, ces excentricités indisposent Rome.

Un fanatique religieux

Enfin, les entreprises religieuses d'Élagabal achèvent de scandaliser les Romains. Dès son arrivée, le jeune souverain érige, à proximité du palais impérial, un temple somptueux pour célébrer la gloire de son dieu Héliogabale. Il y loge la pierre noire et y transporte aussi les objets les plus vénérés des Romains, véritables symboles de leurs croyances ancestrales. Ainsi, il fait déménager le feu sacré de la déesse Vesta, qui brûle continuellement et protège la cité, le Palladium, statue qui selon la légende aurait été rapportée de Troie par Énée, le fondateur de Rome, les boucliers sacrés, tombés du ciel, du dieu de la Guerre, Mars, et la pierre de la déesse Cybèle, Grand Mère dont le culte a été importé de la Phrygie (la Turquie actuelle), et les fait voisiner avec l'emblème d'Héliogabale. L'intention de l'empereur est de transformer ce monument en véritable centre religieux de Rome, détrônant Jupiter, principal dieu de la ville, et soumettant toutes les autres divinités à Héliogabale, la divinité syrienne.

Les Romains, qui ont pourtant l'esprit large puisqu'ils ont accueilli dans leur cité de nombreuses divinités étrangères (à l'exception du Dieu des chrétiens, unique), ne peuvent tolérer qu'une divinité syrienne vienne supplanter leurs propres croyances. L'adolescent qui leur impose ces innovations leur devient vite insupportable.

Une fin tragique

En peu de temps, Élagabal s'aliène ainsi le peuple de Rome et les soldats de la garde impériale, les prétoriens. Sa grand-mère, qui sent arriver la fin du règne, veut sauver la dynastie : elle s'empresse de lui faire adopter comme successeur son cousin Sévère Alexandre.

Cet enfant de 13 ou 14 ans, qui est sage et mesuré, s'attire immédiatement les sympathies des Romains et la jalousie d'Élagabal. L'empereur cherche à revenir sur ses décisions, puis tente d'éliminer son cousin. Il en est empêché par la garde impériale, qui l'assassine dans le palais en même temps que sa mère. Le cadavre d'Élagabal, traîné à travers toute la ville, est finalement jeté dans le Tibre. Rome efface ensuite sur ses monuments toute trace de ce règne honni.

354

L'enfance difficile d'un Romain d'Afrique du Nord
SAINT AUGUSTIN

Lorsqu'il évoque ses jeunes années, saint Augustin ne peut s'empêcher de poser des questions telles que : « Lequel d'entre nous, si on le lui proposait, voudrait recommencer son enfance ? » ou bien « Qui donc ne reculerait d'horreur et ne choisirait la mort si on lui offrait le choix entre la mort et redevenir enfant ? »

Curieux propos, pour nous qui tendons à considérer l'enfance comme un vert paradis et le meilleur temps, peut-être, de la vie... Mais la position ambiguë d'Augustin, enfant romain de père païen et de mère chrétienne, lui-même tardivement converti à la foi nouvelle, explique la répugnance que le plus célèbre Père de l'Église manifeste lorsqu'il revient en lui-même sur ses premières années.

Un écolier malheureux

Né en 354, à Tagaste, une petite ville de la province romaine de Numidie en Afrique du Nord, dans une région de l'Algérie actuelle proche de la frontière tunisienne, Aurelius Augustinus garde tout d'abord un souvenir horrifié des châtiments cruels subis à l'école. Fils d'un petit propriétaire rural citoyen libre de l'Empire, l'enfant est en effet envoyé à l'âge de sept ans à l'école primaire de Tagaste, première étape (aux yeux d'un père qui entend offrir à son fils un destin meilleur que le sien) d'une longue carrière scolaire. L'enfant, outre le latin, doit apprendre des rudiments de grec dans cette école. Sans doute n'y excelle-t-il pas — il restera, toute sa vie, et contrairement aux autres grands penseurs de l'Antiquité, un médiocre helléniste ; de telle sorte qu'il mérite les coups, nombreux, et les rudes punitions que les maîtres d'alors n'hésitent pas à infliger aux mauvais élèves. L'enfant, à qui l'on a appris que le Seigneur aide ceux qui l'invoquent, demande dans ses premières prières que les coups tant redoutés lui soient épargnés. Des années plus tard, s'adressant à Dieu, il se souvient : « Je me mis donc, petit garçon, à te prier comme mon aide et mon refuge. Pour t'invoquer, je rompais les nœuds de ma langue et je te priais, chétif, d'une non chétive ardeur, qu'à l'école on ne me battît point. Or, quand tu ne m'écoutais pas, nonobstant mes supplications, les grandes personnes, jusques à mes parents mêmes qui n'auraient pas voulu qu'il m'arrivât rien de mal, se riaient de mes meurtrissures, mal pour moi alors grand et grave. »

L'expérience du mal

Mais les souvenirs d'enfance les plus douloureux d'Augustin sont le résultat du remords que le chrétien qu'il est devenu éprouve à l'égard d'une conduite qui, désormais, ne peut que lui faire horreur. Après Tagaste et ses maîtres exécrés, l'enfant, à partir de onze ans, fréquente une école secondaire à Madaure, à

Le petit Augustin est conduit à l'école (détail d'une fresque de Benozzo Gozzoli, 1465, San Gimignano, basilique Saint-Augustin).

Une éducation à demi chrétienne

Augustin a **une mère chrétienne**, Monique, qui sème en lui les germes du christianisme, forts longs à s'épanouir.

À sa naissance, avec l'accord de son père (un païen, mais qui finira par se convertir), elle a tracé sur le front de l'enfant un signe de croix, mais elle ne l'a pas fait baptiser : à cette époque, les chrétiens attendent l'âge adulte pour imposer ce sacrement.

Dès les premières années, en revanche, elle a tâché d'initier Augustin aux notions de péché, de vie éternelle et de salut, son but étant de **faire en sorte que son fils aime et vénère Dieu** plus encore que son père.

De cette éducation chrétienne, à laquelle s'oppose un milieu extérieur encore largement païen, il restera dans l'esprit de l'enfant **des traces puissantes qui fructifieront à l'âge adulte.**

La perte de la foi

Confronté à la mort d'un ami très cher, Augustin adolescent ne parvient plus à croire en Dieu et au salut des hommes, comme on le lui a appris :

« Deuil qui dans mon cœur fit la nuit. Partout, je ne voyais que mort. La terre natale m'était supplice, la maison paternelle étrange ennui. Tout ce que j'avais eu en commun avec lui s'était sans lui tourné en une torture affreuse. Mes yeux de tous côtés le réclamaient et rien ne me le donnait. Toutes choses m'étaient odieuses, qui, ne l'ayant plus, ne pouvaient, comme de son vivant quand il n'était pas là, me dire : "Le voici ! Il va venir !"
Devenu pour moi en moi-même une grande énigme, j'interrogeais mon âme : "Pourquoi être triste ? Pourquoi me troubler si fort ?" Elle ne savait que me répondre et si je lui disais : "Espère en Dieu", elle n'obéissait pas et elle avait raison, l'homme très cher que j'avais perdu étant plus réel et meilleur que le mirage en qui je lui ordonnais d'espérer. [...] J'aurais dû, je le savais, chercher en toi, Seigneur, allègement et guérison, mais je ne voulais ni ne pouvais, d'autant que dans mon idée tu n'étais pas, quand je pensais à toi, quelque chose de ferme et de solide. »

Saint Augustin, Confessions, *traduction L. de Mondadon, Pierre Horay, Paris, 1984.*

une trentaine de kilomètres de chez lui. Libéré du contrôle familial, nourri désormais seulement de littérature païenne, il s'éloigne peu à peu des principes chrétiens qui constituaient une partie de sa culture. À quinze ans, forcé d'abandonner quelque temps l'école parce que son père n'a plus d'argent, il retourne dans sa ville natale et trompe son oisiveté forcée par de mauvaises fréquentations. En compagnie de garnements de son âge, il commet des vilenies plus ou moins graves, dont une qui lui laisse, à jamais, un remords extrême, le poussant par la suite à faire de l'incident le symbole même du mal : « Il y avait, proche de notre vigne, un poirier chargé de fruits d'un aspect et d'un goût peu appétissants. Nous allâmes entre jeunes vauriens le secouer et le dépouiller en pleine nuit […] ; nous emportâmes un lourd butin, non pas pour nous régaler, mais pour le jeter aux cochons. […] L'intéressant était de faire quelque chose de défendu qui, comme tel, nous plaisait. » Dans ses *Confessions* — le texte dans lequel, bien des années après, il évoque ce souvenir —, Augustin avoue le plaisir pris à transgresser un interdit et à partager ce crime avec ses camarades.

Une longue voie vers Dieu

Saisi par le remords, il déclare : « Que rendrai-je au Seigneur, que ce souvenir occupe ma mémoire sans que mon âme en conçoive de la crainte ? » Sur le moment cependant, l'incident ne l'inquiète pas outre mesure. Bien au contraire, le jeune homme persévère, désormais, dans la voie du mal, commettant de bien plus graves péchés. À Carthage, où il finit par poursuivre ses études supérieures, il découvre les joies et les tourments de l'amour et les plaisirs qu'offre la grande ville — il vit un temps en concubinage. À dix-huit ans, il met un terme à ses passions de jeunesse. Mais il ne retrouvera le Dieu de son enfance, celui que sa mère avait tâché de lui faire découvrir, qu'après un cheminement long et tortueux et de mûres réflexions. En effet, Augustin ne revient à la religion de son enfance qu'en 386.

Augustin adulte enseignant à Rome (fresque de Benozzo Gozzoli, 1465, San Gimignano, basilique Saint-Augustin).

Saint Augustin (manuscrit du XVe siècle, Paris, Bibliothèque nationale de France).

418

Le concile de Carthage remédie au péché originel
LE BAPTÊME DES ENFANTS

« Aux petits enfants, la mère Église prête les pieds des autres pour qu'ils viennent, le cœur des autres pour qu'ils croient, la langue des autres pour qu'ils affirment leur foi. »

À une époque où l'on ne pratique encore que le baptême des adultes, l'évêque d'Hippone, le futur saint Augustin, justifie en ces termes ses vigoureuses positions en faveur du baptême des enfants.

Le baptême contre l'enfer

Convient-il ou non d'admettre de très jeunes êtres à recevoir ce sacrement ? Pour les disciples du moine breton Pélage, cela n'est ni légitime ni utile : d'une part, les petits enfants ne sont pas conscients de la grandeur du don qu'ils reçoivent, d'autre part, s'ils meurent sans avoir été baptisés, Dieu les reçoit néanmoins auprès de lui, car il a accordé aux créatures, à leur naissance, une âme vierge de toute souillure. Mais, dans l'Afrique du Nord christianisée, au début du Ve siècle, c'est le point de vue inverse qui prévaut : des théologiens de renom, et parmi eux Augustin, affirment que l'enfant, dès sa venue au monde, est marqué par la faute com-

Le baptême d'un petit enfant (enluminure illustrant un manuscrit des Décrets de Gratien, XIIIe siècle, Laon, Bibliothèque municipale).

Cuve baptismale (Florence, baptistère Saint-Jean).

mise jadis par Adam et Ève — le péché originel. Comme seul le baptême peut laver celui qui le reçoit de toute souillure, les nouveau-nés qui viennent à périr sans l'avoir reçu sont donc condamnés à souffrir les feux de l'enfer. En 418, le concile qui réunit les évêques à Carthage tranche en faveur d'Augustin. Dès lors, et en peu de temps, la pratique du baptême des enfants se généralise en Occident.

Le développement du baptême des enfants

Le débat qui se clôt dans l'ancienne capitale romaine d'Afrique du Nord n'a de sens que si l'on se souvient des deux fonctions du sacrement du baptême : non seulement il lave le baptisé de tout péché, mais il marque aussi son entrée volontaire dans la communauté chrétienne. Dans les tout premiers siècles de son histoire, l'Église trouve naturel de ne baptiser que les adultes. À cette époque, le christianisme est une religion de prosélytes : les membres de la communauté chrétienne sont des êtres mûrs, qui ont décidé de se convertir et choisissent de recevoir le baptême après une longue préparation. Mais, lorsque le christianisme devient la foi majoritaire en Occident, la question se pose dans des termes différents. Désormais, des enfants naissent de parents déjà convertis, et pères et mères répugnent à attendre qu'ils aient atteint l'âge de raison pour les faire bénéficier des bienfaits de leur foi. Dès le IIe siècle, en Afrique, les évêques procèdent au baptême des enfants, répondant ainsi dans les faits aux souhaits des fidèles. Ils abrègent le rituel, le modifient dans

Le baptême du Christ (détail d'une mosaïque du XIIIe siècle, Florence, baptistère Saint-Jean).

L'invention des limbes

Dans les premiers siècles du deuxième millénaire, la question de la validité du baptême des enfants resurgit : des mouvements chrétiens hérétiques, reprenant les arguments de Pélage, soutiennent en particulier l'impossibilité pour un enfant qui ignore ce qu'il fait d'être régénéré par le baptême.

Au XIIIe siècle, de grands théologiens, au premier rang desquels saint Thomas d'Aquin, tout en confirmant la nécessité d'un baptême précoce, imaginent une solution pour les petits enfants qui ont le malheur de mourir avant d'avoir reçu ce sacrement : ils ne sont plus damnés pour l'éternité, mais gagnent les limbes, un lieu intermédiaire où, sans connaître la joie que donne la vision de Dieu, ils échappent du moins à toute souffrance.

Ce compromis ne suffit pas : certains groupes protestants, par exemple les anabaptistes, au début de la Réforme, se séparent de l'Église précisément à cause de cette question…

---

un sens pratique et sollicitent l'intervention croissante des adultes, qui s'engagent au nom du petit baptisé. C'est à cette époque, c'est-à-dire avant que sa validité théologique soit confirmée, que se fixent les traits caractéristiques du baptême des enfants, qui évoluent ensuite lentement jusqu'à nos jours.

Une lente évolution

Ainsi, dès l'origine — le baptême de Jésus par Jean le Baptiste dans l'eau du Jourdain —, l'eau est utilisée pour conférer le baptême. Mais, dans les premiers temps du christianisme, ce sacrement est conféré au moyen d'une immersion totale, à l'imitation du baptême du Christ. Aussi les cathédrales disposent-elles d'un baptistère, véritable pièce ou même monument particulier, réservé aux baptêmes et organisé autour d'une piscine, ou cuve baptismale. Le baptême par versement d'eau sur la tête de l'enfant se développe progressivement au cours du Moyen Âge, simplement parce qu'il est plus pratique… et nettement moins dangereux pour la vie de l'enfant que le bain dans des baptistères où peut régner un froid glacial ! Ce mode de baptême devient au XIVe siècle le seul autorisé. Le rite lui-même évolue et se simplifie. Jusqu'au XIe siècle, les enfants sont conduits au baptistère en groupe, à Pâques ou à la Pentecôte. Après quoi, progressivement, et surtout à partir du XIIIe siècle, l'usage s'introduit de les baptiser individuellement peu de temps après leur naissance. Dans la seconde moitié du XXe siècle, cependant, l'Église catholique recommence à célébrer des baptêmes groupés d'enfants plus âgés, en même temps qu'elle confère le sacrement aux nouveau-nés.

Parrains et marraines

Certaines institutions perdurent sous des formes différentes : ainsi, le parrainage du nouveau baptisé remonte au temps où celui-ci, adulte, était présenté au baptême par un chrétien de confiance qui se constituait son garant aux yeux de l'Église. Lorsque les conversions — et donc les baptêmes — d'adultes deviennent plus rares, l'institution se maintient, en s'étendant d'abord aux orphelins et aux fils d'esclaves. Puis, à partir des VIIe-VIIIe siècles, tous les enfants ont un parrain et une marraine. Désormais, en effet, ce ne sont plus les parents qui conduisent leur enfant au baptistère, mais un chrétien et une chrétienne choisis par eux, et destinés, le cas échéant, à leur servir de père et de mère de substitution. Les mots nouveaux qui les désignent évoquent ce rôle, spirituel, matériel et sentimental : parrains et marraines sont les *parrini*, les « petits pères », diminutif du latin *patres* ou « patrons ».

Les autres sacrements

Communion et confirmation. Tant que les baptisés sont encore une minorité, baptême, confirmation des mains de l'évêque et première communion se succèdent en une même cérémonie. Puis, avec l'augmentation du nombre de ceux qui reçoivent le sacrement, la confirmation, qui nécessite la présence de l'évêque du lieu, s'éloigne du temps du baptême : elle a lieu quand l'évêque est disponible. En revanche, la première communion est immédiate : au XIIe siècle, dans le cas d'un enfant, on trempe le doigt dans le vin consacré et on le met au contact de sa bouche immédiatement après le baptême.

Un décalage croissant. À la suite du concile du Latran de 1215, la première communion est retardée jusqu'à 7, voire 12 ans, tandis que la confirmation continue à être célébrée à la première occasion. Au XIVe siècle, on conseille de ne pas confirmer avant 7 ans. Au XVIIIe siècle enfin se développe en France l'habitude de repousser la confirmation après la première communion, afin que les enfants soient suffisamment préparés à la recevoir.

476

Un enfant dernier empereur à Rome
ROMULUS AUGUSTULE

En 476, un chef barbare, Odoacre, dépose Romulus Augustule, le dernier empereur romain d'Occident. Cet enfant, dont la chute clôt traditionnellement l'Antiquité, est le fils du bras droit d'Attila ! Son destin, à cheval entre Rome et les Barbares, est exemplaire de cette difficile transition que constitua le passage du monde antique à la civilisation médiévale.

Le petit empereur règne peu de temps et sur un petit territoire : vêtu de la pourpre impériale le 29 octobre 475, il est destitué par Odoacre dans les premiers jours de septembre 476. Son empire n'est plus que le souvenir de la grandeur passée de l'Empire romain : il ne comprend guère plus que l'Italie, tandis que le reste de l'Occident est occupé par différents peuples barbares et que l'Orient constitue depuis 395 un autre Empire romain, bien plus riche et puissant.

Le fils d'Oreste

L'histoire de Romulus est étonnante. Sa famille est originaire de l'Empire, cet enfant n'est pas un Barbare mais un Romain de province, qui porte d'ailleurs le nom du fondateur de Rome, Romulus. Pourtant, son père, Oreste, né sujet de Rome, sert Attila lorsque celui-ci, à la tête de ses Huns, envahit l'Empire. Il devient le secrétaire du conquérant, qui lui accorde toute sa confiance. À la mort d'Attila, en 453, Oreste se retire avec les siens en Italie et entre au service des empereurs. Romulus naît alors, vers 464. En 475, devenu maître de l'armée, entièrement composée il est vrai de mercenaires barbares, Oreste renverse l'empereur, mais refuse de porter personnellement la pourpre, qu'il fait donner à son fils. Celui-ci, placé sur un bouclier, vêtu d'un manteau de pourpre trop grand pour lui, est alors promené dans les rues, sous les applaudissements du peuple et des soldats.

Un souverain éphémère

Romulus Augustule a alors 11 ans. Son père dirige en son nom, pendant que le « Petit Empereur » — c'est la signification de son surnom d'Augustule — est élevé sous la férule d'un prêtre au palais. Moins d'une année plus tard, Oreste tombe sous les coups d'une révolte de mercenaires dirigés par Odoacre, l'un de ses lieutenants barbares. Augustule, à l'annonce de la défaite des siens, tente de se cacher dans le palais. Retrouvé, il est amené tout sanglotant devant son vainqueur. Celui-ci, par pitié pour son âge et sa beauté, l'épargne et l'envoie, libre et pourvu d'une pension annuelle de 6 000 sous d'or, près de Naples, en exil doré. Empereur déchu et qui n'eut jamais de véritable pouvoir, il reste pourtant un atout dans le jeu politique, dont Odoacre n'entend pas se priver.

Romulus Augustule (monnaie romaine). Le petit garçon, qui n'exerça aucun pouvoir, fut le dernier empereur de l'Empire romain d'Occident.

Romulus Augustule déposé par Odoacre (gravure allemande du XIXᵉ siècle).

Enfants otages

L'histoire de Romulus Augustule n'est pas unique. Comme lui, d'autres enfants se sont trouvés ballottés entre Rome et les peuples barbares, et ont été promis eux aussi à un destin illustre.

Aetius et Théodoric. Romulus doit son éphémère fortune, à travers son père, à Attila. Celui-ci a connu sa plus grave défaite en 451, face au général romain Aetius. Or Aetius, enfant romain, avait été donné comme otage aux Barbares après le sac de Rome, en 410, et il avait été élevé chez les Huns ! Inversement, Odoacre est renversé et tué en 493 par l'Ostrogoth Théodoric, qui avait été élevé, de 8 à 18 ans, à la cour de l'empereur romain d'Orient, à Constantinople. Prince barbare, il y avait été envoyé comme otage afin de garantir un traité entre les Ostrogoths et l'Empire d'Orient !

À la fois romains et barbares. Dans les deux cas, l'expérience de l'enfant joue un grand rôle dans l'action de l'adulte : si Aetius, avec l'aide d'autres Barbares, réussit à battre les Huns, c'est parce qu'il connaît parfaitement leur tactique et leur comportement, avec lesquels il s'est familiarisé dans leurs camps alors qu'il était adolescent. Quant à Théodoric, que certains écrivains anciens décrivent comme un illettré, il se fait néanmoins le protecteur de la culture romaine, qui brille sous son règne de ses derniers feux avec le philosophe Boèce.

Le dernier empereur

Il se sert d'ailleurs bientôt de son otage en lui faisant rédiger une lettre au sénat — l'antique institution romaine, symbole de l'État, survit encore en ce temps-là — dans laquelle Romulus renonce à l'Empire et affirme que l'Occident n'a plus besoin d'empereur. Tandis qu'Odoacre reste ainsi, sans prendre le titre d'empereur, le seul maître en Italie, une délégation du sénat, accompagnée des insignes impériaux, est envoyée à Constantinople auprès de l'empereur d'Orient, qui devient ainsi le seul héritier de Rome. Cette lettre, écrite sous la dictée de son vainqueur, est le dernier acte connu de Romulus Augustule, dont on ignore même s'il survécut longtemps. L'histoire de l'Empire en Occident prend donc fin avec ce souverain dérisoire.

Un symbole

Son destin dépasse pourtant l'anecdote. Certes, les écrivains contemporains ne signalent que brièvement sa déposition. Pour eux, comme pour Odoacre, l'Empire survit, en Orient il est vrai. Pourtant, tout au long du XIXe et du XXe siècle la date de 476 revient sous la plume des historiens : là finit l'Antiquité et commence le Moyen Âge. Le succès de Romulus Augustule auprès des historiens s'explique sans doute surtout par le besoin de trouver une date, si symbolique soit-elle. Dès lors, en effet, pourquoi ne pas retenir ce règne, le dernier d'un empereur spécifiquement en charge de l'Occident ?

Vandale quittant sa villa (mosaïque du Ve siècle de notre ère, Londres, British Museum). Les Romains sont-ils devenus des Barbares, ou les Barbares des Romains ? La confusion des modes de vie, à la fin de l'Antiquité, est extrême.

Entre deux mondes

La survie de l'enseignement. Après la disparition de l'Empire romain d'Occident, les écoles de tradition classique survivent, en Italie et en Afrique du Nord. En Gaule et en Espagne, les familles aristocratiques engagent pour leurs enfants des précepteurs qui reprennent eux aussi l'éducation romaine. Au terme de quelques siècles, l'Église prend le relais.

L'importance du Ve siècle. L'enseignement dispensé à Rome n'est pas totalement oublié. Des générations entières d'écoliers, pendant plusieurs siècles, travaillent ainsi à partir de textes rédigés au temps de Romulus Augustule. Ces enfants apprennent à admirer l'Antiquité davantage par les textes de compilateurs tardifs que directement chez les auteurs classiques. Le livre de chevet de l'écolier du Moyen Âge est ainsi les *Noces de Philologie et de Mercure*, écrit par Martianus Capella en Afrique du Nord à la fin du Ve siècle, c'est-à-dire au moment même où, à Rome, Romulus Augustule perd le pouvoir.

VIᵉ siècle

Les premiers témoignages d'une coutume millénaire
L'ADOPTION EN TERRE CELTIQUE

L'Irlande pastorale et guerrière du VIᵉ siècle n'a jamais fait partie de l'Empire romain. Elle a conservé intactes ses propres coutumes. Or la christianisation progressive de l'île y implante une innovation essentielle, l'écrit. Les moines sont ainsi les premiers à mentionner une pratique très particulière, l'envoi systématique des jeunes enfants dans une famille d'adoption chargée de les élever jusqu'à leur majorité...

Les textes décrivant la vie d'un saint sont, au Moyen Âge, constitués de passages obligés, de lieux communs, parmi lesquels la description quasi obligatoire de son enfance, placée le plus souvent sous le signe de l'élection divine. Nos premières connaissances sur la coutume du transfert des jeunes nobles de leur famille naturelle à un foyer d'accueil proviennent de ces vies des saints. D'autres documents plus récents, des textes de lois de l'Irlande ancienne, décrivent précisément les modalités de cette adoption dans le monde celtique.

Tous les saints de l'Irlande

Éparpillés dans les récits, à l'occasion de miracles réalisés par les saints dans leur enfance, divers indices nous signalent l'exis-

Quelles pouvaient être les conséquences affectives, pour de jeunes enfants, d'être ainsi arrachés à leur famille, puis de devoir quitter, des années plus tard, le nouveau foyer auquel ils s'étaient attachés ?

L'adoption au Moyen Âge

Les enfants abandonnés sont nombreux au Moyen Âge. Pourtant l'adoption telle que nous la connaissons actuellement n'existe pas.

Les enfants abandonnés, souvent dès leur naissance, à la porte des églises, des monastères ou des hôpitaux, ne peuvent pas être adoptés de plein droit par des parents sans enfants, désireux d'avoir un héritier. Il faut attendre le XIXᵉ siècle pour que réapparaisse l'adoption, disparue en Occident depuis le VIIIᵉ siècle.

La transmission des biens joue un rôle important dans cette interdiction, que l'on trouve aussi bien dans le droit canon que dans la législation laïque : il s'agit d'éviter l'institution de « faux » héritiers. Il semble cependant qu'à la fin du Moyen Âge, aussi bien en France qu'en Angleterre, cette interdiction soit de plus en plus tournée, et l'enfant adopté reconnu de facto comme tel.

---

tence de ces *nutritores*, ces parents nourriciers. Par exemple, lorsque les brebis que garde saint Maedoc sont dévorées par les loups, il se hâte de les ressusciter, de peur des réprimandes de sa mère nourricière... Sous leur pesante énumération de miracles, les vies des saints fourmillent de ces historiettes croquées sur le vif. Une bonne partie des très nombreux saints et quelques-unes des saintes que compte alors l'île sont ainsi élevés loin de leurs parents, dans des familles d'adoption, souvent dès leur naissance. Saint Aedus passe toute son enfance à plus de 200 kilomètres des siens et ne revient dans son foyer d'origine qu'à la fin de son adolescence. Les familles qui accueillent les jeunes ne sont pas à proprement parler étrangères : le père nourricier est souvent aussi le parrain de l'enfant et appartient parfois à la famille de sa mère. C'est ainsi le cas d'Aedus. Tous les jeunes restent dans leur famille d'adoption de leur prime enfance à l'« âge du choix », 17 ans pour les garçons, 14 pour les filles. Ayant passé toutes ses jeunes années loin de son foyer d'origine, le jeune noble se sent naturellement plus proche de ses parents nourriciers que de sa parenté par le sang.

Réciproquement, les parents nourriciers s'attachent à celui qui leur a été confié et, souvent, interviennent en sa faveur lorsqu'il est menacé. On lit ainsi dans la vie du Breton saint Malo que le père nourricier d'un fils de roi va jusqu'à tenter de tuer les autres fils du roi pour que le jeune homme qu'il a élevé puisse s'asseoir sur le trône ! Sans évidemment justifier des conduites si extrêmes, les lois irlandaises reconnaissent la force des liens créés par cette éducation particulière : elles rendent les parents adoptifs juridiquement responsables des jeunes pendant toute la durée de leur éducation chez eux, affirment le devoir d'obéissance des enfants à leur égard et font à ceux-ci une obligation de secourir leurs parents nourriciers si, devenus âgés, ils sont dans le besoin.

Comme il arrive souvent que plusieurs enfants de différentes familles se retrouvent chez les mêmes parents nourriciers, les lois irlandaises reconnaissent aussi des liens entre ces jeunes devenus frères de lait. À la famille naturelle se substitue donc dans tous les domaines une famille d'adoption.

Une éducation hiérarchisée

Ce système d'éducation ne concerne cependant pas toute la population irlandaise. Il est réservé aux enfants d'hommes libres et, à cause de son coût, pratiqué surtout chez les nobles. L'envoi d'un fils ou d'une fille dans une autre famille constitue en effet un investissement important : le plus souvent, les parents naturels rémunèrent les parents nourriciers selon un contrat très précisément établi. Le prix, calculé en têtes de bétail, dépend du rang social de la famille d'origine. Le contrat prévoit même le type d'éducation que doit fournir le foyer d'accueil. Aux simples fils d'hommes libres, les parents nourriciers apprendront les besognes utiles dans cette société pastorale : surveiller le troupeau, peigner la laine, sécher le blé au four et couper le bois ; aux filles de même origine sociale, ils enseigneront le maniement du moulin à bras, du tamis et du pétrin. Les enfants les plus nobles, quant à eux, consacreront leur temps à l'apprentissage de l'équitation, aux échecs, à la chasse et à la natation, tandis que leurs sœurs s'initieront à couper, coudre et broder les tissus. Maedoc, qui garde des moutons, n'est donc sûrement pas fils de roi ! Quant aux orphelins, ils sont placés dans une famille aux frais de la tribu.

En Irlande, et dans une partie de l'Occident médiéval, les petits garçons passaient du château de leur père à celui d'un parent, pour y accomplir leur éducation.

Saint irlandais. C'est dans les biographies de ces personnages qu'on trouve de nombreux exemples d'enfants élevés loin de chez eux.

Une institution profondément ancrée

Pourquoi une telle pratique ? Exemple unique d'une éducation échappant totalement aux parents, on ne la trouve que dans les pays celtiques et les pays scandinaves, où il est d'ailleurs possible qu'elle soit due à l'influence irlandaise. Plusieurs explications ont été proposées. Sans doute l'adoption était-elle un moyen d'honorer la famille d'accueil, au moins dans la noblesse. D'autre part, la polygamie restant la règle dans l'Irlande des premiers temps chrétiens, la dispersion dans des familles adoptives d'enfants nés de plusieurs lits a pu apparaître comme le plus sûr moyen d'éviter des problèmes parfois épineux de coexistence sous le même toit… Mais, à dire vrai, les sources dont disposent les historiens décrivent ce phénomène unique plus qu'elles ne l'expliquent… Quoi qu'il en soit, cette coutume est profondément ancrée dans la vie familiale irlandaise : les barons normands, qui règnent sur l'Angleterre et qui envahissent l'île en 1170, font souche dans la région de Dublin, et très vite pratiquent ce type d'adoption. À tel point que les rois d'Angleterre, inquiets de cette prompte « irlandisation » des mœurs, légifèrent pour interdire l'adoption à la mode celtique. Mais les lois se succèdent longtemps sans succès : ce mode d'éducation perdure encore jusqu'au XVIIe siècle…

→ **Voir aussi** : p. 70-71 (Tristan).

654

Le prix d'un enfant chez les Barbares

LE WERGELD

Les rois barbares wisigoths qui règnent sur l'Espagne de 468 à 711 sont de grands législateurs. Du Code d'Euric en 476 à la grande compilation d'Ervige en 681, leurs textes transforment le statut social de l'enfant d'une manière radicale par rapport à l'époque romaine.

Une des lois promulguées en 654 par le roi Reccesvind dresse la liste complète des compensations financières que doit donner aux proches de la victime le propriétaire d'un animal dangereux ayant tué quelqu'un. Cette compensation — ou wergeld, « argent de la vengeance » —, systématique en cas de mort d'homme, a pour but d'éviter les représailles de sa famille et la naissance d'un esprit de vengeance. C'est une institution commune aux différentes sociétés germaniques qui s'installent dans l'Empire romain à partir du Ve siècle. Or, tout autant que le sexe, l'âge de la victime fait varier le montant de la compensation.

Combien vaut l'enfant ?

La comparaison des chiffres est très instructive : si la victime est un homme dans la plénitude de ses forces, le responsable doit payer 300 sous d'or, seulement 200 si l'homme a

Monnaie celte.

Combien vaut la vie d'un enfant, au début du Moyen Âge ? C'est ce que le code celte fixe avec précision, comme il détermine celui de toutes les autres classes d'âge, et de chaque sexe, dans la population (gravure du XIXe siècle, illustrant la revue la Semaine des enfants*).*

Tacite décrit les enfants des Germains

Au Ier siècle de notre ère, l'écrivain Tacite dresse ce tableau de l'enfance des Germains, qui le choque et le séduit tout à la fois :
« *Limiter le nombre de ses enfants ou tuer ceux qui naissent après les héritiers passe pour crime honteux, et là-bas les bonnes mœurs ont plus d'empire qu'ailleurs les bonnes lois. Dans chaque famille, ils grandissent nus et sales jusqu'à cette membrure, jusqu'à ces corps qui nous étonnent. La mère nourrit elle-même son enfant à la mamelle, et ils ne sont pas confiés à des servantes ni à des nourrices. Aucun raffinement ne distingue l'éducation du maître de celle de l'esclave : ils vivent mêlés aux mêmes animaux, couchant sur le même sol...* »

Tacite, la Germanie, traduction J. Perret, Les Belles Lettres, Paris, 1949.

---

entre 50 et 65 ans, et 100 au-dessus. Pour un jeune garçon âgé de 10 à 15 ans, le coupable devra payer, en sous, l'âge de la victime multiplié par dix. Un enfant de 10 ans « vaut » donc cent sous, trois fois moins qu'un adulte, mais autant qu'un vieillard ! S'il a 7, 8 ou 9 ans, il « vaut » moins : 90 sous. La perte de valeur se poursuit pour les enfants plus jeunes, pour atteindre 60 sous d'or dans le cas d'un bébé mâle âgé de un an. Les filles sont plus mal traitées encore puisque, si une femme adulte de plus de 15 ans atteint les 250 sous, au-dessous de cet âge la valeur des petites filles n'est égale qu'à la moitié de celle des garçons. Une fillette de un an vaut donc dix fois moins qu'un homme adulte...

Une mesure réaliste

Ce tarif pénal, si éloigné de nos mœurs et de nos conceptions morales, révèle l'existence d'une véritable hiérarchie des valeurs individuelles au sein de la société wisigothique. Il mesure la valeur accordée par elle à chacun des membres en fonction de l'utilité de celui-

ci. Or, être utile, c'est être adulte : être guerrier pour les hommes et mère pour les femmes. Mais, après tout, un enfant est un adulte en puissance, potentiellement tout aussi utile à la société, dont il représente l'avenir. C'est précisément ce que mesurent ces chiffres, non pas l'utilité de l'enfant en elle-même, mais plutôt l'espoir de voir celui-ci devenir un jour utile à la société. Cet espoir apparaît d'autant plus faible que l'enfant est jeune, en raison de l'énorme mortalité infantile. Un bébé vaut donc moins qu'un enfant plus âgé car il a moins de chances d'atteindre l'âge adulte. Le réalisme prévaut ! La valeur des filles, moitié moindre, ne fait quant à elle que refléter la conception générale, commune aux héritages barbare, romain et judéo-chrétien. La société ne voit en la fillette qu'une future mère qui prend toute sa valeur dès qu'elle est en âge d'avoir à son tour des enfants et d'assurer la survie de la lignée. Une jeune fille de 16 ans vaut ainsi plus qu'un jeune homme du même âge qui, lui, n'est pas encore prêt à remplir sa fonction sociale, la guerre. On retrouve un système équivalent, mais encore amplifié, chez d'autres peuples barbares : pour les Francs Saliens, le peuple de Clovis, la femme adulte a une valeur supérieure à celle du guerrier. À cette époque, c'est donc toujours, pour les garçons comme pour les filles, l'âge adulte qui est la référence. L'enfance, en tant que telle, n'a aucune valeur aux yeux de la société. Encore faut-il nuancer, car trente sous d'or représentent alors une valeur considérable : à titre de comparaison, quatre sous suffisent à la nourriture d'un adulte pour une année !

Sous la protection des rois

En élaborant ce tarif pénal, les législateurs wisigoths ont cherché à protéger les enfants : la somme à verser après la mort de la victime a dû inciter les imprudents à plus d'attention, et dissuader les jaloux ou les violents d'assassiner de petits êtres. D'autres éléments tirés des mêmes textes de loi prouvent que les rois barbares se sont souciés de défendre l'enfance. En effet, l'héritage de la tradition romaine était fort peu favorable aux enfants : le père, jusque dans les derniers siècles de l'Empire (quoique avec moins de force à cette époque), avait droit de vie et de mort sur sa progéniture. Si, à la naissance, il ne prenait pas dans ses bras son fils ou sa fille, l'enfant était exposé, c'est-à-dire abandonné dans la rue. Cette décision ne choquait personne, et elle guettait particulièrement les derniers-nés et les infirmes. Un père pouvait aussi vendre ses enfants comme esclaves. Or, les rois barbares élaborent une législation allant exactement à l'inverse de ces coutumes, sous l'influence, d'une part, de l'Église et, d'autre part, des traditions germaniques. L'avortement, l'infanticide, l'abandon d'enfant sont chez eux sévèrement punis. Le père n'a plus le droit de vie et de mort sur ses enfants, et il lui est désormais interdit de les vendre. Il ne peut pas non plus les déshériter, leur part dans l'héritage étant fixée par la loi aux quatre cinquièmes au moins des biens parentaux. Les orphelins eux-mêmes sont protégés, afin que nul ne les dépouille. Ces innovations, éminemment favorables aux enfants, s'inscrivent dans le projet d'une royauté théocratique et paternaliste, qui affirme son devoir de protéger les plus faibles de ses sujets.

789

Une politique du savoir
L'ÉCOLE DE CHARLEMAGNE

Charlemagne a-t-il inventé l'école ? Faut-il brûler cette image d'Épinal où l'on voit l'« empereur à la barbe fleurie » féliciter les bons élèves, fils de pauvres, et réprimander des paresseux de haute noblesse ? Le mythe, fortement valorisé par une IIIe République créatrice de l'école obligatoire, possède en fait un fond de vérité.

Tout au long de son règne, Charles le Grand, ou Charlemagne, tente en effet de développer l'école et le savoir dans son Empire. La légende en fait à la fois un législateur et un homme qui s'intéresse personnellement à la culture. Éginhard, son biographe, nous donne l'image mitigée d'un empereur à la fois inculte et d'esprit curieux, s'acharnant ainsi à apprendre à écrire dans son âge adulte !

L'« Avertissement général »

Une abondante œuvre législative témoigne de la volonté de l'empereur de favoriser l'enseignement dans les territoires qu'il gouverne. Tout d'abord, Charles demande aux évêques de veiller à l'instruction de leur clergé en appliquant les éléments qui, dans la législation de ses prédécesseurs, concernent cet objectif. Puis, dès 789, il innove en prescrivant, au sein d'un vaste programme de réforme adressé sous la forme d'un « Avertissement général » *(Admonitio generalis)* aux hommes d'Église et aux dignitaires de l'Empire, l'ouverture d'écoles et le recrutement d'élèves non seulement parmi les élites mais dans toutes les couches de la société. Cet ordre est ensuite rappelé à plusieurs reprises au cours de son règne, dans les conciles, dans les lettres et les réprimandes qu'il adresse aux évêques. Des envoyés sont chargés de contrôler le niveau d'instruction du clergé dans toutes les régions soumises au pouvoir carolingien.

Une politique religieuse

L'ouverture d'écoles est un des pans d'une véritable politique culturelle qui vise à asseoir la stabilité de l'Empire sur une unité religieuse solide. Pour cela, Charlemagne a besoin d'un clergé instruit, capable de répandre la foi dans des campagnes encore superficiellement christianisées sinon carrément païennes. L'école trouve place au sein d'un vaste mouvement d'amélioration du niveau intellectuel du clergé. Il n'y a d'ailleurs pas alors de culture ni d'école concevables en dehors du service de la foi chrétienne et c'est aux évêques et aux abbés que l'empereur s'adresse pour qu'ils se chargent d'instruire les jeunes enfants. De plus, Charles entend s'entourer d'un personnel instruit pour gérer son immense empire : de fait, sous son règne, l'écrit redevient un instrument privilégié de gouvernement. Le programme des études reflète ce double impératif : lecture, écriture, chant, notariat, calcul... sont enseignés aussi bien aux futurs prêtres qu'aux futurs administrateurs.

Une efficacité discutée

Dès le siècle qui suit sa mort, Charlemagne passe pour avoir réinventé l'école. La réalité est amplifiée jusqu'à la légende quelques années seulement après la disparition du grand empereur, sous l'influence du maître d'une des plus grandes écoles monastiques du temps, Notker, de Saint-Gall, en Souabe, désireux de souligner quelle force charismatique possédait le fondateur de l'Empire. Pourtant, la réitération par ce dernier des mêmes ordres pendant 25 ans ainsi que les réprimandes adressées aux évêques font douter de l'efficacité immédiate de sa politique. À la mort de Charlemagne, les résultats de l'entreprise qu'il a engagée sont encore bien modestes et les écoles, peu nombreuses. L'élan, cependant, est donné. Au cours du IXe siècle fleurissent les centres d'étude, alors que le nombre des lettrés se multiplie et que les manuscrits sont de plus en plus nombreux.

La « Renaissance carolingienne », comme on la baptise au XIXe siècle, est une œuvre de longue haleine : commencée dès avant la fin du VIIIe siècle par Charles Martel, fruste soldat mais fin politique qui sut attirer à sa cour des esprits érudits, elle est poursuivie de façon systématique par Charlemagne et menée à bien par ses successeurs.

L'« école du palais »

L'œuvre essentielle des Carolingiens, et particulièrement de Charlemagne, a été la réunion et la coordination des initiatives jusqu'alors dispersées entre différents royaumes, évêchés ou monastères. Le résultat le plus spectaculaire est ce qu'on appelle improprement l'« école du palais ». Sous le règne de Charles le Grand, cette « école », située dans la nouvelle capitale, Aix-la-Chapelle, constitue le seul centre intellectuel d'importance dans l'Empire — d'autres lieux de culture écloront sous ses successeurs. L'empereur y attire auprès de lui les plus grands intellectuels de son temps, des personnalités aussi importantes que l'Anglais Alcuin, l'Italien Pierre de Pise, l'Irlandais Dungal, l'Espagnol Théodulf... Tous contribuent à la renaissance de la culture latine que souhaite Charlemagne et qui, à partir de ce seul centre, est appelée à rayonner progressivement sur tout l'Occident.

L'« Avertissement général » de 789

« Que les prêtres attirent vers eux non seulement les enfants de condition servile, mais aussi les fils d'hommes libres. Nous voulons que des écoles soient créées pour apprendre à lire aux enfants. Dans tous les monastères et les évêchés, enseignez les Psaumes, les notes, le chant, le comput, la grammaire, et corrigez soigneusement les livres religieux, car, souvent, alors que certains désirent bien prier Dieu, ils y arrivent mal à cause de l'imperfection et des fautes des livres. Ne permettez pas que vos élèves les détournent de leur sens, soit en les lisant, soit en les écrivant. »

Cité et traduit par P. Riché, *Écoles et enseignement dans le haut Moyen Âge*, Picard, Paris, 1989.

La vision héritée de la tradition (illustration de J. L. Beuzon dans le Premier Livre d'histoire de France, de Gauthier Deschamps, *vers 1939).*

Le reflet de la réalité (enluminure du manuscrit du De universo *de Raban Maur, XIe siècle, archives du monastère du Mont-Cassin).*

En outre, la coutume du temps veut que les fils de l'aristocratie soient envoyés auprès de l'empereur : la fréquentation de la cour favorise chez ces adolescents — les futurs officiers et fonctionnaires de l'Empire — le développement d'une fidélité personnelle à la famille régnante. Naturellement, les jeunes gens bénéficient aussi de la proximité des grands lettrés qui séjournent à Aix-la-Chapelle et qui leur dispensent volontiers des leçons, en même temps qu'à l'empereur lui-même et à sa famille. Enfin, il existe dans le palais des bureaux où sont formés les futurs scribes, chantres, notaires et copistes nécessaires au fonctionnement de l'administration. Il n'y a donc pas une école du palais unique où aristocrates et fils de pauvres auraient travaillé côte à côte mais bien plusieurs écoles différentes, correspondant à des buts différents mais participant toutes au même essor des connaissances sous Charlemagne. Notker, en attribuant à Charlemagne l'invention de l'école, fait donc un raccourci brillant pour souligner la vigueur d'un essor culturel qui, un siècle plus tard, retombe un peu.

845

Une règle pour les enfants du monastère
LES OBLATS

Maître Hildemar, moine à Civate, en Italie, rédige vers 845 un commentaire de la règle de saint Benoît. Celle-ci, qui régit alors la vie de la majeure partie des moines d'Occident, évoque brièvement la présence d'enfants au monastère et la façon dont il faut les éduquer. Hildemar, au contraire, ne parle que d'eux !

Nous savons peu de chose sur Hildemar : originaire de la France du Nord, moine à Corbie, il est chargé de réformer des monastères autour de Milan, dont, en 845, celui de Civate. C'est là que ce grand érudit dicte son commentaire. Il meurt peu après, vers 850. Grand voyageur, venu d'une des grandes cités monastiques de l'Empire, Hildemar est, par sa vaste expérience, bien placé pour rédiger un véritable manuel de la vie monastique. Nombreux sont les grands lettrés de son temps à avoir fait de même, mais aucun n'insiste autant que lui sur les enfants.

L'oblation
Toutes les règles monastiques prévoient la possibilité de l'oblation, procédure par laquelle des parents donnent au monastère leur enfant, garçon ou fille, afin qu'il y soit éduqué et devienne moine ou moniale. Cette institution, qui remonte aux origines du monachisme occidental, au IVe siècle, est répandue dans tout l'Occident chrétien. Bède le Vénérable comme saint Thomas d'Aquin sont des oblats.

Corps et âme
Les monastères ne sont pas alors des lieux réservés aux adultes, bien au contraire. Ils sont peuplés d'enfants de tous âges : si le plus souvent c'est vers l'âge de sept ans que leurs parents les y amènent, on trouve aussi fréquemment des enfants beaucoup plus jeunes, de deux, voire un an ! Saint Benoît ne fixe pas à l'oblation de limite d'âge inférieure ; Hildemar, quant à lui, évoque le cas d'enfants de trois ans. Ces enfants sont destinés à être moines. Mais Hildemar fait un constat : la règle de saint Benoît, conçue pour des adultes, ne peut convenir à ces très jeunes êtres, au corps et à l'âme fragiles. Il faut, pour eux, la réformer, en tenant compte des réalités matérielles de la vie enfantine. Jusqu'à 15 ans, par exemple, les jeunes ont droit à un régime de faveur : ils mangent plus fréquemment, consomment de la viande ; les plus petits ont le droit de dormir entre deux offices. Le texte prévoit une heure de récréation à l'extérieur du monastère par semaine ou par mois, au gré des maîtres auxquels ils sont confiés ! Mais l'essentiel est ailleurs : c'est l'âme qui intéresse Hildemar au premier chef. Pour lui, l'enfant est une cire vierge que l'on peut modeler ; il est ouvert au bien comme au mal, et l'éducation qui lui est donnée exerce une influence déterminante sur son comportement. Les maîtres doivent viser à prévenir les péchés plutôt qu'à punir les fautes. Pour cela, un encadrement permanent est nécessaire : quatre moines doivent s'occuper d'un groupe de dix enfants et les surveiller en permanence, de nuit comme de jour. L'éveil de la sexualité est particulièrement contrôlé et — prudence extrême — le texte d'Hildemar précise qu'il faut choisir pour s'occuper des jeunes des moines ayant eu une existence irréprochable. La peur de l'homosexualité — ou, pour mieux

Maître d'école et ses élèves (Paris, bibliothèque Mazarine).

Une institution ambivalente

Les enfants donnés en oblation aux monastères sont destinés théoriquement à demeurer moines toute leur vie. Très vite, cependant, se pose **la question de la possibilité pour eux de revenir sur l'engagement** pris en leur nom par leurs parents et de quitter le monastère.

La plupart des abbés acceptent cette éventualité, mais certains la refusent : Hildemar est de ceux-ci. **Cependant le concile du Latran, en 1215,** officialise le droit pour l'oblat devenu adulte de renoncer au monastère.

La prise en compte de la liberté de décision du jeune n'est pas seule responsable de cette évolution. Au fil du temps, à partir du XIIe siècle notamment, l'institution des oblats devient de plus en plus suspecte aux yeux des réformateurs de l'Église. Les monastères ont par trop tendance à se transformer en **hospices pour tous les enfants handicapés** que leurs parents ne veulent pas éduquer. À cause de ces abus, l'institution des oblats finit par disparaître, à la fin du Moyen Âge.

Les bons élèves

Un manuel du XIe siècle, les Colloques, d'Aelfric Bata, met en scène une salle de classe à l'intérieur d'un monastère :

« — *Le maître :* Acceptez-vous d'être battus pour apprendre ?
— *Les disciples :* C'est mieux que de rester ignorants. Mais nous savons que tu ne nous donneras pas de coups, à moins que nous ne les méritions.
— *Le maître :* Pense à ce que tu vas me dire. Quelle est ta profession ?
— *Le disciple :* Je suis moine, et je chante sept fois par jour avec mes frères, et j'apprends à lire et à chanter, mais cependant je voulais apprendre à bien parler la langue latine...
— *Le maître :* Je vous demande donc pourquoi vous apprenez avec tant d'ardeur ?
— *Le disciple :* Parce que nous ne voulons pas être comme des animaux qui ne savent rien sinon manger de l'herbe et boire de l'eau. »

Cité et traduit par P. Riché, *Écoles et enseignement dans le haut Moyen Âge*, Picard, Paris, 1989.

Petit garçon conduit au monastère par ses parents. L'enfant et l'argent sont échangés en même temps (enluminure du manuscrit des Décrets de Gratien, XIIIᵉ siècle, Paris, Bibliothèque nationale de France).

Saint Benoît, fondateur de la règle bénédictine (enluminure du XIIIᵉ siècle, Valenciennes, Bibliothèque municipale). L'ordre bénédictin est le plus répandu en Occident, au Moyen Age, et ses monastères reçoivent donc le maximum d'enfants.

dire, de la pédophilie — est si grande que, pour réveiller un enfant, Hildemar ordonne aux maîtres de taper du pied contre le lit afin d'éviter de toucher le petit dormeur.

Des moines parfaits

Grâce à une formation sans faille (Hildemar aime à reprendre l'image de la forteresse dont il serait regrettable de laisser une porte ouverte), l'oblat pourra, aux alentours de 15 ans, si l'abbé l'en juge digne, rejoindre le groupe des moines adultes. Il y bénéficiera d'une haute position car, n'ayant jamais connu le monde extérieur, il sera regardé comme particulièrement pur. Le peu de place que consacre Hildemar dans son commentaire aux novices est significatif de son mépris à leur égard : c'est l'oblat qui est le moine potentiellement parfait, sa pureté lui permettant d'être ordonné prêtre et donc de célébrer la messe, de préférence à tout autre postulant.

Les fouets au feu !

Le programme d'Hildemar peut paraître sévère pour former de jeunes enfants. Mais, en pratique, la vie quotidienne des oblats l'est beaucoup moins étant même émaillée de péripéties qu'Hildemar ne prévoit pas, et qui nous sont rapportées par les annales monastiques. Ainsi, en 920, les oblats du monastère de Saint-Gall capturent l'évêque de Constance en visite dans leur monastère et celui-ci doit, pour obtenir sa liberté, leur concéder trois jours gras ! En 937, les successeurs de ces enfants, dans le même monastère, vont jusqu'à mettre le feu à la réserve des fouets ! Nous apprenons aussi que des vacances sont parfois octroyées au moment des fêtes, et les textes relatant les vies des saints nous montrent des enfants allant jouer quotidiennement hors du monastère, afin que leurs cris ne dérangent pas les adultes.

Le commentaire d'Hildemar fournit donc le tableau théorique d'une éducation parfaite, à partir de laquelle les maîtres d'école ont su — ou dû ? —, en pratique, s'adapter en tenant compte de la spécificité enfantine. Si la pédagogie d'Hildemar est loin de répondre aux critères actuels, les moines bénédictins dont il inspire l'action pédagogique ont, malgré tout, été parmi les premiers à prendre en compte la spécificité de l'enfance.

950

Les pieds bandés des fillettes de Chine
UNE MODE POUR 1 000 ANS

Pendant plus de 1 000 ans, les mères chinoises ont enveloppé les pieds de leurs filles de bandages serrés afin de les rendre le plus petits possible. Ces pieds déformés ont longtemps symbolisé pour l'Occident à la fois la barbarie et l'exotisme de contrées aussi lointaines que mal connues.

Parmi les dernières victimes d'une trop durable mode : de jeunes Chinoises aux pieds bandés, aux alentours de 1900.

Soulier pour pied atrophié en satin et en bois (13,5 cm de longueur et 9 cm de hauteur

Un témoignage littéraire

Dans Vent d'Est, vent d'Ouest, *écrit en 1923, la romancière Pearl Buck, élevée en Chine, décrit une famille attachée aux traditions de la Chine ancienne et qui se trouve brusquement confrontée à la modernité à l'occasion du mariage des enfants. La mère parle, s'adressant à sa fille juste avant son mariage :*

« *C'est pour ton mari que je t'ai initiée à la manière d'orner ta personne [...]. Ah tes pauvres pieds, que de larmes ils ont coûtées ! mais je n'en connais pas d'autres aussi menus, dans ta génération. Les miens, à ton âge, ne l'étaient guère plus. J'espère seulement que la famille de Li a tenu compte de mes messages et qu'ils ont lié aussi étroitement les pieds de leur fille, la fiancée de ton frère.* »

Pearl Buck, Vent d'Est, vent d'Ouest, *Stock, Paris, 1932.*

Femme chinoise se bandant les pieds, auprès de son époux.

Les origines de cette pratique mêlent histoire et légende. On sait que, dès le VIᵉ siècle avant notre ère, il existe en chinois des expressions décrivant exactement le procédé employé — l'oppression grâce à des bandes d'étoffe — sans que soit précisée quelle partie du corps est concernée. Un millénaire et demi plus tard, au début du IXᵉ siècle, le poète Tu Mu exalte les courtisanes aux petits pieds, mais il ne mentionne pas une déformation artificielle. Il faut encore attendre plus d'un siècle pour que soit inventée une technique permettant à toutes les courtisanes d'avoir les pieds petits. Les historiens chinois du XIVᵉ siècle situent en effet l'apparition du bandage déformant sous les « Cinq Petites Dynasties » qui se partagent la Chine entre 907 et 962, avant que les Song ne refassent l'unité du pays. Cette méthode est alors l'apanage des milieux de la cour et des courtisanes de haut rang.

Le croissant de la Nouvelle Lune

La légende, quant à elle, nous rapporte que, vers 950, sous le règne de Li Yu, souverain esthète des Tang du Sud, sa concubine, une certaine Yaniang, dansait sur une grande feuille de lotus dorée, charmant les specta-

Vers l'interdiction

Les édits impériaux, en 1902, interdisent la déformation des pieds. Mais il faut attendre la naissance de la République, en 1911, pour que des mesures efficaces soient prises.

Cependant, **dès la fin du XIXe, cette pratique cède du terrain** en raison de la pression occidentale et du développement des missions chrétiennes.

Il est pourtant encore possible de voir, sur les quais des gares, à Shanghai ou à Canton, **de vieilles femmes aux pieds minuscules**, dernières victimes d'un supplice millénaire.

teurs par la grâce de sa démarche et de ses petits pieds, « semblables au croissant de la Nouvelle Lune ». Il apparaît donc, l'histoire et la légende s'accordant, que la coutume était à l'origine une mode des courtisanes de la cour impériale. Comment expliquer alors qu'elle se soit répandue dans toute la société chinoise et que les petites filles de toute condition y aient été soumises ?

De la courtisane à la paysanne

Partie du harem impérial, la mode du petit pied artificiellement déformé gagne progressivement toutes les classes sociales. Après les courtisanes, elle pénètre toute la haute société puis descend l'échelle sociale. La rapidité de sa propagation est difficile à estimer : il semble que cette pratique se généralise à la fin du XIe siècle, mais certains historiens pensent qu'au XIIIe siècle encore le milieu des courtisanes demeure le cœur de cet usage. Quoi qu'il en soit, le phénomène finit par toucher au XIXe siècle toute la population féminine. C'est de génération en génération et par les femmes que se transmet cette pratique. Il est vrai que l'éducation chinoise ne favorise guère les tendances individualistes et cultive plutôt chez les filles et les garçons la piété filiale et la soumission. Le conformisme social peut dès lors sans nul frein conduire à la perpétuation de tels comportements. En effet, si la déformation touche d'abord les fillettes que l'on destine au métier de courtisane, très répandu en Chine, son extension à d'autres groupes de population s'explique surtout par la conviction, finalement partagée par toute la société, que de cette atrophie dépend en partie le prestige de la famille. Une jeune fille qui n'a pas de petits pieds n'a aucune chance de trouver un jour un mari qui fasse honneur à sa famille, la taille du pied étant regardée comme un élément essentiel de la beauté. Les petits souliers sont déterminants lorsqu'il s'agit de faire un riche mariage et, de proche en proche, toute la société chinoise finit par les adopter !

Un idéal de 15 centimètres

Le mariage est d'ailleurs d'autant plus beau que le pied est petit, le pied idéal mesurant 15 centimètres. Cette perfection est très rarement atteinte, mais les jeunes filles aux pieds aussi menus peuvent prétendre aux meilleurs partis. La réussite dépend de l'âge auquel la mère a commencé à bander les pieds de sa fille, ainsi que de la fréquence et de la qualité des massages et des manipulations vigoureuses des articulations du pied. Il est impératif de commencer avant que la fillette ait atteint 8 ans. Aussi, dans certaines provinces, les mères commencent-elles à poser les bandages dès le quatrième anniversaire. Ceux-ci se portent de nuit comme de jour. La déformation la plus courante consiste à replier progressivement les quatre derniers doigts de pied sous le gros orteil, afin d'affiner le pied, puis à le raccourcir en accentuant la courbure de la voûte plantaire à l'aide d'un objet cylindrique qui la comprime. Les conséquences portent sur l'ensemble du corps car la petite fille — et plus tard la femme — ne peut compter sur l'équilibre assuré par des pieds de taille naturelle. La démarche, lente, s'effectue forcément à petits pas.

Érotisme et contrôle

La tradition chinoise a cherché à expliquer la perpétuation millénaire de ce qui n'était au départ qu'une mode : dès l'origine, l'érotisme est présent aux sources historiques de la déformation. Mais il y a plus : le pied est en Chine la partie du corps la plus érotique. Perpétuellement à l'abri des regards, il ne doit être vu que par le mari. On le compare poétiquement au lotus ou au lis. La démarche ondulante constitue, elle aussi, un symbole de féminité. La petite fille, élevée en vue du mariage, doit soumettre son corps aux futurs impératifs d'une science érotique raffinée afin de plaire à son mari. Les poètes ont joué un grand rôle dans la transformation de cette mode en véritable institution sociale. Peut-être était-ce aussi tout simplement un moyen de restreindre physiquement la liberté de mouvement des femmes. Quoi qu'il en soit, l'enracinement de cette coutume a infligé pour mille ans aux fillettes des douleurs difficilement tolérables.

1035

Guillaume, fils naturel et duc de Normandie
LE BÂTARD CONQUÉRANT

En 1035, le duc de Normandie Robert le Magnifique, parti en pèlerinage à Jérusalem, meurt à 25 ans sur le chemin du retour. Il laisse pour seul héritier Guillaume, âgé de 8 ans. Ce garçon est un bâtard, mais sa condition ne l'empêchera pas d'accéder au pouvoir et de s'imposer comme un des plus grands princes de son temps.

L'histoire de Guillaume pourrait commencer ainsi : il était une fois un prince et une jeune beauté… Aux environs de 1020, Robert, fils cadet du duc de Normandie, l'un des plus puissants seigneurs du royaume de France, réside à Falaise, en Basse-Normandie. Il y rencontre Herleue, ou Arlot, ou encore Arlette, selon les historiens. Leur liaison est durable : au moins deux enfants en naissent, Guillaume, en 1027, et Adélaïde.

Arlette de Falaise

Mais Arlette est de basse extraction. Son père est artisan tanneur et ne doit qu'à sa fille sa

Le château fort de Falaise, en Normandie, à côté duquel naquit Guillaume.

promotion de chambrier ducal. Aussi les chroniqueurs du temps de Guillaume garderont-ils un silence prudent sur les origines de sa mère. Il faut attendre le XIIe siècle, après la mort de Guillaume, pour que certains textes précisent sa naissance. En 1027, à la suite de la mort de son frère aîné, Robert devient duc. Guillaume, qui naît cette année-là, demeure chez sa mère, à Falaise — telle est la règle pour le fils d'une concubine. Un chroniqueur précise cependant que « le duc ne l'aima pas moins que s'il fût né de sa femme légitime ; il le fit élever noblement et richement ». Nos sources n'en disent pas plus sur ses premières années. Arlette est mariée dès 1030 à un seigneur des environs, ce qu'il faut sans doute mettre en rapport avec le nouveau comportement de Robert, qui, turbulent et noceur dans sa première jeunesse, s'assagit par la suite.

Les seigneurs en révolte

En 1035, Robert prend une décision fort grave : il résout de partir en pèlerinage. Avant de quitter le duché, il en réunit les évêques et les principaux barons pour leur annoncer qu'il reconnaît Guillaume comme son seul héritier et leur faire prêter serment. C'est là une sage précaution, puisque, au cours de ce pèlerinage, le duc trouve la mort. Guillaume, orphelin, se trouve dans une situation précaire. Certes, la parole jurée le protège : la plupart des barons du duché le reconnaissent comme duc légitime. Mais ils pensent profiter de la faiblesse du jeune prince pour augmenter leur propre pouvoir. Aussi la minorité de Guillaume est-elle ponctuée par des guerres entre les aristocrates normands. Les troubles s'étendent à toute la noblesse et laissent un souvenir atroce puisqu'un auteur anonyme écrit, près d'un demi-siècle plus tard, que « les luttes intestines auxquelles se livraient librement les seigneurs, car le duc était un enfant, dévastaient le pays qu'ils parcouraient en tous sens, se livrant au meurtre, au vol et à l'incendie ». Les menaces viennent aussi de l'extérieur : le roi de France, qui convoite la Normandie, songe à l'attaquer.

« More danico »

Guillaume, cependant, grandit, et, une fois adulte, il pourra vouloir récupérer la totalité de son pouvoir. Cette perspective inquiète ses vassaux, et certains songent à se révolter. En 1046, une tentative manquée d'assassinat est perpétrée contre le jeune homme. Les auteurs de l'attentat sont des chrétiens, qui disent avoir agi parce que le garçon est un bâtard, aucun mariage n'ayant uni ses parents, qui se sont d'ailleurs séparés. Au regard de l'Église qui, à cette époque, commence à mettre l'accent sur le sacrement du mariage et sur la nécessité de donner naissance à une postérité légitime, Guillaume n'a aucun droit à l'héritage de son père... Cet argument sert les intérêts des candidats à la rébellion. Au-delà du prétexte, cependant, deux cultures s'affrontent. Guillaume, si l'on considère l'ancien droit normand, celui des *Northmen* venus des lointaines régions païennes du nord de l'Europe, est le plus légitime des héritiers : le droit viking reconnaît en effet, outre le mariage légal, une forme de concubinage stable, sanctionné par une cérémonie devant deux témoins, avec une femme de condition libre, la *frilla*. Les enfants d'une telle union sont regardés comme légitimes et peuvent hériter. C'est cette sorte de polygamie, *more danico* (à la façon des Danois), que dénoncent les hommes liés à l'Église, tandis que les Normands attachés davantage à leurs anciennes coutumes ne trouvent rien à redire aux conditions de la naissance de Guillaume.

Le dernier bâtard

Descendant d'une longue lignée de bâtards, depuis Rollon (seul de tous les précédents ducs, son père Robert était fils légitime), Guillaume est le dernier duc de Normandie issu d'une union non sanctionnée par l'Église. S'il a échappé à la tentative d'assassinat de 1046, il en a tiré une leçon : ses héritiers seront les fils d'un mariage légitime, celui qu'il conclut avec Mathilde de Flandre. La réserve prudente qu'adoptent les chroniqueurs contemporains sur la naissance illégitime de Guillaume s'explique par le destin royal du duc devenu adulte : en battant Harold à la bataille de Hastings, en 1066, il conquiert le trône d'Angleterre, sur lequel sont toujours ses très lointains descendants. Ce n'est qu'après sa mort, survenue en 1087, que l'on trouve sous la plume de l'Anglais Orderic Vital, hostile aux Normands, le sobriquet de « Bâtard ». Pour l'Histoire, il est resté connu sous le nom de Conquérant.

L'agrément du bâtard

Parmi les anciennes coutumes scandinaves, que les Vikings ne semblent pourtant pas avoir transplantées en Normandie, il en est une qui décrit le rite à accomplir pour accueillir un bâtard au sein de la famille :

« C'est une véritable entrée dans la famille lorsqu'un père y mène son fils avec l'agrément de ses plus proches héritiers. Il faut brasser de la bière avec trois mesures de grain de malt et sacrifier un bœuf de trois ans, dont il faut écorcher la patte arrière droite au-dessus du genou et faire du cuir une chaussure. Le père doit faire mettre cette chaussure à l'enfant qui doit être accueilli dans la famille. Le père doit tenir dans ses bras ses enfants s'ils sont petits mais les grands doivent mettre la chaussure eux-mêmes. S'il n'a pas d'enfants légitimes, alors ce sont ses héritiers les plus proches qui doivent mettre la chaussure. »

Cité par M. W. Stein-Wilkeshuis, « Children in old icelandic society », *Recueil de la Société Jean Bodin, éditions de la Librairie encyclopédique, Bruxelles, 1976.*

Le statut du bâtard

L'enfance de Guillaume se déroule au moment où la situation des bâtards bascule en Occident.

Alors qu'ils étaient jusqu'alors pleinement intégrés à la société civile et à l'Église, la réforme qui s'amorce au début du XIe siècle, pour atteindre son apogée sous **le pape Grégoire VII, s'attaque aux prêtres concubinaires** et, de proche en proche, en vient à exclure tous les bâtards des ordres sacrés.

Le monde laïc subit cette influence, et **les enfants naturels se retrouvent progressivement exclus des familles.** Les fils bâtards perdent ainsi le droit de succéder à leur père. À partir du XIIIe siècle le bâtard est marginalisé par la société.

Guillaume « Wilhelm » et deux conseillers (détail de la broderie de Bayeux, Bayeux, musée municipal). Comment un simple bâtard put-il devenir le fondateur d'un État double s'étendant sur l'Angleterre et l'ouest de la France actuelle ?

1098

Sainte et surdouée ?
HILDEGARDE DE BINGEN

En 1106, une petite fille entre à l'âge de 8 ans dans un monastère auquel elle est confiée par ses parents. Elle ne ressemble pas tout à fait aux autres enfants. Depuis quelques années déjà, une lumière la hante. Hildegarde est sainte dès l'enfance...

Hildegarde est née en 1098 à Bermersheim, dans l'Allemagne rhénane. Ses parents sont nobles et ont déjà 9 enfants. À 8 ans, ils la confient à une femme ermite attachée à un monastère, Jutta de Sponheim, qui l'élève et lui apprend le latin. La pratique est courante : les monastères du temps se voient souvent confier les enfants surnuméraires ou handicapés dont les parents ne veulent pas s'occuper, sous le pieux couvert d'un don dévot à l'Église. Qu'en est-il pour Hildegarde ?

Une grande mystique

Les parents de la petite fille ont pu considérer ses visions comme un signe de sa destinée au sein de l'Église ; ils ont pu craindre aussi que ces mêmes visions ne rendent l'enfant bien originale, et donc difficile à marier plus tard ; ou encore, simplement, ils ont souhaité se décharger sur les moniales d'une fillette dont la venue au monde n'avait pas été forcément souhaitée… Il est impossible de trancher. Trois de ses frères et sœurs deviennent en tout cas, comme elle, religieux. Vers l'âge de 15 ans, Hildegarde confirme le choix de ses parents : elle fait vœu de virginité et prend définitivement le voile. Plusieurs années après, en 1136, à la mort de

---

Hildegarde par elle-même

Mystique précoce, Hildegarde a souligné la continuité de ses visions durant toute sa vie :
« Dès mon enfance, depuis l'âge de cinq ans, […] d'une manière admirable je sentais en moi, comme maintenant, la vertu des mystères, de secrètes et merveilleuses visions ; et cependant je ne le manifestais à aucun homme, excepté à quelques rares religieux qui vivaient assujettis à la même règle que moi. »

Traduction de Danièle Alexandre-Bidon, « Les âges de l'enfance », le Printemps des génies, Bibliothèque nationale et Robert Laffont, Paris, 1993.

Les modèles

D'Hildegarde à sainte Thérèse de Lisieux ou à sainte Bernadette de Lourdes, les récits de la sainteté enfantine, associée à des visions et à la faculté précoce de faire des miracles, s'inspirent d'illustres modèles puisés dans le Nouveau Testament ou dans les Évangiles apocryphes.

La présentation de la Vierge Marie au Temple. À 5 ans, Marie, future mère de Dieu, est offerte par ses parents au Temple de Jérusalem, où elle doit accomplir son éducation. Elle monte l'escalier qui la mène vers le grand prêtre et, à travers lui, vers Dieu, sans se retourner une fois pour regarder ses parents.

Les Saints Innocents. L'évangéliste Matthieu raconte que le roi Hérode fit procéder au massacre général des nouveau-nés de sexe mâle lors de la naissance de Jésus, dans l'espoir d'assassiner celui-ci. L'Église reconnaît comme saints ces « innocents » tués à la place du Fils de Dieu, et affirme que, n'ayant pas reçu le sacrement du baptême, ils sont cependant allés directement au paradis, ayant été d'une certaine manière baptisés par le sang de leur martyre.

Jésus au Temple. À l'âge de 12 ans, Jésus, perdu par ses parents à Jérusalem, est retrouvé par eux en train de faire un cours aux docteurs du Temple. On retrouvera cette manifestation d'une intelligence exceptionnellement précoce dans les récits de l'enfance des saints durant tout le Moyen Âge.

Jutta, elle lui succède à la tête de la communauté qui s'est peu à peu formée autour de l'ermitage. Cinq années s'écoulent encore, et, en 1141, Hildegarde, vieillissante, accepte de rendre publiques les visions qu'elle a depuis l'enfance et qui dureront jusqu'à sa mort, à plus de 80 ans. Dès ce moment, elle est considérée, en Allemagne et dans toute l'Europe, comme une des grandes mystiques du temps. Elle correspond avec les grands — saint Bernard, le pape, l'empereur Frédéric Barberousse — et elle rédige de nombreux ouvrages, chose exceptionnelle pour une femme du XIIe siècle. C'est à travers les allusions autobiographiques qui émaillent ses lettres et ses traités, et grâce au récit de sa vie rédigé après sa mort par un de

La vision de sainte Hildegarde (les Saisons) [miniature d'un manuscrit du XIIIe siècle, Lucques, Bibliothèque d'État].

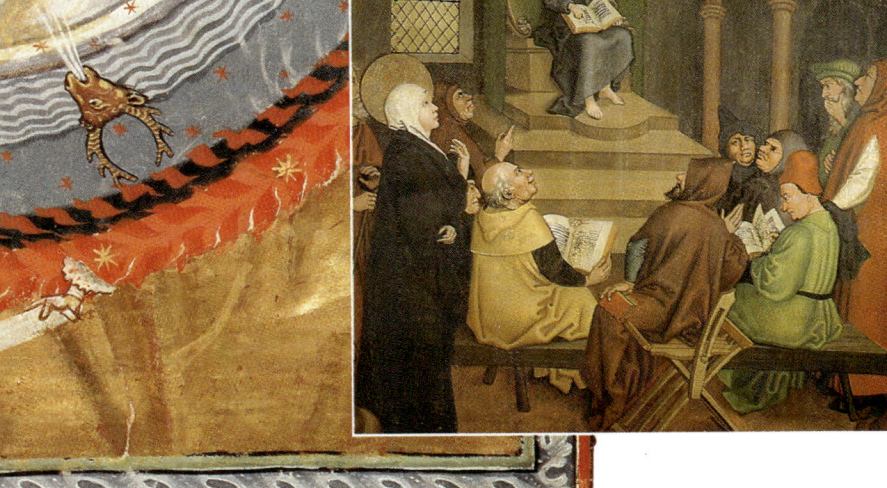

Jésus parmi les docteurs (peinture de Schongauer, Colmar, musée d'Unterlinden). L'enfant qui, à l'image du jeune Jésus, se montre précocement raisonnable et plus sage que les plus sages des adultes, est un sujet d'émerveillement pour les esprits du Moyen Âge.

Facteurs d'explication

Le lien entre sainteté et précocité n'a en lui-même rien d'absurde : ces futurs saints sont en effet souvent, comme Hildegarde, **des enfants confiés très jeunes par leurs parents aux soins des monastères.** Ils sont plus tôt en contact avec la culture écrite que la plupart des autres enfants : leur avance intellectuelle trouve là une explication toute simple.

Les hommes et les femmes du Moyen Âge, outre l'élection divine, ont leur idée sur cette avance, que l'on retrouve sous la plume d'Hildegarde comme de bien d'autres : **un sang épais et rouge caractérise l'enfant doué,** un sang pâle et pauvre l'enfant en retard.

Pourtant, le principal facteur d'explication reste le fait... qu'il ne faut pas prendre au pied de la lettre les récits des biographes, qui ont appliqué **un modèle uniforme aux récits de ces saintes enfances.**

ses proches, saint Guibert de Gembloux, que nous connaissons son enfance et que nous savons qu'elle bénéficia de visions dès 5 ans.

« L'enfant-vieillard »

Alors qu'Hildegarde reste extrêmement pudique sur le contenu de ses visions, qui concernent essentiellement le mystère de la Trinité, saint Guibert lui attribue de bien étonnantes et bien triviales prédictions, qui laissent perplexe le lecteur moderne. À 5 ans, par exemple, nous dit Guibert, Hildegarde aurait prédit la couleur d'un veau encore à naître... Le doute s'installe lorsqu'on sait qu'il existe au Moyen Âge une manière largement stéréotypée de raconter la vie d'un saint, et que l'un des éléments les plus répandus du stéréotype est de lui attribuer des miracles accomplis dans son enfance et des qualités intellectuelles supérieures à un âge où les autres enfants se contentent de jouer. Les exemples sont nombreux : saint Thomas d'Aquin parle à 3 ans au nom de Dieu, sainte Élisabeth de Hongrie fait la charité à 5 ans, saint Nicolas de Bari se lève tout droit dans la bassine où on le lave, alors qu'il n'est encore qu'un nouveau-né... Certains enfants élus dorment les bras en croix, d'autres lèvent les yeux au ciel. Un futur saint bâtit même sur la plage des abbayes et des autels de sable !

Comme eux, Hildegarde incarne un stéréotype, celui de « l'enfant-vieillard », le *puer senex,* qui se montre sage bien avant l'heure. À la différence des autres saints, sa correspondance atteste du moins la précocité réelle de sa foi enfantine. Mais, à l'inverse, les auteurs médiévaux, en faisant de leurs saints a priori des surdoués, font aussi des enfants précoces des saints en puissance.

Le jeune être exceptionnellement doué, à cette époque, paraît ne pouvoir l'être que par un don divin. La précocité vient forcément de Dieu ; elle est le signe de son élection. En mentionnant les prophéties enfantines d'Hildegarde, Guibert de Gembloux verse donc une pièce importante au dossier de sa canonisation : elles prouvent que Dieu l'a choisie dès ses premières années...

XIIe-XIIIe siècle

L'éducation idéale du parfait chevalier
TRISTAN

Tristan aimait d'un amour impossible une jeune fille, Yseut, la fiancée de son oncle. Les jeunes gens, qui avaient bu par erreur un philtre magique, ne pouvaient se déprendre l'un de l'autre… Parmi les chansons de geste et récits d'amour que les jeunes nobles écoutent dans les châteaux les jours de mauvais temps, l'histoire douloureuse de ce couple tragique est l'une des plus prisées. Dans ce récit les adolescents retrouvent bien des aspects de leur propre vie et peuvent s'identifier aux deux héros.

Détail d'une enluminure du Traité des tournois (XVe siècle, Paris, Bibliothèque nationale de France).

Parmi les nombreuses versions de la légende, composées aux XIIe et XIIIe siècles, plusieurs se plaisent à décrire les premières années de Tristan. Le portrait qu'elles dressent de sa jeunesse reflète exactement l'éducation des fils de nobles à cette époque.

Auprès de la mère

Ainsi, l'enfance de Tristan est marquée par les ruptures profondes qui scandent en effet les vertes années des nobliaux. Jusqu'à 7 ans, Tristan est choyé par une femme : il s'agit en l'occurrence d'une mère adoptive, mais le cas n'est pas rare, étant donné le nombre de femmes qui meurent alors en couches. Après quoi commence le temps de son éducation de chevalier : il est envoyé loin de chez lui. De nouveau, ce trait n'est pas extraordinaire ; tous les fils de nobles, excepté les aînés, quittent le domicile paternel aux alentours de l'âge de raison, pour poursuivre leur éducation chez des familles alliées.

Dans le château du seigneur

La seule différence, entre l'histoire et la réalité, est l'exagération de cet éloignement. Généralement, les garçons les plus jeunes sont envoyés non loin de chez eux, dans le château du seigneur dont leur père dépend, ou chez un proche de rang plus élevé. Le système est censé apprendre aux cadets à se frotter au monde et leur procurer en même temps un protecteur de poids pour l'avenir. Réciproquement, les aînés, qui sont élevés au château de leur père avec les plus jeunes fils des vassaux de celui-ci, peuvent créer avec ces jeunes des liens qui laissent présager de leur fidélité pour l'avenir. La société féodale, pyramide d'allégeances unissant les seigneurs — du plus puissant au plus modeste —, se maintient par ce moyen. Tristan, cependant, est envoyé bien loin des siens, à l'étranger. Sa position sociale exceptionnelle explique cette différence : fils de roi, il doit être élevé à la cour d'un roi, en l'occurrence son oncle maternel Marc de Cornouailles. Mais la distance souligne aussi symboliquement l'épreuve de la séparation imposée à tous ces jeunes enfants.

L'apprentissage de la guerre

Arrivés au château, les garçonnets deviennent pages. Ils doivent s'acquitter avec complaisance de diverses tâches domestiques, entre autres, servir à table. Jusqu'à 12 ans, ils jouissent d'une très grande liberté et ne sont soumis encore à aucun apprentissage militaire. L'une des versions de l'histoire de Tristan décrit très précisément les exercices qu'on leur propose à cette époque. En premier lieu vient la musique avec l'apprentissage de la harpe et le chant. Puis ce que nous appellerions le sport : l'entraînement à la course, la lutte, le lancer du javelot et de pierres, et l'équitation, dont les garçons ont commencé la pratique assidue très tôt, bien avant de quitter le château de leur père. Avec l'adolescence commence la véritable initiation au métier de chevalier : l'adolescent, bientôt, doit chevaucher parfaitement en portant armes et bouclier, et manier la lance et la lourde épée avec habileté. Cet apprentissage ne se fait pas d'un coup. Assurée et perfectionnée chaque jour, la pratique de l'équitation est doublée d'une autre formation : très vite, le futur guerrier — le damoiseau — n'ignore plus rien de ce qui concerne les chevaux et leur harnachement. De même, il s'améliore étape par étape dans l'art de combattre, commençant l'escrime avec un simple bâton, avant de recevoir une épée, une lance et une armure proportionnées à sa taille. Le jeune homme peut dès lors s'entraîner à la quintaine, en vue des tournois auxquels il participera un jour : l'exercice consiste à renver-

---

Yseut et les filles

Auprès de sa mère. De même que les versions du XIIIe siècle de la légende de Tristan multiplient les détails sur l'enfance du jeune homme, de même, en 1210, le Strasbourgeois Gottfried enrichit son propre texte en imaginant l'enfance d'Yseut. Contrairement à Tristan, celle-ci est éduquée au foyer de ses parents, comme toutes les petites filles de la noblesse. Elle apprend d'abord à lire et à écrire avec sa mère ; puis elle bénéficie de l'enseignement d'un précepteur.

Savantes jeunes filles… Ainsi, à en croire Gottfried, Yseut sait chanter et jouer de la musique, mais elle est aussi capable de versifier et de parler plusieurs langues étrangères. Cette éducation intellectuelle relativement poussée, davantage en tout cas que celle des garçons, est une particularité de l'Europe du Nord. En effet, les jeunes Italiennes de la fin du Moyen Âge, par exemple, n'ont pas ce privilège. Cependant, dans la réalité, l'adolescente noble est probablement moins cultivée et moins parfaite qu'Yseut.

ser avec la lance, tout en galopant, un mannequin portant un bouclier, qui peut être monté sur des roues et se déplacer. Pendant toutes ces années, l'enfant est aussi initié à la chasse : d'abord avec des faucons dressés puis à courre, à cheval et avec les chiens. L'apprentissage de la courtoisie et de la vertu morale sont les compléments indispensables de cette éducation, que les auteurs présentent comme parfaitement accomplie chez le jeune Tristan.

La mort de l'éducation chevaleresque

Une telle éducation néglige beaucoup la formation intellectuelle des garçons. Plus important que tout est le développement du corps : adulte, le chevalier devra être capable de combattre, avec sur ses épaules une armure pouvant peser jusqu'à... 50 kilos. Aussi la plupart des chevaliers, adoubés — c'est-à-dire armés chevaliers par le seigneur qui pose le plat de la lame de son épée sur leurs épaules — entre 16 et 19 ans, sont-ils purement et simplement des illettrés. C'est le cas d'un des plus grands nobles d'Angleterre du début du XIIIe siècle : Guillaume le Maréchal. Mais cette indifférence pour la culture de l'esprit signe à terme la mort de l'éducation chevaleresque. Tristan, dès le XIIIe siècle, appartient en réalité au passé. L'art de la guerre, en pleine évolution, fait dès cette époque la part belle aux piétons — l'infanterie moderne —, au détriment de la cavalerie, et le rôle militaire des chevaliers disparaît. Plus que d'incomparables guerriers à cheval, les puissants ont désormais besoin de conseillers : la revanche des lettres se prépare. En même temps, le poids du pouvoir central s'affirme aux dépens de l'influence locale d'une hiérarchie de seigneurs. Aussi, dès le XIIIe siècle, et plus encore à partir du XIVe, les pères renoncent à faire élever leurs enfants dans le château d'un seigneur : ils les envoient plutôt à l'école. En quelque sorte, le clerc Abélard succède au chevalier Tristan...

→ **Voir aussi :** p. 108-109 (Guerrieri de Tribaldo).

Pendant que les garçons apprennent à se battre, les jeunes filles restent à la maison (enluminure, Chantilly, musée Condé).

1138

Naissance et abandon en Chine
LA PROTECTION DE L'ENFANCE

En 1138, dans un contexte troublé, la dynastie Song met en place une protection de l'enfance, afin que la misère et les guerres ne contraignent plus les paysans à se débarrasser par tous les moyens de leurs enfants.

Douze ans plus tôt, les barbares nomades Jin ont passé la Grande Muraille et envahi la Chine jusqu'au fleuve Bleu. La dynastie a dû se replier au sud. Depuis, la guerre ravage le pays et vient s'ajouter à la misère des paysans. Face à la multiplication des abandons d'enfants, les souverains, en 1138, décident de prendre des mesures.

Une mesure générale

La législation impériale, en premier lieu, interdit les abandons sur la voie publique ; elle décrète en revanche la fondation, dans la capitale et les villes de province, d'hospices où les parents qui ne peuvent subvenir à l'entretien de leur progéniture ont la faculté de l'y déposer. Les familles désireuses d'adopter un enfant peuvent, quant à elles, se rendre dans ces hospices pour en choisir un. Une véritable administration, les bureaux de protection de l'enfance, est créée pour gérer ces hospices et recruter les nourrices auxquelles les enfants seront confiés le plus vite possible. Ces administrations ont une autre charge, essentielle : elles doivent relever la date de naissance de l'enfant. Celle-ci est d'une extrême importance, car la configuration astrale influe, croit-on, sur toute la destinée future, au point que les principaux événements de la vie d'un être doivent s'ordonner par rapport à elle.

« Baigner l'enfant »

Ces bureaux de protection de l'enfance ont sans doute remédié, sans qu'on puisse savoir dans quelle mesure exactement, à l'abandon dans la rue ou, pire, à l'infanticide. Car ces deux actes sont courants dans l'ancienne Chine. Un enfant en surnombre, c'est une bouche de trop à nourrir et, pour l'avenir, une division fatale du patrimoine : la terre est rare, en Chine, aux XIIe et XIIIe siècles, en regard du nombre des paysans, et la famine y constitue une menace récurrente. Aussi les familles préfèrent-elles se débarrasser des enfants avant de s'attacher à eux. Un auteur chinois note ainsi que, les années de mauvaises récoltes, le nombre des enfants abandonnés s'accroît considérablement.

Un autre précise que les paysans pauvres ne gardent que quatre fils et trois filles, et tuent ceux qui naissent ensuite. Selon d'autres textes encore, tous les enfants qui naissent après le partage des terres entre leurs frères sont noyés. Un baquet d'eau est même tenu prêt lors de l'accouchement pour « baigner l'enfant » — c'est-à-dire le noyer, comme on le fait encore des petits chats en surnombre... Si les anciens Chinois ne se résolvent pas à tuer leur descendance, ou à l'abandonner, et si cependant ils ne peuvent, décidément, entretenir celle-ci, il leur reste une dernière solution : placer les enfants — quelques années après leur naissance — comme domestiques auprès de familles riches, qui parfois aussi pourvoient à leur éducation. L'enfant est confié à ce nouveau foyer, ou bien à ces patrons, soit gratuitement, soit moyennant un véritable achat : ce qui fait dire au grand voyageur arabe Ibn Battuta, au XIVe siècle, que tous les Chinois veulent vendre leurs enfants comme esclaves, sans que personne, dans le pays, semble s'en offusquer. Ibn Battuta précise cependant que l'avis de l'enfant est demandé, et que celui-ci a, par ailleurs, le droit de se mettre lui-même en vente !

Le culte des ancêtres

Le grand nombre d'enfants permet pourtant de multiplier, comme partout, les alliances matrimoniales, qui donnent à la puissance familiale l'occasion de se renforcer par de beaux mariages. Plus une famille est puissante, plus il est de son intérêt de multiplier le nombre de ses enfants. Mais la situation est inverse pour les plus pauvres, hantés par la peur du partage des terres. Et, paradoxalement, la naissance de filles peut au contraire, pour les plus pauvres, représenter une chance, du moins dans la capitale, Hangzhou, près de l'actuelle Shanghai, où sont recherchées les concubines, dames de compagnie, joueuses de cithare ou cuisinières... La mesure que prennent les empereurs Song pour lutter contre ces pratiques répond au souci de protéger de jeunes vies.

Mais elle s'explique aussi par l'idéologie de la famille, de sa perpétuation, qui règne sur les mœurs de la cour et de la haute société, car le culte des ancêtres imprègne les mentalités. Il faut à une lignée une descendance nombreuse, afin de ne pas courir le risque d'une extinction. De telles préoccupations défavorisent les filles, puisque le culte ne se transmet que par les garçons ; mais elles rendent aussi intolérables, en principe, l'abandon des petits garçons. C'est pour lutter contre ce qu'ils considèrent comme un scandale que les empereurs chinois inventent une législation protectrice de l'enfance abandonnée, que l'Occident ne connaîtra que sept siècles plus tard, sous la Révolution française !

Un orphelinat chinois, dans l'entre-deux-guerres.

Enfant exposé sur les flots (gravure de l'ouvrage du père A. Kircher, China illustrata, *1667).*

Liu Dongbin, patron des enfants (illustration chinoise).

Les bureaux, vus par Marco Polo

La capitale et l'empire des Song du Sud tombe en 1276 aux mains des Mongols de Kubilay Khan. Marco Polo, au service du khan entre 1276 et 1292, y séjourne longtemps et connaît admirablement cette ville et sa région. Ses descriptions recoupent entièrement celles des auteurs chinois, et il mentionne ainsi l'institution des bureaux de protection de l'enfance :

« En ces provinces, le menu peuple qui ne peut les nourrir jette les enfants aussitôt qu'ils sont nés. Le roi les faisait tous recueillir, faisait écrire pour chacun sous quel signe du zodiaque et sous quelle planète il était né ; puis il les faisait nourrir en plusieurs endroits. Et quand un homme riche n'avait point d'enfant, il allait au roi et s'en faisait donner tant qu'il voulait. Quand ils étaient grands, le roi mariait le mâle à la femelle et leur donnait tant du sien qu'ils pouvaient vivre bien à leur aise. En cette manière, il en élevait bien tous les ans vingt mille, soit mâles, soit femelles. »

Marco Polo, le Devisement du monde, version de Ramusio, traduction de L. Hambis, La Découverte, Paris, 1991.

L'infanticide des fillettes en Chine au XXᵉ siècle

Préserver l'enfant. La loi sur le mariage, édictée dès 1950 par la toute jeune République populaire de Chine, précise, dans son article 13, qu'il est formellement interdit de noyer les nouveau-nés.

Un seul enfant. Mais l'absence de politique suivie a conduit la Chine à l'explosion démographique, d'où la politique de l'« enfant unique » qui prévaut depuis la fin des années 1970. Or, dans les campagnes, s'est maintenue la valorisation du garçon, créant dans l'esprit des parents un sentiment d'injustice lorsque le seul enfant « légal » est une fille.

Une deuxième chance. Malgré l'instauration de peines allant jusqu'à quinze ans de réclusion, l'infanticide des fillettes a donc repris dans les années 1980, conduisant le gouvernement à autoriser les parents à avoir un deuxième enfant au cas où le premier est une fille…

1155

Temüdjin, le futur Gengis Khan
L'ORPHELIN DE LA STEPPE

Enfant des steppes, Gengis Khan mène la vie difficile de tous les fils mongols. Le futur grand empereur de l'Asie connaît, dans ses premières années, les rudes conditions d'existence d'un jeune nomade privé de protection paternelle...

L'enfance de Temüdjin, vrai nom du futur Gengis Khan — le grand « Khan Océan » (c'est-à-dire universel) —, nous est connue grâce à *l'Histoire secrète des Mongols*, chronique rédigée vers 1240, qui raconte l'histoire de son règne et de celui de son successeur. Parcouru d'un souffle épique, ce texte mêle indistinctement faits historiques et fictions poétiques.

Un jeune chef de clan

Temüdjin est né probablement en 1155, sur une colline située entre le lac Baïkal et l'actuelle frontière de la République de Mongolie, là où sa famille avait dressé son campement. Il vient au monde dans une tente de feutre, tenant — nous dit *l'Histoire secrète des Mongols* — dans son poing droit un caillot de sang, signe, chez ces peuples, d'une illustre destinée militaire.

Son père, Yesügey, est chef d'un sous-clan et ne joue aucun rôle dans cet assemblage lâche de tribus qui constitue alors le peuple mongol. Sa mère se nomme Hœlun, et Yesügey l'avait en son temps ravie à un guerrier d'un autre clan. Ils ont ensemble quatre fils et une fille. Yesügey a déjà deux garçons d'une autre couche. Temüdjin, dont le nom signifie « le Forgeron », est l'aîné de tous.

Une éducation à cheval

De bonne heure, Temüdjin et ses frères doivent participer aux soins du troupeau, l'élevage fournissant l'essentiel des ressources des familles mongoles. Ils se forment en outre très tôt aux exercices violents, à la chasse notamment, pour laquelle Gengis Khan, comme les autres Mongols, gardera toujours une très vive passion. Il va sans dire que, dès son plus jeune âge, l'enfant est mis sur le dos d'un cheval — cet animal étant pour les peuples nomades un compagnon indispensable, qui leur permet tout à la fois d'accompagner et de surveiller les bêtes, de pourchasser les trop nombreux pillards ou... de razzier eux-mêmes. Avant l'âge de 9 ans, en tout cas, Temüdjin est parfaitement maître de sa monture. Il doit alors se divertir aux jeux que continuent à pratiquer encore aujourd'hui les jeunes cavaliers mongols : attraper au galop une étoffe entre ses dents sans tomber de cheval, planter en pleine course une pique dans un poteau de bois...

Fiancé et orphelin

Bref, Temüdjin est bientôt assez mûr pour que son père puisse songer à le fiancer. Il n'y a rien là que de très normal dans le monde mongol ancien : les mariages précoces des enfants permettent aux clans de tisser des liens entre eux, et donc de renforcer leur puissance. Car la coutume mongole interdit de prendre femme dans sa propre tribu — elle prévient ainsi les risques de dégénérescence qu'entraîneraient les mariages entre parents trop proches. En l'occurrence, Yesügey trouve en la fille d'un chef de tribu voisine un parti acceptable : l'enfant a 10 ans — son âge s'accorde avec celui de Temüdjin — et se nomme Bœrtè, c'est-à-dire « Bleu du ciel ». Les enfants, cependant, ne sont pas aussitôt unis. Le père de Bœrtè souhaite mieux connaître Temüdjin avant de l'accepter pour gendre. Yesügey n'y voit pas d'objection ; il laisse le garçon chez sa fiancée. Mais, sur le chemin du retour, il est tué par d'anciens adversaires. La situation de Temüdjin devient aussitôt critique : il n'est plus qu'un orphelin sans protection dans une société où le pouvoir appartient aux guerriers. Le serviteur qui vient le chercher au campement de sa fiancée le sait si bien qu'il ne révèle pas pourquoi les siens réclament le retour précipité du garçon. Celui-ci, sans cette précaution, aurait été rabaissé immédiatement au rang de domestique... Au campement de la famille, l'absence du père se fait sentir : Hœlun et ses enfants sont abandonnés par la plupart des autres membres du clan. Leur propre troupeau est réduit et les enfants sont encore bien jeunes pour savoir le faire fructifier. Quelques douzaines de moutons et de chèvres, 9 chevaux, des bœufs pour tirer les chariots transportant les tentes : voilà toute leur fortune. Il en va de même pour la plupart des enfants mongols, dont la nourriture est

---

La course du Naadam

Aujourd'hui, comme à l'époque de Gengis Khan, les petits garçons et les fillettes de Mongolie apprennent, dès leur plus jeune âge, à monter à cheval.

Jeunes chevaux et jeunes enfants. Entre le 11 et le 13 juillet, à l'occasion de la fête du Naadam, dans tout le pays — et particulièrement à Oulan-Bator, la capitale —, les enfants de 6 ou 7 ans montent de jeunes chevaux âgés de 2 ans sur une distance d'une quinzaine à une vingtaine de kilomètres.

De nombreux accidents. Les petits cavaliers sont seuls. Aucun adulte ne les accompagne. Les chutes sont nombreuses, parfois dramatiques, et, à tous les endroits du parcours — dans le désert ou le quasi-désert de la campagne mongole —, les blessés doivent attendre les secours, qui arrivent à cheval ou en carriole plus souvent qu'en véhicule à moteur.

Pour la plus grande gloire. Mais, pour le cheval vainqueur et pour l'enfant qui l'a monté, la gloire de la victoire est immense et inoubliable. Devenu adulte, l'ancien vainqueur peut raconter ses exploits sans que personne songe à en sourire.

Gengis Khan jeune, chassant à cheval (miniature persane du XIVᵉ siècle, Paris, Bibliothèque nationale).

constituée, pour l'essentiel, de lait fermenté et de viande — rare et précieuse —, agrémentés de petit gibier de la forêt, de poissons et de fruits d'arbousier sauvage.

Fratricide

L'austérité de cette vie forge le corps et l'âme du jeune adolescent. Elle lui enseigne aussi à mépriser toute pitié, tout attachement humain, lorsque ces sentiments sont contraires à ses intérêts, comme en témoigne un drame survenu deux années environ après la mort de Yesügey. Un poisson fraîchement pêché, puis une alouette tout juste abattue deviennent l'occasion de graves querelles entre Temüdjin et son frère, d'une part, et leurs deux demi-frères, d'autre part. La dispute finit dans le sang : Temüdjin et son cadet tuent leurs demi-frères avec leurs arcs et emportent la proie convoitée... Le futur conquérant manifeste, pour la première fois, cette dureté d'âme qui l'amènera à briser tous ceux qui lui résistent.

Les premiers exploits

La force de caractère du jeune Temüdjin inquiète d'ailleurs, de plus en plus, certains membres de sa tribu. Aussi, quelques années plus tard, un des anciens lieutenants de Yesügey décide-t-il de se débarrasser de lui. Sur son ordre, des cavaliers cernent le campement de la famille et enlèvent le garçon. Celui-ci n'est pourtant pas immédiatement mis à mort ; il subit le supplice chinois de la cangue, lourde pièce de bois dans laquelle son cou et ses poignets sont emprisonnés. Mais l'adolescent parvient à s'enfuir ; il se jette une nuit dans une rivière, rejoint sa mère et ses derniers fidèles, et s'éloigne au plus vite de la région pour se mettre à l'abri de ses ennemis. Quelque temps plus tard, 8 des 9 chevaux de sa famille sont enlevés par des pillards. Sans ces chevaux, le petit groupe est totalement ruiné et n'a plus aucun moyen de subsistance. Temüdjin se précipite à leur poursuite et parvient à reprendre son bien...

Parmi ces anecdotes souvent très flatteuses, rapportées par *l'Histoire secrète des Mongols,* il est bien sûr impossible de distinguer la réalité de la fiction. Quoi qu'il en soit, une enfance difficile a sans nul doute trempé le tempérament de fer du futur grand conquérant, ce qu'il prouve tout au long de sa fabuleuse carrière. L'enfant sans défense devient le souverain d'un empire s'étendant des portes de l'Europe aux côtes pacifiques...

Gengis Khan adulte assis sous sa tente, recevant les offrandes des peuples qu'il a soumis (détail d'une miniature persane du XVIe siècle, Téhéran, Bibliothèque Nationale).

Un campement mongol (enluminure persane du XIVe siècle, Paris, Bibliothèque nationale). [La proportion entre les personnages et les tentes, ou yourtes, n'est naturellement pas respectée.]

1174

Vainqueur de Saladin à 17 ans
LE ROI LÉPREUX

« Alors [Baudouin] regarda son bras et sa main et s'aperçut bien qu'ils étaient endormis. » C'est en ces termes que le grand historien des croisades Guillaume de Tyr décrit le moment où son jeune seigneur et élève Baudouin IV, héritier à 13 ans du royaume franc de Jérusalem, découvre qu'il est atteint de la lèpre.

L'enfant est le fils d'Amaury Ier, roi de Jérusalem. Dès l'âge de 9 ans, celui-ci le confie à Guillaume, qui l'éduque et en fait le prince le plus cultivé de sa dynastie. Un jour, l'enfant joue avec des camarades ; ils commencent à se battre, sans que Baudouin paraisse souffrir des coups qu'il reçoit. Guillaume, intrigué, demande à son pupille s'il se tait par courage ou pour quelque autre raison. Il s'aperçoit alors que celui-ci ne dit rien tout simplement parce qu'il ne sent rien... « Le roi fit venir ses médecins qui mirent [sur la peau] beaucoup d'emplâtres et d'onguents, lui donnèrent des drogues et d'autres médecines, mais elles ne lui valurent rien car il était au commencement de la maladie qu'il eut depuis », écrit Guillaume de Tyr.

L'enfant lépreux

Baudouin a la lèpre : l'insensibilité de la peau, qui en est le premier signe, est causée par les lésions nerveuses que provoque la maladie. Le corps de l'enfant se couvre bientôt de taches de peau morte, et, peu à peu, la maladie s'étend, déforme les membres et s'attaque aux organes, provoquant des mutilations puis la mort. Baudoin contracte jeune ce fléau, comme de très nombreux autres garçons et filles de son âge à cette époque : la lèpre est alors, entre 1100 et 1250, à son apogée — avant de progressivement disparaître d'Occident — et les enfants y sont particulièrement exposés. Le simple contact avec les plaies, la salive ou le mucus nasal d'un malade peut suffire pour l'attraper. Pourtant, au Moyen Âge, on croit le mal transmissible par le regard...

Une maladie sans remède

Nul ne sait soigner ce mal, mais Baudouin, parce que c'est un prince et un enfant, n'est pas mis à l'écart de la société, alors que la plu-

---

Le témoignage d'un chroniqueur arabe

Intime de Saladin, Imad Ad-Dîn Al-Isfahânî commence le récit des victoires de son maître par un rappel sans fard du règne du roi lépreux :
« Lorsque le roi Amaury, fils de Foulque, mourut à la fin de l'année 569 [1174 de l'ère chrétienne], il laissa un enfant lépreux, pauvre être qui traînait un semblant d'existence : sa maladie était incurable, sa guérison désespérée ; ses membres s'affaiblirent, son malheur se prolongea. Donc les Francs mirent la couronne sur sa tête ; malgré ses infirmités, ils s'attachèrent à lui, l'encouragèrent, profitèrent de lui, tirèrent de sa maladie leur prospérité, s'élevèrent en se servant de lui ; satisfaits de l'avoir pour chef, ils l'exaltèrent, le firent chevaucher ; ils avancèrent en le conduisant et le mirent en avant ; ils étaient soucieux de le maintenir en place, mais ne prêtaient guère attention à sa lèpre ; et ils le préservaient afin que l'approche de son trépas ne fût pas décrétée. Il demeura parmi eux dix années environ, monarque obéi, objet de leur sollicitude, veillant à la concorde entre eux. »

Imad Ad-Dîn Al-Isfahânî, *Conquête de la Syrie et de la Palestine par Saladin*, traduction H. Massé, Académie des inscriptions et belles-lettres, Librairie Paul Geuthner, Paris, 1972.

part des autres malades le sont, d'une part parce qu'on les sait fortement contagieux et, d'autre part, parce que cette maladie est réputée — au moins jusqu'au XIIe siècle — n'être que la punition de quelque vice grave, par exemple la luxure… Face à l'impuissance des médecins, que peut faire l'entourage de l'enfant ? Sans doute son père l'emmène-t-il en pèlerinage sur le tombeau de saint Lazare, à Béthanie. Celui-ci, ressuscité par le Christ de la pourriture de la mort, est en effet l'image et le protecteur des lépreux. Dans tout l'Occident, de nombreux parents conduisent leurs enfants atteints de handicaps ou de maladies chroniques dans les sanctuaires des saints guérisseurs, pour leur faire toucher les reliques et ainsi retrouver la santé. Pour Baudouin, en tout cas, le miracle ne se produit pas : jusqu'à sa mort, à 24 ans, le 16 mars 1185, son état ne fait que se dégrader. Combattant d'abord à cheval, il en est progressivement réduit à mener ses chevaliers au combat porté sur une litière.

Le vainqueur

À 20 ans, il ne peut déjà plus se servir de ses mains ni de ses jambes, et devient aveugle. Pourtant, c'est ce jeune homme diminué par la maladie qui est l'âme de la résistance franque contre les attaques du maître de l'Égypte et de la Syrie intérieure, Saladin. La situation des chrétiens est en effet critique : alors que les principautés chrétiennes ne peuvent survivre que face à un adversaire divisé, Saladin parvient peu à peu à faire l'unité musulmane et se lance à la conquête de Jérusalem, le lieu saint par excellence, que se disputent le christianisme et l'islam.

Pendant 10 ans, le petit roi de Jérusalem affronte Saladin et mène des razzias victorieuses et dévastatrices sur les possessions musulmanes. Une victoire surtout retient l'attention : celle de Montgisard, ou Tell el-Safiya, le 25 novembre 1177. L'essentiel des troupes étant parti guerroyer en Syrie du Nord, Saladin, depuis l'Égypte, envahit le royaume qui n'est défendu que par le roi et 500 hommes, enfermés dans Ascalon. Comme il sait Jérusalem pratiquement sans défense, Saladin néglige la petite troupe royale et s'apprête à prendre sans coup férir la ville sainte. Sûr de sa victoire, il laisse son armée avancer en ordre dispersé. Mais Baudouin — il a alors 17 ans — galvanise ses faibles troupes. La rapidité de celles-ci surprend l'armée égyptienne et la met en déroute. Saladin échappe de peu à la mort et doit fuir, laissant là son armée, qui, sur le chemin du retour, est poursuivie et massacrée sans merci. Baudouin a alors encore 7 ans à vivre. À peine deux ans après sa mort, Saladin prend Jérusalem et réduit les États francs à une étroite bande côtière.

La médecine des enfants

L'ignorance médiévale. Mis à part les soins au nouveau-né, la médecine se préoccupe peu de l'enfant au Moyen Âge. Tout au plus trouve-t-on, dans un des ouvrages les plus célèbres de la littérature médicale médiévale, le *Regimen sanitatis salernitatum*, le conseil de ne pas trop saigner ceux-ci — pas plus qu'il ne faut le faire aux vieillards. C'est à peine si l'on remarque la spécificité de certaines maladies infantiles : les oreillons, la varicelle… L'enfant, pourtant victime privilégiée de bien des épidémies de l'époque, n'existe pas en tant que tel aux yeux des médecins.

L'apport de la Renaissance. Il faut attendre les débuts de la Renaissance pour que soient écrits les premiers essais consacrés aux maladies des enfants, comme à Augsbourg, en 1473, le *Regimen der jungen Kinder* de B. Metlinger. Cette littérature ne cesse ensuite de se développer.

La Bataille d'Ascalon, le 18 novembre 1177 (détail d'une peinture de Ch.Ph. Larivière, Musée de Versailles). Atteint de la lèpre, maladie alors incurable, le jeune roi commandait les troupes depuis une litière, et les galvanisait par son courage moral.

1198

L'apparition des premiers orphelinats
L'ORDRE DU SAINT-ESPRIT

Le 25 novembre 1198, le pape Innocent III approuve les statuts d'un ordre nouveau, celui du Saint-Esprit. Il autorise ainsi la diffusion des premiers orphelinats d'Occident. Mais les enfants abandonnés en bénéficient-ils vraiment ?

Dès le début du Moyen Âge, l'influence morale de l'Église contribue à modifier le sort des enfants non désirés. Alors qu'à l'époque romaine l'assassinat des enfants malformés est considéré comme un acte licite, et l'abandon de nouveau-nés sur la voie publique, comme une coutume non scandaleuse, prêtres et théologiens, dans les premiers siècles chrétiens, condamnent l'infanticide et réclament, pour les enfants non désirés, des conditions d'abandon décentes.

À la charge de l'Église

Loin de se limiter à l'affirmation de principes, les autorités ecclésiastiques mettent en œuvre des mesures pratiques. Du Ve au XIIe siècle, monastères et curés de paroisse ont à charge de recueillir les enfants trouvés. Ils doivent tenter d'abord d'identifier les parents, mais, en cas d'échec, ont droit de vendre l'enfant à qui veut s'en occuper. En échange de ses soins, l'acheteur gagne un petit esclave… Cette solution, on le voit, offre peu de garanties. Quelques esprits généreux en ont conscience et, dès 787, un prêtre prend l'initiative de créer à Milan un hôpital pour les enfants abandonnés. Ces tentatives restent d'abord isolées : il faut attendre la fin du XIIe siècle pour que se mette en place une organisation à l'échelle de la chrétienté.

Des cadavres dans le Tibre

À cette époque — plus précisément vers 1170 —, un certain Gui fonde à Montpellier un hôpital consacré principalement, mais pas uniquement, à l'accueil de ces enfants. D'autres établissements sont ouverts les années suivantes et, en 1198, les moines chargés de gérer ces hôpitaux décident de se constituer en ordre spécifique, l'ordre du Saint-Esprit, et vont à Rome demander la reconnaissance papale. La légende veut que des pêcheurs romains aient trouvé dans leurs filets des cadavres d'enfants jetés par leurs mères dans le Tibre et qu'ils les auraient apportés au pape. Celui-ci, bouleversé, se serait empressé de donner son accord pour la création du nouvel ordre et aurait financé la construction d'un hôpital à Rome même. Très vite après l'approbation papale, l'ordre essaime : 19 établissements en 1216 et 62 en 1293 sont créés en France, en Italie, en Allemagne et même en Pologne, à Cracovie.

La multiplication des hôpitaux

L'initiative prise par l'ordre du Saint-Esprit est d'autant plus nécessaire qu'à l'époque de sa fondation les établissements hospitaliers traditionnels refusent, la plupart du temps, purement et simplement d'accueillir les enfants trouvés. Leurs responsables invoquent l'ancienne coutume qui destine les « enfants jetés ou trouvés » aux responsables des paroisses ; ils disent craindre également qu'une augmentation du nombre de places disponibles pour ces enfants n'incite les mères à abandonner leur progéniture de plus en plus. Or, la création de l'ordre du Saint-Esprit déclenche un mouvement qui ne se démentira plus par la suite : de plus en plus de lieux d'accueil spécifiques se créent, et les hôpitaux à vocation générale finissent par accepter ces enfants. Devant l'ampleur des besoins, un peu plus tard, les autorités civiles, à leur tour, décident d'intervenir. À Lille, au XVe siècle, existent des « gard'orphènes » ; à Bruxelles, à la même époque, une « mère des enfants trouvés » a la charge de s'occuper d'eux. Le mouvement s'étend au sud de l'Europe. À Florence, en 1445, est ouvert l'hôpital Santa Maria degl'Innocenti, que le sculpteur Luca Della Robbia orne de splendides médaillons représentant des nouveau-nés emmaillotés. En Italie, également, à la fin du Moyen Âge, sont créés les premiers « tours », guichets tournants creusés dans les murs extérieurs des hôpitaux, qui permettent de confier directement l'enfant de manière anonyme. Ce procédé se diffuse très vite dans toute l'Europe : les tours resteront en usage jusque vers le milieu du XIXe siècle. Les troubles et les pestes qui ravagent l'Europe durant les derniers siècles du Moyen Âge expliquent peut-être la multiplication des hôpitaux, qui correspond à un fort accroissement du nombre d'enfants abandonnés : les « Innocents » de Florence en recueillent près de 900 pendant la seule année

Les orphelins de Florence protégés par la Madone (détail d'une peinture du XVIe siècle, Florence, hôpital des Innocents).

1460. Il s'agit sans doute d'enfants naturels, la plupart du temps, et plus de filles que de garçons. Mais, durant les années de disette, les jeunes enfants des deux sexes sont également abandonnés. On peut supposer que des couples légitimes font de même avec leurs rejetons…

Une mortalité effrayante

Grâce à la multiplication des établissements d'accueil dans toutes les villes d'Europe, on dispose, pour le XVe siècle, de chiffres et de témoignages sur les conditions de vie des enfants. Les résultats sont effrayants : au début des années 1400, sur 3 enfants confiés aux hôpitaux de Florence, 2 meurent avant l'âge de 5 ans. À certaines périodes, pratiquement aucun nouveau-né confié aux hôpitaux ne survit, car leurs conditions de vie y sont désastreuses. Abandonnés souvent en hiver, à la tombée de la nuit, alors qu'ils viennent de naître, ou, s'ils sont plus âgés, sous-alimentés, les enfants sont confiés dès que possible — souvent au bout de plusieurs jours — à des nourrices. Aussi environ 1 enfant sur 6 meurt-il pendant le mois même de son abandon. Les autres sont ballottés de nourrice en nourrice, au gré des difficultés financières des hôpitaux : ainsi, à Montpellier, entre juillet 1491 et octobre 1492, un petit Jean est confié successivement à 5 nourrices avant qu'on en trouve une qui, enfin, le garde pendant 2 ans ! Dès qu'ils sont sevrés, c'est-à-dire entre 3 et 5 ans, les petits enfants réintègrent l'hôpital. Là, on peut les voir sur des miniatures de l'époque jouant entre les lits des adultes car ils sont le plus souvent accueillis dans le même établissement, voire dans les mêmes salles. Cette promiscuité est propice à toutes les épidémies, mais la contagion des maladies infantiles suffirait à elle seule à expliquer le nombre effrayant des morts. Certains survivent. L'hôpital tente d'assurer un apprentissage aux garçons à partir de 7 ans, une dot et un trousseau aux filles.

Mères jetant leurs enfants non désirés dans une rivière (miniature du XVᵉ siècle, Dijon, Hôpital général).

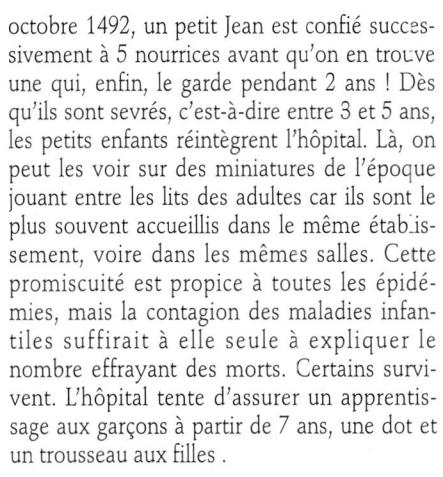

Des pêcheurs retrouvent les cadavres des nouveau-nés jetés dans le Tibre (miniature du XVᵉ siècle, Dijon, Hôpital général). Les corps des enfants, montrés au pape, auraient créé sur l'esprit de celui-ci un trouble si puissant qu'il aurait dès lors œuvré pour la création d'institutions recueillant les enfants non désirés.

Un abandon douloureux

L'enfant abandonné est parfois chargé de messages précisant le nom que le père ou la mère souhaite qu'on lui donne. Ainsi, à Florence, vers 1435, le père d'un garçonnet de 2 ans adresse cette lettre au curé de la paroisse :

« Il faut que je vous dise quelques mots, honorable père. Je vous recommande cet enfant au nom du Dieu unique. S'il vous plaît, baptisez-le et donnez-lui les noms de Matteo et Domenico. Ne tenez pas compte du fait qu'il apporte si peu avec lui car vous serez remboursé dans l'avenir de telle façon que vous serez satisfait [...]. Et emmenez-le à l'hôpital de San Gallo et demandez au prieur d'avoir bien soin de lui [...]. Pour l'amour de Dieu, pour l'amour de Dieu, je vous recommande l'enfant. »

Cité et traduit par P. A. Sigal, « Comment l'Église a sauvé les enfants abandonnés », l'Histoire, n° 161, Le Seuil, Paris, 1992.

1212

Des bandes de jeunes parcourent la chrétienté
LES CROISADES DES ENFANTS

Jérusalem : le mot fait rêver au Moyen Âge. Déjà, en 1096, lors de la première « croisade des pauvres », les plus jeunes de ceux qui étaient partis demandaient devant chaque château : est-ce Jérusalem ? En 1212, des troupes entières d'enfants et d'adolescents s'en vont reconquérir la ville sainte.

Cette année-là, deux événements, sans doute distincts quoique souvent confondus par les chroniqueurs, ébranlent la jeunesse de la vallée du Rhin et du nord-est de la France.

Étienne et Nicholas

En juin, un jeune berger, Étienne, proclame que Jésus lui est apparu et qu'il lui a confié une lettre pour le roi de France. Bientôt, il se

Les enfants à Marseille

« Cette année [1212] il y a eu une expédition assez miraculeuse d'enfants venus de partout [...] Lorsqu'ils furent environ 30 000, ils allèrent à Marseille, voulant traverser la mer pour lutter contre les Sarrasins. Les ribauds et d'autres hommes mauvais qui s'étaient joints à eux souillèrent toute l'armée, de telle sorte que pendant que certains périssaient en mer, et que d'autres étaient vendus, seuls quelques-uns d'une telle multitude rentrèrent chez eux. [...] On dit que ceux qui trahirent ces enfants furent Hugues Ferreus et Guillaume Porcus, marchands de Marseille. Comme ils étaient capitaines de navires, ils étaient censés les transporter gratuitement outre-mer pour la cause de Dieu, comme ils le leur avaient promis. Ils remplirent sept grands navires avec eux ; et après deux jours de voyage [...] une tempête se leva, deux navires furent perdus, et tous les enfants à bord noyés [...] Les traîtres pendant ce temps conduisirent les cinq autres navires à Bougie et Alexandrie, et là vendirent tous ces enfants [...] Dix-huit ans après l'expédition, ajoute mon informateur, Mascemuch d'Alexandrie en possédait toujours sept cents, non plus des enfants mais des hommes faits. »

Chronique d'Albert,
moine des Trois-Fontaines

Le départ pour la croisade (illustration de Job).

met en route, accompagné d'autres pâtres du même âge. Son charisme est tel que d'autres enfants se joignent à lui, suivis peu à peu par des hommes et des femmes de tous âges. Le « saint enfant », comme on le nomme, se rend auprès de Philippe Auguste, à la tête d'une grande procession chantant des hymnes et portant des bannières. Le roi n'est pas convaincu : il ne confie aucune mission à l'adolescent. Déçue, la foule se disperse ; certains hommes s'enrôlent pour la « croisade des albigeois », qui va lutter contre les cathares dans le sud du royaume, mais la plupart rentrent chez eux.

Dans la vallée du Rhin, un peu plus tôt au cours du même printemps 1212, ont lieu des événements comparables, mais de plus grande ampleur. Des enfants très jeunes — à partir de 6 ou 7 ans — échappent à la surveillance de leurs parents et, par groupes de quelques dizaines, partent pour Jérusalem. Le mouvement est d'importance : plusieurs chroniqueurs d'abbayes (à Liège, à Trèves, à Cologne…) l'évoquent en termes clairs. Son point de départ est Cologne, d'où est originaire le jeune Nicholas, qui prend la tête du groupe le plus important. Partis d'Allemagne, n'écoutant pas les conseils de prudence soulignant la témérité de l'entreprise ou leur suggérant que l'hérésie cathare est un ennemi moins lointain que les musulmans, ces jeunes traversent l'Alsace puis les Alpes.

Un désastre

Les abandons et les morts sont nombreux en chemin : ces enfants, entièrement dépourvus de moyens financiers, sont aussi sans légitimité. Des prêtres exaltés les accompagnent sans doute, mais le clergé, dans son ensemble, condamne une entreprise qu'il regarde comme insensée. Seuls quelques pauvres laïcs, dans chaque ville, se prennent de sympathie pour un mouvement si spontané et aident les jeunes voyageurs à survivre. Arrivés en août sur les côtes italiennes (ou, pour quelques-uns, à Marseille), dans les grands ports d'où l'on part pour la Terre sainte, la plupart des jeunes, faute de pouvoir payer, ne trouvent pas de bateaux pour les emmener. Une minorité parvient à s'embarquer : ceux-là sont, semble-t-il, bientôt vendus comme esclaves. La croisade des enfants s'achève ainsi sur les côtes méridionales d'Europe. Une partie seulement des enfants a encore la force de reprendre le chemin du retour, les autres demeurent sur place. Quant à l'histoire de Nicholas, deux chroniques se contredisent : selon l'une d'elles, il aurait plus tard participé à la 5e croisade ; selon l'autre, il serait mort en Italie, et son père se serait suicidé pour avoir vendu des enfants comme esclaves ! Dans l'échec de cette croisade, les contemporains ont vu l'œuvre du démon : si les enfants ont échoué, n'est-ce pas parce que Dieu était hostile à leur projet ? Les historiens du XXe siècle, eux, tentent de trouver des explications à ce phénomène de grande ampleur, qui, sous une forme ou une autre (par exemple avec la croisade dite « des Pastoureaux » en 1251), se répète aux XIIIe et XIVe siècles.

Une lutte sans merci

Pourquoi, en effet, des enfants et des adolescents se précipitent-ils ainsi sur les routes, à plusieurs reprises, en quête d'un but si lointain ? Une conjonction de facteurs peut expliquer en partie ce phénomène. Les premières raisons sont politiques : après la chute de Jérusalem, en 1187, devant l'armée de Saladin, les croisades menées par l'empereur ou par les rois de France et d'Angleterre ont échoué. Or, le combat entre la chrétienté et l'islam est alors général : il se déroule en Terre sainte, mais aussi en Anatolie et en Espagne, où, en 1212, les royaumes chrétiens remportent la victoire décisive de Las Navas de Tolosa. Les enfants — et le peuple en général — entendent parler de ces événements lointains. Un réseau d'information répercute les nouvelles de ce combat dans toutes les campagnes : les prédicateurs de l'Église dénoncent le danger et appellent à la lutte pour reconquérir la cité de Dieu — Jérusalem. Leurs prêches passionnés rencontrent un grand écho auprès des populations. Après plus d'un siècle de prédication en faveur de la croisade, le thème est profondément implanté et soulève la ferveur et l'enthousiasme des foules.

La croisade des laissés-pour-compte

On peut facilement comprendre pourquoi les jeunes sont attirés par ce mouvement de croisades. Mais pourquoi ceux des régions du nord-est de la France, des Flandres et de la vallée du Rhin sont-ils touchés en particulier ? Il faut se rappeler qu'à cette époque, entre la Seine et le Rhin, une fermentation sociale se superpose à l'effervescence religieuse : l'économie y est alors en pleine transformation, les villes se développent, la population croît rapidement. Les conditions de vie sont bouleversées : les paysans d'hier sont devenus citadins. Sur de telles bases, l'impact de prédications qui vantent les richesses de la Terre sainte se trouve décuplé. Les plus pauvres se lancent exaltés dans l'aventure qui, périodiquement, les mène au désastre.

Enfants croisés contre petits combattants maures (gravure d'après E. Zier). La vision très romanesque de l'illustrateur du XIXe siècle ne doit pas occulter la réalité des faits : des milliers d'enfants et d'adolescents partirent libérer Jérusalem, et moururent sur les routes bien avant d'arriver.

1214

Un traité musulman pour honorer un prince
L'ÉDUCATION DU FILS DU CALIFE

En 1214, à Damas, naît un prince musulman : le petit-fils du grand sultan d'Égypte et de Syrie, Saladin Ier. Pour honorer et aider le père de l'enfant, donc le fils de Saladin, un juriste, qui deviendra vizir, rédige le *Livre lumineux au sujet des enfants*, où il résume la pensée arabe sur l'enfance.

L'auteur de l'ouvrage, l'Arabe Ibn al'-Adîm, né à Alep en 1192, a alors 22 ans. Le livre qu'il signe n'est ni volumineux ni original : il veut faire la synthèse des principes d'éducation qui ont cours depuis 5 siècles dans l'islam, parmi les élites princières et urbaines, et il nous les fait connaître.

Avoir ou ne pas avoir des enfants

Le *Livre lumineux* appartient à un genre bien défini, commun à l'islam et au monde chrétien, celui des « Miroirs des princes » — les manuels d'éducation princière. La rédaction de tels ouvrages montre l'extrême attention que les princes musulmans accordent à l'éducation de leur héritier. Mahomet n'a-t-il pas dit que les hommes instruits viennent à la troisième place au paradis, après Dieu et les anges ? Toutefois, avant de se préoccuper des enfants eux-mêmes, l'auteur se soucie des

Petit garçon étudiant le Coran.

parents, ou plus exactement des pères. Et il pose la question préalable : convient-il ou non d'avoir des enfants ? Adressé à un homme qui vient tout juste d'avoir un fils, le *Livre lumineux* apporte à cette interrogation une réponse positive, ainsi qu'on pouvait s'y attendre. Mais il le fait seulement au terme d'un long raisonnement. Ibn al'-Adîm compare en effet les raisons d'avoir ou de ne pas avoir des enfants. Procédant constamment par anecdotes ou citations, l'auteur parvient à démontrer qu'il est finalement préférable d'avoir des enfants. Ainsi, il mentionne cette phrase du Coran : « Vos épouses et vos enfants sont pour vous des ennemis ! Prenez garde. » Mais il montre comment cette phrase est contrebalancée, dans le même livre, par cette autre sentence : « Les richesses et les enfants sont la parure de la vie de ce monde. » Ibn al'-Adîm cite aussi Jésus — considéré par l'islam comme l'un des précurseurs de Mahomet —, qui aurait un jour répondu à quelqu'un qui lui demandait pourquoi il n'avait pas d'enfant : « Je n'en ai pas besoin, car s'il vivait il me fatiguerait et s'il mourait, il m'accablerait. » Ce paradoxe est une entrée en matière pour une réflexion sur la qualité d'une descendance. Un homme de qualité craint-il d'engendrer un sot ? Ibn al'-Adîm remarque que les idiots congénitaux existent, mais qu'un père intelligent a toutes les chances d'avoir un fils aussi intelligent que lui, à moins... que l'enfant ne soit laissé trop longtemps sous l'influence des femmes !

Le rôle du père : l'éducation religieuse

L'opportunité d'avoir des enfants étant établie, Ibn al'-Adîm passe ensuite aux devoirs du père : celui-ci prend en charge l'éducation de l'enfant dès l'âge de 5 ans. Auparavant, c'est sa mère qui l'éduque. Après quoi, le père et des maîtres extérieurs se partagent la formation du garçon, dont l'une des premières étapes est la cérémonie de la circoncision, opération indispensable quoique l'obligation n'en soit pas absolue. Occasion de grandes fêtes où l'enfant est roi, cette cérémonie a lieu à l'âge de 8 ans.
Revêtu de magnifiques habits, le garçonnet, assis sur un tabouret, est opéré par un barbier, qui cautérise ensuite la plaie avec de la cendre de bois. Après quoi, les parents offrent une réception qui, pour les plus riches et les fils de princes, dure plusieurs jours : l'enfant, trop malade, n'assiste pas à toutes ces fêtes ; il entend du moins les textes composés exprès à cette occasion par des poètes recrutés par son père. Celui-ci, par sa conversation, par l'exemple qu'il donne dans sa vie, est l'initiateur principal de l'éducation religieuse des garçons, qu'Ibn al'-Adîm juge tout à fait

Recommandations au précepteur

Ibn al'-Adîm insiste sur la nécessité de choisir de bons maîtres pour les enfants. De même, le calife Haroun al-Rashid tient à préciser ses volontés au précepteur de son fils. Voici, rapportées par l'historien arabe Masudi, les paroles qu'il adresse au grammairien al-Ahmar :
« Ahmar, dit Haroun, le Prince des Croyants te confie son sang le plus précieux, le fruit de son cœur. Il te laisse pleine autorité sur son fils et lui fait un devoir de t'obéir. Sois à la hauteur de la mission que le calife t'a donnée : apprends à ton élève à lire le Coran, enseigne-lui les traditions ; orne sa mémoire des poésies classiques ; instruis-le dans nos saintes coutumes. Qu'il mesure ses paroles et sache parler à propos ; règle les heures de ses divertissements ; apprends-lui à recevoir avec respect les anciens de la famille de Hachim qui se présenteront chez lui et à traiter avec considération les chefs qui assisteront à ses réceptions. Ne laisse point passer une heure du jour sans la mettre à profit pour son instruction ; ne sois ni assez sévère pour que son intelligence dépérisse ni assez indulgent pour qu'il s'adonne à la paresse et s'y accoutume. Corrige-le, autant qu'il dépendra de toi, en employant l'amitié et la douceur ; mais si elles sont sans effet sur lui, use de sévérité et emploie la rigueur. »

Cité par A. Clot, Haroun al-Rashid, *Fayard, Paris, 1986.*

La prédication aux caravaniers (miniature persane du XIIIᵉ siècle, Paris, Bibliothèque nationale). C'est dans le milieu des nomades du désert d'Arabie qu'Ibn al'-Adîm cherche les racines d'une langue et d'une tradition religieuse pures, au début du XIIIᵉ siècle.

Une école pour filles et garçons dans le monde islamique (miniature persane du XIVᵉ siècle). Pour les fils de princes, cependant, l'éducation a lieu plus souvent à la maison, grâce à des précepteurs particuliers.

importante. L'auteur du *Livre lumineux* donne deux conseils pour préparer ou parfaire cette éducation : d'une part, il loue l'attitude de certaines mères, qui vont assister enceintes au prêche afin de sanctifier leur futur enfant ; d'autre part, il insiste sur la parfaite maîtrise que l'enfant doit acquérir de l'arabe, la langue sacrée de l'islam. Cet apprentissage, insiste l'auteur, doit se faire par la récitation de poèmes anciens, d'une expression parfaitement pure, et par la fréquentation, si cela est possible, des grandes tribus bédouines du désert, chez qui la langue du Prophète s'est conservée intacte.

L'enseignement des maîtres

En bon pédagogue, Ibn al'-Adîm insiste sur la nécessité de trouver un moyen d'éduquer les enfants sans les ennuyer : les jeunes musulmans, dès l'âge de 5 ans, doivent lire et apprendre par cœur la totalité du Coran, ainsi que l'ensemble des traditions relatives à la vie du Prophète. Cela forme un savoir si considérable qu'il convient, en ne laissant jamais l'enfant se lasser, d'éviter qu'il ne se détourne définitivement de la religion et de la voie de la science. Le choix du précepteur — pour le petit prince qui vient de naître — et celui de l'école coranique (la kuttâb) sont, note Ibn al'-Adîm, tout à fait décisifs. Ainsi, le précepteur doit être un érudit, mais il lui faut se faire assister par des poètes et des musiciens. Ces gens de qualité entoureront le jeune prince une dizaine d'années durant, lui dispensant une formation de haut niveau : on est bien loin de l'éducation qui avait cours quelques siècles plus tôt, sous les Abbassides, et qui consistait principalement en un apprentissage de l'art de la guerre. Désormais, le futur prince est un lettré, capable de mener avec talent l'exégèse du Coran, mais aussi de chanter ou de composer des vers…

83

1223

Saint François et le sentiment d'enfance
LA CRÈCHE DE GRECCIO

À Noël, en 1223, le futur saint François d'Assise décide de célébrer à sa manière la Nativité. Il installe une crèche dans la montagne, au-dessus de la petite cité de Greccio, en Italie. Il donne ainsi son symbole au culte, alors en plein essor, de l'Enfant Jésus.

À cette époque, François est le chef et le fondateur d'un ordre reconnu : un mois auparavant, le pape a approuvé la nouvelle règle de la communauté de moines qu'il a fondée. Il quitte Rome et se retire dans un ermitage en Ombrie, à Greccio. Sa première tâche est d'y organiser à sa façon la célébration de Noël.

La crèche de saint François

Une crèche est donc construite dans la montagne ; on y amène un petit âne et un gros bœuf. À la nuit tombée, les paysans des environs arrivent en procession. Les disciples, qui écrivent quelques années plus tard la vie du saint, racontent que, dans le berceau de paille, l'Enfant Jésus apparut véritablement, qu'il ouvrit les yeux et sourit à François. La célébration de Noël à Greccio par un personnage aussi prestigieux que François diffuse progressivement dans tout l'Occident l'usage de la crèche. Mais le « Petit Pauvre », le *Poverello,* comme on l'appelle, n'invente pas cet usage. L'idée en est ancienne. Selon les Évangiles, Jésus est né à Bethléem dans une étable ; nulle part, il n'est question de l'âne et du bœuf. La célébration de la Nativité, controversée durant les premiers siècles du christianisme, ne s'impose qu'au IVe siècle. C'est alors aussi qu'apparaissent, dans les représentations figurées, les deux animaux. Selon les théologiens, ceux-ci symbolisent l'humanité juive et l'humanité païenne adorant le Seigneur — ou bien l'Ancien et le Nouveau Testament. Mal compris, ce symbole devient historique à force d'être pittoresque et s'impose comme un fait réel dans un texte du VIe siècle, l'évangile « apocryphe » (c'est-à-dire non reconnu par l'Église) du pseudo-Matthieu. Désormais, les éléments constitutifs de la crèche sont en place. Progressivement, les prêtres font jouer la scène de la Nativité dans leurs églises en un tableau vivant : des témoignages datant du XIe siècle existent. François d'Assise, en reprenant à son compte ces célébrations très démonstratives, regardées jusqu'alors avec suspicion par la papauté, leur donne une portée extraordinaire, qui s'est perpétuée jusqu'à nos jours.

L' « esprit d'enfance »

L'épisode de la crèche de Greccio n'est qu'une étape marquante au sein d'un processus plus vaste : au sein de l'Église, on commence à s'intéresser à l'enfance du Christ et aux qualités qu'il symbolise. Mais, en retour, ce comportement reflète et accentue l'intérêt que la société porte aux enfants. François et ses disciples, les moines franciscains, développent la dévotion à l'Enfant Jésus. Là encore, le Poverello s'inscrit dans une tradition inaugurée au siècle précédent par saint Bernard. Mais la dévotion à l'image de Jésus dans sa crèche prend chez saint François, dès sa jeunesse, une ampleur extraordinaire. Il compose de nombreux sermons sur ce thème, qui sont sans doute la plus belle expression de la piété médiévale pour le Christ Enfant. Pour saint Bernard, Dieu est un enfant caractérisé par la bonté, la douceur, l'humilité et la pauvreté. Saint François prêche également cet « esprit d'enfance ». Les franciscains écrivent de nombreux textes célébrant le Saint Enfant. Ainsi, frère Jacopone de Todi écrit en s'adressant à la Vierge : « Jusqu'à mon dernier souffle, faites que je sois uni en tout à votre petit Jésus, à votre tout petit Jésus, ô ma Mère ! » La dévotion se poursuit après le Moyen Âge et célèbre l'innocence et la simplicité des enfants. On célèbre les « vertus » de l'enfance comme les images des vertus chrétiennes. La « voie d'enfance » devient ainsi, progressivement et à partir du XVIIe siècle notamment, une des voies privilégiées des mystiques. En France, au XIXe siècle, elle inspire le destin religieux d'une Thérèse de Lisieux, qui, le jour de Noël 1886, a la « révélation de l'Enfant Jésus » et est restée célèbre sous le nom de sainte Thérèse de l'Enfant-Jésus.

→ **Voir aussi :** p. 40-41 (Jésus).

L'amour nouveau de l'enfance

Le rôle joué par l'Enfant Jésus dans la dévotion chrétienne à partir du milieu du Moyen Âge est révélateur du **regard nouveau que porte la société sur l'enfant.** Mais sans doute l'influence-t-il en retour.

Alors que l'enfance était considérée jusqu'alors comme un âge autonome ne devant plus laisser de trace chez l'adulte (c'est du moins la pensée de saint Augustin), désormais, la petite enfance est considérée comme **la première phase de la vie humaine,** et l'on n'hésite plus à rechercher dans la jeunesse d'un saint les signes annonciateurs de sa future sainteté.

La fragilité même des petits êtres, en ces temps où la mortalité enfantine est extrêmement forte, est peut-être une **cause supplémentaire d'attachement.** Nombreuses sont les peintures qui, racontant les résurrections miraculeuses d'enfants, s'imposent comme des ex-voto en l'honneur des saints protecteurs de l'enfance.

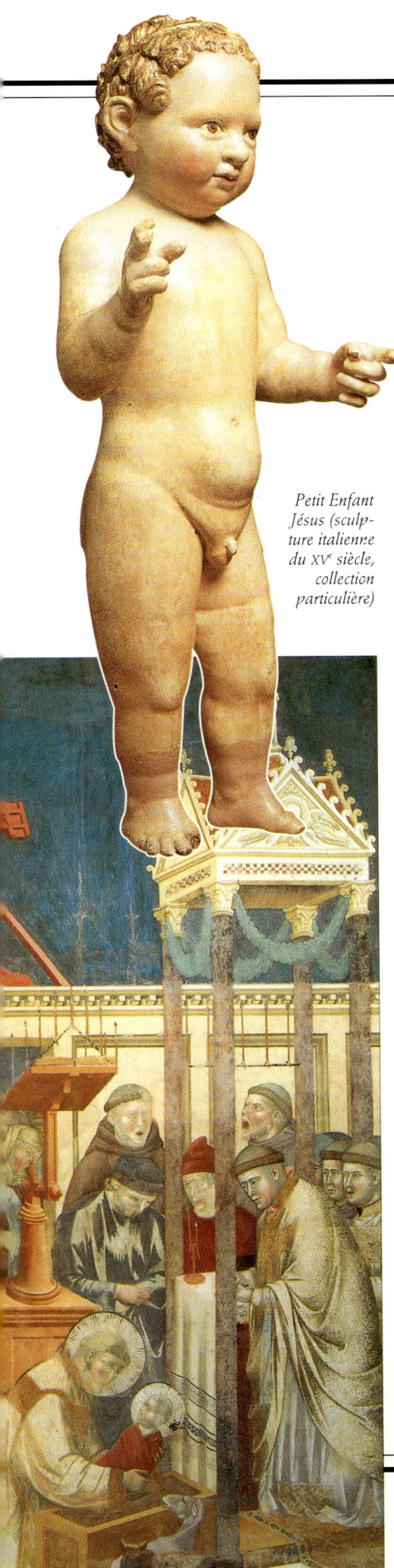

Petit Enfant Jésus (sculpture italienne du XVe siècle, collection particulière)

Saint François dispose la première crèche dans la petite église de Greccio (fresque de Giotto, Assise, basilique supérieure).

Crèche du XVIIe siècle (Bressanone, musée d'Art sacré).

La représentation du petit enfant

Jésus, le modèle. L'invention par les artistes d'une représentation adéquate du très jeune enfant est indissociable de l'avènement du culte du Saint Enfant Jésus. Le parallélisme de l'évolution est frappant : de même que saint Bernard puis les franciscains, à l'exemple de saint François, diffusent une image très valorisée du petit enfant, de même se développe alors, aussi bien dans les peintures et les sculptures que dans les textes, une image de plus en plus réaliste de cet âge, qui témoigne d'une prise de conscience nouvelle de sa fragilité et de sa spécificité.

Nativités. Cette image se forme principalement autour des représentations de la naissance du Christ et de celle des saints personnages : la Vierge, en particulier, et Jean-Baptiste. À partir de la fin du XIIIe siècle, on voit dans les peintures ou sculptures se modifier le corps du petit enfant. D'abord simple réduction anatomique de l'adulte, il évoque progressivement avec plus ou moins d'adresse la morphologie du nourrisson. De même, les gestes des matrones entourant le nouveau-né sont reconstitués par les artistes de cette époque (celle de l'art gothique) avec une attention nouvelle : telle servante tâte l'eau avant d'y baigner l'enfant, afin d'éviter de le brûler ; telle autre enveloppe avec tendresse le petit corps dans des linges.

Des poupons à habiller. À partir du XVe siècle apparaissent, en Italie principalement, des poupons sculptés grandeur nature, destinés à être placés sur la paille de la crèche des églises. L'anatomie de ces poupons reproduit désormais avec une exactitude parfaite le corps dodu d'un petit enfant de quelques mois — jamais celui d'un nouveau-né. Dans les cités italiennes, l'engouement est tel pour ces reproductions d'enfants que ces statues sortent des églises. Les ateliers de sculpture produisent ces poupons en grand nombre. On les offre aux adolescentes, qui jouent avec eux, les dévêtent, les habillent, apprenant ainsi leur rôle de mère avec ces avatars du petit Jésus, comme les petites filles du XXe siècle le font avec les poupées modernes en matière platisque !

1240

Un chien guérisseur d'enfants adoré dans les Dombes
SAINT GUINEFORT

Un lévrier, même accusé à tort d'avoir provoqué la mort d'un enfant, peut-il être honoré à l'instar d'un saint ? C'est contre ce qu'il considère comme une effroyable hérésie que se bat le dominicain Étienne de Bourbon, au milieu du XIIIᵉ siècle (miniature du XIVᵉ siècle).

Le témoignage d'Étienne de Bourbon

« *Sont outrageantes pour Dieu les superstitions qui accordent les honneurs divins aux démons ou à quelque autre créature : [...] c'est ce que font les misérables femmes jeteuses de sorts, qui demandent le salut en adorant des sureaux ou en leur faisant des offrandes ; méprisant les églises ou les reliques de saints, elles portent à ces sureaux [...] leurs enfants afin que guérison s'ensuive. C'est ce qui se passait récemment dans le diocèse de Lyon où, comme je prêchais contre les sortilèges et entendais les confessions, de nombreuses femmes confessèrent qu'elles avaient porté leurs enfants à saint Guinefort. Et comme je croyais que c'était quelque saint, je fis mon enquête et j'entendis pour finir qu'il s'agissait d'un chien lévrier [...]* »

Cité et traduit par J.-C. Schmitt, le Saint Lévrier, Flammarion, Paris, 1979.

Vers le milieu du XIIIᵉ siècle, le dominicain Étienne de Bourbon rédige un des premiers recueils connus d'*exempla* — des historiettes destinées à édifier les fidèles au cours des sermons et mises par écrit afin de faciliter la tâche des prédicateurs. Il y raconte comment, nommé inquisiteur dans les Dombes en 1240, il eut à lutter contre une superstition populaire extrêmement répandue : celle du « changelin ».

Le dominicain, qui entend en confession les paysannes de la région, découvre que celles-ci sont persuadées, pour peu que leur bébé maigrisse et se languisse, qu'il ne s'agit plus de l'enfant, fils ou fille, qu'elles ont porté, mais d'un être de substitution — d'où le terme de « changelin » — dont les géniteurs véritables sont les démons de la forêt. Elles prient alors un saint nommé Guinefort, afin qu'il force le diable à rendre l'enfant authentique.

La légende et le rite

Ce qui choque le plus Étienne, c'est que Guinefort n'est pas un humain, mais... un chien. Le saint auquel elles s'adressent quand elles sont confrontées à la maladie de leur enfant est un lévrier, injustement tué alors qu'il défendait la vie d'un bébé et enterré sur place par son meurtrier repentant. Un bosquet d'arbres a grandi au-dessus de la sépulture supposée du chien.
L'endroit est devenu le site d'un rituel qui doit plus au paganisme qu'à la religion chrétienne : sous la direction d'une vieille femme, la mère éplorée (qui participe à la cérémonie plus fréquemment que le père) fait une offrande de sel — un produit fort précieux alors — et plante un clou dans chaque tronc d'arbre. Après quoi, elle éparpille les langes du changelin sur les buissons alentour et, neuf fois de suite, promène l'enfant déshabillé entre les troncs en invoquant les démons afin qu'ils restituent le bébé sain en échange de la malingre créature qu'ils lui ont substituée. Ensuite, elle allume des chandelles au-dessus de l'enfant et disparaît jusqu'à ce que celles-ci soient consumées : dans l'intervalle, si la magie a été efficace, les démons de la forêt auront procédé à l'échange... La femme vérifie le résultat en allant tremper à neuf reprises son bébé dans l'eau d'une rivière proche, eau qui peut être glacée en plein hiver. Si le petit être réussit à survivre, la preuve est faite que le véritable enfant, en bonne santé, est revenu, car les changelins seraient trop faibles pour résister à un tel traitement.

Les enfants du démon

Étienne de Bourbon prend immédiatement les mesures qui s'imposent pour faire cesser ces pratiques : il fait déterrer le chien, brûler le bosquet et interdit le culte. Mais son combat est moins celui de la raison contre la superstition que celui d'un chrétien face à ce qu'il juge être une manifestation démoniaque. À aucun moment, le texte du dominicain ne permet de penser que celui-ci ne croit pas que des substitutions puissent en effet intervenir entre un enfant réel et une créature diabolique. Le changelin est pour lui une réalité : certains enfants constamment en pleurs, au ventre gonflé, affamés sans qu'aucun lait ne puisse parvenir à les rassasier et qui épuisent en vain leur nourrice, lui semblent, ainsi qu'à ses contemporains, ne pas être des créatures humaines et procéder plutôt du démon. Mais le chien guérisseur est néanmoins à ses yeux hautement suspect : alors que les paysannes l'adorent comme un saint, lui, le dominicain, est assuré qu'il s'agit en fait d'un démon. C'est pourquoi il lutte si énergiquement contre le culte qu'il découvre, entendant ramener ses ouailles égarées vers des remèdes acceptés par l'Église.

Un culte durable

L'action de l'inquisiteur s'avère totalement inutile : en 1826, soit près de 6 siècles plus tard, le curé de ce même village où Étienne de Bourbon a tenté d'éradiquer ces pratiques écrit à son évêque pour l'avertir du pèlerinage qu'effectuent les mères d'enfants malades auprès d'un saint obscur nommé Guinefort... En 1879, les paysans du lieu connaissent toujours la légende du lévrier. Le dernier témoignage de son culte date de 1940 : bien loin d'être détruit par les interventions de l'Église, le culte a survécu jusqu'en plein milieu du XXᵉ siècle ! La culture orale des paysans a su transmettre l'histoire de saint Guinefort : celui-ci a continué de guérir, ou d'achever, les enfants, sept siècles durant.

À l'insu de sa mère, le diable substitue un démon (changelin) à un nouveau-né (peinture siennoise du XVe siècle, Francfort, Städel Museum).

Saint Étienne, de retour chez ses parents, découvre le changelin et le fait jeter dans les flammes (peinture siennoise du XVe siècle, Francfort, Städel Museum).

Une terrible logique

Le culte du changelin, ou démon substitué à l'enfant bien portant, peut s'expliquer par deux motifs : **l'impuissance de la médecine** face aux maladies, nombreuses, qui assaillent et tuent un grand nombre d'enfants et **la croyance au malin**.

La légende du changelin apporte en effet une paradoxale consolation aux mères qui voient leur enfant dépérir. Si la créature qu'elles exposent dans la forêt survit, elles ont entièrement gain de cause : elles ont vaincu le démon et retrouvé leur enfant sain. Dans les autres cas — les plus fréquents, gageons-le —, la mère conserve du moins la consolation de penser que **ce n'est pas son véritable enfant qui est mort, mais un horrible démon**. Le petit être qu'elle a engendré, lui, a simplement disparu...

Cette terrible logique, qui revient à **changer l'identité du malade** lorsqu'on ne peut guérir sa maladie, ne fonctionne cependant pas à tout coup : Étienne de Bourbon rapporte le témoignage d'une femme qui, ayant vu sortir un loup du bois, revient protéger celui qu'elle reconnaît, finalement, comme son enfant !

1240

Barthélemy l'Anglais rédige son encyclopédie
« LA PUÉRICULTURE MÉDIÉVALE »

Isaac nourri au moyen d'une corne de lait (enluminure d'une bible du XIVe siècle, Paris, Bibliothèque nationale de France).

C'est au XIIIe siècle que l'on découvre véritablement l'enfant. Les textes consacrés à l'âge puéril sont plus nombreux et mieux informés qu'ils ne l'ont jamais été — et qu'ils ne le seront pendant longtemps. Celui qui contribue le plus activement à la diffusion de cette connaissance de l'enfance est un franciscain.

Nous savons peu de chose sur lui : il se nomme Barthélemy, il est anglais et vit au temps de Saint Louis à Paris, où il est maître de théologie, avant que son ordre ne l'envoie en Saxe. Il est surtout connu pour avoir écrit, en latin, le *Livre des propriétés des choses* (*Liber de proprietatibus rerum*).

Une encyclopédie à succès

Cette œuvre a été abondamment diffusée : de nos jours encore, on en trouve dans les bibliothèques savantes de très nombreuses copies manuscrites, parfois ornées de miniatures fort instructives. Dès le XIVe siècle, elle est traduite en français par le chapelain du roi, puis en

Laits et biberons

La nourriture du petit enfant est l'une des préoccupations les plus constantes des auteurs du Moyen Âge qui ont traité de pédagogie. Dès la naissance, nous dit Barthélemy, « on doit tout belement frotter au doigt le palais et les gencives de miel [pour nettoyer] et pour lui donner l'appétit par la douceur et l'agnesse du miel ». Dans les deux années qui suivent, le lait constitue d'abord l'essentiel de l'alimentation de l'enfant, puis une composante extrêmement importante de celle-ci. Ce lait est de provenance humaine, qu'il s'agisse de celui de la mère ou, dans la très grande majorité des cas, de celui d'une nourrice. Exceptionnellement, si la mère meurt, si l'on ne peut offrir une nourrice à un enfant abandonné, le lait de chèvre remplace le lait humain. Il faut alors un instrument spécial pour nourrir l'enfant. Comme dans l'Antiquité, il s'agit soit d'un « cornet » (une corne de chèvre finement percée à son extrémité), soit d'un pot de céramique rond agrémenté d'un bec à large ouverture, dans laquelle est introduite une mèche le long de laquelle le liquide progresse par capillarité.

anglais, en italien, en flamand, en espagnol... Elle fait en outre partie des textes qui ont survécu au mépris dont la Renaissance a accablé le Moyen Âge : très rapidement éditée après l'invention de l'imprimerie, elle est utilisée sans discontinuer jusqu'au XVIIe siècle. Elle représente donc pendant plus de 4 siècles la somme des connaissances, et en particulier de celles portant sur le petit enfant. L'ouvrage se distingue des nombreuses encyclopédies composées à son époque par son parti pris de vulgarisation. Il traite de l'ensemble des domaines de la connaissance, commence par parler de Dieu et s'achève sur les propriétés des... clochettes. Il aborde des thèmes comme les anges ou la nature humaine, consacre une partie à la géographie, une autre aux animaux, etc. Ses conceptions reflètent les idées du temps : sa description de l'enfance et des soins qu'il faut lui donner est tout à fait significative de la vision qu'on a de cet âge au XIIIe siècle.

Un bon observateur

Barthélemy est un extraordinaire conteur de la vie quotidienne, des soins minutieux qu'on doit prodiguer à l'enfant, de ce qu'il faut faire ou ne pas faire, de ce que conseillent ou déconseillent les Anciens... Il vulgarise les théories, mais donne aussi des conseils très pratiques. Ceux-ci devraient surtout intéresser la jeune mère ayant à élever son premier enfant, mais cette somme, comme tous les traités pédagogiques du temps, n'est lue que par les hommes. Il est vrai que ceux-ci transmettent ensuite les conseils aux femmes ! Barthélemy aborde toutes les étapes de la vie de l'enfant. Il commence par la conception et il est d'ailleurs l'un des premiers à soutenir que l'homme et la femme contribuent également à la formation de l'embryon, contre l'enseignement d'Aristote qui faisait de la femme un simple réceptacle. Il donne des conseils pour la grossesse, pour deviner le sexe de l'enfant, pour l'accouchement...

Du sein maternel... au bâton, les étapes de l'enfance (Livre des propriétés des choses, Paris, Bibliothèque nationale de France).

Nourrir et vêtir le nouveau-né

Les renseignements les plus intéressants portent sur la vie du tout petit enfant. Barthélemy est pleinement conscient, et avec lui tous les pédagogues du XIIIe siècle, que le lait maternel est le meilleur qui soit pour le bébé. À défaut de ce lait, une nourrice peut y pourvoir, mais à condition d'obéir à des règles extrêmement strictes, dont la première est que la nourrice doit remplacer la mère en tout et aimer le bébé autant que celle-ci. Dès la naissance, ou juste après, des bouillies de farine et de lait viennent s'ajouter au lait maternel. Une intuition remarquable, avant la découverte de l'existence des microbes, semble avoir commandé les principes concernant cette alimentation : renchérissant sur les conseils de certains médecins médiévaux, Barthélemy ordonne de faire bouillir l'eau et le lait avant leur utilisation, et il met sévèrement en garde contre les méfaits que peut occasionner le lait corrompu. Barthélemy porte également attention au vêtement du petit enfant, à tel point que, en recoupant ses dires et les détails représentés dans les miniatures et les peintures, il est possible de savoir précisément comment est vêtu celui-ci. Le placenta, dit Barthélemy, est le premier vêtement de l'enfant. Il disparaît avec la naissance et doit donc être remplacé. Le premier stade est celui de l'enfant étroitement emmailloté dans une pièce de tissu serrée par des bandelettes. Dénuder l'enfant et le changer sont choses aisées, et l'attention à l'hygiène est certaine. Le maillot a pour but de maintenir les membres droits, par crainte des déformations accidentelles, aisées à cet âge, qui laissent l'enfant contrefait. L'enfant porte ensuite des robes qui, flottant librement sur son corps, facilitent l'apprentissage de la propreté. Leur couleur rouge est symbole de la gaieté de cet âge.

Enfant se mouvant dans un « trotteur » (détail d'une miniature du Livre des propriétés des choses).

Les traités sur l'enfance au XIIIe siècle

Si Barthélemy l'Anglais se fait le vulgarisateur des connaissances sur l'enfance, d'autres consacrent des traités entiers, plus savants et moins répandus, à l'enfant.

Raymond Lulle. C'est peut-être le plus connu de ces auteurs. Philosophe, il écrit sa *Doctrine d'enfant* en catalan à Palma de Majorque ou à Montpellier vers 1280. Ces confidences d'un père à son « aimable fils » abordent tous les aspects de l'éducation : le catéchisme occupe à lui seul la moitié de l'ouvrage, puis suit une présentation des diverses religions, des sept arts et de la destinée humaine.

Vincent de Beauvais. L'encyclopédiste le plus célèbre du Moyen Âge est cependant moins diffusé que Barthélemy. Il traite de l'enfant dans son encyclopédie, le *Speculum majus* (1256), mais aussi dans son *De eruditione filiorum nobiliorum,* écrit à la même époque à la demande de la reine Marguerite, épouse de Saint Louis, pour deux de ses enfants.

1250-1260

Des soldats-esclaves formés pour sauver l'islam
LES MAMELOUKS D'ÉGYPTE

En 1250, les troupes d'esclaves turcs du sultan d'Égypte, les mamelouks, écrasent l'armée des croisés de Saint Louis. Dix ans plus tard, elles battent les Mongols en Syrie, sauvant ainsi l'islam d'un immense péril. Entre-temps, elles ont renversé la dynastie régnante et fondé, pour deux siècles et demi, leur propre régime.

Les *mamluk*, « choses possédées » en arabe, avant de devenir de fanatiques soldats, sont en effet des enfants qui ont été achetés à leur famille pour être éduqués collectivement en fonction d'une mission future : la guerre.

Des enfants de la steppe

Les mamelouks sont des enfants turcs qui ont parcouru des milliers de kilomètres avant de parvenir en Égypte. Ils ont été achetés dans le sud de la Russie et en Asie centrale, alors parcourus par des populations turco-mongoles nomades. Les auteurs musulmans de l'époque soulignent l'extrême dénuement, les aptitudes militaires, les vertus de fidélité et de loyauté de ces peuples.

Païens, ils constituent une proie idéale et la source majeure d'approvisionnement des marchands d'esclaves musulmans, qui ne peuvent réduire leurs coreligionnaires en esclavage. Ceux-là s'intéressent particulièrement aux enfants de 10 à 15 ans, les garçons, mais aussi les filles. Ils les achètent en grand nombre : la pauvreté locale contraint les familles à se défaire d'enfants déjà autonomes pour assurer la survie des plus jeunes, plus fragiles. Parfois aussi, les chefs de tribus vendent les enfants de leurs propres sujets ou ceux de rivaux vaincus. Les guerres qui ravagent la steppe, et notamment celles qui accompagnent l'expansion mongole, remplissent les marchés aux esclaves. Les tribus soumises par les Mongols ne sont d'ailleurs pas en reste, elles enlèvent et vendent les enfants de leurs vainqueurs ! Le prix des jeunes gens est, il est vrai, élevé... Pour les enfants ainsi achetés, une nouvelle vie commence, dont la première étape est un très long périple.

Plusieurs mois durant, en longues caravanes, ils doivent cheminer depuis les marchés où ils ont été vendus jusqu'aux rives du Nil. Certains d'entre eux sont embarqués dans les ports de la mer Noire et, passant au large de Constantinople, voguent jusqu'à Alexandrie, en Égypte. D'autres empruntent la voie terrestre, traversant l'Anatolie ou l'Iran, puis la Syrie jusqu'à l'Égypte. Sans aucun doute, il s'agit d'un rude voyage. Pourtant, les enfants ne sont pas maltraités. Au contraire, plusieurs textes soulignent les liens d'affection qui unissent les mamelouks et leurs marchands. Ceux-ci protègent les adolescents des dangers durant le voyage, en même temps qu'ils constituent l'ultime lien avec le pays natal. Ils ont de toute façon intérêt à ce que tout se passe bien : les jeunes ont été achetés cher, et seront revendus plus cher encore... s'ils arrivent en bon état.

L'éducation du combattant : la leçon d'épée (miniature du XIVe siècle, Istanbul, musée de Topkapi).

Les écoles militaires

Le premier but des caravanes est le marché du Caire. Là, les plus solides des garçons sont acquis par les représentants du sultan. Sont aussi achetées les filles qu'on juge belles ; élevées en commun, elles sont destinées à devenir les épouses des futurs mamelouks. Les nouvelles recrues sont conduites dans la citadelle de la ville, où leur sont réservées douze casernes comportant chacune une école. Les garçons y vivent entre eux ; ils continuent à parler leur langue maternelle, le turc, et n'acquièrent donc qu'une connaissance superficielle de l'arabe, la langue de la culture et de la religion. On leur donne en revanche un nom arabe, qui s'ajoute à leur nom turc. Il s'agit du même pour tous : Ibn 'Abd Allah, complété du nom de la caserne à laquelle ils appartiennent. Ces petits païens, fils d'éleveurs, bénéficient d'une éducation tout à fait spécifique, destinée à faire d'eux des guerriers de l'islam. Tout d'abord, des théologiens les initient à la foi musulmane — celle-là même dont ils devront être, plus tard, les fidèles défenseurs. Ensuite seulement vient le temps de l'entraînement militaire, qui doit faire d'eux de redoutables combattants à cheval. Afin d'empêcher la pédérastie, le personnel enseignant, mis à part les théologiens, est constitué d'eunuques. Une fois la formation achevée, le jeune mamelouk cesse d'être un esclave : il est en effet affranchi en présence du sultan, au cours d'une somptueuse parade. Il devient simple soldat et entre au service du sultan, son ancien patron, à qui il doit son éducation et sa nouvelle liberté.

Esclavage et sultanat

Les soldats ainsi formés constituent en Égypte une aristocratie militaire qui se renouvelle à chaque génération. Car les enfants de mamelouks ne succèdent pas à leurs pères : seuls les enfants acquis au loin et formés comme soldats peuvent prétendre aux postes de la hiérarchie militaire.

Les plus brillantes carrières sont promises à ces anciens esclaves : à partir de 1250, en effet, l'un d'eux règne sur l'Égypte. Ses successeurs sont aussi des mamelouks : ils parviennent au pouvoir, en général, par un coup de force qui consiste à évincer les fils du sultan régnant. La force de l'idéologie mamelouk est telle que, invariablement, les tentatives des souverains successifs pour établir une dynastie se soldent par l'échec.

La Capture de Saint Louis par les mamelouks en 1250 (peinture de Cabanel, Paris, Panthéon). Formés pour se battre, les mamelouks prirent rapidement le pouvoir en Égypte et défendirent l'islam contre les soldats chrétiens.

Les janissaires

Élèves des mamelouks. Les mamelouks, sauveurs de l'islam en 1260 alors que toutes les autres puissances musulmanes avaient succombé devant les Mongols, sont finalement défaits en 1517 par les troupes ottomanes, et, parmi celles-ci, par les redoutables « nouvelles milices », les *yeni tcheri*, dont nous avons fait les « janissaires ». En 1517, les élèves ont, d'une certaine façon, dépassé les maîtres.

Le « devchirme ». Les janissaires, au nombre de 12 000 au XVIe siècle, sont des enfants chrétiens enlevés dans les Balkans selon le système du *devchirme*, la « cueillette » — une razzia sélective. Turquifiés, ils sont, comme les mamelouks, éduqués dans la foi musulmane et pour la guerre. Les futurs hauts fonctionnaires sont, eux aussi, « cueillis » de cette manière.

Les piliers de l'empire. Ils jouent un rôle essentiel dans la vie politique de l'Empire ottoman grâce à la force militaire essentielle qu'ils représentent. Devenue, avec le temps, un frein aux nécessaires réformes, notamment militaires, que doit entreprendre l'empire à la suite de nombreuses défaites (parmi lesquelles la perte de la Grèce en 1821-1822), l'institution est finalement dissoute dans un bain de sang au cours de l'année 1826.

Les janissaires assurèrent la grandeur de l'Empire ottoman (miniature du XVIIIe siècle, Istanbul, musée de Topkapi).

1280

Cimabue rencontre Giotto

LES APPRENTIS DU « GRAND ATELIER »

C'est avec Giotto, né vers 1267, que commence la Renaissance italienne. Pendant plus de 4 siècles, les génies succèdent à des génies dans tous les domaines de l'art. Ils ont tous été, et Giotto le premier, les élèves d'autres artistes et ils ont créé de véritables dynasties fondées sur l'apprentissage.

Sur l'enfance et la jeunesse de Giotto, il y a fort peu de choses qui soient certaines. Il est né dans un petit village près de Florence, Colle di Vespignano, dans une famille très pauvre, peut-être de bergers ; nous connaissons aussi le nom de son père, Bondone.

Hasard ou institution ?

Giorgio Vasari, qui se fait au XVIe siècle le biographe des plus célèbres artistes, en s'inspirant, pour Giotto, des *Commentaires* du sculpteur Lorenzo Ghiberti écrits vers 1450, raconte à sa façon l'enfance du peintre. Selon lui, aux alentours de 1280, Cimabue, le plus fameux peintre de Florence au XIIIe siècle, aurait aperçu Giotto dessinant un mouton dans la campagne et, surpris par son talent, l'aurait pris comme apprenti. Le hasard aurait ainsi présidé à la découverte de ce génie. C'est plus vraisemblablement le père du jeune garçon qui dut amener celui-ci à Florence, où il apprit le métier de peintre. Mais cet apprentissage se fit-il chez Cimabue ?... cela est possible, non certain. Une autre version de l'enfance de Giotto, écrite par un auteur anonyme vers 1340, raconte que son père l'avait mis en apprentissage auprès d'un marchand de laine, mais que tous les matins il se rendait à l'atelier de Cimabue plutôt qu'à celui du marchand... Ayant découvert son manège, son père, l'aurait alors placé chez Cimabue. La découverte due au hasard du génie d'un enfant est l'un des stéréotypes les plus fréquents des biographies d'artistes : les mêmes histoires se répètent au sujet d'individus différents. En revanche, l'envoi des enfants en apprentissage est une certitude. Au Moyen Âge, la peinture est d'abord un métier, une technique, qu'il faut apprendre dans un atelier auprès d'un maître. Dans le récit de Vasari comme dans celui de 1340, seule est certaine la mise en apprentissage du jeune Giotto auprès d'un peintre.

Le recrutement des jeunes peintres

Le futur artiste entre jeune en apprentissage, dès 10 ou 12 ans le plus souvent. Il y reste 4, 7 ou 8 ans. Aucune règle stricte n'existe en la matière : un des élèves de Giotto, Taddeo Gaddi, serait resté 24 ans auprès de son maître ! L'apprentissage se fait sur la base d'un contrat passé devant notaire : le maître s'engage à enseigner son art et le jeune, à travailler régulièrement, à ne pas s'enfuir et à ne pas voler. Parfois, des compensations financières sont prévues dans un sens ou dans l'autre, selon les cas. Le maître peut nourrir, loger et vêtir son apprenti. Accepté, celui-ci fait en quelque sorte partie de sa famille. Les contrats d'apprentissage de Sienne précisent ainsi que le maître doit agir « comme un bon père envers un bon fils ». Mais ce que nous savons de l'atelier de Giotto montre aussi que les apprentis peuvent loger ailleurs, pour ne se rendre à la boutique (la *bottega*) du maître que le matin. Les fils de peintres deviennent la plupart du temps eux-mêmes des peintres, apprenant leur futur métier aux côtés des apprentis. De véritables dynasties se créent, de père en fils ou d'oncle à neveu. Il s'agit même là, au début, du mode normal de recrutement : être peintre est alors regardé comme un métier artisanal au même titre qu'un autre, très proche par exemple de celui des orfèvres. Comme tel, il fonctionne sur un recrutement familial. Le grand peintre siennois Simone Martini est ainsi gendre, frère, oncle et beau-frère de peintres et oncle d'un orfèvre. Les filles de peintres qui deviennent peintres à leur tour sont très rares, mais elles se marient dans ce milieu.

Giotto dans l'atelier de Cimabue *(peinture de Ziegler, Bordeaux, musée des Beaux-Arts)*. La tenue de l'enfant est fantaisiste, la réflexion sur des miniatures, improbable. Mais l'essentiel demeure : c'est dans l'enfance que se forment les futurs artistes, auprès de maîtres confirmés.

Cimabue rencontrant Giotto enfant en train de dessiner un mouton *(peinture de Narcisse Salières, Carcassonne, musée des Beaux-Arts)*.

La légende

« *Dans un village appelé Vespignano, près de la ville de Florence, était né un garçon doué d'un merveilleux talent, qui dessinait un mouton d'après nature lorsque le peintre Cimabue vint à passer, sur le chemin de Bologne. Il vit l'enfant assis sur le sol en train de dessiner le mouton sur une pierre. Il fut frappé d'admiration pour ce garçon qui, si jeune, dessinait déjà si bien, et, s'apercevant de son talent naturel, il demanda le nom du garçon. "Mon nom est Giotto ; mon père se nomme Bondone, et il habite dans cette maison là-bas", répondit l'enfant. Cimabue se rendit avec le garçon auprès du père, et, comme il était d'apparence distinguée, et que le père du garçon était très pauvre, ils tombèrent d'accord pour que Cimabue prenne Giotto auprès de lui comme apprenti.* »

Lorenzo Ghiberti, *Commentaires*, traduction de l'auteur.

Le métier

Fils ou apprentis venus d'autres familles d'artisans apprennent leur métier sur le tas. Un texte nous fournit de nombreuses indications sur leur vie quotidienne : c'est le *Libro dell'Arte*, écrit vers 1390 par un artiste mineur de Florence, Cennino Cennini, qui est un manuel pratique de la vie au sein de la boutique d'un peintre. Ce qui y est décrit, Giotto l'a sans doute vécu, car les techniques et le mode de vie évoluaient peu dans ce milieu : Cennino se vante d'être un élève du peintre Agnolo Gaddi, dont le père, Taddeo, était disciple de Giotto. Selon lui, le devoir essentiel de l'apprenti est d'imiter avec soin le maître. Cennino ne se pose pas la question de l'originalité personnelle du style : la perpétuation d'une belle manière est toute l'ambition à laquelle, lui semble-t-il, un artiste peut aspirer. Il préconise que les élèves commencent par le dessin, en recopiant soigneusement les œuvres graphiques du maître et celles d'autres artistes, si celui-ci en possède. Ce n'est que dans une deuxième étape qu'ils apprennent à maîtriser les couleurs. Il leur faut savoir les préparer, en broyant les pains de pigments puis en diluant la poudre obtenue. Ils doivent aussi connaître les différents supports, apprendre l'art d'appliquer les couleurs sur du bois ou sur le plâtre humide des fresques. Des travaux moins directement artistiques leur sont également confiés : construire les échafaudages puis les escalader pour porter à ceux qui peignent le matériel nécessaire, ou tout simplement balayer l'atelier ! Vient enfin le moment de la participation aux travaux du maître. Ceux-ci consistent en des commandes prestigieuses… ou en des travaux qui le sont moins. Lorsqu'ils ont suffisamment progressé, les apprentis peuvent participer à l'exécution de chefs-d'œuvre : le maître, que de trop nombreuses commandes occupent, leur confie soit la préparation de l'enduit du mur ou du retable, soit l'exécution d'un fond, ou bien encore la réalisation des bordures d'une œuvre… tout ce qui n'est pas trop difficile. Mais seuls les très grands maîtres ont de tels travaux pour pain quotidien : le travail d'une échoppe ordinaire consiste aussi à réaliser des blasons, des coffres, à décorer des plafonds ou des encadrements de fenêtres — et c'est à ces tâches que les adolescents un peu débrouillés consacrent le plus clair de leur temps. Pourtant, c'est à travers ces travaux répétitifs que beaucoup des plus grands peintres occidentaux, si ce n'est tous, ont su développer leurs talents, en s'inspirant de leurs maîtres pour mieux les renouveler : à Cimabue succède Giotto, premier peintre de la tradition moderne…

1318

Un évêque arrête tout un village
LES PETITS PÂTRES DE MONTAILLOU

Il y a quelques années, l'historien français Emmanuel Le Roy Ladurie livrait au grand public le texte de l'interrogatoire auquel le village de Montaillou, dans la montagne occitane, fut soumis par le tribunal de l'Inquisition. Ce document, outre les renseignements qu'il fournit sur l'hérésie cathare, extirpée du Languedoc par le feu et par le sabre, livre d'inestimables informations sur la vie des enfants paysans dans la première moitié du XIVe siècle.

L'interrogatoire date de 1318. Il est conduit par un nommé Jacques Fournier, évêque de Pamiers, ville située au pied des Pyrénées, qui préside le tribunal. Consignées dans des registres, les réponses des parents, cathares ou non, démontrent toutes une même chose : la solidité de leur amour pour leur descendance d'âge puéril, à une époque où la précarité de l'existence enfantine était telle que certains historiens ont pu croire que, sans doute, nul ne pouvait véritablement s'attacher à des créatures si fragiles…

Un amour profond

Le texte inquisitorial abonde en détails montrant cet attachement. Ainsi, une paysanne répondant au nom de Sibylle Pierre commet un péché qui, selon la foi cathare, est mortel : alors que son bébé mourant a reçu le *consolamentum* — une sorte d'extrême-onction cathare, qui implique le jeûne total jusqu'à la mort —, elle s'empresse de lui donner de nouveau le sein, dès qu'elle croit qu'on ne la voit plus. Une autre femme, Gauzia Clergues, se dépouille de toutes ses économies pour tâcher de sauver sa fille Esclarmonde, gravement malade.

Entre hérésie et superstition

L'enfant, pour les familles de Montaillou, n'est pas un adulte en réduction. C'est un être autonome, dont les règles de vie et de mort ne correspondent pas à celles des adultes. L'image que les cathares se forment de l'enfance est globalement positive. Si, par malheur, un petit être vient à mourir, il jouit d'abord immédiatement du repos, ce qui n'est pas le cas pour les adultes ; au bout d'un certain temps, son âme se réincarne, le cas échéant, au sein de sa famille d'origine, dans le corps d'un petit frère ou d'une petite sœur. Mais il vaut mieux, quoi qu'il en soit, baptiser au plus vite le nouveau-né : le baptême, outre qu'il fait entrer l'enfant dans la communauté religieuse et le lave du péché originel, donne au nourrisson, croit-on, belle chair et belle figure, et le protège même de la noyade et des loups ! Cet attachement mi-religieux, mi-superstitieux à un rite chrétien va de pair avec des pratiques radicalement païennes. Béatrice de Planissoles, la châtelaine du village, sait qu'il faut récupérer soigneusement le cordon ombilical des bébés mâles : quelque vieille matrone, un peu sorcière, peut en faire un philtre, fort efficace pour gagner des procès !

Une enfance industrieuse

Les récits des paysans éclairent aussi la vie quotidienne des petits pâtres de Montaillou. Très peu de temps après le sevrage (qui

Veillée au coin du feu : dans le monde paisible du Midi français, l'hérésie cathare introduit un ferment de violence qui aboutira au désastre de la croisade anti-hérétique (miniature d'un manuscrit du XIVe siècle, Paris, Bibliothèque nationale de France).

intervient vers 2 ans), une grande partie de leurs journées est occupée par l'aide qu'ils apportent à leurs parents : Alazaïs Benet et Raymonde Rives épouillent leurs mères Guillemette et Alazaïs au soleil, les filles coupent le blé avec leurs mères, les garçons ramassent les raves avec leurs pères ou gardent les bœufs, les cochons et les moutons lorsqu'ils ont atteint l'âge de raison. Jean, l'écolier du curé, lui sert de messager pour donner des rendez-vous à ses maîtresses ! Le petit pâtre Jean Maury revient le soir manger au coin du feu, avec sa mère, car la table est réservée aux hommes de la maisonnée. Il se couche tôt et n'assiste pas aux discussions des adultes. Il est vrai que celles-ci sentent souvent le soufre et en conduiront plus d'un au bûcher ! Les enfants ont, en règle générale, peu de chances de pouvoir entendre leurs grands-parents leur raconter des histoires : on meurt jeune au Moyen Âge. Les garçons des familles pauvres, comme Jean Maury, sont mis dès 12 ans en apprentissage dans la montagne, comme bergers, et ils restent absents une partie de l'année. Les filles, telles Guillemette et Raymonde, les sœurs de Jean, sont rapidement mariées : au fil des générations, les alliances matrimoniales accroissent la solidarité entre telle et telle famille du village et les rivalités entre clans. Le mariage n'est cependant pas le cadre exclusif de la sexualité et le nombre des enfants naturels est considérable. Pierre Clergues lui-même, le curé du village, dont nul ne sait au juste s'il est catholique ou cathare, ne montre guère l'exemple, et plus d'une jeune fille, comme la petite Grazide Rives, est devenue femme entre ses bras...

Une jeunesse divisée

Pour l'essentiel, la vie quotidienne des enfants catholiques ne diffère pas profondément de celle des jeunes cathares. Mais l'unité de la communauté paysanne se trouve profondément perturbée par la nouvelle division religieuse. Ainsi, il n'existe pas à Montaillou d'associations de jeunes gens, ces « abbayes de jeunesse » que l'on trouve presque partout ailleurs et qui organisent danses, charivaris et tours pendables. On ressent jusque dans les jeux des plus jeunes les tensions religieuses qui agitent le village : entre les mains de Pierre Acès, et de bien d'autres, une rondelle de rave imite l'hostie pour parodier la messe ; c'est un mouchard qui avertira le tribunal de cette profanation. Pourtant, conscients des risques que feraient courir à tous les bavardages ou les attitudes inconséquentes des petits, les paysans cathares prennent la précaution de n'instruire ceux-ci dans leur foi qu'assez tardivement. Mais garçonnets et fillettes ne peuvent ignorer totalement ce qui occupe tant de place dans les conversations et les actions de leurs parents... La vie sociale de Montaillou est ainsi dominée par une lutte religieuse, par laquelle passent désormais les anciennes rivalités des familles pour parvenir à la prééminence dans le village. L'enquête de l'Inquisition vient encore aggraver cette division et l'on voit, pendant tout le temps que siège le tribunal, se multiplier les dénonciations. Le zèle de l'évêque de Pamiers achève de troubler la paix d'une région qui fut pendant longtemps heureuse ; il lui vaudra de devenir pape, seize ans plus tard, sous le nom de Benoît XII.

La cueillette du raisin (miniature du XIIe siècle, Glasgow, University Library).

Un père apprend à son fils les travaux de labour (miniature du XIIIe siècle, bibliothèque de l'Escorial).

Les cathares et la réincarnation des enfants

L'un des paysans fait la déclaration suivante au tribunal de l'Inquisition, illustrant la croyance cathare populaire en la réincarnation des âmes des enfants :

« Ma commère Alazaïs Munier était triste ; en peu de temps elle avait perdu ses quatre fils. La voyant affligée, je lui en demandai la cause :
— Et comment ne serais-je pas dolente, me répondit-elle, d'avoir perdu en un si bref intervalle quatre beaux enfants ?
— Commère, ne t'en fais pas, tu les retrouveras.
— Oui, au paradis !
— Non, tu les retrouveras en ce bas monde, bel et bien. Car tu es encore jeune. Tu seras de nouveau enceinte. L'âme d'un de tes enfants décédés se réincorporera au nouveau fœtus. Et ainsi de suite ! »

Cité par E. Le Roy Ladurie, *Montaillou, village occitan*, Gallimard, Paris, 1975.

1350-1500

Les prénoms familiaux
« REFAIRE LE MORT »

Aux XIVe et XVe siècles, les enfants de la cité de Florence changent de prénom au gré des morts survenues dans la famille : pour leurs parents, il s'agit d'abord de sauvegarder un symbole familial. Le prénom caractérise une famille. D'une certaine façon, les enfants ne naissent que pour la perpétuer et maintenir en vie ces prénoms !

Les *ricordanze* sont des livres de famille répandus dans la société florentine, aussi bien chez les artisans que dans les grandes lignées marchandes. Ils tiennent lieu à la fois de registres d'état civil et de comptes, de généalogies, d'agendas et de journaux intimes. Conservés, très étudiés, ils ont permis aux historiens de mieux comprendre les choix que les parents — le père en l'occurrence — faisaient, pour leur progéniture, de tel ou tel prénom.

L'enfant du père

Car le père est, à Florence, le seul responsable de l'enfant et du choix des prénoms. Le rôle de la mère et de sa famille, des parrains et marraine ou même de l'Église est très effacé. Ainsi, contrairement à la coutume qui prévaut dans le reste de l'Occident, les parrains et marraine n'ont pas le droit de choisir les prénoms de leur filleul. Les premiers (qui sont souvent plusieurs et sont choisis parmi les amis) et la marraine (qui, elle, est souvent une pauvresse, à qui la famille choisit d'accorder sa protection) sont les seuls à entrer dans l'église et à participer au baptême, auquel assistent tous les voisins et alliés de la famille. La mère, elle, reste à la maison : la cérémonie a lieu quelques jours seulement après la naissance de l'enfant — avant, donc, ses relevailles. Le père attend à la porte, mais c'est lui qui a choisi les prénoms qui sont déclarés au prêtre. Avant la fin du XIVe siècle, le choix du premier prénom est fait non pour honorer un saint, mais parce que ce prénom appartient à la tradition familiale : il a été porté par un ancêtre. En 1497, encore, Tommaso Guidetti nomme son fils Manello parce que, 5 générations avant sa naissance, un aïeul était ainsi prénommé et que nul, par la suite, n'a relevé le nom. Les raisons religieuses n'interviennent que dans le choix du deuxième et du troisième prénom : les garçons reçoivent celui du saint patron de la ville, Jean-Baptiste (Giambattista) ; les filles, celui d'une des deux protectrices de Florence, Marie ou Marguerite (Maria ou Margherita). Ou bien encore les enfants sont nommés comme le saint dont on célèbre la fête le jour de leur baptême.

Le prénom du mort

Pour le prénom principal de son fils, le père choisit de préférence celui d'un grand-père ou d'un oncle paternel décédé, surtout lorsque l'enfant est l'aîné. Ainsi, un Florentin peut se nommer Andrea di Berto di Andrea di Berto… ce qu'il faut traduire par Andrea, fils de Berto, fils d'un précédent Andrea, fils d'un Berto, etc. Le cas existe sur sept générations ! L'expression des citoyens de Florence pour décrire ce processus de dénomination est savoureuse : ils parlent de *rifare* — refaire — le mort ! On « refait » en priorité les morts récents. Il ne s'agit pourtant pas d'une tentative pour réincarner la personnalité du mort dans le corps du petit enfant en lui attribuant son prénom. Bien au contraire, il semble que le petit Andrea, comme son grand-père Andrea et tous les membres de la famille ayant porté ce prénom — une génération sur deux —, n'est que le dépositaire charnel et temporaire de quelque chose qui le dépasse et qui symbolise la spécificité d'une famille : en l'occurrence, l'alternance des prénoms Andrea et Berto. Nommer un enfant nouveau-né à Florence au Moyen Âge, c'est d'abord le situer comme membre d'une famille : le choix du prénom inscrit le nouveau-né dans une généalogie, il fait de lui le vecteur d'une désignation immémoriale qui ne doit pas se perdre. Il est à peine exagéré de dire que le prénom n'est pas donné à l'enfant, mais que, d'une certaine manière, l'enfant naît pour que le prénom soit à nouveau porté et la famille, perpétuée.

« Élevé en deux fois »

Cette logique, présente dans de nombreuses sociétés, est poussée à son comble à Florence. Les parents florentins vont jusqu'à donner un nouveau nom à leur enfant déjà baptisé si une mort subite laisse sans porteur un prénom important de la famille ! Inversement, un tabou empêche de donner le prénom d'une personne encore vivante à un nouveau-né : cela reviendrait à souhaiter la mort de celle-ci… Les résultats sont parfois assez cocasses : à un percepteur qui s'étonne de trouver un jeune garçon alors que les déclarations antérieures parlaient sous le même nom d'un vieillard, le père répond de façon lapidaire : « Il est mort et je l'ai refait » ! Bien souvent — étant donné le fort taux de mortalité des enfants —, un prénom important de la famille, et qui pour cela avait été donné à l'aîné, se trouve libéré par la mort de celui-ci. Alors, les puînés survivants, à tour de rôle s'ils meurent eux-mêmes, relèvent le prénom laissé vacant. Dans les périodes dramatiques où la peste, après s'être apaisée l'hiver, sévit chaque été, les pères peuvent être ainsi ame-

Le père choisit les prénoms selon les traditions familiales (l'Imposition du nom du Baptiste, Fra Angelico, Florence, musée San Marco).

Arbre généalogique (miniature du XVe siècle, Paris, Bibliothèque nationale de France). À Florence, lorsque meurt un membre de la famille, un autre reprend son prénom pour affirmer la continuité du clan.

L'enfant et l'adulte (peinture de Ghirlandaio, New York, Metropolitan Museum) Un lien très fort et qui n'est pas seulement sentimental unit les générations au Moyen Âge.

La révolution des prénoms

Les progrès de l'Église. À partir du XIVe siècle, l'emprise de l'Église sur le choix du prénom ne cesse de se renforcer. Alors qu'auparavant régnait le prénom unique, auquel on adjoignait un surnom (qui est devenu notre nom de famille), désormais les prénoms dont les pères (ou, ailleurs qu'à Florence, les parrains et marraines) gratifient l'enfant à sa naissance se multiplient et, surtout, se christianisent. Les prénoms hérités de l'époque féodale, comme, en France, Guillaume ou Douce, déclinent.

L'influence de la peste. La Peste noire, qui surgit en Occident en 1348, et la prédication des ordres mendiants (les franciscains et les dominicains) assurent le succès des saints « intercesseurs », spécialistes de la lutte contre les maladies ou dont le martyre évoque les flèches de la peste, tels Antoine ou Sébastien. Pour les petites filles, Catherine ou Cécile, vierges vertueuses, connaissent une grande faveur. Progressivement, la dévotion à un saint particulier, porteur d'une idée ou d'une valeur particulière, va remplacer la tradition familiale pour le choix du prénom.

nés à donner jusqu'à quatre fois de suite le même prénom à des fils ou des filles successifs, avant que l'un ou l'une ne survive. Il arrive alors à certains de ces géniteurs de parler d'un enfant « élevé en deux fois » — c'est-à-dire en réalité de deux enfants successifs, le second portant le prénom du premier décédé en bas âge et se voyant confié à la même nourrice. Nommés puis renommés, ces enfants ne sont que le dernier avatar charnel d'une lignée qui les englobe et les dépasse. Menacés en permanence par la peste ou par les maladies infantiles, mis en nourrice systématiquement, ils ne sont souvent, bébés, que des prénoms symboliques pour leurs parents.

XVe siècle

Une pratique pour remodeler les crânes
LES TÊTES FAÇONNÉES DES INCAS

Quatre jours après sa naissance, lors de la grande fête de l'Ayuscay, qui marque son entrée dans la famille, le nouveau-né inca est placé dans son berceau. Ce jour-là, la tête malléable du bébé est comprimée par des bandelettes, contre le cadre de sa couche !

Dans cette vaste confédération de tribus, gouvernée d'une main de fer, qui forme l'Empire inca à son apogée, au XVe siècle, il est en effet de règle de modifier la forme naturelle du crâne des enfants.

Les techniques

Toutes les sages-femmes savent modeler de leurs mains le crâne d'un enfant accidentellement déformé lors de l'accouchement. Mais les méthodes employées par les Incas n'ont aucune justification thérapeutique : mises en œuvre sur tous les nouveau-nés, elles transforment la morphologie crânienne dans des proportions considérables. Les principales déformations consistent soit à élargir la tête en l'aplatissant, soit au contraire à l'allonger, et cela, dans chacun des cas, soit à la verticale soit de manière oblique. Les chroniqueurs décrivent le procédé d'aplatissement : deux planchettes sont placées l'une sur le front, l'autre sur la nuque et enserrent la tête. Les liens sont tendus chaque jour jusqu'à l'âge de 5 ans. Les fouilles archéologiques ont permis de retrouver un tel dispositif. Le front devient, grâce à ce traitement, extrêmement fuyant. À l'inverse, pour allonger la tête, on la garrotte par des bandes de toile, de corde ou par des arceaux rigides. Il semble que le cerveau ne souffrait pas de ces manipulations délicates, pourvu qu'elles fussent menées de façon extrêmement progressive : la radiographie des crânes retrouvés montre que la déformation affectait seulement leur partie supérieure, laissant intacts le volume global du cerveau et sa base, où passent la moelle épinière, les nerfs et les vaisseaux. Cependant, des édits nous sont parvenus qui sanctionnaient les matrones trop brutales : des garrottages trop serrés ont dû, plus d'une fois, entraîner des cas d'idiotisme...

Des motifs obscurs

Quelles peuvent avoir été les raisons d'une coutume qui nous paraît aujourd'hui si barbare ? Pourquoi modifier l'œuvre de la nature ? Les récits des chroniqueurs, dans lesquels les historiens cherchent des explications, fournissent des motifs variés et parfois contradictoires... Ainsi, la naissance donne au crâne flexible du nouveau-né une forme précise, liée au déroulement de l'accouchement. Lorsque celui-ci s'était bien passé, les Incas ont pu vouloir honorer le génie bienfaisant qui avait protégé la femme et l'enfant en accentuant encore et en pérennisant la forme prise par le crâne du bébé. À en croire un chroniqueur inca, Pachacuti, Manco Capac, le fondateur légendaire de l'empire, aurait donné lui-même l'ordre de telles transformations : « Que les têtes des enfants soient attachées afin qu'ils restent simples et sans âme, parce que les Indiens de tête forte et ronde ont coutume d'être intrépides pour n'importe quoi et en majorité insoumis » ! L'Espagnol Cieza de León, quant à lui, parlant de l'un des peuples de l'empire, les Mantas, écrit que, selon ses croyances, l'aplatissement du crâne rend les enfants « plus vigoureux physiquement et plus capables de travailler ». D'autres textes, enfin, placent les déformations crâniennes provoquées parmi les nombreuses pratiques magiques exécutées au moment de la naissance afin de favoriser la survie de l'enfant : les manipulations des sages-femmes doivent alors être considérées au même titre que le rasage de la chevelure, la perforation des lobes auriculaires et des lèvres ou la mise en place d'amulettes. Elles sont une mesure visant à protéger des démons le siège de la puissance vitale. Quoi qu'il en soit, il est certain que le modelage existe déjà dans l'Amérique précolombienne 3 000 ans avant notre ère, c'est-à-dire bien avant la constitution de l'Empire inca. Mais c'est dans celui-ci que l'on observe le plus grand nombre et la plus grande diversité de formes. La multiplicité des interprétations, comme celle des techniques présentes dans l'empire, est peut-être liée à la constitution récente de ce dernier, conglomérat de peuples qui tous pratiquaient de longue date la déformation crânienne. Si celle-ci n'a jamais été autant utilisée que sous la domination des Incas, ils ne l'inventent donc nullement. On la retrouve d'ailleurs dans l'art maya et l'art aztèque.

L'attitude de l'Église

Dès l'origine, l'Église catholique a lutté contre la pratique du remodelage des crânes des nouveaux-nés incas. Ainsi le concile de Lima en 1567 :
« Les Collas et les Puquinas et d'autres tribus indiennes ont coutume de façonner la tête des enfants en diverses formes en y mettant beaucoup de superstition. Dans certaines régions ils les font très hautes... les amincissant et leur donnant la forme des bonnets appelés par eux *chucu* qui sont étroits et longs. Ailleurs ils font les têtes plates et larges du front... »

*Cité et traduit par R. d'Harcourt,
la Médecine dans l'ancien Pérou,
Librairie Maloine, Paris, 1939.*

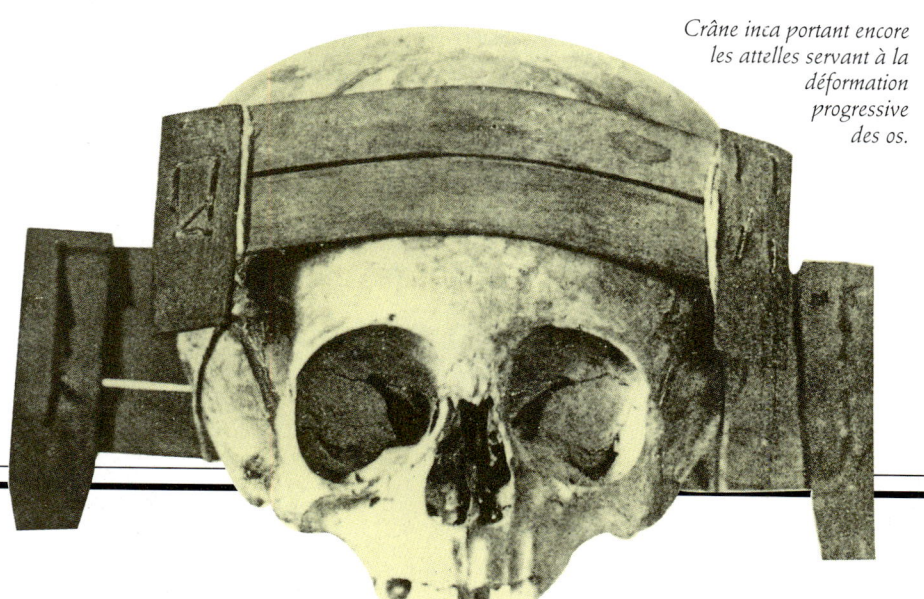

Crâne inca portant encore les attelles servant à la déformation progressive des os.

Une coutume universelle

Le crâne des nouveau-nés, enveloppe malléable d'os cartilagineux, étant aisément déformable, la possibilité de le remodeler est donnée à toute société, quels que soient le lieu, l'époque et l'évolution des techniques médicales.

De la Chine... La coutume, avec des variantes, est répandue sur tous les continents : en Chine, sous les Han (206 avant notre ère — 220 de notre ère) ; en Amérique du Nord (par exemple chez les Indiens Pueblos, que les trappeurs français surnommaient les « Têtes plates ») ; et aujourd'hui encore dans les pays de l'ancien Empire inca ainsi qu'au Congo.

... à l'Europe. L'Occident n'a renoncé à ce modelage que très récemment. Des déformations crâniennes provoquées sont en effet attestées en Europe depuis le XIIIe jusqu'au XIXe siècle : en 1880, on a découvert, dans un village près de Toulouse, que tous les habitants de plus de 50 ans avaient la tête déformée, ainsi que près d'un enfant sur dix.

Mettre en évidence la spécificité humaine. L'universalité du procédé, au-delà des interprétations particulières qu'en donne chaque société, montre qu'il s'agit non pas d'une pratique insensée infligée à l'enfant, mais bien plutôt d'une façon de socialiser celui-ci, d'en faire un nouveau membre du groupe qui l'accueille. Le remodelage de la tête devient alors, de même que l'enserrement du bébé dans des bandelettes, un signe par lequel ces sociétés, en modifiant la nature, en marquant le corps du petit homme dès sa naissance du signe d'une intervention humaine, le différencient de l'animal.

Crâne trouvé dans la nécropole indienne de Paracas et montrant une importante déformation crânienne (Lima, Musée national et archéologique).

Aujourd'hui encore... À toutes époques et sur tous les continents, des peuples ont tâché d'influencer l'évolution du corps de l'enfant, selon des critères de reconnaissance à la fois ethniques et esthétiques. Au XXe siècle, en Afrique, les Mangbetu tressent encore de fines lianes autour du crâne de leurs bébés, pour étirer celui-ci en arrière.

1440

La fondation du collège d'Eton

LES « PUBLIC SCHOOLS » ANGLAISES

En 1440, le roi d'Angleterre Henri VI a 18 ans. Par dévotion envers la Vierge Marie, il décide de fonder à Eton, à l'ouest de Londres, près de son lieu de naissance, un collège. Un maître d'école y formera 25 garçons pauvres et le collège accueillera, en plus, 25 garçons infirmes.

Collégiens d'Eton, au début du XXᵉ siècle.

Aujourd'hui, Eton est devenue la plus célèbre des *public schools* anglaises. Ces collèges extrêmement « sélects » ont acquis au cours des siècles le quasi-monopole de l'éducation de l'aristocratie mâle britannique, et les formes extérieures de l'éducation médiévale s'y sont prolongées jusqu'à nos jours.

Les origines : une école de grammaire

Très rapidement, en effet, ce qui aurait dû être une fondation pieuse est devenu la reine des écoles de grammaire en même temps qu'une des institutions de formation des enfants les plus recherchées en Angleterre.

C'est du vivant même d'Henri VI qu'une telle évolution commence. Eton est conçue, à l'origine, sur le modèle des écoles de grammaire existant pour les enfants pauvres, écoles dotées d'un internat.
Fondées par des bourgeois, des chevaliers ou des confréries afin de favoriser, tout en accomplissant un acte de piété, l'éducation des petits nécessiteux, ces écoles, extrêmement répandues, forment la base du système scolaire de l'Europe de cette époque, parallèlement à l'enseignement donné par les curés de village. Les enfants, entretenus, ainsi que les maîtres, grâce aux revenus de terres attribuées à l'institution au moment de sa fondation, y apprennent à lire et à écrire et s'y frottent d'un peu de latin — la langue de la culture à cette époque. Quelques-unes de ces écoles, exceptionnellement, dispensent des enseignements plus relevés, l'apprentissage poussé de la grammaire latine et une formation à la logique, par exemple. Eton, dès sa création, vise à un tel type d'enseignement : cette institution fournit à ses élèves une formation complète, qui va de l'alphabétisation à la préparation aux études supérieures. Cette formation mène d'ailleurs naturellement à un collège créé par le roi à la même époque à Cambridge, qui est une université depuis 1318, et destiné exclusivement à accueillir les élèves d'Eton. Rapidement, cette extension universitaire influence la nature d'Eton et son recrutement. L'établissement cesse d'être une simple école d'initiation, et a fortiori une institution charitable.
Dès 1443, le nombre des écoliers admis passe à 70, tandis que celui des invalides est réduit à 20. Dans les années qui suivent, le déséquilibre s'accroît encore, jusqu'à ce qu'il ne demeure, dans les locaux vidés de leurs infirmes, que le collège. À la même époque, l'origine sociale des écoliers se modifie : ils ne sont plus choisis parmi les nécessiteux, mais, de plus en plus, dans les groupes sociaux privilégiés. Les conditions de l'admission des enfants qui sont celles de cette époque restent inchangées jusqu'à la Seconde Guerre mondiale : les écoliers doivent être anglais et issus d'une union légale. De fait, ils appartiennent aussi, de plus en plus, à des familles nobles et riches, car les élites, de plus en plus conscientes de l'importance du savoir, poussent leur progéniture vers les écoles, et particulièrement vers celles qui ouvrent la voie vers les grandes universités que sont Oxford et Cambridge. Les fils de la petite noblesse — les chevaliers — sont les premiers à prendre en masse le chemin d'Eton et des autres *public schools* ; ils seront suivis au XVIIIᵉ siècle par les enfants de la haute aristocratie, élevés jusque-là par des précepteurs privés.

Une évolution lente

À l'origine comme à notre époque, les écoliers entrent vers 8 ans à l'école et en ressortent, 10 ans plus tard, pour aller à l'université. Jusqu'à la formation de classes, au XIXᵉ siècle, les élèves, dont certains sont très jeunes et d'autres presque des hommes, se côtoient toute la journée, partageant les mêmes maîtres dans une unique et vaste salle de cours. Des siècles durant, par ailleurs, ces enfants reçoivent un enseignement identique, ou presque. Car Eton, ainsi que les autres grandes *public schools,* devient le lieu exclusif d'un enseignement fondé sur le latin et le grec, qui a pu être considéré comme moderne au moment de sa fondation, à l'époque de l'humanisme, mais qui, après quelques siècles, n'a plus forcément autant de raisons d'être. La discipline, elle aussi, change peu en 5 siècles : les châtiments corporels, qui sont systématiques en 1440, restent en vigueur par la suite ; c'est à peine si, avec le temps, ils s'adoucissent un peu. Mais le fouet ou le

Eton College, au XIXᵉ siècle.

gourdin clouté viennent jusqu'au XXᵉ siècle sanctionner les fautes de petits garçons de 8 ans soumis à l'autorité quasi discrétionnaire de « grands » qui sont responsables de la discipline… Enfin, les conditions de vie en général demeurent inchangées, ou peu s'en faut, pour des générations d'enfants. Achevés entièrement à la fin du XVᵉ siècle, les bâtiments d'Eton ne sont agrandis et modernisés qu'à partir du XIXᵉ.

Les enfants vivent au fil des siècles dans des locaux immuables : ils dorment dans d'immenses dortoirs, où les lits se côtoient sans aucune séparation, interdisant toute intimité ; ils mangent la même nourriture médiocre dans le même réfectoire, dominés par la *high table* (« haute table ») du corps professoral, posée sur une estrade. Ils se distraient et exercent leur corps en pratiquant ensemble, assidûment, les mêmes sports (c'est d'une *public school* fonctionnant selon des règles identiques à celles d'Eton que le rugby tire son nom). Enfin, vêtus de la même façon — toge noire au XVᵉ siècle, costume et haut de forme, toujours de tissu noir, au XIXᵉ —, ils s'initient aux mêmes manières, se forment aux mêmes goûts — et apprennent ainsi à se reconnaître entre eux et à se distinguer de ceux qui, quant à eux, n'ont pas eu le privilège de grandir dans une *public school.*

Les « public schools » aujourd'hui

Au cours du XIXᵉ siècle, les *public schools* s'ouvrent à un public nouveau : en les fréquentant, **la grande bourgeoisie se mêle à l'aristocratie et elle en apprend ainsi les manières.**

Les gentlemen du monde moderne sont ainsi issus d'un système d'enseignement enraciné dans le Moyen Âge. Aujourd'hui, les *public schools* — **qui restent toujours exclusivement réservées aux garçons** — représentent seulement 1 élève masculin sur 14, mais la moitié des députés sort de ces établissements, ainsi que les trois quarts des juges et — par exemple — 80 % des ministres choisis par Margaret Thatcher pour son gouvernement !

La fermeture sociale de tels établissements n'est heureusement pas totale : **Eton,** de nos jours, accueille plus de un millier d'élèves payants, mais compte toujours **70 places de boursiers…**

L'étude à Eton (gravure du XIXᵉ siècle).

1440

Gilles de Rais, à l'origine de Barbe-Bleue ?
LE MYTHE DE L'OGRE

« Noble homme, messire Gilles de Rais, baron de ladite terre en notre diocèse », est accusé par l'évêque de Nantes d'avoir « tué, égorgé, massacré plusieurs enfants innocents d'inhumaine façon, et commis avec eux, contre nature, l'abominable et exécrable péché de sodomie, de diverses manières et avec des perversités inouïes… »

Moins de 6 semaines après la réception de cette lettre, qui lui ordonne de comparaître devant le tribunal ecclésiastique, Gilles de Rais, maréchal de France à 25 ans, compagnon de Jeanne d'Arc, est exécuté pour crimes d'homicide, de magie noire et de sodomie.

Des proies faciles

Les actes de son procès, conservés jusqu'à nos jours, ont la force de l'évidence. Tout y est : les témoignages des parents des victimes, les aveux des comparses. Les crimes sont affreux et décrits en détail : Gilles — cela paraît indéniable — a abusé de quelque 150 enfants, puis les a torturés avant de les achever. Pendant environ 8 ans, des enfants disparaissent, entre Nantes et le Poitou, là où sont situés les terres et les châteaux du sire de Rais : Champtocé, Machecoul, Tiffauges, Pouzauges… Les petits disparus ont généralement entre 7 et 12 ans, et ils sont le plus souvent des garçons.

Au procès de Gilles de Rais, leurs parents éplorés et leurs voisins insistent sur leur beauté. Ils racontent aussi qu'ils ont vu des serviteurs de Gilles parler aux enfants peu avant leur disparition. Leur demande-t-on pourquoi, 8 années durant, ils n'ont pas dénoncé Gilles de Rais ni rien formulé de leurs soupçons ? La réponse est évidente : de Rais est un haut seigneur, et eux, de simples « vilains ». La distance sociale est trop grande pour qu'ils puissent espérer que la justice prenne en considération leurs soupçons. Les enfants disparus et réclamés par leurs parents lors du procès ne constituent, semble-t-il, qu'une faible partie des jeunes gens ayant servi aux plaisirs pervers de Gilles de Rais. Beaucoup plus nombreuses sont les victimes anonymes du seigneur. Au Moyen Âge, en effet, errent sur les routes bien des enfants abandonnés, réduits à trouver par eux-mêmes leur subsistance, au gré de la charité des nantis. Pour ces petits malheureux, la générosité d'un châtelain est une aubaine. Combien d'enfants ont ainsi frappé aux portes de Tiffauges ou de Champtocé dans l'espoir d'obtenir un peu de pain ou même, avec de la chance, le droit de servir le seigneur durablement, comme domestique ou comme petit page, ou encore en chantant dans la manécanterie — l'école de chant qu'il a créée dans chacun de ses châteaux ?

Un procès trop évident

Les historiens d'aujourd'hui ont tendance à penser que l'affaire Gilles de Rais est en partie un montage, rendu plausible par les conditions de vie de l'époque. Exécuté pour pédophilie et meurtres à répétition, de Rais eut surtout le tort d'être un rebelle. Le contexte dans lequel se déroule le procès — Gilles, grand féodal, dérange le duc de Bretagne, qui tente d'organiser son duché en un État souverain — et les méthodes utilisées (le filet serré de questions fondées sur les rumeurs ainsi que l'emploi de la torture) incitent en effet les esprits modernes à une grande prudence quant au fond de l'accusation. Politiquement, le suzerain de Gilles de Rais avait intérêt à se débarrasser de son féal ; religieusement, Gilles était suspect aux yeux de l'Église, pour les serviteurs de laquelle il était loin de montrer tout le respect nécessaire. Or, quelle meilleure accusation que celle de monstruosité pour obtenir une condamnation approuvée par tout le peuple ?

Dans la pensée du temps, rébellion (contre son sire ou contre Dieu) et crimes contre nature sont d'ailleurs étroitement liés : luttant contre l'ordre social et théologique, le révolté ne peut véritablement être considéré que comme un monstre…

L'ogre (illustration du Magasin pittoresque, 1875).

L'étymologie du mot « ogre »

À sa manière, Gilles de Rais est un ogre : s'il n'a pas véritablement mangé les petits enfants, il les a consommés (sexuellement s'entend) et les a tués. Mais qu'est-ce, au fait, que cet « ogre » qui terrorise et charme à la fois l'imagination des petits enfants ?

L'étymologie du mot, incertaine, dérive probablement du latin *orcus*, nom d'origine étrusque d'une divinité de la Mort et des Enfers. Les formes que prend le mot dans les autres langues romanes plaident en faveur de cette interprétation : en italien *orco*, pour croque-mitaine, en sarde *orcu*, pour démon.

Une autre hypothèse a été envisagée, mais elle est aujourd'hui généralement rejetée : le mot « ogre » dériverait du mot « hongrois », ou « hongre » au Moyen Âge.

Contre cette étymologie, on trouve les règles de la phonétique. En sa faveur plaide le fait que le mot « ogre » est utilisé dans un texte pour la première fois à la fin du XIIe siècle, afin de désigner un païen féroce – comme l'étaient les envahisseurs hongrois de l'Europe occidentale des IXe-Xe siècles, qu'on accusait en particulier d'enlever les enfants. Ce n'est qu'en 1300 qu'apparaît le sens « géant mangeur de petits enfants ». Il est donc possible que les invasions hongroises aient redonné vie à un vieux mot un peu oublié, pour lui donner son sens actuel.

De l'histoire au mythe

Barbe-Bleue et le Petit Poucet. Pour l'opinion du temps, Gilles de Rais est, sans aucun doute possible, coupable. Son histoire donne progressivement naissance à la légende de Barbe-Bleue — dont l'origine bretonne et, particulièrement, nantaise a été démontrée —, et reprise par Charles Perrault dans l'un de ses contes. Avec une transformation : le meurtrier d'enfants devient l'assassin de ses femmes. En effet, le genre du conte, destiné plus spécifiquement aux enfants, s'accorde mal avec la description de sévices sexuels sur mineurs... Dans une autre histoire aussi célèbre de Perrault, celle du Petit Poucet, le vilain ogre égorge ses enfants, mais il ne leur fait subir aucune violence avant cet acte.

L'Ugolin de Dante : dévoreur de ses enfants. Équivalent italien de Gilles de Rais, mais n'ayant pas donné lieu à une telle légende, Ugolino della Gherardesca, célébré par le poète italien Dante, vivait un siècle et demi avant le compagnon de Jeanne d'Arc. Tyran de Pise, il fut renversé par l'archevêque de la ville et emmuré avec ses deux fils et ses deux petits-fils : le vieil homme succomba après avoir dévoré tous les siens, et le lieu de la tragédie, la tour de Gualandi, fut dit après cela « tour de la faim ».

Gilles de Laval (1404-1440), sire de Raiz (peinture d'Éloi Firmin Féron, Versailles, musée du Château). L'ancien compagnon de Jeanne d'Arc a-t-il effectivement violenté et mis à mort des dizaines d'enfants, ou bien le procès qui lui fut intenté visait-il à abattre un trop grand seigneur ?

Ugolin et ses fils (sculpture de Carpeaux, château de Compiègne).

1444

Un adolescent au Quartier latin

FRANÇOIS VILLON ENTRE À L'UNIVERSITÉ

À 12 ans, en 1443, un écolier pauvre est admis à la faculté des arts. Il se nomme François de Montcorbier. La postérité le connaîtra sous le nom de François Villon. Le futur grand poète entame le parcours d'un étudiant parisien, qu'il n'aura pas l'occasion d'achever...

Né à Paris en 1431, François passe son enfance et son adolescence au cœur du Quartier latin, « la rive gauche des escholiers », où des jeunes gens de tous pays se pressent pour suivre l'enseignement des maîtres de la plus prestigieuse université du Moyen Âge, celle de Paris.

Un pauvre adopté

François est le fils d'une femme pauvre et dévote. On ne sait rien de son père. Très jeune, à 4 ans, il est confié à un chapelain de Saint-Benoît-le-Bétourné, Guillaume de Villon. Celui-ci élève l'enfant dans le cloître de Saint-Benoît, tout proche des bâtiments de la Sorbonne d'alors. Il lui fournit le gîte et le couvert, lui enseigne le catéchisme, lui apprend à lire, à écrire, ainsi que le latin, un peu d'arithmétique et de grammaire. En échange, il bénéficie à la fois d'un domestique, d'un garçon de courses, puis d'un secrétaire. François est chez lui à la manière d'un apprenti, mais ils s'attachent l'un à l'autre. Le poète écrira plus tard : « À mon plus que père/ Maître Guillaume de Villon, / Qui m'a été plus doux que mère », et signe ses poèmes du nom de Villon.

La faculté des arts

À l'âge de 12 ou, peut-être, de 13 ans, l'enfant est assez instruit pour entrer à la faculté des arts — le premier degré des études universitaires. Il n'y a là rien d'exceptionnel, car le début du cycle universitaire médiéval correspond plus aux études secondaires actuelles qu'à un enseignement supérieur proprement dit. En outre, l'Université d'alors n'a pas grand-chose à voir avec ce qu'elle est maintenant. Nulle leçon n'est professée à la Sorbonne, et celle-ci est une simple personne morale : une association de maîtres qui se font rétribuer pour faire cours à des élèves. Comme ces maîtres gagnent d'autant plus qu'ils ont davantage d'écoliers, on conçoit qu'ils ne soient pas très exigeants sur le niveau des étudiants qu'ils acceptent... Le problème, pour de jeunes garçons, tels que Villon, est moins d'entamer des études que de subvenir à leurs besoins...

Les privilégiés et les autres

Les étudiants, qui sont encore des enfants ou, du moins, de tout jeunes adolescents, sont en effet confrontés à de rudes difficultés matérielles. Les mieux lotis d'entre eux sont les élèves des collèges — au nombre d'une cinquantaine en 1450.
Leurs pensionnaires y bénéficient d'une bourse, c'est-à-dire d'une dispense de payer les maîtres, personnalités souvent remarquables, qui enseignent sur place. Ces maîtres sont rétribués directement par le collège. Réservées aux étudiants nécessiteux, au départ, ces institutions n'accueillent au XVᵉ siècle que des enfants privilégiés. Le lot commun des écoliers est d'habiter les « pédago-

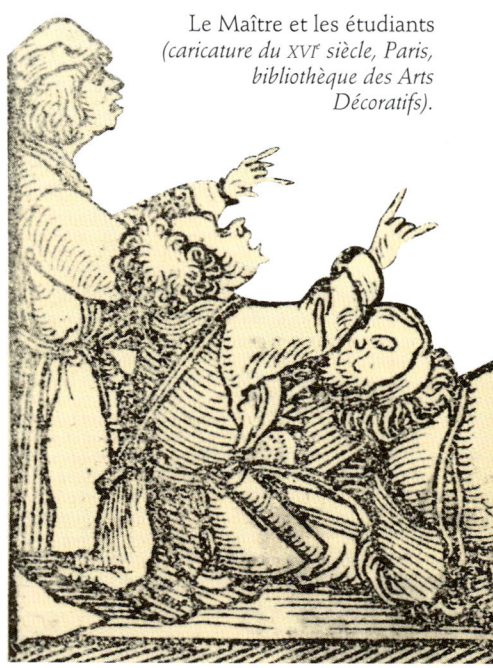

Le Maître et les étudiants (caricature du XVIᵉ siècle, Paris, bibliothèque des Arts Décoratifs).

gies ». Version plus pauvre du collège, elles leur proposent un confort et une pitance médiocres ainsi qu'un enseignement de moindre qualité, délivré sur place par des professeurs que les écoliers salarient eux-mêmes. Enfin, les plus défavorisés des écoliers ne jouissent même pas d'un domicile fixe. Ils errent dans le Quartier latin, allant d'auberge en auberge, y logeant à 10 par chambre, assistant lorsqu'ils le peuvent aux cours de maîtres qui travaillent pour leur compte. Villon n'en est pas réduit à cette extrémité : il continue à vivre à Saint-Benoît. En revanche, il doit, lui aussi, aller suivre les cours d'enseignants établis en ville.

Les professeurs de la rue du Fouarre

Pour cela, Villon doit se rendre rue du Fouarre. Perpendiculaire à la Seine, en face de Notre-Dame, cette rue tire son nom des bottes de paille sur lesquelles les élèves s'assoient pour écouter les cours. Fermée aux extrémités par des barrières, la voie abrite une dizaine de bâtiments loués par les maîtres. Ceux-ci, professant à la cantonade, depuis une chaire située dans la salle du rez-de-chaussée, délivrent leur enseignement sous trois formes. La

De l'auteur de la Ballade des pendus, nous perdons toute trace après 1463. Villon, coupable de quelque méfait — un crime, peut-être, après une rixe —, a probablement fui la capitale (détail du Saint Georges et la princesse de Pisanello, Vérone, basilique Sainte-Anastasie).

Joueurs de cartes attablés dans une taverne (détail d'une miniature du XVe siècle, Paris, bibliothèque Sainte-Geneviève). La vie d'étudiant ne se passe pas seulement à travailler… Dans le quartier latin à Paris, de très jeunes gens boivent, jouent aux cartes, se disputent — se livrent à toutes les extravagances d'une adolescence trop libre.

plus ennuyeuse est la leçon. Drapé dans sa robe noire, le professeur commente un auteur antique, Aristote par exemple, ligne après ligne, année après année, sans jamais tenter de donner de vision synthétique de l'œuvre. Plus varié est l'exercice des « questions » : le maître se livre alors devant son public à un exercice de logique formelle, en confrontant une proposition à son contraire grâce à d'abondantes citations. Enfin, une fois par semaine, le maître laisse la parole à 2 jeunes bacheliers, qui s'affrontent à travers une dispute oratoire où l'essentiel est le maniement de l'art de la repartie. Exceptionnellement, quelques maîtres sortent de ces sentiers battus. Ils initient leurs élèves à des langues rares, le grec ou l'hébreu. Ces maîtres-là sont appréciés et généralement mieux rémunérés que les autres.

Le cursus universitaire

On conçoit que de telles méthodes pédagogiques aient rebuté plus d'un étudiant. Villon met ainsi 5 ans à obtenir son baccalauréat quand d'autres n'y passent que 2 ou 3 années. Il a 17 ans lorsqu'il subit l'examen qui clôt le premier cycle universitaire : il lui faut répondre une heure ou deux durant à des questions posées par plusieurs maîtres sur l'une des œuvres faisant partie du programme. Muni de son baccalauréat, le jeune diplômé peut alors s'engager dans l'une des trois voies de l'enseignement supérieur : le droit, la médecine ou la théologie. Villon choisit la première discipline ; il prépare la licence de droit, *licentia docendi*, un examen professionnel puisqu'il donne à celui qui le passe avec succès la permission d'enseigner. En 4 années — ce qui correspond cette fois à un délai normal —, il s'initie ainsi à un champ de savoir plus diversifié et plus complexe que celui auquel il était habitué : il découvre la logique, les mathématiques, la morale… En 1452 (il a 21 ans), le jeune homme subit avec succès l'examen devant un jury et dans un lieu prestigieux. Celui-ci se déroule en effet à l'évêché et en présence de l'évêque lui-même, seul habilité à signer le diplôme. Étudiant pauvre, le jeune Villon ne paie que 2 sous pour l'obtention de son grade. Un avenir meilleur semble s'annoncer…

La folle jeunesse

Pourtant, la licence ne débouche pour Villon sur aucune carrière. Meurtrier, condamné à mort et, finalement, exilé, il disparaît sans laisser de trace, en 1463, à 32 ans. Cette dérive n'est pas exceptionnelle : dans le Quartier latin, où vit une population d'écoliers trop jeunes, trop libres et déracinés, les bagarres sont nombreuses, le sang souvent versé. L'étudiant, plus qu'un savant, est un marginal. Villon, qui a grandi dans ce quartier, au rythme des chahuts et des rixes autant qu'à celui des cours, chante surtout dans ses poèmes les excès de sa jeunesse. Le système universitaire parisien a tué en lui le futur professeur, sans empêcher l'éclosion d'un des plus grands poètes du Moyen Âge.

« Les Regrets du mauvais élève »

*« Bien sais, si j'eusse étudié
Au temps de ma jeunesse folle
Et à bonnes mœurs dédié,
J'eusse maison et couche molle […]
Mais quoi ? Je fuyais l'école
Comme fais le mauvais enfant.
En écrivant cette parole,
À peu que le cœur ne me fend. »*

François Villon, le Testament

1483

Richard III assassine ses neveux
LES ENFANTS D'ÉDOUARD

La mort d'un roi laissant des héritiers en bas âge est une expérience souvent douloureuse pour un pays. En Angleterre, Richard, duc de Gloucester et frère du roi Édouard IV, assassine ses neveux et replonge le royaume dans une guerre civile qui avait cessé depuis peu.

Depuis 1455, le royaume d'Angleterre est ravagé par la guerre des Deux-Roses. Deux branches rivales de la famille royale, les York et les Lancastre, s'affrontent ouvertement. En 1471, les York triomphent : Édouard IV, leur chef, assure pour 12 ans la paix du royaume. Sa mort soudaine, en 1483, réveille les passions. Il laisse comme héritiers Édouard, prince de Galles, né en 1470 et qui devient le roi Édouard V, et Richard, duc d'York, né en 1473. Le frère du roi défunt, le duc de Gloucester, Richard, usurpe alors le pouvoir et se fait proclamer roi sous le nom de Richard III : ses neveux, le petit roi et son frère, disparaissent alors. Richard III, quant à lui, mourra en 1485, tué lors d'une bataille par l'héritier des Lancastre, qui met fin à la guerre civile en épousant l'héritière des York. Dans cette tourmente politique, qui affaiblit durablement l'Angleterre, les petits princes représentent un enjeu que se disputent les parties en présence. Leur histoire dramatique constitue l'un des épisodes les plus célèbres de l'histoire de l'Angleterre. Shakespeare y a trouvé matière pour sa pièce *Richard III*. D'innombrables études ont été consacrées au sort des petits princes, mais l'affaire n'a jamais été véritablement élucidée.

Détrôné par son oncle

Le prince de Galles n'a pas 13 ans lorsque meurt son père. Les rivalités sont immédiates : il faut en effet décider qui, de sa famille maternelle ou de son oncle Richard, sera responsable du jeune roi en attendant son couronnement, qui doit avoir lieu le 4 mai, moins de un mois après la mort du roi. Très vite, son oncle s'assure par la force du titre de Protecteur, en faisant prisonnier son neveu. Celui-ci est enfermé à la Tour de Londres, tandis que la reine se réfugie avec le petit duc d'York dans l'enceinte sacrée de l'abbaye de Westminster. Richard parvient par la ruse, ou sous la menace de violer le sanctuaire, on ne sait, à se faire remettre le duc d'York, qui est conduit lui aussi à la Tour. Dès lors, la route est libre : Richard repousse la date du sacre, prétendant que ses neveux sont en réalité des bâtards, qui ne peuvent donc prétendre au trône, et se fait couronner le 6 juillet 1483. Progressivement, les Londoniens, qui viennent voir jouer le petit roi détrôné et son frère dans les jardins de la Tour, constatent que la présence des enfants se fait plus rare. On les aperçoit encore, de loin en loin, derrière les fenêtres. Puis plus rien : les princes cessent d'être vus, sans que jamais leur mort soit officiellement annoncée. Bientôt, la rumeur accuse Richard III de leur meurtre.

Richard III, usurpateur du trône d'Angleterre (gravure du XVIe siècle).

La légende noire

Le mystère qui entoure le sort des enfants de la Tour entraîne les plus folles rumeurs : comme il arrive souvent dans ces cas, des imposteurs tentent de se faire passer pour les enfants disparus. Une quasi-certitude est pourtant acquise que ceux-ci ont trouvé la mort sous le règne de Richard III, et très probablement sur son ordre. Un récit, plus que tout autre, a contribué à la légende noire née de cet épisode : le chancelier d'Angleterre Thomas More, dans son *Histoire du roi Richard III*, écrite à partir de 1515, a raconté en détail la mort des princes, étouffés dans leur lit — dit-il — par des hommes de main sur l'ordre du roi. More précise que les corps ont été enterrés d'abord au pied d'un escalier de la Tour, après quoi, croit-il, ils ont été déplacés. Or, en 1674, deux corps d'enfants sont mis au jour, précisément sous un escalier en travaux. Le roi d'alors (Charles II) ordonne de placer les restes dans une urne de marbre et de les déposer dans l'abbaye royale de Westminster : il considère donc qu'il s'agit des corps des deux princes disparus. Des examens faits sur ces squelettes au XXe siècle

---

Étouffés dans leur sommeil

*Thomas More, chancelier d'Angleterre et célèbre humaniste, auteur d'*Utopie*, plus tard canonisé par l'Église pour avoir refusé de suivre son maître Henri VIII dans sa rupture avec Rome, rapporte ainsi la mort des princes :*

« [...] *Sir James Tyrell avait eu l'idée qu'il fallait les tuer dans leurs lits. Pour l'exécution, il désigna Miles Forest, l'un des quatre qui les gardaient, depuis longtemps habitué aux meurtres. Il lui adjoignit un certain John Dighton, son propre écuyer, un valet grand, large, carré et fort. Lorsque tous les eurent quittés, Miles Forest et John Dighton, vers minuit [les enfants endormis reposaient sur leurs lits] entrèrent dans la chambre et, brusquement, les enroulèrent dans les draps pour qu'ils soient enveloppés et emmêlés, appliquant de force les matelas et les oreillers durement contre leurs bouches, de telle sorte qu'ils suffoquèrent et étouffèrent rapidement, leur respiration s'affaiblissant, ils rendirent à Dieu leurs âmes innocentes dans les joies du Paradis, laissant à leurs bourreaux leurs corps morts dans le lit* [...] *Ils laissèrent leurs corps nus sur le lit et allèrent chercher sir James pour qu'il les voie. Celui-ci, à leur vue, les fit enterrer par leurs meurtriers au pied de l'escalier, suffisamment profond dans le sol, sous un grand monceau de pierres.* »

Thomas More, *The History of Richard III*, in *The Complete Works of St Thomas More*, Yale University Press, 1963.

montrent qu'il s'agit du moins d'enfants ayant les âges des princes disparus, ce qui ne permet pas d'affirmer que ce sont eux.

Le jugement des historiens

La position des historiens est aujourd'hui très nuancée, après cinq siècles de polémiques. Chacun s'accorde pour ne pas prendre au pied de la lettre le témoignage de More : on ne peut comprendre d'où cet auteur, certes proche de la royauté mais qui écrit une trentaine d'années après les faits, pourrait tenir ses informations exclusives ; et l'on sait trop que son œuvre a pour but principal de tracer le portrait d'un tyran — quitte à romancer si cela s'avère nécessaire. Les opinions sont donc partagées sur le statut des deux corps trouvés en 1674. Mais le principal sujet de polémique concerne la responsabilité de Richard III. Certes, il n'existe pas de preuve en ce domaine ; tout au plus peut-on souligner que c'est à lui que profite le crime, et que celui-ci lui est reproché dès l'époque par plusieurs chroniqueurs. Surtout, on voit mal comment une décision aussi importante aurait pu être prise par qui que ce soit d'autre, d'autant plus que l'assassinat des membres « dangereux » de la famille royale était alors chose courante… Quel qu'il fût, et si ambitieux fût-il, le criminel aurait dû cependant être arrêté par la jeunesse des princes : le meurtre d'enfants, au Moyen Âge autant qu'aujourd'hui, est regardé comme un crime effroyable, entraînant à tout coup la damnation. Au regard des théologiens, il évoque le massacre des Innocents, les enfants de moins de 2 ans de la région de Bethléem exécutés par le roi Hérode. L'un des éléments de l'acte d'accusation dressé par le successeur de Richard III est d'ailleurs d'avoir « versé le sang des enfants ». Cet assassinat, supposé ou réel — mais en tout cas unanimement condamné à l'époque —, contribua de façon décisive à détacher de Richard III les habitants des provinces du royaume qu'il contrôlait le plus mal, accélérant ainsi la chute finale de l'usurpateur, au lieu de raffermir son pouvoir.

Les Princes Édouard et Richard dans la Tour *(peinture de sir John Everett Millais, Angleterre, Royal Holloway and Bedford New College). La légende et les peintres, jusqu'au XIXᵉ siècle, se sont complus à narrer le destin tragique des deux enfants royaux.*

Le petit Édouard V et son frère le duc d'York ont-ils été étouffés sur l'ordre de leur oncle, l'usurpateur Richard III ? (gravure du XIXᵉ siècle).

1485

L'éducation d'un futur marchand à Florence
GUERRIERI DE TRIBALDO

À la fin du Moyen Âge, à Florence, un cancre désespère son père. Le récit de ses déboires, soigneusement consigné dans le journal de celui-ci, fournit une source d'informations sans pareille pour connaître l'éducation des petits garçons dans une ville qui tire sa richesse du commerce.

Guerrieri, fils de Tribaldo dei Rossi, descend d'une famille de marchands qui a connu naguère une grande fortune. Né le 4 août 1485, il est le deuxième de 6 enfants, et le premier des fils. Situation privilégiée, qui ne l'empêche pas toutefois de rester en nourrice durant les deux premières années de sa vie. Après quoi il rejoint le giron familial, où, durant 3 ans, la tendresse et les soins de sa mère suffisent à son éducation. Puis — il a 5 ans à peine — il commence à se rendre à l'extérieur de chez lui, pour apprendre à lire. Un prêtre d'abord, d'autres maîtres ensuite l'enseignent selon la coutume alors en vigueur : l'enfant apprend à épeler, puis on lui confie le psautier pour qu'il en déchiffre des passages. Après 3 ans de cette instruction, Guerrieri est suffisamment débrouillé en lecture pour qu'on l'initie à la formation des lettres. Le petit Florentin a alors 8 ans. Un an et demi durant, il perfectionne cet apprentissage de l'écriture, passant de nouveau de maître en maître — sans que les notes de son père permettent de comprendre si le garçonnet se rend insupportable à ceux-ci, qui le renvoient alors, ou si la succession des professeurs fait partie de l'éducation d'un enfant au XVe siècle.

À l'école d'arithmétique

À 9 ans et 7 mois commence l'apprentissage professionnel de Guerrieri, futur marchand : son père l'envoie *a l'abacho*, c'est-à-dire à l'abaque, au boulier — bref, à l'école d'arithmétique. Là, il doit apprendre non seulement à calculer, mais aussi à tenir un livre de comptes et à rédiger des lettres commerciales. Peut-être le familiarisera-t-on en outre avec une langue étrangère, ce qui pourrait lui être utile si, jeune commerçant prometteur, il avait à se rendre à l'étranger, dans la succursale d'une firme florentine. Mais la première année de formation de Guerrieri est interrompue par une épidémie de peste : l'enfant est envoyé par son père

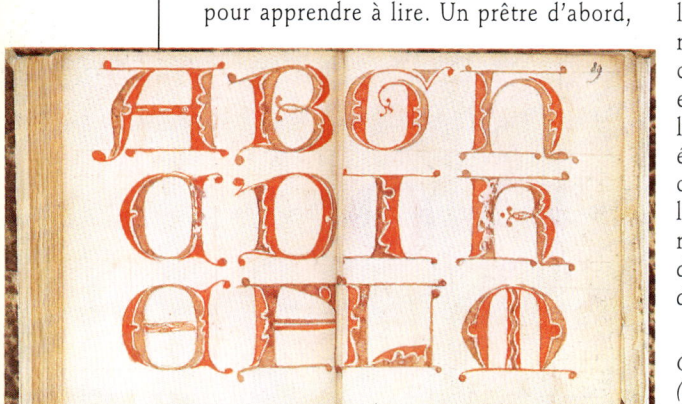

Collection de modèles d'alphabet (manuscrit français du XVe siècle, Paris, Bibliothèque nationale de France).

Hier et aujourd'hui : la corvée des devoirs (miniature du Livre des costumes, Paris, Bibliothèque nationale de France).

hors de Florence pour échapper à la contagion. Au retour, en 1496, Tribaldo l'inscrit chez le meilleur maître de calcul de la ville. Mais le garçon fait l'école buissonnière… Cela lui vaut d'être battu et chassé de la demeure familiale, jusqu'à ce qu'une tante réconcilie le fils et le père. Le jeune homme finit cahin-caha sa scolarité : le 1er juillet 1499, ses études sont considérées comme achevées pour l'essentiel. L'adolescent a 14 ans et on lui cherche du travail. Placé comme apprenti chez un banquier, car les affaires de son père ne sont plus assez florissantes pour lui assurer un bel avenir, Guerrieri déçoit de nouveau les espoirs de sa famille. Incapable et désobéissant, il est renvoyé de ce premier poste. Dans les quatre années suivantes, il change souvent d'emploi. Son père le force aussi à retourner à l'école d'arithmétique — ce qui est tout à fait inhabituel —, car il a oublié le peu qu'il savait. Mais il se met à fréquenter les mauvais garçons et fréquente les tavernes ; il est arrêté par la police à plusieurs reprises. En 1504, à 19 ans, son destin s'arrête. Atteint par une maladie (les notes de son père ne précisent pas laquelle), il meurt, sans s'être encore amendé.

Une jeunesse masculine scolarisée

L'éducation de Guerrieri de Tribaldo dei Rossi est parfaitement **représentative de celle des jeunes bourgeois de Florence** à la fin du Moyen Âge.

La scolarisation est en effet très étendue : un siècle et demi avant la naissance de Guerrieri, un chroniqueur florentin estimait que la moitié des adultes de sa ville, environ, sont capables de lire. Compte tenu de l'inégalité entre garçons et filles vis-à-vis de l'enseignement, cela signifie que **la très large majorité des garçons, quelle que soit leur classe sociale, reçoivent une éducation scolaire.**

Leurs maîtres sont en général des religieux, **qui tiennent d'innombrables petites écoles privées.** Seuls les parents les plus riches peuvent embaucher des précepteurs privés : le père conclut alors un contrat avec le professeur et celui-ci, pour le satisfaire, doit inculquer aux enfants, à tout prix, éventuellement sans aucune douceur, les rudiments de la lecture. Il est payé en fonction des résultats obtenus !

L'apprentissage de la lecture à l'école (sculpture en bois peint, école française, XVIe siècle).

Si les garçons se forment à l'école, les filles apprennent chez elles, auprès de leur mère (miniature d'un psautier du XIVe siècle, Oxford, Bodleian Library).

L'éducation des filles

L'éducation des filles ou des sœurs des marchands florentins, à la fin du Moyen Âge, diffère profondément de celle que reçoivent les garçons. Autant tout est fait pour intégrer à la société et au monde un futur marchand ou banquier, autant le sort des filles est placé sous le signe de l'enfermement, du silence, de la discrétion.

Une éducation sous bonne garde. Les divergences apparaissent très tôt, aux alentours de cinq ans. La petite fille reste sous la garde maternelle et ne sort pas de la maison pour y suivre des cours, à moins qu'elle ne soit envoyée au couvent pour y être éduquée. On attend d'elle qu'elle manifeste de la piété et une extrême retenue : sa virginité est le plus grand présent qu'elle puisse offrir à l'homme qu'elle épousera. En aucun cas, une femme florentine d'un certain rang ne saurait sortir seule : un chaperon doit l'accompagner. Certes, ce modèle se fait moins contraignant au fur et à mesure que l'on descend dans la hiérarchie sociale, mais il n'en reste pas moins que ce contrôle sévère surprend, même au XVe siècle. Les marchands des Flandres qui passent alors par la ville ne manquent pas de s'en étonner très fréquemment.

Une éducation intellectuelle à peu près nulle. La fillette recluse à la maison passe son temps à des tâches pieuses ou ménagères. Outre les jeux et les chants, la prière, la broderie et les travaux domestiques sont ses occupations majeures. Dans le meilleur des cas, on lui apprend à déchiffrer les textes liturgiques élémentaires : mais là s'arrête sa formation scolaire. Les jeunes filles sachant écrire représentent une extrême minorité, qu'on ne rencontre guère que dans les familles princières.

1491

Le mariage d'une petite princesse
ANNE DE BRETAGNE

En 1491, dans Rennes assiégée par l'armée du roi de France Charles VIII, la duchesse de Bretagne, Anne, accepte, pour sauvegarder l'indépendance de son duché, d'épouser son vainqueur. C'est déjà son deuxième mariage. Elle n'a pas 15 ans...

La main des princesses, surtout lorsqu'elles sont héritières d'un État souverain comme Anne, est le plus souvent une simple monnaie d'échange politique.

Les mariages d'Anne

Anne constitue un cas un peu particulier : c'est elle qui prend les décisions puisque, depuis la mort de son père, en 1488, elle dirige seule le duché. C'est elle, notamment, qui accepte le premier mariage, tout aussi politique : le 19 décembre 1490, elle épouse le duc Maximilien d'Autriche, héritier du Saint Empire romain germanique et puissant allié contre un roi de France soupçonné — à juste raison — de vouloir mettre la main sur la Bretagne. Le duc ne fait pas le voyage de Rennes. C'est son envoyé qui « épouse » par procuration la duchesse ; c'est lui aussi qui consomme, de manière purement symbolique, le mariage. Le soir des noces, Anne se couche dans un lit de parade : en présence de toute la cour — les noces de la princesse constituent un acte politique pour lequel il est besoin de témoins —, l'envoyé du duc glisse sa jambe dénudée entre les draps... À cela se limite la nuit de noces ! L'envoyé de Maximilien ne fait là que reprendre un rite très classique pour les mariages par procuration ; en général, le représentant du marié se contente de s'allonger sur le lit nuptial devant témoins. Mais Maximilien reste un époux bien lointain : le roi de France, toujours ambitieux, envahit le duché sans qu'il ne réagisse, et Anne doit accepter ce second mariage moins de un an après le premier. Celui-ci n'ayant pas été consommé, malgré le symbole de la jambe passée sous le drap, il peut être facilement annulé. Le 6 décembre 1491, le nouveau mariage est célébré, et cette fois réellement consommé... sous les yeux de bourgeois de Rennes cachés derrière une tenture afin qu'ils puissent témoigner !

L'instrument d'une politique

Voici Anne mariée et reine de France, après avoir failli être l'épouse de l'empereur... ou de nombreux autres puissants personnages. En effet, son père, avant de mourir, avait songé à la fiancer, et l'avait parfois fait, successivement, à tout ce que l'Occident comptait de beaux partis, au gré des impératifs politiques : le prince de Galles, Louis d'Orléans, Maximilien d'Autriche, le duc de Buckingham, l'infant d'Espagne... Ces multiples fiançailles et un mariage précoce sont représentatifs du sort des princesses du temps. La diplomatie nuptiale du duc de Bretagne fait pendant à celle menée par son grand ennemi, feu le roi de France Louis XI. Ce dernier, père du futur roi Charles VIII, qui épouse la duchesse bretonne, ainsi que de plusieurs filles, voit dans les mariages de sa progéniture une arme politique d'importance. Sans aucun égard ni considération pour l'âge de ses enfants ou le degré de parenté de leurs conjoints éventuels, il conclut à un rythme effréné leurs noces ou, mieux, de simples engagements d'alliance, plus aisément révocables. Charles lui-même, ainsi, est marié une première fois à 13 ans avec l'héritière des ducs de Bourgogne, un bébé de 3 ans ; sa sœur Anne est fiancée dès l'âge de... 6 mois ! Une deuxième fille, Jeanne, infirme, incapable de procréer, est adjugée par Louis à son trop remuant cousin, le duc d'Orléans, afin que s'éteigne cette lignée dangereuse pour la famille régnante !

La règle... et ses dispenses

Pris dans ce jeu politique, les enfants n'ont pas leur mot à dire. La pratique est ancienne ; on la trouve déjà à l'époque féodale. L'Église elle-même est d'un faible secours. Certes, la

Le mariage de Maximilien et de Marie de Bourgogne (aquarelle du XVIᵉ siècle).

À l'instar d'Anne : Marie de Bourgogne

La plus riche héritière d'Occident. À la fin du XVᵉ siècle, Marie (1457-1482), duchesse de Bourgogne, un immense duché s'étendant des Flandres à la Suisse, est la seule enfant du duc Charles le Téméraire. Elle est sans doute la princesse la plus fiancée de son temps : quand le roi d'Aragon la demande pour son fils, elle a 5 ans, mais le mariage échoue pour des raisons politiques. L'année suivante, c'est au tour de l'empereur de la convoiter pour son fils. Là encore, les parties ne peuvent s'entendre. L'enfant est fiancée, en 1471, à 14 ans, au frère du roi de France, mais il meurt en 1472. Une promesse de mariage est aussitôt signée avec le jeune duc de Lorraine... qui s'éteint à son tour en 1473 !

Enfin mariée ! Les négociations avec l'empereur reprennent aussitôt, pour échouer derechef, reprendre encore, et réussir enfin, en 1476, au moment où son père meurt, vaincu, devant Nancy. Il faut alors conclure d'urgence le mariage, seule défense pour la Bourgogne contre le roi de France, qui tâche de faire main basse sur elle. Le mariage a lieu le 18 août 1477, à Gand. Marie meurt à 25 ans, d'une chute de cheval. Elle a eu le temps d'avoir un enfant : il s'appelle Charles et sera Charles Quint.

règle du libre consentement des époux, qu'elle a fini par imposer, devrait protéger les enfants : pour la faire respecter, les clercs instituent progressivement des limites d'âge, en dessous desquelles on ne peut marier un enfant. Au XIe siècle, Yves de Chartres préconise d'interdire les mariages d'enfants de moins de 7 ans.

Au XIIe, les canonistes se montrent plus sévères : on ne peut que fiancer des enfants de 7 ans, et il faut attendre l'âge théorique de la puberté, 12 ans pour les filles et 14 ans pour les garçons, avant de pouvoir les marier. À ceux que leurs parents ont engagés avant cet âge, l'Église donne le droit de revenir sur leur serment : on imagine cependant la force d'âme qu'il faut à un adolescent dans cette situation pour faire entendre ses griefs ! D'ailleurs, dès le XIIIe siècle, sous la pression des grandes familles qui refusent de se voir privées d'un instrument d'alliances privilégié, les évêques consentent des dispenses. À la fin du Moyen Âge, celles-ci sont devenues pratique courante pour les puissants.

Le mariage de Charles VIII et d'Anne de Bretagne (tapisserie dite du Tournoi, v. 1497, Valenciennes, musée des Beaux-Arts).

Mariages d'enfants, mariages d'adolescents

Le mariage des enfants, s'il n'est pas une légende, n'est pas non plus la règle. Dans la noblesse en général, à la fin du Moyen Âge, l'âge habituel des filles au mariage est de 17 ans, semble-t-il. Les époux ont un âge en proportion.

Dans les autres classes sociales, on retrouve des âges similaires : en Angleterre dans la première moitié du XIVe siècle, les paysannes épousent vers 20 ans des paysans de 23 ans. Le mariage des enfants est donc rare et, surtout, il n'est pas consommé avant la puberté.

En revanche, les noces de tout jeunes adolescents, si elles ne sont pas assez nombreuses pour influencer sensiblement les statistiques, existent dans toutes les classes sociales, aussi longtemps que dure le Moyen Âge. À Montaillou, dans les Pyrénées, au début du XIVe siècle, des petites paysannes se marient à 14 ans — l'âge, à peu près, de la duchesse bretonne.

Les fiançailles de deux adolescents (illustration des Décrets de Gratien, Paris, Bibliothèque nationale de France).

Les filles des riches se marient plus jeunes que celles des pauvres : la règle vaut dans l'aristocratie, mais aussi dans la paysannerie. En effet, plus une famille est riche et puissante, plus le mariage de ses enfants représente un enjeu économique important qu'il faut contrôler et réussir de bonne heure.

1491

Quand les adolescents violent les adolescentes
L'ÂGE VIOLENT

À la fin du Moyen Âge, les garçons des villes sont capables des pires violences. En bandes, la nuit, ils errent dans les rues étroites et obscures. Malheur aux jeunes filles qui se trouvent sur leur passage... Dans les archives judiciaires de la ville de Dijon, des enquêtes de la fin du XVe siècle exposent les cas, très nombreux, d'adolescentes victimes de viols commis par des agresseurs à peine plus âgés qu'elles.

La violence est partout à la fin du Moyen Âge : les adolescentes sans protection se font violer (miniature du Moyen Âge, Chantilly, musée Condé).

Filles violées, filles noyées... de jeunes apprentis se promènent en bandes, dans les rues et s'attaquent aux jeunes filles qui se promènent isolées (détail d'une miniature de la fin du XVe siècle, Paris, Bibliothèque nationale de France).

L'une des jeunes filles violentées se nomme Jeanne Joly. Lorsqu'elle a quinze ans, son père, trop pauvre pour continuer à l'entretenir, la place comme servante à la ville, auprès de maîtres rôtissiers. Un soir d'hiver, en 1491, alors qu'elle n'est à Dijon que depuis 10 mois, sa maîtresse l'envoie, une chandelle à la main, acheter du vin. Poussée de force derrière l'étal désert d'une boucherie par un jeune homme inconnu, elle est violée. Ce malheur a des conséquences sur sa vie entière : elle est obligée de quitter sa place, ne peut plus trouver que des travaux occasionnels et misérables, finit par se prostituer et échoue dans un bordel. Son drame n'est pas exceptionnel : il est partagé par un grand nombre d'autres jeunes filles.

Violée, donc coupable !

Jeanne, après avoir quitté le foyer de son père, s'est retrouvée seule au monde : ses patrons ne se préoccupaient pas vraiment d'elle et sa jeunesse l'exposait aux convoitises sexuelles. Elle était dès lors menacée. Si la jeune fille avait eu quelques années de moins, sans doute n'aurait-elle pas été violée. Son corps non formé aurait moins attiré les garçons et, surtout, le poids d'un interdit puissant aurait empêché qu'on s'attaquât à elle. Le passage de l'enfance à l'adolescence représente en effet pour les petites filles l'entrée dans un monde dangereux. Jusqu'à 13 ans environ, elles sont protégées, la justice du temps considérant le viol de fillettes impubères comme un crime extrêmement grave, puni de mort. On trouve d'ailleurs très rarement mention de tels actes dans les registres des tribunaux. En revanche, le cap de la puberté change la condition des jeunes filles. Le viol, à partir de ce moment, demeure répréhensible, mais on l'attribue à l'attitude provocante de la victime ! Cette accusation, le plus souvent invérifiable, laisse les adolescentes sans recours et influence le reste de leur vie : non seulement les enfants violées sont traumatisées, non seulement elles ont perdu leur virginité — cadeau précieux voire indispensable au moment du mariage — mais elles traînent désormais derrière elles la réputation de coureuse... Le viol fait ainsi de ses victimes des objets de scandale en les ravalant au rang des filles de mauvaise vie. Le plus souvent pauvres, parfois arrivées en ville de fraîche date, comme Jeanne, les adolescentes qui ont souffert de tels actes et sont désormais diffamées deviennent encore plus vulnérables. Le viol, alors, se répète — les agresseurs ayant de moins en moins à craindre la punition de la justice —, ce qui entraîne davantage la jeune fille violée sur la voie de l'infamie. Ainsi, plus de la moitié des prostituées de Dijon, au XVe siècle, le sont devenues vers l'âge de 17 ans ou même de 15 à la suite d'un parcours semblable à celui de Jeanne Joly.

La folie des jeunes gens

Cette attitude de la société d'alors est à peu près incompréhensible pour nous. Elle nous révolte d'autant plus que les actes judiciaires prouvent que les violeurs, loin d'être des adultes pervers, sont le plus souvent des garçons à peine plus âgés que les fillettes, et qui se trouvent en ville dans une situation comparable à la leur : livrés à eux-mêmes dans une place ou un apprentissage, et presque entièrement dépourvus d'argent.

Or, l'opinion médiévale se montre fataliste devant un tel état de fait. Les clercs fulminent à peine contre les violences de la jeunesse masculine, la justice n'engage généralement pas de poursuites. Une telle indulgence s'explique par la vision que les gens du Moyen Âge ont de ceux que nous appelons « adolescents » et qu'eux désignent du nom de « jeunes enfants » : les garçons âgés de moins de 20 ans. Au contraire des filles, ceux-ci sont regardés comme irresponsables de leur conduite. Alors que les adolescentes formées sont tenues de protéger leur corps, les garçons, eux, n'ont aucun devoir de chasteté ni de modération. Ils ne changent d'ailleurs pas de statut lorsqu'ils deviennent pubères. De leur prime enfance jusqu'à l'âge de 25 ans, ils sont légalement mineurs. Leur jeunesse leur est comptée à seule fin de les disculper : elle constitue l'un des motifs les plus efficaces, en cas de faute extrêmement grave, pour obtenir la grâce royale. La jeunesse est folle pour les juges de la fin du Moyen Âge, qui suivent en cela la tradition biblique ; mais les vierges ont le devoir d'être sages, et leurs compagnons, le droit de se débaucher...

Le témoignage de Jeanne

« *Jehanne, fille de Claude Joly de Charantenay... âgée d'environ XV ans comme elle dit. Témoin juré sur saints évangiles de Dieu notre sire, dit et dépose par son serment qu'il est vrai que [...] certain soir de l'hiver passé ainsi qu'elle allait à tout une chandelle allumée au dessus du bourg chercher du vin par l'ordonnance de sa maîtresse, un compagnon qu'elle ne connaît et ne sait quel il peut être, vint à elle et lui éteignit sa chandelle et la tira et la coucha sous un banc à vendre chair en ladite boucherie et pour ce qu'elle voulut prendre à crier lui couvrit la bouche de son devantier, la retroussa et connut charnellement.* »

Cité par Jacques Rossiaud, la Prostitution médiévale, Paris, Flammarion, 1988.

L'homme entre deux courtisanes (aquarelle du XVIe siècle, Genève, bibliothèque universitaire).

Violence et misère sexuelles

L'**âge tardif du mariage**, conjugué au déracinement d'adolescents placés en apprentissage hors de leur milieu familial, explique l'extrême violence des jeunesses urbaines à la fin du Moyen Âge, dans les milieux sociaux modestes.

Au XVe siècle, en effet, les hommes se marient en moyenne à 27 ans et les femmes à 21. Pour les garçons, les 13 années environ qui séparent la puberté du mariage sont **une période de frustrations et de tensions extrêmes**, puisque la sexualité est alors théoriquement interdite hors des liens conjugaux.

Conscientes des difficultés que provoque cette situation, les autorités urbaines favorisent la création de « **bons hostels** », « **châteaux gaillards** », « **maisons des fillettes** » et autres bordels. Encore faut-il que les jeunes gens aient quelque argent pour pouvoir s'y rendre... Or, au cours des premières années, les apprentis — dont les parents doivent parfois payer pour qu'on leur enseigne un métier — ne reçoivent aucun salaire.

C'est pourquoi, bien souvent, les adolescents se regroupent la nuit, conduits parfois par des meneurs plus âgés. Ils pillent, volent... et violent : à Dijon, au XVe siècle, à en croire certains historiens, un jeune sur deux aurait participé à un viol collectif...

1500

L'enfant mort-né de Jeanne Julien
LES « SANCTUAIRES À RÉPIT »

Le 15 juin 1500, près d'Argentan en Normandie, Jeanne Julien accouche d'un enfant mort-né. Le corps est enterré sans avoir été baptisé, puis exhumé et placé sur l'autel de sainte Opportune afin qu'elle lui redonne vie, le temps d'un baptême. Le vœu est exaucé...

Comme de nombreux parents à cette époque, les Julien, très choqués par la naissance d'un enfant mort-né, ont à affronter un autre problème : puisqu'il n'a pas reçu le baptême, leur enfant ne peut être enseveli dans le cimetière consacré. Exclu du paradis, car il n'a pas reçu le sacrement l'intégrant dans la communauté chrétienne, le petit être l'est également du cimetière villageois, où sont ou seront enterrés tous les siens.

Des signes de vie miraculeux

Pendant les 4 heures qui suivent la naissance, les Julien guettent en vain le moindre signe de vie qui leur permettra d'oindre — l'onction étant une forme simplifiée du baptême — le nouveau-né. En vain. Convaincus sans doute par leurs proches, le père et la mère se résolvent à l'ensevelir : ils le couchent en terre profane, comme c'est la tradition, en l'occurrence près de leur maison. Mais les Julien sont de bons chrétiens : touchée par leur douleur, la supérieure d'une abbaye voisine, dédiée à sainte Opportune, décide de tenter une ultime démarche. Espérant l'intercession de la protectrice du monastère, elle fait déterrer le petit cadavre et l'expose sur l'autel de la sainte. Les parents et la communauté prient 2 heures durant ; après quoi, une procession apporte le reliquaire contenant la tête de la sainte. Le miracle tant espéré se produit alors : l'enfant, devant toute l'assemblée, donne des signes de

Un sanctuaire à répit : les parents, désespérés de la mort de leur enfant non baptisé déposaient le petit cadavre sur un autel destiné à cet effet. Ils suppliaient alors les saints de redonner vie un moment au corps mort, afin que le prêtre puisse procéder au baptême, garantie de la vie éternelle (miniature flamande du XVe siècle, Paris, Bibliothèque nationale).

vie ; il rosit, une veine palpite sur sa tempe, on le trouve chaud, sa tête remue. Bien vite, on le baptise… puis on le place près d'un feu pour le réchauffer, mais il prend durant la nuit toutes les apparences de la mort. Le lendemain, il est définitivement enterré, cette fois en terre consacrée.

Une vaste diffusion

La quête du « répit », permettant à l'enfant d'échapper à la mort le temps d'un baptême, conduit de nombreux parents, tels les Julien, dans les « sanctuaires à répit » qui fleurissent en Europe occidentale du XIVe au XIXe siècle. Des saintes locales, comme Opportune, ou, le plus souvent, la Vierge Marie sont priées avec ferveur dans ce dessein. Ces sanctuaires, particulièrement nombreux dans une large zone allant de la Méditerranée à la mer du Nord et de l'Auvergne à l'Autriche, sont souvent associés à des sources magiques ou à des pierres de fécondité. Le répit n'est pas leur seule fonction ; ils sont en fait fréquentés pour tout ce qui touche au domaine de la vie et de la mort. Les grandes lignes du rite du répit sont, en revanche, identiques d'une région à l'autre.

Les signes de vie

Le corps du petit enfant est amené en grande hâte et placé sur l'autel, si possible directement en contact avec la relique du saint personnage invoqué. Si des signes de vie sont constatés, le baptême est donné rapidement

---

1729, l'interdiction papale

Dès 1452, le concile de Langres condamne les répits, condamnation réitérée à de nombreuses reprises au cours du XVIe et du XVIIe siècle, ce qui souligne son inefficacité. Le pape Benoît XIV, inquiet de l'ampleur que prend alors leur pratique en Allemagne du Sud, l'interdit absolument: en 1729. Après avoir souligné que des signes de vie ne suffisent pas pour autoriser le baptême, il écrit : « […] même si ces signes sont attestés par des témoins idoines et concordant entre eux […] il ne faut pas non plus passer sous silence le fait que, parmi les signes que l'on dit apparaître sur les cadavres de ces enfants, nous n'avons trouvé indiqué ni cri ni gémissement, qui du reste correspondent tellement à la tendance naturelle des enfants et qui en fait de résurrection devraient être considérés comme ayant une grande importance, car ils sont le moins susceptibles de fraude ou de fausseté. »

Cité par J. Gélis, l'Arbre et le fruit, Fayard, Paris, 1984.

L'ensevelissement du nouveau-né (miniature du Livre des costumes de Matthaus Schwartz, Paris, Bibliothèque nationale de France). La mort d'un enfant est un malheur trop fréquent dans les temps anciens. Celle d'un bébé non baptisé est ressentie comme le plus douloureux des drames.

avant que la mort ne reprenne définitivement l'être qu'elle a un instant laissé échapper. Tout dépend en fait de la tolérance du prêtre chargé du sanctuaire : certains exigent des preuves tangibles, d'autres se contentent des premiers symptômes. L'enfant des Julien manifeste les plus courants de ces symptômes. Dans tous les cas, le miracle ne dure qu'un temps : la mort revient, inévitable. Il semble en fait que les manifestations de vie constatées soient confondues avec les premiers signes cliniques de la décomposition du cadavre — émission de bruits, coloration, réchauffement, mouvements même — suivant la première phase de rigidité, et sans rapport avec une éventuelle résurrection. Pour les parents, pour les religieux de bonne volonté, de tels signes sont suffisants : les uns s'en satisfont parce qu'ils prouvent publiquement la puissance du saint, et ils célèbrent le miracle avec force sonneries de cloches ; les autres sont simplement soulagés de pouvoir enterrer dignement leur enfant.

Les exclus

Pourtant, et sans doute le plus souvent, les parents reviennent déçus de ces sanctuaires à répit, car l'enfant ne manifeste aucun signe de vie et le baptême est donc impossible. C'est alors le trouble, l'enterrement à la sauvette, soit dans un lieu auquel la nature a donné un pouvoir magique — une grotte ou une pierre dressée dans la lande —, soit au contraire le plus près possible d'un sanctuaire, puisque la terre consacrée reste interdite. Les fouilles archéologiques ont permis de retrouver les restes de ces enfants mis en terre le long des murs de l'église, ou sous sa gouttière pour qu'un peu d'eau sanctifiée vienne secourir le petit enfant.

Les esprits follets

Cette hâte, l'exil des dépouilles hors des lieux consacrés, le désarroi surtout lorsque l'enfant, malgré toutes les tentatives, ne manifeste aucun signe de vie montrent bien la peur panique que suscitent les âmes des personnes mortes sans baptême. Privées de repos éternel, celles-ci ne reviendront-elles pas tourmenter les vivants ?

Dans la France ancienne, chaque région a un nom pour désigner ces esprits amers et revanchards : ce sont les « brandons » en Auvergne, les « aviots » en Lorraine, les « eschantis » dans le Périgord, les « folletons » en Provence. Tous les vivants ont peur d'eux. Ils se cachent dans les feux follets des marécages, égarent le voyageur imprudent et se disputent âprement son âme de futur noyé, afin d'en faire le parrain qu'ils n'ont jamais eu ! Ils se réunissent même en bande et circulent dans les nuages, en chasse fantastique, « chasse de saint Hubert », « Mesnie Hennequin » ou *wilde Jagd,* faisant entendre leurs cris plaintifs. Ces croyances ont disparu très progressivement à partir du XIXe siècle, alors que parallèlement déclinaient et les sanctuaires à répit et l'ancienne civilisation rurale.

1548

Le premier collège jésuite ouvre à Messine
LA PÉDAGOGIE RÉINVENTÉE

Ignace de Loyola (1491-1556), fondateur de la Compagnie de Jésus, ou ordre des jésuites (peinture de Castiglione delle Stiviere, Alès, Musée historique).

En octobre 1548, Ignace de Loyola crée à Messine le premier collège de la Compagnie de Jésus — l'ordre des jésuites —, qu'il a fondée 8 ans plus tôt. La mission apostolique de l'ordre s'incarne dans une vocation pédagogique car, ainsi s'en que s'en réjouit en l'année 1576 l'un des bons pères, « l'éducation des enfants, c'est la rénovation du monde » !

Un tel effort découle d'un constat pragmatique : tant dans l'Asie païenne que dans l'Europe en proie à l'hérésie protestante, l'erreur ne peut être éradiquée si on ne la chasse d'abord du cœur des enfants. Les jésuites font accepter aux nouvelles générations de l'élite les rigueurs de la vie chrétienne en échange de la délivrance d'un passeport pour la réussite dans le monde. Ils n'hésitent pas en effet à démocratiser dans leurs écoles la pratique des textes de l'Antiquité latine — bref, cet humanisme réservé jusque-là à une infime minorité d'érudits. Cet enseignement connaît un succès rapide dans les pays catholiques du Sud mais aussi dans tous ceux qui, au Nord, comme l'Allemagne, la France ou la Pologne, se sont trouvés un moment menacés par l'extension de la Réforme... Au XVIIIe siècle, on compte près de 600 collèges à travers l'Europe entière.

Des collèges fermés

À Messine, les débuts sont modestes. Dix compagnons sont dépêchés la première année pour instruire une soixantaine d'élèves. Pour la première fois, ceux-ci ne sont pas de futurs prêtres mais de jeunes laïcs. L'innovation va faire tache d'huile. À partir de débuts empiriques va s'élaborer, à Messine mais aussi dans les autres collèges de l'ordre, une méthode d'éducation originale et surtout commune à tous les établissements relevant de la Compagnie. Le trait le plus apparent de la pédagogie proposée est la discipline. Si, à Messine, les élèves sont de simples auditeurs, ailleurs les jésuites généralisent vite l'internat et exigent des parents une délégation de pouvoirs absolue : l'éducation chrétienne ne doit pas être compromise par la dissolution de certains milieux aristocratiques. Les élèves sont choisis avec grand soin : les brebis galeuses — même de haute lignée — sont refusées, alors que de brillants sujets sans le sou sont pris en charge gratuitement.

Une discipline libérale

Les collèges toutefois, s'ils sont fermés sur l'extérieur, les grandes vacances étant réduites à un mois, ne sont pas des prisons. Les jésuites tiennent à stimuler l'étude par la bonne humeur. À l'intérieur du pensionnat, très large est la détente accordée aux élèves. Ceux-ci jouissent de deux récréations de une heure après les repas — grande nouveauté à l'époque — et d'un jour de congé par semaine. Ces moments de liberté sont consacrés à des activités d'éveil dont les jésuites se font une spécialité — jeux, sports ou théâtre. Les châtiments corporels, tristement systématiques dans les collèges d'autres congrégations religieuses où règnent les « maîtres à la férule », sont rares dans les établissements jésuites. Plutôt que par des sanctions, l'émulation s'obtient par un système de prix et d'honneurs : les élèves sont invités à l'autodiscipline par une organisation originale de leur classe qui divise celle-ci en deux groupes, celui des Romains et celui des Carthaginois, du nom des deux peuples rivaux de l'Antiquité. Chaque élève a dans l'autre équipe un adversaire désigné, de même force que lui, qu'il lui faut surpasser pour assurer la victoire de son camp. Les meilleurs élèves sont investis de magistratures régulièrement renouvelées qui leur donnent autorité sur leurs camarades.

Un savoir brillant mais contesté

Innovation majeure, les jésuites renoncent à tout enseigner. Ils définissent un plan d'études, à la fois progressif et continu, articulé en 5 niveaux homogènes : à 3 classes de grammaire succèdent une classe d'humanités puis une de rhétorique. Cet enseignement vise d'abord à la parfaite maîtrise du latin, appris comme une langue vivante et dont l'usage est prescrit même lors des récréations ! Il repose sur l'exercice-phare de la *praelectio*, l'explication de textes, le plus souvent tirés de Cicéron ou de César. Le but ultime est de posséder l' « art de conférer », c'est-à-dire de soutenir une conversation brillante sur n'importe quel sujet, pour le plus grand profit de la vie sociale et le rayonnement de la religion chrétienne. Les jeunes gens lâchés hors du collège sont censés incarner l'idéal de l'honnête homme. Mais leur culture ne comprend ni les mathématiques, introduites seulement au début du XVIIIe siècle, et encore avec parcimonie, ni la philosophie, tenue en suspicion. D'autres ordres enseignants issus de la Contre-Réforme, telle la congrégation de l'Oratoire, ont su incorporer l'apport du cartésianisme. Dès le XVIIe siècle, Descartes, prenant la suite de Montaigne, dénonce les dangers d'une éducation qu'il juge trop étroite et littéraire. Au siècle suivant, les philosophes des Lumières élargissent la critique, reprochant aux jésuites de ne pas défendre suffisamment la culture nationale et d'ignorer entièrement les préoccupations modernes de l'esprit encyclopédique, attaché aux sciences et aux techniques. Voltaire, sorti lui-même d'un collège jésuite, reproche à ses maîtres de ne lui avoir appris que « du latin et des sottises ». Le débat, en fait, est plus général : les jésuites, au XVIIIe siècle, s'immiscent trop dans les politiques nationales : ils sont expulsés de France en 1762 et, en même temps, d'autres États d'Europe. Loyola et ses disciples ont l'immense mérite d'avoir défini un cycle secondaire tel que nous l'entendons aujourd'hui : un cursus commun préparant les esprits à recevoir une spécialisation ultérieure, mais qui peut suffire en tant que tel. Rompant avec le dressage médiéval, la souriante humanité avec laquelle ils traitent leurs disciples transforme la relation maître-élève.

Le sermon dans un collège jésuite (gravure coloriée du XVIIe siècle, Chantilly-les-Fontaines).

Fête dans un collège jésuite (Chantilly, bibilothèque des Fontaines).

Un autre modèle : les Petites Écoles de Port-Royal

Le monastère janséniste de Port-Royal. Il est le cadre de l'expérience pédagogique la plus remarquable du XVIIe siècle, malgré la brièveté de son existence : de 1637 à 1660, date à laquelle Louis XIV supprime Port-Royal des Champs et ses Petites Écoles. En tout, 27 maîtres — parmi lesquels le Grand Arnauld, Blaise Pascal et Pierre Nicole —, 130 élèves, dont Racine ou l'économiste Boisguilbert.

La défense et l'illustration du français. Au contraire des jésuites, les éducateurs jansénistes privilégient la langue nationale et publient en français des ouvrages majeurs comme la *Logique* et la *Grammaire de Port-Royal*. Autre différence, le primat de l'oral sur le livresque et la volonté de transmettre une vision du monde plutôt qu'un savoir parcellisé.

La psychologie de l'enfance. Les maîtres respectent l'enfant, dont ils tentent de comprendre l'affectivité et la logique propre — sans croire pour autant à son innocence — et auquel ils donnent, plus volontiers que les jésuites, de vraies responsabilités. Port-Royal s'aventure dans des chemins que la modernité empruntera à son tour.

1559

Bruegel peint les « Jeux d'enfants »
JOUER À LA RENAISSANCE

Dans l'un de ses plus célèbres tableaux, le peintre flamand Pieter Bruegel (vers 1525-1559) traite de manière très originale le thème de l'enfance. Une ville entière nous apparaît livrée à la fantaisie de dizaines de jeunes enfants qui la transforment en une cour de récréation où ils s'adonnent à près de 80 types de jeux différents.

Ce grand tableau de 118 cm sur 161 conservé aujourd'hui au Kunsthistorisches Museum de Vienne offre une richesse de détails vertigineuse. Le fourmillement des enfants, saisis en plein mouvement, contraste avec la rigueur des lignes des maisons et avec la perspective implacable qui fuit à l'infini. Le paysage représente peut-être l'ordre de la nature, et les enfants, la déraison du monde humain. Car, si les jeux d'enfants sont un motif déjà utilisé par l'art du temps — ainsi sur la couverture de certains livres —, le catalogue qu'en dresse l'artiste n'a pas un but simplement encyclopédique : il se veut une allégorie humaniste du « monde renversé », dans le droit fil de deux autres œuvres réalisées à la même époque par le peintre : le Combat de Carnaval et de Carême et les Proverbes flamands. Ainsi, ces jeux symbolisent l'ensemble des activités humaines, à la fois proliférantes et dérisoires.

Le monde du jeu

Prise au premier degré, la scène représentée par Bruegel passe magistralement en revue l'univers matériel des enfants aussi bien que leurs pratiques collectives. Ces quelque 250 garçons et filles — le rapport des sexes est à peu près équilibré — ont pris possession de la cité. Un grand bâtiment administratif d'allure sévère, dont la masse domine le tableau, est envahi, comme si les enfants détenaient à présent le pouvoir. Ils paraissent être de tous âges : de très jeunes, âgés de 4 ou 5 ans, côtoient des adolescents. Leurs vêtements, en revanche, relativement uniformes (même si, à la mode du temps, ils imitent ceux des adultes), ne permettent guère de repérer entre eux des distinctions sociales. La composition de l'ensemble est très savante et alterne les figures de groupe et les individus isolés. Mais, isolés ou réunis, les petits personnages ne s'intéressent qu'à leur divertissement. La plupart des jeux pratiqués ici ont subsisté sous une forme ou sous une autre jusqu'à nos jours. Au premier plan, deux petites filles s'amusent au *Steinchenspiel*, un divertissement qui consiste à accomplir sans heurt une série compliquée de mouvements avec 5 petits osselets de mouton. En arrière d'elles, des fillettes jouent à la poupée. Sur la droite, un groupe confus mélange plusieurs jeux : le *Drilnoot* (le dévidoir), les bulles de savon, le dressage des oiseaux, la toupie. Certains garnements ont tout simplement l'air de se battre… Ce foisonnement laisse pourtant entrevoir 3 catégories bien distinctes. Les jeux purement corporels d'une part : nager, marcher sur les mains, grimper aux arbres.

Les jeux de Gargantua

*Après avoir décrit le repas du jeune Gargantua, l'écrivain français François Rabelais, contemporain de Bruegel (il est mort en 1553), énumère la longue litanie des jeux pratiqués par son héros — ce sont tous ceux de l'époque ! — avec la même démesure que dans tout le reste du livre.
Les 50 premiers sont des jeux de cartes et de table ; les suivants, des jeux d'adresse et de plein air. On en lira ici les plus savoureux :*
« […] alors il jouait :
au hibou
au dorelot du lièvre
à la tirelitentaine
au cochonnet va devant
à la pie
à la corne
à la chevêche
à picoter
à déférer l'âne
à laïau-tru
à la barbe d'oribus
à tirer la broche
à compère-prêtez-moi votre sac
à la mousque
à la ramasse
au croc-madame
à souffler le charbon
à cul salé
à la grolle
à la corne
aux cailletaux
à juge vif et juge mort
au bossu aulica
à pince Morille
au poirier
à pimponnet
à ventre contre ventre
à j'en suis
aux quilles
au vireton
à la courte boule
aux pirouettes
à cligne musette
à la soule
à la navette
à pet-en-gueule
à briffaut
au bilboquet […] »

F. Rabelais, Gargantua, livre XXII.

D'autre part, les jeux à accessoire, que celui-ci soit improvisé ou bien un véritable jouet : ainsi en va-t-il du cerceau, du cheval de bois, des échasses, de la manipulation d'une vessie de porc...

Enfin, plus révélateurs, des jeux qui reproduisent les rôles ou les rites de la société des adultes : au milieu de la composition, un cortège nuptial enfantin parodie les noces des « grands ». Les petites filles jouent à la marchande avec de longues baguettes de pain et les garçons à la guerre avec le lancer de couteau et le *Blindespot spielen* — un jeu d'adulte consistant à faire tomber une marmite avec un bâton, les yeux bandés. Une clef de cette imitation du monde adulte est fournie par un des enfants, qui, à l'étage de la maison située au premier plan, arbore un masque d'adulte pour effrayer ses compagnons.

Le monde en jeu

Bruegel ne pose certes pas sur ces enfants un regard naïvement réaliste ou attendri. Aperçue d'en haut, avec cette manière de « vision lointaine » que le peintre affectionne, la scène donne une impression d'étrangeté. Les enfants, vraiment minuscules, ont l'air d'insectes pris dans une grande mécanique collective, même si leur jeu ne concerne apparemment qu'eux-mêmes. Leurs gestes, caricaturaux, sont dépourvus de toute grâce enfantine. Le malaise du spectateur s'accentue lorsqu'il détaille les figures des petits personnages : aucun des enfants ne rit ; ils ne sourient même pas. C'est en vain que le spectateur tente de lire sur leur visage l'expression d'une joie que le peintre a soigneusement bannie. Les protagonistes jouent avec un sérieux inaltérable, presque maniaque, une concentration douloureuse. Les expressions sont vieilles, dures, renfrognées : ce sont des adultes qui jouent ! Si les enfants font des acrobaties avec la gravité d'échevins, s'ils tiennent des briques en laisse avec une dignité de moines qui processionnent, c'est que ces activités ne sont pas plus absurdes que celles auxquelles sacrifient les adultes. Dans le monde des « grands », aussi, chacun fait ce qu'il veut avec l'égoïsme buté que l'on prête aux enfants. Pis, les hommes, au regard du Créateur, ne sont peut-être pas plus sensés ni responsables qu'une troupe d'enfants. L'allégorie enfantine est ici employée, dans une intention satirique, comme un instrument de dérision. Le « monde à l'envers » révèle l'absurdité ou la fausseté du monde visible. Au XVIe siècle encore, l'enfance ne fait l'objet d'aucune valorisation, mais fournit au contraire un paradigme compréhensible par tous de la folie ou de l'incohérence humaines. Au-delà du pittoresque de cette entreprise d'inventaire du quotidien, la morale du tableau est transparente : alors que nous les croyons importantes, les occupations humaines sont aussi vaines et futiles que des jeux d'enfants.

Jeux d'enfants *(peinture de Pieter Bruegel, ensemble et détails, Vienne, Kunsthistorisches Museum)*.

1582

Des fêtes pour la circoncision du prince Mehmed

L'ENTRÉE DANS LE MONDE DES HOMMES

La circoncision, moment important de l'existence de tous les petits Turcs musulmans, sort du cadre de la vie privée lorsqu'il s'agit du fils du souverain de l'Empire ottoman. Cette opération devient alors un événement à portée nationale qu'il importe de célébrer en grande pompe.

En 1582, la circoncision du prince Mehmed, le futur Mehmed III, donne lieu à des fêtes d'une somptuosité rarement égalée à Istanbul. La cérémonie a même un écho international, puisque le Sultan envoie des invitations jusqu'aux cours étrangères. En retour, celles-ci offrent des cadeaux et dépêchent parfois des ambassadeurs.

Des fêtes grandioses

En mai 1582 s'ouvrent sur l'hippodrome d'Istanbul, vaste place proche du palais impérial, les réjouissances qui précèdent la circoncision du prince, âgé de 15 ans. Ce dernier, vêtu d'une splendide tenue d'apparat, gagne la place sur un cheval richement paré d'or et de pierres précieuses. Sur son chemin, l'adolescent jette à pleines poignées de l'argent au peuple afin de gagner ses bonnes grâces. Puis il prend place dans un pavillon conçu spécialement pour accueillir le Sultan et sa cour. Là, il assiste aux fêtes données en son honneur. Durant 40 jours, une partie de la population d'Istanbul se présente devant le Sultan et le prince. À la procession des religieux, musulmans et chrétiens, succède le défilé éblouissant des corporations d'artisans et de marchands, qui rivalisent d'imagination. Disposées sur des chars, leurs œuvres ou leurs marchandises les plus belles sont offertes à l'admiration du prince, du Sultan et de la foule admise sur l'hippodrome. Chaque corporation est tenue d'apporter un présent au prince Mehmed. Reconstitutions, à grande échelle, de combats qui reproduisent la prise de forteresses ou de territoires chrétiens, spectacles de funambules, d'acrobates, de lutteurs, de montreurs d'animaux et feux d'artifices s'intercalent entre les défilés et se poursuivent la nuit. Les représentations s'efforcent toujours de surprendre le public par leurs audaces. Tout au long de ces journées, une abondante nourriture est distribuée aux pauvres de la ville, qui participent à la liesse générale et louent le nom du prince.

Un rite de passage

Le 7 juin 1582, lorsque se terminent les festivités, qui resteront gravées à jamais dans les mémoires, le prince Mehmed fait ses adieux à sa mère. Il quitte définitivement le harem, la partie du palais réservée aux femmes, pour ne plus y retourner. L'accès de ce lieu, jalousement gardé, est en effet interdit aux hommes, exception faite pour le Sultan et les médecins de la cour. Comme les femmes ne peuvent pas communiquer avec le monde extérieur, le prince ne reverra jamais sa mère, sauf s'il hérite du titre de sultan — ce qui sera le cas. Le jeune prince gagne ensuite les appartements du souverain, où il est circoncis en présence de son père et de quelques grands dignitaires. L'opération consiste à couper le prépuce, c'est-à-dire la peau qui recouvre le gland de la verge, et à laisser celui-ci à nu. Elle fait entrer Mehmed dans le monde des hommes. Ce passage se fait assez tardivement pour les princes, à l'âge de 14 ou 15 ans, alors que, pour les autres enfants turcs, il a lieu en général vers 7 ou 8 ans. La raison en est que, pour les fils du Sultan, la circoncision marque aussi le début de la carrière publique et l'exercice des premières fonctions officielles.

La circoncision, une obligation

Bien que le Coran ne l'évoque nulle part, la circoncision est obligatoire pour tous les petits musulmans. Elle constitue en réalité un critère d'appartenance à l'islam. Cette cérémonie, profane à l'origine et qui se déroule dans la demeure familiale, est devenue avec le temps un rite religieux. L'opération ne s'accompagne cependant d'aucune prière ou bénédiction particulière. Quelques jours avant leur opération, les garçons turcs revêtent un habit spécial. Pour éloigner le mauvais œil, ils sont parfois habillés avec des vêtements de fille, et leur tête est couverte d'un mouchoir. Ainsi, les esprits malins les prendront pour des filles et ne chercheront pas à leur nuire ! Mais de nombreux jeunes refusent de se déguiser ainsi. Ils enfilent alors une robe neuve, nouent une écharpe en travers de leur poitrine et coiffent un chapeau en satin bleu. Dans la rue, les passants reconnaissent aussitôt à cette tenue un enfant dont est imminente la circoncision et lui adressent leurs bons vœux ; celui-ci n'est pas peu fier de

---

La circoncision vue par un étranger

Dans la seconde moitié du XVIIe siècle, le Français Jean Thévenot voyage en Turquie. Dans son Voyage du Levant, *il décrit ensuite les mœurs qu'il a observées, parmi lesquelles la circoncision :*

« Les Turcs font grande réjouissance aussi bien que les Juifs à la circoncision de leurs enfants ; car quand un enfant a l'âge requis, on prend le jour pour cette cérémonie, lequel étant venu, on met l'enfant sur un cheval, et on le promène par la ville au son des tymbales et tambours de basque, puis il revient au logis, où on lui fait prononcer la profession de foi susdite ("Il n'y a point de Dieu sinon Dieu, Mahomet est son prophète"), tenant un doigt levé, puis on le circoncit, après quoi le père fait un festin où il invite tous ses parents et amis, là on se réjouit fort, on y danse, on y chante, et le jour suivant les invités ne manquent pas de faire chacun un présent à l'enfant selon la condition du donnant et du recevant. »

J. Thévenot, Voyage du Levant, *Librairie François Maspero, Paris, 1980.*

Le défilé des drapiers (miniature du XVIe siècle, Istanbul, musée de Topkapi).

La circoncision d'un jeune adolescent donne lieu, dans toutes les classes sociales, à des fêtes auxquelles les proches sont conviés (détail d'une miniature du XVIᵉ siècle, Istanbul, musée de Topkapi).

devenir bientôt un homme. Pendant les journées qui précèdent l'intervention chirurgicale, des distractions telles que des promenades à cheval sont offertes au garçon. Le jour venu, un tambour donne le signal du début de l'opération. Ses battements vont continuer pendant toute la durée de l'intervention, couvrant les cris de douleur de l'enfant, qui est debout sur une table, deux hommes lui tenant les pieds et les bras pendant qu'un barbier-circonciseur coupe le prépuce avec un rasoir effilé. Le barbier cautérise aussitôt la plaie avec de la cendre de bois, puis on étend le jeune opéré sur son lit. Famille et amis viennent aussitôt le féliciter et lui apportent des cadeaux, tâchant de lui faire oublier sa souffrance. Pour cette occasion, qui est la plus importante de toute la vie d'un garçon, la famille reçoit ses invités avec tout le faste possible.

Les acrobates : un des spectacles montés par les membres des corporations à l'occasion des fêtes de la circoncision du fils du Sultan (miniature du XVIIIᵉ siècle, Istanbul, musée de Topkapi).

Et les filles ?

Pour les fillettes, il n'existe aucune cérémonie équivalente, soulignant l'entrée dans le monde des femmes au moment de la puberté.

Pourtant, **des changements importants** surviennent alors dans l'existence des adolescentes.

Ces dernières ne circulent plus librement dans la rue et ne fréquentent plus la partie de la maison réservée aux hommes. Désormais, **elles portent le voile** pour sortir de chez elles, ce qui est fort rare, car elles restent la plupart du temps **confinées dans le harem.**

1601-1627

Le « Journal » du médecin du dauphin Louis
UNE ENFANCE ROYALE

Louis XIII enfant (peinture de Franz Pourbus le Jeune, Florence, palais Pitti).

Pendant les 26 dernières années de sa vie, le docteur Jean Héroard note chaque jour ses remarques sur la santé de l'enfant dont il a la responsabilité : le futur Louis XIII, fils d'Henri IV. Ces quelque 11 000 pages constituent le document médical le plus complet qu'on possède sur un homme du passé. Elles forment aussi un témoignage unique sur l'éducation d'un prince dans sa prime jeunesse.

Ce témoignage vaut surtout par son absence de composition : des notes brèves, écrites en abrégé, accompagnées de la date et de l'heure au demi-quart d'heure près, précision maximale de l'époque. À aucun moment de la journée, Héroard ne quitte le petit Louis. Il consigne l'emploi du temps de l'enfant, ses menus, ses jeux et même ses mots drôles. Ce texte est très répétitif — mais aussi infiniment précieux pour une étude statistique ! Il est également souvent émouvant, par exemple lorsque l'attentif médecin compte les cerises que son petit maître a ingurgitées pour son goûter… Deux strates s'entrecroisent en effet dans ce *Journal*. D'une part, les informations biologiques sur le pouls ou les selles. D'autre part, les faits, les gestes, les paroles de l'enfant, phonétiquement transcrites, qui révèlent la genèse d'un langage et d'une personnalité.

Un corps sale et trop nourri

La première fonction du *Journal* d'Héroard est d'abord celle d'un carnet de santé. Responsable de la santé du précieux enfant, le

Un « bonhomme » dessiné par le petit Louis. L'attentif médecin avait collé la précieuse relique dans le manuscrit de son Journal… (Paris, Bibliothèque nationale de France).

Une journée du petit Louis

« *Le XXX mardy [1608]. Esveillé à six heures après minuict. À sept, levé, vestu. Prie Dieu. À huict heures et demie, desjeuné : bouillon — pain, peu — beu [beurre], peu.
Joué. Mené à la messe. De là au bâtiment neuf. […]
À unze heures et demie, disné : chapon bouilly, une aiguillette — potage, peu — veau : tendrons, mouelle sur du pain — beu — une trenche de veau — deux trenches de perdrix — gelée — pomme cuicte, sucrée — beu.
Joué, mené au jardin. À deux heures et demie, gousté : cinq trenches de massepain — n'a pas vouleu boire.
Peu après, ramené. Tire son pistolet que Mr le prince de Gales luy avoit envoyé. À six heures, j'arrive. Il estoit sur le poinct de se mettre à table. Court au devant de moi : "Ha vela mousseu Eroua". Et me faict l'honneur de me saulter au collet, me serrant bien fort. […]* »

Journal de Jean Héroard, réédité par M. Foisil, Fayard, Paris, 1989.

médecin consigne ses remarques sans abuser d'un vocabulaire savant. Les maux qui affligent son jeune patient inquiéteraient tout parent d'aujourd'hui. En plus des traditionnels rhumes, fièvres et maux de dents, les affections dermatologiques dominent : rougeurs, poux, mais aussi gale, dont les croûtes recouvrent le visage du petit roi... Car on ne baigne ni ne lave jamais l'enfant ! Tout juste si on lui frotte quelquefois le visage avec un linge humide. Le prince n'est pas mieux loti, sous ce rapport-là, que les enfants du peuple. Il ne faut pas voir dans ce manque d'hygiène le signe d'une incurie : mais les gens d'alors craignent les méfaits de l'eau, qu'ils considèrent — à cette époque, à juste titre — être le vecteur de toutes sortes de maladies possibles. S'il n'est pas lavé, du moins Louis est-il abondamment nourri. Mais l'énormité des menus qui lui sont servis ont pour principal résultat de déterminer dans son organisme des problèmes intestinaux dont, devenu roi, il finira par mourir, en 1643, à 42 ans. Héroard s'attache maniaquement à relever ce qu'ingurgite son protégé. Les repas sont de petites cérémonies d'une heure, où l'enfant mange seul en présence de son entourage. Nulle contrainte : il se sert librement des 6 ou 7 plats qu'on lui présente. Le pain, s'il tient une place importante, compte beaucoup moins dans ses repas que pour le reste de la population. Comme tous les privilégiés, Louis boit très tôt du vin additionné d'eau — qui est certainement polluée et que personne, naturellement, ne songe à faire bouillir. Surtout, comme tous les aristocrates, l'enfant consomme une quantité extraordinaire de viande, en dehors des périodes de maigre ecclésiastique, qu'on lui fait scrupuleusement respecter. Il s'agit de viande bouillie plutôt que rôtie, de volailles plus que de bœuf, de nombre d'abats ainsi que de gibier. Deux luxes véritablement royaux agrémentent en outre la table du pupille d'Héroard : les fruits méditerranéens (oranges, citrons, melons, amandes...) et le sucre, sous forme de confitures et de pâtes de fruits.

Les petits malheurs intimes

Aussi attentif à ce que l'enfant absorbe qu'à ce qu'il évacue, Héroard consigne des remarques expertes sur les déjections du jeune prince, se réjouissant de trouver celles-ci « louables et abondantes ». Il est vrai que, comme les autres médecins de son temps, il ne dispose que de l'examen des selles et des urines pour établir un diagnostic. Il suit également l'éveil de la sexualité chez le petit garçon. Louis, note-t-il sans s'en formaliser, est l'objet de multiples plaisanteries, voire de gestes incitatifs, de la part de son entourage.

Médecin consultant les urines (détail d'une peinture de Gabriel Metsu, Saint-Pétersbourg, musée de l'Ermitage). L'examen des selles et des urines, effectué plusieurs fois par jour par Héroard, était l'un des principaux moyens dont disposaient les médecins du XVIIe siècle, pour estimer l'état de santé de leur patient.

Ces jeux ne sont ni cachés ni honteux : « Fait baiser sa guillery », « se joue à la guillery », note de manière anodine Héroard. Puis, vers l'âge de 7 ou 8 ans, l'enfant ose des attouchements — nullement réprimandés par les adultes — sur des petites filles de son entourage, aussi bien que des simulacres de l'acte sexuel. Cette curiosité du futur roi fait remarquer à Héroard, de façon neutre : « Pour son naturel, aimera le plaisir... » L'avenir de Louis, époux timoré d'Anne d'Autriche, ne lui donnera pas raison.

Le dressage d'un roi

Si le petit est nourri, surveillé, cajolé, il fait aussi l'objet d'une éducation extrêmement sévère. Dans la seule année 1607, il reçoit à 60 reprises le fouet, soit plus d'une fois par semaine ! Sa gouvernante, Mme de Montglat, exécute elle-même la punition ; son père, le roi Henri lui-même, décide parfois de procéder à l'opération... Il est vrai que Louis se montre un enfant difficile. Il a conscience de la supériorité de son état et se rebelle contre l'autorité de sa gouvernante : il insulte celle-ci, la menace (« Je vous ferai couper le cou ! ») ou la frappe ! Héroard, quant à lui, s'en tient à des méthodes douces, tendant par exemple à son protégé un miroir pour lui montrer ses traits déformés par la colère, et joue de la réelle affection que Louis éprouve pour lui. Mais l'éducation de l'enfant vise aussi à le préparer à sa future position de roi. Ainsi, personne dans son entourage ne s'adresse à lui par son prénom, mais chacun l'appelle « Monsieur ». Pour la même raison, on le tient au courant très tôt des événements politiques du jour. La méthode réussit pleinement : à 4 ans, en décembre 1605, devant la carte des Flandres, le jeune dauphin s'exclame : « Cé moi qui bats les Espagnols », comme le relève aussitôt Héroard. Ce n'est pas encore une pleine conscience politique, mais le commencement d'un orgueil de roi... 5 ans plus tard, à la mort d'Henri IV, assassiné par Ravaillac, le jeune garçon, proclamé souverain à 9 ans, aura plus encore l'occasion de manifester un tel orgueil.

1633

Vincent de Paul crée les Filles de la Charité
L'HÔPITAL DES ENFANTS TROUVÉS

Le 29 novembre 1633, à Paris, un prêtre, Vincent de Paul (1581-1660), fonde la compagnie des Filles de la Charité. Les religieuses de cet ordre ne sont pas vouées à la contemplation mais au soin des pauvres et des enfants trouvés. En 1640, elles reçoivent la charge de s'occuper de tous les enfants trouvés de la capitale.

Fréquentes dans les grandes villes, les expositions d'enfants — c'est-à-dire, les abandons, en général sur le parvis d'une église ou le seuil d'un couvent — sont ressenties comme un problème de police plus que de morale. Pourtant, dans le seul premier tiers du XVIIe siècle, à Paris, 12 000 jeunes enfants ainsi déposés dans le froid, dans l'humidité sont trouvés morts par des passants au petit matin.

Depuis le XIIIe ou le XIVe siècle, les hôpitaux — au sens de l'époque, des asiles — reçoivent les petits survivants. Mais la mortalité est effrayante dans ces établissements et, aux dires mêmes de Vincent de Paul, pas un enfant confié aux soins des hôpitaux n'atteint l'âge de 6 mois ! Vincent, lui, clame qu'il ne faut plus les laisser mourir ; il trouve les moyens d'y parvenir.

L'enfant trouvé, image du Christ

Vincent de Paul commence par se livrer à une réhabilitation théologique de l'enfant trouvé, jusqu'alors assimilé par l'opinion à l'enfant illégitime. Or, affirme Vincent en citant le Nouveau Testament, l'enfant abandonné est l'image même du Christ ! Le prêtre efface ainsi une partie de la souillure sociale qui

Un exposé des motifs

Dans son projet de conférences aux Dames de la Charité pour les Enfants trouvés (1638), Vincent de Paul énumère cinq motifs pour stimuler le zèle de ses disciples. Il revient à l'enseignement du Nouveau Testament, remis à l'ordre du jour par la Contre-Réforme.

« I. Les louanges de ces petits enfants plaisent à Dieu. [...]

II. Ils sont en nécessité extrême à laquelle ceux qui les trouvent sont en nécessité de subvenir, sous peine de damnation. [...]

III. C'est être un opprobre à Paris que nous blâmons dans les Turcs qui est de vendre les hommes comme des bêtes, car on vend ces enfants à qui veut, pour trente sols. [...]

IV. C'est livrer la Mère Église à l'opprobre de la cruauté opérée par Hérode sur les saints Innocents. Car on fait la même cruauté contre ces petites créatures puisqu'on les baille à des misérables qui les font mourir les uns de male faim, les autres en leur rompant bras et jambes. [...]

V. Notre Seigneur a voulu qu'il soit dit de lui qu'il est venu au monde pour relever le pauvre et le mineur sans soutien. [...] »

Vincent de Paul, *Lettres et conférences*, Paris.

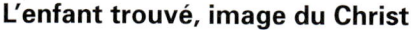

Saint Vincent de Paul entouré des Dames de la Charité (peinture du XVIIe siècle, Paris, musée de l'Assistance publique).

pesait sur ces petits *inventi* (« trouvés », en latin), privés de père légitime dans une société où le statut dépend de la filiation. Vincent, qui a besoin d'argent et ne peut le trouver qu'en sollicitant les élites, doit accomplir d'abord un long travail d'explication auprès des milieux nobles, obsédés par l'idée de « bâtardise ». Les femmes sont les premières à se laisser convaincre : l'une d'elles, Louise de Marillac, participe activement à la collecte d'argent et à la sélection des religieuses qui formeront les Filles de la Charité.

Après 5 années d'efforts, entre 1633 et 1638, les fonds indispensables et les autorisations sont réunis... Deux ans plus tard, en 1640, l'Hôpital, sis au château de Bicêtre et sous la forme de maisons de Charité disséminées dans 25 paroisses de Paris, reçoit la charge de la totalité des enfants trouvés de la capitale. La protection de ceux-ci est soigneusement organisée sur le plan administratif, matériel et médical. Ainsi, après quelques essais infructueux d'alimentation des nourrissons au lait de vache, des nourrices sont sélectionnées par un médecin ; des religieuses visitent les enfants durant toute la durée de leur placement, jusqu'au jour de leur sevrage.

« Mères selon la grâce »

Avant de s'occuper des enfants, Vincent de Paul s'était déjà préoccupé de la détresse humaine : enlevé par des pirates à l'âge de 25 ans, il s'est occupé, à son retour, de l'adoucissement du sort des galériens, de l'évangélisation des paysans, de la réinsertion sociale et la rédemption morale des prostituées. Mais l'attention qu'il porte aux petits enfants forme l'aspect privilégié de sa personnalité. À une époque qui n'est pas tendre envers les plus démunis, « Monsieur Vincent » témoigne à l'égard des enfants d'un amour, d'une confiance extraordinaires. Il exige de ses Filles de la Charité, véritables « mères selon la grâce », que, à son image, elles chérissent les enfants et leur portent une grande attention : « Estimez-vous leur mère [insiste-t-il]... Et comme telles, prenez plaisir à les servir, à faire tout ce que vous pourrez pour leur conservation. » Pour que les enfants deviennent des adultes de valeur, pense-t-il, la ferveur de l'amour dont on les aura entourés importe plus qu'un quelconque dressage à devenir pieux et vertueux. Vincent insiste, en ce sens, sur la responsabilité des sœurs envers les petits abandonnés. Ces religieuses — qui ne le sont, à vrai dire, qu'à demi — ont un statut extrêmement original. Elles ne portent pas le voile et ne prononcent pas de vœux. Vêtues sobrement de gris, elles vivent dans de minuscules chambres, en ville, comme le feraient des domestiques. Si elles reçoivent l'aide, dans leur mission, des nobles Dames de la Charité qui financent leur action, elles-mêmes viennent de milieux modestes, généralement de la campagne : elles ont moins de mal, ainsi, à s'habituer à une règle de vie rude et elles trouvent envers les humbles les mots et les attitudes justes, de sorte qu'elles gagnent bientôt leur estime et leur affection.

Un projet d'insertion sociale

Ces sœurs fournissent aux enfants sevrés qui reviennent à l'Hôpital ou dans les maisons paroissiales une éducation morale et intellectuelle. L'éducation religieuse est, si possible, plus importante encore que celle de l'esprit. De même que le premier soin des Filles de la Charité est de faire baptiser les enfants qui leur sont confiés, de même, par la participation aux offices, par le catéchisme et par des exercices de piété, les disciples de Vincent de Paul tâchent d'habituer leurs pupilles à une vie pieuse et vertueuse. Leur hantise est que les enfants, devenus grands, connaissent le destin habituel des *inventi* avant leur intervention : mauvais garçons, mendiants ou prostituées.

Le tour : un trou discret dans le mur de l'hospice, où les parents désespérés peuvent déposer anonymement l'enfant (gravure du XIXe siècle).

Mais le règlement des Enfants trouvés précise aussi que les petits doivent apprendre à lire, car l'abêtissement de l'esprit est un mauvais moyen pour accéder au salut. On dispense en plus aux garçons des rudiments d'écriture. Le reste de l'emploi du temps est consacré aux travaux manuels. Au sein de l'Hôpital ou dans les maisons paroissiales, il s'agit moins d'apprendre aux enfants un métier que de les déshabituer de la paresse : les garçons sont occupés à tricoter, les filles font de la dentelle. À l'adolescence, les jeunes gens sont placés hors de l'institution : dès 12 ans pour les garçons, qui vont faire leur apprentissage chez des artisans ; vers 16 ans pour les filles, qui sont souvent placées comme domestiques, à moins que, à leur tour, elles ne décident de devenir religieuses.

Les petits orphelins conduits à la messe (gravure coloriée du XIXe siècle). L'éducation des enfants trouvés est, sous l'Ancien Régime, confiée aux religieux et religieuses. Ceux-ci se préoccupent d'abord de l'édification morale de leurs ouailles.

1638

Un mathématicien de 15 ans présente son traité
BLAISE PASCAL

En 1638, un jeune homme d'aspect fragile montre à ses collègues de l'Académie du savant Mersenne, dont il est le benjamin, un essai de géométrie sur les « coniques » — les figures essentielles de l'ellipse, de la parabole et de l'hyperbole — qui élargit les résultats précédemment obtenus par le mathématicien réputé Girard Desargues.

À cette époque, Pascal n'est pas encore l'adepte du jansénisme que nous connaissons. C'est un jeune savant, que la physique et les mathématiques enthousiasment également.

Le « clan » Pascal

La vie de Blaise Pascal, et en particulier ses premières années, nous est bien connue grâce au récit de sa sœur Gilberte, auteur d'une biogra-

---

Les mathématiques, un jeu d'enfant ?

Plus qu'en art ou en lettres, **la précocité de l'enfant se manifeste de manière privilégiée dans le domaine des mathématiques** : le surdoué est le plus souvent un « matheux ». Les chercheurs professionnels savent aussi que c'est avant l'âge de 30 ans qu'ils ont des chances de faire de véritables découvertes dans cette discipline.

Ce que l'enfant retient des mathématiques, c'est leur **aspect ludique** : savoir autodéductif reposant sur une convention initiale, les « maths » ne nécessitent pas d'expérience préalable du monde, non plus que d'effort de mémorisation. Elles prennent l'aspect d'une **construction vertigineuse que l'enfant s'approprie** et où son imagination, volontiers paradoxale, invente des solutions inédites aux problèmes les mieux explorés.

Les mathématiques offrent enfin **un refuge** : elles sont un lieu — un lieu de l'esprit — auquel la plupart des adultes n'ont pas accès ; elles offrent une cohérence d'une perfection sans égale dans le monde réel, monde qui peut sembler décevant à l'enfant. Ainsi, certains jeunes autistes, handicapés dans leur affectivité, sont-ils remarquables en mathématiques.

Blaise dessinant les figures devant le mener à la redécouverte des lois fondamentales des mathématiques (gravure d'Émile Bayard).

phie dont divers témoignages extérieurs viennent confirmer l'exactitude. Blaise naît en 1623 dans une famille de magistrats, à Clermont, dans le Puy-de-Dôme, terre froide et, à l'époque, très isolée. Son père, Étienne Pascal, en plus de son office, se passionne pour les mathématiques. La mort de sa femme, alors que Blaise n'a que 3 ans, le rapproche de celui-ci et de ses deux filles — Gilberte, l'aînée, et Jacqueline, qui sera moniale à Port-Royal. Au lieu de confier ses enfants à une parente, comme le font alors la plupart des veufs, Étienne vend sa charge dès que l'occasion s'en présente et s'installe à Paris avec ses enfants. Blaise a alors 8 ans. C'est un enfant sensible, à la santé précaire (il est sans doute rachitique), qui éprouve des difficultés à ingérer des liquides au point d'avoir la vue de l'eau en horreur. Des yeux foncés contrastant avec de longs cheveux blonds et bouclés et une extrême minceur lui donnent un air de grâce et de nervosité. Adoré par ses deux sœurs et choyé par son père, il est le petit roi d'un foyer… où la vie quotidienne passe d'abord par l'activité intellectuelle.

Une éducation familiale

Quoique prolifèrent à Paris les collèges de qualité, Étienne se refuse à y envoyer son fils, comme c'est alors la règle pour les fils de bonne famille. Craint-il pour la santé de Blaise la vie rigoureuse de ces internats ? Sans doute. Mais des mobiles plus profonds expliquent aussi son refus, puisque ni Jacqueline ni Gilberte ne fréquentent non plus les couvents, où est donnée aux jeunes filles la meilleure éducation. Étienne Pascal reproche à l'enseignement de son temps d'être trop fondé sur la mémoire et pas assez sur la raison. La pédagogie qu'il met en œuvre pour instruire son fils va exactement à l'encontre des méthodes pratiquées dans les collèges au nom de l'humanisme. Ainsi, Blaise n'apprend pas le latin avant l'âge de 12 ans ; mais son père l'initie très tôt à une sorte de linguistique avant la lettre, qui permet de deviner les déclinaisons au lieu de les réciter. Surtout, Étienne multiplie les conversations avec son fils sur les sujets les plus variés, et il lui fait pratiquer de petites expériences de physique : cette pratique inspire d'ailleurs à Blaise, dès l'âge de 11 ans, un premier écrit, un traité sur les sons. Enfin, pour le distraire, le père mène son fils aussi bien au théâtre (Blaise assiste par exemple, en 1636, à la première représentation du *Cid*) qu'au jeu de paume.

La révélation

Un samedi, l'enfant, qui a 11 ans, est surpris par son père en train de tracer sur le sol, avec un charbon, des « ronds et des barres », selon ses propres mots ; il est en train — à en croire la légende — de redécouvrir, seul, la 32e proposition d'Euclide selon laquelle la somme des angles d'un triangle est égale à 180°… Plus probablement, Blaise, à l'insu de son père, a consulté — et assimilé ! — les difficiles livres de géométrie rangés tout en haut de la bibliothèque familiale. Ce qui n'est déjà pas si mal… Étienne Pascal, ravi que son fils devance le programme qu'il a tracé pour lui, le présente alors à ses amis mathématiciens de l'Académie de Mersenne — ancêtre de l'Académie des sciences. Là, Blaise, bientôt admis, commence à correspondre avec le Toulousain Fermat, fréquente Descartes et devient l'ami de Roberval. L'adolescent, de plus en plus passionné et de plus en plus savant, est rapidement consulté pour des problèmes de mathématiques envoyés de l'Europe entière.

Il excelle en géométrie grâce au don singulier de « voir » dans l'espace les figures à construire. C'est ainsi qu'il en vient à rédiger son fameux *Traité sur les coniques,* qui renchérit sur les travaux de Desargues et les prolonge. Pourtant Pascal, qui à la fin de sa vie créera la première société de transports en commun de Paris, est d'abord un esprit pratique : pour aider son père, chargé du recouvrement des impôts à Rouen, il va concevoir, à 17 ans, la première machine à additionner de l'histoire et il s'essaiera même à la vendre en série… Sa carrière d'enfant prodige se termine à ce moment; commence alors celle d'esprit universel.

La machine à calculer de Pascal (Paris, musée du Centre national des Arts et des Métiers). Le philosophe fut aussi un grand et précoce savant, préoccupé de pratique autant que de théorie.

La famille Pascal (Jacqueline et Blaise) reçue par Richelieu (gravure du XIXe siècle).

Enfances de maîtres échiquéens

À côté des mathématiques, auxquelles on le compare souvent à tort, le jeu d'échecs est un domaine fécond en jeunes prodiges :

Alexandre Alexandrovitch Alekhine. Né à Moscou en 1892, il joue à partir de l'âge de 7 ans, note ses parties et les commente à 8, puis, à 11 ans, joue « à l'aveugle » en se passant d'échiquier.

Robert (« Bobby ») Fischer. Né en Arizona en 1943, il passe ses après-midi de solitude (sa mère, infirmière, rentre tard) à jouer, tout seul, aux échecs. Plus jeune maître américain à 13 ans, il est à 15 le plus jeune maître international de l'histoire.

Anatoly Karpov. Né dans l'Oural en 1951, le futur champion du monde, fils d'ouvrier, apprend le jeu à partir de l'âge de 4 ans et demi. Envoyé à 12 ans et demi à Moscou dans l'école de Botvinnik, conçue pour former les futurs champions, il commence sa carrière internationale à 18 ans en devenant champion du monde junior.

1638-1651

L'apprentissage d'un futur souverain
L'ENFANCE DE LOUIS XIV

Le 2 septembre 1638, après 22 ans d'une union inféconde avec Louis XIII, la reine Anne d'Autriche donne naissance à un enfant, Dauphin inespéré que la foule parisienne surnomme « Dieudonné ». Roi à 5 ans, proclamé majeur à 13, le petit Louis ne règne effectivement qu'à 23 ans, au terme d'une longue mais profitable initiation.

Pour un jeune souverain, des écueils politiques s'ajoutent aux périls naturels de l'enfance : Louis l'expérimente à partir de 1648, lors de la Fronde, quand les élites du pays se révoltent contre l'interprétation absolutiste que le ministre Mazarin donne du pouvoir royal. Étrange condition que celle d'un enfant précocement et pleinement roi après la mort de son père, en 1643, à qui l'on demande de gouverner, mais qui reste cependant encore soumis à la déférente autorité de ses maîtres jusqu'à sa majorité…

L' « enfant du miracle »

Dès le 6 septembre, âgé de un jour, Louis donne sa première audience au château de Saint-Germain-en-Laye, où il est né : une délégation du parlement de Paris, plus tard si hostile à son pouvoir, vient le complimenter ; le Dauphin « reçoit » les magistrats couché sur un oreiller de satin blanc, et sa nourrice note, naïvement émerveillée : « Il ouvre les yeux pour voir ses fidèles serviteurs » ! Nul ne songe à nier la majesté du bébé, qu'on salue dès ce moment comme le futur roi. Jusqu'à la naissance de son frère Philippe — le duc d'Anjou est son cadet de deux ans —, Louis est le seul héritier direct de la famille des Bourbons et la « grande espérance des Français », comme le dit en latin la médaille commémorative de sa naissance : son existence, gage de pérennité dynastique, est cruciale. Elle l'est aussi pour Anne, sa mère, qui voit sa position raffermie à la cour, où ses origines Habsbourg lui ont valu beaucoup de critiques. De fait, Louis, beau et vif petit garçon, est adoré par Anne, qui, en bonne Espagnole, montre une tendresse maternelle volontiers exubérante : ainsi se laisse-t-elle appeler « maman », à la façon bourgeoise, et non « Madame », comme il serait d'usage. La chose n'est pas si fréquente à une époque où les nobles se piquent d'une apparente froideur. Louis XIII, d'une nature plus taciturne et tourmentée, peu ami de sa femme, est très admiré par l'enfant. Toute sa vie, Louis idéalisera le père autant que le roi, après l'avoir perdu très tôt et s'être retrouvé sur le trône à sa place.

Le disciple du cardinal

L'autre figure qui prend une importance capitale pour le jeune roi est celle de son parrain, le cardinal Mazarin. Celui-ci, nommé Premier ministre lorsque Anne prend en 1643 la régence du royaume au nom de son fils, est le véritable éducateur de Louis XIV. Jusqu'à l'âge de 7 ans, Louis dépend des femmes, notamment de sa gouvernante, Mme de Lansac. En septembre 1645, Louis « passe aux hommes » : le cardinal est nommé par la reine mère « surintendant au gouvernement et à la conduite du roi ». Mazarin ne s'occupe pas du détail de l'instruction du jeune roi, laquelle est confiée à un abbé, aidé d'un des meilleurs humanistes du temps, l'écrivain François de La Mothe Le Vayer — paradoxalement, il est aussi un des principaux représentants du scepticisme au XVIIe siècle — ainsi que d'une petite équipe de maîtres, notamment pour le dessin, l'italien et l'espagnol. Mais ce savoir, où domine l'histoire et le catéchisme, n'est pas dispensé de façon très suivie. Louis n'aime pas les livres et leur préfère les exercices du corps : la chasse, l'équitation, l'escrime, mais aussi, et de manière plus inattendue, la danse, qui lui permet de jouer les premiers rôles dans des comédies-ballets célébrant sa gloire. Piètre latiniste, le roi devient en revanche un amateur d'art au goût très sûr, grâce à l'initiation de Mazarin, qui fait venir de sa patrie d'origine, l'Italie, les meilleurs interprètes de chant ou de guitare. De plus, il forme son filleul à cet art de l'éphémère que sont les bals, les jardins, les feux d'artifice et… la conversation.

Jouer au roi pour l'être

Dès sa prime enfance, Louis doit figurer, présider et paraître tout commander. Ainsi, de l'apparence à la réalité, en répétant les formules officielles qu'on lui souffle, assimile-t-il la lettre et l'esprit de ses fonctions. Mais il ne fait pas que représenter, il incarne, roi et enfant tout ensemble : ses paroles, même bre-

Le grand ministre (Mazarin) et son disciple, le futur Roi Soleil.

Les jeux éducatifs du petit Louis

Le cardinal veille lui-même aux jouets du futur roi. Outre des maquettes de places fortes et de navires, des modèles de mécanique céleste, il fait fabriquer pour celui-ci des cartes à jouer sur l'histoire et la géographie. En 1644, l'écrivain Desmarets de Saint-Sorlin est chargé du projet, pour lequel il obtient même un privilège royal. Un graveur florentin fabrique ainsi plusieurs planches de 12 à 8 cartes prêtes à être découpées. En 1664, un libraire parisien a la bonne idée de rééditer le « jeu du roi » sous la forme d'un volume où les cartes sont montées par 4 et accompagnées d'un texte d'une soixantaine de pages.

La version initiale comporte 3 séries de 53 planches : le « jeu des reines renommées », le « jeu de la géographie », le « jeu des fables ». Ce jeu historique se présente comme une sorte de jeu de l'oie ; sur chaque carte figure la durée d'un règne et une phrase clef symbolisant la personnalité représentée. Ainsi, « Anne d'Autriche, reyne de France, saincte, sage, d'une bonté merveilleuse et d'une bonté pareille à sa grandeur. »

Louis, déguisé en soleil à l'occasion d'un ballet. La lourdeur de la tâche a amené l'apprenti roi à multiplier les distractions, et notamment les ballets, dont il se veut naturellement la vedette.

Louis XIV à cinq ans (peinture anonyme, Versailles, Musée du château).

douillées, ont force de loi... Lors de son premier lit de justice — cérémonie solennelle où un roi de France impose sa volonté au parlement — devant le parlement de Paris, le 18 avril 1643, quelques jours après la mort de son père, quand il s'agit de faire casser le testament qui limite la régence de sa mère, Louis gazouille : « Nous sommes venu témoigner notre bonne volonté au parlement ; monsieur le chancelier dira le reste. » Mazarin veille à inculquer à son protégé sa science du gouvernement des hommes. Louis assiste donc régulièrement aux délibérations du Conseil ; ensuite, Mazarin l'entretient en tête-à-tête des affaires de l'État. Le cardinal n'oublie pas non plus que le roi de France est d'abord un chef de guerre : il lui installe un petit fort miniature et, en 1647, en pleine guerre avec l'Espagne, l'envoie même inspecter la frontière. Cet apprentissage sur le tas se perfectionne encore durant la Fronde. Pendant 4 ans, Louis, changeant sans cesse de résidence et couchant à la dure, doit dissimuler devant des ennemis en position de force qui veulent mettre son pouvoir en tutelle et, parfois, s'assurer de sa personne. Pour rassembler ses partisans, il effectue en compagnie de sa mère un tour de France improvisé qui lui fait également rencontrer les plus humbles de ses sujets et qui lui donne une connaissance intime de son royaume. Lorsque sa majorité est proclamée, en septembre 1651, son éducation, pour l'essentiel, est achevée. Celle-ci se révèle disparate, empirique et, en même temps, rude et profonde dans le domaine politique, c'est-à-dire appropriée à son rang et à son époque.

1639

La prison pour les enfants désobéissants
L'AUTORITÉ PARENTALE

Le 26 novembre 1639, en France, une déclaration royale renforce le « droit de correction » des parents : ceux-ci peuvent désormais, sans jugement et sur simple demande d'une lettre de cachet, faire enfermer leurs enfants rebelles, débauchés ou simplement paresseux...

Sous l'Ancien Régime, la famille est le premier rempart de l'ordre royal : « Les vraies images de Dieu sur terre sont les pères et mères envers leurs enfants », dit un célèbre juriste de l'époque. La notion de majorité — en principe à 25 ans — est à la fois vague et très limitative. Le droit romain a légué une tradition particulièrement répressive, puisque le père de famille, à Rome, a droit de vie et de mort sur sa descendance. Le christianisme ajoute à cette tradition une vision pessimiste de l'enfance, dont les théologiens affirment qu'elle est, dès la naissance, marquée par le péché originel et donc naturellement encline au vice. Jusqu'au XVIIe siècle, l'éducation de l'enfant ou son « redressement » sont des affaires purement privées, qui se règlent au sein de la famille. Le fait nouveau est que, à partir des années 1600, en France et dans le reste de l'Europe, le pouvoir séculier, c'est-à-dire l'État, met sa puissance au service des pères découragés pour faire enfermer les

Un fils indigne

Vers 1785, Jacqueline Desailly, veuve et mère de 11 enfants, détaille les méfaits de son fils de 18 ans et réclame « qu'il soit mis pendant 6 mois dans telle ou telle maison de force et de correction » :
« Il mène une vie très licencieuse et effrénée, sans que les représentations, les avis salutaires et les corrections puissent le ramener à son devoir. Il s'opiniâtre dans le désordre, se raidit, prétend s'ériger en maître dans la maison, jure, peste, blasphème, menace continûment, vend ses effets pour avoir de l'argent, divertit celui qu'on lui confie pour affaires, prétend ne suivre aucune règle, occasionne du scandale aux voisins par le vacarme qu'il fait quelquefois chez lui en attroupant du monde, de sorte qu'il n'est à craindre qu'il n'arrive quelque malheur s'il n'y est promptement pourvu. »

Cité par Anne Castaing,
l'Enfance délinquante à Lille au XVIIIe siècle,
Lille, 1971.

Les parents ont désormais le droit de faire enfermer leurs enfants s'ils les jugent rebelles, débauchés ou simplement paresseux (peinture anglaise du XVIIIe siècle).

« mauvais enfants ». Dès lors, la majorité des lettres de cachet — ces ordres d'incarcération que le roi délivre en dehors du jugement d'un quelconque tribunal —, si décriées par les philosophes, servent à satisfaire les demandes de chefs de famille désireux d'interner un adolescent faible d'esprit ou récalcitrant.

Les motifs de la réclusion

Les placets adressés aux intendants pour obtenir de tels enfermements rangent sous la facile dénomination d'« inconduite » des motifs extrêmement variés. Le « libertinage » des jeunes est le type de comportement le plus souvent incriminé : il peut aller de la simple dissipation à une débauche manifeste, ou bien désigner une attitude irréligieuse. Le refus d'un jeune d'entrer dans les ordres ou d'adopter un parti matrimonial souhaité par les parents est une autre raison, fréquente, d'emprisonnement. Quelquefois, des mères, veuves et vivant seules avec leur fils, se plaignent d'être molestées par lui ou rançonnées. Enfin, les enfants fugueurs, les héritiers prodigues adonnés au jeu ou à la boisson et les filles « perdues », qui soit découchent, soit ont le tort de tomber enceintes, alimentent le contingent des internés.

Discrimination et promiscuité

Le premier projet d'un enfermement des jeunes « rebelles » date du début du XVIIe siècle. À cette époque, le contrôleur général du commerce Barthélemy de Laffemas propose au roi Henri IV d'établir des manufactures pour y enfermer et régénérer, par le travail, les pauvres mendiants et… les enfants désobéissants. La proposition, qui reste sans effet immédiat, révèle un état d'esprit nouveau qui lie le redressement des enfants à la stricte discipline du travail manuel. Par ailleurs, le projet de Laffemas, en assimilant l'enfant rétif au mendiant, le condamne comme un marginal, un perturbateur de l'ordre social. Par une évolution naturelle, dans les « maisons de force » qui fleurissent un peu plus tard au cours de ce siècle, les « correctionnaires », c'est-à-dire les jeunes gens en correction, partagent locaux et discipline avec les indigents, vagabonds et mendiants ramassés par la police dans les rues des villes, mais aussi avec les délinquants. Un tel mélange ne gêne pas l'opinion publique d'alors, plus soucieuse de voir l'ordre maintenu en incarcérant les fauteurs de troubles que de rééduquer les délinquants. Au cours du XVIIIe siècle, chaque grande ville consacre dans son hôpital général un secteur à l'enfermement de ceux-ci. Ainsi, à Paris, après 1700, 250 adolescentes « à la correction », mêlées à une foule de prostituées, sont détenues dans un quartier de l'immense cité-asile qu'est la Salpêtrière. Les garçons, eux, s'entassent à Bicêtre : les dissipés sains d'esprit y côtoient les fous et les arriérés, les sans-abri couverts de gale et les malfaiteurs. Les établissements qui ne reçoivent que les enfants, telle la maison de Saint-Lazare, à Paris, sont exceptionnels : le coût de la pension les réserve aux familles les plus aisées. Car, même à l'hôpital général, l'internement des enfants reste à la charge financière des parents. Le régime des plus humbles est particulièrement rigoureux au sein des hôpitaux généraux. Les enfermés — des jeunes gens, mais parfois aussi des enfants de 10, 12 ou 14 ans — n'ont droit qu'à une paillasse, des sabots et un uniforme de laine grossière. Ils ne perçoivent pour toute nourriture que du pain, du potage et de l'eau ; ils sont couramment mis au cachot ou fouettés s'ils résistent à la double obligation du travail et de l'instruction religieuse. Les tentatives de suicide, fréquentes, sont réprimées avec une féroce sévérité.

Prison d'enfants à Paris, (gravure du XIXe siècle, Paris, bibliothèque des Arts décoratifs).

Surveiller et punir

La prison n'existe pratiquement pas en tant que peine pour les adultes sous l'Ancien Régime. **L'internement des enfants remplit la triple fonction de séparation, de châtiment et de protection.**

L'éloignement, pour une durée souvent déterminée par les parents eux-mêmes, permet de détacher le mauvais sujet de ses anciennes fréquentations. La punition se veut une expiation où « l'enfant rentre en lui-même » et se prépare à une conversion. Mais la fonction ultime est de protéger l'enfant contre la corruption du siècle et contre lui-même. Il faut également que son exemple, pour limité qu'il soit, incite les autres, tentés de le suivre, à la pénitence.

Au-delà de cette fonction de rédemption et de « redressement » — parfois exigée d'adolescents qui n'ont commis d'autre crime que de prétendre choisir eux-mêmes leur destin —, l'enfermement des enfants est **une manière de protéger l'honneur des familles** : le droit d'aînesse, le mariage négocié imposé et les vocations forcées paraissent indissociables de tout le reste de l'organisation de la société. **Pour assurer l'ordre public, l'État prend appui directement sur la famille,** jouant à la fois de la crainte du discrédit public et des ambitions privées de celle-ci. Cela aux dépens des droits de l'enfant, selon une logique exactement inverse de celle qui prévaut de nos jours.

À Paris, les filles sont détenues à la Salpêtrière et les garçons, à Bicêtre (vue de l'hôpital de Bicêtre, gravure du XVIIe siècle).

1643

Tristan l'Hermite raconte son enfance de domestique noble

LA FIGURE DU PAGE

Un noble avec son page (peinture de H.P. Lesdiguières, Grenoble, musée des Beaux-Arts). Les petits garçons de la noblesse servaient de domestiques aux enfants ou aux adultes de plus haut rang qu'eux-mêmes, et parfaisaient ainsi leur éducation mondaine.

En 1643 paraît l'autobiographie romancée d'un poète courtisan qui, au seuil de la quarantaine, livre un récit unique sur sa jeunesse. À 7 ans, François Tristan — dit plus tard Tristan l'Hermite — (1601-1665), est placé comme page au service d'un garçon de son âge issu d'une famille beaucoup plus titrée et fortunée que la sienne.

Toutes les ambiguïtés de la condition de page apparaissent dans ce que l'homme que François Tristan est devenu nous révèle de ses rapports anciens avec son jeune maître. De celui-ci, Tristan est à la fois le compagnon, le complice mais aussi le domestique et quelquefois le souffre-douleur. Dans un long récit

Souvenirs d'un page

En échange d'une assiduité permanente auprès de son maître, Tristan bénéficie de la table du prince et participe aux cours que lui donne son précepteur. Il avoue toutefois n'avoir guère su profiter de ce dernier privilège...

« Nous étions presque du même âge et de même taille. Mais il était d'une beauté merveilleuse et d'une gentillesse d'esprit qui faisaient dès lors prodigalement augurer les promesses que ses grandes vertus ont acquittées avec usure. À notre première rencontre, je fis en mon cœur une si forte et si fidèle impression de son mérite ; [...] J'étais toujours aussi près de lui que son ombre ; je le voyais dès qu'il avait les yeux ouverts, je ne cessais point de le voir jusqu'à ce que le sommeil les lui ferme. J'étais spectateur et imitateur de ses exercices ordinaires ; j'étais présent à ses prières, à ses études, à tous ses divertissements. Le zèle ardent que [le précepteur] avait pour son disciple l'empêchait de prendre assez curieusement garde à moi. Il se donnait bien la peine de m'enseigner tout ce qu'il montrait à mon maître qui pouvait faire arriver aux bonnes connaissances et à la vertu. Mais il ne pouvait prendre tout le temps nécessaire pour me détourner de voir et de suivre les mauvais exemples que me donnaient beaucoup de jeunes gens libertins que je voyais dans la maison. »

Tristan l'Hermite, le Page disgracié, présenté par J. Serroy, P.U.G., 1980.

François Tristan l'Hermite, l'auteur du Page disgracié *(gravure du XVIIe siècle).*

de près de 200 pages, entièrement rédigé à la première personne, Tristan restitue un univers de solidarité enfantine, d'espiègleries — les « postiqueries » —, de petits drames intimes aussi, qui donnent à son roman, aujourd'hui un peu oublié, une valeur de témoignage universel sur l'enfance.

L'histoire vraie de François Tristan

Né au château de Souliers, près de Guéret, en 1601, François peut se vanter d'une noblesse de bonne souche, mais a tout à redouter d'un avenir borné à la Haute-Marche, l'actuelle Creuse... Sa grand-mère l'en sauve en l'emmenant à Paris alors qu'il n'a que 3 ans. Bientôt, il doit subir la dure discipline des collèges. Une visite de son père change son destin. En qualité de « gentilhomme servant ordinaire » du roi, Pierre Tristan présente son fils de 7 ans au roi Henri IV. Le souverain offre à son vieux courtisan de se charger de l'éducation de son fils François. L'enfant devient l'un des pages d'Henri de Bourbon, un bâtard d'Henri IV issu des amours de celui-ci avec la marquise de Verneuil. Désormais, le jeune garçon est voué au service des Grands. Les engagements ne durent guère. Une querelle, les hasards d'une rencontre le font passer de l'un à l'autre : François devient ainsi secrétaire du duc de Mayenne. Celui-ci, longtemps hostile au nouveau roi, fait sa soumission, ce qui permet à son page d'être présenté à Louis XIII, pour lequel il rédige des vers très appréciés. Tristan l'Hermite connaît une adolescence bohème et une éducation très sommaire : il suit le sillage de la cour, accompagnant même le roi en 1620 au siège de Montauban. *Le Page disgracié* couvre les vingt premières années de sa vie. Revenu à Paris, Tristan passe au service de Gaston d'Orléans et écrit des pièces de théâtre et des poèmes. Mais cette existence le laisse, à l'âge de la maturité, vide et mélancolique, d'où un retour sur ses premières années.

Le roman d'éducation d'un page

Le Page disgracié peut être divisé en trois parties différentes qui correspondent à autant d'étapes de la jeunesse du garçon, les éléments authentiques étant de moins en moins certains au fur et à mesure que le récit avance. Les premières années sont racontées d'une manière telle qu'on peut faire crédit à ce récit. L'enfance s'y inscrit comme une période enchantée. Placé auprès d'un enfant de son âge qu'il ne cesse pourtant jamais de considérer comme son maître, François multiplie les facéties. Il acquiert un véritable talent de conteur en apprenant des milliers de vers et de fables qu'on lui demande de réciter aux enfants de la maison pour les aider à s'endormir. Peu à peu, cependant, la conduite de François se dégrade.

En grandissant, il se pervertit. Il commence à cacher certains de ses actes à son maître et en conçoit du remords, car il conserve intact un haut sens moral. Finalement, un drame survient qui interrompt brusquement cette enfance de page : au cours d'une rixe, Tristan blesse grièvement un cuisinier d'un coup d'épée et doit s'enfuir. La suite du récit est plus proprement romanesque : Tristan rencontre un alchimiste ; après quoi il connaît une idylle passionnée avec une jeune Anglaise idéalement belle. Au fond d'une grotte, dans un jardin d'Écosse, le couple retrouve le vert paradis de l'enfance, agrémenté des émotions de l'adolescence. Mais la réalité rattrape les amants. Tristan, accusé cette fois d'empoisonnement, doit fuir. Dès lors, le héros de 18 ans, blessé au physique comme au moral, vit une errance mélancolique où l'assaillent mille petites misères.

Le statut ambigu du page

Le mot page dérive du grec *pais*, « enfant ». Déjà, les Grecs aiment à s'entourer de beaux adolescents, coutume dans laquelle la pédérastie a sa part. À Rome, le *paedagogium*, à l'intérieur du palais impérial, est l'appartement des pages... Le mot se déprécie ensuite au point de pouvoir désigner un simple garçon de cuisine au Moyen Âge. Ce n'est qu'à partir de Louis XI, c'est-à-dire au XVe siècle, qu'il acquiert l'acception qui nous est familière. On est page entre 7 et 14 ans, âge auquel la « mise hors de page » permet de briguer le titre d'écuyer. Domestiques des grands mais tirant de ce service, outre des avantages matériels évidents, beaucoup d'honneur, les pages doivent compter au moins quatre générations d'ascendants nobles. Au XVIIe siècle, seuls les rois et les princes du sang ont encore auprès d'eux des pages. Ceux-ci sont répartis selon une subtile hiérarchie, entre pages de la chambre, de « grande écurie », ou de « petite écurie ». Tous arborent sur l'épaule un nœud de ruban aux couleurs de la maison dans laquelle ils officient. Souvent désœuvrés, les pages ont mauvaise réputation. Le poète Scarron (1610-1660) les classe entre les filous et les laquais et « autres ordures du genre humain » ! À Versailles, les dames prennent grand soin de contourner l'hôtel des pages, de peur de rencontrer ceux dont la hardiesse est proverbiale : l'origine des enfants et plus encore peut-être leur grande jeunesse les protègent en leur donnant une liberté de parole qu'ils ne partagent qu'avec les fous et les nains.

Pages menant un cavalier (détail de la peinture de Charles Le Brun, l'Entrée du chancelier Séguier à Rouen, *Paris, musée du Louvre).*

1650-1750

L'enfant devient une personne
LA RÉHABILITATION DE L'ENFANCE

Il y a quelques années, le fameux historien Philippe Ariès faisait de l'enfance une des découvertes du XVIIe siècle. Il a, depuis, nuancé cette conception trop extrême ; mais il n'en demeure pas moins que la perception de l'enfant, plus encore que son statut matériel, se métamorphose entre 1650 et 1750.

Pendant les siècles antérieurs, en effet, il n'est guère de vert paradis de l'enfance : au mieux, on traverse cette époque ; au pis, on y meurt précocement. Dans les deux cas, c'est une période très abrégée par rapport aux critères qui sont les nôtres. Le plus souvent, pour un petit paysan comme pour un héritier de famille noble, la vie d'adulte commence là où s'ouvre notre moderne adolescence, vers 13 ou 14 ans. L'Église, quant à elle, est mal à l'aise avec les jeunes êtres : symboles de l'innocence évangélique, ils sont aussi une formidable machine à commettre des péchés. Les décrets canoniques fixent à 7 ans l'âge de raison, c'est-à-dire celui du discernement entre le bien et le mal. À partir de cet âge, la tentation est grande de traiter l'enfant comme un adulte en réduction en niant sa spécificité. L'enfant existe, mais l'enfance ?

Moins de maladies, plus de risques

La vie sous l'Ancien Régime est une effrayante loterie où un enfant sur quatre ne dépasse pas l'âge de un an et où un enfant sur deux à peine arrive à l'âge d'homme. Avec la fin des grandes famines et la raréfaction des épidémies dévastatrices, au début du XVIIIe siècle, l'enfant, qui en était la première victime, passe mieux le cap de la « vie fragile ». Au cours du siècle des Lumières et selon les régions, la mortalité infantile est à peu près divisée par deux. Un fléau majeur, la variole, responsable de la moitié des décès d'enfants, est aussi la première affection à faire l'objet d'une forme de traitement préventif — celui-ci reste cependant expérimental et confidentiel jusqu'à l'invention de la vaccine par Jenner, en 1796.

Pourtant, la fin de l'époque moderne n'est pas, ou pas encore, le temps de l'enfant-roi, loin s'en faut. Une première vague d'urbanisation, au XVIIIe siècle, malmène les solidarités communautaires et fait peser de nouveaux risques sur les jeunes vies. D'abord par la mise en nourrice, qui apparaît au XVIIe siècle et se généralise au XVIIIe jusque dans les milieux les plus populaires, au prix d'une véritable hécatombe. Ensuite, et de manière plus radicale, par l'abandon, qui atteint des proportions jamais vues dans les grandes villes d'Europe occidentale au XVIIIe siècle, peut-être parce que l'Église s'y fait moins entendre. C'est aussi à la fin du XVIIIe siècle que la natalité commence à baisser, en même temps que se diffusent des méthodes élémentaires de contraception. Les populations ont intégré la meilleure survie de leur descendance et ne souhaitent pas multiplier celle-ci outre mesure : des quatre à cinq enfants vivants du début du siècle — pour huit à neuf effectivement mis au monde —, la moyenne se stabilise autour de trois ou quatre avec, ici ou là, parmi les élites urbaines, des enfants uniques.

L'enfance observée

Moins vulnérable, l'enfant est aussi l'objet d'une attention renouvelée. Ainsi la figure de l'enfant, très marginale jusqu'alors, commence-t-elle à s'introduire dans les œuvres peintes, à partir du XVIIe siècle : les portraits d'enfants deviennent plus fréquents. Au siècle suivant, ce phénomène prend toute son ampleur et certains peintres, comme Chardin, prennent le jeune être non seulement pour

Jouets d'enfant (peinture de l'école française du XVIIIe siècle, Naples, galerie nationale de Capodimonte)

Les objets de l'enfance

À l'affinement du regard social sur l'enfance correspond très logiquement une adaptation de l'univers matériel destiné aux petits. L'idée de fabriquer des objets spécialement pour les enfants n'est plus tout à fait saugrenue, même si les jeunes ne constituent nullement encore un marché, comme aujourd'hui.

Des vêtements pour l'âge tendre. Dès le XVIIIe siècle, une mode enfantine commence à apparaître : pour le petit garçon, le justaucorps de couleur succède à la robe des premières années. La généralisation du passage par les collèges répand les uniformes, qui masquent les différences de condition sociale.

Accessoires pédiatriques. Témoins des soins nouveaux apportés à la première enfance, un matériel de puériculture, plus ou moins standardisé, apparaît : tétines, burettes, porteurs à roulettes, berceaux et landaus, quelques expérimentales et hasardeuses couveuses mécaniques pour les prématurés.

Les jouets. Curieusement la fabrication des jouets reste embryonnaire : tantôt les enfants empruntent le matériel de divertissement des adultes (quilles, palets, cartes, voire poupées), tantôt ils improvisent à partir d'objets quotidiens. Pour s'amuser, l'enfant du peuple a recours à son environnement le plus direct comme les animaux, à la campagne.

sujet principal de leur toile mais aussi pour allégorie des valeurs d'intimité domestique, de douceur, d'innocence que l'époque commence à promouvoir. La peinture ne fait alors que traduire la réorganisation de la famille autour de sa jeune descendance, au moment où se développe une architecture qui privilégie le couple et sa progéniture directe aux dépens du lignage et des branches collatérales, qui ne vivent plus sous le même toit. Pôle affectif, l'enfant est également un enjeu intellectuel et un enjeu de pouvoir. Les traités d'éducation, à cette époque, sont plus nombreux que jamais et ils se concentrent sur l'âge tendre au lieu d'accorder leur attention systématiquement à l'adolescence, qui paraissait seule digne d'intérêt à bien des pédagogues antérieurs. Outre Rousseau, Fénelon, Condillac, Locke exposent leurs principes d'éducation ; lorsque l'enfant est en âge d'être scolarisé, jésuites, jansénistes et protestants se disputent les âmes à former… L'enfant est saisi à travers les institutions scolaires ; le collège est désormais en forme d'internat : au-delà de l'enfant, c'est l'homme futur qu'on pense atteindre et modeler.

L'enfance valorisée

Si la condition matérielle de l'enfant ne se trouve pas toujours et en tous lieux améliorée, la véritable mutation est ailleurs. Le premier âge de la vie n'est plus regardé comme une période de limbes confus et ingrats : au XVIIe siècle encore, Pascal, cet enfant prodige, affirme qu'« un enfant n'est pas un homme » et fait écho à Bossuet, pourtant précepteur du Grand Dauphin, pour qui « la vie d'enfant est celle d'une bête ». Désormais, non seulement l'enfance bénéficie d'un préjugé favorable, mais les philosophes cherchent en elle l'image de l'homme à l'état de nature, non encore perverti par la société, thème que les Lumières redécouvrent : Diderot fait ainsi des Tahitiens un peuple qui doit le bonheur à son état d'enfance. Par un radical renversement de perspective, l'enfance est devenue, en un siècle, une source d'observations, d'expériences et finalement le lieu d'ancrage d'une sensibilité nouvelle.

→**Voir aussi :** p. 140-141 (L'apogée des nourrices) ; p. 148-149 (Rousseau publie l'« Émile »).

Le Déjeuner (peinture de François Boucher, Paris, musée du Louvre). Au XVIIIe siècle, signe d'un changement des mœurs, l'enfant devient un sujet privilégié de la peinture.

1673

Louis XIV légitime le duc du Maine
LE BÂTARD ROYAL

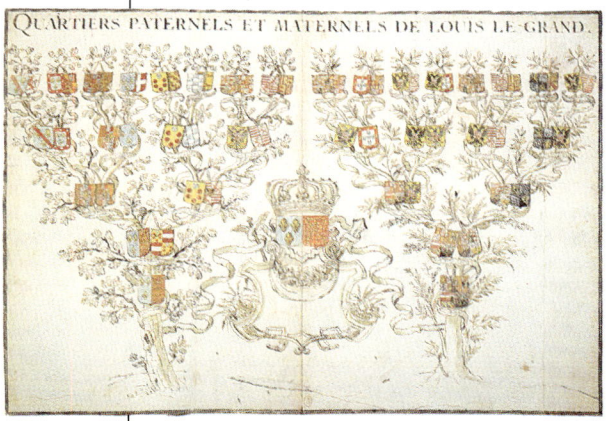

Arbre généalogique officiel de Louis XIV (Paris, Bibliothèque nationale de France).

Le 20 décembre 1673, devant le parlement de Paris, le roi de France Louis XIV reconnaît solennellement le petit Louis Auguste de Bourbon, duc du Maine. L'enfant doublement adultérin de l'époux royal de Marie-Thérèse d'Espagne et de Mᵐᵉ de Montespan acquiert, six ans après sa naissance, une existence officielle.

Saint-Simon fulmine contre les bâtards

Le sourcilleux duc de Saint-Simon, pair de France, voit dans l'élévation des « bâtards » le pire des abus de Louis XIV :

« Pour peu qu'on examine ce groupe immense qui du plus profond non-être des doubles adultérins, les porte à la couronne, on sera moins frappé de l'imagination des poètes qui ont fait entasser des montagnes les unes sur les autres, à force de bras, par les Titans pour escalader les cieux. [...]
« Que les rois soient maîtres de donner, d'augmenter, de diminuer, d'intervertir les rangs, de prostituer à leur gré les plus grands honneurs, comme, à leur fin, ils se sont approprié le droit d'envahir les biens de leurs sujets de toutes conditions, et d'attenter à leur liberté d'un trait de plume à leur volonté, plus souvent à celle de leurs ministres et de leurs favoris, c'est le malheur auquel la licence effrénée des sujets a ouvert la carrière [...].
« Le total est à la vérité un tissu exact et continuel d'abus de puissance, de violence et d'injustice ; mais une fois prince du sang en tout et partout, il n'y a plus qu'un pas à faire, et il est moins difficile de donner la préférence à un prince du sang sur les autres pour une succession dont on se prétend maître de disposer, puisqu'on se croit le droit de faire des princes du sang par édit, qu'il ne l'est de fabriquer de ces princes avec de l'encre et de la cire [...]. »

Saint-Simon, Mémoires, année 1714.

De tous les rois de France, Louis XIV est celui qui laisse le plus de bâtards dans son sillage. Son grand-père, Henri IV, engendre en une vingtaine d'années, de 5 mères différentes, 11 enfants, dont 9 survivent. Mais Louis « fait mieux » avec 16 enfants hors mariage (parmi lesquels 5 seulement atteignent l'âge adulte) entre 1663 et 1681, avant que l'âge et sa liaison avec Mᵐᵉ de Maintenon ne l'assagissent. Cette frénésie est peut-être extraordinaire : mais l'adultère lui-même est un fait assez banal pour les souverains, mariés non par amour mais pour des raisons politiques et qui, dans toute l'Europe, multiplient sans vergogne une descendance extraconjugale. En Espagne, Charles Quint au XVIᵉ siècle, Philippe IV au XVIIᵉ font ainsi de leurs bâtards, l'un et l'autre appelés don Juan d'Autriche, des princes du sang. Le roi Jacques II d'Angleterre, contemporain de Louis XIV, donne le titre de duc de Berwick à son fils naturel Jack Fitz James...

Une éducation clandestine

Le jour même de sa naissance, en 1667, au château de Saint-Germain, le petit duc du Maine est emmené par le duc de Lauzun chez la future Mᵐᵉ de Maintenon, qui n'est alors que la veuve Scarron. Mᵐᵉ de Montespan, la mère de l'enfant, connaît cette femme, toutes deux fréquentent le même salon... Bientôt, dans un petit appartement de la rue de Vaugirard, la dévouée Scarron commence à élever le deuxième, le troisième... les sept enfants du roi et de sa maîtresse, en plus d'une petite fille de sa propre famille, dont la présence est censée « couvrir » celle des enfants naturels. Le célèbre ministre de la Guerre Louvois visite discrètement la maisonnée et veille à l'intendance. Le roi lui-même, semble-t-il, vient à plusieurs reprises incognito voir ses enfants, en particulier le jeune duc du Maine, qu'il chérit plus particulièrement. Les enfants et leur mère adoptive vivent là sept années d'une existence quasi clandestine. Mais, discrètement, le roi accumule les honneurs sur la tête du petit duc : celui-ci est fait à 3 ans colonel des Suisses ; il devient à 5 ans le titulaire du régiment que commande Turenne puis est promu à 12 ans général des galères. L'enfant est un garçon à la santé fragile, affligé d'un pied bot qui l'oblige à aller prendre les eaux à Barèges. Là, il rédige de petits essais — certainement corrigés par Mᵐᵉ Scarron — qui sont bientôt publiés sous le titre d'*Écrits divers d'un enfant de 7 ans*...

Une position ambiguë

L'existence du petit duc change lorsqu'il reçoit en même temps que ses frères, les comtes de Toulouse et de Vexin, ses lettres de légitimation. Françoise Scarron est alors autorisée à venir s'installer à la cour — elle y fait la conquête du roi, qui la substitue à Mᵐᵉ de Montespan avant de l'épouser, à titre morganatique. Le duc du Maine, otage de la rivalité entre l'ancienne maîtresse — sa mère biologique — et la nouvelle favorite — sa mère adoptive —, prend le parti de la seconde... Il y gagne la haine des partisans de la Maintenon. Sa position, cependant, croît en prestige. En 1694, le roi crée pour les légitimés un « rang intermédiaire » entre les princes du sang et les ducs et pairs, qui venaient jusque-là juste après ! Ce geste, décision parfaitement arbitraire du souverain, crée au jeune duc et à ses frères de nouvelles inimitiés. Mais ce n'est rien encore. Vingt ans plus tard, en 1714, le roi n'a plus pour descendant direct que son arrière-petit-fils, le futur Louis XV — un enfant de 5 ans. Les authentiques princes du sang, les Condé et les Conti, ne lui inspirent pas plus de sympathie que la branche cadette des Orléans. Alors, Louis prend la décision inouïe d'égaler les légitimés aux princes du sang : il les déclare en effet, par testament, aptes à succéder à la couronne. Le testament sera cassé et le duc du Maine dûment rétrogradé au rang intermédiaire après la mort du roi. Car le caprice du roi vieillissant viole les lois fondamentales du royaume : on naît prince du sang et successible ! Au XVIᵉ siècle, un comte de Dunois — fils du duc Louis Iᵉʳ d'Orléans — pouvait se proclamer fièrement « le Bâtard d'Orléans » : il n'en est plus question en un temps où l'Église vitupère les relations hors mariage. Désormais, la bâtardise, si elle est tolérée chez les aristocrates, est clairement assimilée à une flétrissure et fait perdre un degré d'honorabilité : les fils naturels de roi sont princes — et ne peuvent devenir rois ; ceux des princes deviennent gentilshommes ; et ceux des nobles simples, roturiers.

Le statut des bâtards

Les « enfants d'iniquité ». Ainsi nomme-t-on les bâtards, que l'Église répartit en trois catégories à l'infamie croissante : les enfants naturels simples, les enfants adultérins, les enfants incestueux — les fils de prêtres étant assimilés à ces derniers.

Des bâtards nombreux dans les villes. Au Moyen Âge, le concubinage est, presque autant que le mariage, une union stable qui permet d'élever les enfants procréés. Au XVIe siècle, l'Église de la Contre-Réforme entreprend d'éradiquer le concubinage au profit du mariage. Le taux d'illégitimité baisse effectivement dans les campagnes, mais il augmente dans les villes, où se réfugient les filles mères : à Toulouse, 25 % des naissances sont illégitimes à la fin du XVIIIe siècle !

Un statut très défavorable. Différentes contraintes pèsent sur la condition des enfants naturels. Ils sont écartés de certaines corporations de métier qui exigent une naissance de « loyal mariage » ; de même, les bénéfices ecclésiastiques leur restent interdits. À l'église, on ne sonne pas les cloches pour leur baptême. Parfois, l'État perçoit un impôt sur eux et peut annuler les testaments faits en leur faveur. Car les bâtards portent atteinte aux deux principes fondamentaux de la famille d'Ancien Régime : la pureté de la lignée et l'intégrité du patrimoine.

Mme de Maintenon, gouvernante du duc de Maine et du comte de Vexin (peinture anonyme du XVIIe siècle, Maintenon, château).

Mme de Montespan et ses enfants (peinture anonyme du XVIIe siècle, Versailles, musée du Château).

1697

Charles Perrault nourrit l'imaginaire enfantin
LES CONTES DE MA MÈRE L'OYE

Trois années avant la fin du XVIIe siècle, le très sérieux écrivain Charles Perrault s'amuse à faire paraître, sous le nom de son fils âgé de seize ans, un recueil de contes reconstruits littérairement d'après une tradition orale. Les *Histoires ou contes du temps passé*, plus connus aujourd'hui sous leur autre titre, *Contes de ma mère l'Oye*, deviendront un classique de la littérature enfantine, occultant le reste de la création littéraire de leur auteur...

Le recueil consiste en une nouvelle en vers, *Grisélidis* ; en deux contes en vers, *les Souhaits ridicules* et *Peau d'âne* ; enfin, en 8 contes en prose : *la Belle au bois dormant, le Petit Chaperon rouge, la Barbe bleue, le Chat botté, les Fées, Cendrillon, Riquet à la houppe, le Petit Poucet*. Il paraît à une époque où, de façon éphémère, le genre des contes de fées est en vogue, chez les adultes des milieux bourgeois ou aristocratiques. Mais rien de tel n'existe pour les enfants : un fonds de récits est colporté oralement par les nourrices et les

Le récit à la veillée (frontispice des Contes de ma mère l'Oye, *Chantilly, musée Condé). Perrault s'est inspiré de contes de la tradition orale, qu'il a cependant entièrement remodelés.*

Le Petit Chaperon Rouge (image d'Épinal, XIXe siècle).

bonnes d'enfants qui, venues de la campagne, travaillent dans les villes. Perrault présente ses contes comme ceux « que nos aïeux ont inventés pour nos enfants ».

Des contes pour enfants mais pas enfantins

Effectivement, sans doute n'invente-t-il pas complètement les histoires qu'il raconte : il sélectionne une infime partie des contes de la tradition orale. Mais, en les écrivant, il les transforme largement. Ainsi montre-t-il une prédilection pour les contes traitant des problèmes de l'enfance comme les rapports avec les parents ou avec les frères : le plus bel exemple en est le Petit Poucet, souffre-douleur de ses six frères répartis en trois paires de jumeaux ! Même parmi les contes où apparaissent des femmes adultes, Perrault choisit ceux qui s'arrêtent aux noces (« Ils se marièrent et eurent beaucoup d'enfants ») — Cendrillon, Peau d'âne, la Belle au bois dormant — et non ceux, pourtant les plus nombreux, dans la veine populaire, qui entraînent l'héroïne dans de longues aventures après ses noces. Enfin, alors que bien des contes oraux traditionnels présentent les conflits entre pauvres et riches, Perrault donne une vision à la fois manichéenne et lénifiante de la société. Dans ses contes s'opposent deux groupes : les misérables sujets, d'une part ; le roi et ses riches courtisans, d'autre part. Mais ces groupes finissent par fusionner, grâce à une fin heureuse de l'histoire : le pauvre paysan s'enrichit et épouse la fille du roi — comme dans le Chat botté ; la souillon devient une princesse — telle Cendrillon.

Des récits cruels

Les contemporains de Perrault vantent la fraîcheur et l'innocence de ses contes. Cette ingénuité nous surprend aujourd'hui, car la plupart mettent en œuvre une somme étonnante de violence et de cruauté, au moins mentale. Le moindre péril qui menace les enfants est d'être chassés de la maison (dans les Fées ou le Petit Poucet), quand ils ne sont pas livrés à quelque monstre (le Petit Chaperon rouge, le Petit Poucet ou la Barbe bleue). Mais l'horreur se déploie aussi en images plus directes : ainsi les parents abandonnent leur progéniture à l'appétit des loups pour éviter de la voir mourir de faim (c'eût été inévitablement le sort des enfants abandonnés par le bûcheron dans la forêt, sans l'intelligence du Poucet), ou l'ogre coupe la tête à ses propres filles par erreur, après avoir voulu assassiner les sept garçons (dans le même conte) ! La cruauté des rapports familiaux décrits dans les contes de Perrault est l'autre trait saillant de ces récits. Les parents sont, au mieux, irresponsables ou impuissants à protéger ceux qu'ils ont mis au monde : dans le Petit Chaperon rouge, la mère recommande à sa fille de ne pas s'arrêter en chemin mais l'envoie quand même dans la forêt pleine de dangers ; les parents de la Belle au bois dormant négligent d'inviter la plus susceptible des fées au baptême de leur fille ; la mère du Petit Poucet adore son Pierrot mais son imprévoyance la conduit à le perdre délibérément une seconde fois… Dans le cas le pire, celui d'un remariage (situation fréquente à l'époque de Perrault, étant donné le nombre des jeunes femmes qui meurent en couches), les belles-mères se conduisent de la pire façon envers les enfants, et surtout les filles du premier lit : la marâtre de Cendrillon l'exploite comme une esclave, tandis que le père laisse faire… Aucune solidarité n'existe non plus entre les frères et les sœurs ; mais la jalousie, l'exploitation du plus petit, du plus faible d'entre eux sont la règle. Enfin, dans les quelques contes centrés, par exception, autour du mariage, le mari ne se conduit pas mieux envers sa femme : tantôt son amour est pervers, inavouable (le père de Peau d'âne aime sa fille au point de l'épouser), tantôt son autorité est soit celle d'un tyran, soit celle d'un assassin (Grisélidis est martyrisée par son mari et Barbe bleue décapite successivement toutes ses épouses).

L'oubli et la gloire

Les contes de Perrault ne reçoivent pas un accueil enthousiaste : destinés explicitement aux enfants, ils ne retiennent pas l'attention des adultes, et la mode n'est pas encore, dans les familles bourgeoises, de lire des ouvrages aux enfants… C'est au siècle suivant que les contes de Perrault vont recevoir leurs lettres de noblesse. De splendides éditions illustrées naissent dans la seconde moitié du siècle, qui sont offertes aux enfants à Noël ou comme livres de prix, à la fin de l'année scolaire. Ce succès ne se dément pas au XXe siècle, le dessin animé — avec l'entreprise Walt Disney — relayant alors en partie le monde du livre. Les contes, à cette époque, fascinent les adultes, même les plus sérieux : le célèbre psychiatre Bettelheim s'attache à les analyser, pour montrer qu'ils contiennent en eux tous les éléments qui forment les hantises, les peurs, le refoulé du psychisme enfantin. Est-ce là le secret du succès toujours durable des contes de Perrault ? Dans un récit apparemment naïf, un ensemble de suggestions violentes permet au petit lecteur d'avoir peur à bon compte, c'est-à-dire d'éprouver d'autant mieux la chaleur de l'amour du foyer dans lequel il vit…

Barbe-Bleue (gravure de Gustave Doré). Pourquoi les contes de Perrault présentent-ils une vision si pessimiste de la famille, avec des pères meurtriers, des belles-mères odieuses, des maris égorgeurs?

La figure de l'ogre

Dans les contes de Perrault, la figure de l'ogre est plus obsédante encore que celle des deux autres personnages familiers de ce type de récit : les fées et les sorcières.
De l'ogre, Perrault donne, en note d'un de ses contes, la définition suivante : « Homme sauvage qui mange les petits enfants. » Dans tous ses récits, celui-ci possède les mêmes caractères : une forme humaine, une taille gigantesque et une force à proportion.
L'obsession de l'ogre est de manger de la chair enfantine. Mais ce cannibale se distingue du loup — présent par exemple dans le Petit Chaperon rouge — en ce qu'il ne consomme pas la chair crue mais préparée et cuite, en sauce, comme on accommode le veau ou le mouton…
Le discours psychanalytique a tenté d'interpréter cette figure de l'ogre. Pour les disciples de Freud, l'ogre de Perrault constitue l'image inversée et cauchemardesque du père, ce dernier ayant chez le conteur un rôle toujours extrêmement négatif. Veut-il mettre à mort les enfants en les précipitant dans un four ? Aux yeux des mêmes interprètes, il s'agit là du transparent symbole du retour au ventre maternel… La sauvagerie de l'ogre serait une transposition symbolique de la violence affective contenue forcément dans les rapports familiaux.

XVIIIᵉ siècle

Une grande cause de mortalité enfantine
L'APOGÉE DES NOURRICES

Nourrice (lithographie du début du XIXᵉ siècle).

Au XVIIIᵉ siècle, la mise en nourrice change de nature et s'étend bientôt à toutes les couches de la société urbaine, y compris les plus populaires. À Paris, en 1780, sur les 21 000 enfants qui naissent chaque année, moins de 1 000 sont effectivement nourris par leur mère. Cependant, un grand nombre de ces bébés meurent du fait de ces soins mercenaires...

L'emploi de nourrices n'est pas, à cette époque, une nouveauté : déjà, au XIIIᵉ siècle, un bureau de placement existe à Paris. Les femmes du peuple qui travaillent y ont parfois recours, lorsque leur métier les empêche de garder leur progéniture avec elles. Mais c'est dans le courant du XVIᵉ siècle qu'apparaît une nouvelle tendance chez les femmes de la noblesse, qui se mettent à recourir systématiquement aux services des nourrices. Durant quelques décennies, cette pratique se limite toutefois seulement à l'univers aristocratique. Jusque vers 1580, les mères de la grande bourgeoisie parlementaire continuent d'allaiter encore elles-mêmes leur enfant, pendant environ toute sa première année. Puis, en moins d'une génération, dès avant 1610, par imitation des mœurs nobiliaires, la mise en nourrice se généralise à toutes les classes aisées de la société. Enfin, à partir des années 1700, un bouleversement majeur se produit : comme l'expansion économique favorise un brutal développement des villes, l'habitude se propage à tous les milieux urbains, artisanat et petits métiers en tête.

Mode et nécessité

Dans l'aristocratie, recourir à une nourrice pour élever son enfant est d'abord la conséquence directe d'une obligation de représentation : les femmes — qui, selon la mode du XVIᵉ siècle, découvrent largement leur poitrine — refusent la lactation par peur de déformer leurs seins. L'utilisation de corsets serrés, les fêtes et les bals nombreux, qui se prolongent fort tard, interdisent d'ailleurs en pratique les six tétées quotidiennes. Et les femmes du monde, presque en permanence enceintes ou dotées d'un jeune enfant, peuvent difficilement esquiver toute vie mondaine des années durant... À ces empêchements très réels viennent progressivement s'ajouter des considérations sur la bienséance, qui font de l'allaitement un acte vulgaire, peut-être bon pour une bourgeoise mais indigne d'une grande dame. Quant aux hommes, ils se plaignent que les tétées perturbent leur sommeil, et surtout les rapports intimes avec leur épouse — car on croit alors que le sperme gâte le lait... Pour les plus humbles, dont le nombre fait de la mise en nourrice un véritable phénomène de société au XVIIIᵉ siècle, la nécessité relaie la mode. Les femmes, qui aident souvent leur mari dans le cadre du petit artisanat urbain, sont de moins en moins disponibles pour s'occuper des petits enfants. Paradoxalement, seules les femmes les plus pauvres, aux ressources insuffisantes pour payer les services d'une nourrice, se résolvent, contraintes et forcées, à nourrir elles-mêmes leurs enfants. Ceux-ci n'en meurent pas moins, faute d'argent et de temps.

Le lait mercenaire

Au départ, les nourrices employées par les grandes familles sont des femmes honorablement connues, parfois originaires de la petite bourgeoisie. Elles sont liées par des relations de voisinage ou de clientèle aux maisons qui utilisent leurs services. Mais, quand la mise en nourrice change d'échelle, au XVIIIᵉ siècle, plus aucun contrôle n'est possible : les nourrices sont des femmes de la campagne, recrutées dans un rayon de près de 200 kilomètres autour de la capitale. Les « recommanderesses » du bureau des nourrices, qui les choisissent elles-mêmes, négocient au nom des familles les gages et les conditions de ce qui s'avère le plus souvent une mise en pension complète de l'enfant. Au XVIIIᵉ siècle, en effet, à peine 5 % des nourrices sont logées par les familles qui les emploient. Les nourrissons, regroupés selon leur destination, partent en convois sous la surveillance de « meneuses » spécialisées dans ce genre de trafic. Un certain nombre de ces tout-petits meurent en route, l'attention des meneuses n'étant, apparemment, pas toujours suffisante. Sur place, dans les villages, les nourrices, avec les enfants qui leur ont été confiés, sont sous la surveillance théorique des curés. Tardivement, l'État se mêle d'encadrer un phénomène dont l'ampleur finit par inquiéter. En 1769, les autorités municipales parisiennes exigent d'habiliter elles-mêmes les recommanderesses. Douze ans plus tard, un texte fédérateur, le Code des nourrices, compile des règlements épars antérieurs. Répondant à de trop nombreux abus, il stipule, par exemple,

---

Un moment décisif : le sevrage

La position de la science. La médecine du XVIIIᵉ siècle s'en tient toujours aux prescriptions d'Hippocrate : dans l'idéal, l'allaitement au sein doit cesser à la fin de l'apparition des dents de lait, plus précisément des 20 premières, c'est-à-dire pas avant 2 ou 3 ans.

Des situations diverses. La réalité est plus contrastée : les riches font allaiter leurs enfants jusqu'à 20-22 mois tandis que les pauvres ne paient guère la nourrice au-delà de 6 mois. En effet, à cette façon de nourrir l'enfant, pourtant semble-t-il la mieux adaptée, s'oppose l'idée très tenace selon laquelle l'allaitement prolongé ralentirait la croissance.

La hantise de l'inceste. Lorsque la mère allaite elle-même son enfant, des raisons plus profondes, ayant trait au tabou de l'inceste, expliquent l'interruption plus précoce de la lactation : le contact des dents de l'enfant sur le sein de sa mère ressemblerait trop aux « morsures » d'un amant...

Une alimentation mixte précoce. Dans tous les cas, la transition entre les simples tétées et une nourriture « normale » est atténuée dans la mesure où une longue période d'alimentation mixte précède le sevrage.

que les nourrices ne peuvent se prétendre telles plus de deux ans après avoir accouché d'un enfant…

Ignorance et incurie

Les enfants qui ont survécu au voyage s'habituent à vivre loin de leurs parents naturels mais en compagnie de plusieurs autres petits enfants. Car la plupart des nourrices, outre l'enfant qu'elles ont elles-mêmes (et qui leur permet d'avoir du lait), partagent leur temps, et donc leur faculté d'allaiter, entre plusieurs pensionnaires, ce qui leur assure des revenus plus importants. Surchargées de travail, elles ne peuvent surveiller d'assez près les enfants. Aussi les accidents sont-ils nombreux. Le sommeil même représente parfois un danger pour les nourrissons. Seuls les enfants de familles aisées ont la chance de dormir dans un berceau individuel, fourni par les parents avec le reste du trousseau. Les autres bébés dorment parfois suspendus au mur, dans des sacs, ou, la nuit, étendus dans le lit même de la nourrice — qui, quelquefois, en écrase un durant son sommeil ! Dans ces conditions, la mortalité est impressionnante : dans la seule ville de Lyon, sur 5 000 à 6 000 nourrissons naissant chaque année, 2 000 meurent chez leur nourrice. Ceux qui survivent ne sont pas pour autant assurés de retrouver leurs parents, car il arrive que l'entremetteuse perde l'adresse du placement…

Un système tardivement contesté

Au cours du XVIIIe siècle, **les critiques se multiplient** contre une pratique dont les dommages directs restent pourtant sous-évalués.

Les objections portent sur **les dégâts affectifs** provoqués chez l'enfant lorsque la nourrice se comporte en marâtre ou lorsque, à l'inverse, l'enfant s'attache à elle comme à une véritable mère.

Par ailleurs, **les premiers médecins hygiénistes** s'inquiètent des méthodes de soin et de la propreté douteuse des nourrices.

Plus fantasmatique apparaît la crainte que **le caractère et la rusticité de la nourrice** ne se transmettent à l'enfant en même temps que le lait.

Mère, ou nourrice, et enfant en Picardie (peinture de L. Becq de Fouquière, collection particulière).

Le Regret maternel (gravure en couleur du XIXe siècle). Le drame illustré dans cette image n'était que trop fréquent : l'enfant mis en nourrice, insuffisamment surveillé, meurt; la mère se désole; la nourrice quitte discrètement la salle.

1707

Des orphelins engagés comme mousses

LES « PETITES MAINS » DE LA MARINE

En 1707, une ordonnance du roi Louis XIV vient officialiser une pratique semi-clandestine en autorisant l'embarquement des adolescents de l'hôpital des Enfants trouvés dans les ports français. Ces orphelins se voient ainsi offrir des chances de devenir marins, mais, pour beaucoup d'entre eux, c'est la mort.

Le mousse est une des figures symboliques de la marine. Peu nombreux dans la marine de guerre, d'ailleurs faiblement active au moment où Louis XIV décide d'en élargir le recrutement, les 17 000 mousses servent surtout sur les bateaux de pêche. L'existence de ces gamins de 12 à 14 ans y est très âpre, particulièrement sur les navires hauturiers qui partent pour six mois vers les côtes de Terre-Neuve. Ils tiennent le rôle d'apprenti dans une activité pour laquelle il n'existe de formation que sur le tas. Or, dans ce milieu confiné d'hommes rudes et frustes, les jeunes garçons sont le plus souvent des souffre-douleur.

Les enfants naturels des ports

La fonction de mousse naît de l'abondance même de la main-d'œuvre juvénile : les grands ports de l'Ouest français — Nantes,

Mousses au travail (illustration du XIXe siècle, collection particulière).

Saint-Malo ou Douarnenez — connaissent de constantes allées et venues de marins, et un grand nombre de familles sont en permanence privées d'un père, le plus souvent disparu en mer. Aussi les enfants naturels ou orphelins y abondent-ils plus que partout ailleurs. Des institutions municipales les recueillent : elles les mettent au travail dans les arsenaux, comme aides-calfats dont la fonction est de découdre de vieux filins dans une atmosphère empestée par la fumée du goudron, en même temps qu'elles leur assurent un gîte médiocre et une maigre pitance. Aussi la plupart de ces pupilles espèrent-ils être rapidement choisis par un capitaine : embarquer, même sans aucun salaire, semble une libération à ces gamins qui ont entre 6 et 10 ans. À côté de ces orphelins ou de ces enfants naturels, que rejoignent des fils de marins vivants mais extrêmement pauvres, quelques fils d'armateurs, voire de petits nobles, servent aussi, occasionnellement, comme mousse : une seule campagne de pêche les aguerrit assez pour leur permettre de suivre les cours du collège de marine destiné aux futurs capitaines marchands, ou ceux de l'école des gardes-marine, à Brest, qui forme les officiers de la Royale. Les mousses « permanents » ne font eux-mêmes que quelques saisons : soit ils périssent, soit, après trois ou quatre années, ils deviennent novices — en quelque sorte marins stagiaires. Ils pourront alors, vers 17 ou 18 ans, prétendre au titre de matelot.

Manœuvre et domestique

Le mousse, lorsqu'il embarque, n'est en général vêtu que de vieux vêtements d'adulte rendus étanches par un bain de peinture à l'huile. Son travail est d'autant plus dur que les tâches auxquelles il est astreint ne sont pas répertoriées. Sa petite taille et l'agilité qui est souvent la sienne le destinent à servir dans les voiles, à dix ou quinze mètres au-dessus du pont. Là, il est l'instrument du gabier (le matelot chargé du gréement), qui l'envoie dans les endroits les plus difficiles d'accès : il en retire le surnom de « singe », en plus d'autres sobriquets usuels. Mais le mousse peut aussi bien se retrouver à fond de cale, à creuser à la pioche des couloirs dans le sel destiné à conserver le poisson. Lorsque celui-ci est remonté dans les filets, le mousse doit aider les étêteurs à décapiter les morues. Lorsque aucune de ces besognes ne l'accapare, l'enfant reste à la disposition de l'équipage, dont il lave le linge ou auquel il sert les repas. En général seul de son espèce à bord, parmi trente-cinq à cinquante marins, le mousse vit au milieu d'eux, partage les mêmes rasades de tafia ou de goutte. Mais les matelots ne le considèrent pas tout à fait comme l'un des leurs, parce qu'il ne sait

Un mousse à la destinée éclatante

Devenir mousse peut aussi permettre à un jeune garçon d'échapper à son milieu et de démontrer ses capacités à la faveur d'une relative indépendance. Tel est le cas de James Cook (1728-1779), le célèbre explorateur britannique des mers australes.

Une fugue. Issu, avec huit frères et sœurs, d'une très modeste famille de brassiers, c'est-à-dire d'ouvriers agricoles, il grandit dans un bourg obscur du Yorkshire. À l'âge de 13 ans, il est envoyé en apprentissage chez un épicier dans un village de pêcheurs. Rétif à la médiocrité de son existence, il préfère fuguer au bout d'un an et s'engager comme mousse à bord d'un charbonnier.

Autodidacte. Il ne se contente pas de charrier les sacs de minerai mais profite des mois d'hiver pour apprendre, seul, les mathématiques ; son capitaine, conscient de sa valeur, l'encourage et lui prête des livres de calculs nautiques. En trois ans, il devient marin breveté.

L'officier. Après quoi, il gravit très rapidement les échelons, jusqu'à se voir offrir, à 28 ans, un commandement marchand. Mais, la même année, en 1756, éclate la guerre de Sept Ans. Cook renonce alors à l'offre qui lui est faite et s'engage comme officier dans la *Navy*. Là, son zèle et son art du maniement des hommes d'équipage, qu'il connaît bien, font aussitôt merveille.

encore rien des choses de la mer. Du coup, loin d'être protégée, « la bigaille », comme disent les gens de mer, se trouve exposée aux périls et parfois même sacrifiée dans les situations dramatiques. Non par cruauté ou indifférence de ces hommes mais par calcul : un enfant trouvé ne soutient pas une famille, et son utilité sur un navire où il n'exerce aucune compétence indispensable reste marginale…

Un rituel d'initiation

Il n'est nullement prévu à bord de formation en règle pour le mousse. À charge pour celui-ci, au fil de ses différentes besognes, de développer une aptitude particulière qui lui vaudra d'être rembarqué et promu. D'un mousse particulièrement valeureux, les maîtres d'équipage ont coutume de dire : « Y'a d'l'homme ! »

Mais, le plus souvent, les réprimandes, les bourrades, les coups même ne lui sont pas épargnés, spécialement si c'est son premier passage à la mer. Le « bizutage » qu'il subit à cette occasion, outre de nombreux séjours « à la baille » — dans l'eau de mer —, va jusqu'à lui faire appliquer des coups de garcette — une sorte de cravache — sous prétexte de faire lever le vent… Mais les sévices ne sont pas seulement de cette nature. L'absolue promiscuité où vit l'équipage durant les traversées, la position subalterne du mousse en son sein favorisent des pratiques pédérastiques que le pointilleux honneur des hommes de mer n'assimile pas à l'homosexualité. Le mousse, durant vingt à trente semaines, peut être le relais, consentant ou non, des prostituées ou de l'épouse laissée au port. D'où l'expression « faire le mousse », que tout marin comprend à demi-mot. Certes, on agira de tout autre façon selon qu'il s'agit d'un orphelin à la merci de tous ou du fils d'un notable, voire d'un autre matelot…

Scène portuaire (détail d'une peinture de Joseph Vernet, Saint-Pétersbourg, musée de l'Ermitage).

« Après la correction » (photographie du début du XXᵉ siècle) : la vie, pour les petits « gars de la marine », était loin d'être toujours rose.

1750

Le peuple de Paris défend sa progéniture
LE TEMPS DES RAFLES D'ENFANTS

Le 23 mai 1750, dans le quartier Saint-Roch à Paris, au terme d'une atroce chasse à l'homme, un indicateur de la police est lapidé par une foule de 10 000 personnes. L'homme est soupçonné d'être l'auteur d'un de ces enlèvements d'enfants qui, depuis quelques mois, nourrissent une véritable psychose.

Enfants vagabonds expérimentant de petits métiers (détail d'une gravure du XVIIIe siècle, Paris, Bibliothèque nationale de France).

Ce qui paraît à l'origine un banal fait divers donne naissance à l'une des plus graves révoltes parisiennes qui aient eu lieu entre la Fronde et la Révolution. Depuis plusieurs dizaines d'années, Paris bruisse de rumeurs chaque fois que les disparitions d'enfants du peuple passent un certain seuil : les archers du guet fourniraient les chirurgiens en panne de corps à disséquer, les convois pour la « peuplade » outre-mer ou, plus sûrement, les armées du Roi. Déjà, sous Louis XIV, des émeutes contre les voleurs d'enfants avaient éclaté, vite réprimées. Mais, au cours du XVIIIe siècle, ces enlèvements prennent une autre dimension et le peuple, jusqu'alors passif, si ce n'est complice, s'émeut et défend ses fils.

Les débordements de l'arbitraire

À partir du début de l'hiver 1749-1750, la tension s'accroît dans la capitale. De décembre à mai, périodiquement, les hommes du lieutenant général de police Berryer, déguisés en bourgeois et précédés d'une ligne de mouchards, s'abattent sur des troupes d'enfants qui jouent sur les places ou sous les arcades. Ceux-ci sont promptement ceinturés, menottés et jetés au fond de fourgons aux fenêtres aveugles, qui s'ébranlent vers la prison du Grand Châtelet. Dans la nasse, il n'y a pas que des petits va-nu-pieds. Ici, c'est le fils d'un serrurier qui est emmené, là, celui d'une écosseuse de pois. Il arrive que les victimes, parfois âgées de 9 ou 10 ans, partent sous les yeux de leurs parents affolés qui tentent de s'accrocher aux portes des fourgons pour finir par s'attrouper en files pitoyables aux guichets des prisons. Mais le pouvoir ne se soucie guère d'agir avec discernement : les Isles — les Antilles — ou la Louisiane ne suscitant guère de vocations au départ, l'habitude est prise de tirer des « candidats » des prisons et de remplir celles-ci dans le seul but de fournir des émigrants. Les enfants sont les victimes idéales de ces déplacements. La guerre de la Succession d'Autriche (1740-1748) exige aussi son lot de recrues plus ou moins volontaires. Dès lors, la qualité de vagabond est définie de façon fort extensive et la taille minimale de cinq pieds (1,63 m) requise pour servir dans les armées du Roi peut suffire à se la faire impartir…

Enfants parasites, enfants gibiers

Il est vrai que le pouvoir monarchique imagine par ces rafles épurer Paris à bon compte de sa faune de petits délinquants et « vauriens sans feu ni lieu ». Dans les rues, sur les marchés pullulent de jeunes vagabonds qui volent à la tire, délestent les passants de leur tabatière et se logent, seuls ou en bandes, sous les porches, dans les arrière-cours, entre les ballots entreposés sur les quais… Tous ne vivent pas d'aumône et de chapardage : beaucoup d'enfants seuls exercent de petits métiers, comme celui de commissionnaire, ou perpétuent la spécialité de leur province d'origine, tel le ramonage pour les petits Savoyards, alors fort nombreux sur le pavé de Paris. Or, vers le milieu du siècle, deux phénomènes se croisent.

Dans les années 1740, une sévère crise de subsistance précipite vers la capitale des cohortes d'errants et de déserteurs, petite société où se glissent orphelins et apprentis en rupture de ban. D'autre part, en mal de petites proies pour l'armée ou les colonies, la police multiplie les rafles, n'hésitant plus à prendre même les enfants de petits artisans… Payés à la tête, les policiers perdent toute retenue et tout scrupule. Les victimes de cette ponction arbitraire de l'État monarchique dans une ville toujours très redoutée par Versailles depuis la Fronde sont choisies d'autant plus jeunes qu'elles seront alors sans appuis ni recours pour contester leur sort.

Le peuple prend parti pour les enfants

Mais tout ne se passe pas sans esclandre quand des voisins, alertés par les cris des enfants qui résistent aux sergents, prennent ceux-ci à partie et délivrent les jeunes victimes. Un peu partout en ce printemps 1750, la police est submergée et les rafles aboutis-

sent au lynchage des agents. Les exécutions dues à la fureur populaire, comme celle du 23 mai, se multiplient. Désormais, trop d'enfants raflés ne sont pas des orphelins : les petites gens s'indignent de voir leur progéniture, à la vie déjà si précaire et souvent seul recours de leur vieillesse, leur être enlevée autoritairement. Même ceux qui ont à souffrir de la petite délinquance urbaine n'admettent plus l'inhumanité des solutions imposées par le pouvoir. Les vieux mythes peuplés de chirurgiens expérimentateurs, de loups-garous ou de princes avides de sang juvénile nourrissent l'imaginaire des insurgés. La troupe doit assurer l'ordre à Paris, notamment lors de la pendaison, en juin 1750, de trois meneurs présumés des troubles, parmi lesquels un petit brocanteur de 16 ans. À cette occasion, l'impopularité de Louis XV atteint un tel sommet que le roi décide, après s'être fait à Paris traiter d'« Hérode » — du nom de l'auteur du massacre des Innocents ! —, la construction d'une route contournant la capitale pour relier Versailles à Compiègne. La voie est bientôt baptisée « le Chemin de la révolte ». Révolte spontanée d'un peuple pour ses enfants contre un pouvoir qui se discrédite — en menaçant un symbole devenu sacré — au nom d'une conception pervertie de l'ordre public et de la raison d'État.

Des sacrifices d'enfants en plein Paris

L'affaire des Poisons. Son souvenir encore très vivace est sans cesse rappelé par les manifestants de 1750. En 1682, plusieurs empoisonneuses avouent non seulement avoir vendu des poisons mais aussi avoir organisé des messes noires. De riches clientes achètent des petits enfants enlevés au coin des rues, qui sont sacrifiés au cours de la cérémonie. Leur sang arrose le corps de femmes étendues nues sur un autel. Cette macabre mise en scène est censée sceller leur pacte avec les forces du Diable…

Les rumeurs des débauches de la Régence. Entre 1715 et 1722, les amis de Philippe d'Orléans, les « Roués », célèbres pour leurs turpitudes et comptant de fort grands personnages, sont soupçonnés de rapts d'enfants, utilisés à des fins pédérastiques lors de soupers fins. Les petites victimes ne réapparaissent évidemment pas.

Le mythe des chirurgiens criminels. Au XVIIIe siècle, les chirurgiens relaient les sorcières dans l'imaginaire populaire : de sinistres expériences de vivisection leur sont prêtées. Mais aucune grande affaire ne vient jamais confirmer ces bruits. À tout le moins, des trafics de cadavres d'enfants sont régulièrement mis au jour durant toute l'époque moderne.

Enfants livrés à eux-mêmes (détail d'une gravure du XVIIIe siècle, Paris, Bibliothèque nationale de France).

Émeute provoquée par le bruit de rapts collectifs d'enfants (illustration du XVIIIe siècle, Paris, collection particulière). Hantises infondées ou rumeurs reposant sur la réalité, les pires bruits courent : les enfants, dit-on, sont kidnappés pour être envoyés de force aux armées ou, même, pour servir de cobayes aux expériences anatomiques de médecins douteux ou de sorciers et sorcières…

1750-1864

Le premier siècle de la littérature enfantine
LES LIVRES POUR ENFANTS

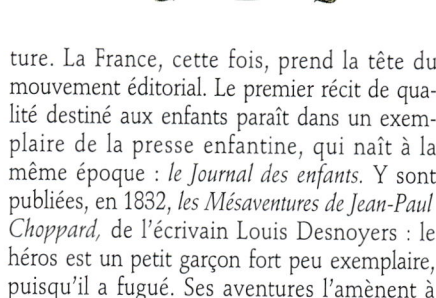

À la sortie du service religieux de la cathédrale Saint Paul, à Londres, vers 1750, une boutique hétéroclite, mi-librairie, mi-droguerie, attire les enfants de la bourgeoisie londonienne. Le propriétaire, John Newbery, y propose des livres conçus exprès pour les jeunes : la Juvenile Library rassemble des romans imprimés sur un papier de qualité, illustrés par des dessinateurs de talent et rédigés par des écrivains sensibles à l'univers de la jeunesse.

En quelques années, le libraire londonien impose la première collection de livres pour enfants qui ait jamais existé dans l'histoire. Un siècle après lui, les éditeurs français Hetzel et Hachette poursuivront dans la même lignée.

La Juvenile Library

Dans la première moitié du XVIIIe siècle, il n'est pas dans les habitudes des parents d'attendre de leurs enfants qu'ils s'attardent sur des livres. Les rares ouvrages qui existent à l'intention du jeune âge sont des livres didactiques, orientés vers l'acquisition de connaissances, vers la formation morale ou l'édification religieuse. Or, pour la première fois, Newbery imagine d'inciter les petits à la lecture en leur offrant une « matière à lire » de qualité. Les livres qu'il propose sont rédigés et illustrés par des professionnels reconnus. Si, dans sa majeure partie, la production de la Juvenile Library reste à vocation instructive et moralisante, elle comporte aussi une demi-douzaine de livres à des fins purement récréatives — parmi lesquels les plus célèbres sont le *Little Pretty Book* (le *Joli Petit Livre*, qui contient l'histoire de Jack-the-Giant-Killer — Jack l'assassin géant) et *Margery two Shoes* (*Margerie aux deux chaussures*).

L'apparition d'un lectorat enfantin

L'expérience de John Newbery ne fait pas immédiatement école. La littérature pour enfants reste rare dans la seconde moitié du siècle et au début du XIXe siècle, et elle est principalement écrite par des « spécialistes » qui ont trop visiblement pour but le perfectionnement de l'enfant : des femmes, des éducateurs et des hommes d'Église. Il faut attendre le deuxième tiers des années 1800, et un changement des mentalités parentales, pour qu'apparaisse, cette fois de façon massive, une production de livres enfantins. À cette époque, en effet, le nombre des jeunes scolarisés augmente dans toute l'Europe, et la bourgeoisie, en particulier, prend conscience de la nécessité d'une formation intellectuelle précoce de ses enfants. Cela signifie qu'un public potentiel nouveau de lecteurs apparaît, doté d'exigences que les éditeurs, enfin, prennent en considération. Alors, pour la première fois depuis Newbery, ceux-ci prennent conscience qu'une fiction écrite pour les enfants ne peut obéir aux mêmes règles qu'un roman pour adulte. Il faut faire rire, pleurer le petit garçon ou la fillette, lui raconter des aventures — mettre en scène son univers familier ou des mondes qui le font rêver, c'est-à-dire inventer des situations et des personnages distincts de ceux qui plaisent aux plus âgés. Il faut aussi scander le texte par des images, pour ne pas décourager des jeunes qui manient peut-être encore avec difficulté la lecture. La France, cette fois, prend la tête du mouvement éditorial. Le premier récit de qualité destiné aux enfants paraît dans un exemplaire de la presse enfantine, qui naît à la même époque : le *Journal des enfants*. Y sont publiées, en 1832, les *Mésaventures de Jean-Paul Choppard*, de l'écrivain Louis Desnoyers : le héros est un petit garçon fort peu exemplaire, puisqu'il a fugué. Ses aventures l'amènent à vivre dans le monde des bohémiens...

La « Bibliothèque rose »

Le succès remporté par le récit de Desnoyers convainc les fabricants de livres de se lancer, à leur tour, dans l'aventure. Pierre Jules Hetzel (de son nom de plume, P. J. Stahl) et Louis Hachette sont les deux grands éditeurs de livres pour enfants au XIXe siècle. Ils savent

---

Le fouet et la plume

L'univers de la comtesse de Ségur, auteur le plus constant et le plus vendu de la maison Hachette au XIXe siècle (les Mémoires d'un âne, à eux seuls, rapportent plus de trois millions-or), est quelquefois d'une intense cruauté. Dans les Petites Filles modèles, Sophie, l'enfant terrible, fait régulièrement l'objet de châtiments sévères. Ici, elle reçoit le fouet de sa belle-mère, Mme Fichini, pour avoir sali une robe en manquant se noyer :

« [...] la porte s'ouvrit violemment et Mme Fichini entra.

Sophie devint rouge comme une cerise ; l'apparition furieuse et inattendue de Mme Fichini avait stupéfié tout le monde.

"Qu'est-ce que j'apprends, mademoiselle ? Vous avez sali, perdu votre jolie robe en vous laissant sottement tomber dans la mare ! Attendez, j'apporte de quoi vous rendre plus soigneuse à l'avenir."

« Et avant que personne eût le temps de s'y opposer, elle tira de dessous son châle une forte verge, s'élança sur Sophie et la fouetta à bras redoublé [...] Elle ne cessa de frapper que lorsque la verge se brisa entre ses mains ; alors elle en jeta les morceaux et sortit de la chambre. »

La punition de Sophie (gravure des Petites Filles modèles, de la comtesse de Ségur).

s'entourer de véritables écrivains : la comtesse de Ségur, Jules Verne, Jules Sandeau, Hector Malot, George Sand, Alexandre Dumas ou Charles Nodier... Hachette imagine en 1855 sa fameuse « Bibliothèque rose », des livres immédiatement identifiables par leur couverture, rose justement que les enfants peuvent acheter même dans les gares. Des formules attrayantes sont imaginées pour ouvrir l'esprit des enfants au savoir : Hetzel, inventeur en 1864 du « Magasin d'éducation et de récréation », illustre ainsi de quelque 5 000 gravures les 38 volumes de sa série. Le succès est tel qu'il renonce, à partir de 1872, à la quasi-totalité de sa production qui ne concerne pas l'enfance et la jeunesse. Le livre pour enfants est définitivement passé dans les mœurs.

Illustration d'un ouvrage de la Juvenile Library (collection particulière).

Bibliothèques rose et verte

« **Bibliothèque rose** » et « **Bibliothèque verte** ». Existant respectivement depuis 1855 et 1924, la « Bibliothèque rose » et la « Bibliothèque verte », les deux collections de la maison Hachette, ont produit et vendu, à elles deux, 400 millions d'exemplaires.

Les séries. Ce chiffre fait des deux collections les championnes toutes catégories des séries romanesques. Chaque livre retrace une aventure d'un héros auquel l'enfant peut s'identifier. Parmi les séries les plus importantes, on compte *Alice* de Carole Quine et *le Club des Cinq, Oui-Oui, Jojo Lapin, le Clan des Sept* d'Enid Blyton, *Fantômette* de Georges Chaulet, *les Six Compagnons* de Paul-Jacques Bonzon, *Bennett* d'Anthony Buckeridge.

Les best-sellers. Aujourd'hui, *le Club des Cinq (The Famous Five)* et *Alice* restent les best-sellers des deux collections : plus de 200 000 exemplaires vendus pour chacune des deux séries, nées simultanément en 1955. L'Anglaise Enid Blyton, créatrice du *Club des Cinq*, était institutrice de son métier : ses quelque 500 livres ont été traduits dans 130 langues. Carole Quine, l'auteur d'*Alice*, n'existe pas : ce nom recouvre un collectif d'auteurs qui a mis en forme les synopsis laissés à sa mort par l'Américain Edward Statemeyer.

Une des couvertures de la célèbre collection publiée par la librairie Hachette au XIXᵉ siècle.

1762

Une éducation « philosophique »
ROUSSEAU PUBLIE L'« ÉMILE »

Au printemps de 1762, le philosophe Jean-Jacques Rousseau fait paraître un gros ouvrage de plusieurs centaines de pages divisé en cinq livres. Le personnage qui lui donne son nom est un orphelin élevé depuis la prime enfance par un gouverneur selon des principes qui rompent avec tous ceux en vigueur à l'époque.

L'*Émile* est un traité d'éducation, mais il ne se veut pas un guide pratique. La situation mise en scène est idéale ; aucune circonstance habituelle de la vie ne saurait la reproduire. Le livre de Rousseau est une fiction romanesque, riche en anecdotes et péripéties, qui vise à montrer que l'homme peut être moralement perfectionné, et la société radicalement changée, pourvu que soient modifiées les conditions de l'éducation traditionnelle. L'*Émile* se distingue ainsi, par sa portée d'emblée philosophique, des innombrables livres produits par un siècle plus préoccupé d'éducation qu'aucun autre avant lui.

L'éducation « négative »

Pour Rousseau, les méthodes traditionnelles d'éducation assujettissent l'enfant beaucoup trop tôt aux contraintes sociales, car les règles d'une société que le philosophe juge profondément corrompue ne peuvent que pervertir à leur tour ; pis encore, l'enfant, inapte à saisir la morale de l'adulte, l'interprète à contresens et découvre le vice à partir des leçons de vertu ! L'apprentissage scolaire lui-même tend à transformer le jeune être en pantin. Aussi Rousseau conseille-t-il d'abord de laisser mûrir « l'enfance dans les enfants » en... retardant le plus possible l'acquisition du savoir. Le rôle du gouverneur, que Rousseau donne à Émile — qui est très providentiellement orphelin mais de naissance noble —, est de laisser faire la nature : pas de lecture dans la petite enfance, un seul livre avant quinze ans — *Robinson Crusoé* —, pas d'instruction morale avant l'adolescence. Plus que l'ignorance, ce qu'abomine Rousseau, c'est une culture contre nature. L'éducation rousseauiste prend son temps ; elle préconise même d'en perdre sans scrupule. Il y a dans le parcours d'Émile une série d'étapes, celle des fables, celle des sciences ou celle de l'usage du monde, qui, dans la crainte d'une déviation précoce, ne sont jamais anticipées. Dans son évolution individuelle, Émile revit en quelque sorte les moments successifs du parcours de l'humanité. D'où la lenteur d'une éducation où il est appelé à maîtriser peu à peu des capacités innées : au règne de la sensation succède celui de la raison, qui doit laisser place, si l'évolution n'est pas contrariée, à la conscience morale.

Une liberté bien réglée

Le corps même de l'enfant ne doit pas être entravé : pas d'emmaillotage du nourrisson, à une époque où l'on ficelle littéralement les bébés. Plus tard, l'adulte doit s'abstenir de faire la leçon. Pas de châtiment non plus, en particulier physique, en un siècle où le fouet est encore donné aux enfants sans scrupule excessif jusque dans les milieux les plus éclairés. Les seules contraintes que subit Émile sont les conséquences de ses actes : ainsi le laisse-t-on souffrir du froid s'il casse un carreau de sa chambre. L'idéal est une éducation

« L'éducation de l'homme commence à sa naissance » (frontispice de l'*Émile*, édition de 1780, Paris, Bibliothèque nationale de France).

La manipulation pédagogique

Cet extrait est caractéristique du type d'autorité que Rousseau préconise : il est fondé sur un ascendant insensible mais total du maître sur son élève.

« Prenez une route avec votre élève ; qu'il croie toujours être le maître, et que ce soit toujours vous qui le soyez. Il n'y a point d'assujettissement si parfait que celui qui garde l'apparence de la liberté ; on captive ainsi la volonté même. Le pauvre enfant qui ne sait rien, qui ne peut rien, qui ne connaît rien, n'est-il pas à votre merci ? Ne disposez-vous pas, par rapport à lui, de tout ce qui l'environne ? N'êtes-vous pas le maître de l'affecter comme il vous plaît ? Ses travaux, ses jeux, ses plaisirs, ses peines, tout n'est-il pas entre vos mains sans qu'il le sache ? Sans doute, il ne doit faire que ce qu'il veut ; mais il ne doit vouloir que ce que vous voulez qu'il fasse ; il ne doit pas faire un pas que vous ne l'ayez prévu ; il ne doit pas ouvrir la bouche que vous ne sachiez ce qu'il va dire. »

J.-J. Rousseau, l'*Émile*, livre II.

sans médiation, où le milieu naturel est lui-même éducateur. Rousseau attache une grande importance au bonheur de l'enfance vécue pour elle-même et non comme une triste antichambre de l'âge adulte. Mais, loin d'idéaliser l'enfant, ainsi qu'on le lui a parfois reproché, il le présente comme essentiellement mû par l'intérêt, au moins jusqu'à ses 15 ans, moment auquel il faut placer le début du véritable âge de raison. Jusqu'à l'adolescence, c'est-à-dire peu avant ces quinze ans, précisément, Rousseau, qui considère que la pensée prend sa source dans les sensations, insiste sur l'éducation sensorielle et l'exercice physique du corps. Quand, à ce moment, commence la véritable instruction, celle-ci ne doit pas être uniquement abstraite, et encore moins livresque : « Je hais les livres » clame Rousseau dans une phrase restée célèbre du livre III de l'*Émile*. Dans les livres, l'enfant — pense Rousseau — ne puiserait qu'un catalogue de mots qui ne représentent rien pour lui. Beaucoup plus profitables sont les techniques, car Émile y trouve un intérêt immédiat. Il est ainsi censé apprendre un métier manuel, même si sa condition ne le destine pas à l'exercer.

Un insidieux despotisme

La prescription d'un apprentissage manuel n'est pas anodine : sous ses apparences débonnaires, l'éducation rousseauiste se révèle faussement libérale. On est stupéfait à la lecture de l'œuvre de voir à quel point le gouverneur manipule son élève : à bien y regarder, la prétendue nature éducatrice n'existe tout simplement pas. Il n'y a qu'un milieu pédagogique artificiel, sans cesse mis en scène par la « main invisible » du maître, qui organise subrepticement telle rencontre, telle expérience et fait en sorte que les conséquences d'une bêtise soient bien fâcheuses. Plus inquiétant encore, Rousseau octroie au gouverneur un droit de regard sur la vie privée du jeune homme que devient Émile. Celui-ci est censé épouser Sophie, une jeune fille pratiquement élevée dans le rôle d'épouse modèle. Leur rencontre est voulue et décidée de longue date. S'aiment-ils enfin ? Il faut les séparer, afin qu'Émile puisse voyager et accroître son expérience ! Rousseau, qui parle sans cesse de liberté, apparaît à bien des égards comme le plus inquisitorial des pédagogues.

Rousseau et l'éducation spartiate

Il est significatif que **Rousseau admire l'éducation collective des enfants par la communauté à la mode de l'antique Sparte.**

La célèbre cité ôtait les enfants à leurs parents pour les élever — ou les tuer ! —, les endoctriner et en faire de parfaits guerriers à son service. **Dans un projet de Constitution pour la Pologne,** Rousseau décrit **un système assez similaire** visant à façonner l'enfant par une continuelle surveillance.

Il renonce cependant, dans l'*Émile*, à l'éducation étatique, parce qu'il juge que celle-ci est **inadaptée à son époque,** qui manque par trop de vertu. S'il n'est pas question de dénier à Rousseau son rôle de précurseur dans la réhabilitation de l'enfance, il faut aussi envisager l'aspect profondément **utopique et potentiellement totalitaire** de ses théories éducatives.

Un seul livre à donner à lire avant l'adolescence : le Robinson Crusoé de Daniel Defoe (illustration du XIX siècle pour le « Robinson »).*

Émile, vainqueur à la course (illustration de Shall pour l'Émile de J.-J. Rousseau).

1762

Un jeune prodige fêté par la cour impériale
MOZART OU LE GÉNIE

En octobre 1762, au palais de Schönbrunn, un petit enfant joufflu, portant l'épée au côté comme un jeune gentilhomme, éblouit Marie-Thérèse, l'impératrice d'Autriche, et toute l'assistance : à 6 ans, il joue déjà du clavecin à la perfection. Mais il ne charme pas moins l'assistance par sa spontanéité et sa tranquille insolence.

La scène a été rapportée mille fois et ouvre comme un conte de fées la fulgurante carrière de Mozart : Wolfgang Amadeus, vêtu des habits taillés pour le prince impérial Maximilien ; Wolfgang ordonnant au compositeur officiel de la cour, Wagenseil, de tourner les pages de la partition à sa place ; Wolfgang embrassé par l'impératrice et cajolé par sa fille Marie-Antoinette, d'un an son aînée... Les images filent la légende, car le jeune Salzbourgeois est jusqu'à la caricature l'enfant prodige par excellence. Son indéniable génie musical reste par essence mystérieux mais ce que son époque en fait est éminemment révélateur du regard porté alors sur l'enfance. Emporté par le succès, Mozart vit une enfance de saltimbanque, qui le laisse désarmé face à la société où il doit vivre comme un adulte.

Le père : pédagogue et imprésario

Le père de Mozart, Leopold, est un violoniste et un compositeur talentueux mais sans génie. Ses espoirs reposent d'abord sur la sœur aînée de Wolfgang, Anna Maria, née en 1751. Elle est la seule autre enfant de la famille, les six autres étant morts en bas âge. Wolfgang, né le 28 juillet 1756, est le petit dernier. À 3 ans, il étonne son père en reproduisant avec une désarmante facilité les exercices de piano de sa sœur, pourtant remarquablement douée. Un an encore, et il est capable de répéter de mémoire les passages joués devant lui, même plusieurs heures auparavant. Mais, si Wolfgang apprend aussi à jouer du violon en quelques jours, son génie ne se révèle pas seulement dans l'exécution : très vite il crée, ce qui le distingue d'autres musiciens précoces, parfois simples phénomènes de foire. À 6 ans, Mozart se lance dans l'écriture d'un concerto qui donne à son père de grands projets de tournées. Les rapports entre le fils et le père sont complexes. Leopold est très fier de Wolfgang, mais il fait des talents de son fils un étalage qui, par moments, évoque le montreur de singes savants. Ainsi, à Vienne, laisse-t-il jouer Wolfgang à l'aveuglette, sur un clavecin dont une serviette recouvre le clavier. Les préoccupations financières sont chez lui omniprésentes. Mais, s'il manque de largeur d'esprit, c'est aussi un père très tendre, adoré

Un Mozart espiègle

En voyage, Mozart entretient une correspondance régulière avec sa mère et sa sœur, restées en Autriche. Il fait preuve d'une touchante et débordante tendresse. Ses lettres — rédigées en allemand, naturellement — étonnent par leur graphie et leur orthographe fantaisistes. Le ton en est constamment léger, plein de verve, avec des coq-à-l'âne parfois difficiles à suivre.

« Rome, 14 avril 1770.
« Je suis grâce à Dieu en bonne santé ainsi que misérable plume, et j'embrasse mille ou 1000 fois maman et Nannerl. N. B. Je souhaiterais seulement que ma sœur fût à Rome car cette ville lui plairait certainement par la symétrie régulière de l'église Saint-Pierre et de beaucoup d'autres choses de Rome.
« On voit passer dans les rues les plus belles fleurs du monde ; c'est papa qui me le dit à l'instant. — Oh je suis dans une détresse ! Il n'y a qu'un seul lit dans notre appartement : alors on peut aisément se figurer que je n'ai aucun repos à côté de papa, et que je me réjouis que nous ayons un nouveau logis. — Je viens tout juste de dessiner saint Pierre avec ses clefs, saint Paul avec son épée, saint Luc avec ma sœur, etc., etc. — J'ai eu l'honneur de baiser le pied de saint Pierre à Saint-Pierre, mais comme j'ai le malheur d'être si petit, on m'a soulevé à sa hauteur, oui, moi, votre vieux farceur. »
W. M.

Lettres de W. A. Mozart, traduction de H. de Curzon, Éditions d'aujourd'hui, 1983.

Mozart enfant, jouant du piano accompagné par sa sœur et son père *(aquarelle de Carmontelle, Paris, musée Carnavalet).*

par Wolfgang et très soucieux de sa responsabilité devant le génie qu'il devine en son fils. Il lui donne le métier, la culture musicologique, la rigueur sans lesquels Mozart serait resté un simple amuseur de salon.

Dix ans de tournées

Entre 6 et 16 ans, Wolfgang ne connaît guère de foyer fixe : il voyage dans toute l'Europe, sans autres points d'ancrage que son père et de brefs séjours à Salzbourg. Il n'est pas traité partout comme à Vienne, loin s'en faut, et ces dix années ménagent bien des déconvenues. C'est à Paris, en 1764, que l'on commence à parler de lui comme d'un musicien et non plus seulement comme d'un enfant prodige. Le chevalier Grimm, très lié au milieu des philosophes, écrit sur lui un article dithyrambique, qui fait le tour de la capitale. Les portes s'ouvrent et Mozart joue devant Mme de Pompadour, qui, à la différence de Marie-Thérèse, refuse d'embrasser l'enfant. Wolfgang en éprouve du dépit, lui qui s'inquiète toujours de n'être pas assez aimé. À Londres, en cette année 1764 où il écrit ses deux premières symphonies, Wolfgang se lie d'amitié avec Jean-Chrétien Bach, fils de Jean-Sébastien. Celui-là jouera, durant de nombreuses années, le rôle d'un mentor, initiant Mozart à la musique italienne. À 11 ans, Mozart rentre à Salzbourg. Va-t-il se fixer, commencer alors sa véritable carrière ? Il se heurte aux cabales des musiciens établis, que ses talents précoces indisposent plus qu'ils ne séduisent. Mozart repart donc, cette fois en Italie, où il peut continuer à charmer et à se perfectionner encore. À Rome, décoré par le pape, Wolfgang rencontre un véritable triomphe. Interprète, compositeur, il se montre aussi un auditeur passionné : au point qu'il parvient à noter de mémoire le célèbre *Miserere* d'Allegri, dont les interprètes n'ont pas le droit de diffuser de copies sous peine d'excommunication !

Un enfant-marionnette ?

De retour en Autriche, l'adolescent, en 1773, est nommé *Konzertmeister* par l'archevêque de Salzbourg. Désormais, il ne peut plus s'absenter à volonté : à 17 ans, son enfance s'achève. De sa musique, rien pour ainsi dire n'existe encore. Mais les voyages, qui ont été jusqu'alors son univers, l'ont contraint à un travail intense sans moments de vraie détente. Une apparence de splendeur dissimule mal le côté « tournée foraine » de cette quête haletante d'engagements, de subsides et de protections. Poudré, déguisé, exhibé devant les « grands », Mozart n'a guère appris autre chose du monde qu'à s'y tenir en représentation. Il se forge de la société une image brillante et festive mais irréelle, qui ne lui permet pas, adulte, de s'y intégrer. Durant la vingtaine d'années qui lui reste à vivre, Mozart passe à côté de la réussite matérielle d'autres musiciens de moindre ampleur tels que Gluck ou Haydn. Il garde l'intransigeance d'un adolescent, incapable de composer avec la médiocrité qui l'entoure. Loin de le servir, son enfance exceptionnelle le handicape, parce qu'elle ouvre un gouffre entre sa maturité artistique et sa maturité psychologique. Peut-être est-ce la raison profonde de l'association automatique de l'enfance prodige au nom de Mozart : après avoir singé l'adulte durant son enfance, Wolfgang retrouve son enfance durant son âge d'homme.

Mozart présenté à Marie-Thérèse
(détail d'une peinture de E. Ender, Schönbrunn, château).

1764

Une école de cadets au collège de La Flèche

L'ENFANT SOLDAT

Par lettres patentes du 7 avril 1764, le roi Louis XV transforme le vieux collège de jésuites de La Flèche, ville située entre Le Mans et Angers, en un établissement préparatoire à l'École militaire — institution créée à Paris quatre ans auparavant ; 250 jeunes enfants de 8 à 11 ans, tous gentilshommes et qui se destinent à la carrière d'officier, en sont les premiers élèves.

La création de l'« école des cadets » inaugure une nouvelle façon de se préparer au métier des armes : dès l'enfance et à partir d'une instruction générale solide, le futur militaire se forme à ses fonctions, alors qu'à la même époque sévissent tant d'officiers qui se contentent, adultes, d'acheter une charge pour laquelle ils n'ont aucune compétence. L'institution répond à un besoin : placée sous l'autorité du ministre de la Guerre, elle résiste à tous les changements de régime et survit jusqu'à nos jours avec, pour seul changement fondamental, une dénomination modifiée : supprimé en 1793 à l'instar de tous les établissements secondaires, le collège, rétabli en 1808, est désormais appelé « Prytanée », du nom du *Prutaneron*, cet édifice public des cités grecques où étaient élevés les enfants des citoyens méritants.

Une rude discipline

La majorité des enfants qui entrent à La Flèche sont des fils d'officiers dont l'éducation est prise en charge, à titre de boursiers, par la cassette royale. Une minorité, toujours plus réduite à mesure que le temps passe, est constituée par des fils de nobles — puis de roturiers, après la Révolution — n'ayant pas servi dans les armes : ceux-ci sont tenus de payer leur scolarité. Tous les garçons formés à La Flèche ne sont pas forcés d'entrer plus tard dans l'armée. Certains commencent là une éducation qui doit les mener aux métiers de la magistrature ou de l'Église. Mais le plus grand nombre, il est vrai, est destiné aux fonctions militaires et, en premier lieu, à l'École militaire de Paris — puis, à partir de 1808, à l'École spéciale militaire de Saint-Cyr.

Quels que soient leur origine et leur destin futur, les petits garçons élevés à La Flèche sont tous soumis à la même règle de vie, extrêmement sévère. Éduqués par les Frères de la doctrine chrétienne, un ordre fondé à la fin du XVIe siècle pour l'instruction des enfants du peuple dans les campagnes et auquel le collège est confié dès 1776, ils ne connaissent jusqu'en 1817 ni vacances ni sorties, puis, après cette date, bénéficient d'un régime de permissions strictement contingenté par les résultats scolaires ! La vie qu'ils mènent tout au long de l'année est extrêmement rude. À 5 heures du matin, le tambour résonne dans les dortoirs non chauffés. La toilette consiste, jusqu'en 1900, en un passage de la tête sous l'eau froide et le petit déjeuner, jusqu'en 1875, en un morceau de pain sec englouti obligatoirement dans la cour. Tous les repas, jusqu'à la Restauration, se prennent debout... La discipline est elle aussi extrêmement sévère. Les châtiments corporels ne sont supprimés qu'en 1829, la punition du cachot, où l'enfant est isolé dans le noir, intervient dans les cas les plus graves. Dans ces conditions, les fugues sont nombreuses, et quelques révoltes d'élèves scandent l'histoire de l'établissement — parfois, il est vrai, pour des raisons politiques, comme en 1848. Les enfants sont d'autant plus prêts à la rébellion que beaucoup sont des têtes brûlées : nombreuses sont les familles, en effet, qui placent là leurs gar-

Discipline et rigueur sont exigées des enfants de troupe au même titre que des soldats (gravure du début du XXe siècle).

Devenir soldat sous l'Ancien Régime

Pour exercer certains métiers, le futur adulte doit d'abord appartenir à un milieu social déterminé. La naissance conditionne aussi bien l'accès à l'armée qu'aux métiers civils.

« Colonels à bavette ». Les fils de nobles peuvent être colonels à 16 ans, pour peu qu'on leur achète un régiment. Il s'agit là d'une charge purement honorifique : la plupart de ces « colonels à bavette », comme on les appelle, n'auront, en fait, jamais l'occasion de commander sur un champ de bataille.

Enseignes et cornettes. Au contraire, ceux des fils d'aristocrates qui se destinent effectivement à la carrière des armes s'initient la plupart du temps, à partir de l'adolescence, comme « enseignes » ou « cornettes » aux côtés d'un parent.

Les roturiers du génie. Certaines armes, comme l'artillerie et le génie, nécessitent l'apprentissage de techniques qui ne s'acquièrent qu'au prix d'une longue initiation dans des écoles. Jusqu'au XVIIIe siècle, les nobles n'ont pas l'habitude de fréquenter ces écoles, tout au moins en France. Aussi, ce sont surtout des fils de roturiers qui deviennent les officiers de ces armes, après être passés, adolescents, dans des établissements spécialisés.

« Enfants de troupe ». Tout au bas de l'échelle, les camps peuvent abriter, surtout au XVIIe siècle, des enfants ayant environ une dizaine d'années. Nés d'une prostituée ou d'une cantinière, ces « enfants de troupe », adoptés par un soldat ou une compagnie entière, partagent la rude l'existence et les mêmes périls que les hommes. Ils servent à ceux-ci d'ordonnances, de domestiques, de mascottes et, au combat, de tambours, d'infirmiers ou parfois de messagers.

çons non parce que ceux-ci manifestent une vocation militaire, mais simplement parce que ce sont des enfants difficiles qu'ils souhaitent voir « redressés ». À tel point que les hommes qui se succèdent au poste de général commandant de l'école doivent rappeler périodiquement aux parents que La Flèche n'a pas la vocation d'une maison de correction…

Des innovations pédagogiques

Et, en effet, malgré la rigueur de sa discipline, l'école créée par Louis XV est le lieu d'expérimentation d'un certain nombre d'innovations qui marquent fortement l'histoire de la pédagogie. Dès les premières années, l'enseignement dispensé à La Flèche comporte ainsi des matières inédites à l'époque, comme les statistiques, la navigation, l'architecture ou l'histoire naturelle. Dans cette institution qui forme de futurs soldats, l'entraînement du corps tient une place importante : aux classiques exercices d'équitation et d'escrime s'ajoutent des cours de natation dans un bassin spécial. Les méthodes d'éducation mises au point à La Flèche sont considérées comme à ce point nouvelles et performantes qu'un

La Flèche, le Prytanée militaire.

Napoléon Bonaparte à Brienne. Le futur empereur était un pur produit de l'éducation militaire d'Ancien Régime. On le voit ici collégien, en uniforme, dirigeant une bataille de boules de neige où il fit brillamment triompher son camp.

des principaux du collège, le père Cabin, auteur d'ailleurs d'un traité d'éducation, est appelé par Louis XV pour servir de précepteur à son fils, le Grand Dauphin. Au siècle suivant, l'orientation nettement plus militaire, voire militariste, du Prytanée ne remet pas en cause une tradition faite sinon d'audaces pédagogiques du moins d'une volonté d'ouverture à de nouvelles disciplines. Formellement, le Prytanée s'aligne sur l'emploi du temps des lycées de l'époque : les cours servent pour l'essentiel à dicter et à corriger des devoirs que les élèves composent au long d'interminables études. Mais le contenu

de l'enseignement est quant à lui moderne par l'importance et la place qu'il accorde aux matières scientifiques et par l'obligation qu'il fait aux élèves d'apprendre une langue vivante, en un temps où la maîtrise des langues classiques, et particulièrement du latin, est le fondement de l'enseignement secondaire dans les établissements civils. La création du Prytanée militaire de La Flèche marque l'aboutissement d'une évolution : l'État saisit ses futurs officiers dans l'enfance même et les soumet à un dressage intensif que compensent la qualité du savoir reçu et une remarquable égalité de condition.

1768-1881

Les difficiles débuts de la presse pour enfants
INSTRUIRE OU AMUSER ?

En juillet 1768 sort le *Journal d'Éducation*. Ce périodique est le premier qui s'adresse à la jeunesse. C'est un étroit cahier de 32 pages (17, 5 x 10 cm), dont les textes se présentent sur une colonne sans illustration. Son but est d'instruire plutôt que de divertir : il faudra plus d'un siècle d'expérience pour que la presse enfantine découvre l'art et la manière d'allier ces deux propos.

La Semaine de Suzette *(détail d'une couverture en couleurs de 1905, Paris, Bibliothèque nationale de France).*

Le fondateur du *Journal d'éducation*, M. Leroux, maître ès arts de l'université de Paris, se réfère à la pensée du philosophe Fénelon, qui, au début du XVIIIe siècle, s'était fort préoccupé des questions d'éducation : « C'est dans la jeunesse, et même dans l'enfance, qu'il faut jeter les fondements de l'homme futur, du prince et du citoyen, du militaire et du ministre des autels, du magistrat et de toutes les personnes destinées à des emplois importants, ou à tenir un rôle dans la société. »

Instruire plutôt que divertir

Le mensuel que conçoit Leroux est destiné aux adolescents plus qu'aux enfants. Austère, la brochure prêche, à ses jeunes lecteurs sérieux, morale et vertu. À force de chercher à tout prix un sens moral, les histoires racontées nous paraissent aujourd'hui terriblement ennuyeuses. Les choix pédagogiques seuls sont novateurs : les articles insistent sur la nécessité qu'il y a pour les enfants de posséder parfaitement les finesses du français — alors que l'étude poussée du latin n'est nécessaire que pour ceux qui se destinent aux états d'ecclésiastique ou de juriste ; ils affirment l'importance des mathématiques et incitent à un exercice régulier de l'arithmétique à partir de l'âge de 10 ou 12 ans. Le *Journal d'éducation*, en fait, se veut être un prolongement de l'école — son titre l'indique d'ailleurs suffisamment.

Une formule qui fait école

Malgré son sérieux, ou à cause de celui-ci, le journal rencontre un accueil favorable, dès sa sortie : il obtient l'agrément de Louis XV et, surtout, une subvention. Des hommes éminents, tels le naturaliste Buffon et le philosophe d'Alembert, encouragent aussi l'entreprise. L'idée, en fait, est dans l'air du temps.

Dans les années qui suivent, des journaux s'adressant à la jeunesse et conçus selon le même modèle que le *Journal d'éducation* fleurissent dans toute l'Europe. Ainsi, en 1775, l'Allemand Christian-Felix Weiss lance à Leipzig *Der Kinderfreund* (« l'Ami des enfants »). Le projet de la brochure est apparemment plus moderne : il s'agit de porter naturellement les enfants vers la vertu, en les amusant. En fait, les articles publiés deviennent rapidement soporifiques. Il suffit de rappeler leurs titres : « Ô douce et chère application » ; « Enfant, ressemble à l'abeille », etc. En France aussi, les publications périodiques pour la jeunesse se multiplient au fil des années : en 1782, André Berquin lance *l'Ami des enfants* ; en 1783, Antonin Duchesne et Auguste Savinien publient *le Portefeuille des enfants*. Puis viennent *le Journal des enfants* (1789), *le Portefeuille récréatif* (1791), *le Courrier des enfants* (1795), *le Courrier des adolescents* (1797), *le Dimanche ou Récréation de la jeunesse* (1815)... Rien, fondamentalement, ne distingue ces titres les uns des autres.

Vers le journal amusant

Après ces premières expériences, cependant, le contenu rédactionnel des journaux pour enfants commence à évoluer. Progressivement, les rédacteurs des périodiques prennent en compte les goûts des lecteurs, portés vers une littérature divertissante plutôt qu'édifiante. En France, l'écrivain Jules Janin définit en 1832 l'idée du journal moderne pour enfants dans le premier éditorial du *Journal des enfants* créé par Ferdinand Foa : « Dans un siècle où tout se fait par les journaux, nous voulons que les enfants aient leur journal. [...] Nous voulons un journal tout simplement écrit, un enseignement progressif, une littérature facile, des enseignements paternels... Les hommes, les meilleurs de la littérature contemporaine, nous ont tous promis leur concours. » Effectivement, *le Journal des enfants* offre des histoires susceptibles d'être comprises et appréciées par un public adolescent et rédigées par des auteurs remarquables — parmi lesquels Chateaubriand ou Alfred de Musset.

La véritable révolution intervient cependant en 1857 seulement, avec la publication par l'éditeur Hachette de *la Semaine des enfants*. Cet hebdomadaire, pour la première fois, est vendu au numéro dans les kiosques, à un prix modéré (dix centimes) et à grand renfort de « réclame » (on ne dit pas encore publicité...). Le journal publie les textes des auteurs à succès de la maison d'édition — la comtesse de Ségur, par exemple — avant qu'ils ne deviennent des livres, et il fait figurer des jeux en bonne place à côté des récits. L'exemple est imité par les éditeurs des autres pays : en 1881, en Italie, le *Giornale dei bambini* (« Journal des enfants ») fait paraître sous forme de feuilleton « l'Histoire d'un pantin » de l'écrivain Collodi, qui sort en livre deux ans plus tard sous le titre de *Pinocchio*. Le journal pour enfants, enfin, est devenu producteur de héros. Dès lors, à la faveur de l'utilisation de nouvelles techniques de fabrication, d'une part, et de l'augmentation du public scolarisé, d'autre part, peut commencer le véritable essor de la presse pour jeunes, distrayante plus que pédagogique, très illustrée, bon marché et largement diffusée.

→ **Voir aussi** : p. 146-147 (Les livres pour enfants).

La presse enfantine au XXᵉ siècle

Vers l'image. Au début du XXᵉ siècle, les magazines comportent de plus en plus d'illustrations et de bandes illustrées. Paraissent alors la Semaine de Suzette (1904), où, dès 1905, est publiée « Bécassine » de Pinchon et Caumery, et l'Épatant (1907), dans lequel sont édités « les Pieds Nickelés » avec des tirages de 450 000 exemplaires.

Le règne des « comics ». Dans l'entre-deux-guerres, des tirages bien supérieurs sont obtenus en Europe par des revues créées avec des illustrés traduits de l'américain, qui font une grande place à la bande dessinée (« comics ») présentée en feuilleton : ainsi le Journal de Mickey, fondé en 1934. Les dessinateurs européens répondent en créant leurs propres héros : Spirou (1938), Tintin (1949), le Journal de Pif ou Pilote.

Une presse plus ciblée. Dans les années 1980, l'accroissement considérable de la demande fait naître une presse de plus en plus ciblée. Ainsi, en France, les journaux se répartissent par tranches d'âges (Popi, pour les enfants de moins de 3 ans), par spécialités (mensuel scolaire Phosphore, mensuel nature Coulicou...). Des périodiques pour adultes sortent des suppléments jeunesse (ainsi l'Événement du jeudi ou Télérama), tandis que les journaux à vocation linguistique (Vocable, I Love English...) pullulent.

La Récréation (couverture d'une revue pour enfants en 1887, Paris, bibliothèque du Musée des Arts décoratifs).

Pinocchio, le fameux personnage inventé par l'Italien C. Collodi (illustration de l'édition originale de 1902, Versailles, Bibliothèque municipale).

Une diffusion longtemps réduite

Pour la plupart des journaux du XIXᵉ siècle, comme pour le Journal d'éducation, **la vente au numéro n'existe pas**. L'abonnement, annuel et d'un prix élevé, est souscrit dans les villes, chez les libraires, qui diffusent prospectus et spécimens.

Le tirage et la diffusion de chaque titre sont dès lors fort limités, n'excédant pas un millier d'exemplaires. **Les campagnes ne sont pas concernées et, en ville, les milieux populaires restent également étrangers à la diffusion des revues.** Seules les familles aisées et les institutions — les collèges et les pensionnats — comptent parmi les souscripteurs. **La presse pour enfants, pendant tout le XIXᵉ siècle, reste un phénomène d'élite.**

1784

Les Mémoires de Valentin Jamerey-Duval
UNE ENFANCE PAYSANNE

En 1784 paraît dans une édition partielle un texte qui passionne les hommes des Lumières. Quelle meilleure illustration de leurs théories que l'autobiographie d'un petit berger illettré et famélique devenu le bibliothécaire de l'empereur, c'est-à-dire l'un des leurs !

Valentin rédige ses Mémoires entre 39 et 52 ans, mais plus de la moitié des quelque 250 pages qui les composent se rapportent à son enfance. L'autobiographie de Valentin Jamerey-Duval vise, en effet, à célébrer une réussite : devenu familier du duc de Lorraine et de son épouse l'impératrice d'Autriche Marie-Thérèse, Valentin revient avec une surenchère un peu naïve sur le néant social dont il est sorti.

Un long parcours

Né en 1695 dans un pauvre village de Champagne, il grandit dans la misère et l'oppression brutale de son beau-père. À 13 ans, tenaillé par la faim, il s'enfuit jusqu'au duché voisin de Lorraine. Berger, puis domestique dans un ermitage, il consacre deux heures par jour à l'étude. Il a 22 ans lorsque sa route croise celle du fils du duc de Lorraine, qui le prend sous sa protection, l'installe à la cour de Lunéville et l'inscrit, malgré son âge déjà avancé, dans un collège jésuite. Ces études tardives permettent à Valentin de devenir professeur. Il voyage alors en France puis en Italie. Dans ce dernier pays, il est présenté à Marie-Thérèse d'Autriche, qui lui commande d'écrire ses Mémoires et le nomme conservateur du cabinet des Médailles à Vienne, charge qu'il conserve jusqu'à sa mort, en 1770.

L'enfance démunie

Jamerey-Duval écrit à l'usage des aristocrates et des lettrés de son temps, et non de la postérité. Aussi l'intérêt de son ouvrage est-il d'abord psychologique : il décrit non pas toute la réalité de la vie villageoise de son bourg d'Arthonnay — son village natal — mais ce qu'en perçoit effectivement un enfant. Le décor est ainsi stylisé : des rues de terre battue, de rares vignes, de pauvres maisons de torchis... Cet univers matériel exigu est régi par des figures d'autorité omniprésentes : le curé, qui mange du pain blanc ; le juge, à la voix impressionnante ; les agents du fisc, qui dépouillent sa mère. Les enfants dominent cette reconstitution d'une jeunesse villageoise. Ils apparaissent dans les Mémoires comme de petits sauvageons que les adultes n'ont guère le souci d'encadrer. La famille n'est d'ailleurs pas un nid douillet, mais le lieu où abondent disputes et coups. Mal nourris, battus plus souvent qu'à leur tour, allant tout le jour pieds nus, Valentin et ses camarades courent la campagne, à la recherche d'un surplus de nourriture qu'il leur faut chaparder. Les « grands », aussi affamés qu'eux mais moins libres de leur temps, ne s'apitoient jamais et défendent âprement ce qu'ils ont. C'est parce qu'il a volé un fruit et qu'il craint la justice que Valentin prend la décision de fuguer ! Ainsi l'enfance n'est-elle jamais dans ses Mémoires un vert paradis...

Ignorance et superstition

En intellectuel citadin qu'il est devenu, Jamerey-Duval manifeste peu d'estime pour le savoir paysan. Son éducation première lui apparaît strictement « végétative ». Le seul enseignement qu'il a reçu au village est de nature religieuse : l'oraison dominicale, quelques autres prières récitées sans être comprises, de très vagues rudiments de catéchisme. La seule langue qu'il pratique, enfant, est le patois ; encore s'en sert-il peu dans ce monde de gestes lents et de mots rares. D'école, même paroissiale, il n'est pas question. Les jouets sont totalement absents de cette vie, mais non les jeux, qui tournent principalement autour des animaux : Valentin et ses camarades sautent avec les moutons, s'amusent à déguiser un dindon, tentent de dresser un écureuil... En un singulier raccourci, l'auteur confesse l'étroitesse de son horizon mental : à treize ans, il n'imagine pas ce que sont la mer ou la montagne, n'a jamais vu de moine mendiant ou de vraies chaussures ! À l'inverse, faute d'un savoir positif, l'imagination du jeune paysan fourmille d'étonnants fantasmes : loups-garous, spectres, sorcières de sabbat peuplent son imagination. La connaissance de la nature même reste limitée et empirique : Valentin croit longtemps la Terre plate et imagine, durant le terrible hiver 1709, trouver le soleil en marchant vers... l'est. Pensera-t-on que Valentin Jamerey-Duval, pour forcer l'intérêt de son lecteur, noircit le tableau ? Pas forcément. Car il décrit, dans le village de Lorraine où il émigre, des pratiques culturelles beaucoup plus riches : les petits pâtres y connaissent l'alphabet, et les enfants, qui vont à l'école, ont pour ouvrages scolaires les livres de colportage de la Bibliothèque bleue de Troyes — en quelque sorte les livres de poche du XVIIIe siècle.

La destinée d'une œuvre singulière

De son vivant, en un siècle où les parvenus autodidactes ne troublent guère le strict étagement de la société d'ordres, Jamerey-Duval est déjà une curiosité. Sociale bien sûr, mais aussi intellectuelle : la mode est aux enfants prodiges. Valentin, sans atteindre au génie, a un don d'intelligence manifeste. Voltaire, parmi d'autres mais avec l'efficacité qui lui est propre, répand sa légende. Plus tard encore, durant la Révolution française, l'abbé Grégoire, chef de l'Église constitutionnelle, s'enthousiasme pour l'autobiographie de l'ancien berger et envisage une édition exhaustive pour illustrer ses théories éducatives : derrière chaque enfant fruste, ignorant et rebelle se cache un honnête homme que l'instruction gratuite et obligatoire révélera.

Paysage bucolique avec un petit joueur de flageolet (vignette du frontispice des Œuvres de Valentin Jamerey-Duval).

▷ *Une consultation (peinture d'Évariste Luminais, musée de La Rochelle).*

▷ *Petit paysan jouant du flageolet (détail de la Famille de paysans dans un intérieur, de Le Nain, Paris, musée du Louvre).*

Un autre enfant du peuple : Jacques-Louis Ménétra

Au XVIIIe siècle, un compagnon vitrier de 26 ans, Jacques-Louis Ménétra (1738-1803), se met à rédiger un journal qui nous est parvenu intact. Une large fraction concerne son enfance, à Paris, dans le milieu des petits artisans.

Un orphelin parmi tant d'autres. Comme Valentin, Jacques perd sa mère à deux ans. Il réussit à survivre aux premières années de mise en nourrice et est élevé ensuite par son père, maître vitrier, et par sa grand-mère paternelle.

Violences familiales et urbaines. C'est une enfance rude où le père multiplie les corrections et les coups, où rien ne fait obstacle à la violence de la rue, celle des autres enfants rassemblés en bandes. Plus tard, à partir de 19 ans, quand commence son tour de France, Jacques connaît la rudesse du monde des compagnons.

Le savoir des petites gens. Mais le texte révèle également la réalité de tout un savoir populaire. L'enfant fréquente l'école paroissiale, apprend à lire, à écrire, à compter, à chanter et aurait pu aller au collège si la nécessité de reprendre la maîtrise paternelle n'était la plus forte. Une éducation corporelle, aussi, qui valorise l'endurance et exerce l'instinct pour survivre dans le lacis des ruelles de la capitale.

1792

L'Assemblée législative modifie l'âge de la majorité
L'ÂGE ADULTE : 21 ANS

Le 20 septembre 1792, l'un des derniers textes de l'Assemblée législative mourante (elle sera remplacée le 21 par la Convention) institue une réforme sociale fondamentale : la loi n° 2 542 comporte un article d'une ligne stipulant que « toute personne âgée de 21 ans accomplis est majeure ».

L'article, d'une sobriété lapidaire, est noyé au milieu d'un grand nombre de dispositions concernant l'état civil, dans un texte destiné à « déterminer le mode et moyen de constater l'état civil des citoyens ». Deuxième alinéa du titre IV (ou chapitre) portant sur le mariage, il est précédé par des dispositions qui précisent l'âge minimum du mariage : 15 ans pour les garçons et 13 ans pour les filles. Sa place se justifie dans ce chapitre dans la mesure où l'accès à la majorité permet aux jeunes gens de se marier selon leur choix, alors que les mineurs ne peuvent convoler sans l'autorisation de leurs parents. Cette exigence des 21 ans révolus reste inchangée durant 182 ans. Elle succède aux 25 ans, hérités de la Rome antique, en vigueur durant tout l'Ancien Régime.

Un compromis délicat

La réforme, d'une grande importance, établit une rupture avec une société reposant sur la puissance paternelle, où des jeunes hommes et des jeunes femmes en pleine possession de leurs moyens physiques et mentaux étaient encore légalement placés sous l'autorité de leur géniteur. Pourquoi cette mutation législative intervient-elle pendant la Révolution ? Non pas seulement par le souci de se démarquer de la tradition juridique de l'Ancien Régime, mais par la volonté, plus remarquable, d'établir une égalité civile entre tous les citoyens. À l'époque de la royauté française, en effet, existait un extraordinaire écart entre l'âge de la majorité pour les humbles sujets — un quart de siècle — et l'âge de la majorité royale — 13 ans. Désormais, tout Français devient citoyen à un âge identique sans qu'il y ait de différence relative au statut social. L'âge de 21 ans n'est pas, par ailleurs, choisi au hasard par les législateurs révolutionnaires. L'un des rapporteurs de la loi, Goyer, évoque le crescendo de sagesse que Pythagore

Les Droits de l'Homme et du Citoyen (gravure de 1789, Paris, musée Carnavalet). La Révolution se donne pour mission d'éduquer les enfants et d'en faire des hommes en 21 ans.

Les âges de la vie (détail d'une allégorie du XVIIIe siècle).

a inscrit dans la suite arithmétique : 7, puis 14, puis 21... Plus fondamentalement, il s'agit de diminuer l'âge de la majorité de manière significative — 4 années sont gagnées — sans descendre en dessous du seuil psychologique des 20 ans, car des citoyens trop jeunes ne paraîtraient pas crédibles.

Une majorité qui souffre des exceptions...

La résistance de l'opinion à faire confiance à de trop jeunes gens s'exprime d'ailleurs dans le maintien de limites minimales d'âge placées au-dessus de 21 ans pour l'accès à certaines fonctions. Ainsi, le suffrage universel adopté pour l'élection de la Convention est prévu avec deux niveaux : si tous les citoyens français âgés de plus de 21 ans sont déclarés électeurs pour choisir les membres d'assemblées primaires, en revanche, les membres de ces assemblées, qui doivent être âgés de 25 ans au moins, sont les seuls électeurs des représentants du peuple à la Convention. Il faut attendre 1848 pour que la Constitution de la IIe République fixe la majorité électorale à 21 ans.

À l'inverse, en cette période de guerre — nécessité fait loi —, les « 21 ans » jouent pleinement pour alimenter la conscription : coïncidence riche de symboles, la loi sur la majorité est votée le 20 septembre — c'est-à-dire le jour de la victoire de Valmy, où les volontaires sont pour la plupart des « mineurs »...

Les droits du mineur aujourd'hui

Alors qu'une personne reconnue mentalement arriérée ou démente est réputée irresponsable pénalement et civilement, un enfant mineur, ou a fortiori un adolescent, n'est frappé que d'une incapacité juridique partielle. Le mineur sain d'esprit se voit en effet reconnaître une sphère d'autonomie qui lui permet en certains domaines d'agir sinon tout à fait en citoyen, du moins déjà en homme libre : il peut ainsi reconnaître un enfant naturel, signer un contrat de travail, voter aux élections professionnelles, porter plainte... À partir de son entrée au collège, à 11 ans, l'institution des délégués d'élèves initie l'enfant aux mécanismes de la démocratie représentative. Puis, à l'âge de 16 ans, l'adolescent atteint une sorte de premier degré de la majorité à partir duquel il se voit reconnaître une responsabilité pénale aggravée mais peut aussi jouir de libertés nouvelles. Il a ainsi le droit de détenir un compte en banque, peut guider seul un véhicule à deux roues pourvu d'un moteur de moins de 49,9 cm^3 de cylindrée et même conduire une voiture s'il est accompagné d'un adulte possédant son permis. Au même âge, il peut accéder prématurément au statut de majeur si ses parents l'émancipent.

21 ans : l'âge de l'accès à la citoyenneté, celui, aussi, de l'engagement volontaire dans l'armée (aquarelle des frères Lesueur, Paris, musée Carnavalet).

La majorité tardive : un legs de Rome

La fixation de l'âge de la majorité à 25 ans est **un héritage de la civilisation romaine.** La majorité à Rome est en effet très tardive, beaucoup plus qu'à Athènes, où l'on accédait à la dignité pleine et entière de citoyen à l'âge de 18 ans. C'est que la culture romaine repose sur le respect de la puissance paternelle, incompatible avec une autonomie précoce des *juvenes* — les jeunes hommes de 17 à 30 ans.

La majorité romaine de 25 ans est admise dès le Moyen Âge dans **les pays de droit écrit** — les pays méridionaux — ainsi qu'en Bretagne. Là où règne la coutume, elle est adoptée plus tard — ou n'est pas adoptée, comme dans le monde germanique, où la majorité reste longtemps fixée à 14 ans.

Dans tous les cas, la majorité ne s'atteint pas d'un coup. Mais **l'accès à l'âge de la responsabilité se fait par strates, et notamment en deux temps.** Pendant les premières années de sa vie, le mineur est complètement incapable, parce qu'il ne possède aucun discernement. Cette première phase de complète impuissance et d'heureuse innocence prend fin à **l'âge de la puberté.** Les recueils coutumiers ne s'accordent pas et les limites varient de 11 à 17 ans, ce dernier âge correspondant à la fin de l'enfance à Rome. Dès lors, l'adolescent peut administrer son patrimoine et soutenir des procès civils avec le concours d'un tuteur. Il jouit dans ces responsabilités qu'on lui confie d'un premier degré de majorité.

De 21 à 18 ans

Dans les années 1960, l'âge de 21 ans, que le Code civil napoléonien a généralisé dans toute l'Europe, commence à paraître inadapté. La liberté plus grande consentie de plus en plus tôt aux adolescents s'accorde difficilement avec le maintien d'une tutelle parentale prolongée.

Le cas français. Dès 1964, des textes de loi abaissent à 20 ans l'âge de la majorité pour les enfants sous tutelle et fixent à 16 ans celui où un individu peut choisir librement sa religion. Mais c'est 10 ans plus tard, le 5 juillet 1974, qu'une des premières lois du septennat de Valéry Giscard d'Estaing fixe la majorité à 18 ans. L'engagement de l'abaisser avait été pris par tous les candidats à l'élection présidentielle durant la campagne. Mais l'Assemblée nationale étend à la capacité civile au sens large la seule modification de l'âge minimum du vote projetée par le gouvernement.

Une évolution internationale. Tous les pays occidentaux ont également abaissé le seuil de la majorité. La Grande-Bretagne a opté pour les 18 ans dès 1969, les États-Unis en 1971 (en ce qui concerne le droit de vote pour les élections fédérales), l'Allemagne de l'Ouest en 1975. Dans tous ces pays comme en France, le souci de recruter un nouvel électorat n'est pas étranger à ces réformes.

1793

La Révolution au secours des enfants abandonnés
L'ASSISTANCE PUBLIQUE

Le 27 juin 1793, sous la Convention, une loi fonde en France la protection de l'enfance : « La Nation se charge désormais de l'éducation physique et morale des enfants connus sous le nom d'" enfants abandonnés " et qui seront désormais indistinctement appelés orphelins. » La charité devient laïque.

Les enfants abandonnés sont désormais les « enfants naturels » de la patrie. La Convention puis l'Empire s'appliquent à concrétiser par des mesures législatives ce vœu généreux. Mais l'ampleur du phénomène des enfants abandonnés permet tous les abus...

Un phénomène d'ampleur

L'abandon d'enfant reste, après la Révolution comme sous l'Ancien Régime, extrêmement fréquent. Paris compte en moyenne au début du XIXe siècle un enfant trouvé pour 158 habitants et un enfant naturel pour trois naissances. Le département de la Seine totalise à lui seul le sixième des abandons. La pauvreté est la première cause de la décision de se séparer de sa progéniture. L'arrivée d'un enfant dans les familles ouvrières se solde immédiatement par une chute du niveau de vie. La deuxième grande cause de l'abandon est l'illégitimité de la naissance : au XIXe siècle, la fille mère n'a droit ni au respect ni au travail... Fantine, héroïne des *Misérables* de Victor Hugo, qui se trouve dans cette situation, essuie moult humiliations : « Quand elle était dans la rue, elle devinait qu'on se retournait derrière elle et qu'on la montrait du doigt ; tout le monde la regardait et personne ne la saluait ; le mépris âcre et froid des passants lui pénétrait dans la chair et dans l'âme comme une bise. »

Le processus législatif

Petit à petit, les représentants de la nation légifèrent sur le statut de la mère et sur le sort de l'enfant. Le 28 juin 1793, la mère qui abandonne son nouveau-né est pour la première fois protégée de toute poursuite, et son anonymat est garanti : « Il sera pourvu par la nation aux frais de gésine de la mère et à tous ses besoins pendant la durée de ses couches. Le secret le plus inviolable sera conservé sur tout ce qui la concerne. » Le 27 novembre 1795, les enfants sont matériellement pris en charge : « Les nouveau-nés seront gratuitement accueillis dans les hospices civils de la République. » Le 30 mai 1796, l'usage alors en vigueur de faire élever les enfants chez des nourrices établies à la campagne est légalement étendu aux petits enfants abandonnés. Le décret du 9 janvier 1811 complète les procédures fixées par la Convention et donne une forme définitive, pour un siècle, à la protection de l'enfance. Il élargit notamment la qualité de « pupilles de l'État » à tous les enfants privés de famille avant leurs douze ans et il officialise l'institution des « tours », ces caisses tournantes en bois, installées dans le mur des hospices pour recevoir les petits abandonnés. En évitant aux parents la honte publique de leur acte, les tours remédient à l'exposition des enfants sur la voie publique ou, pire, à l'infanticide.

La salle des enfants trouvés à l'hôpital Cochin (gravure du XIXe siècle, Paris, bibliothèque du musée des Arts décoratifs).

De l'assistance publique à la D.D.A.S.S.

La départementalisation de l'assistance publique. En février 1805, sous l'Empire, l'assistance publique commence à prendre forme. Un décret porte création des Commissions hospitalières, préfiguration dans chaque département des actuelles directions départementales des Affaires sanitaires et sociales — les D.D.A.S.S. En 1811, les budgets de la protection de l'enfance sont départementalisés.

Les lois de protection de l'enfance. La loi du 24 juillet 1889, dite loi Roussel, élargit la protection judiciaire de l'État aux enfants maltraités et moralement abandonnés. En 1923, l'adoption des mineurs est autorisée par la loi. Mais, en règle générale, seuls les tout petits enfants normalement constitués trouvent une famille pour les accueillir.

La création des D.D.A.S.S. La mise en place, en 1964, des Directions départementales de l'Action sanitaire et sociale (devenues en 1977 directions départementales des Affaires sanitaires et sociales) est supposée permettre une meilleure coordination entre les services s'occupant d'enfants : protection maternelle et infantile, santé scolaire, hygiène mentale infantile. On constate une diminution des abandons à la naissance et l'augmentation des abandons différés et des retraits d'enfants. Par la loi du 4 juin 1970, la famille reprend un peu ses droits, le maintien dans le milieu naturel est privilégié, les possibilités de révision après une déchéance d'autorité parentale sont élargies.

L'assistance publique aux enfants trouvés (allégorie en l'honneur du rôle de l'État en faveur des enfants orphelins ou abandonnés, détail d'une plaquette de Debat-Ponsan).

Le gardien des enfants trouvés (illustration du XIXᵉ siècle).

La réalité du placement nourricier

À Paris, le séjour moyen d'un enfant à l'hospice des Enfants-Assistés (actuel hôpital Saint-Vincent-de-Paul) est de soixante-douze heures. Pendant ce bref laps de temps, beaucoup de petits enfants meurent, victimes de maladies qu'ils contractent sur place (le muguet, les aphtes, la scarlatine, la diphtérie, la rougeole...) ou qu'ils ont attrapées auparavant dans leur foyer. La tuberculose, en particulier, fait des ravages. À l'hospice, l'enfant reçoit un collier en os, qui porte son numéro d'immatriculation. Au fil du siècle, le nombre des immatriculés augmente : 84 000 en 1815, 105 000 en 1821, 117 000 en 1825, 127 507 en 1833, 127 041 en 1850... Lorsque l'enfant n'a pas de nom, une identité lui est attribuée ; plus tard, il sera recommandé « d'éviter toute dénomination indécente, ridicule ou propre à rappeler en toute occasion que celui à qui on le donne est un enfant trouvé ». Le plus vite possible, l'hospice envoie les enfants chez des nourrices, à la campagne. Celles-ci sont recrutées en fonction de leurs « bonnes mœurs » et de leurs capacités d'allaitement ; elles sont appelées à garder l'enfant plusieurs années durant. Parfois, il arrive que pendant le voyage, ou même dans le foyer d'accueil, les petits enfants meurent, victimes de conditions de vie effroyables ; jamais, lorsque cela se produit, convoyeurs ni nourrices ne sont pour autant inquiétés. En revanche, le versement souvent retardé des pensions comme le renouvellement des trousseaux font l'objet de litiges fréquents entre les parents nourriciers et l'administration...

Après douze ans...

Lorsque les pupilles atteignent 12 ans, le versement de leur pension cesse. Dans la pratique, six enfants sur dix restent dans la famille nourricière ; ils fournissent à celle-ci, des années durant ou à vie, une main-d'œuvre gratuite. Les autres enfants reviennent à l'hospice, qui les place bientôt comme apprentis ou comme domestiques. Une partie de ces enfants « tourne mal », tombant dans la prostitution ou le vagabondage ; mais il est difficile de préciser dans quelle proportion, car, après la cessation de paiement des pensions, l'hospice perd la trace de 75% des assistés.

1793

L'enfant martyr de la Révolution
JOSEPH BARA

Le 8 décembre 1793, un enfant de 14 ans, engagé malgré son jeune âge dans les armées républicaines, est surpris par une troupe de vendéens alors qu'il convoie des chevaux. Sommé de crier « Vive le Roi ! » pour être épargné, il choisit de mourir en lançant un héroïque « Vive la République ! »

Tel est du moins le récit que tisse la légende et dont s'empare bientôt la propagande. La République, que la Terreur, la guerre aux frontières et l'insurrection royaliste de Vendée font vivre dans un climat paroxystique, a désespérément besoin de symboles. Et son chef, Robespierre, qui cherche à légitimer sa dictature, est tout prêt à lui en fournir. Lorsque le hasard lui apporte une anecdote déjà déformée, il lui donne les couleurs de l'épopée. Dès lors, la machine à produire le mythe se met en route, pour conduire la dépouille de Bara au Panthéon. La mort du jeune garçon, sacrifice inutile à la guerre de Vendée, fournit un contrepoint au sort de l'orphelin Louis XVII, qui, à la fin de cette année 1793, dépérit dans la prison du Temple.

De l'histoire à l'Histoire
Le détail de l'escarmouche qui a coûté la vie à l'enfant est très malaisé à établir. De mauvais esprits ont même avancé que le soi-disant

Le discours de Robespierre

Discours de Robespierre à la Convention nationale, le 28 décembre 1793 :
« Parmi les belles actions qui se sont passées dans la Vendée et qui ont honoré la guerre de la liberté contre la tyrannie, la nation entière doit distinguer celle d'un jeune homme dont la mère a déjà occupé la Convention. Je veux parler de Bara, ce jeune homme âgé de 13 ans qui a fait des prodiges de valeurs dans la Vendée. Entouré de brigands qui, d'un côté, lui présentaient la mort et, de l'autre, lui demandaient de crier « Vive le Roi ! », il est mort en criant « Vive la République ! » Ce jeune enfant nourrissait sa mère avec sa paye, il partageait ses soins entre l'amour filial et l'amour de la Patrie. Il n'est pas possible de choisir un plus bel exemple, un plus parfait modèle pour exciter dans les jeunes cœurs l'amour de la gloire, de la patrie et de la vertu, pour préparer les prodiges qu'opérera la génération naissante. »

Cité in la Mort de Bara, Fondation du musée Calvet, Avignon, 1993.

La Mort de Bara (peinture de J.-J. Weerts, 1883, Paris, musée d'Orsay).

La mort de Bara (peinture de Jacques-Louis David, Avignon, musée Calvet).

jeune tambour était, à l'origine, un petit délinquant, voleur de chevaux, traînant à la suite des armées de la Convention. L'échange de phrases grandiloquentes rapporté par la légende est en tout cas hautement improbable. Au demeurant, qui aurait pu faire passer ces paroles à la postérité puisque Bara est censé s'être trouvé seul face à l'ennemi ? Les quelques vérités établies sont prosaïques : en cette fin d'année 1793, le général Desmarres, qui commande la division de Bressuire, à laquelle appartient Bara, est en mauvaise posture. Ses échecs sur le terrain permettent à ses détracteurs — Montagnards, c'est-à-dire extrémistes — de rappeler ses origines aristocratiques. Ainsi cette mort au fond secondaire, lui permet-elle de revenir en cour auprès de la Convention. Le général écrit à Robespierre une longue lettre où il présente Bara comme son « fidèle compagnon d'armes » et sa mort comme la conséquence d'un acte de folle bravoure au cours duquel lui-même « charge à la tête de l'armée ». Robespierre entérine ce mensonge, dont il n'est pas dupe, ce qui ne l'empêchera pas d'envoyer Desmarres à la guillotine, moins d'un mois plus tard !

La transfiguration avortée

Dix jours seulement après avoir reçu la lettre du général, Robespierre demande à la Convention nationale le transfert du corps du jeune martyr au Panthéon, honneur suprême que la République a décidé d'accorder à ses grands hommes. Mais Bara, déjà, n'est plus ni un homme ni un enfant : il est un mythe. Le peintre David est chargé d'immortaliser son portrait et le poète Chénier ajoute une strophe à son *Chant du départ* pour immortaliser la mémoire de l'enfant hussard. Joseph Bara, enfant modeste né à Palaiseau, qui envoie sa solde à sa mère, incarne désormais, de façon providentielle, toutes les vertus spartiates que la République veut promouvoir. Dans l'esprit de l'Incorruptible, Joseph Bara aurait dû devenir un héros fondateur de la République. Mais la fête grandiose qui doit accompagner le transfert de sa dépouille au Panthéon est prévue pour le 10 thermidor (28 juillet 1794). Le jour même, l'arrestation de Robespierre met fin à la Terreur et discrédite toutes les manifestations que le dictateur avait imaginées pour maintenir le lustre de son régime ! Dès lors, Bara, lui aussi, est compromis pour avoir été découvert par Robespierre. Des témoignages contradictoires affluent auprès du Directoire. Son corps, en fait, n'ira jamais rejoindre ceux de Voltaire et de Rousseau.

Un symbole à usage pédagogique

Pendant un siècle, l'histoire de l'enfant Bara fait pénitence. Elle est regardée avec suspicion même par la IIe République (1848-1852), qui entend prendre ses distances, de la façon la plus évidente possible, avec la période de la Terreur. Puis, vers 1880, elle revient soudainement en faveur. La IIIe République, qui cherche à s'enraciner, a besoin d'une figure de ralliement juvénile pour gagner dès l'école les cœurs de ses futurs citoyens. Bara reparaît alors dans les manuels scolaires et sa mort inspire de multiples illustrations, toutes sous-titrées du célèbre « Vive la République ! », qui devient le cri de victoire et de défi du régime. Même survenue sans la gloire dont on la décore, la mort d'un enfant reste tragique. Et, tandis que l'histoire découvre les compromissions des grands hommes de la République — de La Fayette à Mirabeau —, la jeunesse de Bara, figée par la mort, garantit sa vertu.

Un autre héros, à la détermination peut-être plus légendaire que réelle : Joseph Agricol Viala (gravure en couleur de Swebach, dit Fontaine le Père, Paris, Bibliothèque nationale de France).

Un autre improbable héros : Agricol Viala

Girondins contre Jacobins. En même temps que celui de Bara, le corps d'un autre jeune martyr devait être transféré dans la crypte du Panthéon. En juillet 1793, les Girondins (les modérés) marseillais, rebelles à l'autorité de la Convention, assiègent Avignon, fidèle à la république jacobine. Pour sauver la ville, un enfant de 13 ans essaie de couper le câble du bac sur la Durance. Une balle le fauche une hache à la main. Les Marseillais l'achèvent d'une balle dans la tête.

La lettre d'un prisonnier. C'est du moins la version que l'oncle de l'enfant expose à Robespierre dans une lettre envoyée sept mois après les faits. L'homme est alors en prison, soupçonné de trahison. Il attend le verdict sans doute fatal du Comité de salut public, lorsque la rumeur de l'affaire Bara lui parvient dans son cachot. L'idée lui vient alors d'exploiter la mort de son neveu pour sauver sa tête.

Un nouveau héros providentiel. Les circonstances exactes de la mort de l'adolescent — âgé en réalité de 16 ans et non de 13 — restent en fait très mystérieuses. Peut-être Viala est-il simplement mort d'une balle perdue, plutôt que lors d'un acte héroïque. Mais l'Incorruptible (Robespierre) tient avec ce second exemple sa « génération » de jeunes héros.

1795

Louis XVII s'éteint au Temple
MORT D'UN SYMBOLE

Le 8 juin 1795, un petit cadavre est sorti de la prison du Temple, à Paris, et emmené clandestinement au cimetière Sainte-Marguerite : orphelin de ses deux parents guillotinés, le mort, un enfant de dix ans, connu officiellement sous le nom de Charles Capet, était un prisonnier d'État. Un roi est mort, un mythe naît.

Le seul fils survivant de Louis XVI, au début de la Révolution, porte sur ses épaules un lourd fardeau d'espoirs et de hantises. Né le 27 mars 1785, l'enfant, d'abord duc de Normandie, puis Dauphin à la mort de son frère aîné en juin 1789, est devenu — aux yeux des monarchistes — roi de France, sous le nom de Louis XVII, après l'exécution de son père, le 21 janvier 1793. Les républicains ont tout à craindre de ce personnage, si frêle pour le moment, mais sur lequel repose l'espoir des fidèles de la royauté : c'est pourquoi ils le retiennent prisonnier, malgré son jeune âge.

L'avenir interrompu

La naissance de Louis-Charles en 1785 est venue à point pour conforter l'avenir de la dynastie Bourbon. Car l'aîné de Louis XVI et de Marie-Antoinette, Louis-Joseph, un garçon souffreteux (nous savons maintenant qu'il était atteint de tuberculose osseuse), paraît ne pas devoir vivre longtemps. Le nouveau-né, au contraire, est « un vrai enfant de paysan, grand, frais et gros ». Aussi le petit garçon reçoit-il très tôt une éducation soignée. Louis XVI donne l'ordre qu'on lui fabrique un matériel pédagogique semblable à celui dont il a lui-même bénéficié enfant, notamment un énorme globe terrestre démontable. L'enfant reçoit aussi une série de peintures indiennes sur peau de bison, qui doivent l'initier aux réalités du Nouveau Monde, alors très en vogue. Marie-Antoinette, mère peu présente au temps de sa splendeur, devient plus attentive lorsque le début des événements révolutionnaires la prive de sa vie mondaine : Louis et sa grande sœur, « Madame Royale », accomplissent alors de grandes promenades en voiture avec elle. Sciemment ou non, la reine utilise le Dauphin pour émouvoir le peuple en sa faveur, cherchant à révéler la mère derrière la souveraine : le 5 octobre 1789, elle le présente à la foule en colère qui vient ramener la famille royale de Versailles à Paris ; le 20 juin 1792, aux Tuileries, elle n'hésite pas à le coiffer du bonnet rouge de la Liberté pour déconcerter les assaillants. Mais, lors de l'insurrection du 10 août, le charme de l'enfance n'opère plus : le roi, sa sœur, sa femme et les enfants sont arrêtés et transférés le 13 à la prison du Temple.

Le martyr du Temple

Le petit Dauphin n'en sortira plus vivant. Une vie de famille s'organise, scandée par une promenade quotidienne de deux heures dans le jardin. Louis XVI, sur les fonds qui lui ont été alloués, fait acheter des livres et des jeux pour

Le Dauphin séparé de sa mère et de sa sœur, le 3 juillet 1793 (peinture de J.-J. Hauer, Paris, musée Carnavalet).

l'enfant, auquel il prodigue personnellement des leçons de géographie et de latin. Cette proximité dure quelques mois : en décembre 1792, père et fils sont séparés. L'enfant reste avec les femmes de la famille, qui font tout pour adoucir son sort. L'année 1793 est plus difficile pour l'enfant. À la fin du mois de janvier, Louis-Charles est informé du sort de son père, décapité le 21. Puis, au début de juillet, le petit garçon, qui a 8 ans, est mis à l'isolement dans l'ancien appartement de son père, au-dessus de l'étage réservé à sa mère, sa tante et sa sœur. Il ne les reverra plus, mais on lui extorque un témoignage pour nourrir une extravagante accusation d'inceste contre sa mère, guillotinée le 16 octobre. Désormais, seuls des étrangers s'occupent de l'enfant. Par dérision, ou fanatisme démocratique, la Convention a chargé un cordonnier d'être son gouverneur. Celui-ci, le sieur Simon, remplit avec dévouement sa tâche : il procure à l'enfant esseulé des animaux domestiques et fait acheter un thermomètre pour vérifier la température de l'eau de ses bains... En janvier 1794, Simon est remercié. Pendant l'année et demie qui suit, Louis reste seul et on perd sa trace officielle.

D'après certains témoignages, l'enfant, privé de tout soin, finit sa vie silencieux et prostré sur son lit. La Convention, qui craint une réaction violente de l'opinion si elle choisit de mettre à mort l'enfant, peut cependant de moins en moins tolérer son existence : n'est-ce pas « à seule fin d'obtenir la libération du souverain détenu » que le roi d'Espagne Charles IV, son cousin, est entré dans la première coalition contre la France ? De leur côté, les chouans arborent sur leurs étendards l'image gracile du jeune otage. Il faut donc que l'enfant meure naturellement... On le laisse tranquillement dépérir. La tactique, d'une cruauté sans nom, réussit : c'est, sans aucun doute possible, le cadavre de Louis-Charles qui est enlevé du Temple, en juin 1795. L'enfant, comme son frère aîné, a succombé à la tuberculose...

La légende du petit roi

Mais les Conventionnels, groupés derrière Robespierre, craignent presque autant l'aura du petit roi mort que le prestige dont il jouissait de son vivant. Aussi décide-t-on d'organiser des obsèques très discrètes, destinées à être ignorées de tous. Plutôt que d'avouer la mort du fils de Louis XVI, la République naissante veut plonger son nom et sa personne dans l'oubli, en tenant sa sépulture secrète. Elle ignore, ce faisant, que le mystère crée une ambiguïté fort dangereuse. Puisque nul n'a vu le cadavre du garçon, toutes les hypothèses sont plausibles : l'enfant vit-il encore ? Et le corps emporté est-il celui d'un autre garçon ou bien la République s'est-elle rendue coupable du crime horrible d'assassinat sur la personne d'un enfant ? Dans les années qui suivent la mort de Louis XVII, une attente angoissée traverse les milieux des nobles émigrés. Pendant un demi-siècle, périodiquement, de nombreux imposteurs se manifestent, prétendant au trône de France au nom du garçon disparu. Les plus chanceux de ces usurpateurs — ils sont, au total, près d'une quarantaine —, tels Richemont ou Naundorff, se font recevoir dans les aristocratiques salons du faubourg Saint-Germain, une fois la monarchie restaurée. Certains entretiennent même autour d'eux une véritable cour. Aucun, cependant, ne peut apporter la preuve qu'il a été l'enfant du Temple.

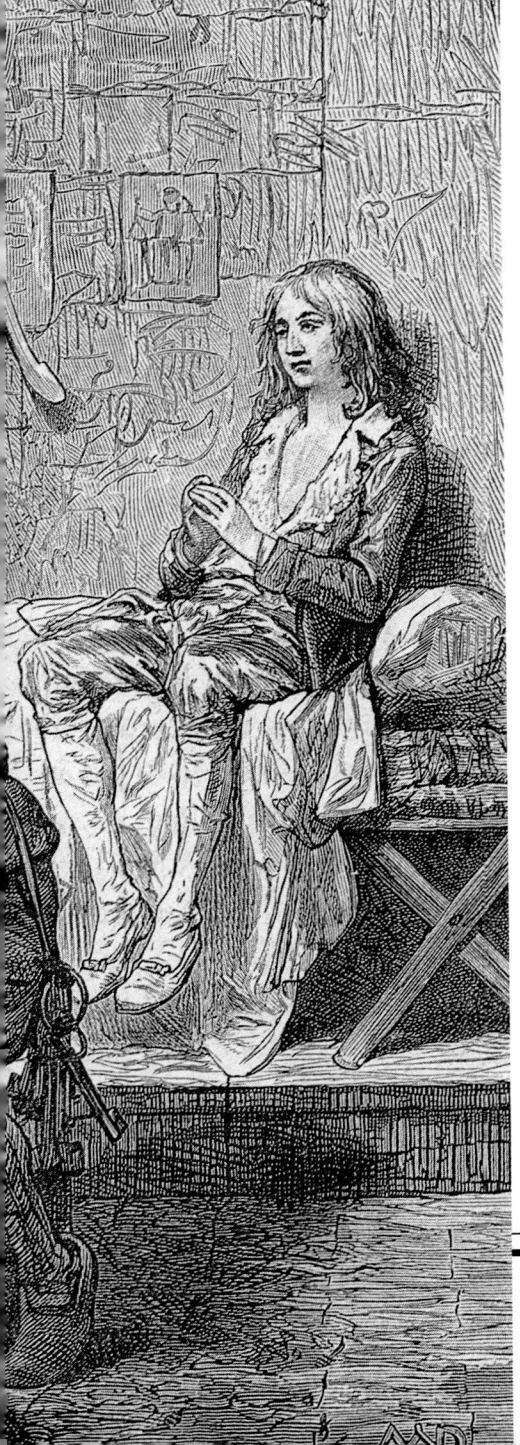

Louis-Charles, avant la Révolution, jouant du tambour (miniature d'époque révolutionnaire, collection particulière).

Le jeune Louis dans la prison du Temple, avec le cordonnier Simon (gravure du XIXe siècle). L'illustration mélange deux époques : celle pendant laquelle, grâce aux soins de Simon, l'enfant vécut dans des conditions décentes; puis celle, correspondant aux derniers mois de sa vie, où, reclus, il fut entièrement abandonné à lui-même.

L'« Aiglon » : un autre otage de l'Histoire

Le cas de François Charles Joseph Bonaparte, né en 1811 et mort de phtisie en 1832, à 21 ans, présente quelques similitudes avec celui de Louis XVII.

Le carillon des Invalides. Ce n'est pas au son des cloches de Notre-Dame que sa naissance est annoncée, mais au son du canon, tiré aux Invalides : le nombre de coups indique au peuple le sexe de l'héritier de Marie-Louise d'Autriche et de l'empereur Napoléon Ier alors en pleine gloire.

La prison dorée de Schönbrunn. La destinée du prince impérial change brutalement lorsqu'il atteint l'âge de quatre ans : après la chute de son père, il devient duc de Reichstadt (sans doute par égard pour sa mère, fille de l'empereur d'Autriche), mais les coalisés l'enferment dans la prison dorée du palais de Schönbrunn. Son éducation est délibérément négligée et on le tient soigneusement à l'écart des visiteurs venus de France.

Une mort espérée des royalistes. L'Empire compte encore de nombreux partisans en France. Périodiquement, certains parlent d'un retour de « Napoléon II ». Pour les Bourbons, qui savent leur pouvoir restauré très fragile, il est un véritable épouvantail. En 1831, encore, Louis-Philippe s'oppose de toutes ses forces à l'éventualité de voir le jeune prince devenir roi des Belges. Sa mort, en 1832, soulage l'Europe entière.

1800

L'« enfant sauvage » VICTOR

Victor, l'« enfant sauvage » (frontispice de l'ouvrage d'Itard, « De l'éducation d'un homme sauvage, » Paris, an X [1801], Paris, bibliothèque de l'Institut des sourds-muets).

Le 9 janvier 1800, Constans Saint-Estève, commissaire du gouvernement dans le département du Tarn, informe les autorités de sa découverte : « un enfant inconnu, sourd et peut-être muet de naissance » qui, « outre l'intérêt qu'il inspire par la privation de ses sens, présente encore dans ses habitudes quelque chose d'extraordinaire qui le rapproche des sauvages ».

Cet enfant, d'environ 12 ans, a été vu pour la première fois vers la fin de mars 1797 aux confins orientaux du département, dans les monts déserts et boisés de Lacaune. Selon un rapport établi alors, il habite une « espèce de hutte formée avec des branches et des feuillages » et se nourrit de glands, de racines et de châtaignes. Entièrement nu, muet, fuyant à l'approche des hommes, il n'est définitivement « capturé » que le 8 janvier 1800.

Le parcours de l'enfant sauvage

Dès le 10 janvier, l'enfant est transféré à l'hospice civil de Saint-Affrique. À son arrivée, selon la description d'un témoin, il est hagard et épuisé. Il mord qui tente de l'approcher, refuse tout vêtement et ignore le lit qu'on place dans sa cellule. Sans aucune pudeur, il satisfait

ses besoins naturels là où il se trouve. Dans une lettre du 29 janvier 1800, le secrétaire de la Société des observateurs de l'homme, à Paris, fait savoir « qu'il serait bien important pour les progrès des connaissances humaines [...] de constater si la condition de l'homme abandonné à lui-même est tout à fait contraire au développement de l'intelligence », et conseille que l'enfant soit dirigé vers Paris. Le 7 août, le garçon est confié à l'abbé Sicard, directeur de l'Institut des sourds-muets de Paris. Le 29 décembre, Philippe Pinel, auteur d'un fameux Traité médico-philosophique sur l'aliénation mentale, fait une description clinique très précise du cas : son rapport conclut qu'il n'y a aucun espoir d'éduquer l'enfant sauvage, idiot — c'est-à-dire handicapé mental — congénital. S'ouvre avec le cas de Victor l'une des premières controverses sur l'inné et l'acquis.

L'éducation de Victor : les principes...

En dépit des conclusions de ce premier rapport, le docteur Jean-Marc Gaspard Itard, un simple chirurgien — l'équivalent ou presque d'un infirmier moderne —, décide de tenter quand même l'éducation du garçon. Le 31 décembre 1800, il se fait affecter à l'Institut des sourds-muets. En disciple du philosophe sensualiste Condillac, il élabore une méthode qui consiste à faire acquérir à Victor des connaissances à mesure qu'il éveillera ses sens.

Le chirurgien commence par évaluer les principaux composants des troubles dont est atteint le garçon — troubles sensoriels, troubles du langage ou incapacités dues à une absence de motivation. Observant avec acharnement et minutie son patient, il dote la postérité du premier rapport détaillé portant sur l'éducation d'un enfant retardé, et se établit lui-même une évaluation précise des échecs et des progrès du garçon. Son premier mémoire, daté de 1801, est appelé De l'éducation d'un homme sauvage ou des premiers développements physiques et moraux du jeune sauvage de l'Aveyron.

... et les faits

L'enfant habite chez Itard lui-même. Une gouvernante, madame Guérin, se charge de son entretien. Après une période d'observation, Itard commence par réveiller la sensibilité nerveuse du garçon en lui faisant subir des effets contrastés : « Cet enfant qui dans les commencements de son séjour dans la société, ne pouvait souffrir aucun vêtement, et qui passa les journées les plus froides de l'hiver de l'an IX, à demi-nu, dans le jardin des sourds-muets, étant devenu sensible par l'effet de la civilisation, et surtout par l'emploi de bains chauds, peut à peine à présent endurer un froid médiocre, et a éprouvé dans le courant de l'hiver de l'an X des rhumes très intenses et plusieurs maux de gorge. » Itard constate de sensibles progrès de l'ouïe chez l'enfant. Celui-ci réagit très manifestement au son O et cette préférence engage Itard à lui donner un nom qui se termine par cette voyelle : « Je fis le choix de celui de Victor, ce nom lui est resté, et quand on le prononce à haute voix, il manque rarement de tourner la tête et d'accourir. » Mais Victor reste pratiquement muet. Privé d'expression verbale, il a recours au langage gestuel. Il exprime ainsi son désir de promenade, son envie de nourriture, l'ennui d'une trop longue visite de curieux qu'il congédie en leur présentant leur chapeau et en les poussant vers la porte. À l'issue de la première année consacrée à son éducation, Victor parvient à apparier des objets aux dessins qui les représentent et même au mot écrit qui les désigne. Mais il ne prononce toujours que quelques syllabes. Itard dresse ce bilan des progrès faits par Victor : « L'enfant connu sous le nom de Sauvage de l'Aveyron est doué du libre exercice de tous ses sens ; qu'il donne des preuves continuelles d'attention, de réminiscence, de mémoire ; qu'il peut comparer, discerner et juger, appliquer enfin toutes les facultés de son entendement à des objets relatifs à son instruction. » Quant à Sicard, le 10 novembre 1801, il proclame « qu'il le considère toujours comme idiot ».

Un bilan contrasté

Itard poursuit son œuvre encore durant quatre années et en consigne les résultats dans un second rapport publié en 1807. Mais le développement intellectuel de Victor s'arrête à un certain niveau, il n'accède pas au langage parlé. Son éducation est interrompue au bout de cinq ans. Le jeune homme, par la suite, habite avec la seule madame Guérin dans une maison qui appartient à l'Institut des sourds-muets. Il meurt en 1828, à l'âge de quarante ans. Le docteur Itard, quant à lui, effectue une brillante carrière et devient notamment le fondateur de la méthode de l'éducation orale des enfants atteints de troubles de l'audition. Bien que manquée en un sens, l'éducation de Victor est à l'origine de la science oto-rhino-laryngologique et les travaux autour de l'enfant sauvage sont précurseurs de l'éducation des enfants inadaptés.

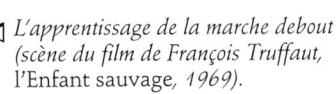

L'apprentissage de la marche debout (scène du film de François Truffaut, l'Enfant sauvage, 1969).

Itard, l'éducateur de l'enfant sauvage (peinture anonyme du XIXe siècle, Paris, Institut des sourds-muets).

Enfants sauvages au féminin

La fille d'Over-Yssel (Pays-Bas). Au mois d'août 1717, une fille sauvage de dix-neuf ans est découverte dans la forêt de Kranenbourg. Enlevée à ses parents à l'âge de seize mois, elle vit, peut-être depuis ce temps-là, seule dans la forêt. Sa peau est brune, dure et couverte de poils. Elle ne parvient jamais à parler mais apprend à filer la laine et exerce cette activité jusqu'à la fin de ses jours.

Mlle Leblanc. Une adolescente d'environ quatorze ans est trouvée au mois de septembre 1731, à quatre lieues de Châlons, en Champagne. Elle ne parle pas, a les pieds nus et le corps couvert de haillons. Recueillie par le seigneur de Sogny, elle apprend le français, acquiert « les bonnes manières » mais reste incapable de raconter son histoire. Après la mort de son protecteur, la petite « Leblanc », comme on l'appelle, entre au couvent des Nouvelles Catholiques, à Paris, pour se faire religieuse.

Les enfants-loups de Midnapore (Inde). Le 9 octobre 1920, deux fillettes, l'une d'environ huit ans et demi, l'autre d'un an et demi sont découvertes dans la jungle, auprès d'une louve. Elles se déplacent à quatre pattes et émettent des sons de type animal. On les nomme Kamala et Amala et elles sont admises par le révérend Singh dans l'orphelinat de Midnapore. Amala, la plus jeune, meurt en 1921. Kamala ne parviendra à prononcer que quelques mots. À sa mort, en 1929, son développement mental est celui d'un enfant de deux à trois ans.

1802

Une législation « laborieuse »
LA PROTECTION DU TRAVAIL ENFANTIN

Enfants des filatures, enfants des mines, enfants des usines métallurgiques travaillant dans des conditions insoutenables... Ces images, divulguées par la littérature romantique, correspondent trop bien à la réalité. En 1802, en Grande-Bretagne, avec la première loi sur le travail des enfants, naît pourtant l'idée que l'État doit assurer la protection des enfants.

À la fin du XVIIIe siècle, le monde britannique aborde révolution industrielle et découvre les possibilités de la main-d'œuvre enfantine : « La préférence que les manufacturiers donnent aux femmes et aux enfants a sa raison dans l'infériorité du salaire. Mais le principal avantage d'un personnel ainsi composé est dans la docilité dont il fait preuve », commente alors l'analyste français Tocqueville.

Destins tragiques

En l'absence de toute législation, les patrons ont le loisir d'user et d'abuser de leur main-d'œuvre. Les familles ouvrières, à une époque où le contrôle des naissances n'existe pas dans les milieux sociaux défavorisés, n'ont d'autre solution, pour nourrir leurs nombreux enfants, que de les envoyer gagner eux-mêmes très tôt leur maigre pitance. Avec des

Oliver Twist

Au XIXe siècle, de nombreux écrivains britanniques, tels Charles Dickens, Benjamin Disraeli ou Charles Kingsley, attirent l'attention sur l'exploitation des enfants. Dans le fameux roman de Dickens, Oliver Twist, le héros, orphelin de l'hospice, est réclamé par un ramoneur nommé Gamfield pour devenir apprenti. Les membres du conseil de l'hospice se montrent réticents :
« *C'est un métier pénible*, dit M. Limbkins […]
— *On a déjà vu de jeunes garçons étouffés dans des cheminées*, dit un autre.
— *Ça, c'était pasqu'on avait mouillé la paille avant d'l'allumer dans la ch'minée pour les faire redescendre*, expliqua le ramoneur ; *ça fait que d'la fumée et pas d'flamme ; mais la fumée, ça sert à rien pour faire redescendre le garçon, ça fait que l'faire dormir et c'est tout ç'qu'y veut. Y sont tous ostinés, ces gamins, et pis paresseux, Messieurs ; y a rien comme une bonne flambée bien chaude pour les faire sauter et redescendre en vitesse. C'è humain aussi, Messieurs, pasque, même s'y sont coincés dans la ch'minée, sentir leurs pieds qui rôtissent, ça les fait s'tortiller pour s'extirper.* »
[…] M. Limbkins dit :
« *Nous avons examiné votre offre, et elle ne nous agrée point.* »
Comme il se trouvait en fait que M. Gamfield était aux prises avec la menue imputation d'avoir déjà meurtri à mort trois ou quatre gamins, il lui vint à l'idée que les membres du Conseil s'étaient peut-être mis en tête, par quelque inexplicable lubie, que cette circonstance étrangère à la question devait influencer leurs débats. »

Charles Dickens, Oliver Twist, traduction de Francis Ledoux, Gallimard, Paris, 1988.

salaires qui varient entre le quart et le dixième de ceux des adultes, les enfants restent mal nourris et, en plus, s'épuisent rapidement à la tâche. Il règne, chez les jeunes des fabriques, un taux de mortalité trois fois plus élevé que chez les autres enfants. Pour ceux qui survivent, un avenir de misère est tracé : car ces petits, qui ne peuvent fréquenter l'école, sont souvent ruinés physiquement et anéantis intellectuellement.

Le textile et la mine

Deux secteurs utilisent en priorité la main-d'œuvre enfantine. L'industrie du coton puis l'ensemble du secteur textile salarient des centaines de milliers d'enfants. Dès l'âge de 4 ans, ceux-ci sont employés dans les filatures à des tâches simples : embobiner le fil et ramasser le coton. Ces travaux fastidieux seraient sans danger pour le corps s'il ne régnait dans les usines un air vicié responsable d'une forme particulière de tuberculose, la phtisie cotonneuse. Par ailleurs, dans les mines, des milliers d'enfants sont aussi occupés. Les plus jeunes font office de *trappers* : recroquevillés dans une niche, ils actionnent les portillons d'aération au passage des convois. Cette faction, parfois exercée dans le noir complet, peut durer jusqu'à quinze heures d'affilée. Dans un rapport de 1842 sur l'emploi des enfants, une fillette de 5 ans déclare : « Je dois actionner ces portes sans lumière, et je suis morte de peur. [...] Parfois, je chante quand j'ai de la lumière, mais pas quand je suis dans le noir ; je n'ose pas chanter à ce moment-là. » Quant aux adolescents, attelés aux wagonnets remplis de houille, ils rampent ou marchent à quatre pattes dans des boyaux étroits. Le frottement des rochers use leur peau et leur fait perdre leurs cheveux — ils sont parfois complètement chauves après quelques années. Les plus mal traités sont les orphelins, achetés par les entrepreneurs auprès des paroisses par « chariots entiers ». Privés de protection, ils sont fouettés ou même frappés à coups de barre de fer, pour punir leur soi-disant fainéantise. Les accidents du travail sont légion : les machines, dangereuses, happent les bras et les mains des petits imprudents. Ceux qui en réchappent, mal nourris, souffrent du rachitisme qui déforme les corps plus ou moins gravement.

Le début de la législation

Tous les entrepreneurs ne sont pas des monstres. Après quelques années, des patrons « philanthropes » prennent conscience de la gravité de la situation et tentent d'intervenir. Certains industriels décident de ne pas employer des enfants de moins de 10 ans, tout en sachant qu'ils courent le risque de mettre en péril leur entreprise, face à des concurrents qui n'ont pas leurs scrupules. Il faut donc des mesures générales : sir Peel, un grand chef d'entreprise, dépose le premier projet de loi, qui est adopté en 1802. Le texte, généreux, contient des prescriptions sanitaires, notamment sur l'aération des ateliers. Il réduit à douze heures la journée de travail des enfants et déclare obligatoire l'instruction générale et religieuse pendant les quatre premières années de ce qu'il définit comme un apprentissage.
En fait, la loi reste lettre morte : les sanctions prévues à l'égard des contrevenants sont insuffisantes, et les inspecteurs du travail préfèrent fermer les yeux sur les pratiques de patrons qui se montrent souvent fort généreux pour eux... Mais cette première pierre de la législation historique du travail a posé le principe, fondamental, que l'État se devait d'assurer la protection des enfants.

Hors des mines, les enfants trouvent aussi à s'employer : à peine moins douloureusement (le travail des enfants dans une briqueterie, gravure de The Graphic, *1871, Versailles, Bibliothèque municipale).*

La pègre enfantine à Londres au XIXᵉ siècle

Tous les enfants pauvres doivent subvenir à leurs besoins. Dans les rues de Londres, au XIXᵉ siècle, vit une faune hétéroclite d'enfants, qui survit par des moyens variés.

Prostituées. Pendant l'ère victorienne, on estime à environ treize mille le nombre de petites prostituées de 10 à 13 ans dans les rues de Londres. Cette population se renouvelle sans cesse, d'autant plus vite que le taux de mortalité par maladies vénériennes est impressionnant.

« Pickpockets ». Une véritable industrie de la « fauche » est enseignée à Londres. Les jeunes voleurs et voleuses sont d'une adresse confondante. Aussi les tailleurs de Londres prennent-ils l'habitude de placer l'ouverture des poches d'habits ou de redingotes en dessous et non au-dessus du vêtement.

◁ *Enfants travaillant dans les mines en Angleterre (gravure du* Magasin pittoresque, *1843).*

Le travail dans les mines : enfants et adolescents peinant dans l'effort, le corps cassé par l'étroitesse des galeries, les poumons encrassés par les émanations de charbon... (gravure du Magasin pittoresque, *1843).*

1808

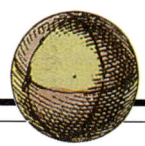

Une institution fondamentale se met en place
LE PREMIER BACCALAURÉAT

Par le décret du 17 mars 1808, l'empereur Napoléon I`er` crée le baccalauréat. Le texte fondateur prévoit que les candidats seront âgés de 16 ans au moins et qu'on pourra les interroger sur « tout ce qu'on enseigne dans les hautes classes des lycées ». Le baccalauréat devient l'aboutissement des études classiques et le premier grade universitaire.

En 1809, les premiers « bacheliers » reçoivent leur diplôme. Ils sont au nombre de… 31. Il faudra un bien long parcours pour que le « bac » devienne ce qu'il est aujourd'hui : pour l'Éducation nationale, une formidable machine bureaucratique ; pour l'opinion, un symbole de l'entrée dans la vie adulte et, d'une manière plus ou moins idéale, le laissez passer pour une carrière minimale ou pour la prolongation d'études.

L'évolution des règlements

Au cours du XIX`e` siècle, l'épreuve du baccalauréat, périodiquement remaniée, se diversifie progressivement. Le statut du 16 février 1810 ne fixe qu'une condition, très embryonnaire : le candidat devra traduire oralement un texte latin. Puis, rapidement, de nouvelles épreuves sont imposées. Le statut du 13 septembre 1820 détermine une épreuve écrite, qui consiste en une version latine, et il crée trois interrogations orales, respectivement de philosophie, de rhétorique et d'histoire. Pour l'équité, réclamée avec insistance par les parents et les maîtres du secteur privé, en butte à la partialité des maîtres des lycées, un statut de 1821 décide que les questions seront tirées au sort. À partir de 1840, le ministère se charge lui-même d'établir une liste de 500 questions, parmi lesquelles les examinateurs ont obligation de choisir. En 1852, Fortoul, ministre de l'Instruction publique, désireux de renforcer les humanités, impose une épreuve nouvelle : une composition en latin sur un sujet littéraire, historique ou moral, à l'écrit du baccalauréat. Cette dissertation se maintient jusqu'au début de la III`e` République — jusqu'au ministère Ferry : la grande génération républicaine des Gambetta et des Clemenceau, bachelière sous l'Empire, sait mieux qu'aucune autre écrire le latin. À l'inverse, un autre ministre, Jules Simon, bouleverse en 1872 la définition disciplinaire de l'enseignement secondaire en mettant l'accent sur des disciplines jusque-là accessoires, les langues vivantes. Il condamne, dans une circulaire, les formes traditionnelles de l'enseignement du latin (« on étudiera désormais le latin pour le comprendre et non pour le parler »), l'hégémonie des travaux écrits et de l'étude sur le cours et sur la classe. Enfin, la réforme de 1902 met en place le cadre du baccalauréat moderne, qui perdure jusqu'en 1965. Pour la première fois, la parité des lettres et des sciences est affirmée. Quatre baccalauréats sont les débouchés logiques de quatre filières : latin-grec (A), latin-langues (B), latin-sciences (C), langues-sciences (D). L'opposition majeure ne se situe pas alors entre scientifiques et littéraires, mais entre latinistes et non latinistes. Le baccalauréat D est ainsi assez méprisé, et le plus prisé est le C, qui permet de concilier un minimum de culture classique et la préparation de l'École polytechnique — le débouché privilégié des excellents élèves de l'enseignement secondaire. Mais le baccalauréat A, qui correspond à une formation littéraire classique, est alors également très bien jugé.

Une démocratisation progressive

Cependant, la différence entre le baccalauréat du XIX`e` siècle et celui d'aujourd'hui ne réside pas seulement dans les épreuves. La véritable ligne de démarcation réside dans le nombre des candidats qui passent l'épreuve. Sous la III`e` République — entre 1871 et 1940 —, le baccalauréat n'est accessible qu'à une faible minorité. En 1889, à peine 1 % d'une classe d'âge obtient cet examen, et, en 1936, ce taux est encore inférieur à 3 %. L'examen est à tel point élitiste que plusieurs ministres républicains (Émile Combes, Aristide Briand…) tentent de le supprimer : leurs efforts se heurtent à la résistance de la Fédération des professeurs de lycées, qui ne cesse de défendre l'épreuve. Progressivement, cependant, une évolution se fait jour. Les conditions économiques et mentales évoluant, plus aucune famille ne peut souhaiter pour ses enfants un avenir de rentier ou d'aristocrate désœuvré : les parents nobles poussent leurs fils à intégrer les grandes écoles, dont l'accès est conditionné par l'obtention du baccalau-

Lycéen, en uniforme, jouant au ballon (détail d'une gravure, v. 1805, Paris, bibliothèque du musée des Arts décoratifs).

réat ; les petits-bourgeois espèrent pour leurs garçons un poste de cadre dans les administrations de l'État — et, pour cela, il faut aussi avoir le baccalauréat. En 1902, ainsi, 7 000 jeunes gens — quand même — obtiennent le fameux diplôme. Puis les jeunes filles elles-mêmes se mettent, de plus en plus nombreuses, à considérer le « bac » (qui leur est ouvert depuis 1861) comme une solution d'avenir : le diplôme, qui donne aux jeunes femmes la possibilité d'enseigner ou d'occuper un poste de secrétariat, leur permet de compenser la faiblesse d'une dot, ou de pallier les inconvénients économiques d'une vie de célibataire — ce qui est particulièrement important au lendemain de la Première Guerre mondiale, quand la carence des hommes, morts au front, force de nombreuses femmes à renoncer au mariage. Ainsi, le baccalauréat, commence à prendre valeur de symbole, de démarcation subtile entre la classe instruite et celles qui ne le sont pas.

Le baccalauréat au XXᵉ siècle

Le XIXᵉ siècle a été le siècle de l'école élémentaire pour tous ; le XXᵉ siècle est celui du lycée pour tous. Après une lente maturation, cette révolution s'accomplit à marche accélérée à partir des années soixante.

80 % d'une classe d'âge au bac. Dans les lycées, la vague du baby-boom, très sensible à partir des années 70, est encore augmentée dans ses effets par la décision du ministre Jean-Pierre Chevènement, qui, après 1985, proclame la nécessité d'amener 80 % des élèves au niveau du bac.

Une inflation galopante. Considéré par de nombreux sceptiques comme un vœu pieux, le mot d'ordre est, en fait, suivi d'effet : de 1985-1986 à 1991-1992, le taux d'accès d'une classe d'âge en terminale évolue considérablement, passant de 36 % à plus de 60 %, et amène finalement le nombre des bacheliers au-delà de 430 000 — parmi lesquels environ 130 000 bacheliers du technique.

La disparition du mythe ? Il semble que l'inflation du nombre des candidats soit allée de pair avec un aménagement des sections du baccalauréat et, selon certains, avec une diminution du niveau de l'épreuve… De sorte que, aujourd'hui, alors même que l'épreuve est devenue très largement démocratique, elle se trouve, pour d'autres raisons que jadis, sévèrement contestée. Pour l'État, la mise en place du bac représente une charge lourde, en termes de personnes et de coût (200 millions de francs pour la session de 1992). Pour les patrons, la possession du diplôme mythique ne constitue nullement une garantie d'efficacité au travail. À la fin du XXᵉ siècle, on aboutit à cette situation paradoxale : ne pas avoir le baccalauréat est souvent dramatique ; l'avoir ne suffit aucunement.

Les épreuves du bac : tension, émotion, concentration. On croit alors qu'une vie se décide… (Paris, lycée Montaigne).

Le lycée Chaptal (gravure du XIXᵉ siècle, Paris, musée Carnavalet).

1823

Noël, la fête des enfants
LE PÈRE NOËL, CET AMÉRICAIN

Le sérieux évêque Nicolas, saint protecteur des enfants fêté traditionnellement le 6 décembre dans les pays d'Europe du Nord, se transforme au XIXe siècle, aux États-Unis, en un vieux lutin jovial et dodu, avec un nez rouge et une grande barbe blanche. Le Père Noël est né. Il est fêté pour la première fois le 24 décembre 1823, à l'initiative d'un poète, Clement Moore.

Papa Noël, monté — non encore sur son traîneau tiré par des rennes, mais simplement sur un âne.

Le premier Père Noël : un gnome à la vaste panse et à la barbe blanche, vaguement inspiré de saint Nicolas, qui séduit aussitôt les enfants (illustration de Thomas Nast).

Une autre tradition américaine : Halloween

Jack le Pingre. Les émigrés irlandais exportent la vieille légende d'Halloween en Amérique du Nord. Jack la Lanterne, dit le Pingre, rencontre le diable une veille de Toussaint. Avant de partir avec lui pour son dernier voyage, Jack, sans un sou sur lui, comme il se doit, veut lui offrir une dernière pinte de bière. Pour payer, Satan se transforme en pièce de monnaie, aussitôt escamotée dans la poche de Jack. Pris au piège, le diable lui accorde un sursis. Depuis ce jour là, Jack erre dans le noir entre le paradis et l'enfer.

Une citrouille... En souvenir, les maisons nord-américaines s'illuminent une fois par an, le 31 octobre, d'un Jack-O-Lantern Halloween, une citrouille évidée avec un nez, une bouche, deux yeux et une bougie à l'intérieur pour faire danser les ombres.

« Tricks or treat ». Selon la tradition, les enfants se déguisent le jour d'Halloween et passent de maison en maison pour recueillir quelques friandises (*tricks*), sans quoi ils menacent de faire une méchante blague (*treat*). C'est l'origine de l'expression *tricks or treat*, qui symbolise la journée.

La veille de ce réveillon de Noël, Moore a fait paraître dans le journal local de Troy, petite ville de l'État de New York, un poème composé de quatorze quatrains, décrivant un saint Nicolas plus laïque que chrétien, dont tout le bonheur est d'apporter des cadeaux aux petits enfants.

Le premier Père Noël

Intitulé banalement *Nuit d'avant Noël*, le poème remporte sur-le-champ un succès considérable, qui étonne l'auteur lui-même et les rédacteurs du journal. Il devient un classique de la poésie enfantine, que tous les petits garçons et les petites filles du monde anglo-saxon récitent encore aujourd'hui au soir du réveillon :
« Saint Nicolas descendit d'un bond par la cheminée, / Vêtu de fourrures de la tête aux pieds, / Ses habits étaient souillés de cendres et de suie, / Sur son dos, il avait jeté un sac plein de jouets/ On eût dit un colporteur prêt à ouvrir son ballot. / Comme ses yeux pétillaient ! Comme ses fossettes riaient ! [...] »
Peu à peu, les Américains se mettent à fêter ce personnage le jour de Noël, qui, d'ouvrable qu'il était, devient alors férié — dès 1836 en Alabama.

La fusion de deux traditions

Le « colporteur » de Moore opère heureusement la fusion de deux traditions. La première est celle de saint Nicolas, le bon évêque, qui, depuis le XIIe siècle, en Flandre, en Allemagne, en Hollande, visite les écoles la veille du 6 décembre pour demander aux maîtres si les enfants ont été obéissants. Le lendemain, portant une longue chemise de femme en guise de chasuble, coiffé d'un bonnet d'évêque en papier, il revient accompagné de son démon noir appelé « Père Fouettard » en Lorraine, « Hans Trapp » en Alsace, « Piet le Maure » aux Pays-Bas. Les enfants désobéissants sont menacés de verges et de crottin. Les élèves sages sont récompensés par des pommes, des poires, de petits sujets de pain d'épice, de menus jouets... La forte émigration hollandaise aux États-Unis a rendu populaire ce personnage. L'autre tradition vient des pays latins de l'Europe, où il est de coutume que soit l'Enfant Jésus soit les Rois mages apportent, le jour ou la veille de Noël, des cadeaux pour tous les membres de la famille, et particulièrement pour les enfants.

Un symbole de l'identité américaine

Un peu moins de quarante ans après la parution de *la Nuit d'avant Noël*, en un temps où l'union américaine est déchirée par la guerre de Sécession, le personnage créé par Moore prend brusquement une envergure plus considérable, lorsqu'un journaliste, Thomas Nast, correspondant pour l'hebdomadaire *Harper's Weekly*, se met à dessiner son image, la publiant sous le nom de Santa Claus — une contraction de Santa Nikolaaus. Veste étoilée et pantalon à rayures rouges et blanches, petit bonnet pointu : Nast taille le costume du protecteur des générations futures dans le drapeau américain. Tous les Américains défenseurs de l'Union adoptent le bon vieillard comme le symbole de l'identité de celle-ci. Pendant les trente années qui suivent, Thomas Nast précise le dessin de Santa Claus. Le contexte politique changeant, le bonhomme troque son premier habit contre un vêtement uniformément rouge. Il chausse son nez de lunettes cerclées de fer, barre son ventre d'une large ceinture de cuir, se coiffe d'une curieuse toque de fourrure envahie de feuilles de houx... Infatigable, Nash dessine la maison de Santa Claus et la situe dans de lointaines régions recouvertes de neige. Il multiplie les images de la cheminée par laquelle le bonhomme se glisse, sa hotte pleine de toutes sortes de jouets, voiliers, jeux de dés, automates, soldats de plomb, trompettes, diables sauteurs...

Avant le Père Noël : Santa Claus, pour les enfants sages; le Père Fouettard, pour les polissons, faisaient rêver ou frémir les écoliers du nord de l'Europe et ceux des communautés en provenance de ces régions, émigrés en Amérique (lithographie du XIXe siècle).

Le Père Noël dans le monde

Un « culte » universel. Rapidement, la tradition du Père Noël américain, laïque et donateur de cadeaux pour les enfants, se répand dans le monde entier. Les Japonais l'appellent Santa San, les Anglais Father Christmas, les Français Père Noël, les Russes Died Moroz (« le grand-père venu du grand froid »), les Allemands Weihnachtsmann et les Turcs Noël Baba.

Petit Papa Noël. En France, à la faveur de l'influence du « libérateur » américain, le mythe du Père Noël se développe brutalement à la fin de la Seconde Guerre mondiale. Le chanteur Tino Rossi remporte alors un incroyable succès avec sa chanson *Petit Papa Noël* — le disque se vend à plus de trente millions d'exemplaires. Le clergé commence par tenter de lutter contre l'envahissant personnage — l'effigie du Père Noël est brûlée à Dijon en 1951 — puis se résigne à laisser cohabiter le rite laïque et la tradition religieuse. Bientôt, la publicité s'en mêlant, Santa Claus devient un extraordinaire argument de vente, et les fabricants de jouets réalisent, à la faveur de cette invention américaine, 80 % de leur chiffre d'affaires dans les semaines qui précèdent Noël.

1836

Un Allemand invente la maternelle
LE JARDIN D'ENFANTS

En 1836, Friedrich Fröbel ouvre un *Kindergarten* (jardin d'enfants). C'est la première école avant l'école, un lieu où l'on joue, chante et écoute des histoires, sans qu'il soit encore question d'apprendre à lire.

Friedrich Fröbel, fils d'un pasteur, devient instituteur en 1805, à l'âge de 23 ans, dans une école de la région de Francfort. Il travaille pendant deux ans avec le pédagogue Pestalozzi. Il fonde en 1816, à Keilhau, l'Institut universel allemand d'éducation. En 1836, après plusieurs échecs, il crée en Thuringe, à Blankenbourg, une école qu'il appelle « jardin d'enfants », destinée à des orphelins âgés de 1 à 6 ans.

La valeur du jeu

Fröbel est un précurseur lorsqu'il prône l'utilité du jeu pour la petite enfance : « Par le jeu, l'enfant s'épanouit en joie et pour la joie : la joie est l'âme de toutes les actions de cet âge. » Pour aider au jeu, Fröbel met au point un matériel spécifique, ensemble d'objets à caractère éducatif : la balle, symbole de l'unité universelle ; le cube, découpé en parallélépipèdes rectangles dont l'enfant se sert pour les constructions et qui serait le symbole de la multiplicité ; le cylindre, combinaison de la sphère et du cube, de l'un et du multiple... Fröbel se sert aussi de toutes sortes d'objets courants pour stimuler l'ingéniosité de l'enfant : papier à découper, à plier, rubans à tresser, planchettes avec des bâtonnets pour construire, anneaux, boutons, perles, sable. Aux activités de manipulation s'ajoutent l'audition de contes, la culture de jardinets, la pratique de la danse, du chant et des exercices de gymnastique en plein air.

La diffusion des jardins d'enfants dans le monde

De 1840 à sa mort, en 1852, Fröbel voyage en Allemagne pour multiplier les jardins d'enfants. À Marienthal, en Saxe, il termine sa vie en organisant la première école de « jardinières d'enfants » — les puéricultrices chargées d'animer ces écoles d'un type nouveau. Après 1860, des jardins d'enfants sont créés en Italie, en Espagne, aux Pays-Bas, en Russie... La formule est officialisée dans l'Empire austro-hongrois en 1872. Aux États-Unis, et particulièrement dans les régions septentrionales où s'établissent de nombreux immigrés allemands, l'expansion est particulièrement vive : en 1881, on dénombre dans 27 États américains 273 jardins d'enfants et 14 000 élèves. Une « classe Fröbel » est même présentée à l'Exposition universelle de Paris en 1878.

L'apport de la France

En France, l'influence des jardins d'enfants allemands s'exerce également. Mais, à l'instigation d'une femme, Pauline Kergomard, inspectrice générale de 1879 à 1917, les écoles pour les tout-petits prennent une forme légèrement différente. De la méthode Fröbel, la Française retient tout particulièrement l'importance donnée aux exercices sensoriels et à la création d'un matériel pédagogique spécifique. « Grâce à ces apports, dit-elle, l'enfant, d'auditeur, est devenu ouvrier. »

Maria Montessori

Maria Montessori (1870-1952) est la première femme médecin d'Italie. Après avoir achevé sa spécialisation en psychiatrie, elle travaille avec des déficients intellectuels. Entre 1898 et 1900, elle s'occupe notamment d'une classe d'arriérés.
En 1907, la municipalité de Rome ouvre la Casa dei bambini. L'école accueille 120 enfants en bas âge appartenant à des milieux populaires très démunis. On fait appel à Maria Montessori, qui applique la même méthode que celle qu'elle a adoptée pour les enfants arriérés : elle favorise leur coordination motrice, leur développement sensoriel, leur langage, leur attention, leur stabilité...
Pour ce faire, elle crée un mobilier spécial, des jeux sensoriels, des exercices spécifiques (marcher sur une ligne, observer un moment de silence...). Sa méthode se répand partout dans le monde.

Mais il convient de diversifier les gestes, de multiplier les activités pour mieux éveiller l'intelligence de l'enfant. À l'initiative de l'inspectrice générale, une première école maternelle est ainsi instituée en 1881. Son objet est d'acheminer l'enfant vers l'école élémentaire, sans prétendre l'instruire d'une façon qui serait trop précoce. Le mot d'ordre lancé par Pauline Kergomard est « ni petites casernes, ni petites Sorbonnes ». À l'école maternelle, la grande affaire de l'enfant est la familiarisation avec la parole ; la lecture et l'écriture sont l'affaire de l'école élémentaire. Le jeu prend la première place, comme dans la méthode de Fröbel, mais il perd l'aspect d'abstraction mécanique qu'il possédait outre-Rhin. Le règlement de 1908, intitulé *Instructions relatives aux objectifs et aux programmes de l'école maternelle*, fortement influencé par Pauline Kergomard, affirme : « L'enfant exerce d'abord ses jambes, ses bras, sa voix, ses sens par les jeux [...] jour après jour, il s'élèvera à la générosité, à la douceur, à l'amour du travail [...] il doit savoir cela avant de savoir lire et écrire, mais il ne peut l'apprendre qu'autant que son développement le permet. »

La maternelle aujourd'hui dans le monde

En France, la maternelle est un passage pratiquement obligé. La quasi-totalité des enfants de 3 à 5 ans et 31 % des enfants de 2 ans sont accueillis dans 18 000 écoles publiques, par plus de 70 000 enseignants. La maternelle permet de dépister très tôt les handicaps, offre aux enfants de plus grandes chances de franchir sans encombre les étapes futures de leur scolarité et joue, par là, un rôle de prévention de l'échec scolaire.

L'école maternelle publique n'existe pas encore dans tous les pays. Aux États-Unis, le système préscolaire brille par son absence : les initiatives privées sont la règle. En Angleterre, aux Pays-Bas, en Allemagne, en Suède ou au Danemark, le cadre familial est encore considéré comme le plus adéquat pour les petits de moins de 5 ou 6 ans. Les établissements préscolaires (crèches, jardins d'enfants) ne dépendent pas de l'Éducation nationale.

Dans les pays pauvres, carence en matière d'éducation. La plupart des pays en voie de développement ne proposent aucune structure ou presque en matière de préscolarisation. Des organisations sanitaires et sociales prennent parfois le relais.

Au Japon, compétition dès la maternelle. À 4 ans, les Japonais passent leur premier concours. Il importe dès cet âge de choisir l'*escalataschool* (« école ascenseur ») capable d'offrir les chances maximales de réussite.

Activité dans une maternelle aujourd'hui. Sur le continent européen tout au moins, la quasi-totalité des enfants de 3 à 5 ans est scolarisée.

Une école maternelle à la fin du XIXe siècle (peinture de W. Geoffroy).

La méthode Fröbel : des garderies où les très petits enfants se divertissent, et apprennent en s'amusant… notamment avec des jeux de construction conçus spécialement pour eux.

Avant le jardin d'enfant : les « salles d'asile »

Dans le deuxième quart du XIXe siècle, un nombre de plus en plus élevé de femmes commencent à travailler dans les fabriques industrielles. **Le problème de la garde des jeunes enfants de ces mères laborieuses** se pose dès lors avec une acuité particulière.

Quelques années avant l'ouverture du premier Kindergarten allemand, des expériences d'accueil collectif de très jeunes enfants ont ainsi lieu, **en Angleterre, d'abord, avec les Infant Schools, et en France avec les salles d'asile,** inaugurées d'abord à Paris en 1828 par le philanthrope Denys Cochin, puis ouvertes dans plusieurs grandes villes de province.

La particularité des établissements créés par Fröbel outre-Rhin et aménagés par Pauline Kergomard en France est qu'ils ne se chargent pas seulement de la garde et du bien-être des enfants, mais qu'ils envisagent véritablement **l'éducation des tout-petits** — une éducation conçue d'emblée comme entièrement différente de celle des enfants d'âge scolaire.

1836-1865

Une maison de correction « modèle » en France
LA PETITE-ROQUETTE

En 1836, le roi Louis-Philippe inaugure à Paris la Petite-Roquette, une maison de correction destinée aux mineurs de 8 à 20 ans. Le pénitencier repose sur le système de l'architecture panoptique (il dispose d'un poste central de surveillance) et de l'isolement cellulaire. Ses principes d'éducation sont le travail industriel, le silence et la solitude absolus.

En dépit du régime très dur qui est la règle à la Petite-Roquette, ce type d'établissement constitue pourtant un net progrès. Jusqu'en 1819, en effet, les enfants étaient mêlés, dans les prisons départementales, aux autres détenus (vagabonds, voleurs ou criminels).

La vie à la Petite-Roquette

Le pénitencier est construit sur le terrain de l'ancien couvent des hospitalières de la Roquette, supprimé par la Révolution. Destiné à recevoir tous les jeunes détenus du ressort de Paris âgés de moins de 20 ans, il prend le nom de Petite-Roquette. Les prisonniers sont issus de milieux défavorisés et condamnés (par ordre de fréquence) pour vol, vagabondage ou mendicité. 588 cellules se partagent l'espace d'incarcération. Ce principe cellulaire a été imaginé par l'Américain Benjamin Franklin en 1790. À l'ouverture, en 1836, les activités de jour sont encore collectives. Mais, durant l'hiver 1838-1839, une épidémie de grippe — banale puisque aucun décès n'en résulte — fournit l'occasion d'instaurer la règle de l'isolement absolu. Pendant l'année 1839, les espaces collectifs comme les réfectoires et les ateliers sont supprimés. L'enfant reste confiné dans sa cellule. Tout déplacement hors de celle-ci se fait accompagné d'un gardien qui veille à l'absence de communication entre les enfants. La cellule, de cinq mètres carrés, est donc le lieu de vie. Levé à 5 heures du matin en été, à 6 H 30 en hiver, l'enfant y travaille en moyenne neuf heures par jour. Il est, suivant les cas, ciseleur, chaussonnier, cordonnier, imagier... Le dimanche est jour de repos : l'enfant va à la messe, puis des livres lui sont prêtés pour la journée. En semaine, deux heures par jour, le détenu « a école » : l'instituteur se place à l'extrémité d'un couloir desservant 34 cellules d'un coup et fait à l'intention de cette « classe », de façon aveugle, une courte dictée. La transmission de sa voix est assurée par les bouches d'aération des cellules... Le régime alimentaire des enfants est composé de la façon suivante : tous les jours, 500 g de pain bis, et, pour la soupe, 50 g de pain blanc ; cinq fois par semaine, une soupe grasse de légumes le matin, 120 g de viande de bœuf désossée pour le dîner ; deux fois par semaine, une soupe maigre aux légumes le matin et le soir. Tous les jours, chaque enfant a droit à vingt minutes de promenade dans une cour ou sous un préau. Seul avec un surveillant, il se lave les mains et le visage dans de grands bassins. Les punitions sont nombreuses : privation de lumière, de promenade, de parloir, de livres, de pitance, mise au cachot. Les délits que ces châtiments sanctionnent se réduisent la plupart du temps à des tentatives de communication, à des cris de désespoir dus à la solitude ou à la dépression. Sur les registres mortuaires de la Roquette figurent des suicidés âgés de 12 ans.

La fin de la Petite-Roquette

En 1850, une loi règle les principes de détention des mineurs, qui doivent désormais être envoyés dans des colonies agricoles. La Petite-Roquette — devenue illégale sur deux points capitaux, la pratique de l'isolement total et l'activité industrielle — continue cependant à fonctionner selon les mêmes règles. Le 22 juin 1865, émue par une intervention indignée de Jules Simon devant le Corps législatif, l'impératrice Eugénie, accompagnée du ministre de l'Intérieur, se rend inopinément à la Petite-Roquette. La visite, malgré les bonnes intentions de l'impératrice, est l'occasion d'une véritable révolte : portes et fenêtres brisées, projection de détritus au cri de « Vive la liberté ! ». La sortie se fait sous les huées générales. Une commission d'enquête, réunie sous la présidence de l'impératrice, dévoile les conditions lamentables de détention des prisonniers et les taux de mortalité accablants. Dès août 1865, l'établissement est fermé, et les jeunes détenus sont envoyés dans des colonies agricoles. Les années 1880 et 1890 voient le développement de solutions de substitution visant à favoriser la réinsertion des mineurs. Il faut cependant attendre 1945 pour qu'une ordonnance relative à l'enfance délinquante permette la révision de toutes les anciennes méthodes.

L'enfance coupable (dessin de couverture de l'Assiette au beurre, par B. Naudin, 1908).

L'indignation de Jules Simon

Le député républicain Jules Simon, plus tard ministre de l'Instruction publique, intervient le 13 juin 1865 devant l'ensemble du Corps législatif sur les conditions de vie des enfants à la Roquette :

« Comment traite-t-on cependant les jeunes détenus de la Petite-Roquette ? Sont-ils en prison trois mois ou six mois ? Messieurs, ils sont en prison pendant toute la durée de leur détention : quatre ans, six ans, sept ans ; ils y demeurent d'autant plus longtemps qu'ils sont moins coupables. [...] En 1863, sur 178 jeunes détenus, il y en avait 93 qui étaient condamnés à rester pendant six ou huit ans enfermés dans une cellule, séparés les uns des autres par un isolement complet, absolu, inexorable : isolement pendant le repas, pendant la prière, pendant la récréation.

Quant à la récréation, elle consiste pour eux à se mouvoir un peu plus librement dans un cachot sans plafond : le préau.

Voilà, messieurs, ce qu'on accorde à des enfants à Paris. »

J. Simon, Discours au Corps législatif, la Gazette de France, 15 juin 1865.

De la prison pour jeunes à la colonie agricole

Peu à peu, le confinement passe de mode. Dans toute l'Europe, la vie collective, le travail au grand air, l'éloignement des centres urbains apparaissent comme les moyens de redressement les plus efficaces.

Précédents européens. À partir de 1822, les Pays-Bas privilégient la solution de gigantesques colonies agricoles de 2 000 à 4 000 âmes (enfants et adultes, délinquants et vagabonds). La Suisse, préconise les fermes regroupant des groupes de 20, 30 ou 40 enfants avec un objectif pédagogique précis.

Hambourg, un modèle. La Maison sauvage, colonie agricole pour jeunes, est fondée en 1832 par une association de bienfaisance de Hambourg. C'est un établissement de type pavillonnaire qui n'a ni grilles ni murailles. L'effectif volontairement restreint est d'une quarantaine d'enfants, répartis par familles de douze. L'enseignement est fondé sur l'agriculture et l'horticulture.

La déportation, une solution britannique. La colonie agricole pénitentiaire de Parkhurst est fondée à l'initiative des autorités britannique en 1840. Cet établissement, installé dans l'île de Wight, est destiné à préparer des jeunes pour la déportation dans les colonies d'outre-mer. L'encellulement est de règle et le fouet, une pratique quotidienne.

Le cas français. À partir de 1850, des colonies agricoles gérées par des intérêts privés se substituent aux prisons. Certains établissements acquièrent une réputation internationale de modèle comme la maison de rééducation de Mettray, près de Tours, fondée dès 1837.

La prison de la Petite-Roquette, lieu de détention des enfants (gravure de H.G. de Grenouillac, 1882).

L'école des jeunes détenus (gravure de 1881). La règle est celle de l'isolement le plus strict. Même pour les repas ou le travail, scolaire ou professionnel, les enfants emprisonnés restent rigoureusement isolés.

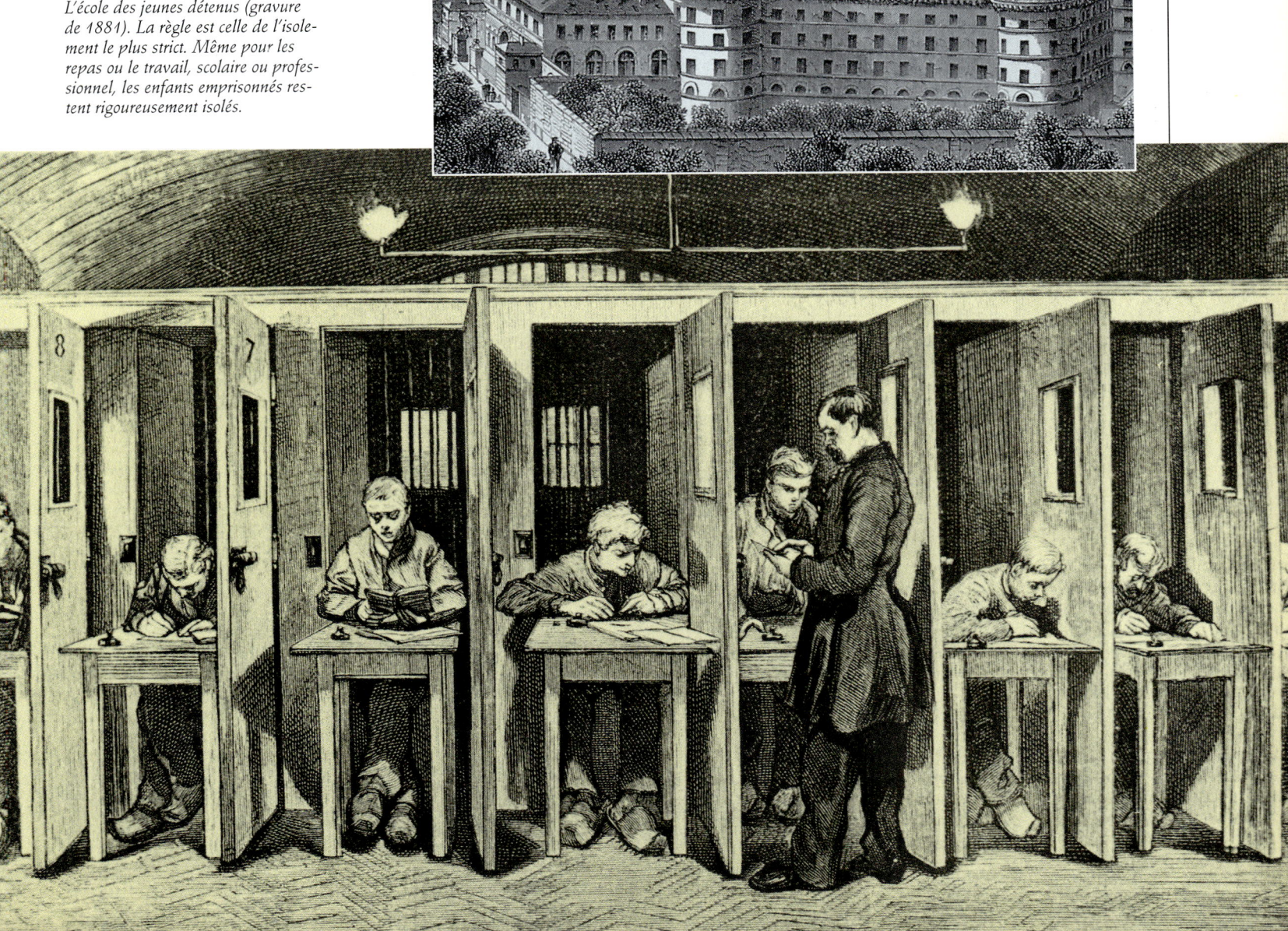

1840

De l'hôpital à l'école
L'ENFANCE IDIOTE

En 1840, Édouard Seguin, un modeste assistant médical français, ouvre la première classe pour enfants idiots à l'hospice des Incurables, à Paris. Pragmatiquement, il prouve que de tels enfants sont susceptibles de recevoir une forme d'éducation. Six ans plus tard, le pionnier s'expatrie aux États-Unis, rebuté par le peu d'écho que ses travaux trouvent dans son pays natal.

Beaucoup plus connu aux États-Unis d'Amérique qu'en Europe, Seguin, baptisé « le maître des idiots », tient l'une des premières places dans l'histoire de l'éducation des enfants handicapés mentaux.

Vers une prise en compte de l'enfance idiote

Jusqu'au XVIIe siècle, la plupart des enfants dits communément « arriérés » restent dans leur famille ou augmentent le nombre des mendiants, vagabonds, errants... L'attitude à leur égard est ambiguë. Ils dégoûtent et inspirent pitié à la fois. Confronté à l'un de ces malheureux, âgé de 12 ans, Luther propose de le

J. Esquirol : l'homme qui fit le pari qu'on pouvait tenter d'éduquer les idiots (portrait par Pichon, Paris, Académie nationale de médecine).

La mesure de l'intelligence

À partir des années 1890, en France, la systématisation de l'enseignement primaire gratuit et obligatoire, pose dans des termes nouveaux le problème de l'enfance intellectuellement déficiente. Alors, en 1904, à la demande du ministère de l'Instruction publique, le médecin Alfred Binet met au point sa première « échelle d'intelligence ».

Binet sélectionne un certain nombre d'épreuves qu'il considère comme les plus représentatives de l'intelligence. Cette échelle permet la mise en place progressive des « classes de perfectionnement », officiellement créées par la loi du 15 avril 1909.

La découverte de la notion d'« âge mental », complétée par celle de « quotient intellectuel » proposée en 1912 par Stern et Terman, entraîne l'essor rapide de l'échelle de Binet. Dès 1921, tous les laboratoires américains l'utilisent tant pour étudier les enfants retardés que pour déceler les enfants exceptionnellement doués ou encore, dans le domaine militaire, pour classer les recrues.

noyer. À partir de la seconde moitié du XVIIe siècle, ces enfants commencent à être hospitalisés. En 1818, le docteur Esquirol, médecin-chef du service des aliénés de la Salpêtrière, crée le terme d'idiotie et en propose une définition : il s'agit non pas d'une maladie — susceptible d'être soignée — mais d'un état de non-développement des facultés intellectuelles, que l'on constate dès le plus jeune âge et que rien ne peut améliorer. À Paris, les « idiots » sont, pour la plupart, enfermés dans les hôpitaux de Bicêtre et de la Salpêtrière. Considérés à peine comme des êtres humains, les relégués de ces deux établissements sont abandonnés à eux-mêmes. Les saignées à blanc, la diète, la douche froide sont les seuls traitements qu'on leur inflige...

Éduquer les idiots

En 1837, Édouard Seguin, assistant médical (c'est-à-dire un peu plus qu'infirmier) à l'Institut des sourds-muets, obtient néanmoins qu'on lui laisse prendre en charge un jeune idiot. En 1839, le docteur Esquirol lui délivre un certificat ainsi libellé : « Nous, soussignés, nous plaisons à reconnaître que M. Édouard Seguin, né à Clamecy (Nièvre), a commencé avec le plus grand succès l'éducation d'un enfant presque muet et semblable à un idiot à cause du peu de développement de ses facultés intellectuelles et morales ! En dix-huit mois, M. Seguin a appris à son élève à se servir de ses sens, à se souvenir, à comparer, à parler, à écrire, à compter [...] Par le caractère de son esprit, par l'étendue de ses connaissances, M. Édouard Seguin est capable de donner à ce système d'éducation toute l'extension désirable. » Sans prétendre à la guérison des enfants idiots, Seguin vient de prouver qu'on peut les éduquer.

La première classe

Grâce à l'appui d'Esquirol, Seguin est chargé en 1840 d'une vingtaine d'enfants déficients de l'hospice des Incurables. Il raconte ainsi sa première entrevue avec ses élèves : « Me voici au milieu d'eux. Les uns agitent leurs bras en désordre, les autres crient à tue-tête, quelques-uns croupissent dans un affaissement hébété ; le premier auquel je m'adresse se sauve en ricanant ; le second me salue jusqu'à ce que j'arrête son bras infatigable ; le troisième figure entre lui et moi des signes de croix et de baise-main, un quatrième se couche à terre... » Seguin

---

L'assistance aux enfants idiots hors de France

S'inspirant souvent des méthodes de Seguin, de nombreux établissements destinés aux enfants psychiquement handicapés sont fondés à l'étranger au milieu du XIXe siècle.

L'air pur des montagnes. En Suisse, en 1841, Johann Guggenbühl crée à Abendberg une école pour enfants arriérés qui a une vaste audience et essaime en Grande-Bretagne, aux Pays-Bas, en Allemagne et aux États-Unis. Il considère l'air pur des montagnes comme un traitement de base. Guggenbühl attache beaucoup d'importance à ce qui lui apparaît comme un régime sain : lait de chèvre, pain blanc, œufs, légumes, riz, et de la viande en quantité raisonnable. L'accent est mis sur les soins du corps, grâce aux bains, aux massages, aux exercices physiques. L'on s'attache à développer les sens en commençant par des excitations primitives, et en allant vers des stimuli de plus en plus complexes et de plus en plus différenciés. En dix ans, près de 300 enfants sont soignés à Abendberg.

Le « no-restraint ». En Grande-Bretagne, John Conolly est nommé en 1839 médecin de l'asile de Hanwell. C'est là qu'il se fait le défenseur du *no-restraint*, c'est-à-dire l'abandon des moyens de contention mécanique des aliénés. En 1846, à l'initiative de miss White, de Bath, sont créés dans le pays un certain nombre d'asiles-écoles pour enfants idiots.

constitue à partir de cette population hétérogène, la première « classe » de l'histoire de l'éducation spécialisée. Sa méthode est très pragmatique : d'abord inculquer les notions d'immobilité et de mouvement par la mise en rang, la marche sur commande, l'escalade d'une échelle de maçon… Les résultats, décrits dans un rapport aux administrateurs du conseil général des hospices, sont lents à obtenir : ainsi, dans un exercice de montée d'échelle « Marquis (12 ans, parole inarticulée), après avoir saisi un barreau en poussant des cris affreux, s'enfuit, hurlant, l'écume à la bouche. » Seguin entreprend également de faire distinguer aux enfants les couleurs et les figures géométriques simples (il utilise des planches sculptées, éléments plus grands mais assez semblables à nos actuels « Legos »). Aux plus doués de ses élèves dans les exercices de reconnaissance et d'agencement, Seguin finit par apprendre la lecture. À tous, il s'efforce « d'inculquer les idées de devoir, d'obéissance, de morale qui honorent les grands et rehaussent les petits ».

L'exil

En 1842, Seguin est promu à l'hospice de Bicêtre, où il a la charge de l'éducation d'une centaine d'enfants idiots. Mais il se veut inventeur de sa méthode, et ses conflits avec l'Administration vont s'amplifier. Il refuse de mêler épileptiques et idiots, proteste en multipliant ses absences. En 1844, Seguin doit quitter Bicêtre. Six ans plus tard, il émigre aux États-Unis : il fonde plusieurs institutions à South Boston, à Barre dans le Massachusetts, à Albany, en Pennsylvanie, à New York, travaille, enseigne, forme des maîtres… À sa mort, en 1880, pratiquement tous les asiles des États-Unis appliquent le système de traitement médico-pédagogique formulé en 1866 dans son livre *Idiocy and Its Treatment by the Physiological Method*.

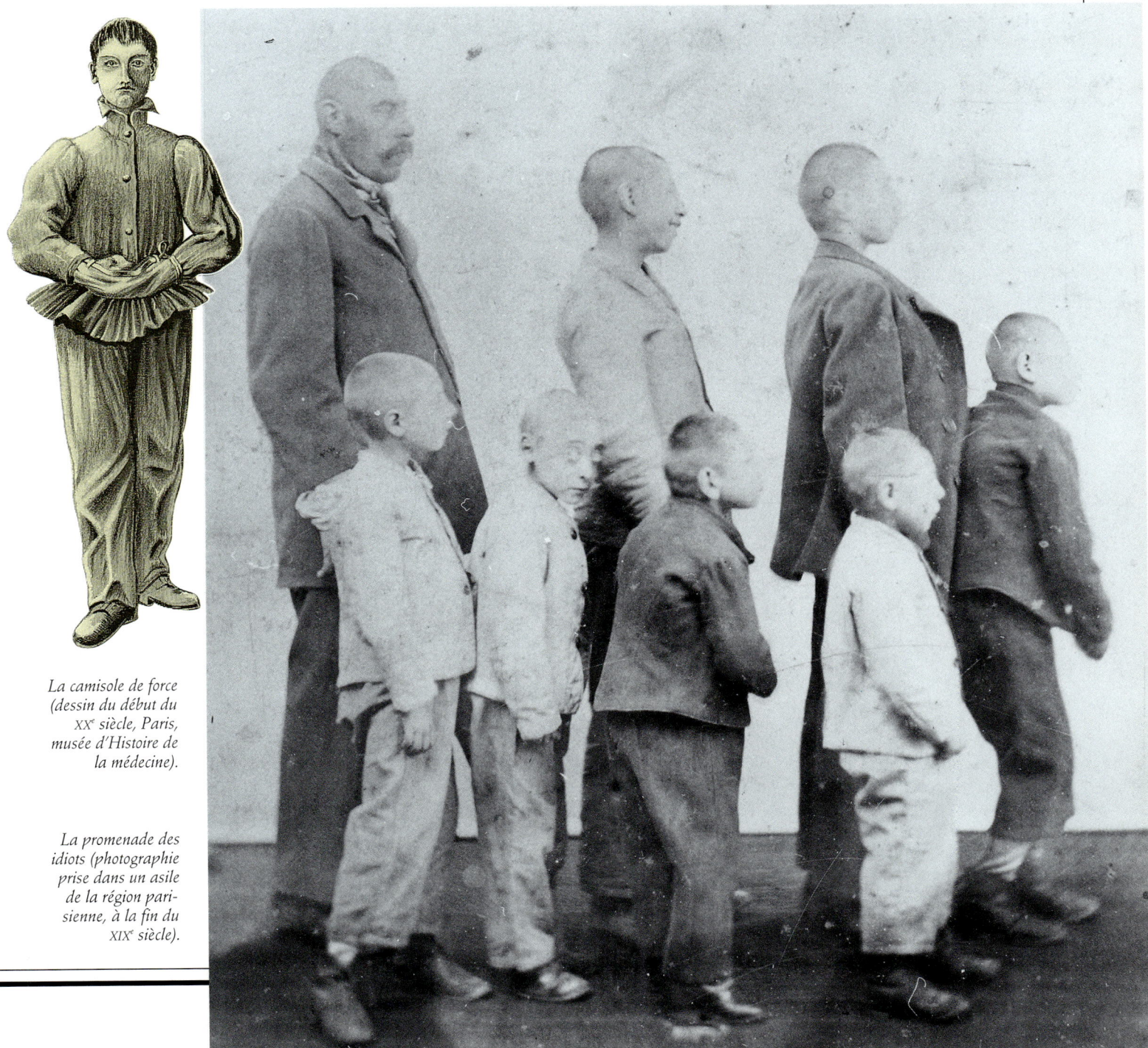

La camisole de force (dessin du début du XXᵉ siècle, Paris, musée d'Histoire de la médecine).

La promenade des idiots (photographie prise dans un asile de la région parisienne, à la fin du XIXᵉ siècle).

1844-1862

Le triomphe de la garderie d'enfants
LA CRÈCHE

Firmin Marbeau, adjoint au maire du Ier arrondissement de Paris, fonde en 1844 le Petit Palais des Enfants, à Chaillot. C'est « une garderie qui offre à l'enfant un local salubre, des soins éclairés, un commencement de pieuse éducation ». Cette crèche avant la lettre répond aux besoins des mères qui travaillent.

À Chaillot, les bébés ont entre quinze jours et trois ans. Le Petit Palais les accueille, à raison d'une quinzaine ou d'une vingtaine par jour. La plupart des petits reçus là sont les enfants des blanchisseuses du quartier.

Le fonctionnement

La crèche est scindée en deux sections. La section des nourrissons abrite tous les enfants de moins d'un an. L'essentiel de leur journée se répartit entre les repas (au nombre de six environ), le repos, le berçage, la promenade en chariots… Les enfants disposent pour leur éveil de sonnettes et de jeux de cloches. La section des poupons (les enfants de un et deux ans) se sert de jouets plus évolués : chariots à voiturer, balles de couleur à se renvoyer, trompettes, harmonicas, jeux de timbres sonores… L'institution possède un matériel pédagogique ingénieux. La pouponnière, par exemple, est un meuble formé d'un ou de plusieurs plateaux concentriques. Les plus grands jouent dans la partie centrale, tandis que les petits apprennent à se tenir assis ou à marcher en se tenant aux bords extérieurs. Grâce à cette invention, ancêtre de nos parcs à jouer modernes, une seule femme peut soigner, nourrir, surveiller sans problèmes un groupe d'enfants. Autre preuve de la modernité de ce type de garderie : l'importance accordée à la promenade et aux jeux de plein air. Ceux-ci ont lieu, en fonction des occupations des enfants et à chaque fois que le temps le permet, dans la petite cour et le jardinet de Chaillot.

La nécessité des crèches

Fort du succès du premier établissement, Firmin Marbeau fonde, dès 1844, la Société des crèches parisiennes — ce terme moderne, qui désigne les garderies de tout-petits, apparaît alors. La devise de l'organisation est : « Secourir à peu de frais l'enfant, sa mère, sa famille par un travail sans humiliation, et moraliser en secourant » — la crèche étant le corollaire du travail auquel on incite les mères, puisque celles-ci, dès lors, seront hors d'état de garder leur progéniture la journée durant. Mais, parce que les mères travaillent, les crèches ne sont pas gratuites : la rétribution parentale y est exigée. Cependant, chaque crèche est aidée par une association de bienfaiteurs qui contribuent à aider les parents les plus pauvres. Dans l'esprit de ses créateurs, la crèche est le premier maillon d'un système complet d'éducation et de moralisation populaires, qui va du berceau à l'âge adulte : le petit pauvre est accueilli à la crèche, puis à la salle d'asile ; il fréquente l'école primaire, accomplit son apprentissage ; après quoi, fille ou garçon, il travaille… et place à son tour son enfant à la crèche. En fait, l'œuvre satisfait à la fois la bonne conscience du patronat industriel, en plein développement aux approches du milieu du XIXe siècle, et les besoins effectifs des familles ouvrières. Les ménages chargés d'enfants ont besoin d'un salaire régulier provenant du travail de la femme, mais, comme la rémunération de celle-ci est alors inférieure en moyenne de moitié à celle de l'homme, ils ne peuvent payer une nourrice pour assurer la garde des petits et ont besoin d'une institution collective peu coûteuse.

Des sœurs à l'État

En quelques années, les règlements des crèches, laissés d'abord à l'initiative de chaque directeur, se codifient et deviennent plus

La crèche : plusieurs assistantes, des mères acceptées dans les lieux, mais aussi un meuble circulaire, avec des espaces différenciés, pour nourrir, faire jouer les enfants, sous les regards du minimum de personnel.

rigides. Les mères, qui, dans les premiers temps, avaient le droit de pénétrer quand bon leur semblait dans les locaux, ne peuvent plus venir qu'aux heures où elles déposent ou reprennent leurs enfants. Comme la règle ne peut s'appliquer à des nourrissons qu'il faut allaiter régulièrement, la tendance, rapidement, est de ne plus accepter que des enfants sevrés. Par ailleurs, l'idéologie qui inspire la Société des crèches se modifie subtilement. Au paternalisme initial se substitue progressivement une inspiration plus nettement conservatrice : l'institution se rallie au mouvement catholique. Ainsi, dans la plupart des cas, la gestion des crèches est confiée à des sœurs. Celles-ci, logées dans l'établissement, veillent au bon état du matériel et des locaux, contrôlent les dépenses et surveillent les bonnes. Mais elles interviennent aussi dans le recrutement, interdisant par exemple l'admission des enfants de filles mères dans leurs établissements. Ce rigorisme moral, associé à une gestion souvent routinière et parfois à une étonnante méconnaissance des règles les plus élémentaires de l'hygiène, finit par provoquer bien des protestations... Après quelques années, la lutte contre la mortalité des enfants accueillis dans les crèches est un motif qui permet aux municipalités de reprendre le contrôle de ces établissements. Le 15 mars 1862, un décret de Napoléon III accélère cette évolution. Reconnaissant les services rendus par les crèches, il donne une existence officielle à ces établissements et instaure en même temps une surveillance officielle. Un règlement spécial détermine les mesures d'hygiène à prendre. Pour la première fois, des secours d'État sont institués, qui permettent d'accueillir des enfants pour lesquels les parents sont incapables de payer. Ces modifications déterminent une expansion brutale du phénomène des crèches : 30 établissements de ce type existent à Paris à la fin de 1879, et 142 autres dans les grandes villes de province.

La crèche au XXe siècle

La crèche moderne en France. La formule de la crèche moderne est récente. Elle date des lendemains de la Libération. Le 21 avril 1945, François Billoux, ministre de la Santé publique et de la Population, rédige un décret réglementant les crèches. Il prévoit l'aménagement des locaux, les soins à donner aux enfants, les garanties à exiger du personnel et les modalités du contrôle administratif.

La psychologie à la crèche. Après 1945 et surtout au cours des années 1960, les psychologues entrent à la crèche. Les méthodes d'éveil du tout-petit, introduites dans les années 1970, se généralisent désormais rapidement : les bébés ne restent plus toute la journée dans leur lit, le personnel reçoit une formation plus poussée, les crèches s'ouvrent aux parents. On insiste sur l'importance de la socialisation précoce de l'enfant.

À chacun sa crèche. À la fin des années 1990, dans les pays économiquement développés, les crèches font partie de l'équipement sociomédical des villes, au même titre que les hôpitaux ou les écoles. Depuis 1945, toutes les municipalités, les grandes administrations, les entreprises importantes créent leur crèche. Dans les pays de la C. E. E., ce sont le Danemark, la France, la Belgique et l'Italie qui offrent le plus de crèches financées par la communauté publique. Mais l'effort accompli reste insuffisant par rapport à la demande. Placés devant la difficulté d'obtenir une place en crèche, les parents, individuellement ou groupés en associations, imaginent des solutions diverses et parfois plus souples : outre les traditionnelles nourrices et jeunes filles au pair, des crèches parentales, garderies à horaires souples, se développent.

Les religieuses : très vite, les crèches furent prises en main par les religieuses. Les municipalités durent lutter pour reprendre le contrôle de ces institutions.

Une crèche aujourd'hui.

1847

Des cadets mexicains résistent à l'ennemi
LES « NIÑOS HÉROES »

Le 13 septembre 1847, à Mexico, six adolescents, dont l'âge varie entre 13 et 19 ans, trouvent la mort au cours d'une terrible bataille qui oppose troupes américaines et armée mexicaine. Au cours des combats, ils défendent l'honneur national avec une bravoure qui leur vaudra par la suite le surnom de *Niños heroes* (« Enfants héros ») et l'admiration de tout leur peuple.

En 1846, le Mexique, qui n'accepte pas l'entrée du Texas — État qu'il a récemment perdu — dans l'Union américaine, déclare la guerre aux États-Unis. L'année suivante, son armée est mise en déroute par les troupes de l'Union, qui parviennent jusqu'à Mexico. Les défenses tombent les unes après les autres, et, très vite, le château fortifié de Chapultepec devient l'ultime bastion de la résistance et le seul obstacle à la prise de la capitale. Depuis le début des années 1840, cet édifice, situé au sommet d'une colline, abrite l'École militaire. C'est à cet établissement qu'appartiennent les cadets qui s'illustrent au cours de la bataille de Chapultepec.

La volonté de combattre

À l'aube du 13 septembre 1847, les élèves du Collège militaire sont réveillés par les coups de canon incessants de l'armée américaine qui bombarde la forteresse de Chapultepec. Les cadets, qui se retrouvent pour prendre leur petit déjeuner, n'ont qu'une peur, celle d'être anéantis par les projectiles sans avoir pu participer à la défense, car la garnison de la forteresse, qui regroupe des soldats adultes, est, à ce moment, la seule admise à combattre. Soudain, les coups de canon diminuent d'intensité. Ce calme relatif signifie que l'ennemi, très supérieur en nombre à la garnison du château, a décidé de lancer l'assaut.

Les jeunes cadets opposent une résistance acharnée face aux assaillants (détail d'une fresque de Diego Rivera, Mexico, ministère de l'Éducation).

Le monument élevé à la gloire des « Niños héroes » commémore leur héroïque défense lors de l'attaque américaine, à Mexico.

Ce revirement va-t-il déterminer les adultes à lancer les jeunes dans la bataille ? Les cadets peuvent le croire lorsque le capitaine qui dirige le collège les fait aligner au garde-à-vous, baïonnette au canon. L'officier prononce un poignant discours exaltant le sentiment patriotique des élèves — qui sont plus que jamais, à ce moment, désireux de se battre. Mais un ordre du général en chef arrive alors, exigeant que les jeunes du Collège quittent la place. Le capitaine hésite un instant. Puis, conscient qu'il lui faudrait répondre de son insoumission devant des parents pleurant la mort de leur enfant, il se résout à annoncer la retraite. Cependant, un groupe d'une dizaine de cadets refuse de se retirer : bien décidés à rencontrer l'ennemi, ils se retranchent dans un bâtiment appelé le Mirador.

Morts au champ d'honneur

Lorsque les premiers soldats américains passent à portée de fusil du Mirador, les jeunes garçons tirent sur eux, d'abord de façon désordonnée. Puis ils décident d'adopter une stratégie plus rigoureuse. Les fortifications — leur a-t-on appris — doivent être le dernier réduit de la défense. Les vaillants élèves s'élancent aussitôt vers les escaliers pour rejoindre le sommet du Mirador, d'où ils espèrent pouvoir opposer une ultime résistance. Mais des cris de victoire, jaillissant au-dessus de leurs têtes, leur font comprendre qu'il est trop tard pour cette action. L'ennemi a réussi à prendre la position par un autre côté. Cela ne décourage nullement les cadets qui continuent la lutte dans les salles mêmes du bâtiment. Six d'entre eux pénètrent dans une pièce occupée par des officiers de leur camp, blessés et désarmés.

Ces chefs, peu désireux de se faire cribler de balles sans pouvoir se défendre, les convainquent de déposer les armes et de se rendre. Mais, un peu plus loin, deux élèves font face avec un courage admirable au flot des assaillants. Le premier, un certain Agustin Melgar, fait feu sur un ennemi qui s'effondre. Réfugié derrière un matelas, il continue à tirer jusqu'à épuisement de ses munitions et meurt, transpercé par les baïonnettes adverses. Le deuxième, Vicente Suarez Ferrer, abat un soldat d'une balle et un autre d'un coup de baïonnette dans l'estomac. Puis il connaît le même sort que son camarade. Le reste des cadets, qui a accepté l'ordre de retraite du général, se trouve finalement pris aussi dans les combats, à l'entrée de la forteresse. En essayant de défendre la porte, quatre d'entre eux, Juan de la Barrera, Fernando Montes de Oca, Juan Escutia, Francisco Marquez, perdent la vie. À 10 heures du matin, la bataille, commencée à l'aube, s'achève par l'écrasement complet des défenseurs du château de Chapultepec.

La gloire de la patrie

Le comportement héroïque des cadets de l'École militaire, ce 13 septembre 1847, est salué par tous, Mexicains comme Américains. Au moment même où certains soldats commencent à déserter, les élèves de l'École militaire n'ont qu'un souhait : se jeter dans la mêlée. La fougue des jeunes gens stimule l'ardeur au combat des militaires plus âgés — retardant seulement l'inévitable défaite. Dès 1847, le gouvernement crée une médaille et une croix honorant les défenseurs de Chapultepec, et en particulier les cadets. Un siècle plus tard exactement, des fouilles entreprises dans la forteresse de Chapultepec mettent au jour les dépouilles des six enfants, morts pour la patrie. Celles-ci sont déposées dans des urnes de cristal, conservées au Collège militaire. En 1952, les restes des six cadets sont solennellement transférés dans un lieu érigé à leur gloire, le Monument des *Ninos héroes,* au pied de la colline de Chapultepec. Ce monument, ainsi que les chants des poètes qui, tel Amada Nervo, ont célébré le sublime sacrifice des *Ninos héroes* rappellent au peuple mexicain qu'il doit à ces enfants et à leurs camarades du Collège militaire une des pages les plus belles et les plus glorieuses de son histoire.

L'assaut du château de Chapultepec (gravure de Carlos Nebel, Mexico, musée national d'Histoire).

> ### Les six garçons
>
> **Juan de la Barrera.** Fils de général, il est né à Mexico en 1828. À 12 ans, il entre dans l'armée et, à 15, est admis au Collège militaire. Il est mort le 13 septembre 1847 en défendant une batterie.
>
> **Juan Escutia.** Né de parents inconnus entre 1828 et 1832, le garçon est accepté au Collège le 8 septembre 1847. Son cadavre gisait sur le flanc est de la colline, à côté de celui de Francisco Marquez.
>
> **Francisco Marquez.** C'est le plus jeune des six cadets. Né à Guadalajara en 1834, il est le beau-fils d'un capitaine de cavalerie. Il a été criblé de balles.
>
> **Agustin Melgar.** Né à Chihuahua entre 1828 et 1832, il est le fils d'un lieutenant-colonel. Il est entré au Collège moins d'un an avant la bataille, en novembre 1846. Son cadavre, gisant sur le sol, n'a été découvert qu'au matin du 15 septembre.
>
> **Fernando Montes de Oca.** Né à Azcapotzalco entre 1828 et 1832, il a fait son entrée au Collège en janvier 1847. Il a été abattu alors qu'il sautait d'une fenêtre pour rejoindre ses camarades.
>
> **Vicente Suarez Ferrer.** Fils d'un premier adjudant de cavalerie, il a vu le jour à Puebla, en 1833. Il est entré comme cadet au Collège en octobre 1845. Il est mort après un vaillant combat à l'arme blanche.

1858

L'enfance sauvage d'un Indien des États-Unis
HAKADAH

Les bébés sioux passent leurs premiers mois dans un berceau vertical (peinture de Catlin).

Né en 1858 dans la tribu des Santees, qui se rattache au groupe des Sioux Dakotas, Hakadah est l'un des derniers enfants de son peuple à avoir grandi dans la liberté. Son éducation, ses jeux appartiennent à un monde qui disparaît avec l'entrée des Indiens dans les réserves.

Hakadah et les siens sont des nomades qui se déplacent dans le nord des États-Unis. En 1862, à la suite d'une révolte des Sioux Santees et des massacres qui ont lieu dans l'État du Minnesota, les Américains arrêtent de nombreux Indiens et pourchassent les autres. Le père et les deux frères aînés d'Hakadah comptent parmi les prisonniers. Hakadah, alors âgé d'un peu plus de 4 ans, et le reste de sa famille parviennent à s'échapper et s'exilent en Colombie-Britannique — une province qui deviendra canadienne neuf ans plus tard.

Le « Malheureux Dernier »

Hakadah doit son nom, qui signifie le « Malheureux Dernier », au décès de sa mère survenu juste après sa naissance. Orphelin de mère, rapidement privé de son père, prisonnier, le petit garçon est élevé par sa grand-mère et par l'un de ses oncles. Comme tous les bébés sioux, Hakadah passe ses premiers mois dans un berceau vertical, en bois et en peau, qui ressemble à une hotte. Sa grand-mère le transporte sur son dos et le suspend à une branche d'arbre ou contre un pilier de tente lorsqu'elle travaille. Pour apaiser ou endormir le nourrisson, elle lui chante les berceuses traditionnelles célébrant des exploits guerriers. Plus tard, ces chansons céderont la place aux légendes et aux récits des prouesses des ancêtres. Jusqu'à ce qu'il perce ses dents, Hakadah se nourrit de bouillies et de soupes faites à base de riz sauvage, de maïs et de gibier. Le menu devient ensuite plus varié. À peine l'enfant a-t-il quitté son berceau que sa grand-mère l'éveille à la nature environnante, si importante pour des nomades qui vivent uniquement de la cueillette et de la chasse. Couché très tôt, l'enfant se lève en même temps que les oiseaux. Très jeune, il s'habitue ainsi à se lever à l'aube, le meilleur moment de la journée pour chasser et voyager sans être observé par des yeux ennemis. Très vite, Hakadah est dressé à ne pas pleurer la nuit, cela afin d'éviter que des bandes d'Indiens hostiles ne repèrent le campement et n'attaquent par surprise. Dès ses premières années, le petit garçon acquiert la patience et le contrôle de soi, qualités indispensables pour un futur chasseur et guerrier.

Un rude apprentissage

La résistance au froid et à la faim fait aussi partie de l'éducation d'Hakadah. Durant l'hiver, il connaît de redoutables tempêtes de neige et reste parfois des jours entiers sans manger. Le tipi, vaste tente en peau de bison, n'offre pas une protection suffisante contre les grands froids, surtout quand la neige tombe et rend impossible le ramassage du bois pour le feu. Bien qu'ils réservent leurs provisions en priorité aux enfants, les adultes ne peuvent toujours leur éviter d'avoir le ventre creux. Pour mieux supporter ces périodes difficiles, Hakadah est dressé à pratiquer le jeûne de temps à autre, même lorsque la nourriture abonde. Lorsque le garçon est sorti de la petite enfance, l'oncle commence à l'initier à son futur métier de chasseur et de guerrier. Il entend d'abord aiguiser ses sens au contact de la nature. Pour cela, Hakadah doit regarder, écouter, sentir, toucher ou goûter, afin de parvenir à une parfaite connaissance de son environnement. Il lui faut en premier lieu observer les animaux : connaître leurs habitudes est la condition indispensable pour bien les chasser. Le soir, le professeur interroge son élève sur ce qu'il a vu dans la journée. Il lui explique comment sortir de situations difficiles telles qu'une rencontre inattendue avec un ours ou un chat sauvage. L'éducateur s'efforce de développer par ailleurs l'instinct de survie de son neveu. Parfois, de très bon matin, l'enfant est réveillé par des cris de guerre ou des détonations de fusil. Ce n'est rien d'autre que son oncle, qui l'habitue ainsi à réagir vite et à être prêt au combat, à tout moment. Le futur adulte doit aussi apprendre à vaincre sa peur. Pour cela, l'oncle envoie le petit Hakadah chercher de l'eau dans un endroit isolé, après la tombée de la nuit. L'enfant, effrayé, avance le plus silencieusement possible afin de ne pas signaler sa présence aux bêtes ou aux éventuels espions de tribus ennemies. Lorsqu'il regagne finalement le tipi, le cœur battant et fier d'avoir accompli sa mission, son oncle le félicite de sa bravoure... puis le renvoie

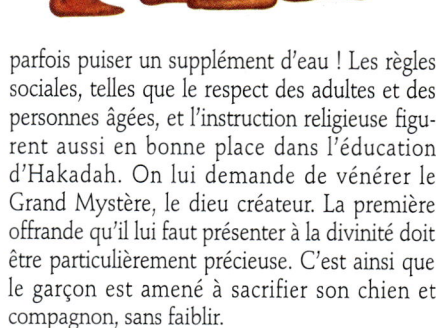

parfois puiser un supplément d'eau ! Les règles sociales, telles que le respect des adultes et des personnes âgées, et l'instruction religieuse figurent aussi en bonne place dans l'éducation d'Hakadah. On lui demande de vénérer le Grand Mystère, le dieu créateur. La première offrande qu'il lui faut présenter à la divinité doit être particulièrement précieuse. C'est ainsi que le garçon est amené à sacrifier son chien et compagnon, sans faiblir.

Place à la détente

Les sports tiennent à la fois de la formation physique et du jeu. Hakadah et ses jeunes camarades pratiquent le tir à l'arc, les courses quotidiennes à pied ou à cheval, la lutte et la natation, disciplines qui deviendront leurs activités d'adultes. Les enfants se livrent à de joyeuses compétitions, où chacun essaie de se montrer le meilleur et le plus courageux. Les autres distractions consistent à imiter les mœurs des aînés. Les garçons reproduisent les danses rituelles, les échanges commerciaux réalisés avec les hommes blancs ou encore la chasse au bison. À l'âge de 15 ans, Hakadah retrouve son père et ses frères, enfin libérés par les autorités américaines. Plutôt que de vivre dans une réserve avec l'assistance du gouvernement, ils ont préféré adopter le mode de vie des Blancs, et se sont installés comme fermiers. Hakadah, en les rejoignant, change d'identité : il devient Charles A. Eastman, cesse de fréquenter l'école de la nature et découvre celle des livres. C'est ainsi que, plus tard, il rédige les souvenirs de sa libre jeunesse indienne.

Un village sioux (gravure de Simonin parue dans le Tour du monde, 1868).

Portrait d'Hakadah, devenu Charles Alexander Eastman.

Hakadah et le voyage en travois

Hakadah, qui a goûté à tous les moyens de transport précaires des Indiens, apprécie beaucoup les courses en « travois », des sortes de nacelles tirées par les chiens, malgré les incidents de parcours.
« Les travois étaient formés d'un ensemble de bandes de cuir fermement attachées aux piliers de tente qui encadraient les flancs de [...] à la manière de brancards et dont les extrémités libres traînaient sur le sol [...]
Ce mode de transport ne convenait qu'en été pour les enfants. Les chiens n'étaient pas toujours fiables, aussi les petits étaient-ils parfois exposés au danger. Ainsi, lorsque les chiens marchaient depuis longtemps, succombant presque à la chaleur et à leurs lourdes charges, la vue de l'eau leur faisait oublier toutes leurs responsabilités. Malgré les cris des femmes, certains d'entre eux se jetaient dans le cours d'eau rafraîchissant avec leur fardeau. C'est ainsi qu'à plusieurs reprises j'ai pris un bain forcé. »

Charles A. Eastman, Indian Boyhood, *1902.*

1871

Un enfant poète à Paris
ARTHUR RIMBAUD

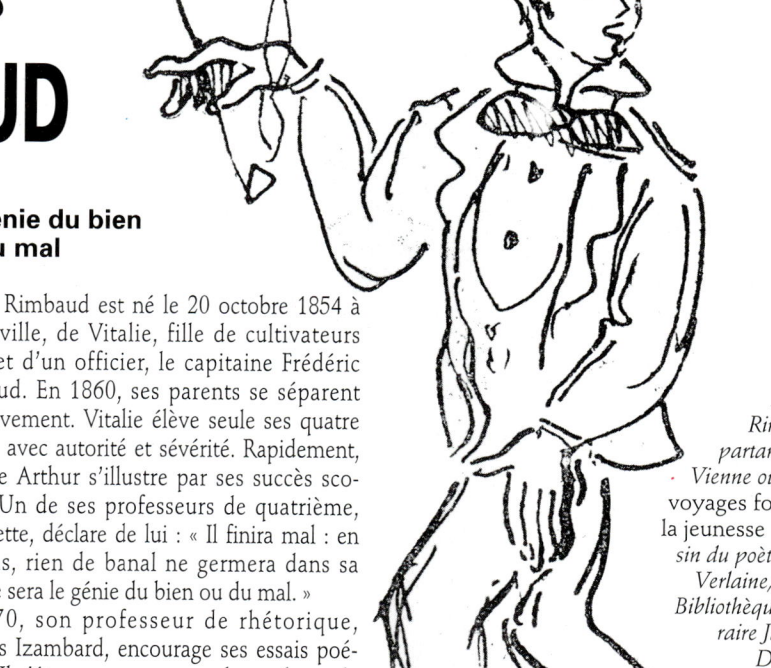

Arthur Rimbaud partant pour Vienne ou « Les voyages forment la jeunesse » (dessin du poète Paul Verlaine, Paris, Bibliothèque littéraire Jacques Doucet).

« Venez, chère grande âme, on vous appelle, on vous attend », tel est le message que Paul Verlaine, étoile montante de la poésie française, adresse de Paris à Arthur Rimbaud, jeune poète de dix-sept ans, en septembre 1871. Ces quelques mots signent la lancée de la carrière la plus fulgurante et la plus précoce de la poésie française.

Arthur Rimbaud débarque à Paris avec dans ses bagages quelques poésies, dont le bientôt célèbre *Bateau ivre*. « Il avait l'aspect d'un jeune potache ayant grandi trop vite, car son pantalon écourté laissait voir des chaussettes de coton bleu tricotées par les soins maternels. Les cheveux hirsutes, une cravate en corde, une mise négligée », décrit la femme de Verlaine. Surnommé le « nourrisson des muses » et accueilli à bras ouverts par la communauté des poètes, il connaît d'abord un succès de nouveauté.

Le Bateau ivre

« Comme je descendais des Fleuves impassibles,
Je ne me sentis plus guidé par les haleurs :
Des Peaux-Rouges criards les avaient pris pour cibles,
Les ayant cloués nus aux poteaux de couleurs.

J'étais insoucieux de tous les équipages,
Porteur de blés flamands ou de cotons anglais.
Quand avec mes haleurs ont fini ces tapages,
Les Fleuves m'ont laissé descendre où je voulais.

Dans les clapotements furieux des marées,
Moi, l'autre hiver, plus sourd que les cerveaux
 [d'enfants,
Je courus ! Et les Péninsules démarrées
N'ont pas subi tohu-bohus plus triomphants.

La tempête a béni mes éveils maritimes.
Plus léger qu'un bouchon j'ai dansé sur les flots
Qu'on appelle rouleurs éternels de victimes,
Dix nuits, sans regretter l'œil niais des falots ! [...] »

Arthur Rimbaud, *Pages choisies*, Larousse, Paris, 1973

Le génie du bien ou du mal

Arthur Rimbaud est né le 20 octobre 1854 à Charleville, de Vitalie, fille de cultivateurs aisés, et d'un officier, le capitaine Frédéric Rimbaud. En 1860, ses parents se séparent définitivement. Vitalie élève seule ses quatre enfants avec autorité et sévérité. Rapidement, le jeune Arthur s'illustre par ses succès scolaires. Un de ses professeurs de quatrième, M. Perette, déclare de lui : « Il finira mal : en tout cas, rien de banal ne germera dans sa tête : ce sera le génie du bien ou du mal. »
En 1870, son professeur de rhétorique, Georges Izambard, encourage ses essais poétiques. Il s'étonne notamment des audaces de syntaxe de Rimbaud dans *Trois Baisers, À la musique, les Réparties de Nina*. En octobre de la même année, *le Dormeur du val,* puis *Au cabaret vert* présentent déjà des alexandrins de type nouveau. Mais Arthur montre un caractère emporté et des tendances à la fugue. Les événements de 1870-1871 (la guerre qui ravage les Ardennes et bouleverse la vie quotidienne, la défaite contre l'Allemagne et la Commune) accentuent son goût de l'aventure. Au lieu de se présenter au baccalauréat, il tente de gagner Paris, est aussitôt arrêté et transféré à la prison de Mazas pour avoir voyagé sans billet. Son professeur, Georges Izambard, le fait libérer et le renvoie à Charleville chez la « mère Rimbe ». Il refuse de retourner au collège et les quelques mois suivants sont consacrés à l'école buissonnière… jusqu'à l'appel de Verlaine…

Deux saisons en enfer à Paris

Rimbaud est tout d'abord accueilli à Paris comme un enfant de génie. Quand il participe au premier dîner des parnassiens, en octobre 1871, il lit *le Bateau ivre*, et fascine ses interlocuteurs par ses paroles cyniques et crues. Les poètes se cotisent en sa faveur. « Je ne crois pas qu'homme eût jamais été l'objet d'une aussi gentille fraternité », écrit Verlaine. Mais, en quelques mois, au Quartier latin, le jeune poète génial passe de mode, est considéré comme un original assez guignolesque avant de subir l'opprobre des gens de lettres. Il ne se lave pas, ne se peigne pas, vit d'expédients. Il est accueilli un moment dans l'atelier du poète et savant Charles Cros, puis dans une salle du Cercle zutique fondé par les poètes parnassiens. Pendant quelques jours, il couche même dans la rue ; Verlaine le retrouve couvert de vermine. Lors d'une visite à Théodore de Banville, Rimbaud lui lit *le Bateau ivre*. Le maître du Parnasse se permet quelques conseils. Rimbaud ne répond pas d'abord mais, en sortant, le traite de « vieux con ». Son aspect débraillé, ses manières, son cynisme, quelques affaires scandaleuses lui valent la haine générale. Ainsi, en janvier 1872, dans l'entresol d'une brasserie du quartier Saint-Sulpice, des poètes du Parnasse récitent quelques sonnets académiques. Rimbaud, du fond de la salle, ponctue chaque vers d'un « merde » retentissant. On finit par le sortir de force. Furieux, il se jette sur le photographe Étienne Carjat et le blesse d'un coup de canne-épée. Carjat brise par la suite tous les clichés qu'il a pris de son « assassin ». La liaison de Rimbaud avec Paul Verlaine, homme marié et père de famille, est, par ailleurs, de notoriété publique. Le journaliste Lepelletier écrit à la fin de l'année 1871 dans *le Peuple souverain* : « Le poète saturnien Paul Verlaine

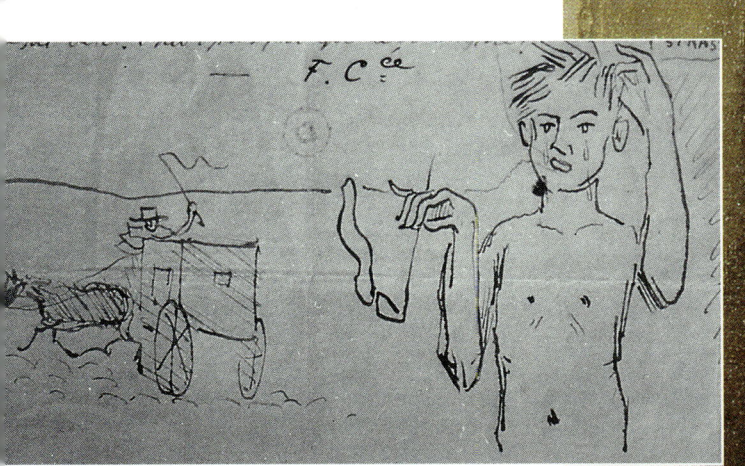

Arthur Rimbaud à Vienne (dessin de Verlaine, Paris, Bibliothèque littéraire Jacques Doucet).

*Arthur Rimbaud adolescent (détail d'*Un coin de table, *peinture de Fantin-Latour, 1872, Paris, musée d'Orsay).*

donnait le bras à une charmante personne, Melle Rimbaud. » En février 1872, le séjour de Rimbaud à Paris, ponctué de soûleries et de révoltes, s'achève. Fortement pressé par Verlaine, Rimbaud repart à Charleville, incompris de ses pairs. Il séjourne cependant avec Verlaine, à partir de juillet 1872, à Londres et à Bruxelles, où il écrit une partie des *Illuminations* et *Une saison en enfer*.

Une puberté perverse et superbe

Précoce et magnifique, Rimbaud écrit toute son œuvre avant sa majorité. Le long poème *le Bateau ivre* est conçu par lui en septembre 1871 comme une éblouissante démonstration de ce que devrait être la poésie : une voyance. Dès le printemps 1871, il écrit dans une lettre à Izambard : « JE est un autre. Je travaille à me rendre voyant. Je dis qu'il faut être voyant, se faire voyant. » Il condamne tous les poètes antérieurs, n'exceptant que les Grecs, Gautier, Leconte de Lisle, Banville et Baudelaire, le « premier voyant ». Et il affirme : « Il s'agit d'arriver à l'inconnu par le dérèglement de tous les sens. »

Poète à seize ans, le génie chez Rimbaud s'arrête à vingt et un ans. Mallarmé écrit qu'il comprend parfaitement que Rimbaud se soit « opéré, vivant de la poésie ». Il semble bien que sa poésie et sa révolte soient liées à ce que, chez d'autres êtres, on appelle la crise d'adolescence, cette période que Mallarmé qualifie chez Rimbaud de « puberté perverse et superbe ». Arrivé à l'âge d'homme, Rimbaud se tait. Il meurt à trente-sept ans, à la suite d'une amputation mal soignée de la jambe, après une vie d'aventurier.

Raymond Radiguet

Une opération commerciale sans précédent. En 1923, l'éditeur Bernard Grasset lance *le Diable au corps*, « le chef-d'œuvre d'un romancier de dix-sept ans ». Sur les murs, dans les journaux, dans les salles de spectacle, on voit partout affichés les mots-clés : chef-d'œuvre, dix-sept ans. En huit jours, le premier tirage est épuisé.

L'auteur. Raymond Radiguet est né le 18 juin 1903. Poète à quatorze ans, journaliste à quinze ans, il fréquente le Montparnasse des années 1920, celui de Picasso et de Max Jacob, de Modigliani et de Cocteau. C'est d'ailleurs Jean Cocteau qui le pousse à écrire ce premier roman et qui, à la fin de 1921, présente Radiguet et son manuscrit chez Grasset.

Un succès de scandale. Le thème du *Diable au corps* a, dans le contexte de l'après-guerre, un caractère scabreux : le narrateur, à quinze ans, devient l'amant de Marthe, de dix ans son aînée, fiancée puis femme de Jacques, qui, lui, est sur le front. Marthe, enceinte de son jeune ami, accouche d'un fils et meurt peu après.

1876

Un pasteur suisse envoie les enfants à la montagne
LES PREMIÈRES COLONIES DE VACANCES

En 1876, Wilhem Bion, pasteur zurichois, décide d'envoyer passer des vacances à la montagne 68 enfants chétifs, issus de familles pauvres, afin de leur faire retrouver la santé du corps et de l'âme. L'épopée des colonies de vacances commence.

Wilhem Bion est originaire de Trogen, sur le plateau d'Appenzell, dans les montagnes suisses. Pasteur, il est nommé en 1873 dans la grande ville de Zurich. Il est frappé alors par la différence entre les garçons et filles « rouges et joufflus nourris du bon air des montagnes, au caractère calme et équilibré » et la multitude des petits citadins chétifs et souffrants « forcés de passer leurs grandes vacances dans des demeures sombres et sordides, des rues sales et étouffantes ».

Les observations du pasteur Bion

Le pasteur Bion forme alors le projet de conduire ces enfants dans ses montagnes natales afin de leur faire retrouver la santé et un bon équilibre : « Depuis le temps où je commençais à étudier les hommes et les relations humaines, l'idée qu'il existait une relation entre le physique et le spirituel ne cessa de se fortifier dans mon esprit : ces deux pôles exercent l'un sur l'autre une influence durable et réciproque, de telle sorte que celui qui veut avoir quelque action sur ses semblables doit toujours faire porter son influence sur le physique et le moral. » Pour trouver les fonds nécessaires aux vacances des enfants, le pasteur fait, au printemps 1876, dans *le Journal de Zurich*, un appel à la générosité publique. Son idée est favorablement reçue par la bourgeoisie de la ville et il recueille une somme suffisante pour son projet. Il sélectionne ensuite ses colons selon deux critères : la santé de l'enfant doit justifier un séjour à la montagne et son milieu familial être nécessiteux. La conduite générale du sujet, en particulier ses résultats scolaires, n'est pas prise en compte.

Sur le terrain

Soixante-huit enfants, garçons et filles de 8 à 14 ans, quittent donc Zurich à la mi-juillet 1876 pour trois semaines. Huit maîtres et maîtresses appartenant au personnel enseignant de Zurich les encadrent. Ils montent à pied jusqu'aux hauteurs de l'Appenzell. Par souci d'économie, seuls les bagages et les enfants trop faibles empruntent des voitures. Une fois arrivée, la petite troupe est répartie entre différents villages : Rehebel, Gupf, Bühl, Bärlok... Les enfants sont placés dans des familles paysannes rémunérées, chez qui ils couchent et prennent leurs repas. Ces familles reçoivent des instructions précises : munir les lits de draps et de couvertures, offrir une nourriture saine comportant du lait et du pain, servir de la viande tous les jours. Le matin et l'après-midi, tous les enfants placés dans un même village se réunissent sous la conduite d'un maître et se livrent à des activités communes : promenades dans la forêt et la montagne, tir à l'arc, construction de cabanes, théâtre, cuisine, etc. Pour les jours de pluie, une bibliothèque et des jeux d'intérieur sont prévus.

Une formule qui fait école

L'initiative est reconduite les années suivantes : 94 enfants partent en 1877, 98 en 1878, 114 en 1879, 143 en 1880, 200 en 1881... À partir de 1880, la formule se transforme quelque peu. Les colons sont logés chez l'aubergiste du village. Les dirigeants

Le but des colonies est, le plus souvent, d'améliorer la santé des enfants citadins (publicité pour l'hygiène publique, vers 1930, Paris, musée de l'Institut Pasteur).

Les « colonies Bion »

Un maître d'école, responsable en 1882 d'une des colonies d'enfants du pasteur Bion, témoigne :
« Nous fûmes accueillis et traités de façon très cordiale par l'aubergiste et les voisins, du début à la fin de la colonie. Il n'y eut jamais aucune réclamation. Nous avions habitué les enfants à mettre de l'ordre eux-mêmes aux dortoirs et, dans cette mission, les plus âgés aidaient même les plus jeunes. Aussi longtemps que le permit le temps, les enfants se livrèrent en plein air à des jeux de construction, grâce à des matériaux mis à notre disposition par l'aubergiste. Une autre occupation favorite fut le tir à l'arc. Le vent étant favorable, nous entreprîmes également la construction de cerfs-volants, à la grande stupéfaction et admiration des voisins.
Pour le mauvais temps, nous nous étions munis d'une petite bibliothèque et beaucoup d'enfants avaient amené avec eux des jeux d'intérieur.
L'état de santé fut des plus satisfaisants, comme l'état moral d'ailleurs. Il n'y eut ni écarts, ni désobéissance, donc pas de punition sévère. Certains furent obligés d'apprendre ce qu'était l'ordre, mais cela se comprend. D'ailleurs, ici aussi, l'exemple des camarades exerça une heureuse influence. La camaraderie des garçons était digne d'éloges.
Nous redescendîmes à regret dans les brouillards de la ville, chacun rêvant encore au beau pays des Alpes et remerciant en son cœur ceux qui nous avaient permis un tel séjour, aussi sain pour l'âme que pour le corps [...] »

Cité par P.-A. Rey Herme, *Colonies de vacances : origines et premiers développements*, Imprimerie Dumas, Saint-Étienne, 1954.

Les enfants d'une colonie de vacances, en rang par deux pour la promenade (vers 1910).

Grand air, activités multiples : l'ambiance d'une colonie de vacances aujourd'hui.

peuvent alors davantage veiller au respect des buts sanitaires de la colonie. Tout est fait pour la santé des enfants : goûter matin et soir entre les trois principaux repas, exercice physique sous toutes ses formes, depuis la « gymnastique militaire » jusqu'à la danse, en passant par la baignade et la marche à pied. Rapidement, dans tous les pays européens, des colonies de vacances sont créées selon ce modèle. En 1881, le pasteur Lorriaux et sa femme fondent en France l'Œuvre des trois semaines. Ils placent, dès 1882, 79 enfants dans les familles de l'Oise. En 1887, on voit naître en Espagne et en Grande-Bretagne des colonies à vocation pédagogique. Journal scolaire et leçons de choses en sont les moments forts. Partout, les motivations des fondateurs de colonies sont à la fois sanitaires et paternalistes, religieuses et éducatives, avec une forte coloration patriotique et militaire dans les années qui précèdent la guerre de 1914. Avec l'allongement des vacances d'été, le succès des colonies augmente encore. En France, 25 000 enfants en bénéficient au début du siècle, puis 100 000 en 1913 ; ils seront 500 000 en 1936. L'expérience du pasteur entre dans les mœurs, et les colonies de vacances, estivales sont mêmes, dans la seconde moitié du siècle, relayées durant l'année scolaire par les « classes vertes », les « classes de neige » ou les « classes de mer ».

Les auberges de la jeunesse.

Après l'âge des colonies vient celui du voyage isolé : de plus en plus d'adolescents, au XXe siècle, voyagent sans leurs parents. Une infrastructure particulière, les auberges de la jeunesse, se charge de les accueillir.

Un réseau international. Le mouvement des auberges de la jeunesse (en anglais, youth hostels), destinées aux adolescents de plus de 14 ans, a été créé en 1910 en Allemagne par le professeur Richard Schirmann. Rapidement étendues à une trentaine de pays, les auberges composent aujourd'hui un réseau international offrant 334 000 lits dans 52 pays.

L'idéologie. Le mouvement veut favoriser les rencontres de jeunes de différentes nations pour prévenir les risques de guerre. Le goût de la nature, un romantisme anti-industriel, le culte de l'effort, l'idéologie d'une vie affranchie du confort restent les caractéristiques communes des membres.

La pratique. Pour un prix modéré, ces établissements offrent un hébergement avec possibilité de préparer des repas. Seuls lits et matelas sont fournis : on dort dans son sac de couchage et dans un dortoir. Les équipements sanitaires sont collectifs et chacun doit remplir une tâche d'utilité pour la communauté (vaisselle, entretien des douches et sanitaires, balayage…)

1877

Civisme, morale et... nationalisme
LA FRANCE VUE PAR DEUX ENFANTS

Paru en 1877 à la Librairie classique Eugène Belin, *le Tour de la France par deux enfants* **est un livre phare : il sert de manuel de lecture à trois générations d'écoliers français. L'ouvrage précède de cinq ans puis accompagne la création par Jules Ferry de l'école laïque, gratuite et obligatoire.**

Conçu à l'usage du cours moyen, ce manuel de lecture raconte l'errance à travers la France de deux enfants de 8 et 14 ans.

Un récit moral et didactique

En septembre 1871, à Phalsbourg, un modeste charpentier alsacien, Michel Volden, tombe du haut d'un échafaudage, laissant sans ressources ses deux enfants, André et Julien, déjà orphelins de leur mère. Avant de mourir, il leur fait promettre de rester français, d'abandonner leur ville, leur maison, leurs amis, plus de 100 000 Alsaciens-Lorrains qui refusent d'être germanisés après la défaite de la France contre l'Allemagne, en 1870, quittent alors leur région dans des conditions similaires. Les deux enfants entament un angoissant périple à travers la France, à la recherche d'un oncle, le dernier parent qui leur reste. André et Julien, observateurs et curieux, retiennent tout ce qu'ils voient et cherchent à tout comprendre au cours d'un tour de France semblable à celui des compagnons. Partis d'Alsace, ils arrivent à Épinal et, en passant par le Jura, parcourent la Savoie, la Bourgogne, l'Auvergne, le Dauphiné... Découvrant de nombreuses villes, telles que Le Creusot, Lyon, Saint-Étienne, Grenoble, Avignon, Marseille, Bordeaux, ils parviennent enfin à Paris. Leur oncle retrouvé et la nationalité française acquise, les frères s'installent définitivement dans une ferme près de Chartres.

Une école en Alsace en 1914 : un instituteur soldat fait la classe en français aux petits Alsaciens (illustration extraite du Petit Journal, *1914).*

Le début de l'avant-propos annonce ainsi les intentions de l'auteur : « Sans omettre dans cet ouvrage aucune des connaissances morales et pratiques que nos maîtres désirent trouver dans un livre de lecture courante, nous avons essayé d'en introduire une que chacun de nous considère aujourd'hui comme absolument indispensable dans nos écoles : la connaissance de la patrie [...] En suivant André et Julien le long de leur chemin, les écoliers sont initiés peu à peu à la vie pratique en même temps qu'à la morale ; ils acquièrent des notions usuelles sur l'industrie, sur l'agriculture, sur l'hygiène, sur les principales sciences et leurs applications [...] » Le livre se veut interdisciplinaire, ce qui constitue dans la France du XIXe siècle une considérable nouveauté. Il contient aussi une autre et précieuse innovation. Alors que la plupart des ouvrages scolaires du temps ne comportent aucune illustration, *le Tour de la France par deux enfants* ose une véritable révolution éducative. De nombreuses gravures, accompagnées de

La mort du père

Le Tour de la France par deux enfants *est le premier ouvrage pédagogique à utiliser les ressorts de la littérature populaire, s'inspirant parfois du mélodrame et du roman-feuilleton.*
« André comprit le regard paternel, il se pencha vers le mourant :
— Père, répondit-il, j'élèverai Julien et je veillerai sur lui comme vous l'eussiez fait vous-même. Je lui enseignerai, comme vous le faisiez, l'amour de Dieu et l'amour du devoir : tous les deux nous tâcherons de devenir bons et vertueux.
Le père essaya un faible sourire, mais son œil, triste encore, semblait attendre d'André quelque autre chose.
André le voyait inquiet et il cherchait à deviner ; il se pencha jusqu'auprès des lèvres du moribond l'interrogeant du regard. Un mot plus léger qu'un souffle arriva à l'oreille d'André : France !
— Oh ! s'écria le fils aîné avec élan, soyez tranquille, cher père, je vous promets que nous demeurerons les enfants de la France ; nous quitterons Phalsbourg pour aller là-bas ; nous resterons français, quelque peine qu'il faille souffrir pour cela. »

légendes didactiques détaillées et précises, indépendantes du texte, constituent un enseignement facilement assimilable. Ainsi, une vignette montrant l'intérieur de Notre-Dame de Paris est éclairée par ces phrases : « C'est une des plus vastes nefs du Moyen Âge ; elle a 180 mètres de long, elle a 31 arcades terminées en courbes élancées et pointues que l'on appelle ogives. Elle est éclairée par 37 fenêtres et par de magnifiques roses en pierres découpées, qu'on nomme rosaces. » Le texte retient l'attention de l'enfant par l'intérêt de l'histoire, poursuivie de chapitre en chapitre comme un feuilleton à épisodes. Très courts, ces chapitres sont précédés systématiquement d'un précepte moralisant, tels « Celui qui se fait reconnaître pour un honnête garçon trouve aide et sympathie partout où il passe » ou « Quand on n'a rien à se reprocher, on n'a point sujet d'avoir peur ».

L'esprit de revanche

Mais, comme l'annonce l'avant-propos, le Tour de la France par deux enfants se veut aussi un hymne à la patrie. Faisant l'éloge des ressources nationales après la défaite contre l'Allemagne, il établit la base de la « Revanche ». Pour comprendre l'intention de l'auteur, il faut se replacer dans le climat de l'époque, dans l'atmosphère de déréliction engendrée par la capitulation de Sedan, le siège de Paris, la Commune, le tribut de trois milliards-or à payer au vainqueur allemand, l'abandon de l'Alsace-Lorraine... La nouvelle guerre à venir, inévitable et souhaitée, n'est pas présentée aux enfants comme une calamité, mais comme une occasion glorieuse et joyeuse de servir leur pays en lui rendant les provinces perdues. Cette démonstration, l'auteur l'appuie très habilement sur un inventaire dynamique des beautés de la France, à travers l'errance des deux enfants auxquels peuvent s'identifier les jeunes lecteurs. Les jeunes « poilus » de 1914 ont tous appris à lire dans le Tour de la France.

L'auteur : une femme

Quel est l'auteur de cet immense succès de librairie ? Le manuscrit du Tour de la France est présenté à l'éditeur Belin par le philosophe Alfred Fouillée, muni de la procuration d'un mystérieux auteur qui souhaite rester dans l'ombre. Le pseudonyme, G. Bruno, réussit à dissimuler pendant de nombreuses années Augustine Tuillerie. Celle-ci, qui deviendra quelque temps plus tard l'épouse de Fouillée, n'est alors que sa compagne. Or, le concubinage est considéré à l'époque comme une situation hautement immorale, et donc incompatible avec la rédaction d'ouvrages pédagogiques. L'auteur, en conséquence, n'a d'autre possibilité que de garder l'anonymat.

Un ouvrage au succès considérable (couverture du Tour de la France par deux enfants, *Paris, Librairie classique Eugène Belin).*

Le départ des deux enfants (illustration extraite du Tour de la France par deux enfants, *Paris, Librairie classique Eugène Belin).*

La gymnastique à l'école

Tout comme *le Tour de la France par deux enfants*, l'instauration de la gymnastique à l'école est révélatrice de l'esprit de revanche qui apparaît en France après la défaite de 1870 contre l'Allemagne. Il s'agit de faire des garçons français de futurs soldats.

Un décret fondamental. Le décret du 27 janvier 1880 rend la gymnastique obligatoire dans les écoles de garçons puis, deux ans plus tard, dans les écoles de filles. Les maîtres de gymnastique sont d'anciens soldats souvent formés à l'école militaire de Joinville.

L'esprit de revanche. Éducation morale et civique, gymnastique, préparation militaire, tout est mêlé. On apprend aux enfants à mimer le maniement du fusil et de la baïonnette. Sont également prévus des exercices d'escalade, d'équilibre, des parcours d'obstacles... À partir de 1891, un nouveau programme introduit des jeux comme les barres parallèles, l'ours. Dès 1903, on pratique le football, le rugby et les autres sports de ballon.

1882

La naissance du diplôme de fin d'études primaires
LE « CERTIF »

Le fameux diplôme, brevet final d'études pour la plupart des enfants, et certificat d'aptitude à la vie d'adulte.

« Chaque année, des élèves remportaient, à l'examen du certificat d'études, de brillants succès. [...] Quand les jeunes lauréats, heureux de leur succès, revenaient de Malicorne, dans la voiture d'un fermier [...] qu'ils décoraient au départ de lauriers cueillis dans la cour de la gare, tout le bourg était aux portes les acclamant. »

Ce témoignage d'un instituteur modèle de la IIIe République, Aimé Touchard, témoigne du symbole que fut pour plusieurs générations le « certif ».

Le signe du savoir

En 1866, une circulaire du ministre Victor Duruy avait préconisé la délivrance d'un diplôme appelé « certificat d'études primaires », mais en en laissant l'initiative aux inspecteurs d'académie. Le véritable certificat d'études, représentatif d'une époque et d'une culture, naît avec la loi de 1882, qui rend l'école obligatoire entre six et treize ans et conclut cette scolarité primaire – la seule qui soit menée à bien par la majorité des petits Français – par un examen dont l'organisation est rendue obligatoire sur toute l'étendue du territoire. Le viatique de connaissances et de valeurs que les autorités pédagogiques souhaitent fournir pendant les sept années de scolarité obligatoire s'alourdit régulièrement à mesure que le temps passe et que les valeurs républicaines s'affermissent. Les petits Français doivent posséder tout d'abord le bagage minimal pour se débrouiller dans la vie : ils doivent parfaitement lire, écrire et calculer. Mais, en outre, l'idée s'affirme progressivement que l'amour de la patrie passe par l'amour de sa belle langue. À la simple lecture-écriture s'ajoutent donc de longues et précises leçons d'orthographe et de grammaire, d'innombrables dictées suivies d'analyses logiques ainsi que des rédactions. L'amour du pays se nourrit également de la connaissance des lieux et du passé : la géographie, l'histoire de France sont donc des matières importantes au certificat d'études. La République est fondée – vieille idée – sur la vertu de ses citoyens : des cours de morale, d'instruction civique forment une autre partie consistante des programmes. Par réaction contre la tradition des humanités propres aux sélectifs lycées émanant de la tradition impériale, l'enseignement primaire se veut aussi moderne, c'est-à-dire tourné vers les matières scientifiques, l'exploration du monde environnant : les enfants sont donc invités à résoudre

---

Claudine à l'école

Claudine, l'héroïne de nombreux romans de Colette, passe les épreuves du certificat d'études. Élève douée, d'un milieu aisé, elle observe ses camarades lors de la dictée.

« Je regarde autour de moi les petites figures inconnues, dont plusieurs me font pitié, tant elles sont déjà tendues et anxieuses.
On sursaute, Roubaud a parlé dans le silence : "Épreuve d'orthographe, Mesdemoiselles, veuillez écrire : je ne répète qu'une seule fois la phrase que je dicte." Il commence la dictée en se promenant dans la classe.
Grand silence recueilli. Dame ! les cinq sixièmes de ces petites jouent leur avenir. Et penser que tout ça va devenir des institutrices, qu'elles peineront de sept heures du matin à cinq heures du soir et trembleront devant une Directrice, la plupart du temps malveillante, pour gagner 75 fr. par mois ! Sur ces soixante gamines, quarante-cinq sont filles de paysans ou d'ouvriers ; pour ne pas travailler dans la terre ou dans la toile, elles ont préféré jaunir leur peau, creuser leur poitrine et déformer leur épaule droite : elles s'apprêtent bravement à passer trois ans dans une École normale (lever à cinq heures, coucher à huit heures et demie, deux heures de récréation sur vingt-quatre), et s'y ruiner l'estomac, qui résiste rarement à trois ans de réfectoire. Mais au moins, elles porteront un chapeau, ne coudront pas les vêtements des autres, ne garderont pas les bêtes, ne tireront pas les seaux du puits et mépriseront leurs parents ; elles n'en demandent pas davantage. »

Colette, Claudine à l'école, Albin Michel, Paris.

des problèmes d'arithmétique et à s'initier (suivant la lettre des programmes de 1887) par des « leçons de choses » aux « premières notions scientifiques, principalement dans leurs applications à l'agriculture, aux rudiments du dessin, du chant et du travail manuel ». Enfin, la patrie entend que ses jeunes générations soient saines : les garçons doivent fournir les futurs soldats de la revanche, les femmes, devenir des épouses accomplies et de parfaites maîtresses de maison : la gymnastique, pour les garçons, les travaux d'aiguille, pour les filles, enrichissent une éducation qui se veut complète.

Un examen sélectif

L'ampleur des programmes ne met pas ceux-ci à la portée de tous les petits garçons et de toutes les petites filles. Aussi le décalage entre le niveau de savoir souhaité et la culture réelle des élèves, en fin d'études, fait-il du certificat un examen redouté, et non une simple attestation de fin de scolarité : le « certif » est délibérément sélectif. D'ailleurs, le déroulement de l'examen est empreint d'une solennité à la mesure de l'importance de l'événement et de la difficulté de l'épreuve. L'angoisse des enfants est telle, l'attente des parents si forte que la plupart des instituteurs, extrêmement motivés, n'hésitent pas à donner des cours supplémentaires le soir et le jeudi matin, jour chômé des écoliers, après le catéchisme. La réunion des efforts des enfants et de leurs maîtres, l'effet cumulé de la scolarisation sur plusieurs décennies parviennent progressivement à améliorer les résultats des élèves, alors que la difficulté de l'examen reste la même. Les chiffres dont nous disposons sont partiels. Dans le département de la Somme, par exemple, un élève sur cinq quitte l'école avec son certificat en poche en 1882, un sur trois vers 1905, un sur deux vers 1935. Au niveau national, les résultats sont peut-être meilleurs. Selon certaines estimations, 25 % de la classe d'âge aurait obtenu le fameux diplôme en 1902. L'épreuve demeure essentielle tant que la scolarité se maintient jusqu'à treize ans. Avec la loi sur l'école obligatoire jusqu'à seize ans, en 1959, le crédit du « certif » diminue, remplacé par celui du B.E.P.C., le diplôme qui clôt les études au collège, puis, très rapidement, par celui du baccalauréat.

Les épreuves du certificat d'études

Sauriez-vous passer les épreuves du certificat ?

Calcul. Un homme laisse à ses trois enfants, pour tout héritage, un terrain de 5 hectares 34, partagé en 3 parties d'égale importance. La première est en pré et vaut 105 francs l'are, la deuxième plantée en vigne vaut 9 540 francs l'hectare, la troisième en labour vaut 6 480 francs l'hectare. L'aîné prend le pré, le deuxième la vigne et le troisième le labour. Combien chacun des deux premiers doit-il donner d'argent au plus jeune pour que le partage soit équitable ?

Rédaction. Une promenade : C'est jeudi, vos devoirs terminés vous apprenez vos leçons dans le jardin, dites ce que vous voyez, ce que vous entendez et ce que vous ressentez.

Histoire. Que vous rappellent les dates suivantes ? 481 – 732 –1095 – 1214 – 1270 – 1492 – 1515 – 1559 – 5 mai 1789 – 4 août 1789.

Géographie. Le Rhône : son cours, ses affluents, les départements et les villes principales que le fleuve et ses affluents traversent. Faire une carte.

Sciences. Décrire une dent. Combien compte-t-on d'espèces de dents ? De combien de dents se compose une dentition complète ? Quels soins doit-on apporter aux dents pour éviter la carie ?

Classe masculine au début du XXe siècle.

Jeune écolier au travail : calligraphie, orthographe, rédaction, mathématiques, histoire, géographie, instruction civique ; une éducation générale complète dont certains ont encore la nostalgie…

1887

Vaincre son handicap
HELEN KELLER

En 1881, à la suite d'une congestion cérébrale, une petite fille américaine, Helen Keller, reste aveugle et sourde-muette. Quelques années plus tard, ses parents font appel à une institutrice spécialisée qui va réussir à lui apprendre à s'exprimer, à écrire et à lire. À huit ans, Helen Keller devient la petite fille la plus célèbre du monde.

Helen Keller est née le 27 juin 1880 à Tuscumbia, petite ville du nord de l'Alabama. Une congestion cérébrale lui ôte, à 19 mois, l'ouïe et la vue. À sept ans, Helen est dans un trou noir. Elle ne sait pas que les « objets ont un nom ». Elle vit dans un univers dénué de sens, uniquement peuplé par ses crises de colère nerveuse.

Donner un nom aux objets

Le 3 mars 1887, Miss Ann Sullivan, une institutrice formée à des thérapies innovantes, et qui fut elle-même un temps aveugle, arrive de Boston pour s'installer chez les Keller et devenir la préceptrice d'Helen. La jeune femme s'occupe d'abord d'apprendre à la petite fille la vertu d'obéissance. Lors du premier repas en commun, elle corrige, sans céder aux cris hystériques que pousse l'enfant, les mauvaises manières de celle-ci qui « pioche » dans toutes les assiettes.
La paix établie entre la préceptrice et sa pupille, Ann Sullivan adopte comme moyen de communication avec l'enfant le seul possible : son sens tactile. Elle le développe en lui apprenant à enfiler des perles, à faire du crochet. Mais le jeu le plus passionnant pour la petite fille est celui des mains. En lui frappant dans les mains, Miss Sullivan inculque à Helen un alphabet qui tient à la fois du morse et de l'alphabet manuel inventé au XVIIIe siècle par l'abbé de l'Épée pour que les sourds-muets puissent parler avec leurs mains. Helen, progressivement, apprend à reproduire tactilement des mots : pain, eau, Helen. Longtemps, cependant, elle ne comprend pas le sens des coups qu'elle frappe. Curieusement, le mystère du langage lui est révélé en un instant, devant un puits. En touchant l'eau, Helen comprend le lien entre le liquide et le mot qu'Ann lui épelle dans la main. Alors, formidablement excitée, l'enfant court dans le jardin, sollicitant pour chaque objet le « tapotement du sens ». L'intelligence exceptionnelle d'Helen lui permet ensuite rapidement non seulement d'acquérir chaque jour un contingent important de nouveaux mots, mais d'assimiler les règles de la syntaxe. Grâce à des cartes munies de mots en relief, Helen apprend également très rapidement à lire. Pour la première phrase qu'elle rédige, l'enfant se glisse dans sa penderie et laisse sur le plancher les cartes suivantes : « Helen est dans le placard. » Profitant des dons d'Helen, Ann Sullivan lui apprend également le braille.

La petite fille la plus célèbre du monde

En l'espace d'une année, Helen devient l'une des enfants les plus célèbres du monde. Ann Sullivan tient le corps médical régulièrement au courant de ses progrès. Des articles sur l'enfant paraissent dans des revues médicales et pédagogiques. Très vite, la notoriété d'Helen dépasse le cadre limité des spécialistes de l'éducation des aveugles et des sourds-muets. Quantité de particuliers envoient à la fillette des lettres, des cadeaux. On donne le nom de l'enfant à un bateau dans l'État du Maine. Lors d'un voyage à l'institution Perkins à Washington, Helen rencontre, entre autres célébrités, le président des États-Unis, Cleveland.

Toujours plus fort

L'institutrice d'Helen entreprend de lui faire suivre un programme scolaire traditionnel : géographie, calcul, grammaire, histoire... À dix ans, Helen, malgré la désapprobation de son entourage qui craint pour elle un échec, s'assigne un nouveau but : elle veut apprendre à domestiquer les sons discordants qu'elle est capable d'émettre, elle veut apprendre à parler.

Sourde, muette, aveugle

Comment Helen a compris l'abstraction :
« ... J'enfilais des perles en groupes symétriques — deux grosses perles, trois petites, et ainsi de suite. Je me trompais sans cesse et Miss Sullivan, avec une douce et inlassable patience, corrigeait mes erreurs. Je m'aperçus tout d'un coup que j'avais commis une très grosse faute qui rompait l'harmonie du chapelet. Concentrant toute mon attention, je demeurai un instant pensive, cherchant la manière dont j'aurais dû alterner les perles. Miss Sullivan me toucha le front et épela lentement dans ma main : " Pensez ".
Je compris, comme un éclair, que ce mot désignait ce qui se passait dans ma tête en ce moment. Pour la première fois, je percevais l'idée abstraite. »

Helen Keller, Sourde, muette, aveugle, Histoire de ma vie, traduction de A. Huzard, Payot, Paris, 1991.

À la découverte de l'avion... Helen Keller, en 1943, « tâte » pour en reconnaître la forme l'avant d'une « Forteresse volante » produite par la firme Boeing.

Jamais aucun enfant atteint de tous ses handicaps n'est parvenu à ce résultat. Ann Sullivan l'accompagne à l'école Horace Mann, à Boston, une école pour enfants sourds. On lui apprend à prononcer tous les sons. Lors de sa dernière leçon, d'une voix indistincte, monocorde mais compréhensible, elle parvient à dire : « Je ne suis plus muette. » Adulte, cette voix chèrement acquise sera son gagne-pain, puisqu'elle fera des conférences dans tous les États-Unis en racontant son histoire. Depuis son enfance, Helen formule le souhait d'entrer à Radcliffe, l'une des universités américaines les plus prestigieuses, l'équivalent féminin de Harvard. Dans ce but, à quatorze ans, Helen entre à l'école Wright-Humason à New York – il s'agit de nouveau d'une école pour les sourds-muets. Son institutrice l'accompagne aux cours et lui épelle dans la main ce qui est dit. La jeune fille fait ses devoirs sur une machine à écrire et, malgré ses difficultés de prononciation, parvient à répondre oralement en classe. Des études effectuées dans ces conditions coûtent cher ; mais Helen bénéficie de subsides recueillis grâce à une collecte lancée par l'écrivain Mark Twain. En novembre 1900, Helen Keller est reçue à Radcliffe. Pendant qu'Helen est en troisième année à l'université, elle publie *Histoire de ma vie*. Le livre est traduit dans plusieurs langues.

Benjamin, sourd-muet né en 1817

Avant Helen Keller, d'autres enfants affligés d'un lourd handicap ont réussi à accéder à une vie « normale » grâce à une intelligence exceptionnelle. Il en va ainsi de François Guillemont, alias Benjamin.

Une petite enfance tragique. François Lucien Guillemont est né en 1817, dans un petit village nommé Caisnes, situé dans l'Oise. Fils de meunier, il est devenu sourd et muet à six ans, à la suite d'un accident et orphelin de sa mère à neuf ans.

De François à Benjamin. Maltraité par sa belle-mère, après le remariage de son père, l'enfant fugue à plusieurs reprises. Successivement postillon puis tisserand, il est finalement recueilli par l'hospice des enfants trouvés de Cambrai. Là, comme il ne peut dire son nom et qu'on ignore son identité, il est dénommé Benjamin. On lui apprend à lire, à écrire. À treize ans, il remporte un prix d'écriture. M. Bouly, un des administrateurs de l'hospice de Cambrai, lui enseigne à parler en lui indiquant la position de la langue sur les lèvres. Un an plus tard, Benjamin entre à l'Institut royal de Paris — l'école pour les sourds-muets.

Professeur et écrivain. Adulte, Benjamin devient professeur dans des institutions spécialisées : l'école des sourds-muets de Lille, d'abord, puis celle de Lyon. En 1836, il écrit son autobiographie, intitulée *Histoire d'un sourd-muet écrite par lui-même*.

L'institutionnalisation des soins donnés aux enfants sourds : l'apprentissage du langage gestuel (détail d'une peinture du début du XIXᵉ siècle, Paris, Institut national des sourds-muets).

Helen Keller adolescente, avec sa préceptrice Ann Sullivan.

1896

Yellow Kid, Pim, Pam et Poum
LA NAISSANCE DE LA BANDE DESSINÉE

Pim, Pam et Poum en action : planche de la bande dessinée racontant les aventures des Katzenjammer Kids, de Rudolph Dirks.

Au début du XXe siècle, la bande dessinée naît aux États-Unis sous la forme de *comic strips*, des récits en quatre ou cinq images paraissant de façon quotidienne ou hebdomadaire dans les journaux. Le « Gamin jaune » et Pim, Pam et Poum en sont les premiers héros.

Les suppléments dominicaux du *New York Journal* et du *New York World* accueillent ces personnages avant que naissent les *comic books*, des fascicules entièrement consacrés aux héros de bandes dessinées.

Yellow Kid et sa chemise

Au début des années 1890, le dessinateur Richard Outcault donne au journal *New York World* des dessins mettant en scène les gamins des quartiers populaires de Manhattan. Devenu collaborateur permanent du *World* en 1894, il introduit le 5 mai 1895 dans ses *panels* (dessins) un garçonnet aux larges oreilles, vêtu d'une chemise de nuit bleue. Le gamin reparaît périodiquement dans les numéros suivants — il a désormais la tête chauve. À partir de 1896, la chemise de nuit devient jaune (une couleur jusque-là difficile à reproduire). Les lecteurs remarquent le changement : le bonhomme reçoit le surnom de *Yellow Kid* (le « Gamin jaune »). Autre innovation : ses paroles sont reproduites sur sa chemise. Ainsi s'amorce la bande dessinée moderne, marquée par l'interaction entre le texte et l'image. En 1896, Outcault quitte le *New York World* pour le *New York Journal*, où il continue à produire son *Yellow Kid*. Le succès du petit héros est tel que s'ensuit une âpre bataille au sujet des droits de publication entre les deux journaux.

Pim, Pam, Poum et leurs bulles

Le 12 décembre 1897, le *New York Journal* imprime, sous la plume de Rudolph Dirks, les aventures des *Katzenjammers Kids* — qui deviendront Pim, Pam et Poum en France. Dans les premiers temps, les images sont simplement accompagnées de légendes. Mais, bientôt, Dirks remplace les inscriptions sous l'image par des ballons contenant du texte, à l'intérieur du dessin. Ces ballons — qui n'ont pas encore le nom de « bulles » — reviennent dans chaque image ; ils font des *Katzenjammers Kids* la première bande dessinée au sens strict du terme. Les héros sont deux garnements en lutte contre toute forme d'autorité. Ils s'expriment dans un sabir germano-américain et connaissent diverses tribulations qui les font voyager dans le monde entier.

Des comic strips aux comic books

Chaque « bande » dessinée constitue en elle-même un court récit. Ces bandes, rapidement, sont produites en masse. L'explosion de leur production est la conséquence de la concurrence que se livrent les journaux (spécialement les feuilles du dimanche) pour publier des dessins amusants et originaux. La bande dessinée, alors, est lue par toutes les générations. En revanche, une fois réunies en livres — les *comic books* —, ces bandes sont plutôt desti-

---

La bande dessinée a mauvaise presse…

À en croire les sondages effectués, les lecteurs de bandes dessinées, à la fin du XXe siècle, sont en majorité des garçons âgés de 10 à 14 ans. Plus généralement, les enfants sont les principaux consommateurs de ce genre de littérature.

Or, parents, éducateurs et psychiatres regardent d'un mauvais œil les bandes dessinées. Certaines séries véhiculeraient des idéologies douteuses. À en croire les spécialistes, un organe apparemment innocent comme le Journal de Mickey lui-même, par le vocabulaire employé par les héros, constituerait un véritable « symbole […] du conservatisme politique, économique et social ». Quant à la très fameuse série des Tintin, du dessinateur Hergé, elle est, incontestablement, le support des contre-valeurs racistes et misogynes…

Faut-il pour cela condamner la bande dessinée ? La tendance des éducateurs, aujourd'hui, est plutôt à la réhabilitation de tels ouvrages, étant entendu que les enfants doivent apprendre à déceler les éventuelles allusions — comme dans n'importe quel autre texte.

Bécassine (détail d'une couverture d'un album du dessinateur Christophe).

Les précurseurs

Les précurseurs de la bande dessinée dessinent des vignettes. **Le texte n'est pas intégré à l'image mais figure généralement dessous.**

En Allemagne, Wilhelm Busch met en images, en 1860, l'histoire d'une souris qui perturbe le repos des braves gens ; mais ce sont les aventures de deux garnements, **Max und Moritz,** qui laissent son nom à la postérité.

En France, Christophe, pseudonyme de Georges Colomb, publie dès 1889 des récits illustrés : **la Famille Fenouillard, le Sapeur Camember, le Savant Cosinus…** Les années 1900 voient naître **Bécassine,** l'héroïne de Pinchon, une jeune Bretonne débarquant à Paris, gourde et mal dégrossie. Forton se révèle un merveilleux dessinateur réaliste avec **les Pieds Nickelés,** une série qui met en scène trois filous cambrioleurs, héros de mille aventures, puis récidive avec **Bibi Fricotin,** gamin de Paris.

nées à un lectorat enfantin. Tel est le cas à partir des années 1920 quand commence l'âge d'or de la bande dessinée héroïque aux États-Unis. À partir des années 1930, les comic books envahissent le marché européen. La traduction en français de *Bicot président de club*, en 1929, précède leur implantation en masse, qui commence avec le lancement du *Journal de Mickey*, en 1935, en France. En 1938, toujours en France, 5 millions d'enfants en âge de lire ont à leur disposition de nombreux journaux, tirés à 3 millions d'exemplaires par semaine, et dont les deux tiers viennent de l'étranger (en particulier des États-Unis, 1 100 000 exemplaires). Les bandes dessinées américaines ne cessent de se développer avec l'apparition de nouveaux héros : Tarzan (1929), Popeye (1929), Betty Boop (1931), Flash Gordon (1934), Mandrake (1934) et Superman (1938). Leur commercialisation, sur le continent américain et dans le Vieux Monde, en fait, dès cette époque, une véritable industrie.

L'école franco-belge

Tintin. En 1929, le jeune reporter Tintin apparaît pour la première fois dans *le Petit Vingtième*, supplément hebdomadaire du quotidien catholique de Bruxelles. L'auteur, Hergé, se lance très vite dans la production d'albums : *Tintin au pays des Soviets* (1929), *Tintin au Congo* (1930), *Tintin en Amérique* (1931), *les Cigares du pharaon* (1932), etc.

Spirou. En 1938, l'éditeur imprimeur belge Jean Dupuis décide de lancer un journal de bandes dessinées comportant, à côté des aventures de *Superman*, des bandes authentiquement européennes. L'année même de sa naissance, le journal donne le jour à trois séries : *Spirou, Tif et Tondu, Bill l'albatros*... Dupuis édite également *Lucky Luke* de 1947 à 1968 et *Gaston Lagaffe* à partir de 1957.

Le Journal de Tintin. Le *Journal de Tintin* existe sous deux formes : le Tintin belge publié depuis 1946 par les Éditions du Lombard et le Tintin français lancé en 1948 par les éditions Dargaud. Le *Journal de Tintin* publie Hergé, Edgar-Pierre Jacobs *(Black et Mortimer)*, Jacques Martin *(Alix)*, Jean Graton *(Michel Vaillant)*...

L'école de Paris. En 1945, les éditions Vaillant publient l'hebdomadaire *Vaillant* qui devient *Vaillant le journal de Pif* en 1965, puis *Pif Gadget* en 1969. *Pif* est une pépinière d'auteurs d'avant-garde (Gotlib, Forest, Mandryka) que l'on retrouve dans *Pilote*. Lancé en octobre 1959, *Pilote* publie notamment *Astérix*, de Goscinny et Uderzo. Cette dernière série connaît un succès foudroyant.

« Yellow Kid », le premier enfant terrible de la bande dessinée, créature du dessinateur Outcault, et ses petits amis de papier...

1903

La peluche, jouet des tout-petits
LE TEDDY BEAR

L'ours en peluche : « objet transitionnel », « compagnon affectif » — en d'autres termes, le joujou préféré des tout-petits, pour aimer, pour rêver, pour bercer…

L'enfant et le « nounours » (photographie du début du XXᵉ siècle).

Ours pour malheureux

Le rôle de la peluche — et particulièrement du Tëddy Bear — comme ami et confident a conduit à la fondation de Good Bears of the World (« les Bons Ours du monde ») par le journaliste américain James T. Ownby, en 1983. Cette organisation internationale collecte des fonds qui permettent de donner des ours aux enfants hospitalisés, aux personnes âgées dans les hospices ou aux enfants abandonnés.
Une initiative assez comparable existe, également aux États-Unis, avec la société Project Incorporation. Celle-ci a à sa disposition une grande famille d'ursidés plus boiteux, éclopés et souffrants les uns que les autres. La palette variée des affections est censée permettre, dans un souci d'identification, de rassurer l'enfant atteint du même mal. L'ours mal en point a pour mission de hâter la guérison du petit malade…

À l'automne 1903, le président des États-Unis Theodore Roosevelt, dit « Teddy », refuse lors d'une chasse à l'ours de tirer sur un ourson. Ce refus, croqué par un dessinateur de presse, inspire un fabricant de jouets, qui crée le fameux Teddy Bear, notre ours en peluche.

En 1903, un délicat problème de frontière entre la Louisiane et le Mississippi oblige Theodore Roosevelt à entreprendre un voyage dans ces États. Il en profite pour se livrer à l'un de ses loisirs favoris : la chasse à l'ours, mais sans succès. Le président risque de rentrer bredouille…

La naissance d'un objet-culte

Ses hôtes désolés capturent alors un malheureux ourson qu'ils attachent au bout d'une corde. Ils traînent l'animal devant la tente de Theodore Roosevelt en criant « Un ours, monsieur le président, un ours ! » Mais, à ce spectacle, le président s'écrie : « Si je tue ce petit ourson, je ne pourrai plus jamais regarder mes enfants en face. » Cet épisode mélodramatique, probablement arrangé par la légende, est croqué par le caricaturiste politique Clifford Berryman et publié dans l'un des quotidiens les plus populaires des États-Unis, le *Washington Post*. À Brooklyn, Morris Michtom, un émigré russe, tient une petite boutique de confiserie. Il y vend également des jouets fabriqués par sa femme. Ayant remarqué le dessin du *Washington Post*, il demande à son épouse de confectionner un ourson de peluche brune qu'il expose dans sa vitrine accompagné du dessin de Berryman. Les commandes affluent.

Alors, dans un éclair de génie, Michtom écrit au président, pour lui demander de donner son nom à l'ours ! La réponse de la Maison-Blanche est positive : « Je ne pense pas que mon nom puisse apporter une image de marque à l'ours en peluche, mais vous êtes autorisé à l'utiliser. » Baptisé *Teddy Bear* (« Ours Teddy »), l'ours connaît un tel succès que les doigts de madame Michtom ne suffisent bientôt plus. Son mari se résout alors à vendre le prototype à une firme de jouets, l'Ideal Toy Corporation — une entreprise qui reste aujourd'hui une des plus grandes fabriques de jouets aux États-Unis. Au moment de la naissance du premier ours américain, des ours en peluche articulés se répandent également en Allemagne grâce à une affaire familiale dirigée par une femme, Margarete Steiff. Les ours Steiff ne rencontrent d'abord qu'un succès modéré jusqu'à ce que, à la foire de Leipzig, en mars 1903, un nommé Hermann Berg, acheteur de jouets pour un grand magasin de New York, en commande 3 000. Entre 1903 et 1908, le nombre d'ours en peluche produits annuellement par la maison Steiff passe dès lors, spectaculairement, de 12 000 à 975 000.

Une évolution

Avec ses articulations très apparentes, le premier Teddy a un aspect très artisanal. Pourtant, avec son museau pointu, son dos arrondi, ses longs membres, ses coussinets de feutre sous les pattes et son pelage de couleur réaliste, il ressemble bien à un ours. Des matériaux de fabrication peu coûteux (boutons de bottines pour les yeux, rembourrage en sciure, en kapok ou en fibre de bois) en font un objet à la portée de tous. Seul signe de luxe : sa peau en mohair qui le rend très doux. Ses autres atouts résident dans sa très grande mobilité : la tête est montée sur pivot et les pattes sont articulées. Enfin, un mécanisme permet à l'ours de grogner. Aux alentours de 1910, les yeux du jouet sont fabriqués en verre. Dans les années 1920, l'ours perd de son réalisme. Les couleurs se diversifient — on voit ainsi des ours d'un magnifique vermillon. Puis, à partir de 1977, l'instauration de sévères normes de sécurité détermine des modifications extérieures discrètes mais souvent coûteuses : l'ours est soumis à des tests chimiques, on vérifie sa résistance mécanique, sa non-inflammabilité… Dans les années 1980, l'imagination des fabricants, favorisée par la prolifération des inventions techniques, ne connaît plus de bornes : l'ours prononce des paroles enregistrées ou répète celles qui lui sont dites ; il change de couleur lorsqu'il prend son bain… Mais il a aussi, bien avant cette époque, de nombreux rivaux également en peluche, qui soit reproduisent des animaux existant réellement, soit adoptent la forme de créatures fantasmagoriques.

La peluche, « objet transitionnel »

La peluche est le jouet par excellence des tout-petits. Elle est le lieu de la focalisation des premiers plaisirs. Dès cinq mois, l'enfant sent, mord, suce, palpe, la pétrit avec le plus grand bonheur. Puis, vers dix-huit mois, le petit garçon ou la petite fille élit un favori parmi les peluches qui lui ont été offertes. Pendant quelques années, ce compagnon ne le quitte plus. Lorsqu'il y a rupture avec l'environnement familial, c'est cet « objet transitionnel » (pour reprendre les termes du psychanalyste anglais Winnicott) qui devient le substitut entre le foyer et le monde extérieur. Souvent, des années plus tard, la peluche orne encore la chambre des adolescents…

Ces ours qui sont des stars

Certains ours — personnages de bandes dessinées, de dessins animés ou héros d'aventures livresques —, héritiers de Teddy Bear, sont devenus des monstres sacrés, des stars nationales.

Winnie the Pooh. Winnie l'ourson est probablement l'ours-personnage de fiction le plus célèbre du monde. Des millions d'exemplaires du livre portant son nom ont été vendus depuis sa première édition par Methuen, le 14 octobre 1926. Il est traduit en 22 langues dont le latin et l'espéranto. Walt Disney a réalisé trois dessins animés ayant pour héros l'ourson et ses amis.

Rupert, l'ourson britannique. Héros d'une bande dessinée du *Daily Express* à partir de 1920, il paraît quotidiennement pendant soixante ans. La bande dessinée de Mary Tourtel est traduite en dix-huit langues. Et Rupert est surnommé « le Mickey de la Grande-Bretagne ».

Nounours. Née en 1960, cette star du petit écran, flanquée du marchand de sable et de ses trois neveux, rend visite tous les soirs à Pimprenelle et à Nicolas. L'idée de l'émission, *Bonne nuit les petits*, est simple : donner aux enfants l'envie d'aller se coucher. Pénétrant dans l'intimité de la maison par la fenêtre, Gros Nounours raconte farces et histoires, donne à rêver et installe un rituel du coucher. La gloire de Nounours est grande : un millier d'épisodes, huit cent mille disques, sept millions de cartes postales, une avalanche de gadgets. En 1962, grâce à Nounours, les ventes de peluches triplent en France.

Winnie the Pooh (Winnie l'Ourson), inventé en 1926, repris à plusieurs reprises dans des dessins animés de la firme Walt Disney.

1904

Un petit hémophile au destin tragique
LE TSARÉVITCH ALEXIS

Le 12 août 1904 à 14 h 30, Saint-Pétersbourg, la capitale de la Russie, est secouée par les trois cent un coups de canon qui annoncent la naissance tant attendue de l'héritier du trône des Romanov. La tsarine vient d'accoucher du tsarévitch Alexis, son premier fils et son cinquième enfant.

En dix ans de mariage, la princesse Alix de Hesse, devenue l'impératrice Alexandra Feodorovna, n'a donné au tsar Nicolas II que des filles, les quatre grandes-duchesses. Aussi, en ce jour de 1904, cette petite-fille de la reine d'Angleterre Victoria est-elle comblée. Mère aimante, elle sera toute dévouée au petit tsarévitch, dont le destin tragique se dessine dès les premières semaines qui suivent sa venue au monde.

Le drame de la maladie

Douze jours après la naissance, fêtée dans toute la Russie, le couple impérial, ravi, assiste au baptême de l'enfant. La cérémonie, qui se déroule selon le rite de l'Église orthodoxe, est grandiose. Peu de temps après, le bonheur des souverains est terni par une hémorragie inexplicable qui frappe le bébé à peine âgé d'un mois et demi. La terrible vérité éclate lorsque l'enfant fait ses premiers pas. Les parents réalisent alors que chutes et coups, même minimes, causent des hématomes importants. Le verdict des médecins est sans appel : le tsarévitch est atteint d'hémophilie, ou trouble de la coagulation du sang. La maladie, héréditaire, vient de la famille de l'impératrice. Transmise par les femmes, cette affection touche les enfants mâles et provoque des hémorragies, internes ou externes. Les premières occasionnent des douleurs intolérables lorsqu'elles se logent au niveau des articulations. À l'époque du tsarévitch, il n'existe pas de traitement contre l'hémophilie, qui est le plus souvent mortelle.

L'apprentissage de la vie

Pour Alexis, l'apprentissage de la vie commence donc avec l'expérience de la souffrance. Dans les moments de crise, parfois très graves, son seul réconfort est la présence de la tsarine à son chevet. Cette mère angoissée se réfugie dans la religion et le mysticisme dont elle attend le salut. Tel est son état d'esprit quand on lui présente Raspoutine, homme de Dieu illettré et débauché notoire, qui s'est taillé une solide réputation de guérisseur. Appelé auprès d'Alexis, en 1906 ou 1907, il aurait réussi à arrêter l'une de ses hémorragies. L'impératrice considère dès lors que lui seul peut guérir son fils. Aveuglée par son désir de sauver l'enfant, Alexandra Feodorovna laisse Raspoutine exercer sur elle et sur son époux une influence qui se révèle des plus funestes pour la dynastie.

Sujet d'angoisse permanent pour ses parents, l'héritier est entouré de la plus extrême attention. Ses camarades de jeu doivent éviter toute brutalité, exigence difficile à respecter lorsque Alexis en profite pour les malmener. Le caractère du garçonnet, qui devient capricieux, se ressent de ces contraintes. La maladie n'empêche pas le tsar et la tsarine de songer à l'éducation de l'héritier, même si celle-ci est subordonnée à la fréquence et à la durée des crises. Des professeurs russes et étrangers lui enseignent les langues, l'arithmétique et

---

Une famille massacrée

Le soldat Paul Medviedef, présent lors de l'exécution, a laissé son témoignage.

« À minuit, Yourovski [un des chefs du conseil régional de l'Oural] réveilla la Famille impériale. Tous se levèrent, firent leur toilette, s'habillèrent et une heure après environ sortirent de leurs chambres. Ils étaient calmes et ne s'attendaient à aucun danger. Ils descendirent l'escalier, Nicolas II portant lui-même Alexis. Ils entrèrent dans la chambre située à l'extrémité de la maison. [...] Yourovski fit ensuite apporter des chaises. On en apporta trois. [...] Sur les chaises s'assirent l'Impératrice, l'Empereur et Alexis. Les autres restèrent debout contre le mur. Tous étaient calmes. [Le témoin envoyé dans la rue pour déterminer si on entend les coups de feu revient.] Lorsque que j'entrai dans la pièce, tous les détenus gisaient par terre, dans des positions diverses, au milieu d'énormes flaques de sang. Tous étaient morts, sauf Alexis qui gémissait encore. Devant moi Yourovski lui tira deux ou trois coups de son Nagan et il cessa de gémir. La vue de ce massacre me fit une telle impression que j'eus la nausée et que je sortis. »

Nicolas Sokoloff, *Enquête judiciaire sur l'assassinat de la famille impériale russe*, Payot, Paris, 1924.

Le tsarévitch Alexis, son père le tsar Nicolas II, ses sœurs les grandes-duchesses impériales, au milieu des officiers de la garde impériale, peu avant la révolution russe.

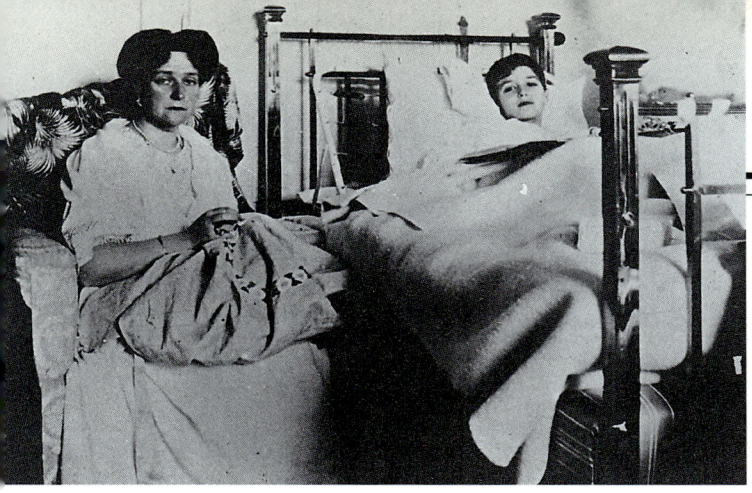

Mars 1917 : quelques jours avant l'abdication du tsar, l'impératrice Alexandra veille sur son fils, atteint d'une nouvelle et douloureuse crise. L'hémophilie de l'enfant avait été découverte aux environs de sa première année.

Le jeune tsarévitch en vacances, vers 1909.

l'histoire sainte. Dès son plus jeune âge, l'enfant commence l'apprentissage de son métier de souverain auprès de son père, qui l'emmène assister à des défilés militaires et à des cérémonies officielles.

La captivité et la mort

En 1914, lorsque la Première Guerre mondiale éclate, Alexis a 10 ans. Très vite, il est confronté à la souffrance des autres, celle des blessés hébergés dans l'hôpital de la résidence impériale, puis celle des hommes rencontrés sur le front, qu'il parcourt entièrement avec son père. Le jeune prince, qui se comporte très dignement, est fort affecté par leurs tourments. Il ne se doute guère alors qu'il se transformera bientôt à son tour en victime. Mal conseillé par Raspoutine, le tsar accumule les défaites militaires et dresse le pays contre lui. En février 1917, il est renversé. Quand Alexis apprend la nouvelle, il réagit en enfant, regrettant surtout les plaisirs de sa vie antérieure. D'abord retenue prisonnière à Tsarskoïe Selo, palais des environs de Saint-Pétersbourg, la famille impériale est ensuite exilée en Sibérie, à Tobolsk. Quelques mois après leur arrivée au pouvoir en octobre 1917, les communistes décrètent un nouveau transfert à Iekaterinbourg, à l'est de l'Oural. Alexis, alors en pleine crise, ne peut être transporté. En attendant qu'il se rétablisse, ses bourreaux font partir ses parents. La séparation est durement ressentie par le malade. Dès que son état s'améliore, il rejoint les siens. À Iekaterinbourg, l'enfant subit les multiples vexations et humiliations infligées à sa famille par des soldats grossiers. Mais cette vie difficile ne se prolonge guère. Effrayé par l'avance d'une armée qui menace de délivrer le tsar, le conseil régional de l'Oural décide en effet d'exécuter les Romanov. Dans la nuit du 17 juillet 1918, le tsarévitch, qui n'a pas encore fêté son quatorzième anniversaire, est abattu avec son père, sa mère, ses sœurs et cinq fidèles amis et serviteurs. Sur cet assassinat s'achève l'existence parsemée de souffrances d'un enfant à qui tout, pourtant, semblait sourire à la naissance.

1905

L'érotisme des enfants reconnu par Freud
LA « SEXUALITÉ INFANTILE »

En 1905, à Vienne, est publié un texte qui fait scandale. « La sexualité infantile », l'un des *Trois Essais sur la théorie de la sexualité* de Freud, analyse comme une évidence l'activité sexuelle de l'enfant, jusqu'alors considéré par les adultes comme un être naturellement innocent et chaste.

Le terme de « sexualité infantile » provoque un malentendu en faisant croire au grand public que le père de la psychanalyse considère les enfants comme capables ou désireux d'entretenir des relations sexuelles. En fait, pour Freud, la sexualité infantile n'est pas la réalisation directe d'une activité sexuelle. Il s'agit plus généralement d'une recherche du « plaisir ». Tout individu, quel que soit son âge, affirme Freud, connaît ce besoin, qu'il cherche à satisfaire en utilisant telle ou telle partie de son corps ou de son environnement.

L'enfant, un pervers sexuel

À rebours de la vision angélique de l'enfance que la bourgeoisie du début du XXe siècle se plaît à entretenir, Freud affirme que les jeunes êtres connaissent le désir, à l'instar des adultes, et va jusqu'à affirmer que ce désir est par essence pervers, puisque la sexualité infantile n'a pas pour but la procréation. Les comportements enfantins considérés comme les plus innocents sont, à ses yeux, motivés par l'érotisme : ainsi, le plaisir qu'éprouve le nourrisson à téter le sein de sa mère est décrit par Freud comme un « suçotement » que d'aucuns pourraient dire obscène…

Les trois stades libidinaux

Dans *la Sexualité infantile,* Freud décrit les stades — aujourd'hui bien connus — de la sexualité enfantine : le stade oral ou cannibalique, le stade anal, le stade phallique. Au cours des premiers mois de sa vie, la bouche est le siège principal des sensations de plaisir qu'éprouve l'enfant au contact du sein maternel ou du biberon puis du pouce. C'est par la bouche que l'enfant entre en contact avec le monde extérieur.

Vers 18 mois, il prend conscience de la défécation. La zone érogène correspondante est l'anus et, par extension, tout l'intérieur du corps. L'objet de la pulsion est le « boudin fécal »… « Il est manifestement traité comme une partie du corps propre, représente le premier "cadeau", par la libération ou la rétention duquel peuvent être exprimés respectivement la soumission ou l'entêtement du petit être à l'égard de son entourage. » Au début du stade anal, l'enfant n'éprouve aucun dégoût pour ses excréments. Freud estime que c'est à ce moment que se développent l'agressivité de l'enfant et les notions de propriété privée, de pouvoir, de contrôle, de maîtrise et de possession. Vers 4 ou 5 ans, les pulsions se fixent sur l'appareil génital. L'enfant fait la découverte de son sexe. Il commence par découvrir le plaisir qu'il obtient grâce aux attouchements : c'est la période de la masturbation infantile. C'est à cet âge que le petit garçon remarque l'absence du pénis chez sa mère et, hanté par la peur de perdre le sien, craint une punition qui consisterait à lui couper le sexe. La petite fille, elle, ne connaît pas d'« angoisse de castration », mais elle jalouse le pénis des garçons.

La pulsion de savoir

Cette découverte de la différence des sexes s'accompagne d'une grande curiosité. Le mystère de la fécondation retient l'attention des

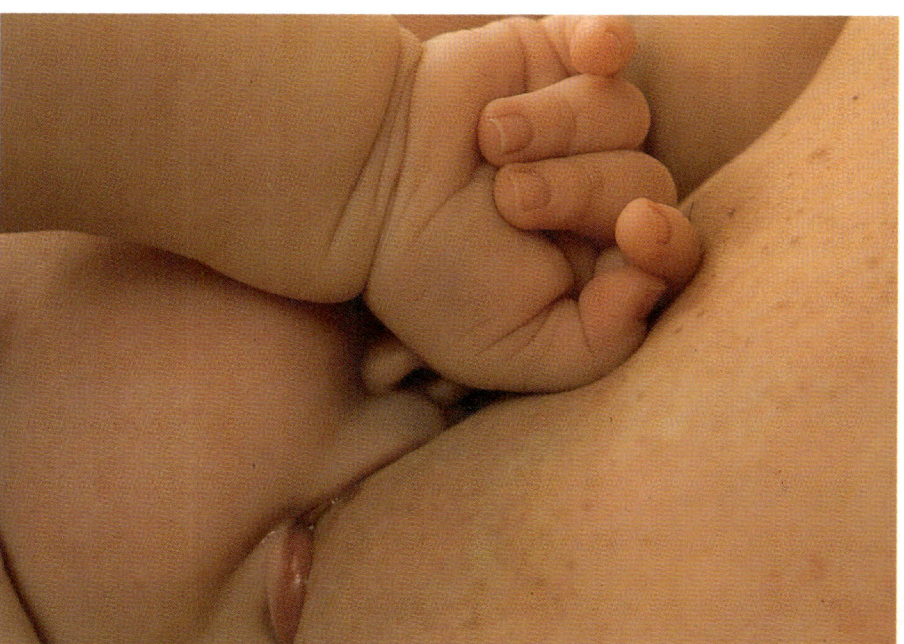

La tétée : l'émotion sensuelle ou le plaisir buccal, en tout cas le bien-être dans la chaleur et l'odeur du sein.

Les psychanalystes de l'enfance : les précurseurs

Melanie Klein (1882-1960). Elle a mis au point une technique d'analyse par le jeu équivalente à ce qu'est pour l'adulte l'analyse par le rêve. Pour Melanie Klein, l'enfant s'imagine que le ventre maternel contient de nombreux pénis du père et des enfants conçus sous forme d'excréments.

Anna Freud (1895-1982). Seconde fille de Freud, elle se consacre à partir de 1926 à la psychanalyse des enfants, s'opposant sur la plupart des points aux vues de Melanie Klein. Elle est l'inventeur de la théorie de « la désintégration du moi de l'enfant », un état de fatigue psychologique des jeunes êtres à la fin d'une journée.

Donald Winnicott (1896-1971). Pédiatre et psychanalyste britannique, il influence les réactions et les comportements face aux enfants de générations de parents par ses émissions radiophoniques à la BBC. Il insiste pour qu'on considère le bébé comme une personne et non comme un objet inconscient, dès les premiers jours de sa vie.

enfants : comment les bébés viennent-ils au monde ? C'est ce que Freud appelle la « pulsion de savoir », ou « pulsion du chercheur ». Faute d'une information précise (qui n'est jamais délivrée à l'époque de Freud), les enfants échafaudent des hypothèses qui évoluent en fonction de leur âge. La mère, pensent-ils d'abord, obtient son bébé en mangeant une nourriture particulière ; l'intestin est le premier refuge de l'être à naître, et sa venue au monde est l'équivalent d'une défécation. Plus tard, les enfants imaginent que les nourrissons sortent de la poitrine ; à moins qu'on ne doive ouvrir le ventre pour les faire sortir… Le jeune âge a une vision fort noire de la procréation. Ainsi, les petits enfants témoins de relations sexuelles ne voient dans la copulation qu'un acte essentiellement violent avec des connotations sadiques…

Sigmund Freud et son petit-fils.

Le complexe d'Œdipe

Dans le même texte et sous le nom de « complexe d'Œdipe », Freud décrit par ailleurs l'épreuve qui attend l'enfant entre 3 et 5 ans. Le petit garçon, à cet âge, est amoureusement attiré par sa mère et prend conscience que son père est un obstacle. Celui-ci devient un rival qui occupe la place convoitée dans le lit maternel. Une sorte de lutte s'instaure alors entre le petit garçon et son père. C'est à qui des deux sera le plus fort, le plus grand, le plus rapide à la course… La même situation, inversée, existe pour les petites filles, attirées par leur père et jalouses de leur mère. Le complexe d'Œdipe, affirme Freud, marque une transition fondamentale pour la structuration de la personnalité et l'orientation du désir humain. Cette première crise résolue, une grande partie des émois liés à la vie sexuelle sont rejetés dans l'inconscient, oubliés, refoulés. C'est la « période de latence », qui dure jusqu'à la puberté. L'énergie de l'enfant est redistribuée et sublimée. Elle se reporte sur les activités sociales, scolaires, culturelles et sportives. Aujourd'hui encore, malgré la banalisation des théories psychanalytiques, *la Sexualité infantile* est un essai qui continue à déranger bien des lecteurs néophytes. Freud verrait sans doute dans l'effet produit par son texte une preuve de l'amnésie qui, selon lui, protège les adultes de tout souvenir d'enfance troublant pour la morale…

Le pot : une étape importante du développement de l'enfant, émerveillé de se sentir maître de son corps…

1907

La naissance d'un mouvement de jeunesse international
LE SCOUTISME

Au cours de l'été 1907, un militaire à la retraite, Robert Baden-Powell, emmène vingt-deux garçons désœuvrés en vacances au large des côtes anglaises, dans l'île de Brownsea. Il leur enseigne — outre l'art de cuisiner en plein air — les techniques de l'exploration et celles du combat loyal.

Cette simple expédition est à l'origine du mouvement scout qui connaîtra un grand succès à travers le monde entier.

Un éclaireur né

Baden-Powell est né le 22 février 1857 d'un père pasteur et professeur à Oxford. Vers sa douzième année, il se glisse fréquemment dans la Copse, un terrain boisé qui borde le parc du vieux collège de Charterhouse où il est élève. La légende dorée des scouts veut qu'il y capture du gibier et s'en régale après l'avoir fait cuire sur un petit feu de bois bien sec pour que la fumée ne trahisse pas sa présence aux surveillants et aux professeurs... À 19 ans, il s'engage dans l'armée et monte en tant que sous-lieutenant à bord du *Serapis,* en partance pour les Indes. Lors de sa première mission en Afghanistan, Baden-Powell attire déjà l'attention de ses chefs sur l'importance du *scouting,* c'est-à-dire l'art de l'exploration militaire. Sa défense de Mafeking, bourgade d'Afrique du Sud, en 1899, au cours de la guerre contre les Boers, parfait sa notoriété. Là, pour aider à remporter la victoire, il forme un contingent de jeunes garçons entre 13 et 16 ans, surnommés « les Cadets de Mafeking ». De cette expérience, Baden-Powell conclut : « On peut demander à des adolescents autant qu'à des hommes. »

Sur l'île de Brownsea

De retour en Grande-Bretagne, Baden-Powell découvre avec consternation quels fléaux frappent la société britannique : alcoolisme, tuberculose, mauvaise santé, désenchantement au lendemain de la guerre des Boers et en période de récession économique. Soucieux de la puissance de son pays, l'officier prend la décision d'attaquer le mal à sa racine, en redonnant à la jeunesse les qualités morales, intellectuelles et physiques qui lui font défaut. À la belle saison 1907, il recrute donc des garçons de milieux divers qu'il emmène organiser un camp de *scouting* sur une île locale. L'armée accepte de fournir les tentes rondes et tout un matériel de cordes, de boussoles, de fanions, de gamelles...
Sur l'île, Baden-Powell partage ses garçons en quatre patrouilles, les baptise (ils sont des « loups », des « courlis », des « taureaux » ou des « corbeaux ») et désigne des chefs. Trois semaines durant, Baden-Powell montre aux jeunes garçons comment cuisiner sur un feu de bois, bivouaquer, s'orienter, reconnaître les traces des animaux... Mais les enfants jouent également à des jeux d'adresse, rivalisent dans des courses d'orientation. De plus, Baden-Powell donne à ses *scouts* (en français, « éclaireurs ») une loi inspirée des codes de chevalerie et composée de dix articles : on peut compter sur l'honneur d'un scout, un scout est loyal, c'est le devoir d'un scout d'être utile aux autres, un scout est l'ami de tous, un scout est courtois, un scout est un ami des animaux, un scout obéit aux ordres, un scout sourit et siffle quand il rencontre une difficulté, un scout est économe, un scout est propre dans ses pensées, ses paroles et ses actes. Il leur inculque enfin le principe du « good turn », la bonne action quotidienne.

La fondation du scoutisme

À son retour, toujours aussi enthousiaste et certain de la salubrité de sa politique, Baden-Powell résume l'expérience de l'été dans un livre intitulé *Scouts (Éclaireurs).* L'ouvrage est

---

Les Wandervögel

En 1896, le jeune étudiant allemand **Karl Fischer** propose à ses camarades d'université d'organiser régulièrement **des courses dans la campagne et des voyages à pied.** En révolte contre les mœurs d'un confort citadin qu'ils condamnent et d'une société industrielle dont ils refusent l'utilitarisme dominant, ces jeunes s'envolent dans la nature.

Le cercle prend le nom de Wandervogel (« Oiseau migrateur »). Son effectif augmente rapidement (45 000 membres en 1914) ; presque toutes les villes allemandes ont leur section. Des organisations parallèles se développent : Hamburger Wanderverein (l'Association hambourgeoise des Randonneurs) en 1905, Akademische Freischar en 1906... Toutes ces organisations sont constituées de jeunes d'une même classe d'âge — plus âgés que les scouts — et dirigées par eux.

Camp scout aujourd'hui.

publié en 1908 en six parties, paraissant à quinze jours d'intervalle. Rapidement, les petits garçons britanniques se l'arrachent et se regroupent à cinq, six, dix pour composer des patrouilles. On estime que, spontanément, 60 000 garçons se lancent dans le scoutisme avant le mois de décembre 1908. Pour unifier ces manifestations disparates, Baden-Powell fixe lui-même un uniforme : un grand chapeau, une culotte courte en drap solide marron clair, une chemise kaki aux manches relevées. Très vite, le mouvement s'étend dans le monde entier. Les deux premières branches du scoutisme français, les Éclaireurs français — un mouvement laïque — et les Éclaireurs unionistes, protestants, naissent à peu près dans le même temps en 1911. En 1920, le mouvement a pris une ampleur assez considérable et l'autorité de Baden-Powell est suffisamment assurée pour que ce dernier lance à tous les scouts du monde un appel à se réunir en un gigantesque *jamboree* (mot australien signifiant « rassemblement »). Le succès de la manifestation est extraordinaire : quinze mille participants du monde entier se retrouvent pour un grand camp de plusieurs jours ! Lors de la dernière journée, Baden-Powell, par un accord commun de tous les chefs de délégation, est nommé « chef scout du monde ».

Le feu de camp : affiche invitant les jeunes garçons à rejoindre les scouts, à l'occasion du 25ᵉ anniversaire du mouvement en France.

Robert Baden-Powell, ancien officier et fondateur du mouvement scout.

L'avenir du scoutisme

Le succès du scoutisme semble dû, pour une bonne part, à **la récupération de plusieurs tendances de la société enfantine traditionnelle :** l'esprit de groupe, la part faite aux jeux, le sens de l'aventure, le goût du rite et du folklore. Certaines pratiques sont aujourd'hui partiellement ou totalement abandonnées, comme le port permanent de l'uniforme ou l'exemple du chef.

Le scoutisme atteint en 1965 un effectif record de 9 millions de garçons et 6 millions de filles. Après quoi, les effectifs fléchissent sensiblement.

L'essentiel des critiques, à l'intérieur comme à l'extérieur, tient à **l'esprit militaire** de l'organisation. On reproche aussi au scoutisme **d'infantiliser durablement les adolescents** les plus âgés, les « routiers », habitués à une obéissance passive.

1908

Un enfant de trois ans monte sur le trône
PUYI

L'empereur Puyi trônant, en 1917.

Choisi par l'impératrice douairière Cixi, Puyi a trois ans lorsque, en 1908, il monte sur le trône du Dragon. Il sera le dernier empereur de Chine. Entouré d'eunuques, l'enfant mène jusqu'en 1923 une vie fastueuse et recluse derrière les murs de la résidence pluriséculaire des empereurs chinois, la Cité interdite.

Le 13 novembre 1908, un palanquin sort de la Cité interdite, palais des empereurs de Chine, pour se diriger vers la demeure du Nord, résidence du prince Chun II et de son épouse. L'empereur régnant, Guangxu, vient de mourir, et sa mère, la terrible impératrice douairière Cixi, a choisi le nouveau « Fils du Ciel » : il s'agit de Puyi, fils aîné du prince Chun, qui a à peine plus de trente-six mois.

L'intronisation

L'enfant, un fin bambin à la natte déjà longue, se réfugie dans un placard à la vue des gardes du palais et n'accepte de monter dans le palanquin qu'accompagné de sa nourrice. Le palanquin, chargé de son précieux chargement, repart vers la Cité interdite. Puyi ne reverra sa mère que cinq ans plus tard. En choisissant un enfant en bas âge pour régner, Cixi a entendu se réserver l'autorité suprême pendant de longues années. Mais, victime d'une intoxication alimentaire, elle meurt quelques jours seulement après l'arrivée de Puyi. Celui-ci est intronisé en grande pompe. On le vêt de lourds habits de cérémonie que recouvre la robe impériale, en soie jaune brodée d'un dragon aux cinq griffes. La température, en cette fin d'année, est glaciale, et la cérémonie, extrêmement longue. Le tout petit garçon frissonne, de peur et de désespoir autant que de froid : « Je n'aime pas être ici. Je veux rentrer à la maison. »

Empereur sans l'être

Puyi est promu au rang de dieu vivant. Dans la Cité interdite, il ne se déplace qu'en palanquin, porté par des eunuques. Sur son passage, les personnes présentes se prosternent, s'agenouillant et frappant par neuf fois le sol de leur front. L'enfant n'est jamais puni. S'il commet une bêtise, un de ses camarades de classe est fouetté à sa place. À l'âge de cinq ans, Puyi abdique sans le savoir. La Chine est en ébullition : une révolution instaure la république. Yuan Shikai devient son premier président. Il impose à la cour les « articles du traitement bienveillant » qui sont très généreux : le petit empereur conserve son titre, jouit d'une liste civile considérable, a le droit de continuer à résider dans la Cité interdite, et ses biens personnels, très importants, ne lui sont pas enlevés. Puyi n'a aucune idée du changement fondamental qui vient de se produire : la vie à la cour continue, avec ses rites, inchangés, plus factices que jamais. Au fil des ans, sans véritable camarade, sans occupations auxquelles il soit contraint, Puyi développe une grande cruauté. Dans le journal d'un de ses précepteurs, on lit, à la date du 21 février 1913 : « Sa Majesté bat fréquemment les eunuques. Il en a récemment fait fouetter dix-sept pour des délits mineurs. Son fidèle sujet [le rédacteur] lui a fait des remontrances, mais sa Majesté n'a pas voulu écouter ses conseils. » Au moindre manquement à l'étiquette, le jeune souverain fustige de sa main ses domestiques et ses pages et va jusqu'à leur cribler le derrière de plombs. Pourtant, les eunuques continuent à voler la cour de façon éhontée. Ainsi, à en croire les registres impériaux, le petit Puyi aurait consommé, en l'espace d'un mois et à lui seul, près de cent kilos de viande et 240 canards et poulets...

Un nouveau précepteur à la cour

En 1919, la vie de Puyi est bouleversée par l'arrivée d'un nouveau personnage dans son cercle intime : Reginald Johnson, son professeur d'anglais. Abasourdi par le mode de vie irréaliste qu'on impose à l'empereur, celui-ci décide d'enseigner à son pupille les rudiments d'un comportement occidental : il commence par lui apprendre comment boire le thé à l'anglaise, comment se servir d'une fourchette et d'un couteau... Johnson fait découvrir à son élève la bicyclette, et Puyi fait installer le téléphone à l'intérieur de la Cité. Le jeune homme prend alors l'habitude de se faire appeler Henry — en souvenir de Henry VIII, qui lui paraît symboliser admirablement la royauté. À l'instigation de Johnson, Puyi décide même de couper sa natte, geste qui, en Chine, a une résonance sacrilège. Johnson acquiert rapidement à la cour une influence considérable. Puyi lui décerne le plus haut grade du mandarinat et le décore de l'ordre de la zibeline. En 1922, l'entourage de Puyi fait pression sur lui pour qu'il se marie. Après une tentative avortée pour abandonner son trône et se rendre à Oxford, le jeune homme s'incline et, à dix-sept ans, épouse Wang Chun, âgée de seize ans, membre de l'une des familles les plus riches de Mandchourie et choisie par l'empereur sur photographie. La nuit de ses noces, Puyi ne consomme probablement pas son mariage, qui restera un échec.

Un destin à l'image de l'histoire

À l'extérieur de la Cité interdite, la situation se modifie. À la suite d'un coup d'État en 1923, le général Feng Yuxiang prend le pouvoir. Il révise les « articles du traitement bienveillant ». Puyi devient un citoyen ordinaire, sa liste civile est réduite de quatre millions et demi de dollars à cinq cent mille dollars, il est tenu de quitter la Cité interdite. En revanche, il reste libre de ses mouvements, et la République chinoise lui assure une protection. À l'émissaire du général, au moment où il quitte la Cité interdite, Puyi déclare : « Voilà déjà longtemps que j'ai le sentiment de ne pas avoir besoin des "articles du traitement bienveillant". Je suis content de les voir abrogés. En tant qu'empereur, je n'étais pas libre. À présent, j'ai trouvé la liberté. » Il a dix-huit ans. Habitué à la vie hypocrite de la cour, Puyi doit sans doute à son enfance solitaire et étrange la méfiance et la fourberie qui, avouera-t-il plus tard — peut-être, il est vrai, sous la contrainte —, le caractérisent. Ces traits de caractère deviennent alors les qualités nécessaires pour traverser sans périr une époque particulièrement folle. En 1923, Puyi se réfugie à l'ambassade japonaise. Les Japonais l'installent comme empereur fantoche en Mandchourie. Il est capturé en 1945 par les Soviétiques, emmené en Sibérie puis, après la victoire de Mao Zedong, il est rendu aux Chinois qui l'envoient dans un camp de réhabilitation par le travail. « Citoyen modèle » de la nouvelle Chine populaire, Puyi meurt, libre, à Pékin en 1967.

Autobiographie de Puyi

Puyi raconte lui-même son intronisation à trois ans.
« Cérémonie interminable ; une bonne partie de la journée y passa. Il faisait très froid et quand enfin on me jucha sur le trône impérial, ma patience était à bout. Mon père m'avait guidé de ses deux mains, s'efforçant de m'empêcher de faire le moindre geste qui n'eût pas été prévu dans le cérémonial, et maintenant, par privilège, il se tenait tout près de moi, un genou en terre, le visage tourné de profil. Soudain incapable de me contenir plus longtemps, je me mis à pleurnicher. J'en avais assez de la cérémonie, je voulais rentrer à la maison ; et je le dis, tout en pleurant. [...]*

*— Allons, allons, disait tout bas mon père. Ne pleurez pas. Un peu de patience, il n'y en a plus pour longtemps. C'est bientôt la fin.
Ces paroles parvinrent aux fines oreilles de courtisans placés non loin du trône et, après la cérémonie, ils se confiaient entre eux en chuchotant : "Comment son Altesse Royale a-t-elle pu dire une chose pareille ! C'est bientôt la fin ! Cette parole est de mauvais augure..." »*

P. Kramer, *Ma vie, par Pou Yi, dernier empereur de Chine*, Stock, Paris, 1987.

Le prince Chun, régent du Céleste Empire, avec, à gauche, debout, le petit Puyi.

L'ex-empereur, prisonnier des Chinois communistes, rédige son acte de repentance.

1908

La Grande-Bretagne punit l'inceste
L'ENFANCE VIOLÉE

La condamnation de l'inceste envers des enfants date de 1908 en Grande-Bretagne et dans le Commonwealth. Mais où commence l'inceste ? Et comment le réprimer ? On estime qu'entre 10 et 25 % des enfants sont victimes aujourd'hui d'abus sexuels... Les Codes pénaux des différents pays hésitent à les mentionner et quelquefois à les punir.

Il est courant de mettre en garde les enfants contre les étrangers. Or, le danger en matière d'abus sexuels vient plutôt des proches. Selon les recherches américaines, les adultes qui commettent de tels abus les accomplissent dans 96 % des cas à l'intérieur de leur famille.

Une législation innovante

Le Children Act de 1908, valable pour l'Angleterre et pour le Commonwealth, est l'un des premiers exemples d'une loi qui tente de manière globale et dans un esprit moderne d'attirer l'attention des parents sur leurs responsabilités vis-à-vis de leurs enfants. Les articles 21 à 23 du texte énumèrent les mauvais traitements entraînant la condamnation des parents et le retrait de l'enfant de son foyer. L'article 58 étend, par rapport à toutes les lois antérieures, la notion de l'enfant en danger. Il y inclut par exemple la fille dont le père a été condamné pour attentat aux mœurs commis sur l'une quelconque de ses sœurs. En vertu de ce texte, un tribunal peut alors décider de confier l'enfant à un parent ou à tout autre tiers ou de le placer dans un pensionnat — ce qu'il ne lui était pas loisible de faire auparavant.

Un XIXᵉ siècle indifférent aux abus sexuels

Le texte britannique de 1908 constitue un premier pas décisif dans la législation de protection de l'enfance. Tout au long du XIXᵉ siècle, l'opinion et la législation préfèrent ignorer un problème qui gêne considérablement. En France, le code Napoléon de 1804 ignore purement et simplement l'attentat à la pudeur. Les enfants qui se plaignent de sévices (en particulier sexuels) sont généralement considérés comme de dangereux mythomanes. Le Français Ambroise Tardieu, premier médecin au monde à dénoncer les sévices à enfants, en 1860, s'appuie sur l'observation de 339 cas de viols et de tentatives de viol sur des enfants de moins de onze ans pour s'indigner : « Dès l'âge le plus tendre, des pauvres êtres sans défense sont livrés chaque jour et presque chaque heure aux plus cruels sévices... Des tortures devant lesquelles l'imagination recule lèsent leurs corps, éteignent les premières lueurs de leur raison et abrègent leur existence [...] Leurs bourreaux [sont] le plus souvent ceux-là même qui leur ont donné le jour. Il y a là un des plus effrayants problèmes qui puissent agiter l'âme d'un moraliste et la conscience d'un juge. » Mais Tardieu n'est encore qu'un précurseur, sujet à de vives polémiques de la part de ses collègues, et la législation n'intervient que tardivement.

La législation sur la protection de l'enfance ne date que du début du siècle (dessin de Radiguet, 1908).

Une notion problématique

Aujourd'hui, l'inceste, en Allemagne comme en Grande-Bretagne, est puni par une peine pouvant atteindre cinq ans de prison. Cette peine peut être alourdie dans le cas de circonstances aggravantes. Le Code français, quant à lui, écarte le terme d'inceste et préfère punir les « attentats aux mœurs accomplis sur la personne d'un mineur par un ascendant légitime naturel ou adoptif », formule plus large, puisqu'elle n'implique pas nécessairement la réalisation effective de rapports sexuels, mais aussi plus restrictive, puisqu'elle n'inclut ni les cas d'inceste entre adultes (voire entre adultes et enfants) consentants, ni entre enfants. Un texte fondamental, la loi du 3 juillet 1989 sur la protection de l'enfance, est venu en revanche compléter la législation existante : il fixe que la victime d'un viol par parent ou tuteur, une fois qu'elle a atteint sa majorité, dispose encore d'un délai de dix ans pour intenter une action pénale. C'est une mesure importante, quand on sait quelle force mentale et quelle maturité il faut à la victime d'un sévice parental pour révéler les faits.

Un drame très fréquent

En France, d'après les statistiques judiciaires, il se commet en moyenne par an environ trois cents cas d'incestes sur enfants dont un peu plus de la moitié en milieu rural. Ces chiffres sont établis d'après des affaires jugées, c'est-à-dire officiellement révélées ; en fait, d'après les services de protection de l'enfance, plusieurs milliers de cas se produiraient chaque année. Les études montrent que le délit est commis plutôt dans des milieux modestes, et l'inceste père/fille est de beaucoup le plus fréquent. D'autres enquêtes, plus récentes, sur les abus sexuels subis par l'enfant, sont encore plus alarmantes. Selon elles, 10 à 25 % de la population française aurait vécu une relation « incestueuse » (n'allant pas forcément jusqu'au rapport sexuel) dans son enfance ! Cette proportion est beaucoup plus considérable quand on interroge des prisonniers ou des prostituées. Ces chiffres hallucinants sont corroborés par les études étrangères. Aux États-Unis, plus d'un enfant sur huit est victime d'un inceste. En septembre 1988, une étude publiée par le ministère des Affaires sociales des Pays-Bas révèle qu'une femme sur trois âgée de vingt à trente ans a été sexuellement agressée avant ses seize ans (là encore, sans qu'il y ait forcément viol, mais sous la forme d'acte exhibitionniste, d'attouchement forcé, etc.), et qu'une sur six l'a été par un membre de sa famille, père, grand-père, oncle ou frère...

Les conséquences psychologiques de l'inceste sont dramatiques pour l'enfant (image du film d'A. Issermann, l'Ombre d'un doute, 1993).

La vision populaire du vagabond : un violeur (illustration satirique, 1905).

Des conséquences à vie

Les violences et les abus sexuels subis par les enfants dans leur famille sont à l'origine de **nombreuses lésions, de retards de croissance, de distorsions affectives et relationnelles et parfois même de la mort.**

Les « expériences » les plus précoces sont les plus redoutables. Un traumatisme sexuel peut entraîner l'arrêt brutal du processus de maturation. Certains psychologues parlent alors de « **meurtre psychique** », dû à la trop brutale immersion dans le réel.

Très souvent par la suite, **l'enfant met consciemment ou inconsciemment son corps en danger** par des conduites addictives (boulimie ou anorexie), des pratiques délinquantes, des procédés de « revictimisation » — mais aussi par des comportements de vengeance ou de fuite : infanticide ou abandon d'enfant.

L'odieux chantage

Dans la Porte du fond, roman de Christiane Rochefort, une enfant violée par son père confesse, sans fioritures, sa terreur et son tourment. Dans l'extrait suivant, le père menace la jeune fille, qui s'est rebiffée après des années de souffrance :

« Écoute-moi, me dit le Maître, assis cette fois sur mon divan, dans ma chambre. Nous allons conclure un accord (nous ! la démocratie !). Je peux te faire enfermer chez les fous. Comme ça (claquement de doigts). C'est mon droit. Parfaitement légal — tu as tendance à oublier parfois que je suis ton père. Une petite signature, et tu y restes jusqu'à ta majorité. Deux mille trois cent dix-huit jours, je tiens mes comptes. Et même ensuite. Parce que, une fois dedans, on n'en sort généralement plus. Encore moins si on se rebiffe. On est mineur pour la vie.

Je crois que j'ai pâli.

– Moi, dit-il, j'ai besoin de ça. C'est plus fort que moi, que veux-tu. C'est ma façon de t'aimer si tu tiens à des enjolivements. Et ce n'est pas une si mauvaise façon, il y a pire. Le mariage par exemple. L'ordure ! »

Christiane Rochefort, la Porte du fond, le Livre de Poche, Paris, 1988.

1912

L'enfant envahit la publicité
BÉBÉ CADUM

À partir de 1912, pour la promotion du savon Cadum, l'image d'un bébé rose et joufflu s'affiche sur tous les murs de Paris. Ce bébé frais, lustré, souriant, rapidement surnommé « Bébé Cadum », est à l'origine de l'utilisation de l'image de l'enfant dans la publicité, véritable filon commercial.

Sur les affiches créées pour la promotion du savon Cadum, l'enfant a un visage poupin éclatant de santé et laisse voir un petit torse dodu. Il semble sur le point de prendre son bain, comme le suggère d'ailleurs le slogan publicitaire « Savon pour la toilette et le bain ». Ses joues roses, ses cheveux bouclés en font un bébé sans sexe, une sorte d'angelot, l'enfant idéal rêvé par toutes les mères.

Le développement de l'hygiène

Le savon dont le délicieux poupon vante les mérites vient d'Amérique. En 1912, Michaël Winburn, homme d'affaires et publicitaire de renom, propriétaire d'une des plus importantes sociétés chimiques des États-Unis, l'*Omega Chemical Company,* décide de lancer en France un savon pour l'hygiène du corps. À cette date, le produit est un luxe. Winburn en fait un fruit du progrès à la portée de tous et un symbole de la société industrielle. Il fait bâtir à Courbevoie une usine pour créer des millions de savonnettes destinées aux pharmacies, bien sûr, mais aussi aux épiceries, parfumeries et drogueries. Pour cet Américain féru des pratiques commerciales d'outre-Atlantique se pose une question essentielle : comment promouvoir ce nouveau produit de façon inédite et évidente ? Soudain, c'est l'illumination : utiliser l'image d'un bébé comme symbole de la propreté, du confort, du bien-être modernes. Winburn demande alors à Arsène-Marie Le Feuvre, un peintre mondain français, de mettre en forme ce concept.

Une campagne à l'américaine

En 1912, l'image du bébé, sous forme d'affiches, de panneaux peints, de cartons publicitaires destinés aux devantures des commerces, se répand dans tout Paris. Les ventes du savon Cadum montent en flèche. Le « Bébé Cadum », en quelques mois, devient un mythe, engendrant rumeurs et fantasmes. En 1913, les deux enfants de la célèbre danseuse Isadora Duncan trouvent la mort, noyés dans la Seine, à bord d'une voiture dont le chauffeur avait oublié de serrer les freins. Un bruit se répand aussitôt : Patrick Duncan, le fils d'Isadora, aurait servi de modèle à Cadum... Le Bébé de Winburn et Le Feuvre subit ainsi le premier et le plus grand détournement que la publicité ait connu.

Bébé Cadum entre dans la langue

En 1918, la guerre à peine finie, le patron de Cadum décide de relancer l'opération publicitaire interrompue quatre ans durant. Partout, l'image du bébé doit être présente. À Paris, de la République à la Madeleine, à chaque point stratégique de la promenade des grands boulevards, le poupon rose et frais s'installe en évidence. À la porte Saint-Denis, un gigantesque panneau, au sommet d'un immeuble, expose en perspective un decrescendo de bébés. Sur le boulevard des Capucines, les deux façades du fameux hôtel Scribe sont recouvertes de la plus grande affiche du monde, plus de 1 000 m² d'une paroi peinte aux couleurs de Cadum, ponctuée de trois gigantesques têtes de bébés hautes chacune de quelque 17 mètres. Une nouvelle religion, celle de la propreté vendue en savonnette, s'exprime dans l'image d'une idole nouvelle : le bébé frais et rose. À l'instar de Cadum, d'autres poupons investissent bientôt les murs des villes de France : durant la crise économique des années 30, l'image d'un petit enfant attrayant paraît aux publicitaires le plus sûr moyen de faire vendre. Les résultats, cependant, sont variés : le bambin produit par la firme Monsavon connaît un fiasco, mais une autre société de produits pour le corps, Palmolive, s'approprie avec bonheur des quintuplées canadiennes, les sœurs Dionne. Pendant une vingtaine d'années, des deux côtés de l'Atlantique, l'opinion publique suit avec attendrissement le destin de Cécile, Yvonne, Émilie, Annette, Marie — et permet à Palmolive de s'adjuger près d'un quart du marché des produits d'hygiène.

Après la Seconde Guerre mondiale, chez Cadum, le bébé se fait plus discret mais demeure l'emblème de la marque. Entre-temps, de boutades en jeux de mots, le bébé publicitaire a fini par entrer dans la langue. Dans les années 40, l'écrivain Jean Cocteau dit du blond et rose Paul Claudel : « C'est le Bébé Cadum qui écrit. » « Bébé Cadum ! » est une invective qui s'emploie toujours. Dans un fameux dictionnaire de langue, on peut lire : « Bébé Cadum : loc. fam. Gros bébé rose et joufflu. D'après les affiches célèbres de la firme Cadum. »

Publicité utilisant le buvard pour atteindre directement les enfants.

Un film publicitaire récent reposant sur l'utilisation du bébé pour évoquer l'idée de douceur.

Présentoir publicitaire des savons Bébé Cadum.

L'ère de l'enfant-alibi

Depuis le début des années 80, la publicité sollicite l'image du bébé et de l'enfant à un niveau jamais atteint depuis les temps héroïques du Bébé Cadum.

Bébé Lotus. Par un décret du 27 mars 1992, la réglementation européenne autorise, tout en lui mettant des limites, l'utilisation d'enfants et de bébés dans des spots pour promouvoir des produits qui ne les concernent pas au premier chef. Ainsi « Bébé Lotus », qui déroule un rouleau de papier toilette dans toute la maison, attendrit pendant trois ans le téléspectateur français.

Yoghourts ou voitures. En 1993, les enfants vantent assez logiquement et avec succès sur les écrans européens des produits comme Yoplait, Danone Kid, Petit Gervais aux fruits, les petits-suisses de Chambourcy, mais servent aussi d'alibi pour les campagnes Peugeot 205, Passat, Golf, Mir Laine, Kenzo, Pousse-Mousse… De la couche-culotte à la berline cinq portes, tout se vend avec le concours d'une jeune frimousse.

Le cas Benetton. Selon le Centre de documentation publicitaire, le nombre de spots utilisant des enfants pour vendre tout autre chose que des produits les concernant a augmenté de 48 % entre 1991 et 1993. La frontière entre l'attendrissement et la provocation est peut-être franchie par Benetton en 1991 lorsque cette firme placarde sur tous les murs d'Europe l'affiche d'un nouveau-né sanguinolent et encore relié à sa mère par le cordon ombilical…

1914-1918

L'héroïsme enfantin comme propagande
JEAN-CORENTIN CARRÉ

Durant la Première Guerre mondiale, Jean-Corentin Carré, jeune Breton du Faoüet, parvient grâce à un faux état civil à s'engager à 15 ans dans un régiment d'infanterie. Sa mort héroïque, en 1918, en fait pour la propagande militaire française l'emblème idéal du dévouement à la patrie.

Pendant deux ans, de 1915 à 1917, le courage au combat de Jean-Corentin Carré, engagé au 41ᵉ régiment d'infanterie, est exemplaire. Ayant atteint l'âge légal d'engagement de 17 ans en 1917, il demande à rejoindre l'aviation sous son véritable nom, quitte à perdre son grade de sous-officier acquis entre-temps. Il trouve la mort dans un combat aérien.

Un héroïsme exemplaire

Dans une lettre adressée à son instituteur depuis le front, Jean-Corentin Carré écrit : « Je ne pourrais pas vivre sous le joug de l'ennemi ; c'est pourquoi je suis soldat. Eh ! bien, ce sentiment de l'honneur, c'est à l'école que je l'ai appris, et c'est vous, mon cher maître, un de ceux qui me l'ont enseigné ! Je souhaite que tous les petits écoliers comprennent les leçons qui leur sont données de la même manière que je les ai comprises. La vie en elle-même n'est rien si elle n'est bien remplie. » À la fin de la guerre, la propagande militaire se saisit de ce cas exceptionnel. Cet extrait de lettre est dupliqué sur une affiche et diffusé aux enfants des écoles en 1919. Certaines de ses lettres ainsi que des passages de son journal de marche sont publiés dans des journaux. Une brochure, *le Plus Jeune Héros de la guerre, Jean-Corentin Carré, 1900-1918*, est éditée. Un monument est dédié à Jean-Corentin Carré dans sa commune.

Les fugues héroïques

Dans le climat patriotique de la Grande Guerre, un phénomène de fugues héroïques se déclenche : des enfants parfois très jeunes quittent le domicile familial pour aller combattre sur le front au côté des soldats. Chacun de ces cas fait la une de la presse. Ainsi Boillot, un garçon d'Aubervilliers âgé de treize ans, est retrouvé mourant de faim à Senlis alors qu'il tente d'atteindre le front. Il voulait, dit-il aux gendarmes qui le recueillent, « donner une leçon aux boches ». Au bout de ces élans héroïques, quelques enfants comme Jean-Corentin Carré se retrouvent réellement au combat.

Entre mythe et réalité

Toutes les manifestations d'héroïsme enfantin sont encouragées et soulignées par la propagande. Le cas de Jean-Corentin est exemplaire, mais, parfois, des petits héros sont également créés de toutes pièces. L'histoire d'Émile Després, retranscrite en images d'Épinal et commentée dans les journaux de l'époque, est un pur montage patriotique. Au moment de l'exploit fondateur de sa légende, Després a environ treize ans. Originaire du village de Lourches, dans le Nord, il y exerce la profession de mineur. Vers la fin d'août

Jean-Corentin Carré (1900-1918), « le plus jeune poilu de France ».

Le sens de la propagande

Dès 1914, en France, les **éditeurs de cartes postales**, sollicités par les services de propagande des armées, lancent d'étonnantes campagnes de soutien au moral des troupes en diffusant des millions de cartes montrant des **bébés revanchards**, agressifs, prêts aussi à en découdre.

Ces **« graines de poilus »** sont destinées, dans l'esprit de l'état-major, à assurer aux combattants le soutien de « l'arrière » et à donner l'impression que la relève est prête. L'enfant-héros permet d'**exorciser certaines craintes profondes** de la France en guerre : celle d'une défaite éventuelle, celle d'une **« perte de substance »** liée à l'immensité des sacrifices consentis.

Les cultures de guerre, **en Allemagne** comme dans d'autres pays, sont différentes. En Grande-Bretagne, par exemple, le seul enfant-héros doté d'une certaine notoriété est **Jack Cornwell**, tué à seize ans dans la bataille du Jutland, sur le navire *Chester*, le 31 mai 1916. Mais, à la différence des enfants-héros français, **son héroïsme est purement passif** : les timbres commémoratifs le représentent immobile au milieu des morts, attendant la dernière balle.

Le patriotisme enfantin au féminin : Anaïs Nin

Âgée de onze ans et demi en 1914, Anaïs Nin s'exile avec sa famille à New York, où elle commence à rédiger, en français, un journal, vibrant plaidoyer pour la France. Le 18 janvier 1915, la fillette imagine l'arrivée imminente d'une nouvelle Jeanne d'Arc (qui pourrait même être elle-même) pour sauver la France :

« On apporte de bien mauvaises nouvelles de la France, je veux dire de la guerre, les Allemands ont pris plusieurs villes en France, et il y a beaucoup à craindre pour la gloire française. Hélas, peut-être l'héroïne arrivera trop tard ! et alors plus de France ! Oh, non, non, non ! cela ne peut pas être, si l'héroïne ne vient pas, nous tous ensemble nous la remplacerons, moi si petite en pensant à cela je me sens si forte, si forte mais c'est trop peu. Ah, si je pouvais rendre le sourire aux pauvres mères en repoussant les barbares sans nom qui détruisent des villes entières, qui tuent enfants, vieillards, femmes et pauvres soldats à jamais regrettés ! Mais je vois bien que ce n'est pas à moi que cette place est réservée, et pourtant si personne ne vient, il faudra bien que j'aide à la remplacer. »

A. Nin, *Journal d'enfance, 1914-1919*, Paris, Stock, 1979.

« À la gloire de Jean-Corentin Carré », affiche de Victor Prouvé en l'honneur du jeune héros de la Première Guerre mondiale, 1919. ▷

1914, sa région est envahie par les troupes allemandes. Dans son village, des Allemands s'apprêtent à fusiller un sergent français blessé qui a cherché à protéger une Française des violences de l'ennemi. Émile Després, témoin, offre au sous-officier un peu d'eau. L'officier allemand le fait arrêter et lui promet la vie sauve s'il tue lui-même le sergent. L'enfant fait mine d'accepter le marché et, au dernier moment, retourne l'arme qu'on lui a prêtée sur l'officier ennemi, qu'il tue à bout portant. Il est aussitôt exécuté dans des conditions décrites comme atroces par les journaux de l'époque. L'enfant-héros, qu'il soit réel comme Jean-Corentin Carré ou légendaire comme Émile Després, est un combattant qui porte la mort, et qui est censé annoncer de manière évidente la victoire inévitable de la France et du droit.

Les enfants aussi sont mobilisés, au moins moralement (détail d'une affiche des Galeries Lafayette, à l'occasion des étrennes de 1918).

Les enfants de l'arrière

À l'arrière, en Allemagne, en France, en Grande-Bretagne, dans la plupart des pays en guerre, les enfants souffrent pendant la Première Guerre mondiale.

La pénurie. La disette qui accable les populations urbaines n'épargne pas les enfants. En Allemagne, le manque de corps gras nuit aux bébés, qui naissent sans ongles. À Lille, au lendemain de l'armistice, une enquête médicale permet de constater que, sur un effectif de 13 036 enfants des écoles publiques, un peu plus de 8 000 doivent être hospitalisés ou envoyés dans des colonies de vacances.

L'école. La scolarité des enfants est diversement affectée par la guerre. En France, dans les villes proches du front, les classes ont lieu dans les caves. Sur tout le territoire, les jeunes maîtres mobilisés sont remplacés par des retraités ou des volontaires.

Le travail des enfants. En Allemagne, les adolescents sont employés dans la « mobilisation civile ». Ils constituent une main-d'œuvre toujours à la limite de l'épuisement, dont le rendement est faible. En Grande-Bretagne, les enfants d'âge scolaire sont recrutés dans les usines par centaines de milliers. En France, en 1918, 139 000 enfants de moins de dix-huit ans ont pris le chemin de l'usine.

1920

Une pédagogie dynamique pour les délinquants
LA COLONIE GORKI

Gorki, le célèbre écrivain, s'est intéressé dans ses livres, après avoir exercé lui-même de nombreux petits métiers, aux marginaux.

Après la Première Guerre mondiale et la guerre civile, les enfants abandonnés ou en rupture de ban sont légion dans le nouvel État qu'est l'U.R.S.S. Pour survivre, beaucoup sombrent dans la délinquance. Le gouvernement soviétique s'efforce de régler ce problème, d'ampleur nationale, en fondant des colonies d'éducation.

En 1920, le pédagogue Anton Makarenko met en place l'une de ces colonies en Ukraine. Elle adopte le nom de l'écrivain Gorki, dont elle fait son parrain. Pendant les huit ans passés à la tête de l'institution, Makarenko entreprend non seulement de « redresser » les enfants qui lui sont confiés — c'est-à-dire de les préparer à s'intégrer de nouveau à la société « normale » —, mais aussi de former avec eux le modèle d'un homme nouveau : l'homme soviétique. Pour cela, il privilégie chez les adolescents le sentiment d'appartenir à une collectivité, plutôt que de favoriser, comme le fait une éducation ordinaire, une relation entre un ou deux adultes (les parents ou le maître) et le jeune.

Des débuts difficiles

Après avoir rendu habitable une petite partie des bâtiments d'une ancienne colonie pénitentiaire, Makarenko reçoit, le 4 décembre 1920, les six premiers pupilles de la colonie Gorki — tous des enfants difficiles, jeunes délinquants qui, autrement, auraient été conduits en prison. Dès la première semaine, l'un des enfants commet un meurtre dans les environs. Ses camarades, quant à eux, refusent de travailler, vont et viennent à leur guise et montrent un irrespect croissant envers leurs éducateurs. Makarenko, oubliant un instant ses principes pédagogiques, administre alors une sévère correction à l'un d'eux. Cette mesure énergique convainc les cinq adolescents restants de se plier aux ordres reçus. Dans les trois mois qui suivent, vingt autres pupilles, environ, arrivent dans l'établissement. Les crédits de la colonie sont à peine augmentés pour autant : tous les enfants sont abrités dans une unique et vaste salle, qui leur sert à la fois de dortoir, de réfectoire et de salle de classe. Vêtus de guenilles, chaussés de chiffons plus souvent que de souliers, nourris parcimonieusement, mal chauffés, ils vivent misérablement, et pensent plus souvent à voler de quoi subsister qu'à se concentrer sur leur travail — celui-ci consistant moins en un cursus proprement scolaire qu'en des leçons d'éducation morale. Quel que soit le désir du directeur d'imposer dans l'esprit de ses pupilles l'amour du groupe formé par la colonie Gorki, la misérable collectivité des enfants n'est pas encore bien soudée, en cette époque difficile : en témoignent des brimades infligées aux élèves juifs par les éléments non juifs. Les seuls moments de véritable cohésion de la communauté sont les veillées, moments privilégiés où éducateurs et jeunes gens se retrouvent, pour des jeux, des lectures à haute voix, dont tous se souviennent, des années après, avec une réelle émotion.

Une superbe réussite

Petit à petit cependant, grâce à l'habileté gestionnaire et au tact du directeur, la situation de la colonie s'améliore, tant sur le plan matériel que sur le plan moral. Ayant constaté la totale infertilité des terres attribuées à l'origine à la colonie, Makarenko parvient à se

---

Réformer Kouriaje

Dès leur arrivée, les colons de Gorki lisent le programme de réorganisation à leurs camarades de la colonie de Kouriaje.

« Il doit être procédé immédiatement […] à la collecte de tous les vêtements, linges, draps, couvertures, matelas, serviettes de toilette, etc., se trouvant entre les mains des pupilles de la ci-devant colonie de Kouriaje, ce qui s'entend non seulement des effets appartenant à l'État mais également de ceux qui leur appartiennent en propre, pour être aujourd'hui même portés à la désinfection et ensuite réparés. […] Tous les pupilles, à l'exception des jeunes filles, doivent passer à la tondeuse […] Tous les pupilles sont tenus de prendre aujourd'hui un bain […] On est tenu d'attacher la plus grande importance à la propreté. »
Suit la liste des travaux à effectuer.

A. Makarenko, *Poème pédagogique,* Moscou, éditions du Progrès, 1967.

faire concéder, à la place, un domaine abandonné beaucoup plus prometteur sur le plan agricole. Deux ans durant, à partir de 1920, les colons de Gorki — qui demeurent dans leur première résidence — sont mobilisés par la remise en état de leurs futurs quartiers, qui traîne en longueur à cause du manque d'argent. Les enfants s'affairent sur le chantier, dans les nouveaux champs ou dans les ateliers une moitié de la journée. L'autre moitié est consacrée à l'étude. En 1922, le domaine, enfin réhabilité, commence à devenir productif. Au cours de l'hiver 1923, l'organisation collective s'affine avec la création de détachements d'élèves dirigés par un commandant. Chaque détachement est affecté à une tâche bien précise : cordonnerie, menuiserie, forge ou étable ; puis tâches agricoles, absorbantes seulement à la belle saison — depuis les semailles jusqu'à la récolte. Les commandants forment un conseil qui coopte ses membres. Ces chefs, chargés de veiller à ce que chacun travaille avec activité, ne jouissent d'aucun privilège. Ce système fait participer tous les enfants non seulement au labeur, mais aussi à l'organisation, ce qui a pour but de les rendre plus responsables. Le 3 octobre 1923, la colonie des enfants quitte son ancien établissement et s'installe dans son nouveau domaine. La venue d'un agronome la dote bientôt d'une agriculture prospère, qui rejette la misère des premiers temps dans le domaine des mauvais souvenirs. Les colons ne sont pas riches, mais ils satisfont leurs besoins. La scolarité progresse en proportion. Certains colons, admis à la faculté ouvrière, poursuivront des études supérieures.

Un nouveau défi

En peu d'années, la colonie Gorki a transformé des adolescents misérables, à moitié sauvages et voleurs, en des élèves convenables, et des solides travailleurs. Ce succès grise Makarenko, et lui procure quelques soutiens auprès du gouvernement. Le fondateur de la colonie Gorki commence alors à rêver de créer sur un immense domaine une gigantesque collectivité d'enfants, fonctionnant sur le modèle de la modeste colonie Gorki. Comme première étape, il accepte d'intégrer à l'intérieur de la colonie Gorki, dont les pupilles formeront en quelque sorte le noyau dynamique du futur établissement, une institution pénitentiaire juvénile comptant 300 enfants, qui se trouve dans un état catastrophique : la colonie de Kouriaje. À Kouriaje, le personnel éducatif a purement et simplement renoncé à remplir sa mission. Les enfants sont couverts de poux, sales et misérablement vêtus. Leurs dortoirs sont crasseux et à peu près vides de meubles — ceux-ci ont été vendus à l'extérieur sans que les trafiquants soient dénoncés. Les fillettes, martyrisées par les garçons, vivent dans la terreur... Les colons de Gorki et leur directeur implantent leur organisation à Kouriaje ; ils s'attaquent aux récalcitrants par la dérision et la honte plutôt que par la violence. De la sorte, ils transfigurent en peu de temps la sinistre colonie et offrent des espérances à des enfants qui n'en avaient pas. De nouveau, Makarenko a réussi. Ce succès, pourtant, n'a pas de suite décisive. Le brillant pédagogue ne parvient finalement pas à faire accepter ses idées novatrices aux responsables de l'Instruction publique. Découragé, il finit par démissionner de son poste de directeur de la colonie Gorki pour se consacrer, de nouveau, à une expérience à petite échelle : la commune Dzerjinski, colonie d'enfants non pas délinquants mais abandonnés, dont il a pris la tête en 1927.

L'atelier de mécanique à la colonie Gorki, un camp de réhabilitation des délinquants et des abandonnés, par le travail et la discipline consentie.

1920

Le début d'une enquête sur les bons écoliers
L'INVENTION DES SURDOUÉS

Le début du XXᵉ siècle est l'âge d'or de la mise en chiffres de l'intelligence. Les spécialistes « mesurent » que le génie s'établit autour d'un quotient intellectuel de 135. Un professeur de psychologie américain, Lewis Madison Terman, décide alors de circonscrire un peu plus cette donnée si floue qu'est l'intelligence, en entreprenant une gigantesque étude portant sur 1 528 enfants californiens considérés comme surdoués...

Les travaux du chercheur commencent en 1916, dans la lignée des travaux du psychologue français Alfred Binet, fondateur des tests de niveau intellectuel : cette année-là, Terman établit une méthode pour calculer l'âge mental mais aussi le quotient intellectuel de tout enfant. Il dispose désormais d'un outil qui lui permet d'effectuer une sélection d'enfants « surdoués » et d'étudier leurs caractéristiques et leur devenir.

Un groupe d'enfants suivi sur quarante ans
Pour identifier sa population d'enfants surdoués, Terman a recours à un procédé économique mais critiquable scientifiquement. Pendant l'hiver 1920, il fait passer des tests dits « de coefficient intellectuel » au plus jeune et aux trois meilleurs élèves de chaque classe de cours moyen (la quatrième année de primaire) de Californie. Échappent donc à la sélection tous les enfants en situation de non-

Le surdoué : un concept... dangereux

À la fin du XXᵉ siècle, la mode est de parler d'enfant surdoué sitôt qu'un petit garçon ou une petite fille obtient des résultats scolaires quelque peu meilleurs que ceux de ses camarades de même âge.

À bien y regarder cependant, le groupe d'élèves examiné par Terman est simplement constitué d'enfants aux capacités d'assimilation en milieu scolaire supérieures à la norme, « talent » qui permet à ces jeunes de s'adapter également, plus tard, au milieu professionnel, et de mener fréquemment de belles carrières.

Cette capacité d'adaptation n'a pas grand-chose à voir avec le cas, rarissime, d'enfants en avance de plusieurs années sur leurs camarades du même âge, et qui manifestent une précocité en des domaines parfois fort éloignés des seules matières scolaires : à ces seuls enfants, qui se rencontrent très exceptionnellement, il convient de donner, avec bien des précautions, le qualificatif de « surdoué ».

Encore ces enfants précoces ne deviennent-ils pas forcément des adultes créatifs et véritablement supérieurs à la moyenne. Il arrive que le génie se manifeste tard, ou qu'une précocité trop nourrie par le milieu familial tarisse à l'âge adulte. À l'inverse, il est évident qu'un entourage social favorable permet de nourrir des talents qu'aucun Q.I. ne saurait mesurer : qui pourrait dire si le petit Johann Sebastian Bach, héritier d'une lignée de musiciens talentueux, aurait été sélectionné parmi les enfants talentueux de Terman s'il avait vécu en Floride aux alentours de 1920 ?

Maybelle, une enfant surdouée de deux ans, plongée dans la lecture d'un livre.

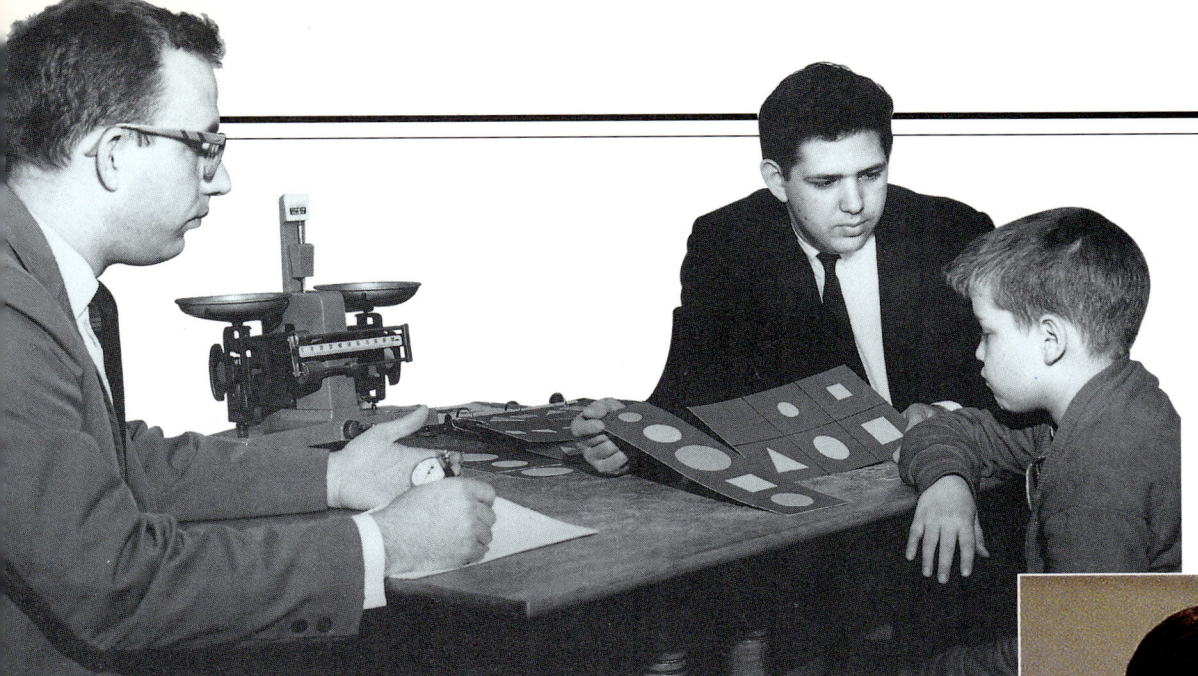

Enfant soumit a des tests visant à déterminer son coefficient intellectuel.

Arthur, un enfant surdoué élevé selon une méthode élaborée par son père.

réussite scolaire… Les 1 528 enfants sélectionnés ont tous un Q.I. supérieur à 135 — résultat atteint par 1 % seulement de la population américaine. Outre les tests d'intelligence, ils subissent des entretiens avec un psychologue, qui évalue l'équilibre de leur personnalité et celui de leur contexte familial.

Le groupe présente une proportion de 116 garçons pour 100 filles… L'étude montre que ces enfants ont en général marché un mois et parlé trois mois et demi plus tôt que la moyenne, et que, d'autre part, pour la moitié d'entre eux, ils savaient lire avant d'entrer à l'école primaire. Ces enfants — conclut le rapport — ont en moyenne 50 % d'avance en terme d'âge mental ; mais l'organisation scolaire ne leur permet en général de gagner qu'une seule année scolaire d'avance (c'est-à-dire 14 % de gain).

Terman conclut que les enfants qu'il a examinés sont astreints à des tâches d'un niveau de deux ou trois années inférieur à celles qu'ils seraient en réalité capables d'effectuer. Un questionnaire d'intérêts passé en début d'adolescence chez d'autres enfants sélectionnés selon des critères comparables indique une attirance pour les matières théoriques et les professions intellectuelles et peu d'intérêt pour le sport, la mécanique et les activités de groupe. La commission d'enquête suit le groupe d'enfants étudiés quarante années durant. Arrivés à l'âge adulte, la plupart des bons élèves de Terman se consacrent à des professions scientifiques. En 1955, les registres de American Men of Science comptent 77 d'entre eux, dont 10 ayant une renommée internationale, phénomène remarquable par rapport à un groupe de 1 500 enfants. Les conclusions du rapport Terman laissent entendre qu'il existe bien des êtres nés avec des talents exceptionnels, dont le bénéfice dure de leur naissance à leur mort. Avec cette enquête naît l'habitude de l'usage intensif des tests d'intelligence. À la lecture du rapport Terman, certains psychologues réclament la fondation d'établissements scolaires réservés aux enfants surdoués. En 1946 — trente ans après le commencement de l'investigation du chercheur américain — se constitue l'American Association for Gifted Children (Association américaine pour les enfants doués), qui soutient ce projet d'institutionnalisation.

Les différentes politiques

Des classes spéciales… La question du sort scolaire des enfants précoces ne date pourtant pas de 1946. Peu de temps après la légalisation de l'école obligatoire, des psychologues commencent à s'interroger sur le sort qu'il convient de réserver à de tels enfants, à l'intérieur d'un système scolaire établi pour des jeunes aux compétences intellectuelles moyennes. Ainsi, en 1909, le psychologue Binet lance en France un appel à ne pas laisser dépérir de tels esprits : « Un enfant d'intelligence supérieure est une force à ne pas laisser perdre. » Aux États-Unis, la fondation de la première école pour enfants exceptionnellement doués, où les programmes scolaires sont accélérés et approfondis, est antérieure à cet appel : elle est ouverte en 1901 à Worcester, dans l'État de Massachusetts. Mais c'est principalement après la Seconde Guerre mondiale que les différents États, tant communistes (Chine, U.R.S.S., pays de l'est) que capitalistes (les États-Unis et Israël en tête), se préoccupent d'instaurer des établissements spécialisés pour y élever les enfants véritablement surdoués.

… au nursing précoce. À mesure que le thème de l'enfant surdoué est diffusé par les médias, l'idée naît — le snobisme familial s'en mêlant — que chaque enfant, moyennant un dressage intellectuel adéquat, est susceptible d'obtenir des résultats exceptionnels en termes de précocité aussi bien que de qualité. À partir des années 1980, des psychologues assoiffés de célébrité enseignent aux parents les meilleures manières de procurer à leurs bébés des apprentissages ultraprécoces. L'un de ces éducateurs à succès, l'Américain Glenn Doman, est le fondateur des Better Baby Institutes (ou Centres de perfectionnement des bébés) et l'auteur de plusieurs ouvrages au retentissement énorme (*J'apprends à lire à mon bébé*, *Comment apprendre les mathématiques à votre bébé*, etc.).

1921-1922

Des nourrissons vaccinés contre la tuberculose
L'APPARITION DU B.C.G.

Le 1er juillet 1921, un pédiatre français, Benjamin Weill-Hallé, fait absorber à un nouveau-né de 3 jours une dose de B.C.G. buccal destiné à le protéger de la tuberculose. Le cinquième jour, le bébé reçoit de nouveau une dose (2 mg) et de même le septième jour.

Le nourrisson, un petit Parisien, est né d'une mère tuberculeuse et élevé par une grand-mère présentant elle-même des signes d'infection. Il ne sera, quant à lui, jamais atteint par la maladie.

L'invention du B.C.G.

Les trois lettres B.C.G. signifient « bacille Calmette-Guérin ». Vétérinaire, Camille Guérin étudie la tuberculose chez les bovins et, en 1914, il publie avec le médecin de marine Albert Calmette une *Contribution à l'étude de la vaccination des bovidés contre la tuberculose*. Les travaux expérimentaux menés par les deux chercheurs consistent en 230 repiquages du bacille de la tuberculose — dit aussi bacille de Koch, du nom de son découvreur — sur un milieu de culture spécial contenant de la bile de bœuf, afin d'obtenir des souches de bacille dénuées de tout pouvoir pathogène, mais conservant la propriété de protéger l'organisme contre une infection bacillaire ultérieure. Sept ans plus tard — l'année qui suit la mise en application du vaccin délivré par le pédiatre Benjamin Weill-Hallé —, les deux chercheurs décident de transposer leurs études à l'enfant, en menant une expérimentation globale : le B.C.G. naît alors véritablement.

En trois ans, 178 nourrissons de la crèche de l'hôpital de la Charité, à Paris, reçoivent le nouveau vaccin. Albert Calmette rapporte ses premières statistiques en octobre et novembre 1928. Elles concernent une population de 845 nourrissons vaccinés et suivis pendant deux ans à la pouponnière de la Compagnie des mines de Béthune, aussi bien dans des familles saines que dans celles dont un ou plusieurs membres sont déjà atteints ou suspects de tuberculose. « La mortalité générale a été seulement de 3,5 % alors qu'elle était, en 1926, de 8,5 % pour toute la France et la mortalité tuberculeuse a été, de un mois à deux ans, de 0,2 %. Il n'est pas douteux que, dans cette expérience, la vaccination préventive de la tuberculose par le B.C.G. ait eu pour résultat non seulement de faire disparaître de tout le territoire de la concession des mines de Béthune la mortalité infantile due à la tuberculose, mais encore de faire manifestement baisser la mortalité générale. »

Le drame de Lübeck

Appliqué à des enfants extrêmement jeunes, le nouveau vaccin inquiète et rencontre, dès le début, de farouches oppositions. Des détracteurs opiniâtres, tels le docteur Petroff à New York ou le docteur Lignières en France, affirment que le vaccin, loin d'être inoffensif, « a gardé des pouvoirs pathogènes ». Pourtant, peu à peu, la vaccination par le B.C.G. progresse. Mais un coup de frein brutal est donné lorsque, en avril 1930, un drame se produit à Lübeck en Allemagne. Sur 252 enfants vaccinés entre décembre 1929 et avril 1930, 71 succombent à une infection tuberculeuse gravissime… Le vaccin, d'emblée, est mis en cause. Après une enquête scientifique qui dure seize mois, la vérité se fait jour. Une grave méprise a été commise au cours d'une manipulation à Lübeck, où des souches virulentes de bacilles de Koch ont été accidentellement mélangées au B.C.G. venant de Paris ! Les deux responsables sont condamnés, l'un à deux ans, l'autre à quinze mois de prison. Il paraît même encore plus probable qu'il s'agissait d'une folle et criminelle expérience du chef de laboratoire responsable de la préparation du vaccin qui, « poursuivant lui-même des essais de vaccination en 1930, avait introduit, aux fins d'expérience peut-être, des bacilles ayant gardé leur virulence dans le vaccin de l'Institut Pasteur et fait périr ainsi les nourrissons » !

Vers la vaccination mondiale obligatoire

Les années passent et, en 1948, se déroule le premier Congrès international du B.C.G. où trois cents spécialistes du monde entier s'accordent pour confirmer l'efficacité du vaccin. Des statistiques concordantes dégagent la preuve que l'infection tuberculeuse est de 80 % inférieure chez des adolescents ayant reçu le B.C.G. par comparaison aux autres. La tuberculose est encore, en 1955-1960, la mala-

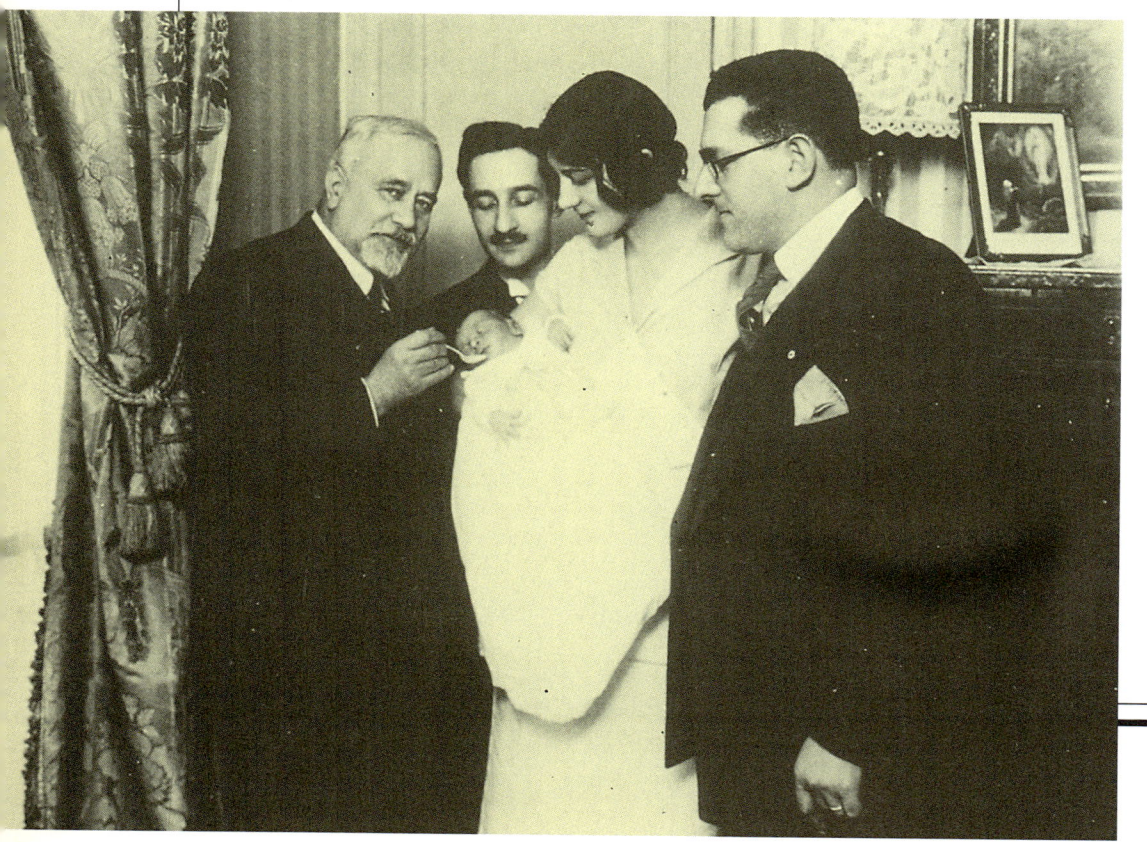

Le médecin Calmette, l'un des deux inventeurs du B.C.G., vaccinant un bébé (1923). La première vaccination d'un nouveau-né contre cette maladie date de 1921.

die infectieuse qui cause le plus de morts en Europe et aux États-Unis. Aujourd'hui, plus d'un milliard de vaccinations par le B.C.G. ont été réalisées dans le monde... En Hongrie et au Portugal, la vaccination doit être effectuée dès les premiers mois de la vie. En France, elle est obligatoire depuis 1955 pour les enfants dès leur entrée à l'école. Au Canada, en Finlande, en Italie, en Australie, elle n'est pas exigée. Le risque de tuberculose, il est vrai, est à peu près nul pour des enfants vivant dans des familles bénéficiant de bonnes conditions socio-économiques et régulièrement suivis sur le plan médical. Dans les pays en voie de développement, la tuberculose est beaucoup plus meurtrière et reste un problème de santé publique. Il en va de même des autres maladies contagieuses... Pour répondre à cette situation, l'Organisation mondiale de la santé a institué en 1974 un Programme élargi de vaccination (P.E.V.), devenu opérationnel en 1977. L'objectif principal du P.E.V. est de vacciner au moins 80 % de la population infantile du tiers-monde contre les six maladies majeures « tueuses d'enfants » (tuberculose, mais aussi rougeole, diphtérie, tétanos, coqueluche et poliomyélite). En 1988, plus de 50 % des enfants du tiers-monde sont protégés contre la tuberculose : c'est encore loin d'être suffisant.

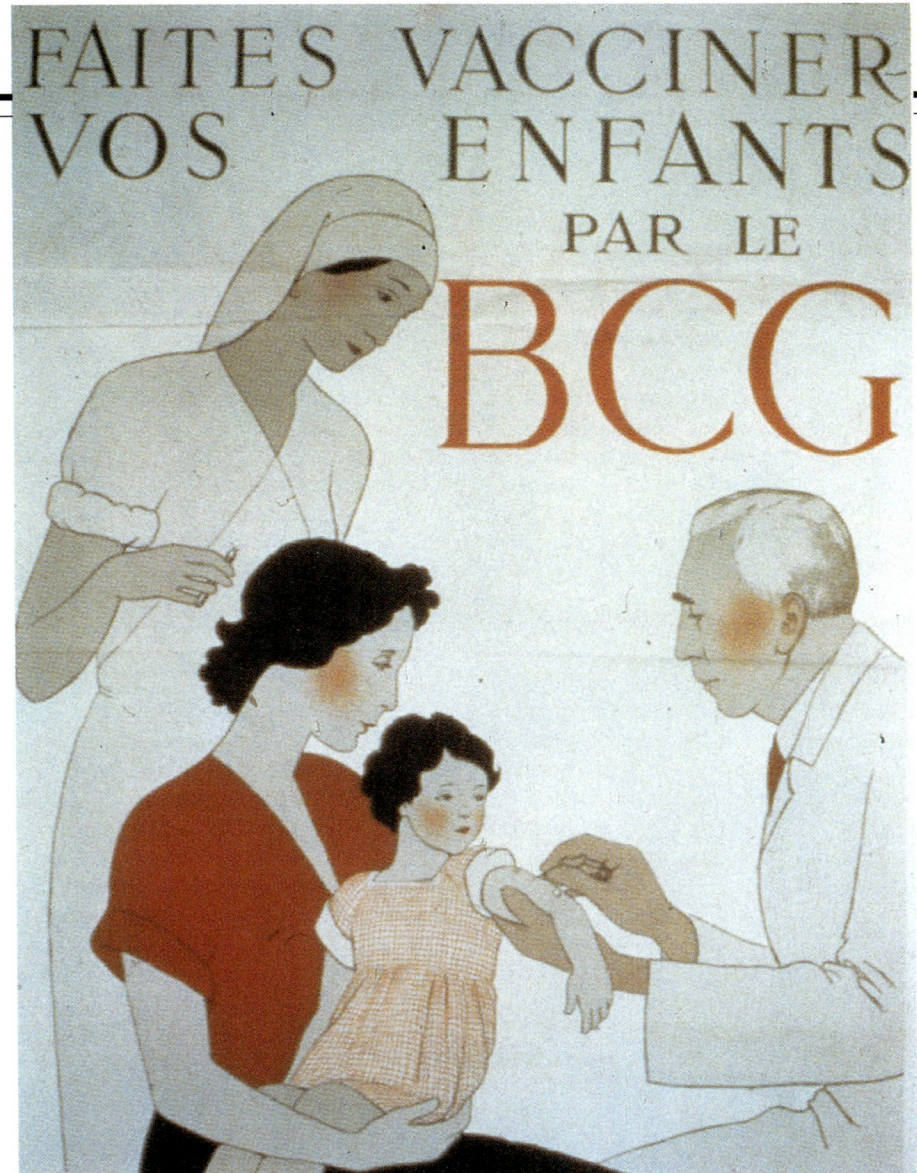

Affiche en faveur de la vaccination contre la tuberculose (1920).

Camille Guérin, vétérinaire, inventeur avec Albert Calmette du B.C.G.

Les maladies infantiles et leurs vaccins

La rougeole. La rougeole reste l'une des grandes causes de mortalité infantile dans la plus grande partie des pays du tiers-monde. Elle tue autour de deux millions d'enfants par an. Le vaccin antirougeoleux a pourtant été introduit aux États-Unis dès 1963, et dans la plupart des pays à économie développée durant les années suivantes. Or, au milieu des années 1990, seulement 26 % des enfants du tiers-monde sont vaccinés contre cette maladie.

La rubéole. Depuis l'observation de l'ophtalmologiste australien Mac Allister Greg en 1941, on sait que le virus de la rubéole peut induire chez une femme enceinte l'apparition de certaines infirmités pour son enfant. En 1966, P.D. Parkman met au point le premier vaccin contre cette maladie.

Les oreillons. En 1969, l'Américain Hillemann met au point un vaccin contre les oreillons, préparé à partir de la souche virale Jeryl-Lynn, ainsi nommée parce qu'il s'agit d'une souche isolée chez la fille de Hillemann, Jeryl-Lynn, atteinte de la maladie. Depuis 1979, environ vingt millions d'enfants ont été vaccinés, avec des résultats positifs de l'ordre de 95 %.

Le tétanos. Le tétanos tue chaque année 800 000 enfants environ. Il est dû à un bacille sporulé présent dans la terre, qui provoque une intoxication des centres nerveux. La plupart des victimes sont des nouveau-nés contaminés au moment de la section du cordon ombilical par des instruments ou des pansements souillés. Le vaccin antitétanique présente une efficacité voisine de 100 %.

1921

Une forme d'éducation parallèle
« LIBRES ENFANTS DE SUMMERHILL »

En 1921, le psychanalyste britannique Neill fonde l'école de Summerhill — un internat — dans la région de Londres. Le principe : une grande liberté. Les cours y sont facultatifs et les enfants gèrent eux-mêmes leur école lors d'une assemblée qui établit les règles de la vie commune.

L'école de Summerhill est située dans le village de Leiston (Suffolk). Les élèves y entrent entre 5 et 15 ans. En général, ils y restent jusqu'à 16 ans. Leur éducation est financée par les parents. L'effectif habituel de l'école est de 25 garçons et de 20 filles : c'est la condition même de son bon fonctionnement. D'abord réservée à des enfants s'intégrant mal au système scolaire traditionnel, Summerhill s'ouvre rapidement à tous.

Les principes

Dans son livre *Libres Enfants de Summerhill*, paru en 1960, Neill s'explique : « Nous décidâmes donc, ma femme et moi, d'avoir une école où nous accorderions aux élèves la liberté d'expression. Pour cela, il nous fallait renoncer à toute discipline, toute direction, toute suggestion, toute morale préconçue, toute instruction religieuse quelle qu'elle soit. » Neill s'insurge contre l'école traditionnelle, répressive et autoritaire ; il veut que les nécessités d'une vie en société soient reconnues et prises en charge par les enfants eux-mêmes : « Par exemple, dans mon école, un élève est libre d'aller ou de ne pas aller en classe parce que cela ne regarde que lui, mais il n'est pas libre de jouer de la trompette quand les autres veulent étudier ou dormir. » À Summerhill, certains enfants ne sont jamais allés en classe : entrés à 5 ans, ils en sortent à 16 tout aussi rebelles à une scolarité organisée. Cependant, ils apprennent à lire et à compter en cachette. On peut citer le cas extrême d'un des élèves « qui vécut dans cette école pendant treize ans sans assister à aucun cours et est maintenant ingénieur dans la fabrication d'instruments de précision ». En vertu des principes d'une liberté responsable, Summerhill est une école gérée par les enfants eux-mêmes. Tout ce qui a rapport avec la vie du groupe, punitions incluses, est établi à la suite d'un vote qui a lieu au cours d'une assemblée générale hebdomadaire. Chaque membre du corps enseignant et chaque enfant, quel que soit son âge, a une voix. Ce « parlement » établit des lois : il n'est pas permis de se baigner à la plage sans la surveillance d'un professeur, il est défendu de grimper sur les toits, l'heure du coucher doit être respectée. En cas d'infraction, les coupables paient une amende. Pour Neill, la société ne doit pas exiger de l'enfant un travail avant 18 ans. L'enfance a une fonction et un sens : le jeu. Pour ce qui est du développement sexuel, Neill se montre également très permissif, notamment en ce qui concerne la masturbation. Il décourage cependant les rapports sexuels, par crainte, admet-il candidement, de la fermeture de son école par les autorités britanniques.

L'école de Summerhill, c'est d'abord la liberté : y compris celle d'aller se promener dans le parc plutôt que de suivre des cours, si la fantaisie vous en vient…

A.S. Neill et ses élèves, au cours d'une discussion sur la possession de couteaux de poche par les enfants.

La vie quotidienne à Summerhill

Le bâtiment principal de Summerhill, qui, à l'origine, était une maison privée, fournit pour les besoins scolaires une grande pièce commune, un réfectoire, des chambres d'infirmerie, un atelier de dessin, une petite salle pour le travail manuel... Les plus jeunes enfants (de 5 à 7 ans) dorment dans un *cottage* où se trouve aussi leur salle de classe. Les moyens (de 8 à 10 ans) et les grands (de 11 à 15 ans) passent la nuit dans d'autres pavillons de la propriété. Les enfants vivent à deux, trois ou quatre par chambre : ils ne sont soumis à aucune inspection de leur domaine, personne ne range leurs affaires, personne ne leur indique quels vêtements ils doivent porter. Les cours ont lieu entre 9 h 30 et 13 h. Les après-midi sont libres pour tous et consacrés au jeu : les plus jeunes organisent des batailles, jouent à la poupée, les grands s'occupent de mécanique... Après le thé, les activités diverses d'atelier commencent : dessin, découpage de linoléum, travail du cuir, poterie... Les occupations du soir diffèrent selon les jours : le lundi, cinéma, le mardi, causerie du directeur sur la psychologie — tous les sujets, depuis la liberté sexuelle jusqu'à l'autorité parentale, sont évoqués et discutés avec les enfants —, le mercredi, danse... Ces activités sont toujours facultatives.

Au sortir de Summerhill

En juin 1949, inquiet de cet établissement sans équivalent, le gouvernement britannique envoie à Summerhill deux inspecteurs du ministère de l'Éducation. Leur rapport assez louangeur, malgré quelques réserves sur le manque d'instruction religieuse (critiquable dans un pays où l'anglicanisme est religion d'État) et une certaine faiblesse dans l'enseignement, se conclut ainsi : « Ce dont on ne peut douter, c'est qu'une fascinante et enrichissante étude pédagogique se poursuit ici qu'il serait bon pour tous les éducateurs de pouvoir observer. » Les enfants, au sortir de l'école, ne semblent pas handicapés par leur scolarité atypique. Les inspecteurs notent dans leur rapport : « La liste des anciens élèves comporte un capitaine dans la R. E. M. E. (Royal Electrical Mechanical Engineers), un quartier-maître dans l'artillerie, un pilote de bombardier et un commandant de groupe, une jardinière d'enfants, une hôtesse de l'air, un clarinettiste dans la musique des grenadiers de la Garde, un boursier chargé de cours au Collège impérial, un membre du corps de ballet de Saddler's Wells, un opérateur de radio, un auteur de nouvelles [...] Ils ont obtenu, entre autres, les diplômes suivants : une licence d'économie politique, avec mention, de l'université de Cambridge, une bourse au Royal College of Art, une licence ès sciences, avec mention [...] »

Pour ou contre Summerhill ?

Grâce aux publications de Neill, le système de Summerhill se répand rapidement aux États-Unis. Dès 1960, l'université Harvard inclut dans ses cours de pédagogie aux futurs enseignants l'étude des principes de Neill. L'école de Summerhill est cependant l'objet de chaudes polémiques. Max Rafferty, directeur de l'Instruction publique pour l'État de Californie, écrit en 1973 : « Je préférerais envoyer mes enfants dans un bordel plutôt qu'à Summerhill. » Bruno Bettelheim, psychanalyste américain, spécialisé dans les problèmes de l'enfance, voit aussi des limites au succès de Summerhill : les enfants supportent sans grand dommage la suppression des interdits, parce qu'ils ont intégré au préalable, dans les écoles anglaises privées ou dans leurs familles, d'innombrables tabous, notamment sexuels. Le psychanalyste américain conclut que le système de Summerhill ne pourrait être qu'un échec pour des enfants gâtés ou venant de milieux difficiles.

Célestin Freinet (1896-1966) et ses élèves, à Saint-Paul-de-Vence, vers 1930.

D'autres formes d'écoles parallèles

Le docteur Decroly (1870-1932). Ce médecin ouvre à Bruxelles, en 1907, une école, l'Ermitage. L'éducation qu'il préconise est fondée sur le développement spontané de l'enfant. L'éducation physique, gestuelle, corporelle y voit son importance reconnue. Le souci d'accompagner les étapes du développement de l'enfant se traduit par la définition de progressions souples, adaptées à chacun.

Célestin Freinet (1896-1966). Instituteur français, il quitte l'Éducation nationale en 1933 et ouvre une école privée à Vence. Ses techniques pédagogiques, de retentissement international, s'appuient sur l'autonomie de l'enfant. Par exemple, les enfants apprennent et utilisent la lecture et l'écriture grâce à des travaux d'imprimerie : ils composent les textes de leur choix, créent un journal, entretiennent des correspondances scolaires entre élèves de régions éloignées.

1932

Le fait divers le plus troublant de l'entre-deux-guerres
LE RAPT DU PETIT LINDBERGH

En 1927, Charles Lindbergh est un héros connu dans le monde entier. Il vient d'effectuer le premier, seul sur son monoplan, le *Spirit of Saint Louis*, la traversée sans escale de l'Atlantique. Cinq ans plus tard, l'aviateur est de nouveau sous les feux de l'actualité internationale. Père éploré, il recherche désespérément son fils enlevé.

L'enlèvement de Charles Lindbergh Junior est un événement sans précédent. Il est le premier d'une série de rapts d'enfants de parents riches et célèbres.

L'enlèvement

Le drame éclate à la fin de l'hiver 1932. Le 1er mars, Lindbergh vient de rentrer de New York, où il travaille, pour rejoindre sa femme et son fils, âgé de dix-neuf mois, dans la vaste demeure qu'ils habitent à Hopewell, dans le New Jersey. Soudain, la nurse, Betty Gow, constate que le lit de l'enfant est vide. Une enveloppe posée sur le radiateur de la chambre éclaire les parents. Le message est explicite : l'enfant a été enlevé. Il sera rendu moyennant une rançon de 50 000 dollars, à verser selon des modalités qui doivent être précisées ultérieurement. Bientôt avertie par les médias, l'opinion publique, dans le monde entier, est à la fois navrée, effarée et scandalisée. Depuis qu'il a traversé l'Atlantique, Lindbergh est un héros universellement connu. Son mariage avec Anne Morrow, fille de l'ambassadeur des États-Unis au Mexique, puis la naissance d'un petit garçon ont constitué des événements mondains dont la presse s'est fait l'écho dans tous les pays, et qui ont maintenu Charles Lindbergh sous les feux de la rampe. Aussi, dans le monde entier, l'événement fait la « une » de tous les journaux. La police des États-Unis, quant à elle, mobilise ses forces avec éclat. Au point que des escadrilles d'avions parcourent le ciel, à la recherche du petit Lindbergh...

Sur la place publique

L'affaire se traite à l'américaine, sur la place publique. Mme Lindbergh fait paraître dans la presse un communiqué faisant appel à la pitié des ravisseurs. Elle leur demande aussi de faire prendre chaque soir au bébé quatorze gouttes d'un médicament. Dans un autre communiqué, le père de l'enfant se déclare prêt à accepter toutes les exigences des ravisseurs, pourvu que la vie de l'enfant soit préservée. Le gouverneur de l'État de New Jersey, Moore, quant à lui, adresse aux ravisseurs un avertissement en forme de menace : « Le seul espoir pour les ravisseurs d'être traités avec générosité est de rendre l'enfant immédiatement. » Enfin, un ultime communiqué crée bientôt la confusion la plus complète. On y apprend que « le colonel Lindbergh a demandé à deux célèbres gangsters de New York, Salvy Spitale et Irving Bitz, de l'aider à retrouver son fils ». Pour finir, le docteur John Condon, professeur retraité, « expert en criminologie », propose ses bons offices pour tenir le rôle délicat d'intermédiaire entre les parents et les malfaiteurs. Le 4 mars, ceux-ci adressent aux Lindbergh des renseignements complémentaires, mais portent la rançon à 70 000 dollars. Le 11 paraît une annonce dans le *New York Times*, précisant que l'argent est prêt.

Le dénouement tragique

Peu après a lieu un premier contact avec un des ravisseurs, dans un cimetière. Le 31 mars, le docteur Condon — dont l'entremise a été acceptée par les différentes parties — remet à son interlocuteur une rançon, qu'il est parvenu à ramener au montant initial de 50 000 dollars. Il reçoit en échange des informations censées lui permettre de retrouver Charles Junior : la note, écrite au crayon, précise que l'enfant se trouve à bord d'un bateau. Mais celui-ci demeure introuvable. Alors, l'espoir faiblit sensiblement. Le 12 mai, un conducteur de camion découvre le corps de Charles à proximité immédiate de la maison de Hopewell. Le petit cadavre, à moitié recouvert de terre, est dans un état de décomposition avancée. L'enfant a le crâne défoncé : il est probablement mort le jour même de l'enlèvement.

Châtier les ravisseurs

L'opinion publique brûle d'impatience que le coupable soit retrouvé. Elle exige aussi que la législation punissant les rapts d'enfants soit modifiée dans le sens d'une sévérité accrue. Le 22 juin 1933, puis le 18 mai 1934, de nouveaux textes de loi prévoient, pour tout individu s'étant rendu coupable d'un rapt dans l'espoir de recueillir une rançon, la peine de mort. Dans les États où celle-ci n'existe pas, la peine est remplacée par un emprisonnement à vie. En 1933, la collaboration de pompistes permet de repérer les premiers billets de banque provenant de la rançon. L'enquête, qui continue activement, aboutit à l'arrestation, en septembre de l'année suivante, d'un charpentier d'origine allemande, Bruno Richard Hauptmann : dans une cabane lui appartenant, la police a découvert 15 000 dollars en billets dont les numéros correspondent à ceux des billets versés pour la rançon. Le procès de l'homme se déroule en janvier 1935, à Flemington. Le jury, après onze heures de délibération, déclare Hauptmann coupable. Celui-ci est condamné à mort, bien qu'il n'ait pas avoué, et que certains estiment les preuves de sa culpabilité insuffisantes. Son exécution a lieu en avril 1936.

Charles Lindbergh Jr (1931-1932), la petite victime, le jour de son premier anniversaire.

La découverte du kidnapping : l'événement, tel qu'il fut rapporté par la presse à sensation.

La police de New York autour de la table où est déposée une partie de la rançon versée par le célèbre aviateur, après l'arrestation de Hauptmann, le présumé coupable.

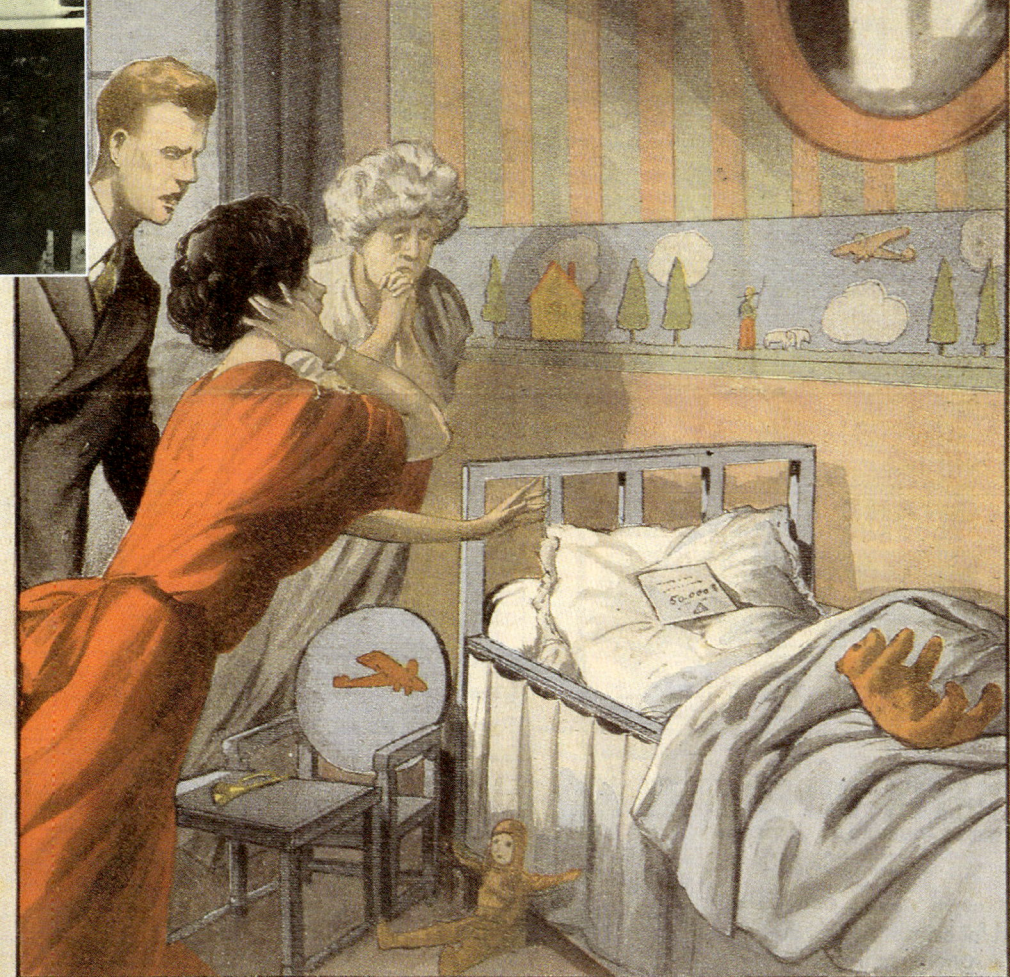

L'histoire finit parfois bien...

Le petit-fils Peugeot. Éric Peugeot (4 ans et demi), petit-fils du célèbre constructeur d'automobiles, est enlevé au golf de Saint-Cloud le 12 avril 1960. Une rançon de cinquante millions de francs est exigée avec cette mention : « Ne prévenez surtout pas la police. ». Le père, Roland Peugeot, lance pourtant un avis de recherche télévisé. Deux jours plus tard, l'enfant est relâché sans que la moindre rançon ait été versée.

Joséphine Dard. La fille de Frédéric Dard (13 ans), auteur de la célèbre série des *San Antonio*, est enlevée en Suisse le 21 mars 1983. Une rançon de deux millions de francs suisses est demandée. Elle est récupérée au moment de l'arrestation des ravisseurs. La fillette est sauve.

Mélodie Nakachian. La fille de la chanteuse coréenne Kiméra et d'un milliardaire libanais est enlevée le 9 novembre 1987 à l'âge de cinq ans. La rançon demandée est de cinq millions de dollars. L'enfant est libérée le 20 novembre. Sept ravisseurs sont inculpés.

1934

De la gouvernante à la baby-sitter
MARY POPPINS

En 1934, Pamela Lyndon Travers crée le personnage original de Mary Poppins. Cette gouvernante, popularisée par le film de Walt Disney, symbolise la mutation des modes de garde pour enfants. La gouvernante institutrice du XIXe siècle laisse place à des jeunes filles pleines de fantaisie et de jeunesse. La jeune fille au pair est (presque) née.

Pamela Lyndon Travers est née en Australie au début du siècle d'une mère écossaise et d'un père irlandais. Enfant, elle est une lectrice insatiable, écrit très tôt des histoires et rêve de faire du théâtre. En 1934, elle invente le personnage de Mary Poppins. Le film que Walt Disney tire de cette histoire, trente ans plus tard, fait bientôt de ce personnage l'une des héroïnes les plus célèbres de la littérature enfantine.

Une gouvernante pas comme les autres

Mary Poppins est une gouvernante qui rompt avec la tradition. Adepte de magie, complice des éléments naturels et des animaux, elle est engagée pour prendre en charge quatre enfants : Jane, Michael, John et Barbara. Elle arrive, sous les yeux de ses pupilles stupéfaits, portée par le vent. « Il se passa une chose étrange. Dès que la personne se trouva dans le jardin, on eût dit que le vent l'empoignait, l'élevait dans les airs et la précipitait contre la maison. On aurait cru qu'il l'avait déjà jetée ainsi contre la grille, avait attendu qu'elle ouvrît, puis l'avait soulevée de nouveau pour la déposer, toujours avec son sac, devant la porte d'entrée. Lorsqu'elle atterrit, les enfants entendirent un choc terrible, et toute la maison trembla. » Mary Poppins est mince, avec de grands pieds, de grandes mains, des cheveux noirs brillants et de petits yeux bleus au regard perçant. Elle ne manque pas de coquetterie, se mire dans toutes les vitrines et surtout dirige les activités des enfants avec une fantaisie qui s'apparente peu à la tradition des sévères gouvernantes. Elle descend les escaliers en glissant sur la rampe, s'envole dans les airs, entre dans les tableaux, bavarde avec les animaux, fait voyager les enfants à travers le monde entier, leur fait visiter le zoo de nuit. Elle parle enfin aux enfants dans des langues étrangères (« Arrivederci », leur écrit-elle au moment des adieux) et s'envole finalement comme elle est venue.

La gouvernantissime

Mary Poppins signale en 1934 la fin des gouvernantes institutrices d'antan et l'apparition de jeunes filles gardes d'enfants. L'histoire de la position de gouvernante est en effet celle d'une dépossession. Avec la montée en puissance de la scolarisation, la gouvernante, d'institutrice qu'elle était, se voit progressivement ravalée au rôle de garde d'enfants. Au XVIIe siècle, il n'en était encore rien. La réticence que l'on avait alors à voir les filles de bonne famille fréquenter les écoles provoqua même une pénurie de gouvernantes de qualité dans les familles. Face au triste monastère sont prônés à cette époque les bienfaits de l'instruction familiale, par une gouvernante ou par la mère elle-même. Le modèle des gouvernantes est sans doute, au XVIIIe siècle, Madame de Genlis, instructrice, à partir de 1782, des trois fils du duc de Chartres et de leur sœur Mademoiselle Adélaïde. Le duc de Chartres, en confiant à cette dame l'éducation de ses enfants, innove trois fois : en réunissant dans une même personne les charges traditionnellement distinctes de gouverneur et de précepteur, en les attribuant à une femme, et en faisant élever ensemble ses fils et sa fille. Madame de Genlis, en qui le duc place toute sa confiance, peut donner libre cours à son invention, qui lui fait préférer notamment « les faits et les objets » aux livres. Le château de Bellechasse, où sont éduqués les enfants du duc de Chartres, devient tout entier un outil pédagogique : les murs des différentes pièces sont recouverts de tableaux et de tapisseries historiques, ceux des corridors et des

Vers la garde d'enfants moderne

Avec le développement de la scolarisation obligatoire, le XXe siècle invente de nouveaux modes de garde des enfants.

Les systèmes actuels, caractérisés par leur souplesse, ont pour actrices des jeunes filles plus semblables à l'image de Mary Poppins qu'à celle de la « nurse » traditionnelle. Les « baby-sitters », qui vont chercher les enfants à la sortie de l'école, sont en général des étudiantes trouvées par relations de voisinage. Elles sont chargées de l'amusement de l'enfant et souvent aussi de l'aide aux devoirs.

Une autre formule fréquemment employée est celle des jeunes filles au pair. Il s'agit de jeunes étrangères qui gardent les enfants à domicile. Nourries et logées comme les gouvernantes d'antan, elles reçoivent un peu d'argent de poche et profitent du passage dans le pays pour en apprendre la langue. Mary Poppins, étrangère à notre univers, n'est-elle pas déjà la première jeune fille au pair ?

Mary Poppins, la première « gouvernante volante »… La fantasque jeune femme inaugure l'ère des baby-sitters, après celle des « nurses » sérieuses et ennuyeuses (scène du film de Walt Disney, Mary Poppins, *1964).*

Au jardin public : nourrices au début du XXᵉ siècle.

Le précepteur

Au XVIIᵉ et au XVIIIᵉ siècle, l'éducation des garçons est une décision mûrie et réfléchie, qui fait opter pour le précepteur ou le collège, pour des études menées à terme ou une entrée précoce dans le monde.

Les précepteurs de roi. Pour chaque enfant royal, la nomination d'un gouverneur et d'un précepteur qui le prennent en charge au moment où il quitte l'univers féminin des premières années est l'objet d'âpres rivalités entre les postulants, de luttes vives entre les coteries et de nombreux commentaires. Enseigner un futur roi, c'est avoir prise sur l'histoire et pouvoir infléchir le monde. Bossuet, avec le Grand Dauphin, mais plus encore Fénelon avec le duc de Bourgogne s'installent clairement dans le rôle de directeurs de la conscience politique.

Les précepteurs chez les nobles. Les enfants sont souvent d'abord confiés à des précepteurs avant d'entrer au collège. L'éducation du jeune noble se fait de plus en plus suivant des étapes clairement délimitées : la première instruction (lecture et écriture) est donnée dans l'hôtel paternel soit par les femmes de la famille, soit par un précepteur déjà recruté à cet effet. Ensuite, vers l'âge de huit à dix ans, l'enfant bénéficie d'une formation mixte : il est envoyé au collège pour faire ses humanités ; il suit les cours mais loge à part dans une chambre à feu en compagnie de son précepteur.

Le précepteur et son pupille (détail d'une peinture de Claude Lefebvre, Paris, musée du Louvre).

escaliers de cartes géographiques distribuées selon un ordre qui met le nord à l'étage le plus élevé et le sud au rez-de-chaussée. Cette éducation use encore de la lanterne magique, des déguisements, des jeux mathématiques, et de la menuiserie…

Un rôle ingrat

Mais cette position hégémonique reste une exception. Le rôle de gouvernante, notamment au XIXᵉ siècle, est un rôle ingrat, seule voie offerte aux jeunes filles orphelines et démunies. Les romans anglo-saxons décrivent à plaisir le couple maudit que forment la pupille et sa gouvernante — à cette époque ce sont les fillettes, outre les très petits garçons, qui sont confiées aux soins de ces femmes, les garçonnets plus âgés bénéficiant des soins d'un précepteur ou se rendant au collège ou dans la *public school*. Dans *Jane Eyre,* Charlotte Brontë fait un portrait sans concession de la gouvernante, soumise aux caprices de l'enfant roi. Lady Ingram, jeune fille de la noblesse, évoque ici quelques joyeuses plaisanteries : « […] Cette pauvre Mᵐᵉ Joubert ! Je la vois encore dans ses violents accès de colère, quand nous l'avions poussée à bout, que nous avions renversé notre thé, émietté nos tartines de pain et de beurre, lancé nos livres au plafond et fait un vrai charivari avec la règle et le pupitre, le garde-feu et le tisonnier, la pelle et les pincettes. » À l'inverse, les petites filles sont souvent également victimes de leurs gouvernantes. Les mères délèguent tous les pouvoirs et les gouvernantes ne sont pas toutes compétentes. Jusqu'à la guerre de 1914 environ, les petites filles voient défiler des gouvernantes lunatiques, impitoyables ou hystériques, souvent aigries par une position ambiguë dans l'échelle sociale.

1935-1944

Des enfants blonds pour la Grande Allemagne
LE « LEBENSBORN »

Le 12 décembre 1935, dans l'Allemagne gouvernée par les nazis depuis 1933, à l'initiative du Reichsführer SS Himmler, chef de la police militarisée, est enregistrée la société *Lebensborn* — un néologisme signifiant « Fontaine de vie ». Cette organisation gère des maternités qui reçoivent les femmes et les amies des hommes de la SS sur le point d'accoucher.

Rapidement, le *Lebensborn* outrepasse la mission de simple accueil qui lui était d'abord dévolue. Il entreprend de « susciter » de façon très directive des enfants blonds aux yeux bleus, idéal de la « race aryenne », rêvée par le Führer, Adolf Hitler.

L'élite de la nation

Les SS composent le corps d'élite de la nation nazie. Ils sont utilisés par leur chef Himmler non seulement comme combattants, mais aussi comme mâles reproducteurs. Toute nouvelle recrue SS doit justifier de son origine aryenne. Le type de l'Aryen authentique est ainsi défini par Hans Günther, un des théoriciens du parti : « Blond, grand, dolichocéphale [c'est-à-dire au crâne allongé], visage étroit, menton bien dessiné, nez mince, implanté très haut, cheveux clairs non bouclés, yeux clairs et enfoncés, peau d'un blanc rosé ». L'idée de Himmler est de peupler l'Allemagne de 120 millions d'Aryens avant 1980. La société *Lebensborn* est créée pour donner aux filles mères « de pur sang allemand », enceintes d'un SS, la possibilité d'accoucher dans les conditions les plus favorables. Par une circulaire du 13 septembre 1936, Himmler définit comme une mission du *Lebensborn* de « placer et soigner les futures mères de bonne valeur raciale et de bonne hérédité biologique, chez lesquelles un examen soigneux permet d'attendre des enfants de même valeur ».
Les filles ne correspondant pas aux critères de la race aryenne se voient refuser l'entrée des cliniques. À la naissance, la mère peut choisir de garder son enfant et de l'élever elle-même, ou de l'abandonner à la SS. L'enfant est alors accueilli dans une crèche du *Lebensborn* avant d'être confié à une famille allemande chargée de son éducation.

Un couple aryen « parfait » : mère blonde et douce (sans doute), père bel officier, enfant potelé à la peau et aux yeux clairs…

Vers la procréation dirigée

Certains *Lebensborn*, rapidement, procèdent au recrutement d'« infirmières » volontaires pour devenir mères. Les postulantes sont priées de prouver leur appartenance à la race aryenne. Pour concrétiser leur désir de maternité, elles « fréquentent » les docteurs des maternités, tous de bonne souche aryenne, ou rencontrent lors de leurs moments de loisirs des SS dans des « clubs » aménagés. Ainsi, au 95 Ismaningerstrasse à Munich, un club pour officiers SS reçoit les filles envoyées par le bureau central des *Lebensborn* de la rue Herzog-Marx. Selon des statistiques établies après la guerre, jusqu'à 12 000 naissances auraient eu lieu dans les *Lebensborn* allemands.

Le rapt des enfants

Pendant la Seconde Guerre mondiale, à partir de 1940, le *Lebensborn* participe à la création de maternités dans les pays occupés. Après la conquête des pays nordiques, les soldats des corps allemands (SS mais aussi Wehrmacht, Luftwaffe) sont encouragés à fréquenter des femmes autochtones, choisies pour la procréation. Dans une plaquette intitulée *la SS pour une Grande Allemagne — par le glaive et le berceau,* Rediess, le chef de la police et de la SS en Norvège, écrit : « Il est du plus haut intérêt de voir les soldats allemands produire le plus d'enfants possible avec des Norvégiennes, légitimement ou illégitimement. » Dans toute l'Europe occupée, des cliniques d'accouchement pour enfants de père allemand s'ouvrent. En Norvège, pas moins de neuf maternités sont rattachées à l'organisation *Lebensborn* et le chiffre estimé des naissances varie entre 6 000 et 12 000. Aux Pays-Bas, le foyer *Lebensborn* « Gelderland », près de Nimègue, fonctionne plusieurs années durant, tout comme en Belgique le foyer « Ardennes », près de Liège. En février 1944 est inauguré l'unique foyer *Lebensborn* français à Lamorlaye, près de Chantilly. À partir du débarquement allié du 6 juin 1944, les enfants nés dans ces foyers sont de toute urgence rapatriés en Bavière et confiés à des associations et à des familles allemandes, chargées de dissimuler leur origine : personne ne doit plus savoir que leurs pères ont été des SS, et leurs mères des filles endoctrinées.
Par ailleurs, de 1942 à 1944, des centaines de milliers de petites filles et de petits garçons polonais, tchèques, russes, aux caractères aryens, sont purement et simplement enlevés à leurs familles. Le 4 octobre 1943, à Poznan, Himmler s'adresse en ces termes aux responsables des différents services chargés du kidnapping : « Le destin d'un Russe ou d'un Tchèque n'intéresse pas un membre de la SS. Dans ces peuples, nous prendrons tout ce qui est de bon sang, nous leur volerons même leurs enfants et nous les élèverons chez nous. » En Pologne surtout, le rapt est systématisé : plus de 200 000 enfants sont enlevés. Le kidnapping mobilise de nombreux services et l'organisation *Lebensborn* est sollicitée pour la prise en charge et la germanisation des enfants de moins de six ans. Dans les villes et les villages polonais, les enfants sont repérés à l'avance par les services de la police de sécurité (le Sipo). Le rapt a lieu ensuite. Les enfants sont conduits dans des camions à Kalish, ville située sur la Prosna, en Grande

Un Lebensborn, *pendant la Seconde Guerre mondiale.*

Les enfants dans un Lebensborn. *Des têtes blondes conçues tout exprès ou enlevées à leurs parents étrangers, pour mener à bien le chimérique projet de façonner une race idéale!*

Pologne. Là, ils sont examinés et, s'ils sont jugés « bons pour la race », un patronyme allemand leur est attribué. Lorsqu'ils ont appris assez d'allemand, ils sont « distribués » par le *Lebensborn* à des familles germaniques.

Le destin des enfants des *Lebensborn*

Au moment de la Libération, la situation des enfants d'Europe de l'Est accueillis en Allemagne est très différente selon les zones d'occupation. Dans la zone soviétique, les autorités forcent immédiatement les familles à faire rapatrier dans son pays d'origine tout enfant étranger vivant sous leur toit. En revanche, dans les territoires sous contrôle des autorités britannique, français et américain, les enquêteurs hésitent à créer de nouveaux drames, par des séparations, dans le cas d'enfants en bas âge dont les souvenirs ne remontent pas au-delà de leurs parents adoptifs. De 1947 à 1950, ces enfants déplacés sont le plus souvent officiellement adoptés par les familles d'accueil allemandes. Selon les dernières statistiques publiées par le gouvernement polonais, seulement 15 % des enfants polonais arrachés à leurs familles pour être germanisés ont été retrouvés.

L'eugénisme : un fléau du XXe siècle

La stérilisation des débiles. Au début du XXe siècle, des études américaines concluent que certaines déficiences mentales sont transmises héréditairement. La stérilisation des débiles est alors conseillée par quelques revues eugéniques.

Les États-Unis tout d'abord. En 1907, l'État de l'Indiana vote une loi ordonnant la stérilisation des idiots, des criminels avérés et des hommes condamnés pour viol. En 1926, vingt-trois États américains ont adopté cette loi. Sur tout le territoire des États-Unis, de 1907 au 1er janvier 1949, 50 193 stérilisations sont pratiquées sur des personnes des deux sexes.

L'Europe et l'Asie. Au Danemark en 1929, en Norvège en 1934, en Suède et en Finlande en 1935, des lois prévoient la stérilisation des faibles d'esprit. Des lois équivalentes sont promulguées au Japon en 1948, puis en Estonie et à Porto Rico…

1936

Les enfants embrigadés du régime nazi
LES JEUNESSES HITLÉRIENNES

En 1936, trois ans après l'instauration du régime nazi en Allemagne, Baldur von Schirach, responsable du mouvement des Jeunesses hitlériennes, décrète l'année du *Jungvolk* (littéralement, « le Peuple jeune »). Pour l'anniversaire de Hitler, le 20 avril, tous les garçons de 10 ans doivent rejoindre l'organisation ainsi nommée, section des Jeunesses hitlériennes réservée aux garçons de 10 à 14 ans.

Les Jeunesses hitlériennes comptent à cette date 6 millions de membres. Élevées le 1er décembre 1936 au rang d'organisation d'État, elles constituent, à partir de cette date, un passage obligé dans l'éducation de tous les jeunes gens. Désormais, les parents qui refusent d'envoyer leurs garçons ou leurs filles âgés de plus de 10 ans aux veillées ou aux excursions des Jeunesses hitlériennes se voient menacés de sanctions.

La mainmise totale sur la jeunesse

Baldur von Schirach est le grand responsable de l'organisation des mouvements de jeunesse. Dès 1932, à Potsdam, il fait défiler 60 000 jeunes devant Hitler, sept heures durant. Son ambition non dissimulée est d'embrigader à court terme toute la jeunesse allemande pour lui inculquer le nouvel ordre nazi. Celui-ci détermine le rôle de chaque sexe : le garçon doit être dressé à l'exploit et au combat, c'est-à-dire à devenir un soldat de Hitler ; la fille doit jouer son rôle d'épouse et de mère aux côtés de son mari. En 1933, tous les mouvements de jeunesse, à l'exception des organisations catholiques, sont dissous au profit de l'organisation de Baldur von Schirach. Leur reconstitution est naturellement interdite. À cette époque, Baldur von Schirach croit encore pouvoir asseoir son organisation sur des adhésions purement « volontaires ». À cette fin, il ne ménage pas les efforts de propagande... bientôt doublés de plus ou moins discrètes pressions. Par exemple, si des affiches incitent les jeunes gens à rejoindre la Jeunesse hitlérienne, les patrons, eux, sont persuadés de n'employer comme apprentis que les jeunes gens « qui appartiennent aux organisations de jeunesse du Führer ». Mais les résultats obtenus ne sont pas à la hauteur des espérances. C'est pourquoi von Schirach fait de l'année 1936 l'année du *Jungvolk*. Il proclame ensuite dans un discours retransmis sur toutes les ondes que 90 % des enfants nés en 1926 ont rejoint volontairement le *Jungvolk*...

L'organisation

Le mouvement des Jeunesses hitlériennes est compartimenté par classe d'âge et par sexe : la *Hitlerjugend* (Jeunesse hitlérienne proprement dite) pour les garçons de 14 à 18 ans ; le *Jungvolk* pour les garçons de 10 à 14 ans ; l'Association des jeunes filles allemandes pour les adolescentes de 14 à 21 ans ; les *Jungmädel* pour les fillettes de 10 à 14 ans. Pour les membres de ces différents mouvements, les mercredis sont réservés aux veillées et à l'endoctrinement idéologique alors que les samedis, décrétés sans cours et baptisés « Journées de l'État pour la jeunesse », sont destinés aux exercices physiques et paramilitaires. Ainsi, tous les garçons reçoivent, dès leur entrée au *Jungvolk*, une formation en tir et en reconnaissance de terrain. Les séances de cinéma (où sont diffusés exclusivement des films à la gloire du régime, conçus à l'initiative de Goebbels, ministre de la Propagande du Reich), les grandes manifestations annuelles, tel le jour du congrès du parti à Nuremberg, ainsi que le port obligatoire de l'uniforme renforcent la jeunesse dans son sentiment de puissance.

L'idéologie

Les organisations de la jeunesse hitlérienne prennent le pas sur l'école pour la formation idéologique et militaire. Cet extrait d'un discours de Hitler au premier congrès de la Jeunesse du Reich, à Potsdam en 1932, énumère les buts du mouvement : « Le mouvement national-socialiste veut éduquer le jeune Allemand, le rendre courageux et lui enseigner, tant qu'il est encore temps, à ne pas baisser sa jeune tête quand d'autres veulent injustement la relever. C'est précisément au moment où un jeune Allemand se trouve au plus fort du danger qu'il reste fidèle à son peuple. » L'idéologie nationale-socialiste favorise systématiquement certains thèmes : elle loue les ancêtres, le peuple, le sang, la race, la

La croix gammée nazie, formée dans la campagne par les garçons d'une organisation de jeunesse hitlérienne.

Les jeunes filles apprennent, outre le salut nazi, la doctrine hitlérienne.

Les *Balillas*

Dans l'Italie fasciste, à partir de 1922 — date de la prise du pouvoir par Mussolini — l'État tente d'établir sur la jeunesse italienne une emprise totale.

Des « Fils de la Louve » au parti fasciste. La naissance de l'enfant est du ressort de l'Œuvre de la Mère et de l'Enfant. Entre 4 et 8 ans, le petit garçon est « Fils de la Louve ». Les filles appartiennent aux « Petites Italiennes », entre 8 et 14 ans, et aux « Jeunes Italiennes », entre 14 et 18 ans. De 8 à 14 ans, leurs camarades garçons sont enrôlés dans les *Balillas* (ainsi nommés d'après le surnom de l'enfant qui aurait donné le signal de la révolte patriotique des Génois contre les Autrichiens en 1746) et, de 14 à 18 ans, dans les *Avanguardisti*. En 1933, ces mouvements comptent près de deux millions d'inscrits.

L'exaltation de la force guerrière. Défilent ainsi devant le Duce, casqué et à cheval, des enfants de 6 ans en uniforme. À 12 ans, armés d'un fusil miniature, baïonnette au canon, ils montent la garde. L'hymne des *Balillas* proclame « Pour le Duce béni, nous sommes prêts avec le mousquet et avec notre drapeau… »

patrie, le terroir, le héros, le guide, le groupe, la communauté nationale — pour, à l'inverse, conspuer le déracinement, la dégénérescence… Dans son ouvrage *Mein Kampf (Mon combat)*, Hitler écrit : « Aucun garçon, aucune fille ne devra quitter l'école sans connaître la nécessité et la nature de la purification du sang. » Concrètement, dans toutes les sections de la Jeunesse hitlérienne, l'endoctrinement idéologique est réalisé au cours de veillées. Chansons et lectures commencent la soirée, suivis d'une discussion soigneusement encadrée par les responsables des jeunes. Des dossiers d'« information » sont envoyés dans chaque section par les instances centrales du mouvement, tous les quinze jours. Une émission radiodiffusée, « La jeune génération », donne le ton à chaque veillée.

La guerre

Le déclenchement de la Seconde Guerre mondiale, le 1er septembre 1939, transforme ce jeu collectif en une réalité sanglante. Au sein des Jeunesses, les garçons, à partir de 17 ans, sont encouragés à devancer l'incorporation dans les corps de l'armée allemande — la Wehrmacht — et dans les unités spéciales des Waffen-SS. Lorsque la situation s'aggrave pour le régime hitlérien, à partir de 1943, des lycéens de 15 ans sont engagés d'office comme auxiliaires de la défense aérienne. Ils font partie du « commando auxiliaire de guerre de la jeunesse allemande ». Enfin, en 1944, lors de la déroute des armées allemandes sur tous les fronts, des garçons de 15-16 ans, voire de 12 ans, sont appelés à participer militairement à la résistance, affrontant, presque sans entraînement, des ennemis adultes et aguerris par des années de combat. Les Alliés, horrifiés, découvrent nombre de ces jeunes gens parmi les cadavres allemands — et ils nomment dès lors la *Hitlerjugend* la *Baby's Division*.

Marche des Jungvolk, les garçons de 10 à 14 ans.

1936

Les « congés payés » ouvrent de nouveaux horizons
LA DÉCOUVERTE DE LA MER

Au mois de juillet 1936, en pleine époque du Front populaire, des trains bondés emportent des familles vers la montagne et plus encore vers la mer, pour les premiers congés payés. Des hordes de petits citadins découvrent avec leurs parents les bienfaits de l'iode et des bains de mer, bonheur jusqu'alors réservé aux gens aisés.

Le départ des familles de « Cong' Pay », dans les trains à billets gratuits délivrés par décision du ministre Léo Lagrange.

Patauger dans la mer : un plaisir jusqu'alors inconnu, et qui deviendra ensuite le bonheur inusable de générations d'enfants…

Le 11 juin précédent, l'Assemblée nationale, à majorité socialiste, a voté l'une des lois les plus populaires depuis l'abrogation de la taille et de la gabelle : les salariés ont désormais droit à deux semaines de congés payés. Désormais, des petits garçons et des petites filles, qui n'avaient connu jusque-là, en fait de plaisirs estivaux, que la campagne chez leurs grands-parents ou les colonies de vacances, s'apprêtent à découvrir les joies des bains de mer et le bonheur de jouer avec leurs parents à la plage, terrain de jeux aux ressources inépuisables.

De quoi se mêle l'État ?

L'opposition de droite enrage contre la nouvelle loi : elle dénonce la perte de temps dont va souffrir l'industrie française. Le sous-secrétariat d'État aux Sports et aux Loisirs, créé par le Front populaire et taxé par ses adversaires de « ministériat de la paresse », est dirigé par Léo Lagrange, qui ne sait où donner de la tête pour organiser la grande migration de l'été. Les « trains de plaisir », aussi appelés « trains rouges » par les riches usagers du « Train bleu » qui assure la liaison Paris-Deauville, sont accessibles à des tarifs défiant toute concurrence : 40 % du prix normal. Grâce à ces « billets Lagrange », 600 000 salariés partent pendant l'été 1936 avec leur famille, au grand déplaisir des privilégiés des plages, qui voient d'un mauvais œil débarquer sur leurs lieux habituels de plaisir les « salopards en casquette ». Même pour les esprits bien intentionnés, la différence entre les « touristes » traditionnels et les « nouveaux estivants » apparaît évidente : ainsi, le journaliste du *Monde illustré* note que ces derniers « vivent avec plus d'ardeur ». Moins blasés que leurs prédécesseurs, les « Cong' Pay' » — comme les appellent les vacanciers fortunés — entendent tirer le meilleur parti des deux semaines gagnées sur leur vie de labeur.

Des vacances oui, mais à des prix accessibles

Deux préoccupations contradictoires s'affrontent dans l'esprit de ces gens au revenu modeste. Comme l'observe le même journaliste du *Monde illustré*, « tout n'est pas de partir, il faut avoir un séjour agréable et qui n'entame pas trop les "réserves" ». Heureusement, dans l'enthousiasme collectif, les mesures en ce sens se mettent en place d'elles-mêmes : doublement du nombre des Auberges de la jeunesse et des refuges de montagne, ouverture de coopératives dans les fermes inoccupées du Jura et des Alpes, création de relais pour les cyclotouristes. Profitant de l'aubaine, les hôteliers, eux aussi, proposent des prix de pension modestes : de 15 à 25 francs par jour.

Pâtés, châteaux et bouées

Côté mer, l'été 1936 est celui d'un véritable déferlement. Un univers merveilleux s'ouvre aux enfants des banlieues, dont l'horizon se borne, le reste de l'année, aux remparts rouges ou gris des murs urbains. Du jour au lendemain, les plages de Normandie — les plus proches de la capitale et donc les plus abordables — se trouvent envahies par une foule joyeuse. Armés de pelles, de seaux et de moules de métal peint, les plus petits se mettent à produire en série des « pâtés », tandis que leurs aînés édifient de fantastiques châteaux forts. Rapidement, sur de nombreuses plages, des distractions organisées se mettent en place. L'une des innovations les plus appréciées est l'École d'éducation physique, ancêtre lointain des « Club Mickey » ou autres lieux d'accueil des petits vacanciers, qui fleurissent aujourd'hui sur toutes les plages. Les enfants s'y retrouvent entre eux, sous la direction de moniteurs qui leur proposent des leçons de natation, dans des bassins montés exprès pour eux à quelques dizaines de mètres des vagues trop dangereuses. Entre deux exercices aquatiques, les enfants jouent sur place au ballon, s'entraînent sur le portique, à moins qu'on ne les emmène en excursion... pour la plus grande joie des parents, qui découvrent le plaisir de se reposer sans remords. Mais les fabricants de vêtements n'ont pas eu le temps de s'adapter à ces circonstances inédites et n'ont pu proposer à ce nouveau public une mode adéquate. Les élégants costumes marins du début du siècle, adoptés par les enfants de bourgeois, n'ont plus cours. Ils sont remplacés par des maillots de laine tricotés à la main, que le vent frisquet de la côte normande est bien incapable de faire sécher, et dont l'élasticité n'est pas ce qu'elle sera après la guerre, avec l'apparition de nouveaux textiles. Qu'importe ! si le maillot ne veut pas sécher, il suffit de retourner à l'eau !

La petite fille et la mer : le bien-être de la liberté et de l'aventure, dans 50 centimètres d'eau...

Savoir nager

Les bassins de l'ancien temps. Jusqu'aux années 1950, c'est pendant leurs vacances au bord de la mer que de nombreux enfants apprennent à nager sous la houlette — ou plutôt grâce à la perche — d'un maître nageur.

L'apprentissage scolaire. Ce spectacle disparaît pratiquement à partir du moment où l'apprentissage de la natation est intégré à l'ensemble des acquisitions scolaires. Une circulaire du ministère de l'Éducation, en date du 23 décembre 1971, impose qu'à partir du CE2 — la troisième classe de l'école primaire — tous les enfants se rendent régulièrement à la piscine, et ce jusqu'au baccalauréat où la natation figure parmi les épreuves sportives.

Rassurer avant tout. La circulaire de 1971 précise les modalités de cet enseignement, notamment dans le domaine de la sécurité. Elle insiste également sur l'attitude que doit adopter l'instructeur dans cet apprentissage : il n'est pas question de précipiter dans le bassin un enfant réticent qui manifeste sa peur par des « tremblements et claquements de dents, pâleur ou au contraire couleur violacée des lèvres, contraction musculaire, etc. » ; le maître de natation doit avant tout réconforter l'apprenti nageur, et lui faire découvrir que l'eau est un élément où il peut, en toute sécurité, s'amuser.

1937

Le premier long-métrage de Walt Disney
BLANCHE-NEIGE

À la fin des années 1920, le producteur américain Walter Elias Disney — alias Walt Disney — s'assure d'assez considérables succès en réalisant des petits dessins animés mettant en scène une souris, Mickey Mouse. Entre 1934 et 1937, malgré le scepticisme général du milieu cinématographique, le créateur travaille à son premier long-métrage : il adapte à l'écran un conte de fées, *Blanche-Neige*.

Jusqu'alors, les dessins animés de Walt Disney, les *Mickey Mouse* et les *Silly Symphonies,* n'ont pas rapporté beaucoup d'argent. Partageant l'affiche avec un grand film, dont ils précèdent la diffusion, ils sont payés en fonction de la recette, et relativement à leur durée par rapport à celle du film. Encouragé par l'accueil toujours enthousiaste du public, Walt Disney décide de réaliser une production qui tiendra seule l'affiche — c'est-à-dire forcément un long-métrage.

Un défi commercial

Le thème de ce premier long dessin animé de l'histoire du septième art est donc *Blanche-Neige et les sept nains*. La première note préparatoire connue est datée du 9 août 1934 : elle est consacrée à l'étude des nains. Chaque nom doit permettre d'identifier instantanément un personnage. Par exemple, Sleepy (« Dormeur ») « s'endort brusquement en pleine action, au milieu d'une phrase, se réveille en sursaut et ainsi de suite ». La même note comporte une liste de chansons susceptibles d'illustrer le film, parmi lesquelles celle qui deviendra le « tube » du film : *Some day, my prince will come* (« Un jour, mon prince viendra »). Une autre note, datée du 22 octobre 1934, contient une analyse minutieuse des personnages : Blanche-Neige (« style Janet Gaynor » — 14 ans) ; le prince (« style Douglas Fairbanks » — 18 ans) ; la reine (« un mélange de Lady Macbeth et du grand méchant loup ») !

Afin de récolter des idées pour le scénario de son dessin animé, Disney met à contribution la totalité du personnel de sa société et instaure un système de bonification : cinq dollars pour un gag utilisé dans le film, et cent dollars pour une idée directrice. Le 22 décembre 1936, il convoque son équipe d'animation et lui mime plan par plan, dans une séance proche de la folie, tout le scénario terminé : « Fondu enchaîné. C'est le crépuscule. On entend les nains qui reviennent de la mine. Ils marchent à contre-jour dans le soleil couchant en chantant leur chant de retour, "hey-ho, hey-ho", avec refrain sifflé. Il y a une séquence où on les voit faire des rencontres pittoresques : champignons, racines d'arbres... »

Des difficultés techniques inédites

Les dessinateurs de la Disney Company doivent résoudre un certain nombre de problèmes techniques. Jusqu'alors, tous les dessins animés étaient faits sur des feuilles 24 x 30 cm, saisis en une seule fois par l'objectif de la caméra. Dès que *Blanche-Neige* est mis en chantier, l'équipe réalise que cette échelle ne convient pas à la plupart des scènes. Une scène où Blanche-Neige doit apparaître avec les sept nains ensemble ou avec une cinquantaine d'animaux obligerait à dessiner tous les personnages de façon minuscule. Pour résoudre le problème, les dessinateurs créent une nouvelle échelle, ce qui implique tout un arsenal : tables à dessin, tables lumineuses pour les cellos, tables d'encrage et de coloriage, tout est pensé, refait, remis en place... Il faut en outre adapter les appareils de prise de vues aux nouveaux formats. Walt Disney se préoccupe de nourrir de grands modèles l'inspiration de son équipe. Chaque jour, celle-ci doit assister à la projection d'un film de Charlie Chaplin, une première fois à vitesse normale, une seconde fois au ralenti, afin d'en analyser dans le détail la magie comique et d'en créer un équivalent dans *Blanche-Neige*. De plus, pour parfaire le réalisme des mouvements de l'héroïne de papier, Walt Disney loue les services d'une jeune danseuse, Marjorie Belcher, qui pose en costume devant le dessinateur Arthur Babbit, chargé exclusivement de l'animation du personnage. Disney supervise personnellement chaque étape de la production, passant constamment d'un atelier à un autre, jugeant chaque croquis.

La folie disneyienne

Le film est le fruit de trois années d'efforts personnels de Walt Disney, et d'un travail acharné de son équipe, envers et contre tous. Pendant toute l'année 1936, journaux professionnels et grande presse laissent entendre que le producteur court au désastre. Dans les studios de production, on surnomme *Blanche-Neige* « la folie disneyienne ». L'effectif de la société Disney ne cesse de s'accroître durant cette période, jusqu'à atteindre un millier de collaborateurs. Le budget initial prévu pour le film (250 000 dollars) est quintuplé, au prix d'un endettement incroyable : *Blanche-Neige* coûte près d'un million et demi de dollars !

La première du film a lieu au Cathay Circle Theater, à Hollywood. La salle est remplie de célébrités. Les critiques sont enthousiastes : *Blanche-Neige* devient célèbre du jour au lendemain. Lors de sa première année d'exploitation, le dessin animé draine un public de plus de vingt millions de spectateurs. À la cérémonie de la remise des oscars de 1938, il reçoit un second prix spécial, un oscar grandeur nature et sept autres petits oscars pour son « innovation filmique, significative et enchanteresse, qui a ouvert de nouvelles voies au dessin animé de long-métrage ». Dès lors, Disney construit un véritable empire à partir du dessin animé : *Pinocchio, Cendrillon, Peter Pan* se succèdent, avant bien d'autres films...

Les nains : dans une histoire somme toute tragique, ces petits personnages introduisent les indispensables moments de détente et de rire.

L'empire Walt Disney

La légende Disney s'est bâtie en un demi-siècle : un homme, Walt Disney, puis une société commerciale ont étendu leur empire dans le monde entier. Le pouvoir de la firme est tel que ses détracteurs la taxent à juste titre d'impérialisme. Le rigorisme dont elle fait preuve à l'égard des mœurs et de la tenue de ses employés donne d'elle une image à la fois puritaine et dictatoriale.

Les médias. Dès 1953, Disney entreprend la conquête du nouveau moyen de diffusion télévisuel. Disney TV, émission hebdomadaire de la chaîne ABC, à partir de cette année-là, contribue à hausser cette chaîne à la troisième place des grands réseaux de télévision en Amérique du Nord. En Europe, quelques années plus tard, *Disney Parade* et *Disney Club* comptent plusieurs millions de jeunes téléspectateurs par semaine.

Les films et les dessins animés. La Walt Disney Company produit, outre ses dessins animés célèbres (*les Cent Un Dalmatiens, Merlin l'enchanteur, le Livre de la jungle, Aladin*, et, en 1994, *le Roi Lion*), des films qui connaissent également un succès mondial. Ainsi *le Signe de Zorro, les Robinsons des mers du Sud, Mary Poppins, Un amour de Coccinelle, le Clochard de Beverly Hills, Y a-t-il quelqu'un pour tuer ma femme ?*

Les parcs d'attraction. Le parc d'attraction au nom de la firme ouvre ses portes au public le 17 juillet 1955 à Anaheim, en Californie. En moins de deux mois, il reçoit un million de visiteurs et, en douze mois d'exploitation, Walt Disney rembourse la dette de 9 millions de dollars de prêts bancaires qu'il a contractée. En 1971 s'ouvre Disneyworld, en Floride — le succès est immédiat et international. L'ouverture d'Eurodisney, en France, en 1992, est peut-être le premier faux pas de la nouvelle équipe Disney, réunie autour de Michael Eisner.

La sorcière : la tentatrice de Blanche-Neige serait-elle la forme nouvelle du serpent qui jadis tenta Ève ?

Blanche-Neige et les sept nains : *un défi commercial pour la firme Walt Disney, et l'un des plus grands succès de l'histoire du cinéma dans l'entre-deux-guerres (couverture de l'album accompagnant la sortie du long-métrage en France).*

1940

Un enfant de cinq ans à la tête du Tibet
LE DALAÏ-LAMA

En février 1940, un petit garçon de cinq ans est installé en tant que dalaï-lama, c'est-à-dire comme chef spirituel et politique du peuple tibétain. De cette cérémonie l'enfant gardera surtout le souvenir « du grand trône de bois sculpté incrusté de pierres précieuses, le "trône du Lion" » sur lequel il s'assied pour la première fois.

Selon la croyance du bouddhisme tibétain, peu après son décès, le dalaï-lama revient sur terre sous la forme d'un enfant. C'est au gouvernement qu'il appartient de trouver la nouvelle réincarnation du saint homme. En 1938, cinq ans après le décès du treizième dalaï-lama, les autorités estiment que le moment est venu de lancer la recherche. Pour leur quête, elles disposent d'une procédure bien définie et de critères d'identification précis.

À la recherche du dalaï-lama

Les déclarations faites par le treizième dalaï-lama au cours de sa vie, les présages ayant entouré sa mort ainsi que les visions de certains lamas (moines ou dignitaires ecclésiastiques bouddhistes) forment le point de départ de l'enquête. En l'occurrence, après le décès, la tête du dalaï-lama s'est tournée toute seule, à deux reprises, vers l'est. Puis, lors d'une profonde méditation, le régent, ou remplaçant du dalaï-lama durant la période d'interrègne, a vu un monastère à la toiture turquoise et une petite maison aux curieuses gouttières. Trois délégations de moines et de laïcs sont dépêchées dans l'est du Tibet avec mission de localiser les édifices qui mèneront à l'enfant. L'une d'elles se rend dans la province d'Amdo, dans l'extrême nord-est du pays, où s'élève le monastère de Kumbum, couvert d'un toit bleu. Les délégués, qui visitent les villages proches de cet établissement, finissent par trouver une maisonnette correspondant à la vision du régent. La famille nombreuse de pauvres paysans qui l'habite a bien un petit garçon de l'âge qui convient, c'est-à-dire un peu plus de deux ans. Les moines soumettent l'enfant à des tests consistant à reconnaître, parmi des groupes d'objets, ceux qui ont appartenu au précédent chef du Tibet. L'enfant les identifie sans jamais se tromper, disant à chaque fois : « C'est à moi, c'est à moi. » Dès lors, pour la commission, il n'est plus de doute possible : le petit villageois est bien la réincarnation du précédent dalaï-lama.

Des années de formation

Les conditions politiques locales retardent le départ de l'enfant pour Lhassa jusqu'à l'été 1939. En attendant, il est placé avec un de ses frères au monastère de Kumbum où il fait sa première expérience de la vie religieuse.

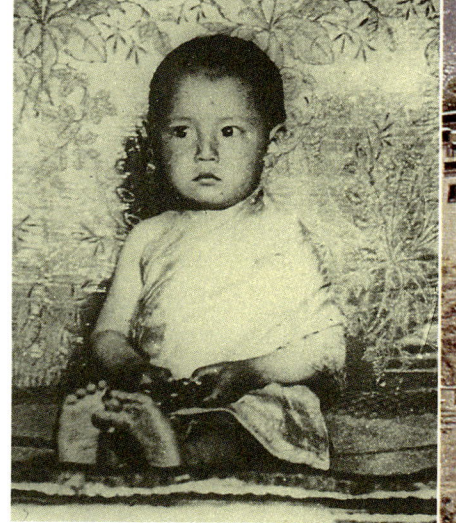

Le dalaï-lama (né en 1935) à l'époque où il fut reconnu comme le nouveau chef spirituel des Tibétains.

Le Potala de Lhassa, résidence officielle des dalaï-lama jusqu'à l'exil contemporain.

L'année suivante, en février, l'enfant, désormais âgé de cinq ans, est officiellement intronisé comme souverain et chef spirituel de son peuple. Cérémonies religieuses et processions se succèdent jusqu'à la présentation des insignes du pouvoir. Quelque temps après ces festivités prend place la cérémonie qui consacre le garçon comme moine novice. Il se laisse raser le crâne et revêt la robe monacale. C'est aussi le moment où il reçoit son nom définitif de Tenzin Gyatso. Le jeune dalaï-lama, qui réside dans le vaste palais du Potala à Lhassa, est entouré par trois précepteurs. Ses journées, consacrées surtout à l'étude, commencent dès six heures du matin par la prière et la méditation. Le petit déjeuner est suivi de la leçon d'écriture et de celle de mémorisation, qui consiste à apprendre un texte bouddhique. Ensuite, l'enfant bénéficie d'une récréation et assiste à la réunion du gouvernement afin de se préparer à sa charge de souverain. Après cette séance, la classe reprend avec la récitation du texte bouddhique et la préparation de l'exercice du lendemain. La matinée se conclut par des jeux. Après le déjeuner, léger, commencent les cours de connaissances générales. Passé les premières années, l'enseignement s'oriente

Jeunes moines dans un monastère bouddhiste.

vers la philosophie bouddhique, matière essentielle et complexe, vers la logique et la rhétorique ou art du raisonnement. Les fêtes religieuses et une retraite annuelle de trois semaines, dédiée à la prière et la méditation, rompent le rythme de cette vie austère et monotone.

Une prise de pouvoir précipitée

En 1950, les communistes, nouveaux maîtres de la Chine, revendiquent le territoire du Tibet — indépendant depuis la fin de la Première Guerre mondiale — et y envoient des troupes. Devant la gravité de la situation, le peuple tibétain exige que le régent remette, deux ans avant la date prévue, le pouvoir temporel au dalaï-lama, âgé de quinze ans. Le 17 novembre 1950, en présence des dignitaires splendidement vêtus, le dalaï-lama Tenzin Gyatso reçoit donc la Roue d'or, insigne du pouvoir temporel. Il hérite en même temps de responsabilités écrasantes pour un adolescent. Malgré son jeune âge, le souverain est conscient que son pays, qui ne possède qu'une toute petite armée, n'est pas de taille à affronter la Chine. Avec ses ministres, il choisit la voie de la négociation, la seule qui soit possible. Celle-ci aboutit en 1951 au traité de Pékin, qui confirme la présence militaire chinoise au Tibet et la mise en œuvre de réformes économiques, mais reconnaît le pouvoir du dalaï-lama, la liberté de culte et l'autonomie du Tibet. Le quatorzième dalaï-lama inaugure donc son gouvernement dans des circonstances dramatiques. Mais le pire reste encore à venir. En 1959, le peuple tibétain se rebelle contre une présence chinoise de plus en plus intolérable. La révolte est sauvagement réprimée. Le peuple tibétain perd sa liberté et son indépendance. Le dalaï-lama s'exile alors en Inde : parcourant le monde, il ne cessera plus désormais de se battre pour que survive la culture tibétaine et que finisse l'asservissement de son peuple.

La déesse vivante de Katmandou

À Katmandou, au Népal, une fillette, appelée la Kumari royale pour éviter la confusion avec les autres incarnations vivantes de la vallée de Katmandou, représente l'une des nombreuses formes de la déesse hindoue Parvati.

Le choix de l'enfant. Les candidates, issues de castes bouddhiques précises, sont âgées de quatre ou cinq ans. Leur corps, sans tache, doit présenter trente-deux signes particuliers. Les fillettes sélectionnées sont départagées au cours d'une cérémonie qui met leur courage à l'épreuve. On les enferme dans une salle obscure avec de sanglantes têtes de buffle et des hommes imitant des démons, et l'on observe leurs réactions. L'incarnation de la déesse est la petite fille qui montre le plus de sang-froid.

Une vie de recluse. La fillette vit dans un monastère bouddhiste, fondé au XVIIIe siècle, d'où elle ne sort que très rarement. Quand cela se produit, elle est obligatoirement portée afin que ses pieds ne soient pas en contact avec le sol impur. Lors de la fête annuelle de l'Indrajatra, elle parcourt la ville en char et est honorée par le roi et les dignitaires. La Kumari quitte le monastère à la puberté. Elle est libre alors de se marier, mais les prétendants sont rares, car l'ex-déesse vivante a la réputation de porter malheur.

1942

Une jeune fille juive de treize ans
LE JOURNAL D'ANNE FRANK

Le 12 juin 1942, Anne Frank reçoit pour son treizième anniversaire un album relié d'une couverture à carreaux rouges et blancs. C'est dans ce cahier que, pendant deux ans, elle tient son journal : journal d'une adolescence et journal de guerre. Juive, allemande, Anne Frank va faire partie des 6 millions de Juifs qui vont mourir en déportation.

Sur la page de garde de son cahier, Anne Frank note : « Je vais pouvoir, j'espère, te confier toutes sortes de choses, comme je n'ai encore pu le faire, et j'espère que tu me seras d'un grand soutien. »

Une jeune fille…

Le journal d'Anne commence comme pourrait commencer celui de n'importe quelle adolescente. La petite fille évoque son école, ses camarades de classe, les pitreries qu'elles accomplissent. Elle colle sur les pages quelques photographies d'elle et consigne ses premières émotions d'amour : « J'aime Peter comme je n'ai jamais aimé personne et j'essaie de me persuader sans cesse que si Peter est toujours avec toutes ces autres filles, c'est uniquement pour cacher ses sentiments ; il croit peut-être que Hello et moi, nous sommes amoureux, mais ce n'est pas vrai du tout car ce n'est qu'un copain et, comme dirait maman, mon chevalier servant. » L'enfant note également les signes de changement de son corps : « P.S. : j'oubliais de te donner une nouvelle capitale : je vais probablement avoir bientôt mes premières règles.

Anne Frank, l'année où elle commença son journal : « C'est la photographie de moi-même à laquelle je voudrais toujours ressembler. Alors, j'aurais une chance d'aller un jour à Hollywood »…

Je m'en aperçois […] et maman me l'a prédit. » Pourtant, au-delà des réflexions banales que peuvent inspirer à une jeune fille de cet âge les événements de la vie quotidienne, se profile déjà chez Anne une sensibilité hors du commun. Elle aborde son journal d'une façon originale en le personnalisant sous la forme d'une amie imaginaire nommée Kitty, à qui elle écrirait des lettres quotidiennes. D'autre part, dès les premières pages, elle s'interroge sur la postérité des confidences « d'une écolière de 13 ans ».

L'entrée cachée de l'Annexe, la « planque » d'Anne Frank et de sa famille, derrière une armoire pivotante d'un appartement d'Amsterdam.

... pas comme les autres

Si Anne est une adolescente hors du commun, c'est bien malgré elle. Son père, Otto Frank et sa mère, Edith Holländer, sont tous deux des Allemands d'origine juive. Quand le régime nazi, en 1933, prend le pouvoir en Allemagne, les Frank décident de fuir devant la montée de l'antisémitisme que Hitler, de plus en plus ouvertement, érige en dogme et en loi nationale. La ségrégation a déjà commencé à l'école, et les magasins juifs sont boycottés puis détruits... Les Frank s'installent alors à Amsterdam, où Otto crée une société spécialisée dans le commerce de pectine. Mais, lorsque Anne commence son journal en 1942, l'histoire l'a rattrapée : les Pays-Bas sont occupés par les Allemands et les mesures d'interdiction contre les Juifs se multiplient, au départ anodines puis de plus en plus menaçantes. Anne récapitule dans son journal, le 20 juin 1942 : « À partir de mai 1940, c'en était fini du bon temps, d'abord la guerre, la capitulation, l'entrée des Allemands, et nos misères, à nous les Juifs, ont commencé. Les Juifs doivent porter l'étoile jaune ; les Juifs doivent rendre leurs vélos, les Juifs n'ont pas le droit de prendre le tram... »

Le journal de l'« Annexe »

En juillet 1942, la déportation menace les Frank. Afin d'y échapper, Anne, sa sœur et leurs parents quittent clandestinement leur maison et vont se réfugier, en compagnie de quatre autres de leurs amis juifs, dans un appartement situé derrière les bureaux d'Otto Frank. Anne Frank, le 9 juillet 1942, décrit leur fuite vers ce qui va devenir l'« Annexe » et leur seul univers pendant deux ans : « Nous marchions sous la pluie battante, papa, maman et moi, chacun portant un cartable et un sac à provisions, bourrés jusqu'à ras bord des objets les plus hétéroclites. Les ouvriers qui allaient au travail à cette heure matinale nous lançaient des regards de pitié : sur leur visage se lisait clairement leur regret de ne pouvoir nous proposer aucune sorte de véhicule, le jaune éclatant de l'étoile en disait assez long. »

Commence alors une vie secrète. Toute sortie à l'extérieur est absolument exclue. Grâce à des amis qui les approvisionnent en vivres et en vêtements, leur vie n'est pas trop rigoureuse, mais l'isolement moral et la promiscuité sont plus difficiles à supporter. Le journal d'Anne regorge de notations féroces contre sa mère et sa sœur. Mais la jeune fille, en pleine évolution, apprend aussi à réfléchir et dresse un véritable bilan de la condition juive : « Cette histoire nous a rappelés brusquement à la réalité, au fait que nous sommes des Juifs enchaînés, enchaînés en un seul lieu, sans droit et avec des milliers d'obligations. Nous Juifs, nous ne devons pas écouter notre cœur, nous devons être courageux et forts, nous devons subir tous les désagréments sans rien dire, nous devons faire notre possible et garder confiance en Dieu. Un jour, cette horrible guerre se terminera enfin, un jour nous pourrons être des êtres humains et pas seulement des Juifs. »

Le journal orphelin

Le mardi 1er août 1944, Anne consigne ses impressions dans son journal. Elle écrit : « Je ne cesse de chercher un moyen de devenir comme j'aimerais tant être, et comme je pourrais être si... » Ce sont les derniers mots qu'elle écrit dans son cahier. Le 4 août 1944, en effet, la police allemande fait une descente à l'Annexe, soit que les familles aient été dénoncées, soit que la cache ait été découverte par hasard. Les Frank et leurs amis sont déportés. Anne meurt du typhus au camp de concentration de Bergen-Belsen après huit mois de détention, huit semaines environ avant la capitulation de l'Allemagne, en mai 1945. Elle est âgée de 15 ans. Son père seul revient vivant des camps de déportation. Pour que survive la mémoire de sa fille, il entreprend alors de publier son journal, resté dissimulé dans l'Annexe.

L'horreur d'un camp d'extermination : derrière des barbelés semblables, Anne Frank trouva la mort, simplement parce qu'elle était juive...

La postérité du journal

Le livre posthume d'Anne Frank paraît pour la première fois **au cours de l'été 1947**. La critique salue unanimement à la fois le document historique et le texte vibrant d'émotion d'une adolescente qui évoque ses pensées les plus intimes et les plus secrètes. *Le Journal d'Anne Frank* est vendu à 16 millions d'exemplaires.

En 1955, **une adaptation théâtrale** du texte est réalisée aux États-Unis, suivie deux ans plus tard d'**une version cinématographique**.

La plus grande confirmation de l'impact historique et émotionnel du journal réside sans doute dans la tentative accomplie par **les révisionnistes** — ceux qui nient le génocide des Juifs pendant la Seconde Guerre mondiale — pour mettre en cause son authenticité, dès 1957. Le texte de la petite Anne est sans doute un symbole trop manifeste de l'atroce réalité.

1944

Déportés vers Auschwitz
LA MAISON D'IZIEU

Reifmann-Levan Claude, 11 ans ; Ben Guigui Jean-Claude, 6 ans ; Spiegel Santa, 9 ans ; Halaubrenner Claudine, 5 ans... En 1944, quarante-quatre enfants juifs qui occupent un home d'enfants à Izieu, dans l'Hérault, sont raflés par des soldats nazis pour être envoyés à Auschwitz. Tous y meurent, gazés.

Depuis mars 1943, la ferme d'Izieu, isolée dans le hameau de Lélinas, caché dans les montagnes, abrite une colonie d'enfants juifs, garçons et filles âgés de 4 à 17 ans. Le 6 avril 1944, à neuf heures du matin, une voiture décapotable et deux camions bâchés allemands gravissent la colline...

Le récit de la rafle

Une douzaine de soldats casqués, mitraillette au poing, bondissent hors des camions. En quelques secondes, ils encerclent la maison, contrôlent les portes. Les Allemands poussent tous les enfants dans le réfectoire, fouillent chaque recoin, chaque placard : « Schnell, tous dans les camions. » Miron Zlatin, le directeur de la maison d'Izieu, s'interpose : « Prenez les adultes, pas les enfants. » Il reçoit un coup de crosse de mitraillette sur la tête. Léon Reifman, étudiant en médecine en visite, est le seul à échapper à la rafle : dès la première minute de l'assaut, il saute du premier étage par une fenêtre ouverte et se terre dans un buisson. Julien Favet, un jeune ouvrier agricole de la ferme voisine, témoin, raconte : « Les camions étaient trop hauts, les petits n'arrivaient pas à monter dedans. Les soldats les prenaient par la peau du cou et les jetaient comme des sacs de pommes de terre. »

La maison d'Izieu

Tous les enfants de la maison d'Izieu sont des Juifs, français ou étrangers. Depuis le début

Quelques-uns des enfants d'Izieu, l'été précédent la grande rafle de la Gestapo.

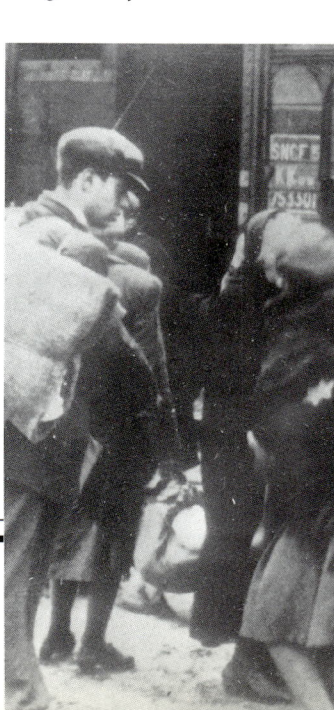

La descente du wagon à bestiaux, et les premiers pas dans le camp de la mort... Pour les enfants d'Izieu, le terme du voyage fut Auschwitz.

de la guerre, les familles juives essaient de fuir devant l'avancée des troupes allemandes. Partout où les armées du IIIe Reich allemand imposent leurs lois, les Juifs sont persécutés et déportés vers les camps que les nazis ont installés à l'est de l'Europe. Depuis 1940, le gouvernement français, installé à Vichy et dirigé par Philippe Pétain, multiplie les lois antisémites. Ainsi, le texte du 4 octobre 1940 stipule que les « ressortissants étrangers de race juive » peuvent être internés dans des camps spéciaux par décision du préfet du département. En juin 1941, le deuxième statut des Juifs autorise les préfets à prononcer l'internement dans un camp même si l'intéressé est français. En 1941, les camps de la zone libre comptent 40 000 internés, parmi lesquels 5 000 enfants.

La loi autorise cependant les enfants de moins de 15 ans à sortir des camps à condition qu'ils aient obtenu un certificat d'hébergement. En mars 1943, Sabina et Miron Zlatin, un couple juif décidé à résister à l'injustice, ouvrent la maison d'enfants d'Izieu. Ils sont soutenus par la sous-préfecture de Belley. Les enfants restent entre quelques semaines et quelques mois à Izieu, rarement davantage. Les plus chanceux sont repris par leurs familles. D'autres sont envoyés par Sabina Zlatin dans des collèges catholiques de Montpellier ou de Lyon.

« Faites revenir mes parents »

Tous ces enfants, qui sont souvent sans nouvelles de leurs parents, emprisonnés dans des camps ou en fuite, ont le cœur lourd. En témoigne cette lettre d'Alice Luzgart, pensionnaire d'Izieu de 11 ans, qui écrit quelques jours avant le drame, s'adressant à Dieu : « Dieu ! Que vous êtes bon, que vous êtes gentil et s'il fallait compter le nombre de bontés et de gentillesses que vous nous avez faites, on ne finirait jamais… Dieu ! C'est vous qui commandez. C'est vous qui êtes la justice, c'est vous qui récompensez les bons et punissez les méchants. […] Dieu, après cela, je ne vous demande qu'une seule chose : FAITES REVENIR MES PARENTS, MES PAUVRES PARENTS, PROTÉGEZ-LES (encore plus que moi-même). QUE JE LES REVOIE LE PLUS TÔT POSSIBLE, FAITES-LES REVENIR ENCORE UNE FOIS. » À partir de septembre 1943, les Allemands contrôlent la région. La tension monte, les opérations contre les maquisards et les Juifs sont de plus en plus fréquentes — jusqu'à la rafle du 6 avril 1944, à Izieu.

Vers Auschwitz

Le soir du 6 avril, les quarante-quatre enfants et leurs sept moniteurs arrivent au fort Montluc, à Lyon. Là, chacun d'entre eux est longuement interrogé. Le 7 avril au matin, toute la colonie d'Izieu est emmenée sous escorte au camp de Drancy, connu aujourd'hui pour être l'antichambre du camp d'extermination d'Auschwitz. Trente-quatre enfants et cinq adultes sont déportés à Auschwitz dès le 13 avril 1944, dans le convoi n° 71. Les dix autres enfants restent à Drancy entre cinq et onze semaines, avant d'être déportés à leur tour. Serrés, enfermés, manquant d'air dans les wagons plombés, les enfants connaissent les souffrances de la faim et de la soif. L'arrivée est décrite de façon hachée par Léa Feldblum, monitrice à la maison d'Izieu et seule à être revenue d'Auschwitz : « C'était la nuit. Quand j'y repense la tête me tourne. Il y avait des SS qui criaient des ordres. Des chiens. Des flammes rouges au loin. Et le docteur Mengele faisait le tri. Tous disaient : "vite ! vite !" On m'a poussée vers une file. J'ai protesté. Les enfants pleuraient. Ils avaient peur. Un SS m'a demandé : "Ce sont tes enfants ?" Je lui ai répondu : "C'est une maison d'enfants." On m'a séparée d'eux. Jetée de côté. Le petit Émile Zuckberger s'agrippait à moi. Mengele me l'a arraché des bras. Moi j'ai survécu et on les a brûlés. »

Le procès Barbie

Ce témoignage déchirant a été fourni en 1987 lors du procès de Klaus Barbie à Lyon. Lieutenant SS pendant la guerre, Barbie est reconnu par le docteur Léon Reifman, qui est intimement persuadé que Klaus Barbie était présent lors de la rafle. Quoi qu'il en soit, ce télégramme expédié de Lyon le 6 avril à 20 h 10, par ordre du lieutenant SS Klaus Barbie, est suffisamment compromettant : « Il a été mis fin aux activités du foyer d'enfants juifs d'Izieu. […] Le transport vers Drancy aura lieu le 7 avril 1944. »

La première étape pour les Juifs arrêtés en France, avant la déportation à Auschwitz : le camp de Drancy. Là, quelques-uns croyaient encore qu'ils pourraient survivre.

La rafle du Vél' d'Hiv

De 1942 à 1944, le régime de Vichy déporte à Auschwitz plus de 6 000 enfants juifs. Une mesure proposée aux nazis par le gouvernement français lui-même, qui entend se débarrasser ainsi de milliers d'orphelins gênants. Parmi les atrocités consécutives à cette décision, la rafle du Vél' d'Hiv.

Le 17 juillet noir. L'opération « Vent printanier » débute à Paris le 16 juillet 1942 à 4 heures du matin, pour se terminer le 17 juillet au soir. Sous ce nom de code, quelque 4 500 policiers français procèdent à l'arrestation de 12 884 Juifs d'origine étrangère, dont 5 082 femmes et 4 051 enfants.

Le vélodrome de l'horreur. L'internement au vélodrome dure près d'une semaine. En 24 heures, le Vél' d'Hiv se transforme en un enfer dantesque, imprégné d'odeurs pestilentielles, où résonnent les cris et les pleurs d'enfants. Adultes et jeunes sont transférés dans les camps de Pithiviers et de Beaune-la-Rolande, puis à Drancy et, de là, dans les camps d'extermination nazis. À partir de Drancy, on organise des convois spéciaux d'enfants vers Auschwitz.

La polémique. Il semble que Pierre Laval, vice-président du Conseil en 1942, ait proposé aux Allemands que les enfants soient déportés. Le 6 juillet 1942, Theodor Dannecker, responsable SS des affaires juives en France, adresse à Berlin cette note : « Le président Laval a proposé, lors de la déportation des familles juives de la zone non occupée, d'y comprendre également les enfants âgés de moins de 16 ans. La question des enfants juifs restant en zone occupée ne l'intéresse pas. »

1945

Enfance en danger, enfance à sauver
LE JUGE POUR ENFANTS

Au sortir de la guerre, en 1945, le gouvernement provisoire du général de Gaulle se donne pour tâche, parmi de nombreuses priorités, la suppression des bagnes d'enfants, des maisons de correction et autres centres de redressement au profit d'une justice des mineurs aux principes entièrement nouveaux. Pour la première fois, la réponse judiciaire à la délinquance juvénile s'inscrit dans le cadre de la protection de l'enfance.

Le texte qui fixe les règles de cette justice nouvelle est une ordonnance en date du 2 février 1945. Il commence par cet acte de foi : « Il est peu de problèmes aussi graves que ceux qui concernent la protection de l'enfance, et parmi eux ceux qui ont trait au sort de l'enfance traduite en justice. La France n'est pas assez riche d'enfants pour qu'elle néglige tout ce qui peut en faire des êtres sains. » Après quoi, il met en place un système original d'aide aux mineurs, dont le pilier essentiel est un nouveau magistrat spécialisé : le juge des enfants.

Le pouvoir de punir, la mission de protéger

Deux principes commandent la nouvelle législation. Désormais, les mineurs auxquels est imputée une infraction pénale sont automatiquement déférés au juge des enfants : aucun autre magistrat ne peut traiter de leur affaire. Ensuite, ces mineurs ne peuvent faire l'objet que de mesures de protection, d'éducation et de réforme. Ils sont déclarés a priori irresponsables, sauf cas exceptionnel qui doit faire l'objet d'une décision motivée. Le juge des enfants statue dans son cabinet, pour les justiciables les plus jeunes, et à chaque fois que la relative légèreté de l'infraction ne rend pas nécessaire la séparation de la famille, en tout cas autrement qu'à titre provisoire. Les mineurs de plus de treize ans ayant commis un délit, c'est-à-dire une faute grave, sont jugés par des tribunaux, présidés par le juge pour enfants ; la cour peut décider à leur égard un placement éducatif, ou prononcer une sanction pénale. Enfin, les adolescents les plus âgés (plus de seize ans) qui ont commis une faute très grave (un crime) sont passibles de la cour d'assises des mineurs, laquelle détermine leur peine.

La mère, l'enfant, le juge (image extraite du film de Jean Delannoy Chiens perdus sans collier, *1955).*

Chaque enfant est un cas particulier

Magistrat, le juge pour enfants doit réunir aussi des qualités de psychologue et d'éducateur. Proche du jeune sur le sort duquel il statue, il noue avec lui un véritable dialogue et finit souvent par bien le connaître. C'est à

Chiens perdus sans collier

Dans Chiens perdus sans collier, *Gilbert Cesbron met en scène un juge des enfants exemplaire, M. Lamy :*

« *M. Lamy ferme les yeux. Privé de regard, son visage est celui d'un gisant. L'audience de cabinet a commencé vers une heure et demie et il en est 5. Il se rappelle…*
Une grosse fille qui volait sa patronne : « Elle ne me payait pas, dites ! Je me suis servie !… » Des parents tragédiens qui réclament la Correction paternelle (afin que leurs gosses soient élevés aux frais de l'État !)… Une enfant de seize ans, au visage de cire, qui a déjà tenté plusieurs suicides : « Et si ça réussissait une bonne fois, hein ?… » Un garçon perdu pour la vie entière s'il reste chez ses parents ; et le juge Lamy n'a pas hésité à voir dans son escapade de quelques heures la fugue qui permettra de l'étiqueter « vagabond » et de le sauver…

Gilbert Cesbron, Chiens perdus sans collier, *Robert Laffont, Paris, 1954.*

Jeunes garçons dans un établissement d'éducation surveillée en 1943.

cette condition qu'il peut espérer trouver pour le délinquant une solution qui l'aidera à se réintégrer progressivement dans la société adulte. Il s'agit là de tâches et de responsabilités considérables, pour lesquelles le magistrat dispose d'une assistance. L'ordonnance de 1945 fixe en effet que le juge des enfants doit « obligatoirement procéder à une enquête approfondie sur le compte du mineur, notamment sur la situation matérielle et morale de la famille » ; mais il détermine également que « pour ce faire [...] il aura recours de préférence aux services sociaux spécialisés existant auprès des tribunaux pour enfants ou aux personnes titulaires d'un diplôme de service social. L'enquête sociale elle-même sera complétée par un examen médico-psychologique sur l'importance duquel il n'est point besoin d'insister. »

En un peu plus d'un demi-siècle d'exercice, le juge pour enfants est devenu le magistrat de loin le plus populaire du système judiciaire français. Son activité, à la fin du XXe siècle, est considérable : en 1990, 41 424 mineurs délinquants ont fait l'objet de mesures éducatives et 27 780 ont fait l'objet d'une peine...

1958 : Protéger l'enfant... contre les siens

Enfants martyrs et violés. Depuis le 23 décembre 1958, un article du Code civil prévoit l'intervention du juge pour enfants « quand la santé, la sécurité ou les conditions d'éducation d'un mineur sont gravement compromises ». Les enfants martyrs, les victimes d'inceste passent donc, dorénavant, devant le juge pour enfants.

Un texte très contesté. Unanimement, à l'époque, les professeurs de droit reprochent à ce nouvel article de donner à un magistrat décidant seul des pouvoirs démesurés qui risquent de porter atteinte à l'intimité des familles. Mais l'ordonnance de 1945 ne fait-elle pas des juges pour enfants les protecteurs naturels de ceux-ci ? D'autant que les statistiques montrent que les délinquants ont été, souvent, des enfants maltraités...

Une décision lourde à prendre. Patrick Véron, juge pour enfants, rappelle quels doutes assaillent le magistrat lorsqu'il décide, pour le bien des jeunes, de briser le lien naturel qui unit ceux-ci à leurs parents : « Quand vous décidez d'enlever un enfant à sa mère alors qu'il s'accroche à elle dans votre bureau, il faut avoir bien réfléchi, être certain que c'est la meilleure solution. » L'objectif de la protection judiciaire est de mettre fin au danger couru par l'enfant.

Juridiction pour enfants dans les différents pays

La primauté de la mesure éducative est devenue en matière de délinquance juvénile un choix fondamental dans la plupart des pays.

Grande-Bretagne. La majorité pénale est à 17 ans. Au-dessous de 10 ans, l'enfant est irresponsable. Entre 10 et 17 ans, la responsabilité pénale est atténuée. Le *Juvenile Court* (tribunal pour mineurs) est composé de deux ou trois magistrats non professionnels, compétents pour toutes les infractions sauf le meurtre.

Allemagne. La majorité pénale est à 18 ans. Au-dessous de 14 ans, l'enfant bénéficie d'une présomption irréfragable d'irresponsabilité. De 14 à 18 ans, le juge de la jeunesse statue sur le problème du discernement.

Québec. Depuis 1979, le Québec tente une expérience qui a pour but de soustraire un certain nombre d'attributions à la cour du Bien-être social pour les confier à la Protection de la jeunesse. Tous les mineurs de moins de 14 ans ayant commis des actes contraires aux lois sont déférés pour une prise en charge sociale au directeur de la Protection de la jeunesse. Ce dernier est chargé de leur orientation. Si la mesure éducative est acceptée par le mineur, le directeur peut clore le dossier pénal, quelle que soit la nature de l'infraction commise.

Patrick Véron, juge pour enfants.

1946-1964

L'essor des naissances en Occident
LE BABY-BOOM

À la fin de la Seconde Guerre mondiale, tous les pays industrialisés connaissent une forte hausse des taux de fécondité, qui atteint quelquefois trois enfants par femme. Jamais au cours de l'ère industrielle l'Europe occidentale et les États-Unis n'ont vu des taux si élevés et si durables. Le temps est à l'optimisme. L'enfant est roi...

Cette période est surnommée, dès la prise de conscience du phénomène, aux alentours de 1946 « l'époque du baby-boom ». La « génération du baby-boom », qui grandit dans la prospérité, développe des habitudes de consommation fort différentes de celles de ses aînés.

Deux pointes de fécondité

Une première flambée du taux de fécondité a lieu à la fin et au lendemain de la guerre, avec des variantes selon les pays. En Allemagne, la remontée des taux de fécondité se produit dès

Gamins et gamines, ou la rue transformée en terrain de jeux.

La génération du baby-boom

La génération du baby-boom est celle de la prospérité. Elle connaît un niveau de vie élevé, l'hygiène, la santé, un système de sécurité sociale décent, des moyens modernes de transport, d'information, de communication. En France, 4 millions d'adolescents de plus de 14 ans révolus sont élèves ou étudiants en 1975, contre 0,6 million trente ans plus tôt.

Dans tous les pays, on constate des évolutions dues à la transformation du milieu de vie : meilleure nourriture des enfants, hygiène, vaccins systématiques et soins médicaux plus constants, développement des études et diminution de l'analphabétisme chez les adolescents ; mais aussi instabilité plus grande, due à une structure familiale fréquemment éclatée (divorces) et à des déménagements de plus en plus nombreux.

Une autre transformation, fondamentale, se fait jour : bombardé d'informations visuelles, l'enfant, et surtout l'adolescent, devient un consommateur. Un nouveau marché naît, formé par les produits spécialement destinés aux jeunes : pour les petits, couches-culottes et jouets appropriés ; pour les plus grands, blue-jeans, baskets et tee-shirts, bandes dessinées ou électrophones...

l'entre-deux-guerres, à l'époque du régime hitlérien. En France, en 1943, malgré les perturbations liées à l'Occupation, 616 000 naissances sont enregistrées sur le territoire métropolitain. À la fin du conflit, les retrouvailles des couples séparés, autant que les nouveaux mariages, contribuent à l'essor des naissances. En 1946, 844 000 bébés naissent en France. Le nombre moyen d'enfants par femme approche de trois : c'est bien plus qu'en 1920. L'intensité augmente encore en 1947. Les Pays-Bas, la Suisse, la Belgique, l'Italie et la Grande-Bretagne connaissent également une « récupération » (c'est le terme officiel des démographes) consécutive à la guerre. Le phénomène est d'autant plus singulier que depuis longtemps, dans tous les pays occidentaux et industrialisés, le taux de fécondité moyen des femmes diminuait régulièrement. Au début des années 1960, il remonte partout en Occident, dépassant le plus souvent 2,5 enfants par femme — soit bien plus que dans la période précédente. Dans ce mouvement d'ensemble, la France occupe une position moyenne. Les Françaises sont aussi fécondes que les femmes britanniques, mais moins que les Néerlandaises, les Canadiennes ou les Américaines...

Fécondité et croissance économique

Tous les pays évoluent de concert : timide reprise de la fécondité pendant la guerre, baby-boom après 1945 jusqu'en 1964, puis diminution de la fécondité jusqu'à une stabilisation vers 1975. La description s'applique aussi bien à l'Australie qu'à l'Allemagne, à la Suède qu'à la France. Les vraies nuances s'expriment dans le niveau auquel la fécondité se stabilise après 1975, au moment où la tendance s'inverse, suscitant une crise démographique : 1,8 en France, en Grande-Bretagne, aux États-Unis ; 1,6 au Danemark ou aux Pays-Bas ; 1,4 en Allemagne. À partir

Lorsque l'enfant paraît...

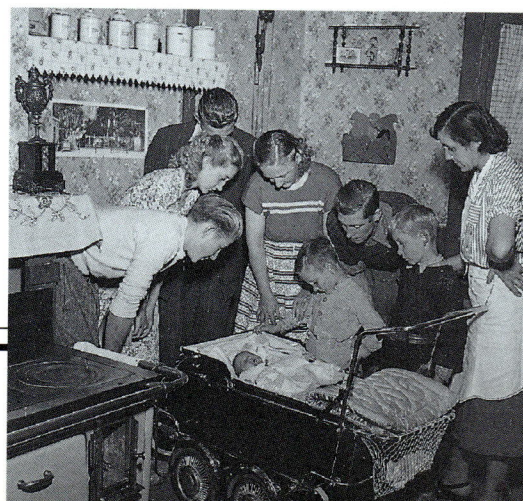

Séverine et Marie

Dans son livre, les Trente Glorieuses, l'écrivain Jean Fourastié compare deux jeunes filles : l'une, Séverine, appartenant à la génération du baby-boom ; l'autre, Marie, née deux cents ans plus tôt.
« Séverine, à 10 ans, est plus grande, plus indépendante, plus entreprenante, plus « décidée » que Marie à 17 ans. Séverine a ses premières règles à 12 ans et demi ; Marie à 17 ans et demi. À 20 ans, Séverine mesure 1,65 m et pèse 45 kg, sa taille est svelte, ses formes longilignes et graciles ; Marie ne mesure que 1,55 m et pèse 50 kg ; sa taille est lourde, sa silhouette déjà déformée par les travaux des champs et les durs travaux ménagers, les fagots et les bûches, les grosses marmites que l'on pend à la crémaillère, l'eau que l'on monte du puits et que l'on porte à bras ou sur la tête, la pâte que l'on pétrit, la lessive que l'on rince les pieds dans le ruisseau, les animaux de la basse-cour... Séverine n'est jamais malade. Dès qu'elle ressent un léger symptôme, médecin ou dentiste lui épargnent toute douleur ; elle ne sait pas ce qu'est la souffrance physique. Marie au contraire a la souffrance pour compagne ; ne serait-ce qu'à cause des dents (à 20 ans, elle en a déjà perdu 8 ou 10)... »

Jean Fourastié, les Trente Glorieuses, Hachette, Paris, 1985.

À la fin du XXᵉ siècle...

Aujourd'hui, en Europe, les jeunes se marient moins, les couples divorcent davantage, ont moins d'enfants, et mettent ceux-ci au monde plus tard.

Des indices de fécondité faibles en Occident. En 1993, l'indice de fécondité en France est de 1,65 et le renouvellement des générations n'est assuré qu'à partir de 2,1. La France est cependant le pays le plus fécond d'Europe après l'Irlande et la Suède. En 1987, l'Allemagne connaît le taux de fécondité le plus faible du monde avec 1,3. Avec l'Allemagne, les pays d'Europe du Sud ont la fécondité la plus basse.

Des familles monoparentales et recomposées. Au cours des vingt dernières années, la monoparentalité — soit dans presque 9 cas sur 10 une femme seule avec son ou ses enfants — est devenue un phénomène courant en Europe. En France, par exemple, elle concerne aujourd'hui 13 % des familles avec enfants de moins de 25 ans, et 23 % à Paris, où elle culmine. Cette phase est souvent suivie d'une remise en couple du parent seul et donne lieu à des familles recomposées. C'est, selon les sociologues, le nouveau modèle de la famille en Occident.

de 1975, les moyens de contraception atteignent leur pleine expansion. Cela ne suffit pas à expliquer la fin du baby-boom — qui a marqué le pas presque dix ans plus tôt. La légalisation des moyens de contraception ne sert qu'à faciliter une maîtrise de la fécondité déjà voulue et assurée par d'autres méthodes. Comment expliquer l'accélération puis la décélération du nombre des naissances ? Plusieurs raisons sont évoquées. La plus évidente est l'explication psychologique, en liaison avec le climat économique. L'époque du baby-boom correspond à peu de chose près à celle des « Trente Glorieuses », c'est-à-dire les années de prospérité économique qui s'étendent de 1945 à 1974 : en ces temps de croissance durablement élevée, les jeunes adultes croient en l'avenir... 1974, en revanche, marque le début de la crise économique ; conscients des difficultés qu'aura à affronter leur progéniture, les jeunes couples hésitent à multiplier le nombre de leurs enfants.

1946 : affiche en faveur de la repopulation. « Récupération » spontanée ou effet d'une politique nataliste, la reprise démographique est le trait majeur des vingt années qui suivent la fin de la Seconde Guerre mondiale.

1947-1967

Des enfants britanniques déportés aux colonies
LES ORPHELINS DU COMMONWEALTH

La charrette, ou le départ des enfants vers l'Australie : une migration forcée qui fut, des décennies durant, tenue secrète (scène du film les Orphelins de Liverpool).

De 1947 à 1967, des milliers d'enfants britanniques sont déportés outre-mer, en Australie et dans d'autres pays d'avant-poste de l'Empire, la plupart du temps à l'insu de leurs familles. Des œuvres charitables catholiques, méthodistes et anglicanes organisent ce trafic avec le concours du gouvernement. Le scandale éclate en 1986, par hasard...

À la fin de la Seconde Guerre mondiale, nombre de Britanniques, complètement démunis, confient leurs enfants à des orphelinats, le temps de retrouver un toit et un travail. Quand les parents reviennent chercher leurs enfants, ceux-ci, quelquefois, se sont volatilisés. La direction leur affirme qu'ils ont été adoptés par une riche famille. En fait, ces enfants ont fait partie d'un contingent d'« orphelins » envoyés peupler l'Empire d'« un cheptel de bonne souche blanche et britannique ».

Une déportation massive

On estime que 130 000 enfants sont déportés par la Grande-Bretagne dans ses colonies (Canada, Rhodésie, Nouvelle-Zélande et Australie) de 1947 à 1967. La plupart sont de vrais orphelins, des enfants sans famille ; mais 10 000 petits immigrés, environ, semblent avoir été envoyés en Australie sans que l'administration demande à leurs parents, vivants, le moindre consentement... Trente-cinq organisations charitables (telles que Barnardos, l'Armée du salut et l'Église catholique) organisent ces déplacements d'enfants, avec l'approbation et le soutien financier du gouvernement britannique. Les enfants doivent être accueillis dans des orphelinats, aux colonies. Mais ces orphelinats, quand ils arrivent, ne sont pas encore bâtis... Aussi les enfants sont-ils employés comme une force de main-d'œuvre : du point du jour au couchant, ils travaillent pour construire les bâtiments qui doivent les abriter. Ainsi, des centaines d'orphelins déportés dans l'orphelinat de Bindoon, en Australie occidentale, dirigé par le frère Keany, évoquent, devenus adultes, le travail harassant durant toutes les saisons, mais aussi les mauvais traitements, le fouet pour la moindre peccadille, et même les abus sexuels. D'autres anciens de Bindoon sont incapables de témoigner : traumatisés, ils se sont suicidés, ont sombré dans l'alcool ou dans la folie.

Une vieille tradition d'émigration

L'Australie, comme beaucoup de colonies britanniques ou françaises, a été peuplée par la « lie » de la société : des prisonniers politiques et de droit commun, des filles perdues, des vagabonds... Les premières émigrations

Le débarquement sur le continent inconnu (scène du film les Orphelins de Liverpool).

Margaret Humphreys, une assistante sociale à l'esprit curieux, fut celle qui découvrit l'affaire et la révéla au public.

Le placement des enfants assistés en Algérie

Au XIXᵉ siècle, l'émigration des orphelins et des enfants assistés est une méthode fréquemment utilisée pour peupler les colonies des pays européens. Comme la Grande-Bretagne dans le Commonwealth, la France a tenté ce genre d'expérience avec l'Algérie.

Une initiative du père Brumauld. Le père Brumauld, un jésuite, achète cent hectares de terre à Ben-Aknoun, près d'Alger, et y ouvre un premier établissement destiné aux orphelins dont les parents, colons en Algérie, sont décédés des suites du choléra ou du typhus. En 1850 sont concédées au prêtre les terres marécageuses d'un ancien camp militaire à quinze kilomètres d'Alger, Boufarik. Le père envisage de les assécher et d'y élever le ver à soie. Il s'adresse alors au département de la Seine pour demander l'envoi de jeunes assistés. Le ministère de la Guerre, responsable des affaires algériennes, et l'hospice Saint-Vincent-de-Paul envoient immédiatement cent garçons de l'hospice et cent autres secourus par les bureaux de bienfaisance de Paris.

Un échec patent. Le départ a lieu le 15 juillet 1852. Les colons, âgés de dix à treize ans, doivent rester à la colonie jusqu'à leur majorité. Les résultats ne se font pas attendre : cinquante-huit enfants ont fugué en 1860, les enfants de moins de douze ans, les plus fragiles, ont été terrassés par les fièvres et le travail. En 1860, l'expérience est interrompue par le département de la Seine, qui rapatrie les enfants ayant encore des parents en France. À la fin du siècle, vers 1891, un autre essai a lieu qui se révèle tout aussi désastreux.

d'enfants ont commencé dès 1850, et ont duré pendant toute l'ère victorienne. Selon les autorités britanniques, il s'agissait à la fois de donner « un nouveau départ » à ces enfants et de peupler les avant-postes de l'Empire. Au milieu du XXᵉ siècle, le retour en force d'une politique d'émigration contrainte apparaît comme un réflexe vraiment anachronique, comme le résidu d'une politique de classe entièrement inacceptable. Les trente-cinq œuvres religieuses impliquées ont voulu une fois de plus peupler l'Empire avec du *Good, White, British Stock,* des « bonnes souches blanches britanniques » — et chrétiennes, doit-on ajouter —, au mépris du destin d'enfants dès lors déracinés et malheureux.

Un scandale en 1986

Pendant quarante années, cependant, une conspiration du silence a empêché l'opinion publique de connaître le destin de ces enfants. Puis, en 1986, le scandale éclate brutalement. Cette année-là, Margaret Humphreys, une assistante sociale de Nottingham, mène une recherche sur l'apprentissage de son identité par l'enfant et sur l'importance, en ce domaine, de la connaissance de ses origines. En réponse à un questionnaire, elle reçoit une lettre d'une jeune femme australienne, qui lui dit ne rien connaître de ses parents, puisqu'elle a été déportée à l'âge de quatre ans. Intriguée, Margaret Humphreys enquête, et découvre rapidement une vingtaine d'autres cas. Elle fonde alors, en 1987, une association, nommée *The Child Migrant's Trust* — le Groupe de l'enfant émigré. Dès lors, *The Trust* publie annuellement un rapport adressé au gouvernement britannique, et comportant la liste et la situation des milliers de victimes répertoriées. Margaret Humphreys accuse, en des termes très sévères, les autorités de son pays qui, vingt années durant, ont fermé les yeux sur les migrations ou les ont encouragées : « L'objectif était à la fois de se débarrasser d'enfants "difficiles" qui coûtaient de l'argent à la société, et surtout d'assurer une forte représentation de l'Empire britannique dans les territoires encore sous l'autorité de la Couronne, mais c'est un scandale national. Cela s'est fait en pleine violation des droits de l'homme. De nombreuses familles ont été brisées sans que personne ne puisse rien faire. » Bientôt, la révélation publique du scandale est suivie d'effets judiciaires. John Hennessey, un habitant de Sydney âgé de 55 ans, arrivé à Bindoon à l'âge de 9 ans, ne s'est jamais marié, n'a pas eu d'enfants et se dit « glacé à l'intérieur », « émotionnellement mort ». En 1992, il apprend qu'il est plus vieux que ce qu'il pensait de quatre ans et qu'il est né en Angleterre et non à Belfast comme on le lui a toujours soutenu. Il recherche des parents qui pourraient encore être vivants. Et il décide d'intenter une action en justice contre le gouvernement britannique « pour négligence et abandon ». L'attitude du gouvernement britannique, confronté à une affaire aussi difficile, est ambiguë. Certes, celui-ci alloue chaque année au trust une subvention de 25 000 livres pour réunir des familles et pour ouvrir des dossiers sur les milliers de noms en attente. Mais, successivement, Margaret Thatcher et John Major refusent net d'ouvrir une enquête publique et de se prononcer officiellement sur la responsabilité des autorités.

1951-1955

« *Salut les copains* » *et ses enfants*
NAISSANCE DU ROCK'N'ROLL

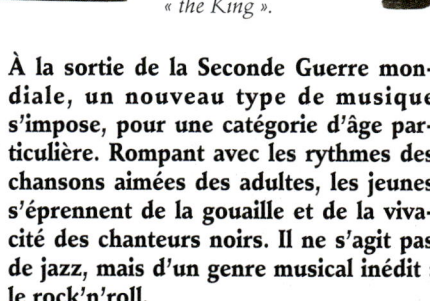

Elvis Presley, dit « the King ».

À la sortie de la Seconde Guerre mondiale, un nouveau type de musique s'impose, pour une catégorie d'âge particulière. Rompant avec les rythmes des chansons aimées des adultes, les jeunes s'éprennent de la gouaille et de la vivacité des chanteurs noirs. Il ne s'agit pas de jazz, mais d'un genre musical inédit : le rock'n'roll.

Les nouveaux sons de cette musique deviennent le symbole d'une attitude également très neuve des adolescents, qui revendiquent, à partir des années 1950, une autonomie qui leur était jusque-là déniée.

Naissance du phénomène rock'n'roll

Quelle est la vraie date de la naissance du rock'n'roll en tant que phénomène de société ? Il est impossible de le dire exactement. Est-ce à la fin de 1951, quand Johnny Raye imite dans le registre désespéré les chanteurs noirs des dancings ? Ou en avril 1954, avec l'enregistrement de *Rock around the Clock* de Bill Haley — le plus célèbre, peut-être, des disques de rock, qui tient une place capitale dans la légende de cette musique ? Ou bien en juillet 1954, lorsqu'un jeune homme timide, Elvis Presley, frappe à la porte du studio de Sam Phillips et enregistre la reprise d'un blues noir d'Arthur Crudup : *That's All Right Mamma*. À moins que ce ne soit en 1955, quand Alan Freed organise au Brooklyn Paramount de New York le premier Rock'n'roll show...

Bill Haley et le contrebassiste des « Comets ».

Chaque rythme nouveau génère les gestes d'une nouvelle danse.

Le rock'n'roll à la française

Johnny Hallyday. Le phénomène apparaît en France vers 1958-1960. Révélé par une émission de « radio-crochet », au Marcadet-Palace, à Paris, en décembre 1959, Jean-Philippe Smet remporte un immense succès sous le nom de Johnny Hallyday, en sortant, le 14 mars 1960, son premier 45 tours.

Les vedettes du Golf. Les fans du rock'n'roll, des garçons pour la plupart, sont lycéens ou jeunes employés de bureau : ils ont entre quinze et vingt ans, peu d'argent. Ils sont d'abord les habitués d'un nouveau club des grands boulevards, le Golf-Drouot, où est installé un juke-box. Tout ce que la France compte de nouvelles idoles vient s'essayer au Golf : Eddy Mitchell, Long Chris, Danny Logan, quelques filles aussi comme Sylvie Vartan. L'année 1960 voit apparaître les Chaussettes noires (avec Eddy Mitchell), les Chats sauvages (avec Dick Rivers)...

La passion de la danse. C'est le temps des surprises-parties, les « surboums », qui inquiètent les parents et réjouissent leur progéniture. Mais on danse aussi sur les places publiques, comme lors de la folle nuit de la Nation, à Paris, au printemps 1961.

« Salut les copains ». Enfin, les fans du rock se retrouvent aussi, à partir de 1962, dans la lecture d'un nouveau magazine, *Salut les copains*. L'hebdomadaire qui a bientôt pour pendant, à destination des jeunes filles, *Mademoiselle âge tendre*, obtient en quelques mois un extraordinaire succès.

En fait, c'est l'ensemble des années 1950 qui est marqué par le rock'n'roll. Avec Elvis Presley, dit « the King », un Blanc rencontre la musique des Noirs et assume ses rythmes syncopés et sa sensualité. Au même moment, Bill Haley et son groupe, les Comets, se déchaînent sur des rythmes noirs et se voient propulsés au rang de porte-parole de l'adolescence en révolte. Leurs concerts tournent à l'émeute, leurs noms apparaissent sur les blousons de cuir des rebelles — vrais ou faux — du monde entier. L'establishment s'inquiète de voir la jeunesse se trémousser sur des musiques frénétiques... Le rock'n'roll franchit un pas de plus avec Gene Vincent, Eddie Cochran et, un peu plus tard, Vince Taylor, garçons sauvages qui justifient la réputation du rock'n'roll propagée dans les médias : violence, attitude provocante, excès en tout genre. Toute une panoplie d'attributs évocateurs du rock'n'roll se met en place dans la jeunesse : « bananes » et rouflaquettes ; blousons de cuir et grosses motos...

La rencontre d'une musique et d'une génération

La caractéristique du rock est la violence : tension des voix, urgence du chant, violence sur scène et hors de scène, représentée et vécue, transformation des fonctions instrumentales. Écouter du rock'n'roll à quinze ans, c'est faire acte de scission. Les pionniers du rock expriment dans leurs textes les sentiments, les expériences et les amours des adolescents. Dans *My Generation,* chef-d'œuvre du rock enregistré en 1965, les Who prononcent les paroles suivantes : « I hope I die 'fore I get old » (« J'espère que je mourrai avant d'être vieux »). Les « rockers » (Eddie Cochran et Chuck Berry surtout), outre une pratique accentuée de l'obscénité, traitent de l'ennui de l'école, du caractère réactionnaire des parents, du manque d'argent et de l'interdiction de sortir... Dans les chansons et dans les attitudes sur scène des chanteurs rock, le thème du sexe prend aussi une importance considérable. Dans les années 1950, danser le rock est souvent l'occasion, pour les jeunes, du premier contact physique avec l'autre sexe. Rapidement, le rock'n'roll devient un phénomène international. En Europe, à partir de 1956, il est véhiculé par le juke-box, le cinéma, les premiers films d'Elvis Presley. En Grande-Bretagne, le succès de ce genre musical est particulièrement vif. Le rock à l'heure anglaise voit se développer des groupes comme les Beatles, dont la renommée envahit l'Europe et les États-Unis. Les Rolling Stones (leur premier album sort en 1963) mettent en transes la respectable Angleterre.

Un phénomène chronique

Mais le rock n'est pas seulement un moyen de communication ponctuel entre les jeunes du monde entier, c'est aussi l'expression d'une nouvelle manière de penser et de vivre. Son évolution au cours des années 1960 en est la preuve. Après la vague de musique d'opposition de la première décennie, les rockers découvrent l'engagement politique. Joan Baez et Bob Dylan, notamment, prônent la non-violence comme méthode de combat, une idée largement répandue à cette époque parmi la jeunesse américaine. Aux rythmes du rock, de nombreux lycéens et étudiants participent alors à des démonstrations de masse, rejetant en bloc l'*American way of life,* et tout spécialement l'intervention américaine au Viêt Nam. Dans les années 1970 et 1980, la communauté du rock se renforce en produisant des structures underground et une contre-culture. Aujourd'hui encore, le rock, sous des formes modernes, intègre toutes les musiques et véhicule l'opposition de la jeunesse.

■ Musiques de jeunes

Au fil des années, les musiques préférées par les jeunes se succèdent, imposant des rythmes et des gestes de danse à chaque fois différents.

Le twist est inventé par Chubby Checker et son fameux Let's twist again. Dans le twist, chacun crée ses propres pas en se trémoussant en solitaire. Le pape Jean XXIII condamne pourtant cette diabolica saltatio lorsqu'elle fait son apparition en Europe au tout début des années 1960. D'autres danses du même type suivent en cascade : le madison, le jerk, le mashed potatoes...

Vers 1974-1975, le Munich Sound exploité par Giorgio Moroder lance le disco, fondé sur la mise en avant de la batterie. Ce type de musique est d'abord adopté dans les discothèques avant d'être lancé par John Travolta avec le film la Fièvre du samedi soir.

Plus particulier à une communauté, le raï s'appuie sur les instruments traditionnels et la langue arabes. Il traduit la mélancolie et la rébellion de la jeunesse algérienne. Apparue vers 1986-1988, la musique « techno », exclusivement synthétique, utilise les technologies les plus avancées.

1952

Bruno Bettelheim soigne les enfants psychotiques
L'ENFANCE AUTISTE

À la fin de l'année 1944, le psychanalyste Bruno Bettelheim est nommé principal de l'École orthogénique Sonia Shankman à l'université de Chicago. Au moment où il prend ses fonctions, l'institution, qui reçoit des enfants atteints de graves troubles comportementaux, ressemble davantage à une prison qu'à une école.

Le nouveau principal modifie complètement le mode de fonctionnement de l'établissement et y impose des méthodes de cure exclusivement psychanalytiques. Puis, à partir de 1951, il commence à y recevoir des enfants atteints d'autisme, une maladie réputée incurable.

L'expérience des camps

Bruno Bettelheim est un spécialiste des psychoses infantiles. Ses méthodes trouvent leur origine dans une histoire personnelle extrêmement douloureuse. Né en 1903 à Vienne, Bettelheim fait là ses études et y reçoit sa formation psychanalytique. D'emblée, il s'intéresse aux enfants psychotiques et, particulièrement, aux autistes, pour lesquels il rêve d'expérimenter des psychothérapies. Mais, en 1938, l'Autriche est rattachée à l'Allemagne hitlérienne : comme le régime nazi n'a cure de soigner ceux qu'il estime être des dégénérés, l'Anschluss vient brutalement interrompre les recherches du psychanalyste. Une année durant, celui-ci est emprisonné dans les camps de concentration de Dachau et de Buchenwald. Cette expérience tragique oriente sa recherche : dans les camps, Bettelheim se défend en observant les réactions psychotiques provoquées chez ses codétenus par l'horrible environnement. Après coup, il tire de cette expérience une hypothèse thérapeutique : puisqu'un contexte très défavorable peut engendrer des troubles psychiques gravissimes, inversement, un milieu extrêmement protecteur risque de renverser le processus psychotique. Émigré aux États-Unis à sa libération des camps, Bettelheim met ce principe en action à l'École orthogénique de Chicago.

Un nouveau règlement

L'établissement que Bettelheim se voit confier est alors un hôpital psychiatrique « ordinaire ». Les enfants, qui sont indifféremment atteints de malformations cérébrales ou de difficultés d'ordre psychique et non pathologique, sont encadrés par des infirmiers qui n'ont reçu aucune préparation spéciale. Ceux-ci trouvent naturel de les « punir » de leur comportement asocial, comme s'ils étaient responsables de celui-ci : les petits malades sont giflés, battus et parfois même privés de nourriture. L'expérience de Bettelheim lui rend insupportables de telles méthodes. Son premier acte de principal est d'aviser les éducateurs que, dorénavant, quiconque infligera un châtiment corporel à un enfant sera immédiatement renvoyé. Le recrutement des malades est aussi précisément redéfini : il n'est plus question de mêler les enfants atteints de malformations pathologiques et les jeunes psychotiques, l'école se spécialisant dans l'accueil de ces derniers. En 1952, de nouveaux bâtiments sont construits. Sous l'influence de son principal, l'école, dont la capacité d'accueil est augmentée jusqu'à atteindre une cinquantaine de personnes, décide d'accepter un certain pourcentage d'enfants autistes, des malades très gravement atteints. En 1973, les cinquante enfants et jeunes gens de l'École orthogénique de Chicago ont entre quatre ans et demi et vingt ans. Ils sont accueillis dans l'institution pour un séjour moyen de trois années, mais certains d'entre eux — les autistes, précisément — demeurent à l'école pendant neuf ou dix ans. Tous les enfants présents sont des cas « lourds » : des malades que la médecine américaine a déclarés incurables.

Des placards pleins de bonbons

Avec des jeunes atteints si gravement, Bettelheim sait qu'il n'est pas question de respecter les cadres traditionnels d'une éducation. Il ne peut s'agir, en particulier, d'organiser des « classes », par âge ou par niveau. Les enfants doivent avant tout se sentir libres et en sécurité. Ils choisissent d'aller avec les éducateurs qui leur conviennent, et ceux-ci cherchent — dans la mesure où la sécurité des petits n'est pas mise en danger — à ne rien imposer et à ne rien interdire. Les élèves de l'École orthogénique travaillent s'ils le veulent, ou ne font rien. Aucune tâche scolaire ne leur est imposée, et d'autres qu'eux, s'ils s'y refusent, s'occupent de nettoyer leur chambre ou

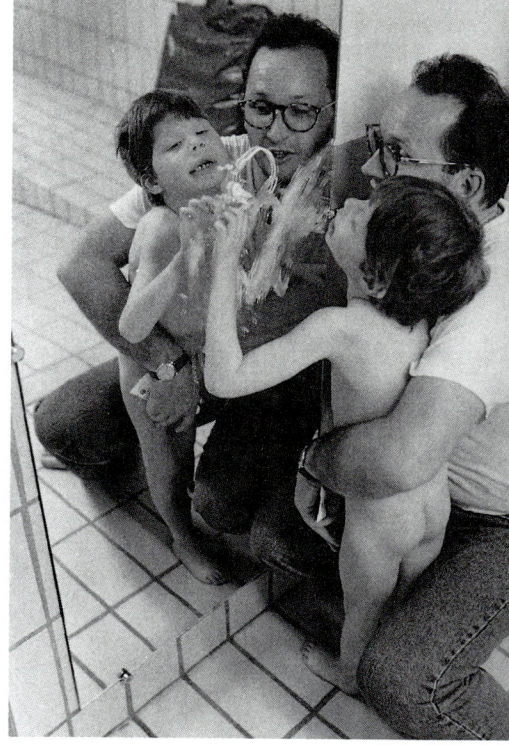

Voir : soi-même, les autres ; et s'y intéresser. C'est la découverte que les psychiatres et psychanalystes tentent de révéler aux enfants atteint par la maladie.

Laurie, petite malade de sept ans

Dans la Forteresse vide, l'ouvrage qu'il a consacré à son expérience, Bruno Bettelheim raconte des histoires d'enfants autistes admis à l'École orthogénique de Chicago.
Laurie entre à l'institution à sept ans. Elle est cachectique, anorexique grave et n'a plus prononcé un mot depuis l'âge de trois ou quatre ans. Elle passe ses journées sans bouger de sa chaise. À Chicago, Laurie, petit à petit, prend goût à l'alimentation en picorant pendant des nuits entières des raisins secs éparpillés dans son lit ; elle étudie son corps et ses diverses productions ; pousse des cris ; elle apprend à s'intéresser à son éducatrice et à son institutrice. Une année après son entrée dans l'école, Laurie est propre et s'alimente normalement. Ses parents la reprennent alors… et la font interner dans un foyer pour débiles légers. L'enfant retourne rapidement à son état premier.

de faire leur lit. Bettelheim explique ce choix : « Dans la plupart des institutions que je connais [dit-il] le mode d'éducation essentiel, même de l'enfant psychotique, est de l'encourager à voir le monde tel qu'il est en réalité, ce que précisément il ne peut faire. Il nous semble que notre tâche est de lui créer un monde qui soit entièrement différent de celui qu'il a abandonné par désespoir, et, de plus, un monde dans lequel il puisse entrer tout de suite tel qu'il est. » La méthode mise en place à l'École orthogénique vise avant tout à procurer à l'enfant un environnement favorable vingt-quatre heures sur vingt-quatre. Aucun détail matériel n'est laissé au hasard, depuis la couleur des rideaux jusqu'aux jets d'eau qui agrémentent le jardin. Il existe un peu partout des placards, ouverts et pleins de bonbons. L'école vise par ailleurs à s'adapter à chaque enfant. Son personnel doit accepter sans ciller tout ce que le malade décide de faire (on remplace, à l'école, jusqu'à trente vitres par jour…), tous les actes des jeunes étant considérés comme de possibles symptômes, et traités en conséquence avec la plus grande attention. Pour Bruno Bettelheim, en fait, la seule manière d'aider les enfants autistes est de ne pas distraire leur énergie en les mécontentant. Toutes les ressources de ces malades doivent être canalisées pour permettre à ceux-ci de descendre au fond d'eux-mêmes, et tenter de comprendre ce qui s'est passé. Les traitements chimiques, tranquillisants et autres drogues sont inutiles, et même strictement interdits.

Communiquer — ou non : telle est la frontière, dramatique, entre l'enfant « normal » et celui atteint d'autisme.

L'autisme infantile

L'autisme est une maladie définie par les psychiatres comme étant **le retrait de la personne de toute relation sociale.**

L'appelation précise d'« **autisme infantile** » a été utilisée pour la première fois aux États-Unis en 1942 par le psychiatre Leo Kanner. Elle désigne l'absence complète de communication chez des enfants, déclarée **avant l'âge de trente mois.** Les bébés ne parlent pas, ou fort peu ; ils ne réagissent pas à la douleur physique, manifestent une absence apparente de haine et d'amour… Ce handicap touche **4 à 5 individus sur 10 000.**

Jambes nouées, esprit prisonnier : le mystère de ceux qu'on a nommés les « enfants-forteresses » sera-t-il un jour élucidé ?

1955

Supercherie ou don réel ?
MINOU DROUET

En 1955, l'éditeur René Julliard découvre Minou Drouet, une poétesse de 8 ans dont il publie le premier livre, *Arbre, mon ami*. Le même homme a lancé quelques années plus tôt Françoise Sagan, auteur à 18 ans du roman *Bonjour Tristesse*. La récidive lui assure un succès considérable... mais elle suscite aussi une importante polémique.

L'opération publicitaire du lancement du phénomène Minou Drouet est soigneusement préparée par son éditeur. Julliard publie au mois de septembre 1955 une première plaquette de poèmes écrits par la fillette. Édité hors commerce, le florilège est envoyé exclusivement aux critiques et aux écrivains « pour prendre date ».

Le succès d'*Arbre, mon ami*

Arbre, mon ami paraît au mois de janvier 1956. Fait unique dans l'histoire de la poésie, il se vend à 45 000 exemplaires en quelques mois. Les ressorts poétiques des textes résident dans l'emploi insolite de mots courants, une utilisation de la ponctuation et de la mise en pages inédites... Il en va ainsi du poème qui donne son nom à l'ensemble du recueil :

Arbre, mon ami
   mon pareil à moi
      si lourd de musique
sous les doigts du vent
   qui te feuillettent
      comme un conte de fées
[...] Arbre pareil à moi
   lamentable comme moi
      qui n'est plus comme moi
         que des nerfs tendus
           sur le gris du ciel [...]

Le fin profil de la petite fille, ses cheveux blonds et son air de poupée sont reproduits dans tous les journaux. L'enfant est l'invitée des maisons de disque, des music-halls, des médias, des premières du Tout-Paris...

Minou avant Minou

L'enfant et son entourage, peu préparés à ce qui leur arrive, semblent être plutôt les victimes que les instigateurs de ce succès. Le passé de Minou Drouet est celui d'une enfant isolée. Orpheline, elle est élevée par une maîtresse femme célibataire, Claude Drouet, dans une commune rurale de Bretagne. Souffrant d'une diplopie bilatérale, maladie qui la rend presque aveugle, privée de ses parents et élevée sans grandes démonstrations de tendresse, l'enfant ne montre d'abord aucune précocité, tardant même fort à acquérir la parole. Mais, bientôt, elle développe une véritable passion pour la musique : elle étudie avec enthousiasme le piano, et commence à écrire — son premier poème date de ses 6 ans. En 1955, l'année où Julliard publie ses textes, un ophtalmologiste l'opère et lui rend la vue.

La polémique

Le succès sans nuages de l'enfant ne dure pas longtemps. Bientôt naît le doute sur le véritable auteur des poèmes : Claude, sa mère adoptive, professeur particulier de lettres, l'aurait aidée... L'affaire Minou Drouet divise la France. Jean Cocteau proclame méchamment : « Tous les enfants de 9 ans ont du génie sauf Minou Drouet. » Louis Pauwels, dans *le Figaro*, écrit : « Pour moi, l'affaire Minou Drouet est peut-être, d'une certaine façon, une affaire de sorcellerie. » Apprenant qu'une fillette fait l'objet d'une « cabale » en France, le pape, en 1957, accepte de recevoir Minou et lui donne sa bénédiction... L'éditeur Julliard, suspecté d'avoir lui-même lancé la polémique pour mieux faire vendre le recueil, publie un livre intitulé *Minou Drouet*, qui consacre 200 pages à l'étude du cas, sans vraiment en tirer de conclusions.

Les épreuves

Dans les cercles mondains de Paris, on apparente l'affaire aux grandes supercheries littéraires : la pseudo-découverte du barde gaélique Ossian par l'Écossais Macpherson, le théâtre de l'Espagnole Clara Gazul, dû à la supercherie de Mérimée. Barthes, dans *Mythologies*, écrit : « L'affaire Minou Drouet s'est présentée pendant longtemps comme

La première découverte de Minou, avant la poésie : la musique.

L'enfant à son pupitre, écrivant.

une énigme policière : est-ce elle ou n'est-ce pas elle ? On a appliqué à ce mystère les techniques habituelles de la police (moins la torture, et encore !) : l'enquête, la séquestration, la graphologie, la psychotechnique et l'analyse interne des documents. » Sans vergogne, on fait passer à l'enfant une série d'épreuves. En 1955, elle est séparée de Claude Drouet pendant cinq jours, et installée chez Julliard. Le jour de l'épreuve, on lui demande d'écrire des poèmes devant des journalistes. Le test prouve à l'évidence que l'enfant sait écrire et aime le faire — mais la qualité des textes ne permet pas d'affirmer que *Arbre, mon ami* a été écrit par l'enfant seule. Aussi, l'année suivante, impose-t-on à l'enfant le renouvellement de l'épreuve, cette fois au siège de la S.A.C.E.M. (la Société des auteurs, compositeurs et éditeurs de musique). L'enfant planche, de nouveau avec succès, en une demi-heure, sur un sujet imposé « Ciel de Paris ». Peine perdue. Le doute subsiste, alors même que la fillette continue d'écrire plusieurs ouvrages, traduits dans une dizaine de pays… Minou Drouet, épuisée par la polémique et le gaspillage de ses talents, cesse d'écrire à 20 ans.

L'avis de Roland Barthes

Dans son recueil d'articles Mythologies, *le critique français Roland Barthes publie un texte intitulé « La littérature selon Minou Drouet » :*

« Reste, après tout cela, le cas de la petite fille elle-même. Mais que la société ne se lamente pas hypocritement : c'est elle qui dévore Minou Drouet. C'est d'elle et d'elle seule que l'enfant est la victime. Victime propitiatoire sacrifiée pour que le monde soit clair, que la poésie, le génie et l'enfance, en un mot le désordre, soient apprivoisés à bon compte, et que la vraie révolte, lorsqu'elle paraît, trouve déjà la place prise dans les journaux. Minou Drouet est l'enfant-martyr de l'adulte en mal de luxe poétique, c'est la séquestrée ou la kidnappée d'un ordre conformiste qui réduit la liberté au prodige. Elle est la gosse que la mendiante pousse devant elle quand, par derrière, le grabat est plein de sous. Une petite larme pour Minou Drouet, un petit frisson pour la poésie et nous voilà débarrassés de la Littérature. »

Roland Barthes, Mythologies, *Le Seuil, Paris, 1957.*

Minou, en 1955. La petite fille était-elle « la seule enfant sans génie » qui existât dans le monde, ou bien a-t-on tué, en l'exploitant abusivement, un exceptionnel talent ?

Daisy Ashford, l'anti-Minou Drouet

Une carrière précoce. Margaret Maria Julia, surnommée Daisy dans sa famille, est née en 1881, en Grande-Bretagne, dans le Surrey. À 4 ans, l'enfant dicte à sa mère sa première histoire, *la Vie du Père Mac Swinney*. Cinq ans plus tard, elle écrit *The Young Visitors*, au crayon noir, sans ponctuation, sur un petit cahier à couverture rouge — cahier aujourd'hui conservé à la New York Public Library. Enfin, elle rédige sa dernière œuvre, *la Fille du bourreau*, à 14 ans.

Une parution tardive. Daisy Ashford vit une enfance et une adolescence normales. Un éditeur découvre le manuscrit presque trente ans après qu'il a été rédigé. Le livre — il s'agit de *The Young Visitors* — paraît en Angleterre en 1919. En France, la première traduction de l'ouvrage date de 1927.

Une préface de Jean Cocteau. La préface de Jean Cocteau fait ainsi l'éloge du livre : « Lorsqu'on parle de *The Young Visitors*, voici le premier mot du Français : c'est une farce, le livre n'est pas d'elle… Vous devinez le thème ; thème de l'intelligence, de la finesse, du pessimisme de l'air renseigné. » Trente ans plus tard, Jean Cocteau est l'un des détracteurs les plus cruels de Minou Drouet…

La poésie de l'enfance. Outre ses réelles qualités narratives, le texte de Daisy Ashford possède un charme qui tient en partie à l'emploi maladroit et poétique de certaines expressions et constructions syntaxiques : « elle mettait une robe de velours bleu qui avait poussé trop courte des manches », « l'une de vos demoiselles la plus jolie sur la figure »…

1959

La fin des langes en tissu

LE TRIOMPHE DE LA COUCHE-CULOTTE

En 1959, l'ingénieur Vic Mills, directeur de la recherche et du développement de la firme Procter et Gamble, a de quoi se réjouir. Après trois années de tentatives infructueuses, marquées par de multiples déboires (fuites, déliquescence des tissus, etc.), le change complet, en plastique et coton, et donc destiné à être jeté, est enfin efficace ! Un gigantesque marché s'ouvre... pour le bonheur des industriels et pour celui des mamans.

La grande firme américaine Procter et Gamble, créée en 1837 à Cincinnati, a orienté ses recherches sur la couche en 1957. L'idée de Vic Mills est d'insérer une couche de cellulose dans une culotte en plastique — d'où le nom de « couche-culotte ». Le produit, expérimenté en premier lieu sur les nourrissons de Dallas, irrite effroyablement les fesses des pauvres nouveau-nés...

Les premières couches-culottes

La couche-culotte passe donc de nouveau à l'étude. La modification des textures à l'intérieur de la culotte, une meilleure qualité des

Les couches-culottes aujourd'hui

Les bébés des années 1990 consomment, entre 0 et 2 ans, en moyenne 3 800 couches chacun. Cette consommation équivaut à une somme s'élevant — selon les marques, et pour le cas français — de 5 500 F à 7 000 F environ.
Ces chiffres, qui pourraient diminuer avec la réduction du nombre des naissances, sont stables en raison de l'évolution des mentalités, qui incite les pédiatres à conseiller aux mamans de ne pas brusquer artificiellement l'apprentissage de la propreté. La commande des muscles qui agissent sur les sphincters ne s'acquiert — disent les spécialistes — que fort tard : il est inutile, voire psychologiquement dangereux, de tâcher de contraindre un enfant à être propre, alors qu'il n'en est pas physiquement capable. Ces nouvelles directives des pédagogues renforcent le règne de la couche...

Tissu plastifié à l'extérieur, doux coton à l'intérieur : une révolution considérable de la vie matérielle de l'enfant... et de la maman.

plastiques apportent progressivement les améliorations souhaitées. En 1959, les couches, convenablement imperméables, modérément irritantes, sont expérimentées avec succès sur un groupe de bébés de Rochester. Procter et Gamble décide donc de passer à la commercialisation : elle dépose le nom de Pampers (« Câlins ») et lance le produit à l'échelle locale. Or, le succès est lent à venir : les ventes sont freinées par le prix du produit — les couches, à cette époque, étant fabriquées à la main —, d'autant plus insupportable qu'il faut en acheter un grand nombre — la fréquence du change conditionnant la bonne tolérance de la couche. Procter et Gamble fait alors le pari d'une production de masse pour abaisser le prix de revient. Au prix d'investissements considérables, la société parvient à mettre sur le marché des changes à la fois efficaces et relativement bon marché. Dès lors, le succès est garanti : en une dizaine d'années, les couches Pampers sont diffusées sur la totalité du territoire des États-Unis. En 1976, un bébé sur deux porte des couches Pampers.

Dès l'année suivante, Pampers se lance à la conquête du marché européen — pour s'y imposer rapidement. En 1980, la firme exporte dans 75 pays du monde… Dès les premières heures de sa vie — les maternités adoptant finalement ce mode de change après s'en être durablement défiées —, le petit enfant est enveloppé dans ce vêtement de plastique et de coton : les carrés de tissu, qu'on faisait bouillir et tremper des heures durant, avant de les rincer soigneusement, sont relégués définitivement dans le passé, comme de mauvais souvenirs.

L'autre bouleversement introduit par l'industrie dans le quotidien de l'enfant : l'incontournable « petit pot ».

Une formidable évolution du vêtement enfantin

L'invention de la couche jetable a formidablement simplifié la vie des mères de famille, en leur épargnant la corvée des lessives. Mais cet accessoire nouveau n'est qu'un des éléments d'**un trousseau qui a, dans son ensemble, extraordinairement évolué** en quelques décennies, après des siècles d'immobilité.

Depuis l'Antiquité, en effet, et jusqu'au XIXᵉ siècle, les petits enfants ont été **entortillés dans des langes qui les immobilisaient et les garrottaient à moitié**. À Rome, mais aussi dans tout l'Occident du Moyen Âge, le bébé, de sa naissance à ses premiers pas, était enveloppé dans des bandelettes de tissu qui lui enserraient les jambes et les bras. On croyait ainsi, non seulement protéger l'enfant du froid, mais aussi assurer à son corps fragile une rigidité qui le préparait au mieux à la marche. En 1889 encore, on lit dans un manuel de pédiatrie : « L'enfant doit être emmailloté afin de donner à son petit corps la figure droite qui est la plus convenable à l'homme et la plus décente et aussi pour l'accoutumer à se tenir sur ses pieds. »

À la fin du XIXᵉ siècle, enfin, apparaît **une nouvelle façon, dite « à l'anglaise », de langer le nourrisson.** Une couche de tissu enveloppe les fesses de l'enfant, tandis que des vêtements souples laissent libres ses bras et ses jambes. Cette révolution vestimentaire résulte du souci d'**accélérer le développement psychomoteur du nourrisson, en le laissant libre de jouer avec son corps** : elle fait progressivement école sur le continent, et s'impose même dans le monde entier au XXᵉ siècle.

Une nouvelle industrie : la mode enfantine.

L'invention du « petit pot »

Au XXᵉ siècle, la commercialisation d'aliments tout préparés, adaptés aux petits enfants et sûrs du point de vue de l'hygiène, a constitué une révolution aussi décisive que celle des couches jetables.

Des conserves sous verre. Les premiers « Baby food » sont apparus aux États-Unis en 1927. Mais c'est le conditionnement sous verre qui, à partir de 1962, a permis le développement considérable du marché de ces produits : 2 200 tonnes en 1962 puis 33 400 tonnes en 1978. En 1979, chaque bébé français mange déjà chaque année en moyenne 400 petits pots, soit près de 40 kg d'aliments en boîte — contre environ 85 kg par an environ pour les bébés américains à la même époque.

Pour… Le travail de la mère, les loisirs, l'évolution des mentalités expliquent la part de plus en plus importante que prennent les petits pots dans l'alimentation de l'enfant. Ceux-ci permettent un gain de temps considérable. Les aliments offrent une sécurité bactériologique totale, ne contiennent ni additifs ni pesticides et ont une consistance adaptée aux besoins du nourrisson.

… et contre. Les petits pots présentent cependant quelques inconvénients : un taux en sucres très élevé, une modification notable du goût réel des aliments, une présentation sous forme de purée qui gêne l'apprentissage de la mastication — et enfin un prix de vente élevé.

1959

La poupée modèle
BARBIE

La « Barbie » originale, conçue par le couple américain Ruth et Elliot Handler, créateurs de la firme Mattel qui commercialise la poupée.

Depuis plus de 35 ans, la « poupée Barbie », avec ses vingt-neuf centimètres, ses seins haut perchés et sa blondeur platine, fait rêver les petites filles et se moque de ses détracteurs : 100 millions d'exemplaires en sont vendus chaque année dans le monde, ce qui représente 3 poupées vendues par seconde.

La poupée est née le 9 mars 1959 aux États-Unis. Dans un garage des faubourgs de Los Angeles, Ruth et Elliot Handler, fondateurs d'une entreprise de jouets spécialisée dans les accessoires de poupée, mettent au point une poupée mannequin et la prénomment Barbie (diminutif de Barbara, prénom de la fille des créateurs). Présentée à la foire du jouet de New York en 1959, celle-ci est diffusée en deux ans sur tout le territoire des États-Unis. Très vite, le produit est exporté, en direction du Canada, de l'Australie, puis de l'Europe : Barbie fait son apparition en France en 1963.

Un phénomène de société

La poupée Barbie a un teint délicat, des yeux en amande, une taille de guêpe et des seins… Contrairement aux autres poupées, elle n'est pas une enfant mais une adulte, à l'image de ce que les petites filles rêvent de devenir. Dès son apparition, poupons et grosses poupées se trouvent relégués au placard. Symbole de la représentativité de Barbie : en 1976, année de la célébration du bicentenaire de l'indépendance des États-Unis, un exemplaire de la poupée est introduit dans une « capsule du temps » destinée à être ouverte en 2076, afin que les générations futures puissent voir à quoi ressemblaient (ou rêvaient de ressembler) leurs arrière-grands-mères… Au fil de plus de trois décennies, Barbie évolue, reflétant la mutation des modes et des comportements dans le monde occidental. En 1970, la poupée a des bottes en cuir et une minijupe. En 1983, en pleine vogue de l'« aérobic », elle apparaît en tenue de gym rose, façon Jane Fonda. En 1985, les petites filles achètent avec Barbie la panoplie de la parfaite *business woman* : un tailleur et un attaché-case. En 1993, sur fond de crise, de chômage et de sida, Barbie retourne aux fourneaux et cultive le tête-à-tête avec Ken, son chevalier servant. Car une poupée Barbie ne s'achète pas seule.

Après la naissance de Ken, en 1961, est venue Skipper, la petite sœur, en 1964. Suivent les amis des uns et des autres : Steffie, Tracy, Christie, etc. Et aussi les animaux : quatorze chiens, sept chevaux, deux chats et un perroquet. Tous servent de prétextes à la création de multiples objets et accessoires. Entre 1992 et 1993, par exemple, la « Villa magique » s'est vendue à 400 000 exemplaires en France.

L'invasion des Barbie

L'histoire de Barbie est celle de l'un des principaux succès économiques de l'industrie du jouet. La maison californienne Mattel, fondée par les créateurs de Barbie, a vendu dans le monde depuis 1959 plus de 800 millions de poupées et a produit 900 millions de robes pour Barbie (100 nouveaux modèles chaque année), ce qui met le marchand de jouets au premier rang mondial des fabricants de prêt-à-porter. Grâce à Barbie, la société Mattel est leader mondial du jouet. En France, en moyenne, chaque fillette âgée de 3 à 10 ans possède 7 poupées Barbie. La poupée évolue avec les possibilités techniques : à partir de 1964, Barbie plie les genoux et tourne la taille. En 1967, elle change de tête pour ressembler aux adolescentes du moment. En 1968, Barbie parle. Quinze thèmes principaux, rénovés chaque année (« Barbie soir de lune », « Barbie croisière de rêve »…), permettent à la société Mattel de multiplier les créatures de charme. La dernière-née des poupées, — *Totally Hair Barbie* (« Barbie ultra chevelure ») — arrive en 1993 à la cinquième place des ventes de jouets aux États-Unis.

La poupée sexiste

Pourtant, les ligues féministes américaines dénoncent en Barbie l'incarnation de la femme-objet. Elles l'accusent de rendre les petites filles anorexiques en les forçant à maigrir pour ressembler à leur idole. La polémique est lancée par une phrase, prononcée par une « Barbie qui parle », en 1993 : « Les mathématiques, c'est difficile. » Les universitaires américains et notamment l'American Association of University Women protestent contre cette preuve, flagrante à leurs yeux, d'un sexisme impénitent. En hâte, Mattel doit retirer les corps du délit : 30 000 exemplaires. Désormais recherchées par les collectionneurs, ces poupées valent quinze fois leur prix d'origine. Des « contre-Barbie » sont apparues sans succès aux États-Unis, et notamment *Happy to be me* (« Heureuse d'être moi-même »), une poupée créée en 1991 par Cathy Meredig, un ingénieur de Procter et Gamble. Brune, ronde, les pieds larges…, elle a rencontré un insuccès commercial total.

« Barbie » fait partie de ces incontournables jouets du monde dit « riche » — comme les briques « Lego » ou les personnages « Playmobil », qui ont pour leurs fabricants l'avantage d'être vendus aux enfants des deux sexes...

Ces jouets qui ont fait le siècle

La girafe Sophie. Elle a permis à des générations d'enfants de se « faire les dents » — au sens propre. Née dans les années 1950, la petite girafe souple et légère, produite par la société Delacoste, s'inscrit dans la longue tradition des jouets en caoutchouc fabriqués spécialement pour les jeunes enfants.

La « boîte aux lettres trieur de formes » de chez Playskool. Playskool, firme née en 1930, emprunte ses idées au matériel utilisé par les psychologues. Sa « boîte aux lettres » devient rapidement un objet vedette et, à partir de 1967, est fabriquée en matière plastique. Ce modèle est à l'origine de tous les « trieurs » qui, empruntant des formes variées, sont les incontournables des gammes de jouets destinées au premier âge.

Les Playmobil. Si tous les personnages de la famille Playmobil se donnaient la main, ils feraient deux fois le tour de la Terre. Environ 900 millions de petits acteurs mobiles, avec une figure sans expression, et des milliards d'accessoires ont été vendus dans le monde.

Le Meccano. Le principe est d'utiliser des pièces à combinaisons multiples grâce à leurs rangées de perforations équidistantes. Franck Hornby dépose un brevet en 1901 sous le nom de « Mechanics Made Easy » qui deviendra Meccano, une contraction de *make and know*.

Le Lego. En 1947, le Danois Gotdfred Christiansen dépose la marque Lego, contraction de *led godt* (« bien jouer »). À partir de briques de couleur qui s'imbriquent les unes dans les autres, l'enfant peut construire des maisons, des tours, des bateaux.

1960

Jean, baskets et blouson
UNE MODE POUR LES TEEN-AGERS

L'histoire moderne de l'adolescence s'accélère brutalement dans les années qui suivent la fin de la Seconde Guerre mondiale, d'abord aux États-Unis puis dans le monde entier. La mode vestimentaire véhiculée par les nouvelles idoles des jeunes, les stars du rock'n'roll et du cinéma, affirme sa dimension spécifiquement adolescente avec l'apparition puis la généralisation d'une « tenue jeune » où le blue-jean a véritablement valeur de paradigme.

Les années 1960 aux États-Unis, les années 1970 en Europe voient apparaître la panoplie junior qui reste de mise encore aujourd'hui. Jeans, tee-shirts, sweat-shirts et blousons sont les éléments fondamentaux de la tenue des 7 à 18 ans. Quelques subtiles différences révèlent l'évolution historique et les milieux.

Le jean universel

Dans les années 1960, les jeunes s'approprient le pantalon en jean fabriqué par la firme Levi-Strauss à partir de 1896. Tout d'abord habit de travail spécifique du cow-boy américain, le pantalon de jean devient le vêtement fédérateur de la jeunesse. Profondément associé dans ses débuts avec le mouvement musical du rock'n'roll et avec ses héros, James Dean et Marlon Brando, il devient rapidement le symbole du non-conformisme. Il plaît aux jeunes, notamment, parce qu'il se démarque des structures vestimentaires traditionnelles, qui répriment le corps et soulignent les différences sexuelles ou sociales. De plus, le fameux pantalon s'adapte à l'évolution de la mode en permettant la diversité dans l'uniformité. Le jean connaît en effet, au fil des ans, quelques aventures : il passe par l'indigo, le vert ou le noir, il est clouté, surpiqué, délavé, couvert de pièces, usé, déchiré. Aujourd'hui, le jean peut être en denim, en toile ou en velours. De n'importe quelle couleur, de n'importe quelle forme, il permet une appropriation individuelle : pour telle personne, il doit être « à pinces », pour telle autre « c'est le 501 ».

Uniformité... et subtiles variations

Le succès mondial du vêtement contribue à affirmer un phénomène nouveau : l'uniformité vestimentaire, d'un bout à l'autre de la planète. Plutôt que de souscrire à une mode, aux variations de laquelle leurs aînés restent fidèles, les jeunes semblent rechercher un mode d'identification pour leur classe d'âge. Les enquêtes montrent l'unité et la simplicité de leurs goûts : un pull ou un sweat large et long, un jean, des baskets — telle est la garde-robe idéale du plus grand nombre des adolescents, plus confortable que somptueuse. Mais la simplicité des choix effectués par les jeunes gens n'est qu'apparente. Dans le détail du choix des vêtements, tout est signe et se décrypte comme tel. Derrière la mode des années 1990, derrière l'apparente décontraction des sorties de collège, derrière la paire de baskets ouverts, languettes relevées, le jean trop large, le blouson ou la casquette de base-ball se profile en effet un univers de marques où, de Nike à Reebok, de Levis à Creeks, de Chevignon à Chipie, de grandes firmes monnaient cher leur pouvoir de capter l'air du temps. Le jean le plus prisé est un Levis, le blouson un Bomber qui étale

---

James Dean, emblème de la jeunesse

James Dean et le jean. Le premier à adopter le jean fut James Dean. La jeune vedette arrivait aux répétitions de ses premiers films, mal rasé, le blue-jean crasseux, quelquefois même pieds nus par temps de pluie. Les bandes d'adolescents des villes américaines — jeunes en colère issus des classes populaires ou, comme dans le film *West Side Story*, enfants de la deuxième génération des immigrants venus de Porto Rico, du Mexique — se sont reconnues en lui.

Un mythe pour la jeunesse des années 1960. La carrière de James Dean dure dix-huit mois et se résume en trois films : *À l'est d'Eden* d'Elia Kazan, *la Fureur de vivre* de Nicholas Ray, *Géant* de George Stevens. Dans *la Fureur de vivre* notamment, Dean joue un reflet de lui-même : le jeune garçon vêtu d'un jean bleu et d'un blouson rouge, qui lutte pour gagner l'estime de ses camarades de classe.

Une mort légendaire. En fin d'après-midi, le 30 septembre 1955, James Dean se tue au volant de sa Porsche Spider, un coupé au profil bas de couleur gris argenté. En l'espace de quelques semaines, cinq jeunes filles se suicident, ne pouvant surmonter la nouvelle de sa mort. Disparu à 24 ans, James Dean a créé pour toute une génération le personnage de l'éternel rebelle aux yeux tristes.

James Dean, dans une scène de son dernier film, Géant, *de George Stevens, en 1955.*

L'Amérique à Paris, ou le triomphe du jean (détail d'une affiche publicitaire pour la marque Levi's).

Veste, pantalon en blue jean, paire de tennis : les accessoires de reconnaissance d'un âge, les teen-agers.

son étiquette d'origine, et toute faute de goût se paie cher dans la cour de récréation. Dans les pays riches, le budget d'habillement des enfants n'a ainsi nullement diminué du fait de l'adoption par ceux-ci de nouvelles habitudes vestimentaires ; en fait, ce budget est presque aussi important que celui des adultes... Dès 13 ans en moyenne, l'adolescent est sensible aux différences entre la marque et sa contrefaçon, et insiste pour avoir le « vrai » vêtement à la mode — bien souvent le plus cher — et non une pâle mais moins coûteuse copie. Ainsi, selon une étude récente, 85 % des enfants américains font pression sur leurs parents à propos de la marque de leurs vêtements. Les enfants français ne se comportent pas autrement : 81 % des mères avouent céder aux désirs de leur progéniture lorsqu'il s'agit de la marque d'un vêtement. Des enquêtes montrent que, dès l'école primaire, les enfants optent avec détermination pour leur marque de chaussures de sport. Les marques les plus citées en France par les jeunes consommateurs sont les chaussettes Burlington, les vêtements et accessoires de sport Adidas, Reebok, Nike, Benetton, Naf-Naf, la montre Swatch, les vêtements Lee Cooper... Le conditionnement commence très tôt comme le montre une publicité pour le jean Wrangler, qui représente un fœtus moulé dans un jean, accompagnée de cette légende : Wrangler, taillé pour l'aventure...

La définition d'un style

Au-delà des marques et au fil de l'adolescence se constituent les styles. Vers 10 ou 11 ans, seule la marque compte, vers 16 ou 17 ans s'ajoute le choix délicat du style. D'autant plus qu'à cet âge, l'adolescent, maître de son argent de poche, achète en général lui-même ses vêtements. Des questions se posent alors : à qui veux-je ressembler, et — socialement plus important — dans quelle « classe » suis-je ? Propre et sans accroc aucun — ou avec une estafilade soigneusement découpée d'un coup de ciseaux —, le jean du « minet » revendiquant son appartenance à la bonne société NAP (Neuilly-Auteuil-Passy) n'a pas grand-chose à voir avec celui du « baba hard ». Ce dernier, qui s'affirme le descendant du rocker, du hippie et du gauchiste, affiche un jean très sale, soigneusement moulant et patiemment délavé et effiloché. Le même accessoire, selon la personne qui le porte, subit un traitement qui en change la signification. De même, le baba possède un blouson de cuir cintré et muni de protège-coudes. Ce modèle pour motocyclistes est soigneusement évité par les fils et filles de famille, qui adoptent toutes les autres formes de blouson... Le rejet explicite de tout code vestimentaire est lui-même un artifice. Le récent style « grunge » consiste dans la superposition de vêtements ternes, déchirés et parfois sales. Le comble de l'art...

1964

Une fratrie du spectacle
LES JACKSON FIVE

En 1964, Joe Jackson forme avec ses cinq garçons un groupe musical qui reprend les grands succès de la pop music... Le plus jeune des frères, Michael (le futur Michael Jackson), a 6 ans. Avant d'accéder à une carrière internationale, les enfants gagnent concours sur concours et se produisent dans toutes les boîtes de nuit, même les plus douteuses.

Joe Jackson est ouvrier métallurgiste à Gary. Sa femme Katherine est caissière chez Sear et Robuck. Tous deux sont des Noirs. Joe Jackson a des ambitions musicales inabouties — et la chance d'avoir engendré une nombreuse progéniture. En 1963, il organise un premier groupe avec ses fils : Tito (10 ans) joue de la guitare, Jermaine (9 ans) est à la basse, Jackie (12 ans) chante et danse. En 1964, Marlon (à 7 ans) et Michael (à 6 ans) rejoignent le groupe. Les Jackson Five sont nés.

Créer des enfants stars

Depuis les années 1920, depuis l'engouement des foules pour les « bébés acteurs », bien des enfants ont fait des carrières fulgurantes. De sorte que Joe et Katherine Jackson comprennent vite que leurs fils constituent un filon à exploiter. La lubie musicale se transforme alors pour les garçons en travail acharné. Chaque soir, ils doivent rentrer au plus vite de l'école pour répéter. Non seulement ils s'entraînent musicalement, mais ils rodent aussi leur présentation chorégraphique largement inspirée des

Les Jackson Five au temps de leur grandeur : des enfants élevés pour la scène...

Michael Jackson adolescent

idoles de Joe Jackson : James Brown et Jackie Wilson. En cas d'erreur, les coups et les gifles pleuvent. En 1965, les Jackson Five gagnent leur premier concours musical grâce à des reprises : *My girl, Get ready...* De 1965 à 1968, les Jackson Five écument le circuit des clubs, quelquefois sordides, de la région. Au fil des mois, ce sont des raids de plus en plus épuisants dans le bus Volkswagen de la famille. Joe, dévoré d'ambition, fait jouer ses fils à Philadelphie, à Washington, à Phoenix et à Kansas City. Les garçons se produisent quelquefois sept fois par jour et ils reviennent ensuite à Gary pour ne pas manquer l'école du lendemain. En cours de route, les garçons étudient leurs leçons et font leurs devoirs scolaires.

Les grands débuts

Au début de 1968, les Jackson Five se présentent à la soirée de compétition d'amateurs au théâtre Apollo de Harlem. Plusieurs grands noms du show-biz se sont fait connaître grâce à ce concours : ainsi Ella Fitzgerald, Billie Holliday, Sarah Vaughan... Gagner le concours de l'Apollo signifie souvent le début d'une grande carrière. Or, les Jackson Five remportent le tournoi ; ils ont même droit à une ovation debout. Les événements, dès lors, se précipitent. Les Jackson Five prennent contact avec la maison de disques Motown, qui a sous contrat la plupart des grandes vedettes noires. Motown réalise qu'elle peut, avec eux, se lancer sur le marché très lucratif des adolescents. Les Jackson Five se voient attribuer de curieux vêtements psychédéliques, pantalons « pattes d'éléphant », chemises à jabot, boléros cloutés et rebrodés de sequins, costumes de cuir blanc immaculé... On leur suggère la coiffure afro qui va devenir leur image de marque.

La rançon du succès

Le 12 octobre 1969 sort le disque *I want you back*. Six semaines après, les Jackson Five ont vendu deux millions de 45 tours à travers les États-Unis. Rapidement, Michael, Tito, Jackie, Jermaine et Marlon deviennent les jeunes gens les plus populaires d'Amérique. La presse, dans son ensemble, voit en eux la « parfaite incarnation du rêve américain ». Pourtant, quelques murmures s'élèvent. Réginald Johnson qui publie le magazine *Soul* déclare : « Les enfants Jackson sont parmi les mieux élevés et les plus gentils que je connaisse. Ils sont bien entraînés et ont d'excellentes manières. C'est à se demander s'ils ne sont pas un peu trop sages et s'ils n'ont pas été trop tôt privés de leur liberté. » Dans un magazine, on apprend que chaque Jackson Five a droit à cinq dollars d'argent de poche par semaine. Mais ils reçoivent des milliers de lettres, des jouets et un nombre considérable de gourmettes plaquées or, gravées au prénom de la « fan » et de celui de son Jackson préféré. En neuf mois, les Jackson vendent dix millions de 45 tours. Mais leur popularité est cause de quelques ennuis. Ils vivent maintenant à Hollywood. De nombreuses jeunes filles s'installent autour de la maison avec des appareils photo et des sacs de couchage. Michael Jackson déclare à cette époque : « Je ne peux pratiquement plus sortir de chez moi sans être assailli par des admirateurs. Alors, je sors très peu. J'aimerais bien aller au cinéma, porter des verres fumés pour passer incognito et apprécier un bon film. Mais au moment où le dénouement du film approcherait, j'imagine qu'il y aurait quelqu'un qui me reconnaîtrait et me demanderait un autographe. » La famille ne peut plus se déplacer sans de nombreux gardes du corps, armés jusqu'aux dents et équipés de talkies-walkies. À partir de 1972, les ventes des Jackson Five baissent inexorablement. Les Jackson n'étant plus des enfants, le charme, brusquement, se rompt.

Revivre l'enfance qu'on n'a pas eue

Un seul des membres du groupe, Michael, qui a commencé en 1971 une carrière en solo, reste une star internationale, et collectionne les disques de platine. Sa vie ne change pas pour autant fondamentalement : enfermé dans sa maison, dont il sort rarement, il se consacre à son impressionnante collection de dessins animés. D'après ses proches, il vit dans un monde enfantin, irréel, entouré de mannequins, de jeux vidéo et d'animaux. Il adore notamment un serpent nommé « Muscles » et un chimpanzé appelé « Bubbles ». Il hésite entre l'enfance et l'âge adulte. Ses seuls compagnons sont de jeunes garçons qu'il invite chez lui. Ses opérations esthétiques, pour se faire un physique de plus en plus androgyne, consternent l'opinion.

L'affaire Michael Jackson

L'affaire. La rumeur courait depuis un moment : le chanteur Michael Jackson serait attiré par les jeunes garçons qu'il invite généreusement dans son ranch. L'affaire éclate durant l'été 1993. À la suite d'une plainte portée par le père d'un garçon de 13 ans, un juge californien interdit tout contact entre Michael Jackson et cet adolescent. Le 14 septembre 1993, une nouvelle plainte est déposée contre le chanteur pour attentat à la pudeur. La presse parle de pédophilie, évoque Lewis Carroll...

Le mystère. Profondément affecté, Michael Jackson annule le 12 novembre sa tournée mondiale et disparaît pendant quelques semaines. Les avocats de la vedette expliquent : Michael a simplement eu le comportement d'un gamin de 11 ans qui reste dormir chez un copain ou demande à ce copain de rester une nuit chez lui. Pour eux, il ne s'agit, selon eux, que d'une tentative d'extorsion de fonds de la part du père de l'adolescent.

Le mariage. L'affaire est arrêtée avant le procès. Les plaintes sont retirées. Le 26 mai 1994, Michael Jackson reprend l'initiative sur la scène médiatique en affichant son mariage, avec Lisa Presley, la fille du célèbre Elvis Presley.

Michael Jackson et sa fiancée (depuis, sa femme) Lisa Marie Presley, en 1994.

1969

La télévision, aide pédagogique ?
« SESAM STREET »

Une scène de la version française de l'émission, « 1, rue Sésame » : la télévision, honnie des parents, pourrait-elle ouvrir au monde les petits enfants ?

Créée en novembre 1969 par *The Children's Television Workshop*, « Sesam Street » est une série de cent trente émissions en couleur, d'une heure chacune, destinées aux enfants d'âge préscolaire et de milieux culturellement défavorisés. Produite par les États-Unis, « Sesam Street » est reprise en onze langues et exportée dans de très nombreux pays.

Outre l'apprentissage de certaines notions comme les lettres de l'alphabet et les chiffres, les règles élémentaires de calcul arithmétique et des rudiments de raisonnement, l'émission veut enseigner aux enfants l'hygiène et l'instruction civique.

Une révolution dans la télévision enfantine

Il faut une année pour concevoir ce programme. L'émission est créée pour un pays sans véritable école maternelle gratuite. Elle est destinée aux jeunes Américains les plus défavorisés, enfants des ghettos, enfants d'immigrés très récents, voire même jeunes handicapés. L'équipe de réalisation s'adjoint des experts en psychologie de l'enfant, des pédagogues, des artistes et des écrivains pour déterminer des objectifs pédagogiques adaptés à l'image télévisuelle. En novembre 1969, la série est prête pour la diffusion. Le décor de l'émission représente la rue Sésame, une rue

La violence à la télévision

Un enfant américain voit en moyenne à la télévision 8 000 assassinats et 100 000 actes de violence avant de devenir collégien. À plusieurs reprises, les médias ont été poursuivis par des parents de victimes pour « négligence » ou « incitation à la violence ». L'une des affaires les plus célèbres de ce type est le cas Zamora contre CBS. Ronny Zamora, un garçon de 15 ans, est le meurtrier d'une de ses voisines, une femme âgée de 83 ans. L'avocat de la défense tente de plaider les circonstances atténuantes pour son client, argumentant que celui-ci avait l'habitude de regarder la télévision six heures par jour, dont de nombreuses émissions policières telles que « Kojak ». La cour ne le suit pas dans ses conclusions.
Pourtant, la question de l'influence éventuelle de la violence télévisuelle sur le comportement des jeunes reste posée. En décembre 1987, en Afrique du Sud, les législateurs décident ainsi d'interdire sans délai toute scène de violence dans les émissions de télévision destinées à la jeunesse. En 1994, grâce à la campagne d'une jeune fille de 13 ans, Virginie Larivière, le Canada adopte une directive interdisant la diffusion d'émissions qui comportent des scènes de violence gratuite.

quelconque de New York, parsemée de poubelles et d'escaliers métalliques, lieu habituel de vie pour les enfants noirs ou portoricains. Les comédiens, aussi bien blancs que noirs, jouent des rôles d'instituteurs ou d'animateurs. Le spectacle, enregistré selon les lois du direct, met en scène des enfants. Des séquences animées par trois marionnettes comiques, Bart, Ernest et Kermit, alternent avec le « plateau ». Chaque émission est composée d'une dizaine, ou plus, de séquences de marionnettes, de courts reportages, de spots d'une durée de dix à vingt secondes, dont beaucoup sont repris plusieurs fois au cours de l'émission pour faciliter la mémorisation. Toutes les séquences sont traitées sur un ton très gai avec des chansons, des slogans et selon un rythme calculé en fonction des capacités d'attention et d'assimilation du très jeune enfant. Les techniques de la publicité sont mises à contribution pour atteindre les objectifs visés : raccords rapides de plans animés et de courts reportages, astuces, ritournelles musicales, humour...

Une diffusion internationale

« Sesam Street » est diffusée, souvent deux fois par jour, par les stations appartenant au réseau de la télévision publique (PBS). La série touche un public de près de six millions d'enfants de 3 à 5 ans, soit à peu près la moitié de la population américaine de cette classe d'âge. L'idée est exportée dans de nombreux pays et donne lieu à des coproductions diffusées soit sur une grande chaîne de télévision nationale (*Barrio Sesamo* en Espagne, *Iftah Ya Simsim* au Koweit, *Sesamstrasse* en Allemagne), soit sur une chaîne éducative (*Plaza Sesamo* au Mexique). Parfois, elle sert d'outil pour l'enseignement aux enfants de l'anglais comme langue étrangère. En Europe, les télévisions, très réticentes sur certaines des valeurs que l'émission véhicule (mythe égalitaire, aseptisation des conflits, importance de la réussite sociale...), essaient de concevoir des programmes plus adaptés à l'environnement social et culturel du public. Des émissions comme « L'île aux enfants » naissent ainsi en France, à partir de 1973. Pourtant, toute réflexion sur la télévision pour enfants se situe toujours en référence à « Sesam Street ».

La télévision, instrument inégalitaire

L'étude des tests et des parts d'audience de « Sesam Street » est éloquente. Certes, les enfants ayant le plus appris sont ceux qui ont suivi les émissions de façon permanente. Mais ce sont les enfants des milieux culturellement favorisés qui bénéficient le plus des avantages de la série. L'environnement parental, les discussions avec l'entourage, l'anglais comme langue maternelle augmentent sensiblement l'impact des émissions théoriquement destinées aux plus défavorisés et à des enfants seuls devant l'écran ! D'une manière générale, l'utilisation bénéfique de la télévision dépend largement de l'environnement familial. La télévision renforce les inégalités. Elle camoufle les absences de services socioculturels, de structures d'accueil éducatives. Elle est là quand les parents ne sont pas là, quand les grands-parents sont trop loin, quand la famille est dispersée. La télévision est souvent utilisée comme garde d'enfants. Or, elle n'est efficace pédagogiquement que lorsqu'elle est « encadrée » par les adultes.

L'enfant et la « télé », ou le fascinant face à face de l'écran et du petit spectateur docile.

La télévision pour enfants

Les années 1980 : les dessins animés japonais. *Goldorak* et *Candy* (1978 et 1979) sont les premiers dessins animés japonais arrivés en Europe. Goldorak, robot des temps nouveaux, monstre cornu chargé de défendre sa planète, ouvre la porte à d'autres héros étranges et violents, comme Albator ou les Maîtres de l'Univers. Candy, héroïne typiquement féminine, renvoie la fille à son rôle traditionnel de sacrifiée, de généreuse et de sentimentale. Dans la première moitié des années 1980, ces séries animées sont les seules disponibles sur les marchés internationaux. Les Japonais illustrent presque tous les thèmes de la littérature enfantine occidentale traditionnelle : *les Misérables, Tom Sawyer, Sans famille, Pinocchio*... La réaction européenne passe surtout par les dessins animés allemands : Maya l'abeille et Heidi.

Les années 1990 : les séries de fiction. Au début des années 1990, on assiste à un renouveau très important des séries de fiction : les enfants peuvent y retrouver les héros de leur âge et s'impliquer dans leurs aventures (« Cosby Show », « Les années collège »).

La télévision des adultes vue par les enfants. Les dégoûts des enfants, en matière de télévision, sont aussi révélateurs que leurs goûts : la télévision régionale, la politique, les magazines, certaines émissions musicales. Mais toutes les émissions politiques à base de marionnettes (« Bébête Show », « Les Guignols de l'Info »...) connaissent un succès considérable auprès de la plupart des enfants, même les plus jeunes.

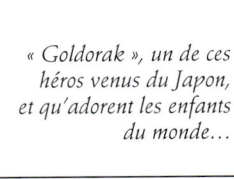

« Goldorak », un de ces héros venus du Japon, et qu'adorent les enfants du monde...

1972

Que faire quand l'école est fermée ?
JEUDI EST MORT, VIVE MERCREDI !

Le 17 mai 1972 paraît au Journal officiel un arrêté du ministère de l'Éducation nationale qui, par souci d'équilibrer l'emploi du temps de l'enfant scolarisé, transfère la coupure hebdomadaire du jeudi au mercredi. Adieu donc à la « semaine des quatre jeudis ». C'est désormais le mercredi que les parents auront à résoudre ce casse-tête : l'école fermée, que faire des chers petits ?

Le choix du jeudi comme jour d'interruption dans la semaine des cours est le legs d'un temps où les professeurs et les élèves travaillaient le samedi après-midi. Or, tout au long du XXᵉ siècle, ces leçons du samedi deviennent exceptionnelles, avant de tomber complètement en désuétude et d'être officiellement abolies par une circulaire de 1969 émanant du ministère de l'Éducation nationale. Dès lors, point n'est besoin de savants calculs sur les rythmes scolaires et la chronobiologie, pour décider de vaquer le mercredi à la place du jeudi.

Un casse-tête pour les parents

Dans les premiers temps de l'enseignement primaire pour tous, la question de l'occupation de la journée sans cours ne se pose pas véritablement. Ce jour chômé de l'enseignement laïque est une concession faite par l'école républicaine à une opinion encore très largement préoccupée de la formation religieuse de sa progéniture. Le jeudi est donc destiné à l'Église, depuis que Jules Ferry puis le « petit père Combes » retiennent cinq jours sur sept les enfants dans une « école sans Dieu ». Le catéchisme le matin, le patronage ou les sorties de scouts ou de guides l'après-midi occupent naturellement le jeudi des enfants des familles catholiques pratiquantes, très nombreuses au début du XXᵉ siècle. Les communautés minoritaires, juive et protestante, disposent aussi d'institutions qui prennent en charge les enfants libérés de l'école. Or, l'évolution de la société vers un athéisme ou un agnosticisme généralisé vient modifier radicalement cette situation dans le cours du XXᵉ siècle. Pour remplacer les cours et les distractions dirigées par les religieux, des institutions ou associations de plus en plus nombreuses se sont alors mises en place, proposant aux enfants des activités extrêmement variées. De club sportif en M.J.C. (Maison des jeunes et de la culture), de bibliothèques en ludothèques, de cours particuliers de danse ou de piano en conservatoire, du square urbain le plus proche au musée proposant des visites pour les petits, une véritable course contre la montre s'organise le mercredi, afin que les enfants se distraient, s'aèrent et se cultivent à la fois. Mais, pour bénéficier de telles occupations, les enfants doivent être accompagnés, à moins qu'ils ne soient déjà assez grands pour se déplacer seuls dans les rues des villes. Or, dans la seconde moitié du XXᵉ siècle, de plus en plus de femmes travaillent en dehors de chez elles, et la possibilité ne leur est pas toujours donnée de se libérer le mercredi pour s'occuper de leurs petits écoliers. De sorte que le mercredi est le triomphe soit du ou de la baby-sitter — une ou un étudiant qui s'improvise

Le mercredi est le temps du loisir : en ville, les squares se peuplent d'un petit monde en mal d'action.

Semaine anglaise... et semaine russe

Mercredi matin ou samedi ? En France, la semaine scolaire est à peu près la même dans toutes les écoles. Elle ne varie que pour les enfants du primaire privé, qui disposent généralement de la matinée du samedi — mais travaillent durant celle du mercredi. En dehors de nos frontières, la répartition du temps scolaire est assez différente : les horaires de l'école primaire varient ainsi à travers le monde, de 15 à 36 heures hebdomadaires !

La Grande-Bretagne. Pour les Français, la « semaine anglaise » représente depuis longtemps une forte tentation et certaines municipalités en expérimentent actuellement la mise en œuvre. En Grande-Bretagne, en effet, le samedi et le dimanche sont entièrement dégagés d'obligation scolaire. Les cinq autres journées de la semaine sont donc consacrées le matin aux cours (divisés en « périodes » de 40 à 50 minutes) et l'après-midi au sport.

L'Europe centrale et orientale. En Allemagne, en Russie, et dans les anciens États de l'Europe de l'Est, le temps scolaire est le plus souvent réparti sur six jours, ou plutôt six longues matinées, la journée d'école se terminant vers quatorze heures. Le problème de l'occupation du temps libre se pose d'autant plus que, dans les anciens pays communistes, les organisations d'État, telle celle des pionniers en Russie, sont en voie de disparition.

nourrice ou tuteur —, soit de l'enfant laissé à lui-même (l'enfant « à la clé »), collé au poste de télévision ou errant sans surveillance dans les espaces bétonnés des villes, dès lors qu'il n'est plus retenu par ces activités organisées.

Les enfants, une population choyée ?

Cette errance ou la passivité de l'enfant devant le fascinant écran sont d'ailleurs, à en croire certains éducateurs, une sorte d'avertissement destiné aux parents qui, sous prétexte d'occuper sainement leurs petits, surchargent excessivement l'emploi du temps du jour chômé. Parfois, les élèves reviennent à l'école le jeudi matin plus fatigués que lorsqu'ils ont quitté celle-ci le mardi soir. Dans les quartiers des banlieues urbaines, les équipements, souvent moins développés qu'en centre-ville, ne permettent pas aux jeunes d'occuper entièrement leur mercredi. Ou bien les activités ont lieu à l'école, et les élèves répugnent à y retourner. Alors, enfants et adolescents se retrouvent entre copains, dans la « bande », hors de toute organisation contrôlée par les adultes. Soumis à la contrainte du rythme scolaire, ils ont besoin de cette soupape : la plus grande liberté d'emploi du temps et l'opportunité de rêver ou de discuter sans rien faire d'autre. Si les parents éprouvent de l'irritation à l'égard de ces loisirs qu'ils jugent marqués par le désœuvrement et dont ils sont exclus, les jeunes, eux, y trouvent la chaleur et la compréhension qui, selon eux, leur manquent parfois à l'école et dans leur famille.

Le mercredi : jour béni des retrouvailles maman-enfant… ou casse-tête lorsqu'il s'agit pour les parents de « caser » leur progéniture pendant qu'ils travaillent.

Jadis occupée par la formation et les activités religieuses, la coupure scolaire hebdomadaire est aujourd'hui consacrée de plus en plus à des activités de découverte collectives.

Des activités pour qui ?

Une enquête récente a montré que **la catégorie socioprofessionnelle des parents** joue un rôle déterminant dans l'occupation du temps libre des enfants : environ neuf enfants sur dix dont le père ou la mère sont cadres supérieurs ou exercent des professions libérales sont inscrits à des activités organisées par des clubs ou des institutions publiques ; contre sept sur dix lorsque les parents sont agriculteurs ; et moins de cinq sur dix lorsque le père est au chômage ou sans profession.

L'inégalité face aux activités organisées dépend également de **l'environnement géographique, selon que l'enfant vit en milieu urbain ou en milieu rural.** Si l'on ne tient pas compte du catéchisme, près du quart des enfants de la campagne ne pratiquent aucune activité le mercredi, contre 10 % seulement environ à la ville. Les écoles maternelles disposent en général d'une garderie, où des animatrices municipales prennent le relais des maîtresses. Les grandes villes offrent aux plus grands une large gamme de choix. Centres aérés et Maisons de jeunes organisent des ateliers de poterie, de peinture, de photographie, de vidéo, d'informatique, de théâtre, de musique, ainsi que de nombreuses activités de plein air, essentiellement orientées sur les sports d'équipe.

1972

Un cadre juridique pour les enfants nés hors mariage
LES ENFANTS NATURELS

Une mère, deux enfants : la séparation des parents laisse la place aux « familles monoparentales », faites seulement du père, ou de la mère, et d'un enfant.

Un enfant est dit « naturel » ou encore « illégitime » lorsqu'il est conçu et né hors le mariage de ses père et mère. Depuis la loi du 3 janvier 1972, en France, « l'enfant naturel a en général les mêmes droits et les mêmes devoirs que l'enfant légitime dans ses rapports avec ses père et mère ».

Fruit de relations sexuelles non reconnues par le droit, ignorées, voire réprouvées, par la société, l'enfant naturel subit longtemps dans sa condition juridique et sociale l'opprobre suscité par la conduite de ses parents. Jusqu'à la fin des années 1960, le législateur, au nom de la défense du mariage, nie ou réduit les droits des enfants nés hors de ses liens. Depuis cette époque, en France comme dans de nombreux autres pays européens, le principe de l'égalité juridique de tous les enfants remplace progressivement cette discrimination : il s'agit là d'une évolution d'autant plus nécessaire que, en Europe, les enfants naturels sont de plus en plus nombreux.

La loi de 1972

L'évolution des mœurs, le libéralisme et la tolérance de l'opinion publique en matière de relations sexuelles, le souci de protection de l'enfant, les principes internationaux ou constitutionnels de lutte contre les discriminations, les transformations intervenues dans d'autres domaines du droit de la famille, tous ces éléments ont contribué à promouvoir une nouvelle conception de la justice en matière de défense de l'enfant.

Déjà, depuis l'établissement du socialisme, l'U.R.S.S. et les démocraties populaires avaient établi dans leurs codes de la famille un principe d'égalité entre enfants légitimes et enfants naturels. Dans l'Europe occidentale — Allemagne fédérale, Grande-Bretagne, Espagne, Italie, Suisse —, des réformes comparables voient le jour à partir de 1969. En France, la réforme est introduite par la loi du 3 janvier 1972 : désormais, celle-ci abolit toute distinction entre enfants naturels dits « simples » et enfants naturels « incestueux et adultérins », impose la reconnaissance de l'égalité des droits de tous les enfants, quelles que soient les conditions de leur naissance. Cette transformation est primordiale, notamment lors des successions. Elle permet seule, en outre, d'établir la responsabilité des parents envers les enfants qu'ils engendrent.

La filiation naturelle

Le texte législatif de 1972 permet à tout enfant naturel de voir sa filiation établie en droit, même s'il a été conçu dans des relations adultérines. La seule différence découlant des conditions de la naissance est la manière dont est établie le lien juridique rattachant l'enfant à son père et à sa mère. Dans le cas d'une naissance légitime, la filiation dépend de la seule indication, dans l'acte de naissance, des noms de la

---

Du « bâtard » à l'enfant naturel

Le sort des enfants nés hors mariage est, au XIXe siècle en France, bien souvent difficile. À cette époque, toutes les conditions de l'enfant illégitime existent : de l'enfant pauvre abandonné au bâtard riche mis en nourrice... Mais la législation, dans tous les cas, lui est défavorable.

Pas de famille naturelle. Refusant l'héritage du droit révolutionnaire, très libéral en ce domaine, le Code civil de 1804, en effet, impose des mesures extrêmement restrictives. S'il admet que la filiation naturelle puisse être établie par reconnaissance volontaire des parents, il n'en déduit pas pour autant l'existence d'une parenté et d'une famille naturelles, et il limite les droits de l'enfant naturel, notamment dans la succession.

Vers la reconnaissance de l'enfant adultérin. De plus, la reconnaissance d'un enfant naturel adultérin ou incestueux est interdite. L'enfant adultérin n'existe pas en droit, ce qui conduit à admettre l'impunité du père marié par ailleurs. Paradoxalement, l'enfant adultérin par sa mère est légalement rattaché au mari de celle-ci. En 1912, l'action en recherche paternelle est admise et, en 1955, l'action alimentaire pour l'enfant adultérin est autorisée.

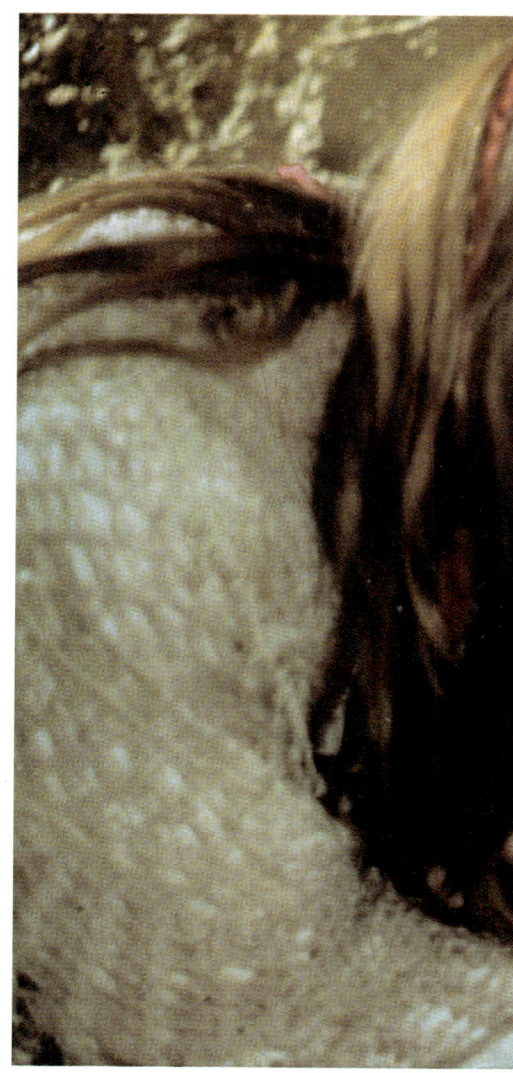

mère et de son mari. Dans celui d'une naissance naturelle, elle est constatée par un acte ou par un jugement, soit que le parent manifeste sa volonté par un acte dit de « reconnaissance », soit, à défaut, qu'un jugement soit rendu. Cette différence continue à conférer à la filiation naturelle un caractère volontaire plus accusé que pour la filiation légitime, car la reconnaissance est à la fois un aveu, donc une preuve du lien biologique, et un témoignage d'accueil de l'enfant. Les pays germaniques prennent acte de cette distinction et établissent un régime unique : si l'établissement de la maternité résulte chez eux de la seule indication de la mère dans l'acte de naissance, celle de la paternité requiert une reconnaissance expresse, parfois subordonnée à l'accord de la mère.

La civilisation des enfants naturels

Quantitativement, **le nombre des naissances d'enfants naturels, après avoir été relativement stable, est aujourd'hui en croissance** : 10 % en Allemagne (1989), 26,6 % en Grande-Bretagne (1989), 30 % en France (1993) des naissances sont naturelles.

Qualitativement, le phénomène est très diversifié. À côté des « **enfants accidents** » existent des enfants délibérément **voulus par une femme célibataire** — cas qui réduit l'homme au rôle de géniteur — et des enfants élevés par les deux **parents unis de façon stable, mais non mariés.**

Depuis 1950, on enregistre **une augmentation des reconnaissances paternelles volontaires.** En 1982, 70 % des enfants naturels sont reconnus par leur père et 90 % par leur mère. Les actions en recherche de paternité et à fins de subsides sont, en revanche, relativement peu nombreuses (388 demandes de recherche en paternité naturelle ont été présentées en 1991), ce qui peut signifier soit que le père naturel reconnaît volontairement l'enfant, soit que la mère préfère ne pas agir en justice afin de conserver la plénitude de ses droits.

Parfois, la maternité, voulue ou accidentelle, est assumée seule. La société ne considère plus cela comme un drame (image du film Tess, de R. Polanski).

Une école pour des adolescentes devenues mères, à Baltimore : encore faut-il que la venue de l'enfant soit souhaitée et assumée…

La « bâtarde »

Au début du XXᵉ siècle, la condition d'enfant naturel est source de sarcasmes, dans la rue ou dans les cours de récréation. La Bâtarde, sixième livre de Violette Leduc, explique comment, du drame de l'illégitimité, peut jaillir l'écriture. L'expérience décrite, réelle ou fantasmatique, peut être à l'origine de la vocation du romancier, qui se voit ou se veut souvent un peu « bâtard ».

« Une famille, qui voulait tenir le haut du pavé, qui ne me répondait pas quand je lui disais bonjour, m'appela bâtarde. "Qu'est-ce que ça veut dire ?" ai-je demandé à ma mère en arrivant en trombe dans notre cuisine. Ma mère blêmit. "Ça ne veut rien dire." Elle me quitta, l'air furieux. J'ouvris la lucarne, j'entendis qu'elle leur parlait en criant fort. Je regrettais ma curiosité. »

Violette Leduc, La Bâtarde,
Gallimard, Paris, 1964

1974

Et si tous les enfants du monde « mangeaient pareil » ?

LE LOBBY MCDONALD'S

Dans les années 1970, la chaîne de restauration rapide McDonald's, créée aux États-Unis en 1955, fait le pari d'orienter sa politique de marketing vers les enfants. Elle crée un personnage représentatif : le clown Ronald McDonald's.

Le personnage est vêtu d'un costume jaune et rouge. Ronald McDonald's, ou Ronnie, porte-parole de McDonald's auprès des enfants, symbole de l'uniformisation des modes alimentaires de la jeunesse, est, aux États-Unis, aussi populaire que le Père Noël.

Une politique de marketing ciblée sur les enfants

Le clown Ronnie se produit lors de manifestations locales dans les écoles, les hôpitaux, les orphelinats. Il est là pour promouvoir les opérations généreuses de McDonald's, qui affiche son intérêt pour la jeunesse en créant des maisons familiales proches des hôpitaux pour enfants. Dans les restaurants de la chaîne, Ronnie anime aussi des spectacles pour enfants « sur la sécurité et sur la forme ».
Éducatif et distrayant, son message satisfait les grands et plaît aux petits. Le clown affirme la nécessité de pratiquer un exercice physique, il montre aux enfants comment bien respirer, il leur apprend à reconnaître la couleur des feux de signalisation. Ainsi, il parvient à peupler les restaurants d'un nombre toujours croissant de jeunes clients, ravis de retrouver soit un acteur jouant le clown, soit sa réplique en plastique, grandeur nature, sans que les parents y trouvent à redire.

Le « Happy Meal »

L'attraction fournie par le clown est logiquement complétée par l'invention d'un repas d'un prix très modéré, singulièrement différent de celui qu'on propose habituellement aux enfants dans les restaurants. C'est l'apparition du *Happy Meal* —, littéralement, le « repas heureux » —, un menu présenté dans une boîte en carton bariolée, composé d'un pain de mie contenant un steak haché accompagné d'une sauce au goût sucré — le fameux hamburger —, plus des frites, des gâteaux

Le fameux clown « Ronnie », héros de la séduction des enfants, au profit de la grande chaîne de restaurants.

Les obèses de l'Amérique

Aux États-Unis, un enfant voit en moyenne 20 000 spots publicitaires par an, dont la moitié concernent des produits alimentaires. Parmi ceux-ci, les deux tiers proposent des produits à forte teneur en sucre et à faible valeur diététique et nutritionnelle.
Or, si l'enfant acquiert très tôt les connaissances relatives aux inconvénients nutritifs de certains produits, il vit souvent les prohibitions concernant les produits sucrés comme un interdit venant des adultes. La publicité pour les confiseries accentue et légitime cette attirance pour le sucre. La mauvaise alimentation à laquelle incite la publicité multiplie les cas d'obésité d'enfants et d'adolescents. Dans la majorité des cas, cette obésité persiste à l'âge adulte : plus d'un adolescent sur trois est déclaré obèse. En Europe, les statistiques sont sensiblement différentes : 3 à 10 % d'obésité.

---

secs, une boisson et, en prime, un petit jouet, qui constitue la « surprise » dont les enfants sont avides. Le gadget recelé par la boîte est changé périodiquement, au gré des modes et pour inciter les jeunes consommateurs à revenir souvent. Au cours des années 1990, la Coupe du monde de football entraîne l'apparition dans les boîtes *Happy Meal* de petits ballons, la vogue du film *Jurassic Park,* celle de petits dinosaures, et chaque dessin animé de la firme Walt Disney, des personnages en plastique figurant les héros… Dans les moments de « creux », les cadeaux sont des robots à face de hamburger, des mobiles décorés du même motif. Les enfants se pressent donc chez McDonald's avec d'autant plus de joie qu'ils peuvent y faire tout ce qui leur est interdit dans un restaurant « ordinaire » : manger avec leurs doigts, quitter la table à tout moment pour aller s'ébattre dans les espaces de jeux spécialement aménagés, etc.

Jusqu'en Chine, le Mc Do' et ses abondants hamburgers attirent une clientèle qui n'irait guère dans les restaurants traditionnels.

On va déjeuner, dîner au Mc Do'… De plus en plus, on y goûte : la « fête d'anniversaire » enfantine se transporte de la maison vers le restaurant.

Du sucre et du gras

Le sucre est hélas omniprésent au menu. Il abonde dans le pain des hamburgers, dans la célèbre sauce à la tomate appelée ketchup, dans les glaces, les petits sablés, les milk-shakes, le Coca-Cola. S'y ajoute la graisse des frites, des beignets de poisson, qui sont parfois achetés à la place du hamburger, et des croquettes. Les nutritionnistes dénoncent ces repas trop riches en lipides et en glucides, qui contribuent à former un goût durable pour les repas déséquilibrés, hâtivement avalés — un goût dont les adolescents, plus tard, ont du mal à se déprendre. Mais les mises en garde des spécialistes sont sans aucun effet sur le succès de la chaîne McDonald's. À partir du milieu des années 1990, les restaurants de la firme sont présents de Moscou à Singapour, avec un volume d'affaires mondial de 100 milliards de francs en 1991. Dans le monde, 13 000 fast-foods — établissements de restauration rapide — vendent ces produits standardisés. Plus généralement, les vingt premières multinationales de la restauration rapide sont toutes américaines. Alors que les Américains ont le plus fort taux d'obèses du monde, la Terre entière rêve de ressembler à l'Amérique et le mode d'alimentation de la jeunesse s'uniformise. Dans la tranche des 13 à 17 ans, bien peu de jeunes échappent à la dictature du *junk food*, cette primauté accordée dans l'alimentation aux produits fortement sucrés, comme le chewing-gum, le Coca ou le Pepsi, les chips, etc. Les adolescents notamment voient de nombreux avantages dans la restauration rapide : accès facile, composition du repas libre, coût faible, service rapide. Deux tiers des enfants et des adolescents américains fréquentent le fast-food au moins une fois par semaine ; les jeunes Européens suivent le mouvement, obéissant à la même logique socio-économique.

Le goûter d'anniversaire : un rite

Le goûter d'anniversaire. McDonald's a popularisé la formule du goûter de fête en proposant dans ses restaurants des goûters d'anniversaire au prix imbattable de 35 F par enfant, avec cartes d'invitation, repas, décorations, animations et petits cadeaux. D'autres sociétés (restaurants, boutiques, musées) se sont lancées à la suite de la chaîne américaine. Il s'agit là d'un marché fort ouvert, car le goûter d'anniversaire, naguère encore petite fête organisée par les mamans au domicile familial, est en passe de devenir un gigantesque événement, pour lequel les parents sont prêts à dépenser beaucoup d'argent.

Un rite social. L'enfant, qui choisit lui-même ses invités, trouve dans l'organisation de ce goûter une occasion de se socialiser en devenant maître de ses relations, affirment les psychologues. L'échange de cadeaux structure son appartenance au groupe, et la préparation de la fête constitue un acte d'individualisation. Mais l'ensemble coûte cher. Même si l'anniversaire a lieu à la maison avec gâteaux, boissons, cotillons, maquillages, petits présents, animations, le budget moyen d'une telle fête atteint facilement 700 F ; dans un restaurant traditionnel, la somme peut dépasser plusieurs milliers de francs, si l'on ajoute à la location de la salle celle des services d'une compagnie d'animation. En fournissant à un prix modique local et animatrice, une fois de plus McDonald's rencontre un extraordinaire succès.

1974

Scolariser les mendiants des bidonvilles
LES ENFANTS DE MANILLE

À Manille, aux Philippines, la rue est le lieu de vie des enfants sans parents ou de familles pauvres. Ils y dorment, y mangent et tentent de survivre en exerçant diverses activités (ils sont mendiants, pickpockets, « parking boys », vendeurs), sans jamais se rendre à aucune école.

À partir de 1974, un Jésuite, le père Tritz, effrayé par cette situation, se lance dans un combat sans merci pour tenter de rendre à l'école et à une vie enfantine à peu près « normale » le plus grand nombre possible de ces déshérités.

Une école buissonnière chronique

Le père Tritz est arrivé aux Philippines en 1958, après avoir travaillé pendant douze années en Chine aux côtés de Teilhard de Chardin, célèbre théologien, philosophe et paléontologue français. Il est immédiatement frappé par le nombre des enfants qui peuplent les rues de la capitale. Certes, la législation philippine décrète l'instruction primaire gratuite et obligatoire — jusqu'à 13 ans. Mais uniformes, livres, cahiers et crayons restent à la charge des parents. Or, un nombre immense de foyers ne dispose même pas du minimum alimentaire nécessaire pour survivre ; loin de pouvoir distraire une somme pour les fournitures scolaires, les familles nécessiteuses envoient leurs enfants dans la rue dès qu'ils sont capables de marcher, pour trouver un peu de nourriture, et si possible quelque argent complémentaire. Beaucoup d'enfants, ainsi, n'entrent jamais à l'école ; quatre sur dix (en 1974) quittent les établissements durant les quatre premières années de primaire. Ils sont exposés dès lors à tous les dangers de la voie publique, y compris la prostitution.

Une association pour scolariser les enfants

En 1974, après des années de négociations avec les autorités municipales, grâce au soutien financier d'une femme d'affaires généreuse et avec l'aide d'un certain nombre d'étudiants, le père Tritz — qui a pris entre-temps la nationalité philippine — crée une association, l'ERDA (initiales des mots Education, Research and Development Assistance), destinée à identifier et à aider les enfants non scolarisés. Au fil des mois, l'association devient plus active et plus efficace. À la fin de chaque année, elle obtient des écoles une liste d'enfants en difficulté ou que l'on n'a jamais vus en classe. Elle envoie alors des assistantes sociales visiter les familles, mais leur action est surtout préventive : elles parviennent parfois à donner les moyens aux familles de laisser en classe un enfant qui, autrement, s'apprêtait à quitter le système scolaire. Mais l'association vise aussi à conduire à l'école ceux des enfants qui, à l'âge de 7 ans et demi, ne se sont pas encore assis sur les bancs d'une classe. Surtout, entreprise beaucoup plus difficile, elle travaille à faire revenir dans les établissements scolaires les petits écoliers qui,

Les assassinés du Brésil

Huit millions d'enfants dans les rues. Dans un Brésil de 150 millions d'habitants, près de 8 millions d'enfants et d'adolescents sont à l'abandon, à même le trottoir, dans les caves, les souterrains, les parkings, les jardins publics, dans les rues des grandes agglomérations de Rio de Janeiro, de São Paulo, de Recife, de Salvador de Bahia. La rue devient l'école du crime.

La chasse aux enfants des rues. Parallèlement, la chasse aux enfants des rues est ouverte. Des tueurs, commandités par des commerçants las d'être pillés, assassinent des mineurs. Ces tueurs sont parfois des policiers rassemblés en escadrons, qui jouissent d'une grande impunité. Un meurtre d'enfant coûte environ 250 francs à son commanditaire. Le profil type de la victime est l'adolescent noir ou mulâtre, âgé de 15 à 17 ans et issu d'un milieu pauvre ; il est généralement tué par une arme à feu. Selon l'association Amnesty International, 624 meurtres d'enfants ont été recensés de janvier 1988 à juin 1989 dans quinze États du Brésil. En septembre 1990, la lutte contre les meurtres d'enfants est décrétée « priorité nationale » par le président Collor.

« Tu n'étudiais pas et tu n'avais pas d'avenir. » Sur le cadavre du jeune Patricio Hilario Da Silva, retrouvé mort le 22 mai 1989, une main avait accroché cette pancarte : « Je t'ai tué parce que tu n'étudiais pas et que tu n'avais pas d'avenir. Le gouvernement ne doit pas tolérer que les rues de la ville soient envahies par les gosses. »

La classe des gangs

Un enfant abandonné à la rue peut difficilement échapper aux bandes et aux gangs. Il existe des bandes d'enfants indépendants, les kasamahan, qui se regroupent la nuit pour dormir et la journée pour diverses occupations. Ces bandes sont, la plupart du temps, affiliées à des gangs qui ont un territoire précis. Au fil du temps, le gang se substitue à la famille de l'enfant, qui trouve dans ce milieu le minimum de sécurité dont il a besoin.
Les gangs sont de mèche avec les policiers, qui reçoivent des sommes rondelettes pour les protéger. Les principaux gangs de Manille sont Bahala Na Gang et Batang City Jail. L'enfant est tatoué du sigle du gang, sorte de carte d'identité et de talisman qui lui assure protection et aide dans tous les cas. En échange, il doit acquitter régulièrement une dîme auprès du chef du gang auquel il appartient.

pour des raisons économiques, ont fait l'école buissonnière parfois une ou deux années durant. L'ERDA, outre une aide économique aux familles, fournit aux enfants dont elle s'occupe les uniformes obligatoires et les fournitures indispensables. Avec à sa charge, en 1992, une vingtaine de milliers d'écoliers venant d'environ 400 bidonvilles, l'ERDA constitue désormais une importante entreprise, employant 96 salariés à temps plein, dépensant un budget équivalent à 2 ou 3 millions de francs, et soutenue par plusieurs organisations non gouvernementales.

La dure école de la rue

Près des trois quarts de la population de Manille vit en dessous de ce qu'il est convenu d'appeler le seuil de pauvreté, et **52 % en dessous du seuil alimentaire minimum.** La capitale des Philippines compte neuf millions d'habitants, dont le quart s'entasse dans des bidonvilles ou des squats. En 1983, dans un rapport officiel, le ministère des Affaires sociales et du développement reconnaît que **2,4 millions d'enfants philippins sont en danger.**

Dans la rue, ils exercent divers petits métiers : cireur de chaussures, laveur de voitures, balayeur, éboueur, transporteur, livreur, vendeur de cigarettes, de bonbons, de lacets, de journaux, voire colleur de timbres. Selon le très officiel rapport, une enquête portant sur 400 enfants fait apparaître que **les meilleurs « salaires » des rues échoient aux cireurs et aux pickpockets,** les « métiers » les moins rémunérés étant ceux de mendiants, vendeurs, laveurs de bus ou de voitures et porteurs de bagages.

Le pire se trouve sans doute sur **la « montagne fumante », la plus grande décharge de la ville.** Là, de quatre à six mille enfants, parfois dès l'âge de 5 ans, un panier d'osier accroché au dos, se ruent, un tisonnier à la main, pour fouiller et extraire les rebuts monnayables : sachets d'emballage, bouteilles, bouts de ferraille... Au bout de quelques semaines de cette vie, un enfant ne va plus en classe : la rue est une rupture totale avec la société dite « normale ».

Bien peu d'enfants, d'autre part, échappent à **la prostitution,** occasionnelle ou régulière. Le développement du tourisme aidant, toute une industrie liée au sexe s'accroît dans cette partie du monde. Les patrouilles de policiers dans le quartier Ermita, à Manille, arrêtent fréquemment des « professionnelles » âgées de 11 ans.

Plutôt que l'école, le dépôt d'ordures : les enfants y trouvent quelques débris à revendre aux ferrailleurs.

Bidonvilles à Manille : comment scolariser ces enfants que leurs familles ne peuvent pas nourrir ?

1976

Championne olympique à 14 ans
NADIA COMANECI

Stupeur dans la salle montréalaise où se déroulent les épreuves de gymnastique féminine des jeux Olympiques de 1976 : à la suite d'une éblouissante prestation aux barres asymétriques, la jeune et petite Nadia Comaneci — elle n'a pas 15 ans et pèse 40 kg pour 1,53 m — se voit attribuer la note 10.00, jamais donnée auparavant.

Les 18 000 spectateurs applaudissent debout en rythmant leurs ovations. Ils vont revoir pendant des années ces images d'une fillette menue, au visage impassible, à la queue-de-cheval retenue par un ruban, qui voltige au-dessus des barres avec une vélocité, une audace époustouflantes… Nadia Comaneci est la reine des jeux Olympiques de Montréal, où elle remporte trois médailles d'or et se voit attribuer cinq fois la note maximale. Pourtant, l'histoire de celle qu'on surnomme dès lors « l'hirondelle de Montréal », comme celle de nombreux jeunes champions, n'est pas rose…

Du berceau aux J.O.

Nadia Comaneci a commencé à pratiquer la gymnastique à l'âge de 7 ans. Très vite, ses talents sont découverts : prise en main par le célèbre entraîneur Bela Karoly, elle travaille trois à quatre heures par jour, répétant à l'infini les gestes techniques qui font d'elle tout à la fois une exécutante accomplie et une novatrice absolue au sens esthétique. À 11 ans, l'enfant est intégrée à l'équipe nationale roumaine. À 13 ans, en 1975, elle domine très largement le championnat d'Europe de Skien, en Norvège. Nadia semble traverser les concours sans émotion, sans stress excessifs. Il est vrai que son conditionnement psychologique a également été « travaillé » : on interdit à la jeune fille de s'émouvoir devant une fleur, de donner une caresse à un enfant… Le triomphe de Nadia Comaneci aux jeux Olympiques de Montréal est l'aboutissement de cette formation. Lorsque la petite championne rentre à Bucarest, elle est célébrée comme une héroïne nationale. En l'espace de quelques jours, 200 000 cartes postales à son effigie sont imprimées.

Une réception est organisée en son honneur au domicile de Nicolae et Elena Ceausescu, qui dirigent de façon dictatoriale la Roumanie. Dans la grande tradition du stakhanovisme, Nadia est intronisée « héros du travail socialiste ». Elle passe ses vacances au bord de la mer Noire, le paradis balnéaire des hautes personnalités politiques.

Les jeux Olympiques de Moscou

Pour son entraîneur, dès cette époque, elle est perdue. Nadia est de toutes les réceptions et de tous les banquets. Elle prend du poids, a du mal à se défendre sous les honneurs qui l'étouffent. Elle ne tient plus les neuf heures d'entraînement quotidien imposées et simule des blessures pour se faire dispenser. La championne olympique souffre de boulimie, de dépression. La Roumanie lui prête une liaison avec Nicu Ceausescu, le plus jeune fils du dictateur, violent et peu populaire. Quatre ans plus tard, aux jeux Olympiques de Moscou, le changement qui s'est produit est manifeste. Malgré un régime accéléré dans les semaines qui précèdent les Jeux, Nadia est loin d'avoir la légèreté qui lui procurait tant d'avantages en 1976 : elle pèse désormais 50 kg pour 1,60 m. Si elle s'impose au sol et à la poutre, elle chute aux barres asymétriques. Elle termine deuxième aux épreuves générales, à 0,75 point de la première. La nouvelle étoile de la gymnastique est soviétique : elle s'appelle Olga Bitcherova. Elle mesure 1,38 m et pèse seulement 29 kilos.

La chute de Comaneci

Le second retour de Nadia est moins exaltant que le premier. La Roumanie juge sa championne. Désormais, celle-ci constitue l'un des fleurons de la nomenklatura décadente. Son ancien entraîneur, Bela Karoly, résume : « L'histoire de Nadia est tragique. C'était une superbe athlète, une élève parfaite, mais elle s'est enfermée dans un milieu corrompu qui l'a sans doute définitivement aliénée. » À 20 ans, sa carrière de gymnaste est terminée. Le 25 novembre 1989, Nadia Comaneci déserte son pays natal, de nuit et à pied, via la frontière hongroise. Moins d'un mois avant le soulèvement de Bucarest, la défection de la principale égérie du régime Ceausescu acquiert une réelle portée politique. Mais, en fait, la fuite de Nadia ressemble à un feuilleton à scandale. Lorsque la jeune femme réapparaît à New York, sa silhouette est très alourdie et son visage est masqué par le fard. Elle est accompagnée d'un certain Constantin Panait, couvreur de son état, marié et père d'une famille nombreuse. Panait monnaie quelques séances de photos et d'interviews avant de réintégrer le domicile conjugal. La petite hirondelle de Bucarest a sombré.

L'adolescent champion : entre névrose et exploit

Le cas douloureux de Nadia Comaneci est révélateur de la profonde difficulté à vivre qu'éprouvent nombre de jeunes champions. Le sport n'épargne pas le corps et le psychisme des adolescents qui le pratiquent sans précaution, poussés par des entraîneurs soucieux d'obtenir d'eux les meilleurs résultats dans le plus court délai. Que penser du destin de la gymnaste soviétique Elena Moukhina, naguère championne du monde de gymnastique, et condamnée au fauteuil roulant à vie après une série de chutes gravissimes découlant des exercices périlleux exigés d'elle. Les pressions exercées sur des enfants de plus en plus jeunes, pour des enjeux dont ils sont totalement inconscients, sont démesurées. Le marathon de Vienne est remporté en 1983 par la jeune Monica Frisch, âgée de 12 ans. À 11 ans, la jeune joueuse de tennis Anna Kournikova est déjà sous contrat aux États-Unis. En Italie, le Milan A.C. verse l'équivalent de 90 000 francs

L'équipe des nageuses de Chine populaire, aux championnats du monde de Rome, en 1994 : d'admirables championnes… mais des enfants sans enfance, et parfois sans avenir.

pour obtenir la signature d'un contrat de non-sollicitation d'un jeune joueur de football de... 10 ans. Suivant l'exemple de la danse et du patinage, le tennis et le football recrutent dès l'âge de 5 ou 6 ans, malgré les avertissements des médecins qui ne cessent de rappeler que, en période de croissance, un entraînement sportif intensif est plus nocif que favorable... Mais le souci des États, ou de certains clubs, d'obtenir des médailles fait parfois passer sur celui de préserver l'avenir d'un enfant.

Victimes du dopage

L'Europe de l'Est. À la Spartakiade des écoliers, en 1989, des tests pratiqués montrent que de nombreux jeunes champions utilisent des anabolisants. En juin 1989, Hans-Georg Aschenbach, ancien champion olympique est-allemand, affirme que les enfants des centres sportifs de R.D.A. suivent des traitements aux stéroïdes anabolisants. Il précise que les apprentis reçoivent trois pilules jaune, rouge et bleue, à chaque repas. La jaune contient de la vitamine C, la rouge un mélange de plusieurs vitamines, la bleue de la nandrolone. Ce produit est un stéroïde anabolisant interdit que les athlètes est-allemands prennent pourtant afin d'obtenir les meilleurs résultats au plan mondial.

Un destin parmi d'autres. Kristiane Knacke, recordwoman du monde du 100 mètres papillon en 1977, absorbe dès l'âge de 10 ans, ce genre de pilules. À 15 ans, à l'époque de son record du monde, elle prend quinze kilos en moins d'une année. En 1983, elle met au monde une petite fille qui reste dix-huit mois entre la vie et la mort. Le diagnostic est éloquent : déséquilibre hormonal dû au dopage de la mère lors des compétitions.

Et à l'Ouest. Beaucoup de jeunes filles sont littéralement transformées par les effets secondaires du dopage androgène et présentent des signes caractéristiques de virilisation... Ce constat ne concerne pas seulement les athlètes de l'ancienne Allemagne de l'Est, mais aussi ceux de l'ex-République fédérale allemande, ainsi que ceux des États-Unis et du Canada...

Une incroyable souplesse, due à l'éphémère légèreté de l'enfance : Nadia Comaneci en 1976.

1978

L'invention du « bébé-éprouvette »
LOUISE BROWN

« La dernière fois que je l'ai vue, elle avait huit cellules. Dans son tube de verre, elle était déjà aussi jolie qu'aujourd'hui. » Le docteur Roger G. Edwards prononce cette boutade juste après avoir assisté à la naissance de Louise Brown, le premier bébé conçu dans une éprouvette et replacé au stade d'embryon dans l'utérus de sa mère auparavant stérile. Avec ses 2,688 kg, Louise Brown est le nouveau-né le plus célèbre de la planète.

Biologiste-chercheur, Roger Edwards travaille depuis 1965 avec le docteur Steptoe, chirurgien, à la fécondation hors de l'utérus. Louise Brown est née le 25 juillet 1978, à 23 h 47, à l'hôpital d'Oldham, près de Manchester. C'est le premier « bébé-éprouvette ».

Une expérience inédite

La fécondation en éprouvette a un objectif bien précis : permettre à des femmes qui ne peuvent le féconder dans leur corps de porter un enfant. Le plus souvent, celles-ci présentent une malformation au niveau des trompes de Fallope, là où s'effectue la rencontre des spermatozoïdes et de l'ovule. Louise Brown est le fruit de la patience de quelques pionniers qui, souvent dans une atmosphère de suspicion et de discussion sur le bien-fondé de leurs travaux, ont, pendant vingt ans, multiplié leurs efforts pour lutter contre cette forme de stérilité. À la suite de la naissance de la petite fille, rapidement, de 1979 à 1981, la venue au monde de six autres bébés-éprouvettes — parmi lesquels des jumeaux de sexe différent — est enregistrée en Écosse, à Calcutta et à Melbourne. Amandine, le premier bébé-éprouvette français, naît le 25 février 1982. Elle pèse 3,420 kg et mesure 51 cm. Dans les années qui suivent, la technique, parfaitement maîtrisée, devient banale.

Les quatre étapes de la fécondation in vitro

La première étape de la fécondation in vitro est le prélèvement de l'ovule féminin. Le chirurgien introduit dans le ventre de sa patiente un tube large de quelques millimètres, qui lui permet de bien voir l'ovaire. C'est par ce même tube que l'ovule est aspiré. La deuxième phase est la fécondation dans le tube de verre. Le mari, après masturbation, fournit les spermatozoïdes. La troisième étape consiste à faire vivre pendant quelques jours, dans son tube de verre, l'œuf ainsi fécondé. Celui-ci commence sa multiplication. Aux environs de quarante-huit heures, il compte quatre cellules, puis huit avant trois jours. L'équipe médicale implante alors l'œuf fécondé dans la paroi de l'utérus maternel. Un petit cathéter souple, large d'un millimètre à peine, sert à le déposer sur la muqueuse, avec un peu de liquide de culture. Pour éviter toute contraction intempestive de l'utérus, la patiente est, à ce moment, incitée au plus grand calme. Certains praticiens recommandent la pratique du yoga.

Des restrictions à la procréation artificielle ?

Alessandra Abbisogno, premier bébé-éprouvette en Italie, attend cinq mois avant d'être baptisée. Il faut ce temps à ses parents, catholiques pratiquants, pour trouver à Naples un prêtre qui accepte de procéder à la cérémonie ! Pourtant, le cardinal Luciani, futur Jean-Paul Ier, avait déclaré à la naissance de Louise Brown : « Je n'ai aucun droit de condamner les parents. Je leur présente tous mes vœux. S'ils ont agi de bonne foi et avec des intentions pures, ils peuvent même avoir un grand mérite devant Dieu pour avoir demandé aux médecins d'intervenir. » Les premiers enfants procréés selon la méthode du docteur Edwards sont le fruit de leurs parents. Mais, très rapidement, l'intervention médicale prend des formes plus complexes, qu'il s'agisse d'enfants conçus en éprouvette ou de l'insertion directe des spermatozoïdes dans le vagin de la mère : insémination artificielle avec sperme non du conjoint ou du compagnon mais d'un donneur (dans le cas de stérilité masculine), mise en place de spermatozoïdes après la mort du père, embryons congelés, dons d'ovules, procréation par des mères ménopausées depuis longtemps, « mères porteuses » inséminées avec les spermatozoïdes du conjoint fertile… la multiplication des situations est à l'origine de délicats débats moraux, dans lesquels interviennent aussi bien le législateur que les institutions religieuses, compte tenu du statut juridique de l'embryon humain et des bouleversements que ces techniques entraînent dans les modes de filiation.

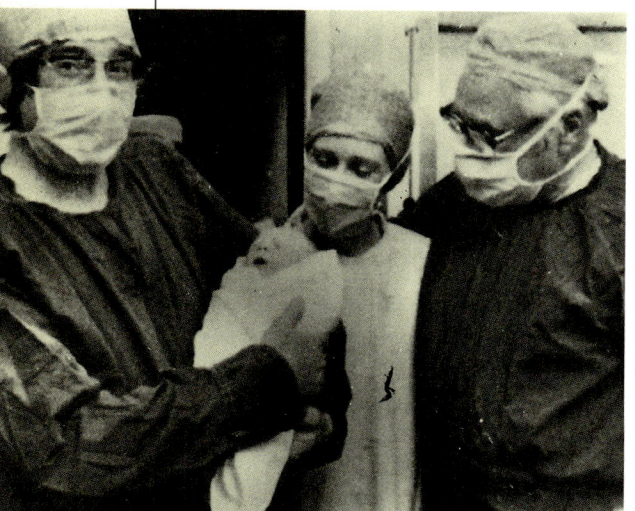

La petite Louise Brown, juste après sa naissance, dans les bras du docteur Edwards, avec la sage-femme et le docteur Steptoe.

Des parents heureux, des enfants éclatants de vie — et qui auraient pu ne jamais être conçus...

Des tubes, des éprouvettes : le monde glacial de la science, mais la promesse d'un merveilleux bonheur.

Les mères porteuses

Un ovule et une couveuse. L'expression « mère porteuse » fait référence à la pratique qui vise à pallier la stérilité d'un couple dans lequel la femme ne peut avoir d'enfants. La mère de substitution est inséminée artificiellement par le sperme du mari de la femme inféconde ou stérile : elle donne donc ses ovules et porte l'enfant pendant le temps de la gestation. Après quoi, elle est censée remettre le nouveau-né au couple avec lequel elle a passé accord.

Difficultés juridiques et problèmes éthiques. La première mère porteuse est américaine. Juges et législateurs des États-Unis sont donc les premiers à se pencher sur cette pratique. Selon les États, ils adoptent des positions diverses, ce qui traduit bien l'imbroglio éthique. En 1980, la Virginie autorise l'ouverture de cliniques spécialisées dans la conception d'embryons humains — des mères porteuses y sont accueillies. Mais, en 1981, la Cour suprême du Michigan interdit à un père biologique et à son épouse d'adopter l'enfant d'une mère porteuse, celle-ci ayant été rémunérée, alors que la législation sur les adoptions interdit toute transaction monétaire.

Les motivations des mères porteuses. Si, parfois, un arrangement familial entoure la pratique de la mère porteuse (une sœur ou une mère se substituant à la femme stérile pour porter un enfant conçu avec le sperme du conjoint de celle-ci), dans la plupart des cas, les mères porteuses sont rémunérées. Mais il arrive aussi que ces femmes changent d'avis au cours de leur grossesse ou après l'accouchement et cherchent à annuler leur contrat pour garder l'enfant : là encore, selon les lieux et les situations, les tribunaux ont pris des positions disparates.

1979

Les enfants participent à la vie de la cité
LE CONSEIL MUNICIPAL DES ENFANTS

Depuis 1979, deux fois par an, à Schiltigheim, le maire réunit un conseil pas comme les autres. Les élus, de petite taille, se carrent, en baskets et en jeans, dans des fauteuils trop grands pour eux, et discutent avec vivacité des orientations qu'ils souhaitent donner à la politique de l'enfance de la commune.

Les débats sont animés, les photographes se bousculent, les flashs crépitent : les élus ont entre 10 et 13 ans.

Conseil et commissions

Schiltigheim est une petite ville industrielle, à dix minutes au nord de Strasbourg. Elle est, avant 1979, « connue » pour ses brasseries, son foie gras et ses escargots. À partir de 1979, le « conseil des enfants » fait les gros titres des journaux locaux et nationaux. Pour la première fois, le droit de proposer des actions concrètes est donné à des mineurs :

L'instruction civique

Comme le conseil municipal des enfants, l'instruction civique de la fin du XIXᵉ siècle a pour but de former le citoyen d'une société nouvelle.
L'instruction civique est née en France en 1882 avec l'école obligatoire. L'importance de cette matière, qui se construit à partir de plusieurs savoirs (l'histoire, la géographie, la morale et le droit), croît avec la séparation de l'Église et de l'État en 1905, et la nécessité pour la République de se doter des fins et des principes détachés des options religieuses.
L'instruction civique porte sur la connaissance des institutions, en vue de permettre aux citoyens d'y tenir leur rôle et de s'adresser à elles à bon escient. Les enfants apprennent donc, dès l'école primaire, l'« État » (le découpage territorial, les différentes instances de pouvoir et de décision, les deux pouvoirs législatifs et exécutifs, et leur fonctionnement, le budget...), l'« Administration » (les différents ministères, leurs domaines d'activité et leur fonctionnement, la hiérarchie des fonctionnaires qui les servent), les droits et les devoirs du citoyen, c'est-à-dire tout ce que le statut d'homme libre et responsable implique de droits et de devoirs sous le régime de la République.

comment seront aménagés les espaces de jeu, les cours d'école, où doivent passer les pistes cyclables, quelles activités doivent être introduites — en dehors des cours — dans les lieux scolaires. Après quelques années d'expérience, en 1986, une formule définitive de fonctionnement du conseil est retenue. Les enfants sont élus dans cinq écoles primaires et dans les centres culturels. Ils sont conseillers sur la base d'une année, renouvelable une fois s'ils le désirent. Deux conseils d'enfants ont lieu chaque année. Celui de novembre élabore des propositions, celui de mai expose un programme réalisable qui est adopté ensuite par le conseil municipal adulte. Ces conseils sont relayés toute l'année par le travail de commissions d'enfants. Celles-ci ont des thèmes variés : espaces de jeu, vie scolaire, temps libre, culture, ville (sécurité et circulation), finances, information... Elles ont lieu, bien entendu, après la sortie des classes et réunissent les conseillers enfants volontaires, guidés par un animateur adulte et assistés à la demande par des techniciens.

400 conseils municipaux en France

L'expérience de Schiltigheim, bientôt, fait école. En 1994, il existe environ 400 conseils municipaux d'enfants en France. Les domaines d'intervention de ces conseils sont variés. Ils s'occupent de la sécurité des enfants à la sortie des écoles, des équipements municipaux et des campagnes de propreté. À Alès, les enfants font voter par le conseil municipal adulte le lancement d'une campagne pour la propreté de la cité, et la création d'une piste de skateboard (planche à roulettes) en plein

Le conseil des enfants de Schiltigheim : pour les enfants, un apprentissage de la vie civique ; pour la municipalité, un fourmillement de suggestions sur la qualité de la vie.

centre-ville. À Poitiers, la présence d'une jeune handicapée au conseil des adolescents favorise la création d'équipements adaptés : plans inclinés, isoloirs, et distributeurs automatiques de billets accessibles. Les conseils se chargent également de thèmes plus généraux, comme l'égalité, le racisme, le droit des enfants. L'environnement est souvent le fer de

1979-1994 du premier conseil municipal des enfants au premier Parlement des enfants. Quinze années pour faire progresser une idée : gadget ou idée d'avenir ?

lance des discussions et des projets. À Roissy-en-Brie, les jeunes font dépolluer l'étang. À Aurillac, le conseil municipal se préoccupe du sort de la forêt amazonienne.

Conseil d'opérette ou vrai conseil ?

Si le conseil est vraiment représentatif des jeunes et dispose de vrais pouvoirs, notamment de crédits de fonctionnement et d'un budget à gérer, ses réalisations peuvent être originales et utiles. Les situations, d'une cité à l'autre, sont cependant variables. Ainsi, les sommes dont peuvent disposer les jeunes conseillers varient, selon les lieux, de 5 000 à 120 000 F. Les situations sont d'autant plus contrastées qu'aucun texte officiel ne régit ces conseils — inexistants au regard de la loi, puisque leurs membres, tous mineurs, ne sont pas encore des citoyens dotés de la plénitude de leurs droits politiques. L'existence et le caractère des conseils municipaux d'enfants sont donc soumis à la seule volonté des municipalités, si bien qu'on en voit disparaître ou se créer, au gré des fluctuations politiques. Au congrès des conseils municipaux d'enfants, les enfants eux-mêmes ont réclamé un statut pour les conseils, « afin de ne plus dépendre du bon vouloir du maire ». La représentativité et l'efficacité des conseils sont étroitement liées à leurs modes de désignation. Ceux-ci sont très disparates. Dans la majorité des cas, les élections ont lieu dans les établissements scolaires. Mais elles peuvent aussi se dérouler dans les quartiers ou à la mairie, et être précédées ou non d'une véritable campagne électorale. Les conseils peuvent aussi rassembler des jeunes de tous âges, ou bien séparer les 8-12 ans et les adolescents. Certains élisent un maire-enfant. La durée du mandat est variable : de un à trois ans selon les communes. Mais ces variations et la précarité des conseils ou la fragilité de leur capacité de décision sont-elles des données si importantes que cela ? Le vrai but des conseils municipaux formés d'enfants est d'apprendre aux jeunes leur métier de futurs citoyens, et de les aider à s'insérer dans le tissu social urbain.

Un square aménagé d'après les suggestions des enfants, à Schiltigheim.

Le Parlement des enfants

Députés en culotte courte. Le samedi 4 juin 1994, 577 enfants de CM2 — la dernière année du primaire — remplacent chacun sur les bancs de l'Assemblée nationale « leur » député à l'Assemblée nationale. Élus du peuple écolier, garçons et filles à égalité, ils représentent leur propre circonscription : l'école Jules-Ferry à Chamalières, ou l'école Champy à Épinal, par exemple.

Une séance houleuse. Les interrogations fusent : questions au président de l'Assemblée, interpellation du ministre de l'Éducation nationale. L'initiative médiatique (chaque député organise sa séance de photos aux côtés de l'enfant-député d'un jour) du président de l'Assemblée vise à donner un coup de jeune au monde de la politique et à tenter de rapprocher jeunesse et politique.

1980

Une enfant suédoise se sépare de ses parents
LES ENFANTS DU DIVORCE

En septembre 1980, une enfant suédoise de Stockholm, dont le nom reste secret, décide de divorcer de ses parents. C'est le premier « divorce familial » de la planète. Mais la rupture du couple, qui est si courante, n'est-elle pas déjà presque toujours une rupture de la famille ?

Appelons-la Ingrid. Depuis plusieurs années, Ingrid vit avec sa mère et son frère aîné. Ses parents sont séparés et l'atmosphère de son foyer est pénible. Un beau jour, Ingrid prend contact avec les services sociaux de la ville pour obtenir un changement de maison — c'est-à-dire de famille. Après avoir interdit la fessée et la vente des jouets rappelant la guerre, la Suède accorde aux enfants de plus de 12 ans le droit de changer de famille, dans des cas exceptionnels et à leur demande… Ingrid doit attendre quelques mois, des mesures administratives, puis des mesures judiciaires. Un procès a lieu en 1980 et le verdict est clair : Ingrid a le droit de vivre dans la famille adoptive qu'elle a choisie depuis un an.

Le divorce : un drame banal

Le divorce familial, c'est-à-dire la séparation demandée par un ou des enfants d'avec leurs parents, est exceptionnel. Il n'est que le paroxysme d'une situation beaucoup plus fréquente, le divorce des père et mère, qui laisse souvent les enfants désarmés. En France, la loi du 11 juillet 1975 introduit le divorce par consentement mutuel. Aujourd'hui, les enfants de divorcés sont estimés à deux millions, soit un adolescent sur trois à l'âge du collège. Aux États-Unis, 1 175 000 couples ont divorcé en 1990, contre 400 000 en 1960 et 1 100 000 au milieu des années 1970. À terme, chez les enfants de divorcés devenus adultes, la séparation parentale a des effets que le recul historique — depuis les années 1970 — permet déjà de préciser : craignant avant tout de répéter l'histoire de leurs parents, les couples choisissent souvent de vivre ensemble et d'avoir des enfants sans être mariés. Lorsqu'il y a mariage, les études statistiques tendent à montrer que les enfants de divorcés, à leur tour, sont plus enclins à divorcer.

La mésentente, plus grave que la séparation ?

Une étude parue en 1991 dans la revue américaine *Science* révèle, pour le monde anglo-saxon, l'ampleur et le détail des conséquences du divorce pour les enfants. Si les enfants de divorcés traversent des difficultés d'ordre scolaire ou affectif, c'est autant à cause du conflit qui précède qu'en raison de la séparation à proprement parler. 17 414 femmes ayant eu un enfant entre le 3 et le 9 mars 1958 en Angleterre, en Écosse et au pays de Galles acceptent d'avoir un entretien quelques jours après la naissance avec un médecin à propos de leur mode de vie. Sept ans après, ces mêmes femmes sont retrouvées, et 14 746 à nouveau interrogées. Leurs enfants sont eux-mêmes soumis au crible des tests psycho-scolaires. Quatre ans plus tard, encore, les parents et les enfants sont une fois de plus entendus, puis divisés en deux groupes selon qu'il y a eu divorce ou non pendant ce laps de temps. « Comme nous nous y attendions, les garçons et les filles dont les parents ont divorcé présentent, à 11 ans, davantage de troubles du comportement et un moins bon niveau en lecture et en mathématiques. Des différences modestes mais significatives. Par exemple, chez les garçons dont les parents sont séparés, la fréquence des troubles du comportement à l'âge de 11 ans est supérieure de 19 % à celle observée chez les autres. » Mais la prise en compte des difficultés précédant la séparation réduit de moitié, dans les statistiques, l'effet apparent du divorce sur les performances scolaires, l'abaissant à un niveau proche de zéro. Pour savoir si ces conclusions sont valables ailleurs qu'en Grande-Bretagne, une enquête similaire est menée en 1976, avec nouvel interrogatoire en 1981, sur 2 279 enfants américains. Les résultats sont à peu près identiques : ils confirment que les difficultés scolaires et affectives préexistent au divorce. Les auteurs de l'étude concluent : « Nos résultats suggèrent que l'effet du divorce est lié en grande partie à des conditions présentes avant la séparation. À

Le père et l'enfant : une complicité qui doit être sauvegardée au-delà de la séparation des parents.

La loi Malhuret ou le droit de choisir

L'article 12 de la Convention internationale sur les droits de l'enfant de 1989 offre à tout enfant capable de discernement, quel que soit son âge, la possibilité d'être entendu, soit directement, soit par l'intermédiaire d'un représentant, dans toute procédure le concernant.

Un droit de parole aux enfants. En France, la loi Malhuret du 22 juillet 1987 stipule qu'en cas de divorce, les enfants de plus de 13 ans doivent être consultés avant de décider de leur lieu de résidence. Le juge des affaires matrimoniales les entend pour décider avec eux de leur domicile fixe.

L'autorité parentale conjointe. De plus, la loi Malhuret introduit « l'autorité parentale conjointe ». Elle incite les parents à participer à part égale à toutes les décisions liées à l'éducation de leur enfant dans des domaines tels que l'instruction mais aussi la culture, la religion, les loisirs, les activités artistiques ou sportives et l'apprentissage de la vie en général. La résidence de l'enfant est fixée, en général, à un seul endroit, le domicile de la mère ou du père, pour des raisons pratiques, mais les décisions concernant l'enfant sont prises conjointement par les deux parents.

Treize ans après l'affaire suédoise, Kimberly Mays (14 ans), aux États-Unis, obtient de la justice le droit de « choisir » ses parents adoptifs contre sa famille naturelle, à laquelle elle a été enlevée, bébé, par une erreur de la maternité… Mais, dans le cas d'un divorce, il est insupportable à l'enfant de choisir entre son père et sa mère.

Papa, maman, le juge et l'enfant… Quand le couple se dénoue, l'enfant, parfois, est la principale victime.

la lumière de cela, ceux qui s'intéressent au divorce devraient modifier leur façon de raisonner. Il faut prêter au moins autant d'attention à ce qui se passe dans les familles en difficulté mais non encore éclatées qu'au traumatisme subi par les enfants lorsque leurs parents se séparent. »

Des conséquences psychologiques importantes

L'étude anglo-saxonne ne tient pas compte de l'âge de l'enfant au moment de la séparation, alors que, selon l'avis général, il s'agit là d'un critère capital. Le moment de rupture le moins défavorable s'établit apparemment lorsque la rupture a lieu avant la naissance ou dans les premiers mois de la vie de l'enfant. Quand la séparation survient à l'adolescence — à partir de 9 ans environ —, le jeune peut éprouver, si aucun effort n'est fait pour le ménager, de graves difficultés. Certains signes permettent de déceler sa détresse : apathie ou distraction persistante, maux de ventre, tics, rhinopharyngites à répétition… Dans les cas les plus graves survient une véritable névrose d'abandon, avec une incessante quête affective et des troubles du comportement — délinquance, toxicomanie, fugue, tentative de suicide, désinvestissement scolaire, état dépressif plus ou moins marqué. Dans le meilleur des cas, l'enfant réagit de façon positive par une activité compensatoire, s'investissant de manière forcenée dans les études, le sport, la religion, ou s'éloignant des images parentales déficientes au profit d'un personnage de la famille rassurant, grand-père, oncle ou frère aîné.

La famille recomposée

En France, **dans 83 % des cas de divorce, les enfants sont confiés à la mère.** Le parent qui n'exerce pas l'autorité parentale, celui chez qui l'enfant ne réside pas habituellement, doit verser une **pension alimentaire** pour son entretien matériel.

Avec l'augmentation considérable des divorces et des séparations depuis les années 1970, le cas des enfants vivant en « **famille monoparentale** » est devenu extrêmement fréquent. Ou bien l'enfant vit dans une « **famille recomposée** », celle que forme le parent qui en a la garde avec son nouveau conjoint et des enfants éventuels, soit ceux de ce conjoint, soit ceux du nouveau couple.

En 1990, en France, 600 000 familles sont recomposées. 85 % des enfants de couples divorcés assistent à la formation d'une nouvelle union de leur père ou de leur mère et 66 % d'entre eux ont un ou plusieurs **demi-frères et demi-sœurs**.

1980

La tragédie des petits soldats iraniens
QUAND LES ENFANTS FONT LA GUERRE

Les enfants et la guerre

Les enfants, premières victimes. Entre 1984 et 1994, les guerres ont tué plus d'un million et demi d'enfants et en ont blessé cinq millions d'autres. Elles ont transformé encore cinq millions de jeunes, environ, en réfugiés et douze autres millions en « personnes déplacées ». Une victime civile sur deux des guerres modernes est un enfant. Encore, la guerre ethnique du Rwanda, en 1994, n'est-elle pas prise en compte dans ces chiffres.

Environ 200 000 enfants-soldats. En 1988, un rapport de l'Unicef comptabilise 200 000 enfants-soldats âgés de 12 à 15 ans. Une partie de ces jeunes prennent part aux combats, comme les 3 000 gamins ougandais maquisards, les enfants-loups du Mozambique dressés pour tuer par la Renamo, ou les insurgés du Sentier lumineux. Les jeunes Tigres tamouls du Sri Lanka, plutôt que de se rendre à l'ennemi, avalent une capsule de cyanure qu'on a pris le soin de leur accrocher au cou.

Entre ville et brousse. D'autres enfants sont moins directement exposés. Ils servent comme messagers ou ordonnances, agents de ravitaillement et de communication, transportent armes et munitions. Ces enfants souffrent et s'endurcissent dans la forêt et la brousse. D'autres vivent la guerre urbaine, comme les *sicarios* colombiens, tueurs à gages au service des cartels de la drogue.

Garçons iraniens à l'exercice : les « bassidji » étaient en fait employés au déminage des terrains pour faciliter l'avancée de l'armée. Une tâche à peu près sûrement mortelle...

Enfants angolais défilant en tenue militaire, 1975.

En 1980, la guerre éclate entre l'Iran et l'Iraq. Pour compenser son infériorité technologique, l'Iran, rapidement, envoie de très jeunes garçons au combat. Sacrifiés par milliers, ces enfants-soldats finissent au paradis d'Allah ou bien, terrorisés et honteux, dans les camps de prisonniers, en Iraq.

À partir de la déclaration de la guerre avec l'Iraq et au fil des années, l'âge de la conscription baisse en Iran : 15, puis 14, puis 13 ans. Finalement, en février 1984, Hachemi Rafsandjani, président du Parlement iranien, déclare : « Tous les Iraniens de 12 à 72 ans doivent être volontaires pour la guerre sainte *(djihad)*. » Il suffit alors du consentement des parents pour que des enfants de moins de 13 ans puissent s'engager « volontairement » dans l'armée et partir sur les champs de bataille.

La tragédie des « bassidji »

Ces enfants-soldats iraniens sont appelés *bassidji*. Après leur départ de l'école, ils sont entraînés pendant deux mois dans des camps, en Azerbaïdjan. Là, on leur apprend à lancer une grenade, à ramper sous des fils de fer barbelés, à tirer en rafales avec un fusil G3 allemand sur des cibles en carton à l'effigie de l'oncle Sam américain. Ils partent ensuite le front ceint d'un bandeau rouge, avec autour de leur cou la clé du paradis d'Allah remise par

Les règles internationales

Les premiers textes concernant les enfants-soldats apparaissent dans la 4e convention de Genève de 1949, dont dix-sept articles concernent les enfants. La Déclaration des droits de l'enfant, en 1959, affirme que « l'enfant doit, en toutes circonstances, être parmi les premiers à recevoir protection et secours ». Les protocoles additionnels de 1977 à la convention de Genève stipulent que « les enfants de moins de quinze ans ne devront pas être recrutés dans les forces ou groupes armés ».

Dans l'article 38 de la convention des Nations unies relative aux droits de l'enfant, adoptée le 20 novembre 1989 et ratifiée au début de 1994 par cent quarante quatre pays, il est proclamé que les États signataires « prennent toutes les mesures possibles […] pour veiller à ce que les personnes n'ayant pas atteint l'âge de quinze ans ne participent pas directement aux hostilités ; […] qu'ils s'abstiennent d'enrôler dans leurs forces armées toute personne n'ayant pas atteint l'âge de quinze ans » ; et que, s'ils incorporent des personnes ayant entre quinze et dix-huit ans, ils « s'efforcent d'enrôler en priorité les plus âgées ».

Sarajevo, 1994 : même s'ils ne combattent pas, les enfants souffrent de la guerre. L'angoisse de mourir, le dégoût de vivre s'ajoutent aux privations matérielles.

leur imam, un verset du Coran ou la photographie de l'imam Khomeyni épinglée sur leur poitrine. Au front, leur fonction principale est de traverser les champs de mines semés par les Irakiens pour ouvrir la voie aux troupes des ayatollahs. Les enfants avancent sur le sol irakien en répétant « Allah-o Akbar » («Dieu est le plus grand »). D'après les estimations, 90 % d'entre eux meurent dans ces opérations, déchiquetés par les mines. Ainsi, lors de la contre-offensive iranienne de 1982 sur les champs de mines du Kuzhestan, plus de 7 000 jeunes ont péri en quelques semaines.

La propagande khomeyniste

Pour susciter ces engagements d'enfants, la propagande khomeyniste est très active auprès des paysans pauvres. La guerre contre le régime de Saddam est présentée comme un *djihad*, une guerre sacrée qui doit permettre de délivrer les villes saintes de Kerbala et de Najef, hauts lieux du chiisme, qui abritent les mausolées d'Ali, le gendre du Prophète, et de Hossein, mort en martyr dans la vallée de Kerbala. La propagande remporte également un grand succès dans les écoles. Des classes entières partent au combat et sont décimées. Pour avoir vu mourir plus de 200 de ses élèves sur les champs de bataille en 1983, le lycée d'Ispahan choisit ainsi de s'appeler lycée Martyrium… L'école Hojat de Ahwaz ferme ses portes en mars 1984, après que tous les enfants à partir de l'équivalent de la classe de CM1 (la quatrième classe du primaire) sont partis pour le front. La famille de chaque enfant mort à la guerre reçoit une modeste pension de l'État et tous les honneurs du régime islamiste. Un rapport présenté à l'Organisation des Nations unies en 1988 affirme que des parents iraniens ont encouragé leurs fils à entrer dans l'armée pour obtenir quelques maigres avantages matériels et, éventuellement, pour bénéficier de la « somme qui leur serait versée au cas où leur enfant serait tué sur le champ de bataille »…

Les enfants dans les camps

Les plus chanceux de ces enfants sont faits prisonniers par les Irakiens et internés dans des camps, où ils demeureront plusieurs années. Ils sont ainsi près d'un millier à la fin de la guerre, en 1988. Ces adolescents grandissent sans espoir, car ils savent que, dans le régime de Khomeyni, ils sont déclarés morts ou traîtres. Pour éviter leur complet désœuvrement, des écoles sont ouvertes par des organisations humanitaires comme Terre des hommes ou Défense internationale des enfants. Mais les classes créées concernent peu d'enfants : seulement 150 jeunes prisonniers reçoivent véritablement un enseignement général et professionnel. En apprenant, au début de 1988, l'imminence d'un cessez-le-feu et donc leur prochaine libération, certains *bassidji* menacent de se suicider, désespérés à l'idée d'être accueillis à leur retour dans leur pays comme des lâches ou des déserteurs. De fait, un certain nombre d'enfants ne retournent pas en Iran : libérés par les autorités irakiennes, remis à la Croix-Rouge, ils sont installés dans un autre pays musulman du Moyen-Orient. L'Iran ne s'oppose nullement à ces déplacements et même les favorise : pour le régime khomeyniste, les *bassidji* prisonniers sont moralement morts…

1982

David, l'enfant derrière la porte
L'ENFANT MARTYR

En août 1982, David, 12 ans, est découvert dans un jardin de la banlieue parisienne. Emmené au commissariat, il raconte son histoire, que personne n'ose croire. Il vient de passer huit ans enfermé, d'abord enchaîné à un tuyau dans la salle de bains, puis au pied du lit de ses parents, enfin dans un placard.

Selon les statistiques établies par l'observatoire national de l'Action sociale, il y aurait actuellement en France environ 15 000 mineurs maltraités…

Le calvaire de David

David est né le 29 mai 1970, à Angers. Sa mère travaille comme femme de ménage sur la ligne Paris-Nantes dans les wagons-lits. David n'a pas été reconnu par son père. Il est laissé en nourrice dès les tout premiers mois de sa vie. Plus tard, lorsqu'il a 2 ans, sa mère vient le reprendre. Elle vit maintenant avec un compagnon dans un appartement à Neuilly-sur-Seine et a un autre petit garçon. Mais David est resté trop longtemps loin de sa mère, qui lui est devenue étrangère. Il l'affirme, plus tard : « Dès le début, j'ai refusé de l'embrasser et de lui parler. J'étais très obstiné pour les choses du cœur. Elle a dû vivre avec moi une grande déception. Elle en est peut-être devenue folle. » Les punitions, alors, commencent à tomber sur lui, notamment parce qu'il mange mal et lentement. Un jour, excédée, la mère de David l'empoigne, l'attache par la taille à un tuyau de la salle de bains. Il a quatre ans et demi et la punition va s'éterniser… La nourriture (pain, café au lait, orange, pomme, restes) n'est bientôt plus fournie à David que très irrégulièrement. Parfois, la nuit, la mère, prise d'une crise de folie, se rue sur lui, le bat et le torture. Un jour, elle lui brûle même très gravement les mains avec de l'eau bouillante. L'enfant, libéré de son entrave, est hospitalisé et subit une greffe. À l'âge de 9 ans, David est déplacé. Il est enchaîné au montant du lit conjugal. Un an plus tard, il parvient à se détacher, tente de fuir par la fenêtre : il saute du troisième étage, s'en tire avec une fracture du crâne et une entorse. Il est hospitalisé un mois durant, sous le nom de son frère (comme l'enfant n'est pas scolarisé, la famille, en déclarant sa vraie identité, se verrait aussitôt poursuivie), et conserve un souvenir extasié de cette période. À son retour de l'hôpital, la famille déménage dans une autre banlieue parisienne. Là, David est enfermé dans un débarras qui mesure 1,70 m sur 2 m. Il y dispose d'un seau et d'un matelas en mousse. Quelquefois, le jeune garçon est oublié, confiné dans le noir sans rien avoir à boire ni à manger. Son abandon, désormais, est total — sa mère ne le « bat même plus ». Seul son demi-frère, certains mercredis, en l'absence des parents, se risque à le délivrer pour quelques heures…

L'apprentissage de la liberté et du pardon

Un jour, la mère oublie de fermer le placard à clé. David prend quelques habits dans l'armoire de son frère, « fauche » le porte-monnaie familial et s'enfuit. Retrouvé errant par des policiers, il raconte son martyre. Il est placé dans un foyer de l'Assistance à l'enfance. Ses parents sont arrêtés. L'année suivante, David a 13 ans : il va voir sa mère à la prison de Fleury-Mérogis. « Petit à petit, on a appris à se parler sans arbitre. C'était une véritable rééducation familiale… Un ou deux ans ont suffi à calmer, enlever ma haine. J'avais trouvé à la place le pardon sans le savoir. Ce qui restait, c'était l'attachement, le lien. » Pour atteindre cette sérénité d'esprit, au moins officielle, David est guidé par un psychiatre, Tony Laîné. Dix ans plus tard, il a acquis assez de maturité et de détachement pour témoigner, dans un livre cosigné avec sa seconde thérapeute, Évangéline de Schonen : *l'Enfant derrière la porte*. C'est peut-être la preuve que David, cas exceptionnel parmi les jeunes martyrisés, a surmonté les traumatismes de sa terrible enfance.

Le poids de la loi

Une législation tardive. Avant la fin du XIXe siècle, la notion d'enfant martyr et de droit de l'enfance n'existe pas. La « correction paternelle », légalement reconnue, donne au contraire pratiquement tous les droits au père. Il faut attendre le début de la science pédagogique pour que les législateurs se préoccupent de l'enfant maltraité. En France, les premières lois qui punissent les parents auteurs de mauvais traitements sur leurs enfants sont votées en 1889 et 1898.

Des sanctions pénales rigoureuses. Aujourd'hui, l'article 312 du Code pénal précise ce qui constitue au regard de la loi les « mauvais traitements à enfants » : les coups et blessures volontaires sur enfants de moins de 15 ans, la privation volontaire d'aliments et de soins, les violences ou voies de fait. Selon la gravité des faits commis (délit ou crime), l'infraction peut être jugée en correctionnelle ou aux assises.

La déchéance de l'autorité parentale. En dehors de toute condamnation pénale, les père et mère peuvent se voir retirer la totalité ou une partie de leurs droits sur leur enfant : c'est la déchéance de l'autorité parentale. Cette procédure est rarement utilisée. Le plus souvent, le juge pour enfants ordonne des mesures d'assistance éducative et contrôle son application.

Enfants refusés, abandonnés, enfants violés ou battus : tout un monde qui crie au secours…

Poil de carotte

La cruauté mentale suffit à créer des enfants martyrs. Dans son roman Poil de carotte, *l'écrivain français Jules Renard raconte le lent calvaire de l'enfant roux, qui, sans être physiquement frappé, est lentement détruit affectivement par sa mère.*

« Peut-on, doit-on le dire ? Poil de carotte, à l'âge où les autres communient, blancs de cœur et de corps, est resté malpropre. Une nuit, il a trop attendu, n'osant demander. [...]

Mme Lepic se garde de s'emporter. Elle nettoie, calme, indulgente, maternelle. Et même, le lendemain matin, comme un enfant gâté, Poil de carotte déjeune avant de se lever.

Oui, on lui apporte sa soupe au lit, une soupe soignée, où Mme Lepic, avec une palette en bois, en a délayé un peu, oh ! très peu.

À son chevet, grand frère Félix et sœur Ernestine observent Poil de carotte d'un air sournois, prêts à éclater de rire au premier signal. Mme Lepic, petite cuillerée par petite cuillerée, donne la becquée à son enfant. [...]

Enfin, Mme Lepic, avec un dernier regard aux aînés comme pour leur demander : "Y êtes-vous ?" lève lentement, lentement, la dernière cuillerée, l'enfonce jusqu'à la gorge, dans la bouche grande ouverte de Poil de carotte, le bourre, le gave, et lui dit, à la fois goguenarde et dégoûtée :

— Ah, ma petite salissure, tu en as mangé, tu en as mangé, et de la tienne encore, de celle d'hier. »

Jules Renard, Poil de carotte.

Poil de carotte (scène du film de Julien Duvivier, 1932) : quand le désespoir d'être mal aimé conduit au refus de vivre...

Le drame des enfants martyrs

Parce qu'il se cache derrière le droit à la correction que les tribunaux reconnaissent aux parents, parce que l'enfant est souvent le premier à nier par son silence et son amour filial, **le « mauvais traitement » n'est souvent constaté que lorsqu'il atteint un degré de gravité extrême**, voire irréversible.

En France, **sur 15 000 mineurs maltraités repérés par les services sociaux et la justice en 1994**, 6 500 ont été les victimes de violences physiques, 6 000 de négligence lourde et de cruauté mentale, et 2 500 d'abus sexuels. **D'autres estimations font état de 50 000 mineurs maltraités...**

Les enfants concernés sont très jeunes : **80 % ont moins de 3 ans et 40 % sont des nourrissons de moins d'un an.** La majorité des enfants victimes de sévices font partie de familles où se rencontrent, à des degrés divers, l'insuffisance des ressources, le chômage, les mauvaises conditions de logement, la pauvreté culturelle, le déracinement au sein du groupe social et familial.

Si l'on trouve assez peu de malades mentaux parmi les parents d'enfants maltraités (10 %), on constate assez souvent chez eux **une carence affective profonde**. D'autres indicateurs de risque sont détectables dès la naissance : grossesses non désirées ou gémellaires, prématurité, séparation précoce des parents...

David, l'enfant du placard.

1985

Une publicité controversée contre un fléau
LA DROGUE

En 1985, une affiche et un clip, « La drogue, c'est de la merde », sont lancés à l'intention des jeunes par une association éphémère regroupant des médecins autour d'un publicitaire, Jacques Séguéla. La campagne est très controversée : face à un des principaux fléaux qui frappe la jeunesse dans le monde entier, suffit-il de tenter de culpabiliser et d'effrayer ?

Le toxicomane représenté sur l'affiche n'a que 12 ou 13 ans, alors que toutes les statistiques montrent que l'on assiste au vieillissement de la population des toxicomanes incapables de se déprendre de l'héroïne. Sorte de pied de nez à la publicité, l'acteur du film, devenu majeur, sera appréhendé : il cambriole des villas pour financer sa toxicomanie…

Des messages sans perspectives

Les médecins spécialistes de la toxicomanie sont unanimes pour condamner ce genre de campagne. La culpabilisation est-elle en la matière une arme efficace ? Il faut respecter certains critères : éviter les stéréotypes atta-

La colle

L'attrait de ce toxique est lié à la rapidité de son effet, à son bas prix, au fait que sa possession n'est pas illégale. La fréquence de son usage paraît plus importante dans les milieux sociaux les plus défavorisés.
Sous le qualificatif global de « colle », les produits inhalés sont divers : solvants entrant dans la composition de colles proprement dites, mais aussi de détachants, gaz propulseurs d'aérosols, gaz des briquets, carburants. Ils sont le plus souvent inhalés dans un sac en plastique.
Les symptômes de l'intoxication ressemblent à ceux de l'alcool et des sédatifs. Les effets initiaux sont une excitation et une euphorie avec une sensation de vertige. Puis, en cas d'inhalation importante, apparaissent étourdissements, tremblements, faiblesse musculaire. La poursuite de l'inhalation peut entraîner confusion, stupeur et coma.
Dans certains pays, comme le Mexique et le Brésil, les solvants sont les toxiques les plus utilisés par les jeunes, après l'alcool.

L'adolescence est un âge difficile : celui où se produit parfois le basculement irréversible…

chés à la drogue — notamment les images de « défonce » qui risquent de susciter chez les jeunes plus de fascination que de rejet. Les spécialistes, médecins, psychiatres, éducateurs, réunis à Strasbourg en 1990 pour un premier Forum des outils de prévention, insistent sur la nécessité « de toujours restituer le problème de la drogue dans un contexte social, relationnel, familial ». D'autres campagnes sont très critiquées par leur côté dramatisant ou fascinant.

En 1986, un autre publicitaire exhorte le passant « à se mêler de ce qui ne le regarde pas ». Ce message sibyllin est accompagné d'une image forte : un enfant maigre et pâle, une seringue à la main. En 1989, la Ligue contre la drogue lance une affiche qui est retirée des panneaux d'affichage au bout de cinq jours : une femme serre un enfant contre son cœur et proclame « Dis-leur : touche pas à mon gosse ! » Cette campagne est jugée « inefficace, inadaptée, voire incitative » par le rapport de la mission interministérielle de lutte contre la toxicomanie remis au Premier ministre en février 1989. Les slogans, lorsqu'ils prétendent dicter aux adolescents leur comportement, activent souvent une attitude d'opposition et de transgression. Non seulement ils ne limitent pas l'augmentation de la consommation, mais ils peuvent avoir une action incitative en accroissant l'expérimentation de toxiques.

Intervenir à l'école

La prévention a pour lieu privilégié l'école, qui est aussi le lieu de propagation du fléau. À en croire les sondages, quatre lycéens sur cinq feraient de la drogue leur crainte principale. Les efforts de prévention doivent accorder la priorité à l'information et à l'éducation. L'établissement scolaire ne peut rien faire tout seul, mais il peut au moins être un lieu « structurant » pour les adolescents, un lieu d'écoute et de dialogue. Le travail est souvent réalisé en relation avec les travailleurs sociaux et les associations concernées, comme en France l'association Aide (association d'information sur les drogues).

La drogue et le mal de vivre

Car l'adolescence est évidemment une période à risques. Transgression de l'interdit, curiosité toute naturelle, autant de raisons qui peuvent inciter un jeune, un jour ou l'autre, à

LA DROGUE C'EST DE LA MERDE

L'affiche contestée.

prendre de la drogue. Depuis les années 1960, les drogues font partie chez les jeunes de tout un arsenal de remise en question des valeurs traditionnelles des sociétés occidentales. Parmi les drogues expérimentées, le cannabis (11,8 % des jeunes en France en 1993), la cocaïne (1,1 %), l'héroïne (0,9 %), les solvants ou la colle (5 %) et les hallucinogènes (1,8 %). Selon une étude entreprise en 1993 par l'Inserm, « la consommation de drogue des adolescents scolarisés est peu liée à la situation sociale et scolaire, les jeunes de tous lieux et de tous milieux sont concernés. L'héroïne est plutôt consommée après 18 ans. 5 % "seulement" de ceux qui consomment du haschich passent ultérieurement à l'héroïne. » D'une manière générale, les moins de 20 ans sont essentiellement touchés par les colles, les solvants et le cannabis. Il faut distinguer les utilisateurs occasionnels des toxicomanes avérés. Les premiers utilisent la drogue comme un moyen d'évasion. Mais les toxicomanes proprement dits centrent leur vie sur la recherche du toxique, son utilisation, ses effets, avec toutes les conséquences personnelles et sociales que cela implique. La drogue envahit tout le champ de leur existence.

Dans le tiers-monde aussi, la drogue exerce ses ravages : ici, à Manille, le fumeur est un bébé.

La drogue et les jeunes du tiers-monde

Un mal croissant. La toxicomanie se répand de plus en plus parmi les adolescents des grandes villes africaines jusque-là moins touchés que ceux des autres continents. Les écoliers, élèves et étudiants, sont les plus atteints.

Des produits spécifiques. Les plus jeunes (8-15 ans) utilisent des produits bon marché comme le « guinz » (au Sénégal), un mélange de diluants cellulosiques inhalés sur un chiffon pour obtenir une ivresse immédiate, comme avec l'éther. Autre consommation : les médicaments psychotropes fabriqués en Europe et importés du Nigeria. L'achat de ces produits se fait de manière clandestine.

Le mal d'être. L'insécurité matérielle et morale des adolescents africains et l'inquiétude devant leur avenir dans un environnement incertain (chômage, urbanisation galopante, perte des valeurs traditionnelles, éclatement de la famille) sont les principales causes du développement de la toxicomanie en même temps que le désœuvrement, la curiosité, la recherche de sensations nouvelles et les frustrations engendrées par un modèle à l'occidental.

1986

Un phénomène particulièrement préoccupant au Japon
LE SUICIDE DES ADOLESCENTS

Au Japon, l'augmentation du taux de suicide des adolescents inquiète les autorités. Pour les mineurs de moins de 20 ans, le nombre de suicides a longtemps fluctué autour de 700 cas annuels avant d'augmenter de façon alarmante à partir de 1977. Selon le rapport de l'agence centrale de police, 802 adolescents japonais se sont suicidés en 1986 — c'est un épouvantable record.

Le plus marquant des suicides de jeunes, cette année-là, est sans doute celui de la star de la chanson Yukido Okada, âgée de 18 ans, qui se jette du haut d'un immeuble de sept étages après que son imprésario l'a forcée, « pour le bien de sa carrière », à rompre avec son ami. Après la mort de Yukido Okada, beaucoup d'adolescents japonais choisissent le même mode de suicide…

Un phénomène inquiétant

Devant cette augmentation du suicide juvénile, les autorités s'interrogent. Les experts mettent en avant le fait que le taux de suicide des adolescents japonais est deux fois supérieur à celui des jeunes Américains, et que ce comportement est adopté particulièrement tôt par un certain nombre de jeunes — dès 14 ou 15 ans —, même si la plupart des candidats au suicide ont entre 17 et 19 ans. Face à ces chiffres, autorités et instituts privés décident de lancer à l'échelon national une campagne « antisuicide ». À leur entrée au lycée, désormais, les écoliers reçoivent systématiquement un carnet où sont inscrits, entre autres renseignements utiles, les numéros de téléphone des différents centres de conseil pour les problèmes psychologiques qu'ils pourraient avoir à affronter un jour ou l'autre. Par ailleurs, les divers journaux et revues pour jeunes se chargent de renseigner leurs lecteurs sur les moyens mis à leur disposition pour échapper à la névrose fatale : centres de consultation psychologique, « téléphones de la vie », etc.

L'échec scolaire

Si l'intervention se fait en partie au lycée, c'est qu'il apparaît que — au Japon tout au moins — l'échec à l'école est une cause déterminante du suicide des adolescents. L'explosion démographique japonaise de l'après-guerre (2,7 millions de nouveau-nés en 1947 et autan en 1948) a été en effet suivie d'une véritable chute : 1,2 million de naissances en 1990. Le couple japonais, qui n'a plus qu'un ou deux enfants, entoure sa progéniture de

Le premier suicidé adolescent : Werther

Le premier suicidé « adolescent » de la littérature est sans doute le jeune Werther, personnage créé par l'écrivain allemand Goethe, même si c'est en réalité plutôt un jeune homme qu'un adolescent. Après la parution des Souffrances du jeune Werther, en 1774, aux quatre coins de l'Europe, des garçons vêtus d'un frac bleu et d'une culotte jaune se précipitent dans l'autre monde avec dans la poche un exemplaire du livre. Goethe, quelques années plus tard, avance que son ouvrage « manifeste les rêves pénibles d'une jeunesse malade, l'expression et l'écho d'un sentiment universel ».

« Lorsque le médecin arriva, il trouva le malheureux à terre dans un état désespéré ; le pouls battait, tous les membres étaient paralysés. Il s'était tiré le coup au-dessus de l'œil droit ; la cervelle avait sauté. Pour ne rien négliger, on le saigna au bras ; le sang coula ; il respirait encore.

« Au sang que l'on voyait sur le dossier de son fauteuil, on pouvait juger qu'il s'était tiré le coup assis devant son secrétaire, qu'il était tombé ensuite, et que, dans ses convulsions, il avait roulé autour du fauteuil. Il était étendu près de la fenêtre, sur le dos, sans mouvement. Il était entièrement habillé et botté ; en habit bleu, en gilet jaune.

« La maison, le voisinage et bientôt toute la ville furent dans l'agitation. […] On avait couché Werther sur le lit, le front bandé. Son visage portait l'empreinte de la mort ; il ne remuait aucun membre ; ses poumons râlaient d'une manière effrayante, tantôt plus faiblement, tantôt plus fort ; on n'attendait que son dernier soupir. »

Goethe, les Souffrances du jeune Werther,
traduction de Louis Enault,
le Livre de Poche, Paris, 1959.

Concours de calligraphie pour enfants : la compétition, au Japon, commence dès le plus jeune âge.

Travailler, réussir : des impératifs indispensables pour les jeunes Japonais, et un devoir qui pèse lourd, trop lourd peut-être.

Yukido Okada : une jeune star de 18 ans, qui a fui son succès dans la mort.

beaucoup d'attention, il la choie et fait reposer sur elle le poids de ses espérances. Les enfants, dans ces conditions, prennent rapidement conscience de l'attente de leurs parents, concrétisée matériellement par un effort économique souvent très lourd pour leur payer des études et les lancer sur la voie royale des grands lycées et universités... Le rêve des pères et mères japonais est en général que leurs enfants suivent la filière privée — la meilleure en qualité —, du jardin d'enfants à l'université incluse. Or les examens d'entrée dans cette filière sont très sélectifs : l'échec, lorsqu'il intervient, est ressenti comme une faute. Pour remédier à cet état de choses, de très nombreux centres d'orientation se sont ouverts sur le territoire japonais. Ils ne cherchent pas simplement une voie scolaire ou professionnelle pour les quelque 25 000 jeunes à problèmes qu'ils accueillent chaque année, mais ils tentent aussi de les aider à résoudre les troubles affectifs et psychosomatiques dont ils sont le plus souvent atteints à la suite de leurs mécomptes scolaires. Mais la réponse des jeunes à l'échec de leurs études n'est pas seulement le suicide. Parfois, un phénomène d'autopunition, plus bénin, se développe : l'absentéisme. D'après le ministère de l'Éducation, on compte au Japon près de 40 000 adeptes de l'école buissonnière dans le secondaire et quelque 123 000 cas d'abandon scolaire, ce qui représente près de 2,2 % des élèves du secondaire.

Une tradition nationale

Tous les jeunes japonais ne choisissent pas de mourir uniquement parce qu'ils ont de mauvaises notes. Le désespoir amoureux est une autre cause, de plus en plus courante, du suicide des jeunes. En fait, cette conduite de mort s'enracine dans une tradition nationale bien établie : l'ancienne glorification de la mort avec honneur est en partie responsable du taux excessif du suicide juvénile au Japon. Dans ce pays, le suicide n'est pas seulement une maladie sociale, mais aussi et surtout une vertu dont l'éthique plonge ses racines dans les traditions les plus anciennes. À cet égard, la littérature japonaise est édifiante car elle glorifie le suicide qui permet de recouvrer l'honneur en dépassant les contraintes sociales, économiques et morales absolues. Même les plus jeunes des Japonais n'échappent pas à cette « morale nationale ».

Le suicide des jeunes dans le monde

Un phénomène en augmentation. Le suicide de jeunes gens est un phénomène mondial en nette augmentation. En France, chaque année, près d'un millier de jeunes de 15 à 24 ans se donnent la mort, ce qui fait du suicide — avec 10 % des morts — la deuxième cause de mortalité des jeunes, après les accidents de la route.

Le cas européen. Une étude effectuée en 1993 montre que 23,4 % des collégiens et lycéens ont des idées suicidaires, tandis que 9 % y pensent, sans en former véritablement le projet. 6,5 % des élèves de terminale ont déjà fait une tentative de suicide... Ces chiffres placent la France en quatrième position pour le suicide en Europe, derrière le Danemark, l'Autriche et la Suisse.

L'Amérique. Aux États-Unis, le phénomène est de grande ampleur, puisque plus de 5 000 suicides de jeunes de 15 à 24 ans sont enregistrés selon les statistiques officielles de 1984. On estime à près de 100 000 le nombre des tentatives non officiellement répertoriées.

1986

L'Inde tente d'améliorer le sort de ses enfants

LES PETITS ESCLAVES DU TIERS-MONDE

Les enfants constituent des ouvriers dociles, nombreux, économiques. La Fédération abolitionniste internationale, qui lutte contre le travail pénible imposé aux mineurs, estime la main-d'œuvre puérile à 300 millions d'enfants dans le monde. L'Inde est le pays où la situation est la plus dramatique, malgré une législation drastique établie en 1986.

En 1976, une loi indienne interdit officiellement le travail des enfants. Dix ans plus tard, en 1986, un amendement plus pragmatique prohibe « le travail des enfants dans les industries dangereuses ». La situation reste à ce jour toujours la même, c'est-à-dire absolument tragique. Dans le sous-continent indien, environ 150 millions d'enfants travaillent, souvent dans des conditions extrêmement pénibles.

Les industries du tapis de l'Uttar Pradesh

Bien que la fabrication de tapis soit considérée, selon la loi de 1986, comme une « activité à risque », les ateliers de tissage de l'Uttar Pradesh, autour de la ville sainte de Bénarès, emploient près de 10 000 enfants. Seuls leurs doigts fins peuvent manipuler, nouer, couper les brins des tapis somptueux qui permettent à l'Inde d'être le premier exportateur mondial de tapis... Les enfants tisserands de l'Uttar Pradesh ont entre 6 et 15 ans. Ils travaillent dix heures par jour, dans des ateliers le plus souvent mal éclairés et sans aération, le dos courbé sur de vieux métiers de bois. Mal nourris, battus lorsqu'ils sont trop lents ou maladroits, ils épuisent leurs yeux sur le travail minutieux des couleurs et des motifs. La position dissymétrique qu'ils sont forcés d'adopter sur le métier déforme leurs membres en pleine croissance. Les produits chimiques utilisés pour le traitement de la laine brute attaquent leurs doigts, et les poussières de laine qu'ils respirent provoquent de multiples maladies pulmonaires. Les plus à plaindre de ces enfants sont des serfs : leurs parents ont nanti à vie le travail de leur enfants, contre un prêt de l'employeur. L'amendement de 1986 n'a rien changé à la situation de ces petits exploités. Un tapis fabriqué dans les ateliers de l'Uttar Pradesh revient à une centaine de roupies (30 francs environ), alors qu'il peut être vendu sur les marchés occidentaux l'équivalent de 50 000 francs... Dopés par ces coûts de fabrication, les bénéfices en devises de l'industrie indienne des tapis ont décuplé entre 1982 et 1992. Dans un pays qui manque cruellement d'argent, cette situation explique, en partie au moins, la tolérance dont bénéficient les employeurs.

Firozabad, la capitale du verre

D'autres activités industrielles utilisent largement la main-d'œuvre enfantine indienne. Par exemple, à Firozabad, qui est une ville de réputation internationale. Elle exporte bracelets, lampes, vases, lustres, vers le Japon, l'Australie ou les pays du Golfe. Sur place, la réalité du travail du verre est terrible. De source officielle, sur 250 000 ouvriers travaillant le verre, 60 000 ont moins de 14 ans. Ceux qui travaillent à la maison en famille, au tri, à la soudure et au ficelage des bracelets ont un peu plus de chance que les autres, même s'ils ne gagnent qu'une somme dérisoire — entre 10 et 20 roupies pour 15 heures de travail quotidiennes. Tout autre est le sort de ceux qui s'escriment dans les quelque 250 fabriques de la région. Dans une chaleur suffocante, ils doivent plonger des perches dans le four fonctionnant à 100 °C, jusqu'à l'incandescence du verre. Cruauté et hypocrisie suprêmes, ces enfants travaillent principa-

---

Le travail des enfants dans le tiers-monde

La grande majorité des enfants de moins de 15 ans qui travaillent se trouvent **dans les pays en voie de développement.**

En Afrique, la plupart de ces enfants sont employés dans l'agriculture ou au service de particuliers, comme domestiques.

En Amérique latine, le taux de travailleurs enfantins est extrêmement élevé, atteignant 15 à 20 % de la population puérile. En Colombie, par exemple, des enfants travaillent dans des mines situées à 280 mètres sous terre et extraient du charbon pour quelques pesos par sac.

De telles situations sont inacceptables, et **la Convention internationale des droits de l'enfant**, votée en 1989, a tenté d'en limiter les conséquences, faute de pouvoir les interdire. L'article 32 de la Convention déclare ainsi : « Les États parties reconnaissent le droit de l'enfant d'être protégé contre l'exploitation économique et de n'être astreint à aucun travail comportant des risques ou susceptibles de compromettre son éducation ou de nuire à son développement physique, mental, spirituel, moral ou social. » Mais, souvent, **les législations nationales, qui se sont adaptées, ne sont pas respectées.**

Des charges lourdes, des heures durant, pendant des années : le corps se déforme, l'esprit se ferme.

La fabrication des briques — une tâche pénible pour des ouvriers de 5 ans qui travaillent aussi dans les champs et pour l'industrie afin d'améliorer les revenus de leur famille.

lement la nuit, après 10 heures du soir, lorsque les inspecteurs du travail qui visitent les ateliers, conformément à la législation, sont rentrés chez eux, leur journée de travail finie.

L'Inde, une situation dramatique

Le passage d'une économie domestique à une économie de profit a jeté des centaines de milliers d'enfants sur le marché du travail indien. Il ne s'agit plus pour ces enfants d'aider aux travaux des champs ou à la maison, comme c'était le cas auparavant, mais de contribuer aux revenus de la famille en effectuant un travail dur et faiblement rémunéré, que souvent les adultes n'accepteraient pas. Le Bureau international du travail estime qu'à Bombay, par exemple, près de 25 % des enfants employés par les commerçants, les entreprises et les particuliers ont commencé à travailler entre 6 et 9 ans, et cela alors que le chômage touche au moins 40 % de la population active... Pire, quelques industries emploient les enfants comme des forçats pour exécuter les tâches difficiles dans des carrières, des chantiers de construction, des briqueteries. D'autres enfants, par dizaines de milliers, sont occupés à ramasser le plastique ou le verre dans les décharges municipales. 65 000 jeunes s'échinent dans les ateliers de diamant à Jaipur et à Surat, 28 000 dans les mines de Meghalaya, 20 000 dans les pêcheries de Quilon, 10 000 dans les serrureries industrielles d'Aligarh, 7 000 dans les fabriques de cigarettes, 1 000 dans les carrières d'ardoise de Mandsaur, la « ville des veuves », où les hommes meurent, de père en fils, avant 40 ans, emportés par la silicose... À Sivakasi, dans le Tamil Nadu, l'un des États les plus pauvres de l'Inde, 50 000 enfants, dans les fabriques d'allumettes, alignent des morceaux de bois sur des lattes à encoches avant de les tremper, au milieu des vapeurs suffocantes, dans des bacs bouillonnants de trisulfite de phosphore et de chlorate de potassium. Les plus jeunes ont 3 ans.

En Europe même...

Selon les chiffres officiels les plus récents, 90 000 enfants de moins de 15 ans travaillent en Europe. Cette estimation est très certainement inférieure à la réalité.

Au Portugal. Un décret de 1993 autorise le travail, seulement sous certaines conditions, des enfants de 14 ans. On évalue que 40 000 à 50 000 jeunes de moins de 15 ans travaillent dans la confection, la chaussure, la porcelaine, la restauration ou l'agriculture. La situation la plus critique se trouve dans la région industrielle de Braga, au nord de Porto.

En Italie. La confédération syndicale C.I.S.L., en 1986, estime qu'un demi-million d'enfants ont une activité salariée en Italie. La région de Naples, à elle seule, en emploie près de 100 000.

En France. Malgré les peines de prison et les amendes encourues par les employeurs en infraction, en France, quelques milliers d'enfants turcs, yougoslaves, vietnamiens, cambodgiens ou maliens s'échinent en toute illégalité, notamment dans les ateliers de textile.

1987

Les enfants combattants de l'Intifada
LA « GUERRE DES PIERRES »

Le 9 décembre 1987, des adolescents palestiniens de 12 à 15 ans, habitant les territoires de Gaza et de Cisjordanie occupés par l'armée israélienne depuis 1967, commencent leur guerre contre les soldats israéliens. Leurs armes : des pierres lancées à bout portant.

Malgré la réprobation des autorités internationales, l'armée israélienne riposte par la fermeture des écoles, des emprisonnements d'enfants et la violence…

Vers la guérilla

La rébellion commence à la suite d'un simple fait divers. Après un grave accident de la circulation à Gaza, où un camion israélien heurte violemment deux voitures palestiniennes, provoquant la mort de plusieurs passagers, une rumeur se développe : le chauffeur aurait délibérément agi pour tuer les Palestiniens. Dès le lendemain de l'accident, les premières manifestations éclatent : des pierres sont lancées contre les soldats israéliens qui occupent les terres de Gaza et de Cisjordanie. La « guerre des pierres » vient de débuter. Les soldats répliquent : deux adolescents sont tués, une trentaine d'autres blessés. Un vent de révolte souffle alors sur l'ensemble de la Cisjordanie et de Gaza, où vivent près de 1 400 000 Palestiniens. Les accrochages se multiplient et deviennent quotidiens. Les enfants s'embusquent en francs-tireurs sur les toits, dans les renfoncements des portes, derrière des barricades de pneus enflammés, lancent quelques pierres ou objets divers et s'égaillent dans les ruelles. Les soldats sont bien équipés, casqués, capitonnés

Un adolescent palestinien chrétien : un corps de très jeune homme et déjà un regard d'adulte.

Des pierres, un enfant : le petit David palestinien contre le Goliath israélien.

de plexiglas et leurs pertes sont peu nombreuses — 15 morts entre 1987 et 1989. Mais l'impact psychologique est important. Le 8 février 1988, le ministre de la Défense israélien, Yitzhak Rabin, déclare dans le journal *Haaretz* : « Nous n'avons d'autre choix que de réprimer les émeutes ; les Palestiniens se fatigueront les premiers. » En janvier 1989, il autorise l'armée israélienne à tirer sur les lanceurs de pierre et les fuyards, quel que soit leur âge.

Un lourd bilan en 1989

Entre décembre 1987 et décembre 1988, selon les statistiques établies, 26 000 enfants et jeunes de moins de dix-huit ans sont blessés en Cisjordanie et à Gaza. 44 % des décès de Palestiniens depuis le début de l'*Intifada* sont ceux d'enfants de moins de vingt ans. Un rapport d'enquête établi en juin 1989 par quatre organisations internationales donne des précisions : 115 enfants ont été tués, la moitié des blessures subies par les enfants sont causées par des coups, un quart par des gaz lacrymogènes particulièrement dangereux pour les jeunes de moins de dix ans, le dernier quart provenant de blessures par balles — balles réelles ou plus fréquemment balles en plastique ou en caoutchouc. Mais les balles dites « en plastique » ne contiennent que 10 % de plastique (le reste est en métal), et, tirées avec les mêmes cartouches que les balles réelles, elles provoquent dans le corps des lésions irréparables. Les balles dites « en caoutchouc », quant à elles, sont de lourdes billes de métal simplement enveloppées d'une fine pellicule de gomme…

Les mesures israéliennes

Les autorités militaires israéliennes affirment que la plupart des écoles sont des foyers d'agitation. Pour cette raison, les lycées et les écoles sont fermés dès janvier 1988 par l'administration israélienne et ne rouvrent, à partir de juin 1988, que par intermittence. 300 000 élèves sont privés d'enseignement. Les Palestiniens y voient une volonté de punir la population par le biais de l'éducation, devenue depuis quarante ans l'une des valeurs essentielles de toute société évoluée. Les rafles d'enfants et de jeunes ne sont pas rares. Durant l'*Intifada,* plus de dix mille jeunes de moins de dix-huit ans, souvent des enfants de moins de douze ans, sont arrêtés de quelques heures à plusieurs jours. Les camps d'Ansar II ou d'Ansar III regorgent d'enfants ou d'adolescents à la main droite (celle qui lance des pierres) brisée par un coup de matraque. Cette guerre d'enfants déconcerte, voire affole comme aucune autre, les plus brillants stratèges militaires de l'État israélien.

L'apprentissage des pierres

Le monde entier redécouvre ce vieux conflit sous un jour nouveau : que des adolescents se rassemblent soudain pour lancer des pierres sur des soldats est une image forte et symbolique qui retourne l'opinion internationale. Est-ce le pouvoir de l'innocence ? ou une guerre préparée ? Le caractère spontané des manifestations ne peut être mis en doute à condition d'avoir en mémoire les années de formation. Les jeunes qui les premiers sont entrés en action sont originaires des camps de réfugiés, ces lieux où l'intensité des frustrations est infiniment plus forte qu'ailleurs. La plupart de ces enfants des pierres ont fait leurs classes dès l'âge de six ou sept ans comme « lionceaux » dans les équipes d'entraînement dont disposait l'O.L.P. (Organisation de libération de la Palestine) au Sud-Liban jusqu'à l'invasion israélienne de 1982. Garçons et filles palestiniens ont appris à défiler en tenue de combat en criant « Vive la Révolution palestinienne ». Ils ont effectué de véritables parcours de combattants en rampant sous des barbelés, accompagnés par des rafales de mitraillettes. Le 13 septembre 1993, un accord de paix est signé entre l'O.L.P. et Israël pour une autonomie de Gaza et de Jéricho. Depuis, des psychologues tentent de réapprendre la paix aux adolescents de l'*Intifada,* qui n'ont connu que la guerre.

Et demain, comment vivront-ils ensemble ?

Les enfants de Soweto

Les manifestations de Soweto. Le 16 juin 1976, dans le ghetto noir de Soweto, en Afrique du Sud, une manifestation de lycéens réclamant que leurs cours soient dispensés en anglais plutôt qu'en afrikaans tourne en soulèvement contre l'armée blanche et se solde par 140 morts. Cette journée du 16 juin est décrétée depuis par les Noirs sud-africains « Africa Youth day », journée de la Jeunesse africaine.

La dangereuse école buissonnière. Comme les enfants palestiniens, les enfants de l'apartheid ont pris l'habitude de se jeter au devant des forces de l'ordre. Plutôt que d'aller aux cours, ils partent défier, par leurs slogans et leurs chants révolutionnaires — quand ce n'est pas avec des cailloux et des cocktails Molotov —, les blindés de l'armée sud-africaine, postés aux alentours des ghettos. Le mouvement du Sosco (Soweto Student's Congress), proche de l'ANC, dissuade même les jeunes Noirs de se rendre à l'école.

Le supplice du pneu enflammé. Dans ce contexte de violence effrénée, des gamins noirs se croient autorisés à exécuter sommairement des informateurs et des collaborateurs du pouvoir blanc, voire de simples opposants politiques, en leur faisant subir la torture du collier, c'est-à-dire en enflammant autour de leur cou un pneu arrosé de pétrole.

Toute une génération perdue ? Aujourd'hui, l'apartheid est supprimé et Nelson Mandela, le leader noir sud-africain de l'ANC, est devenu le président de l'Afrique du Sud. Il faudra cependant beaucoup d'efforts pour éviter que les six millions de Noirs sud-africains d'âge scolaire ne constituent une génération irrémédiablement perdue.

1989

L'O.N.U. à la sauvegarde de l'enfance
LES DROITS DE L'ENFANT

Le 20 novembre 1989, l'Organisation des Nations unies (O.N.U.) adopte la Convention internationale sur les droits de l'enfant. Ce texte vise à protéger l'enfant : il interdit que celui-ci soit soumis à de durs travaux, embrigadé dans l'armée, forcé de se prostituer. Il incite à la scolarisation et à la protection sociale des mineurs. La Convention ouvre aussi la voie à une nouvelle participation active et libre de l'enfant à la citoyenneté.

Le texte de la Convention est resté dix ans en gestation à l'O.N.U. En 1979 — proclamée « année internationale de l'enfance » —, la Pologne, pour contribuer à cette célébration, présente un projet de convention relative aux droits de l'enfant. Un groupe de travail est alors constitué pour en élaborer le texte au sein de la commission des droits de l'homme de l'O.N.U. Il associe étroitement à ses travaux l'Unicef, ainsi que de nombreuses organisations non gouvernementales. Approuvée par acclamation en assemblée générale à la fin de 1989, la Convention devient obligatoire — après la procédure de ratification nécessaire — à la fin de l'été 1990.

Les droits des enfants

Le texte élaboré regroupe 54 articles, précédés d'un préambule. Celui-ci rappelle les principes fondamentaux des Nations unies et les dispositions précises d'un certain nombre de traités et de textes. Il réaffirme que les enfants ont besoin d'une protection et d'une attention particulières du fait de leur vulnérabilité et souligne notamment la responsabilité de la famille. La Convention énumère les droits qui doivent être garantis aux enfants : droits civils et politiques (liberté d'expression et d'association, protection contre la torture et les mauvais traitements), droits économiques (sécurité sociale, garantie d'un niveau de vie suffisant, protection contre l'exploitation abusive des enfants par le travail), droits sociaux (accès aux services de santé, réglementation de l'adoption), droits culturels (droit à l'éducation, à l'information, aux loisirs et aux jeux). Parmi les problèmes pressants visés, dont certains apparaissent pour la première fois dans la Convention internationale, figurent les obligations envers les enfants vivant dans des situations particulièrement difficiles. Sont évoqués notamment les enfants réfugiés (article 22), la protection contre l'exploitation sexuelle et les autres formes d'exploitation (articles 34 et 36), le problème de la drogue (article 33), l'adoption à l'étranger (article 35), les problèmes des enfants handicapés (article 23) et des enfants autochtones ou appartenant à des minorités (article 30). L'éducation fait l'objet de deux articles importants (28 et 29) qui sont renforcés par la Conférence mondiale sur l'éducation, tenue en Thaïlande du 5 au 9 mars 1990. L'enseignement primaire doit être obligatoire et gratuit pour tous. Il doit favoriser l'épanouissement de la personnalité de l'enfant, le développement de ses dons et aptitudes naturelles, tout en respectant son identité, sa langue et ses valeurs culturelles. La Convention prend aussi position en matière de travail des enfants et d'engagement de ceux-ci dans les conflits armés.

En ce qui concerne le travail, elle ne l'interdit pas absolument, car, dans de trop nombreux pays, les familles ne peuvent survivre que grâce à l'appoint du travail des jeunes. Mais, dans l'article 32, elle demande aux États de déterminer un âge minimum d'accès à l'emploi et d'instaurer une réglementation des horaires et des conditions de travail, ainsi que de fixer des peines ou des sanctions pour qui transgressera ces principes. La Convention interdit par ailleurs d'incorporer dans l'armée des jeunes de moins de 15 ans. Les pays occidentaux auraient souhaité que la limite soit reculée à 18 ans — mais d'âpres négociations n'ont pas abouti.

Une innovation : le droit à la participation

Le droit à l'enfance — et la Convention ne le néglige pas — est le droit au jeu, à l'innocence, mais aussi le droit à être formé, informé… L'article 13 du texte affirme en conséquence que « l'enfant a droit à la liberté d'expression. Ce droit comprend la liberté de rechercher, de recevoir et de répandre des informations et des idées de toute espèce, sans considération de frontière. » Ces droits accordés à l'enfant sont à la mesure des responsabilités qu'il est susceptible d'assumer. L'enfant doit avoir « la possibilité d'être entendu dans toute procédure administrative ou judiciaire l'intéressant, soit directement, soit par l'intermédiaire d'un représentant » (article 12). À l'inverse, l'enfant peut aussi refuser de donner son avis si, par exemple, il doit choisir entre son père et sa mère. Dans le domaine public, l'enfant doit échapper à l'embrigadement de toute société, association ou État.

Un instrument global

La Convention constitue le premier instrument juridique international, contraignant, global, cohérent, qui définit le statut de l'enfant en tant que personne. Elle n'a pu être adoptée qu'au prix de bien des négociations et de compromis. Malgré cela, divers États n'ont pu la ratifier, leur législation étant en opposition avec certains articles du texte. Il en va ainsi des États-Unis eux-mêmes, parce que, dans quelques États, la législation prévoit la possibilité d'exécuter des mineurs. D'autres pays se sont également abstenus de ratifier le texte : le Cambodge, les Émirats arabes unis, l'Éthiopie, l'Inde, l'Iran, l'Irak, la Libye, l'Arabie saoudite, Singapour, l'Afrique du Sud et la Thaïlande.

Admirable dans ses principes, théoriquement contraignant pour tous les signataires, le texte de la Convention n'a toutefois de sens qu'à la condition que soient mis en place, dans chaque pays signataire et au plan international, les moyens de le faire respecter — et d'amener progressivement les autres pays à souscrire aussi à ses principes.

→ **Voir aussi :** p. 282-283 (Les enfants du divorce) ; p. 292-293 (Les petits esclaves du tiers-monde).

Le président des États-Unis George Bush avec un jeune représentant au Sommet mondial pour l'enfance.

Le Sommet mondial pour l'enfance, à l'O.N.U., en 1990.

« Enfants de tous pays » : un beau message, une chanson célèbre. Mais comment passer du rêve à la réalité ?

Vers un droit international de l'enfance

L'idée d'une protection internationale de l'enfance est née d'abord du constat des effroyables conséquences, pour les enfants, de la Première Guerre mondiale.

À la fin du conflit, la Britannique **Eglantyne Jebb crée The Children Found, bientôt relayé par l'Union internationale de secours à l'enfance.** Ces fondations visent d'abord à fournir aux plus démunis des jeunes des secours matériels : elles font parvenir des vivres aux enfants qui souffrent de la famine en Pologne, en Hongrie, en Autriche, en Union soviétique.

Puis, à Genève, Mrs Jebb lance le projet d'une **Charte de l'enfance, adoptée par la Société des Nations en 1924.** Cette Charte affirme la nécessité de protéger l'enfant de la faim, de lui donner la possibilité de grandir, de s'épanouir, de devenir un être qui sache se mettre au service de ses frères.

Un texte d'inspiration similaire, élargi à dix articles, est voté par les Nations unies (qui ont succédé à la Société des Nations) en 1959. La nouvelle Déclaration reconnaît des droits à tous les enfants, sans distinction ou discrimination, et demande que l'enfant soit en mesure de se développer « dans des conditions de liberté et de dignité ».

1989

L'enfant-consommateur
BATMAN

Six mois déjà avant la sortie aux États-Unis du film *Batman*, une centaine de « produits dérivés » (tee-shirts, chaussettes, figurines diverses à l'effigie du héros à la cape noire) font leur apparition sur le marché. Les producteurs de la firme Warner, distributrice du film, réalisent de cette manière des bénéfices considérables.

Bientôt, la « Batmania » atteint l'Ancien Monde. Les enfants européens, très jeunes, touchés par la publicité, ne parlent plus que de Batman et rêvent à leur tour de jouets, d'images, de cassettes, de vêtements l'évoquant. Batman, l'homme chauve-souris, héros de la tradition américaine du XXᵉ siècle au même titre que, par exemple, Mickey Mouse, envahit les rêves des plus petits Européens, comme, juste auparavant, l'avaient fait les fameuses « Ninjas », les tortues mutantes des égouts de New York. Un fabuleux marché découle de cette greffe réussie…

La « Batmania »

Batman est, à l'origine, le héros d'une bande dessinée née en 1939 de l'imagination du dessinateur Bob Kane. Justicier masqué, habillé en chauve-souris, il lutte indéfiniment contre son ennemi, le Joker, criminel talentueux dont le visage est figé dans un rictus. Le coup de génie de la Warner, lorsqu'elle décide, à la fin des années 1980, de donner une nouvelle vie, cinématographique, au vieux héros, est de préparer la sortie du film en lançant, au moment précis des fêtes de Noël, une considérable série de gadgets inspirés par l'histoire de Batman. Soutenue par un important effort publicitaire, la méthode réussit parfaitement : des millions d'adolescents, entre 12 et 15 ans, s'arrachent les tee-shirts Batman, les chaussettes Batman, les chaussures Batman, la montre Batman… Les adolescentes se vernissent les ongles aux couleurs du héros et se disputent le kit de maquillage Joker, tandis que les garçons se font raser la tête à la manière de Batman chez Pasqualle Gallo, le coiffeur de l'Astor Palace… La vente des produits dérivés finit par rapporter bien plus que les entrées du film.

Le syndrome Davy Crockett

La réussite de l'opération est le fruit d'une longue expérience. La première tentative réussie de vente de produits dérivés soutenue par les annonceurs est celle qui entoure la sortie du film *Davy Crockett,* en 1955 — au début de la grande période de prospérité de l'après-guerre. Les 300 produits inspirés par le héros rapportent une somme de 300 millions de dollars au distributeur. Quelques années plus tard, les Schtroumpfs, dessinés par l'illustrateur Peyo, rencontrent un tel succès que diverses marques décident d'acheter à son inventeur le droit d'utiliser ses personnages pour la promotion de leurs produits. Le transfert de notoriété, ici, a lieu après coup, le personnage faisant vendre la marque. De la même façon, les pâtes Panzani s'approprient Lucky Luke et Astérix.

Pepito et Bamboula

Parfois, plutôt que de payer cher un personnage déjà existant, ou de lancer une opération d'envergure comportant vente de produits et distribution d'un film, les annonceurs choisissent de créer leur propre vedette. Les figurines, dessinées et animées pour les messages télévisuels, deviennent à leur tour des favoris des enfants, qui — par affection pour elles — en viennent à réclamer le produit et en font la promotion. Ainsi, Bamboula l'Africain vit des aventures pour les biscuits Saint-Michel, tandis que le Mexicain Pepito séduit les amateurs de biscuits au chocolat.

L'enfant : un consommateur très courtisé

La gamme des moyens publicitaires est en fait extrêmement diversifiée. À côté des messages de la télévision, elle peut prendre la forme de création de clubs, parrainages de compétitions de sport, animations, podiums itinérants sur les plages, l'été… Cette diversité même montre à quel point l'enfant, dès son plus jeune âge, est devenu pour les firmes commerciales une cible importante. Les études menées prouvent en effet que les enfants ont une influence sur leurs parents même dans les secteurs qui ne relèvent pas a priori de leur compétence, comme l'achat d'une voiture ou de produits ménagers. Leurs désirs déterminent plus de 40 % des prescriptions d'achat des ménages ! Qu'ils décident eux-mêmes ou qu'ils participent à la décision d'acquisition, ils disposent donc d'un énorme pouvoir d'influence dans le domaine économique. C'est pour ces raisons qu'un grand nombre de messages publicitaires destinés en principe aux adultes sont conçus aussi pour retenir l'attention des enfants, les amuser, les intéresser et les convaincre.

Les enfants ont-ils le sens critique ?

Les sociologues se sont intéressés aux capacités de réaction des enfants face à la publicité.
Leurs études tendent à prouver que les enfants sont capables, dès l'âge de 4 ou 5 ans, d'identifier les messages à nature publicitaire (c'est-à-dire de les distinguer des autres émissions) en se basant sur leurs aspects formels.
À partir de 7-8 ans, les enfants considèrent la publicité comme une information sur les produits.
Vers 8-9 ans, ils commencent à avoir conscience de l'intention persuasive des publicitaires, mais font encore très largement confiance aux informations distillées par les messages.
Enfin, un retournement s'effectue aux alentours de l'âge de 10-11 ans. Alors, la vocation persuasive des annonces est pleinement saisie, et l'enfant s'exerce à un discours publiphobe, à la rhétorique encore mal maîtrisée.
De fait, pour les tortues Ninjas ou pour Batman, après la folie américaine des plus grands, ce sont les plus jeunes enfants qui se sont le plus longuement laissé tenter.

L'enfant, pour les industriels, est un consommateur précieux auquel il faut sans cesse inventer de nouveaux besoins.

Toujours plus fort : Jurassic Park

Tee-shirts de *E T,* statuettes d'*Indiana Jones* et gadgets vidéo de *Star Wars* ne peuvent se comparer à l'engouement pour *Jurassic Park.* Avec le film de Steven Spielberg, l'année 1993 est marquée du sceau du dinosaure. Le scénario, mélangeant biotechnologie, génétique, paléontologie et informatique, fait fureur auprès des jeunes.

Un long spot publicitaire. Le film *Jurassic Park* apparaît comme un long spot publicitaire pour les produits dérivés, textiles, alimentaires et électroniques destinés aux enfants. Devant les cinémas, d'immenses files s'allongent, mêlant enfants ou adolescents... et parents fascinés.

Jeux téléphoniques et images. La firme McDonald's, aux États-Unis et, en Europe, la société Bel, qui fabrique « la Vache qui rit », acquittent des droits pour monter un jeu téléphonique Jurassic, vendre dans 30 millions de boîtes des vignettes autocollantes, organiser des opérations de promotion dans les grandes surfaces.

Vaisselle et vêtements. Plusieurs mois avant la sortie du film, tyrannosaures et tricératops commencent à envahir les vitrines des magasins, particulièrement en France, ceux de la chaîne Monoprix qui a conclu un accord spécifique avec la firme distributrice. Le logo du film *Jurassic Park,* qui est aussi une marque déposée, est estampillé sur toute une série de produits aux effigies des dinosaures, allant de la tasse à café jusqu'au pyjama. Des millions de vêtements, de tee-shirts, de casquettes décorés avec les « personnages » du film sont ainsi vendus, et les monstres de toutes tailles, de tous matériaux, envahissent les caisses à jouets des plus jeunes enfants.

Avant le justicier à la cape de chauve-souris, le personnage préféré des enfants fut la fameuse Ninja. Détournement suprême : les tortues mutantes issues des égouts newyorkais se nomment Léonard ou Michel-Ange.

1990

Les enfants des banlieues grises
VAULX-EN-VELIN

À Vaulx-en-Velin, dans la banlieue de Lyon, après la mort controversée d'un jeune homme, Thomas Claudio, des adolescents, trois journées durant, manifestent et incendient, faisant des dégâts considérables. Cette émeute et quelques autres, aussi violentes, témoignent du mal de vivre d'une génération qui refuse l'« apartheid urbain ».

Le samedi 5 octobre 1990, Laurent Assebille, 20 ans, et Thomas Claudio, 21 ans, enfourchent une moto et quittent le Mas-du-Taureau, un quartier populaire de Vaulx-en-Velin. Ils croisent une voiture de police, la heurtent. Thomas Claudio meurt. L'explication de la police est simple : les deux jeunes gens, qui roulaient sans permis et sans casque, se sont affolés, et une embardée les a projetés sur le véhicule de police. La version de Laurent Assebille est différente : selon lui, la voiture de police se serait mise en travers de la route pour leur barrer le passage. La colère des jeunes de la ville gronde.

Les émeutes

Le mot « assassinat » est sur toutes les lèvres. Quelques voitures sont incendiées le 5 octobre 1990. Les incidents s'aggravent le 6 octobre en début d'après-midi. Des voitures brûlent. Les jeunes gens accueillent les pompiers à coups de pierre, lancent des véhicules enflammés contre les magasins de la place du Nouveau-Mas. Le pillage commence. Une école de la ville est en partie saccagée. À partir de 17h30, des renforts de police arrivent, seul moyen de lutter efficacement contre les jeunes gens déchaînés. Environ 700 gendarmes mobiles, C.R.S. et policiers urbains sont mobilisés. À la fin du deuxième jour de l'émeute, le bilan est lourd : une vingtaine de magasins ont été détruits ou endommagés, dévalisés par les casseurs, un même nombre de voitures a été incendié, sept pompiers, quatre journalistes et deux policiers sont blessés… Le lundi 9 octobre, les troubles reprennent. À peine la nuit vient-elle de tom-

Pour les enfants de la « deuxième génération » d'immigrés, sans espoir de travail, la révolte naît du désespoir.

Le « modèle » anglo-saxon

Aux États-Unis et en Grande-Bretagne, des incidents avec la police aboutissent périodiquement **à des débordements comparables** à ceux dont Vaulx-en-Velin — entre autres banlieues françaises — a été le cadre.

Selon l'analyse du sociologue Alain Touraine, « **ce phénomène est général.** Au cours de ces deux dernières années nous avons pu noter un renforcement considérable des incidents de ce genre, engageant des groupes à définition ethnique. » La différence est que la crise de la ville, aux États-Unis et en Grande-Bretagne, touche **le centre des cités, et non pas les banlieues,** qui servent au contraire de symboles de prospérité.

ber que les premières pierres se mettent à pleuvoir sur les policiers, qui ripostent par des tirs de grenades lacrymogènes. Les manifestants se partagent en plusieurs groupes et reviennent à la charge, harcelant les C.R.S. de tous côtés. La ville ne retrouve son calme que dans le courant de la semaine.

Qui sont ces jeunes ?

Les émeutiers ont entre 12 et 25 ans. Pour la grande majorité, ils sont d'origine immigrée : Africains et, surtout, Beurs (c'est-à-dire Français issus d'immigrés maghrébins). Immédiatement, les observateurs analysent les émeutes en terme de problèmes d'ethnies et de communautés. Cette jeunesse lutte contre ce qu'elle interprète comme une injustice (la mort de l'un des siens) et l'exclusion. À Vaulx-en-Velin, 50 % de la population a moins de 25 ans, et le taux de chômage n'est pas loin de 20 %. On trouve même près de 30 % de chômage dans la cité du Mas-du-Taureau. Ces chiffres, trop souvent semblables d'une banlieue à l'autre, sont révélateurs de ce que certains appellent l'« apartheid urbain ». Les jeunes vivent dans une « réserve », d'où aucun travail — ni aucun revenu permettant de se divertir — ne les fait sortir ; ils s'y affirment, en tâchant d'y faire régner leur loi. Le désœuvrement, l'autorité parentale affaiblie par de nombreuses heures de travail ou par des conflits de civilisation font de ces « exilés de l'intérieur » des adolescents particulièrement exposés, et rompus à ce qu'ils considèrent comme une autodéfense indispensable face aux excès des policiers. À Vaulx-en-Velin, ainsi, une haine farouche a progressivement grandi entre les jeunes des quartiers et la police. En mars 1985, déjà, une première affaire dramatique éclate : un policier lance son talkie-walkie dans les roues d'un vélomoteur qu'il entend « contrôler ». Le conducteur du vélomoteur, Baghed Barka, 15 ans, meurt dans la chute... Gardes à vue abusives, contrôles d'identité permanents, toutes ces vexations s'inscrivent dans le cadre d'un climat permanent de tension et de conflits entre jeunes et forces de l'ordre, affrontements qui revêtent parfois des allures de règlements de comptes.

Une banlieue... réhabilitée

Les émeutes de Vaulx-en-Velin sont des révélateurs du problème général des « cités » périphériques aux grandes villes françaises. Le parc des grands ensembles des banlieues urbaines a été presque entièrement édifié entre 1956 et 1973. La croissance de Vaulx-en-Velin, ainsi, date des années 1970. Son urbanisme est typique : des immeubles de treize ou quatorze étages, des arbres rares, des espaces verts inexistants... Vaulx souffre de trois maux : un fonctionnalisme urbain qui n'envisage que la satisfaction des besoins primaires (s'alimenter, dormir, se garer) ; un aménagement concentrique qui isole de la métropole, Lyon ; une ségrégation sociale qui rassemble en un même lieu des ménages réunis par des critères négatifs, autrefois la pauvreté, aujourd'hui le chômage, et, de tout temps, l'immigration. Pour tenter de lutter contre cet état de fait aux conséquences dramatiques, d'importants travaux de réhabilitation ont été menés à Vaulx-en-Velin après les événements. En trois ans, plus de 36 millions de francs ont été investis par la communauté urbaine de Lyon ; 60 % du budget de la commune est consacré à la jeunesse. Mais la véritable intégration passe par la possibilité pour les jeunes de sortir du « ghetto », au moins quotidiennement, en obtenant un vrai travail.

Les banlieues, souvent devenues de véritables ghettos.

La répression est-elle une solution ?

Les gangs américains

Les années 1980 sont marquées par la recrudescence spectaculaire d'un phénomène social préoccupant des villes américaines : les gangs d'enfants et d'adolescents.

Un phénomène massif. De New York à Los Angeles, de Chicago à Miami, près d'une cinquantaine de grandes villes des États-Unis sont touchées. Les gangs de jeunes se multiplient, et leur association avec le trafic de drogue se traduit par une escalade de la violence juvénile — homicides compris — et de la répression anti-gangs dans presque toutes les grandes agglomérations. On estime à plus de 600 les gangs de jeunes dans la seule Californie.

La hiérarchie. L'âge moyen de recrutement des membres des gangs de jeunes est en baisse constante. La plupart des spécialistes le situent autour de 13-14 ans, mais, d'après les policiers de Los Angeles, de Chicago et d'ailleurs, il n'est pas rare de rencontrer des gosses de 9 ou 10 ans déjà enrôlés dans ces organisations.

La crise. En avril 1992, à South Central, le ghetto noir de Los Angeles est mis à feu et à sang pendant trois jours par une population survoltée. À la suite de l'acquittement des policiers qui ont frappé l'automobiliste noir Rodney King, la communauté noire descend dans la rue. Bientôt imités par les Chicanos, originaires du Mexique, les Noirs règlent leurs comptes. L'émeute est menée par les gangs de Los Angeles, qui sont constitués de 100 000 à 150 000 jeunes adolescents.

1991

Le mal-être vu par Françoise Dolto
LA CRISE D'ADOLESCENCE

En 1991 paraît un livre posthume de la psychanalyste de l'enfance Françoise Dolto, intitulé *Paroles pour adolescents ou le Complexe du homard*. Dans sa dernière œuvre, la psychanalyste étudie la crise d'adolescence. « Un adolescent, écrit Françoise Dolto, c'est un homard pendant la mue : sans carapace, obligé d'en fabriquer une autre et, en attendant, confronté à tous les dangers (anorexie, drogue, délinquance…). »

Médecin psychanalyste depuis 1939, Françoise Dolto est membre de l'école freudienne de Paris et se consacre plus particulièrement à la psychanalyse des enfants. Ses nombreux livres et ses émissions de radio diffusées sur France-Inter ont un impact considérable en France. Dans la dernière partie de sa vie, elle s'intéresse plus particulièrement à l'adolescence, période de la vie à laquelle elle consacre deux livres. *La Cause des adolescents*, destiné aux parents et aux éducateurs, éclaire quelques aspects de la crise propre à cet âge : fugues, suicides, toxicomanie, échec scolaire… Le *Complexe du homard*, s'adresse directement à l'adolescent et, sans détours, tente de lui expliquer les raisons de son mal-être.

Adolescence et puberté

Au XXe siècle, l'adolescence commence à la puberté, c'est-à-dire en général plus tôt chez la fille (entre 9 et 11 ans) que chez le garçon (entre 10 et 12 ans). Le mot « puberté » vient du latin *pubes* qui veut dire « poil » : or, l'apparition de poils sur le pubis, sous les bras — et sur les joues pour les garçons — est un des signes de la puberté. Certaines étapes de la puberté sont manifestes. Chez les garçons, outre les modifications du système pileux, se produisent le changement de voix, l'augmentation du volume des testicules et l'allongement de la verge. Les érections deviennent de plus en plus fréquentes et se terminent par une émission de sperme. Chez les filles, après le gonflement des seins, apparaissent les premières règles. Un autre signe de l'adolescence, peu grave mais le plus souvent très mal accepté, est l'apparition de boutons sur le visage, le cou, parfois sur le thorax et le dos : c'est l'acné juvénile. À ce moment de sa vie, l'adolescent est constamment pris entre son désir de plaire, de séduire, d'« allumer », c'est-à-dire l'envie d'expérimenter une sexualité d'adulte, et un corps en pleine transformation qui quelquefois le trahit.

Les troubles alimentaires

Les troubles de l'appétit se produisent souvent à cette période. L'anorexie mentale, particulièrement fréquente chez les jeunes filles, les rend incapables de manger pour des raisons psychologiques (peur de grossir, peur de devenir femme, peur de leur sexualité naissante…). La fréquence de cette maladie semble croître dans les pays occidentaux. Elle peut atteindre une adolescente sur 250. La boulimie, au contraire, se caractérise par le besoin irrésistible de manger, de se remplir l'estomac sans avoir faim. Le risque principal n'est pas tant l'obésité que ses conséquences : l'évolution dans un contexte de retrait social, de dépression, d'angoisse. Certaines jeunes

L'adolescence : le plus beau des âges ou le plus difficile ?

Toi, moi : des formes nouvelles, un rapport différent à établir entre les sexes — l'âge difficile où, tel le homard, l'enfant d'hier fait peau neuve.

filles passent alternativement de l'anorexie à la boulimie, suivie de vomissements volontaires. Françoise Dolto se montre sensible aux drames que reflètent des conduites pathologiques, qu'elles soient alimentaires ou non. « Il faut savoir aider celui qui aime, qui pense, qui vous parle, le sujet qui est dans un adolescent, savoir l'aider à se prendre en patience avec ce corps en mutation qui lui apporte des pulsions, des désirs qu'il n'arrive pas à assumer, qu'il n'arrive pas à réaliser et qui le font exploser soit de violence, soit d'impuissance par rapport à ce qu'il voudrait imaginairement réaliser et dont il n'est pas encore capable. »

L'autodestruction

La psychanalyste relie la crise d'adolescence à la tentation de délinquance. Le mal-être physique, selon elle, se traduit par un mal-être social qui pousse à toutes les transgressions. Sans indulgence, F. Dolto analyse les tentatives paroxystiques de destruction de soi-même éprouvées à cet âge. « Le suicide est aussi une violence, c'est une violence contre soi-même. Il vient comme une réponse à une violence qu'on aurait subie et par laquelle on s'est laissé vaincre. C'est aussi une façon indirecte de faire violence à son entourage en le payant de sa vie. Une grande envie de mourir, c'est aussi une grande envie de vivre une autre vie que la sienne. On croit qu'on voudrait mourir, alors qu'on voudrait naître à autre chose. » L'adolescence est particulièrement exposée à la drogue, à cause de l'anxiété et de l'inconfort physique qui le caractérisent, et également pour d'autres facteurs : le côté rituel et magique de l'utilisation des drogues, la pression sociale des groupes d'adolescents, la recherche d'une identité... Pour F. Dolto, l'adolescent cherche à combler un vide intérieur avec ces substances toxiques : « Elles sont des objets qui essaient de remplacer des paroles, des échanges ou une créativité que l'on n'arrive pas à sortir de soi. » Dolto s'attaque encore aux drogues licites, celles que la société autorise à utiliser impunément. Elle décrit le tabac comme un second biberon. Mais elle s'inquiète surtout de l'usage de l'alcool chez les adolescents. L'alcool, qui leur ôte leurs inhibitions, risque aussi d'enfermer les jeunes gens qui se laissent prendre à ses charmes dans une dépendance durable.

Histoire de la notion d'adolescence

Le mot « adolescent ». L'historien Philippe Ariès a montré que, jusqu'à la fin du XVIIIe siècle, les étudiants étaient encore rangés dans la classe d'âge des enfants. Le philosophe Jean-Jacques Rousseau, ainsi, a conscience d'une spécificité de cet âge, mais il n'utilise jamais le mot « adolescence ». Il a recours à des synonymes et à des périphrases : crise, seconde naissance. Le premier emploi du terme naît peut-être sous la plume de Victor Hugo dans *les Travailleurs de la mer* : « Elle avait cette grâce fugitive qui marque la plus délicieuse des transitions, l'adolescence. »

L'étude psychologique de l'adolescence. Lancaster, dans un ouvrage publié en 1898, a sélectionné à travers plusieurs siècles deux cents biographies de personnes célèbres pour en noter les tendances dominantes au moment de l'adolescence : impulsions violentes, émotions fortes mais éphémères, fantasme de la réussite, penchant pour l'art et la poésie, désir de réformer la société, goût de la rêverie lunaire, de la solitude ou de l'extravagance. Parmi ces adolescents célèbres : Savonarole, Jefferson, Shelley, George Eliot, Tolstoï, Rousseau, Keats, Andersen, Wagner, Pierre Loti. Le psychologue américain Stanley Hall est l'un des tout premiers à préconiser, au début du siècle, une étude spécifique de l'âge de l'adolescence. Il fait rapidement école aux États-Unis après avoir publié *The Psychology of Adolescence*, en 1904.

L'adolescence, un passage obligé. En prenant comme repère historique la Seconde Guerre mondiale, on observe une rupture, un changement de regard des romanciers. Avant 1939, l'adolescence est racontée par les écrivains comme une crise subjective. Après 1950, l'adolescence n'est plus regardée comme une crise mais comme un état. Elle est en quelque sorte institutionnalisée comme une expérience, un passage obligé de la conscience.

1991

Une campagne contre l'exploitation sexuelle des enfants
LA PROSTITUTION ENFANTINE

En novembre 1991 est lancée à Berne une campagne contre la prostitution enfantine dans le tiers-monde. Menée parallèlement par des organisations d'entraide, de protection de l'enfance et d'aide au développement et par Médecins sans frontières, cette campagne s'insurge notamment contre le tourisme sexuel et rappelle que deux millions d'enfants dans le monde en sont les victimes.

Un dépliant contre le tourisme sexuel est largement diffusé dans les pharmacies et les agences de voyages. Médecins sans frontières envoie parallèlement à tous les professionnels du tourisme suisses une fiche d'information à inclure dans le dossier des voyageurs partant pour la Thaïlande : « Tout serait parfait s'il ne subsistait de scandaleuses pratiques contre lesquelles nous nous insurgeons : la prostitution enfantine. Dès l'âge de six ans, ces enfants sont kidnappés ou vendus par leurs parents et finissent enfermés dans des bordels. Souvent maltraités, souvent contaminés par le virus du sida, privés de leur enfance, leurs souffrances sont indescriptibles. »

Une action sur le terrain

La Thaïlande est en effet le pays où la prostitution enfantine est le plus développée. Depuis 1990, Médecins sans frontières mène sur le terrain des actions concrètes. Les membres de l'association s'emploient d'abord à sensibiliser les familles dans les villages de montagne, là où les agences thaïlandaises recrutent les enfants. En étroite collaboration avec les chefs de village et la radio montagnarde, ils obtiennent des informations sur les disparitions et remontent les filières. Une maison d'accueil permet de recueillir les enfants qui ont réussi à être libérés des bordels ou s'en sont échappés. Les petits rescapés séjournent dans le foyer pendant trois à six mois et tentent de se réadapter à une vie normale. Leurs problèmes médicaux et psychologiques sont nombreux et lourds. En avril 1991, sur 26 fillettes âgées de 10 à 16 ans accueillies dans la maison, 19 étaient séropositives, et 4 déjà atteintes du sida.

Deux millions de victimes

Les voies qui mènent les enfants à la prostitution sont diverses. Certains y sont ouvertement contraints par la violence. Des intermédiaires et des tenanciers de bordels les recrutent ou payent directement à leurs parents un prix correspondant généralement au revenu annuel d'une famille. Cette pratique est surtout répandue en Asie, où le « sex business » est bien organisé. Dans l'État d'Uttar Pradesh, au nord de l'Inde, les fillettes sont amenées du Népal, du Bangladesh et de diverses régions indiennes, puis vendues à des tenanciers de maisons closes en Inde ou envoyées au Pakistan et dans les pays arabes du Moyen-Orient. Cette activité criminelle est le fait de bandes très organisées aux ramifications internationales. Ainsi, un Bangladeshi arrêté à la gare d'Allahabad, dans l'Uttar Pradesh, voyageait avec 6 enfants enlevés et destinés à la vente. En 1992, un réseau d'agents recruteurs à la solde de proxénètes thaïlandais est démantelé. Ces intermédiaires se rendaient en Birmanie et proposaient aux jeunes filles, dont certaines âgées de moins de 14 ans, un emploi en ville. La victime, avec ou sans l'accord de ses parents, était vendue au patron d'un bordel thaïlandais, qui percevait la quasi-totalité de l'argent des passes. Certains enfants étaient destinés à jouer dans des films et des vidéos pornographiques.

Tourisme sexuel et prostitution enfantine

Présentés à la conférence de Chiangmai sur le tourisme et la prostitution d'enfants, au début de mai 1990, les résultats d'enquêtes menées en Thaïlande, aux Philippines et au Sri Lanka

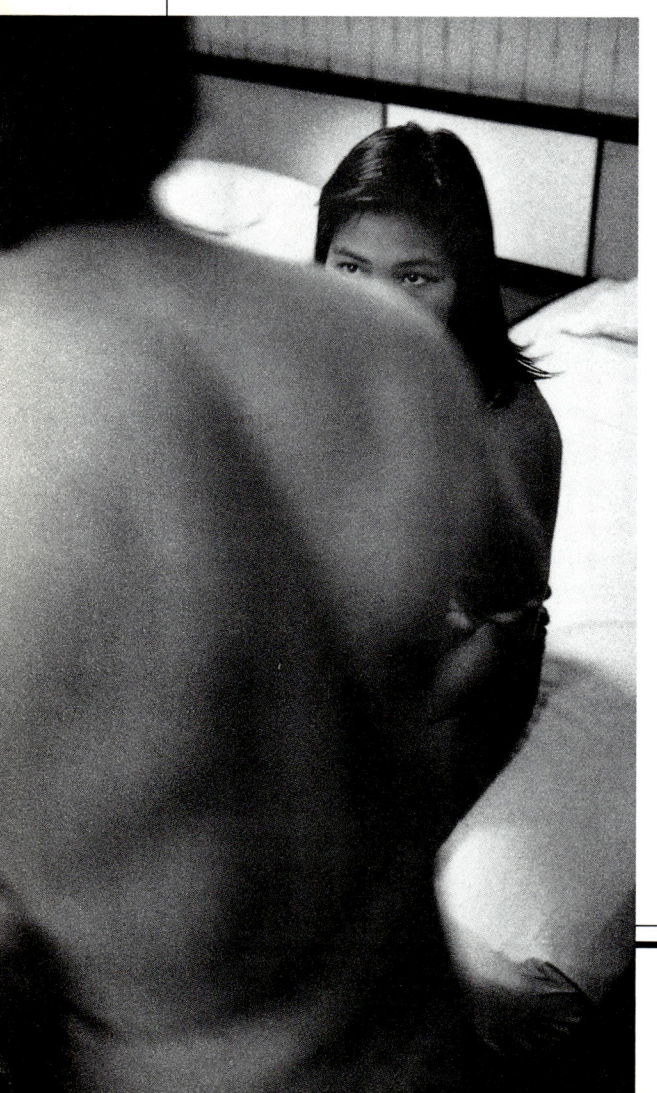

Une fillette et son client : par peur de la contamination, les touristes recherchent des enfants de plus en plus jeunes...

La prostitution des enfants en chiffres

Thaïlande : Le Center for Protection of Child Rights de la Foundation for Children parle d'environ 60 000 bordels dans le pays, comptant chacun 40 prostituées, soit au total deux millions de fillettes, dont environ 800 000 doivent avoir moins de 16 ans.

Philippines : L'Unicef estime qu'au moins 20 000 enfants de moins de 16 ans ne vivent que de la prostitution.

Kenya : Aucun chiffre précis n'est connu. En ce qui concerne les enfants, les petits garçons prostitués sont particulièrement nombreux autour de Mombasa. On les appelle « Beach Boys » ou « Guides ». Quelques-uns travaillent dans les hôtels. Certaines maisons de prostitution opèrent sous la couverture de bars et de restaurants. La prostitution d'enfants est, par ailleurs, peu répandue sur le territoire africain.

Brésil : Les estimations citent le chiffre de plus de deux millions d'enfants ou d'adolescents prostitués.

Sri Lanka : Le nombre de jeunes entre 6 et 14 ans qui se prostituent est estimé à 10 000.

Inde : Le nombre d'enfants prostitués est évalué à deux millions, dont 300 000 à 400 000 doivent avoir moins de 16 ans.

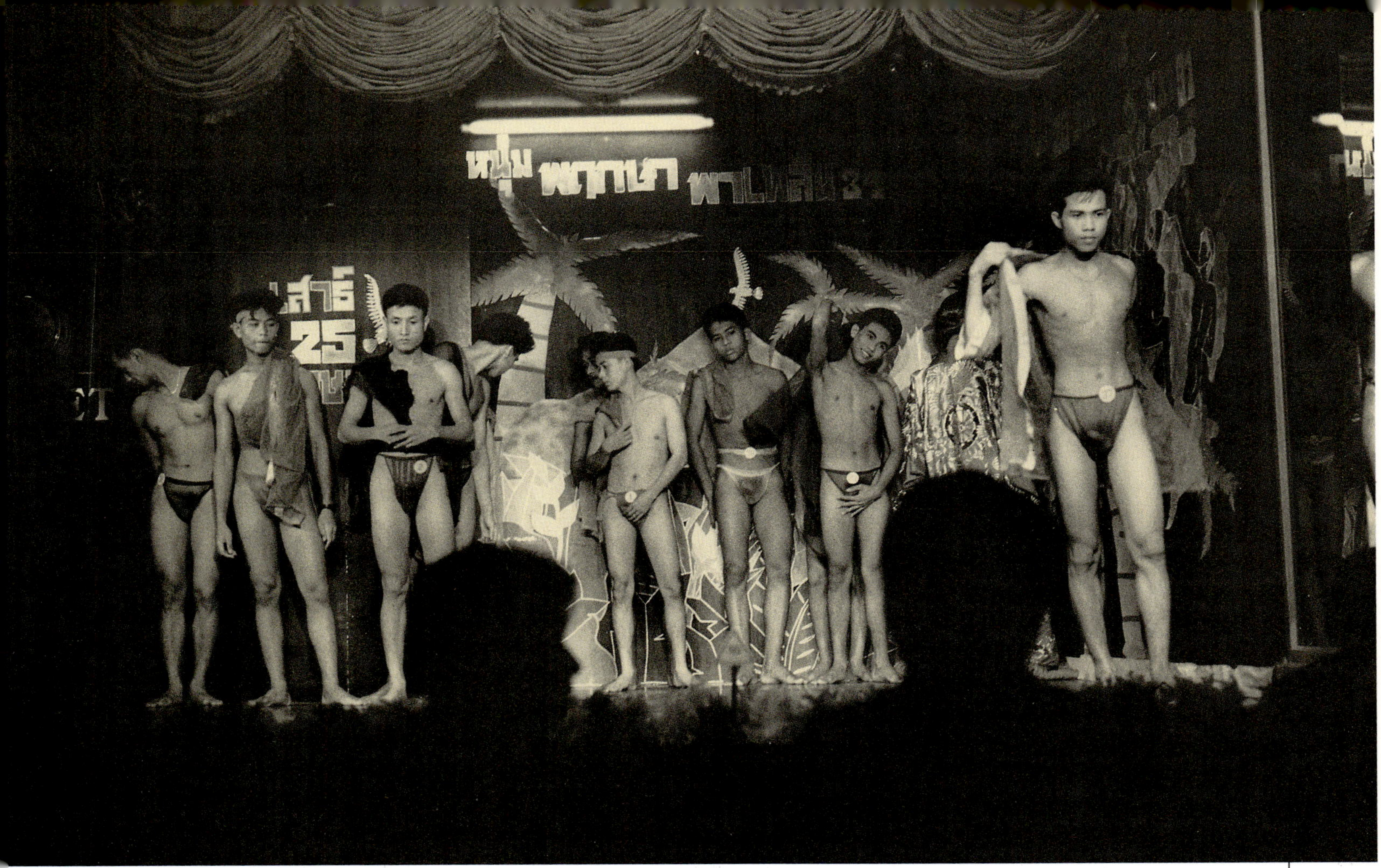

démontrent l'évolution parallèle du tourisme et de la prostitution enfantine. La demande toujours plus forte d'enfants de la part des touristes est largement accentuée par le risque de contamination par le virus du sida. La propagation de l'épidémie pousse en effet les clients à rechercher des partenaires toujours plus jeunes (enfants de villages isolés, filles vierges), dans l'espoir d'échapper au risque d'infection. Très souvent, ces enfants sont exposés à des sévices extrêmement brutaux. Lors de la conférence de Chiangmai, les experts ont indiqué que les hôpitaux doivent sans cesse soigner des enfants dont l'anus est déchiré ou le vagin blessé. Seul un touriste étranger a été jugé à ce jour devant les tribunaux philippins, pour avoir introduit un vibromasseur dans le vagin d'une petite fille avant de la forcer au rapport sexuel... L'enfant est morte dans des douleurs atroces. Les garçons qui, dès 8 ou 9 ans travaillent pour les touristes, homosexuels et pédophiles en général, se retrouvent principalement au Sri Lanka et aux Philippines. Ces « Beach Boys » se recrutent parmi les enfants de familles pauvres — mais aussi quelquefois au sein des milieux aisés. Ils reçoivent en contrepartie de leurs services des petits cadeaux, des tee-shirts par exemple, considèrent les touristes comme des bienfaiteurs, dont ils deviennent souvent psychiquement dépendants. Ces adolescents fragiles sont prêts à tout concéder pour goûter quelque peu aux attraits de la société de consommation occidentale...

Jeunes gens prostitués, à Bangkok. Outre les désastres psychologiques d'une telle exploitation des adolescents, il faut compter avec les risques, immenses, de contamination par le sida...

Jeune prostituée dans un hôpital de Bangkok montrant sa carte sanitaire : la jeune fille, par bonheur, est encore saine. Pour combien de temps ?

Les traditions de prostitution enfantine

La devadasi. Actuellement encore, des traditions se perpétuent dans certaines campagnes et certaines familles du sud de l'Inde, où les enfants sont conduits à la prostitution par une pratique religieuse appelée *devadasi*, mot qui signifie littéralement « servante de Dieu ». Selon cette tradition, une petite fille vouée à la déesse Yellema n'a pas le droit de se marier. Arrivée à la puberté, elle est enlevée à ses parents par le prêtre ou le chef du village qui la prend pour concubine. Lorsque cette relation prend fin, comme elle n'a pas été officialisée, la jeune fille devient alors prostituée dans son village natal ou s'en va gagner sa vie dans une maison de passe.

Le Devki. Le Népal connaît une tradition semblable : *le Devki*, où l'enfant est voué à la déesse du même nom. Les parents vouent leur jeune fille vierge à la déesse avant l'âge de la puberté, afin de mettre la famille à l'abri du malheur. Ces jeunes filles, qui ne sont plus autorisées à se marier, sont utilisées par les prêtres de la déesse, puis amenées par la suite à se prostituer.

1992

L'introduction des préservatifs au lycée
GÉNÉRATION SIDA ?

S'aimer...jusqu'à en mourir ? Il faut tout faire pour que les premières expériences sexuelles des adolescents ne tournent pas à la catastrophe.

Affiche de l'Association d'aide aux malades et de protection contre le sida Act Up, en 1992.

Le 26 juin 1992, en France, une circulaire signée par Jack Lang, ministre de l'Éducation nationale et de la Culture, incite les proviseurs de lycées à installer des distributeurs de préservatifs dans leurs établissements.

Cette décision résulte d'un constat : en France, 28 % des personnes atteintes par le virus ont entre 20 et 29 ans, ce qui laisse supposer qu'un certain nombre d'entre elles ont été contaminées au moment où elles fréquentaient un établissement scolaire ou universitaire. Plus généralement, l'enjeu pour l'avenir est très clair : à en croire les estimations de l'O.M.S. (l'Organisation mondiale de la santé), 30 à 40 millions d'hommes, de femmes, d'enfants seront probablement infectés par le virus d'ici à l'an 2000. Le but des mesures d'information, d'encouragement à l'utilisation de préservatifs qui ont été prises est évident : empêcher une génération de devenir la « génération sida ».

Prévenir dans les lycées

La circulaire du 26 juin 1992 incite donc les proviseurs à installer des distributeurs de préservatifs dans les établissements publics du second degré. Décidée dans le cadre de la politique de prévention du sida et des maladies sexuellement transmissibles, l'information autour de ces installations, précise le texte, doit être menées avec « tact et mesure dans le respect de la liberté et de l'intimité de chacun ». Dans le même esprit de discrétion, la place à donner aux distributeurs est évidemment très importante. Aussi, quelques jours après avoir reçu la circulaire les informant d'avoir à commander les machines, les proviseurs reçoivent une nouvelle note, pratique, cette fois : « Comment installer un distributeur de préservatifs dans un établissement scolaire ? », comprenant des conseils sur l'installation, les prix pratiqués, ainsi qu'une liste détaillée de fabricants... La décision française d'établir des distributeurs de préservatifs dans les établissements d'enseignement secondaire n'est nullement une « première » mondiale. La première expérience en ce sens a été menée en 1991 aux États-Unis, dans la ville de New York. Cette année-là, par déci-

sion municipale, un vaste programme de distribution gratuite de préservatifs dans les lycées a été mené à bien. L'adolescent, âgé de 14 à 18 ans, devait seulement consulter l'enseignant ou le conseiller d'éducation volontaire chargé de la distribution, pour obtenir (à raison de deux au maximum par visite) le produit le garantissant contre la transmission sexuelle de la maladie, accompagné d'une notice de conseils pour des rapports sexuels sans risque. À cette époque, 2 % des adolescents new-yorkais âgés de 13 à 21 ans étaient atteints par le virus. Parmi eux, on comptait 5 000 lycéens…

Des oppositions

La décision du ministre de l'Éducation n'est pas acceptée sans réticence par l'opinion. À la fin de l'année 1993, seuls 500 distributeurs fonctionnent dans les 2 500 lycées publics. Si la plupart des gens s'accordent à penser qu'il faut informer les adolescents, bien des parents considèrent l'installation de distributeurs de préservatifs dans les établissements scolaires comme une incitation à entretenir des rapports sexuels. Les représentants d'une fédération de parents d'élèves expriment ainsi leur inquiétude : « Cela laisse sous-entendre que l'utilisation d'un préservatif est normale pour tout le monde. Pour certains adhérents de notre fédération, la présence de ces machines est une incitation à la licence, une atteinte à leurs convictions. » De la même façon, en Espagne, la première campagne pour l'emploi du préservatif par les adolescents suscite une forte polémique. Il faut rappeler que, en 1970, l'emploi du préservatif était encore considéré comme un délit par le Code pénal espagnol. En 1990, 100 000 affichettes, des annonces à la télévision, des badges invitent la jeunesse à utiliser le préservatif. L'Église catholique réagit en accusant le gouvernement d'abus de pouvoir…

Manifestation de l'organisation « Solidarité Enfants Sida » en 1994.

Les conditions d'une éducation efficace

L'éducation sexuelle est plus efficace lorsqu'elle est dispensée avant l'éclosion d'une sexualité active. Or, à en croire l'Organisation mondiale de la santé, **prévenir concrètement et très tôt les jeunes** contre les risques de transmission sexuelle du sida ne les incite pas à **une sexualité plus précoce ou plus active**, contrairement à certaines idées préconçues.

Dans ce domaine, l'étude la plus récente a été faite aux États-Unis sur un échantillon de 1 800 adolescents masculins. Elle montre que la participation à des cours d'information sur le sida et sur la régulation des naissances entraîne **une diminution du nombre des partenaires et de la fréquence des rapports, ainsi qu'une utilisation plus systématique des préservatifs.**

Informer d'abord

Face aux risques encourus par les très jeunes gens, il est pourtant évidemment impossible de rester indifférent. La population lycéenne est, qu'on le veuille ou non, une population qui a une activité sexuelle. Les trois années passées au lycée coïncident avec les premières expériences sexuelles. Une enquête réalisée en 1991 auprès de lycéens de la région de Grenoble montre ainsi qu'un quart des lycéens interrogés lors de l'enquête ont une vie sexuelle plus ou moins régulière, tandis que 48 % ont fait l'amour au moins une fois. Or, dans un cas sur trois, cette première expérience s'est passée sans protection : ni pilule contraceptive, ni préservatif. Des chiffres comparables existent dans tous les pays du monde, à l'exception probablement des pays islamiques. Ainsi, au Japon, le même type d'enquête atteste que 20 % des garçons et 17 % des filles en âge de fréquenter le lycée ont une vie sexuelle régulière. Mais les jeunes gens avouent utiliser rarement le préservatif… Le constat ainsi généralement établi d'une vie sexuelle active des jeunes, et d'une utilisation peu fréquente du préservatif — outil contraceptif en même temps que garantie contre la transmission du sida —, doit faire l'objet d'un commentaire. À en croire les spécialistes, ce comportement s'explique non par des raisons matérielles (le préservatif est désormais bon marché et facilement disponible), mais surtout par le manque de confiance des jeunes en l'efficacité réelle des préservatifs. Pour la première expérience, il faut prendre en compte aussi l'impréparation des partenaires et, souvent, un romantisme ou une pudeur qui s'accordent mal avec l'utilisation d'un tel accessoire. Des mesures d'éducation doivent donc accompagner la mise à disposition des préservatifs. En France, un nouveau document officiel, distribué aux chefs d'établissement en février 1993, précise que l'installation de distributeurs de préservatifs « ne peut être suffisante et ne doit pas conduire au relâchement de l'effort éducatif ». La convention signée entre le ministère de l'Éducation nationale et l'Agence française de lutte contre le sida définit des axes prioritaires de prévention. Au collège et au lycée, les actions menées par des associations doivent inclure « l'éducation sexuelle, la responsabilisation des jeunes, la tolérance, et la solidarité à l'égard des personnes atteintes ou concernées par le sida ».

1993

« Dur, dur d'être un bébé »
JORDY

Jordy, un petit garçon français de 4 ans et demi, est numéro un aux hit-parades de vingt-cinq pays avec une chanson « Dur, dur d'être un bébé ». Il reçoit mille lettres par jour, a plusieurs millions de francs qui l'attendent sur son compte en banque. La polémique gronde : Jordy est-il chanceux ou exploité ?

À la télévision, sur une musique de rap, un petit garçon se trémousse. Sa voix puérile psalmodie : « Dur, dur d'être un bébé. » C'est

Les enfants stars de Hollywood

La psychologie des enfants stars. Ils ont pour nom Jackson, Coogan, Garland ou Lymon. Les enfants stars ne jouent pas avec leurs petits camarades. Ils frappent les gens qu'ils rencontrent par l'intensité de leur sérieux. Ils sortent rarement de chez eux. Certains parents même leur interdisent de jouer. L'enfant star hollywoodien, lié par un contrat type créé pour les adultes, travaille six jours par semaine.

L'enfant et l'argent. L'enfant star travaille gratuitement, ou, au mieux, pour un argent qu'il va toucher plus tard. Stevie Wonder a touché son dû, mais Jackie Coogan ne réussit pas à reprendre un sou à son beau-père.

L'avenir des enfants stars. La carrière de l'enfant star se termine souvent vers son dix-huitième anniversaire. Parfois, il arrive que l'ex-star sombre dans la folie, un insidieux désespoir (comme l'acteur Dean Stockwell) ou la drogue (comme Judy Garland). En 1956, Frankie Lymon, haut comme trois pommes, obtient un formidable succès avec son tube « Why do fools fall in love ? » — mais il finit ses jours tragiquement, d'une overdose d'héroïne, à 26 ans, cherchant à oublier que son public l'a fui le jour où sa petite voix haut perchée a mué.

Jordy, sur le plateau d'une émission de télévision : la vie de star peut-elle être une vie d'enfant ?

le tube de l'été 1992, l'événement de l'hiver 1993. Jordy a 4 ans et demi. Petit blondinet à la frimousse boudeuse, il est mené par sa mère de plateaux de télévision en chaînes de radio. Lorsqu'il bavarde avec les présentateurs, il ne cache pas son ennui.

Bébé chanteur

Mais Jordy ne peut échapper à son succès. Son disque, pressé initialement à 500 exemplaires, dépasse au bout d'un an les 2 millions de copies vendues. Toutes les discothèques matraquent le titre. Numéro un pendant seize semaines au Top 50, l'album enregistré par l'enfant, intitulé « Pochette-surprise », traverse l'Europe, atteint le Mexique, la Grèce, Israël. Le disque fait même un joli parcours au *billboard,* la bible du show-biz américain. La carrière internationale de Jordy l'oblige à de nombreux déplacements. Il part un jour pour la Suède (il y fait du patin à glace et déclare aux journalistes « Je veux vivre ici ») ; le lendemain, il est en Allemagne ; bientôt, il s'envole pour une tournée d'un mois en Asie. Les parents profitent de la gloire. Le père de Jordy est un producteur de disques qui n'a pas connu une grande réussite auparavant. Sa mère, après une courte carrière de chanteuse, a travaillé comme animatrice sur des chaînes de radios privées. Elle quitte son poste lorsque le succès de son fils s'impose. Auteurs, compositeurs, producteurs et éditeurs de l'album « Pochette-surprise », les parents s'élisent patrons de la *Jordy incorporated,* une petite entreprise qui crée des produits dérivés (vêtements, gadgets, etc.) à l'image de Jordy...

Parents exploiteurs ?

Pourtant, rapidement, la polémique grandit en France. Les médias accusent ouvertement les parents d'exploiter Jordy. Les déclarations maladroites de sa mère ne font que renforcer le malaise : « Grâce à Jordy, les enfants ont enfin leur leader bien à eux, qui leur parle sans intermédiaire » ou « Lui est vraiment doué pour ce métier, je ne sais pas s'il en fera son métier, mais il a vraiment le rythme dans la peau. Je le vois bien quand je regarde les autres enfants. Nous l'avons mis sur les rails, voilà tout. » Finalement, la famille déménage pour les États-Unis. Là-bas, Jordy entame une carrière « à sa mesure ». Il tourne dans un film *Allô, maman, ici, bébé,* aux côtés de John Travolta. Michael Jackson demande à le rencontrer. Ses parents lui achètent une limousine semblable à celle de Sylvester Stallone... Les magazines nous informent que Jordy regrette seulement un peu son chien Kimmy laissé à Paris, son alligator vert en plastique et sa casquette rouge siglée « Chicago Bulls »...

Un bébé vedette parmi d'autres

La surenchère des médias au cours des années 1980 ne fait que renforcer la tentation de l'enfant star. Les enfants font tout : ils chantent, dansent, animent. Les premiers **présentateurs vedettes de la télévision** apparaissent.

Ainsi, la petite **Cerise** commence une carrière d'animatrice de télévision en janvier 1988. À 9 ans et demi, cette enfant a déjà à son actif plusieurs longs métrages, des téléfilms, des films publicitaires. En 1989, une autre enfant, **Brenda,** 11 ans et demi, anime *Samdynamite,* une émission pour enfants sur FR3. Sa productrice la qualifie de « vraie professionnelle ».

Le risque, évidemment, pour ces enfants est que **leur destin leur échappe.** Adulés comme des stars, écoutés comme des oracles, ils n'ont pas toujours la force de comprendre et de supporter les revers de la médaille. **Leur image leur est dictée, sans qu'ils aient la possibilité d'agir sur elle.** Aujourd'hui chanteuse internationalement reconnue, **Vanessa Paradis** a ainsi commencé, adolescente, une carrière très controversée. Son physique de Lolita et des déclarations légères lui attirèrent des huées au Midem, à Cannes, lors de la remise d'un « disque d'or ». Les gens l'insultaient dans la rue. Un sondage la sacra comme l'une des personnalités les plus détestées des Français. L'enfant, ainsi, devient quelquefois **victime de son succès.**

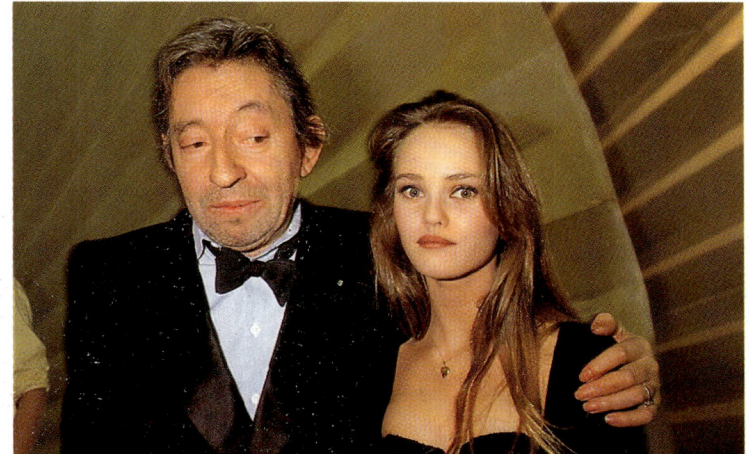

Vanessa Paradis et Serge Gainsbourg, en 1990 : la Lolita de la musique, par exception, réussira à rester vedette au-delà de l'adolescence.

Les enfants mannequins

Ils sont, en France, entre 5 000 et 6 000 enfants mannequins, de 6 mois à 16 ans, employés par des agences, qui travaillent sur deux périodes, l'année scolaire et les vacances. Leur salaire est fixé sur un salaire horaire minimal et syndical différent selon le support médiatique.

En France, toujours, la protection de ces enfants est assurée par la loi du 12 juillet 1990. Celle-ci instaure une visite médicale obligatoire, une réglementation des heures de prestation, une obligation pour l'agence employeur d'obtenir une autorisation préalable à l'embauche des enfants, ainsi qu'un dispositif d'agrément qui permet de régler le salaire en deux chèques distincts, bloquant ainsi pour l'enfant, à la Caisse des dépôts et consignations, 90 % de l'argent touché et laissant les 10 % restants au représentant légal.

Un bébé, ou un mannequin ?

1993

La sécurité des tout-petits en question
LA MATERNELLE DE NEUILLY

Le jeudi 13 mai 1993, un homme masqué, armé d'un pistolet, fait irruption dans la salle d'une classe de vingt et un enfants de 3 ans à l'école maternelle Commandant-Charcot à Neuilly-sur-Seine. L'homme exige une importante somme d'argent en échange de la libération des enfants pris en otage.

Commencent alors deux jours d'angoisse, dont les moindres incidents sont retransmis par toutes les télévisions du monde.

La prise d'otages

À 9 h 30, c'est la routine d'un début de matinée dans une classe de tout-petits. Après avoir accueilli les enfants, l'institutrice ouvre les « ateliers ». Les écoliers se répartissent autour des tables pour se consacrer au modelage, à la peinture ou au dessin. Soudain, un homme armé d'un pistolet fait irruption dans la classe. Il porte une cagoule et un casque intégral. L'institutrice l'interroge : « Que faites-vous ici ? Qui êtes-vous ? Que voulez-vous ? » L'homme, sans parler, lui tend un texte dactylographié qui commence par un titre en gros caractères : CECI EST UNE PRISE D'OTAGES. Le reste est une suite d'instructions rédigées dans un français impeccable et parfaitement structuré : « Allez prévenir la directrice, ne faites rien qui puisse mettre la vie des enfants en danger, j'ai dans mon sac de quoi faire sauter la classe... » L'institutrice revient avec la directrice, à laquelle l'homme donne l'ordre de téléphoner au commissariat. Pendant ce temps, l'institutrice réunit les enfants autour d'elle et tente de faire diversion. Elle leur raconte des histoires, leur fait chanter tout leur répertoire de chansons. Trois enfants éclatent en sanglots et demandent en regardant l'arme : « Est-ce qu'il va nous tuer ? » D'autres échangent entre eux des hypothèses : « C'est un policier », dit l'un ; un autre assure : « Non, c'est un monsieur qui est venu pour réparer quelque chose dans la classe. » Certains s'adressent directement au preneur d'otages : « Pourquoi tu es là ? »

« Human Bomb »

L'homme installe des bâtons de dynamite aux deux extrémités de la classe. Il dit pouvoir les déclencher par une télécommande qu'il porte sur lui. Le ravisseur donne comme nom un pseudonyme, H.B., qu'il explicitera plus tard (Human Bomb, « Bombe humaine »). Il exige de parler au préfet, puis au ministre de l'Intérieur. Il réclame 100 millions de francs, et, tout de suite, une radio et un poste de télévision dans la salle... À chaque nouvelle exigence, les négociateurs réclament la libération d'un enfant. Ce sont les plus stressés, ceux qui pleurent le plus, les plus affolés qui sont libérés en premier. Les autres enfants restent

« Human Bomb »

Après coup, psychiatres et journalistes se penchent sur la personnalité du ravisseur pour tenter de comprendre.

Né en 1951 à Burdeau, en Algérie, fils d'une famille sans histoires, considéré par ses proches depuis son adolescence comme un « informaticien surdoué », H.B. — de son vrai nom Éric Schmitt — a connu une série d'échecs qui l'ont amené à se replier sur lui-même.

Pour les experts, la prise d'otages aurait été pour cet homme une façon de rompre son isolement — ou bien une manière délirante de reconstituer la famille qu'il n'avait plus.

Tous les spécialistes, en tout cas, se rejoignent sur un point : l'argent réclamé n'était qu'un prétexte.

La salle de classe, lieu de la prise d'otages. Les enfants sont-ils en sécurité dans les écoles ?

La libération des derniers enfants, après la mort du preneur d'otages : un immense soulagement, après 46 heures d'angoisse.

dans la classe ; ils y mangent, y font la sieste et y dorment sur des matelas entassés dans la journée au fond de la pièce. Les hommes du groupe Raid (Recherche, Assistance, Intervention, Dissuasion) entourent l'école. Une femme médecin, capitaine des sapeurs-pompiers, est admise par H.B. pour assister l'institutrice. La nuit s'écoule lentement. Au matin du deuxième jour, il ne reste plus que six petites filles, les autres enfants ont été libérés. Dans l'après-midi, la rançon, réduite à

50 millions de francs, est livrée. Le ravisseur peut organiser son départ. Mais il décide de passer une autre nuit sur place.

L'assaut

Les hommes du Raid organisent leur action pendant ce temps. Deux équipes doivent pénétrer dans la classe en profitant du sommeil du preneur d'otages : l'une pour évacuer les enfants, l'autre pour neutraliser H.B. s'il se réveille. Le médecin a réussi à verser un somnifère dans le café du ravisseur. À 7 h 25, les équipes du Raid font irruption dans la classe. En vingt secondes, les six fillettes sont évacuées... Selon la police, l'homme aurait à ce moment amorcé un mouvement. Il est tué sur le coup... L'autopsie établit que le corps présente « deux plaies par arme à feu, dont une double due au passage de trois projectiles intracrâniens ». L'opinion est soulagée : les enfants sont sains et saufs, ainsi que les deux femmes. Le ministre de l'Intérieur déclare à la presse : « Le forcené a été neutralisé. Tout s'est bien terminé... »

L'enfant otage

La proie de déséquilibrés. En 1986 se produit aux États-Unis une prise d'otages fort semblable à celle de Neuilly-sur-Seine. Un couple fait irruption dans une école de Cokeville, dans le Wyoming. L'homme et la femme sont armés et installent une bombe, un engin à essence. Ils rassemblent les enfants et les adultes (environ 150 personnes) dans une salle de classe et exigent le versement d'une rançon de 300 millions de dollars, la bombe à la main. L'homme fait circuler des tracts, demande à parler au président Reagan et annonce : « C'est la révolution ». Trois heures après, la bombe explose accidentellement entre les mains de la femme, qui meurt sur le coup. Son compagnon se suicide alors immédiatement. L'explosion détruit la salle de classe, mais enfants et adolescents peuvent tous sortir indemnes de l'école.

Un phénomène de société

La présence de très jeunes enfants donne à la prise d'otages de Neuilly **une résonance dramatique retransmise dans le monde entier.** De nombreux journaux télévisés, en France et dans le monde, ont suivi l'affaire.

En août 1994, un téléfilm inspiré de ce fait divers, *Chasseur de loups*, est fortement contesté et jugé trop raccoleur. L'affaire de la maternelle de Neuilly est, en effet, vécue beaucoup plus comme **un phénomène de société mettant en cause la sécurité des enfants que comme un fait divers.** Les parents d'élèves se sont tous sentis concernés : l'école reste, pour l'immense majorité d'entre eux, un sanctuaire d'où la violence, sous quelque forme que ce soit, est exclue.

En 1977, déjà, aux Pays-Bas, des écoliers avaient été pris en otage par un commando.

Otage de la politique. Le 22 mai 1970, le Front populaire de libération palestinien attaque, à la frontière nord d'Israël, un car scolaire israélien. Huit enfants, deux enseignants et le chauffeur sont tués, vingt et un écoliers sont grièvement blessés... Le 11 juin 1977, 106 enfants retenus en otage dans une école des Pays-Bas par des terroristes sud-moluquois sont libérés. Les terroristes réclamaient que le gouvernement néerlandais fasse pression sur le gouvernement indonésien pour donner leur autonomie aux îles Moluques du Sud.

1993

La vogue des jeux vidéo controversée
VIDÉOMANIA

Aussi célèbre que Mickey, Mario, un personnage de plombier moustachu, est la vedette des jeux vidéo japonais Nintendo. La vogue de ces jouets, considérable, est battue en brèche à partir de 1993, où éclate une terrible polémique.

En janvier de cette année-là, un Britannique de 14 ans meurt d'une crise d'épilepsie après avoir joué pendant une heure au jeu *Super Mario*... La question de savoir s'il y a eu ou non relation de cause à effet, et si le drame peut se reproduire, est posée publiquement.

La polémique

À la suite de l'article du journal *The Sun* relatant l'affaire, plusieurs cas similaires, dans les mois qui suivent, sont révélés par les médias. La peur des parents, dès lors, grandit. Elle grandit d'autant que la firme Nintendo, au lieu de crier au complot, reconnaît une partie du risque : elle décide en effet d'ajouter cet avertissement sur ses produits vendus en Europe et aux États-Unis : « Une partie extrêmement réduite de la population peut être sujette à des crises d'épilepsie en regardant certaines émissions télévisées ou en jouant à certains jeux vidéo, dont les consoles Nintendo, Supernintendo et Game Boy. Les personnes qui n'ont jamais eu de crises d'épilepsie peuvent néanmoins être des épileptiques qui s'ignorent. Si vous êtes épileptique, consultez votre médecin avant de jouer à des jeux vidéo, de même si vous constatez les symptômes suivants en jouant à un jeu vidéo : altération de la vue, secousses musculaires et autres mouvements involontaires, perte de la perception de ce qui vous entoure, confusions mentales, convulsions. » La doctrine des fabricants de jeux vidéo est adoptée par les ministres de la Santé japonais, britannique et français : la console ne fabrique pas les épileptiques, elle les révèle. Les enfants dits « photosensibles » souffriraient de la fréquence des lumières clignotantes émises par les machines de jeux... Mais le débat reste ouvert dans certains milieux médicaux. Pour certains spécialistes, les risques de provoquer des convulsions chez des personnes absolument saines ne seraient pas nuls dans le cas d'une utilisation fréquente des jeux vidéo. Seule l'importance des marchés en question motiverait le ton de la mise en garde, excessivement rassurante.

Un marché considérable

Nul ne peut s'attaquer sans des preuves incontestables aux géants des jeux vidéo : Nintendo — vendeur, en 1993, de plus de cent millions de consoles et de cinq cents millions de logiciels de jeux de par le monde — et Sega. Les deux colosses règnent sans partage sur plus de 90 % du marché mondial, qu'ils écrasent de leurs quarante-deux milliards de francs de chiffre d'affaires — un chiffre atteint grâce à la croissance considérable (jusqu'à 40 % du marché total) de la part des jeux vidéo dans les ventes de jouets. Les adeptes des jeux vidéo ont en grande majorité entre 8 et 15. Aux États-Unis, on compte autant de supports de jeux que de téléviseurs. En France, les trois quarts des jeunes de moins de 15 ans possèdent une console. Avec les performances croissantes des puces informatiques, le développement des images virtuelles et l'imagination débordante des créateurs de jeux, le monde de la vidéo ludique est l'enjeu de faramineuses batailles économiques. Parmi les meilleures ventes de jeux vidéo figurent, outre *Super Mario, Aladdin,* tiré du dessin animé de Walt Disney, *Ecco le dauphin,* l'aventure écologique d'un dauphin qui enquête sur une explosion qui a tout détruit sur terre, et *Tetris*... Mais ces titres n'épuisent pas le champ des innovations. Parmi celles-ci, on prévoit la commercialisation prochaine de bracelets dits « de retour d'effort » et de gants à picotements électriques, visant à donner l'impression à l'enfant qu'il accomplit réellement la contraction musculaire exigée par la conduite ou l'uppercut au menton du vilain bandit !

La violence et l'abêtissement

Outre la polémique sur les dangers physiques provoqués par l'usage des jeux vidéo, d'autres reproches sont faits à ce type de jouet. Les sociologues, notamment au Japon où la jeunesse est le plus fortement touchée par le phénomène, s'inquiètent de l'isolement social absolu que favorise la pratique assidue des jeux. Entre 10 et 20 % des jeunes Japonais de 10 à 15 se soustrairaient du monde réel pour trouver, via les magiques consoles, un refuge dans un univers totalement artificiel. Aux États-Unis, les associations de consommateurs s'inquiètent plutôt de la faune exubérante de monstres, d'amazones violentes, de momies sanglantes... *Mortal Kombat,* par exemple, présente des combats de rue dans lesquels le joueur vraiment « doué » parvient, en intervenant, à arracher le cœur ou la colonne vertébrale de ses ennemis représentés sur l'écran, voire à les décapiter. La firme Sega, productrice du programme, proteste : « Nous ne visons pas seulement une clientèle d'enfants. Ces jeux-là sont destinés à un public d'adultes. » Il n'empêche... Le caractère sexiste des jeux est aussi quelquefois dénoncé : dans *Custer's revenge,* le héros — le général Custer — viole une jeune Indienne au corps entièrement ligoté... La victime, loin de se plaindre, sourit à son agresseur. De tels abus ont conduit les législateurs américains à exiger la mise en place d'un système de classification par âge des programmes vidéo, comparable à celui qui existe pour les films.

Ou une gymnastique de l'esprit ?

Mais les critiques, si bien fondées qu'elles soient à l'égard de certains programmes, ou d'un usage démesuré des jeux vidéo, ne doi-

Miniaturisés, les jeux vidéo se transportent partout, s'échangent ou se prêtent.

vent pas aboutir à la censure totale de ce nouveau type de distraction. Les études récentes semblent montrer en effet qu'une très grande majorité de jeunes s'adonne de préférence à des jeux sans violence.

Les programmes qui ont, de loin, la préférence des enfants et du plus grand nombre d'adolescents sont les jeux dits « de plateforme » *(Mario)*, d'aventure *(Donjons et dragons)*, de simulation *(Sim City)* ou de sport du type jeux de massacre *(Street fighter II)*. Certes, des enfants auxquels on ne fournit aucune autre distraction restent rivés des heures durant devant leur écran, mais les logiciels les plus répétitifs tendent à laisser place aujourd'hui à des jeux qui font très largement appel à la réflexion du joueur. Dès lors, le jeu sur console apparaît somme toute plus stimulant pour l'esprit que la contemplation apathique de l'écran de télévision, par exemple. D'autant qu'il ne faut pas oublier la catégorie, encore très largement inexplorée mais très prometteuse, des jeux éducatifs…

Le marché des jouets de guerre

Les consoles. Beaucoup de jeux vidéo sont basés sur des scénarios de combats, voire mettent en œuvre de véritables simulations de conflits mondiaux.

Les armes jouets. Selon le Centre américain sur la guerre et l'enfant, les armes jouets sous toutes leurs formes représentent une industrie dont le chiffre d'affaires actuel dépasse largement le milliard de dollars. Aux États-Unis, cinq sur six des jouets les plus vendus se rapporteraient à la guerre (mitraillettes, pistolets plus vrais que nature…)

GI Joe. Équivalent de Barbie au masculin, la poupée-soldat dite « GI Joe » est une vedette du marché du jouet. Selon les statistiques de son fabricant, Hasbro, cent millions d'exemplaires de ces modèles, représentant un soldat en uniforme, ont été vendus avant 1994.

Supprimer les armes jouets. Le 13 septembre 1982, le Parlement européen adopte une résolution contre le développement des armes jouets. Le texte de l'Assemblée de Strasbourg recommande que « l'on diminue progressivement la production et la vente de jouets guerriers pour leur substituer des jouets constructifs. »

L'enfant et la console : introduction au monde moderne, ou initiation schizophrénique ?

Des images d'une qualité médiocre à l'origine d'une véritable nouvelle esthétique (Demon's crest de la société Capcom).

1994

Quand les enfants tuent
LIVERPOOL

Le 12 février 1994, à Liverpool, le petit James Bulger, âgé de deux ans et demi, est sauvagement assassiné. Les deux tueurs ont dix ans. Pour la première fois, en Grande-Bretagne, des enfants aussi jeunes sont jugés pour meurtre. La population du pays, abasourdie, traumatisée, s'interroge sur la responsabilité de la société et les conséquences du relâchement de la famille.

Bootle, une cité au nord de Liverpool, est composée de petites maisons de briques rouges ramassées sur elles-mêmes. Denise Bulger, une des habitantes, se rend au centre commercial de New Strand, accompagnée de son fils James. L'enfant est vêtu d'un anorak bleu, avec un capuchon doublé d'un tissu de couleur moutarde, et il est chaussé de baskets blancs.

Le sadisme enfantin

Dans Sa Majesté des mouches, de l'écrivain William Golding, un groupe d'enfants, abandonnés sur une île déserte, invente une société vouée au culte de la violence et à la loi du plus fort. Devant le petit Henry (six ans) Roger (douze ans) éprouve, pour la première fois, l'envie de faire du mal. C'est la naissance de la cruauté. Roger, à la fin du roman, tuera un enfant.

« *Les palmiers se dressaient sur un monticule de sable ; des générations d'arbres successives avaient dispersé les galets qui couvraient autrefois une rive disparue. Roger se baissa, ramassa un galet et le lança sur Henry, mais non dans l'intention de l'atteindre. Le galet, ce gage d'une époque révolue, rebondit à cinq mètres à la droite d'Henry et tomba dans l'eau. Roger ramassa une poignée de galets et continua à le bombarder. Mais il laissait autour du petit garçon un espace d'environ six mètres de diamètre qu'il n'osait pas franchir. Là invisibles mais puissants dominaient les tabous de sa vie d'antan. Autour de l'enfant accroupi planait la protestation des parents, de l'école, du gendarme et de la loi. Le bras de Roger était retenu par une civilisation qui ne se préoccupait aucunement de lui et tombait en ruines.* »

W. Golding, *Sa Majesté des mouches*, traduction de Lola Tranec, Gallimard, Paris, 1956.

Devant le rayon boucherie, la jeune femme lâche un instant la main de l'enfant, qui en profite pour s'éloigner.

L'incompréhensible meurtre

Le banal, le quotidien, tourne à l'horreur, filmée par les caméras du centre commercial. La première caméra cadre deux autres enfants d'une dizaine d'années en train d'attirer James encore hésitant mais tenté. La deuxième caméra le montre qui se dirige vers la sortie du centre commercial en tenant la main d'un de ses ravisseurs. La troisième caméra est située à cinq cents mètres du centre commercial : elle filme le petit James Bulger entraîné de force par les deux « grands »... Puis plus rien. Deux jours plus tard, un conducteur de locomotive « retrouve » le corps de James sur le remblai de la voie ferrée. Le décès, indique le rapport d'autopsie sans multiplier les détails, a été causé par des blessures à la tête. Après six jours d'enquête, les tortionnaires de James Bulger sont arrêtés : ce sont des gamins de dix ans...

Un pays choqué

L'opinion britannique est profondément commotionnée. Près d'un millier de personnes se rassemblent autour de la petite église de Kirby dans la banlieue de Liverpool, où est dite la messe de funérailles de la petite victime. Des offices sont célébrés sur tout le territoire, et notamment à la cathédrale de Westminster à Londres. Le Premier ministre, John Major, s'inquiète de la « violence qui ronge la société » et la nation cherche ses valeurs morales. Sur fond de récession, d'éclatement des structures familiales, l'épisode de Liverpool paraît symptomatique de la dérive de l'Angleterre. Les tueurs sont de purs produits de Merseyside sinistré. Ils habitent des banlieues dévastées par la crise. Ils viennent de familles à problèmes connues des services sociaux de Liverpool et aussi des tribunaux : les pères évanouis dans la nature depuis longtemps, une mère alcoolique, l'autre prostituée...

Le procès

Le procès a lieu dix mois après le crime. Selon une loi adoptée au milieu des années 1950, en Grande-Bretagne, à partir de dix ans, un enfant est tenu pour responsable de ses actes devant la justice. Mais c'est la première fois que deux enfants sont jugés sous l'accusation de « meurtre » —, c'est-à-dire de mort donnée en pleine conscience. Jusque-là, les enfants accusés d'avoir tué passaient devant les juges pour homicide involontaire. Après trois semaines d'audience et cinq heures et demie de délibération, les jurés au procès de James Bulger se prononcent à l'unanimité pour le verdict le plus lourd que l'on puisse imposer à des mineurs. Selon la procédure britannique, les enfants sont condamnés à la prison « pour une durée indéterminée » et au « bon vouloir de la Reine ». À l'annonce du verdict, l'identité des jeunes criminels est également publiée et deux noms sont mis sur les visages : Robert Thompson et John Venables.

Le retour aux maisons de correction

Les condamnés rejoignent des centres de détention pour mineurs. Ils y recevront une éducation similaire à celle de n'importe quel autre enfant, avec des cours tous les jours, ainsi que la possibilité de faire du sport. Ils bénéficient d'un programme de réhabilitation, avec un suivi quotidien effectué par des psychiatres et des psychologues. Mais ils sont entièrement privés de droit de sortie et sont enfermés à clef dans leurs chambres. Une fois qu'ils auront atteint leurs 21 ans, ils seront envoyés en prison.

> ### Enfants tueurs
>
> En France, 2 % des homicides sont commis par des moins de 18 ans. 594 enfants sont détenus dans les prisons françaises : parmi eux, 88 sont coupables de meurtres. Ces « enfants qui tuent » sont le plus souvent de « vieux adolescents » presque majeurs. Les affaires de jeunes enfants tueurs n'en frappent que davantage l'opinion.
>
> **L'affaire York.** Déjà, à la fin du XVIIIe siècle, une affaire épouvantable a ému l'Anglettere. En 1748, William York, un garçon de dix ans, est condamné à mort pour avoir tué une petite fille de cinq ans. La sentence n'est pas exécutée, malgré l'insistance de la cour qui veut un exemple pour « persuader les enfants qu'ils ne peuvent commettre des crimes aussi atroces en toute impunité »…
>
> **L'affaire Mary Bell en 1968.** À l'âge de 11 ans, cette fillette anglaise est condamnée à une peine d'enfermement illimité pour l'homicide non prémédité de deux garçonnets. Après douze ans de réclusion dans des centres spécialisés, elle recouvre la liberté sous une nouvelle identité. Aujourd'hui, mère de famille, elle est parfaitement réinsérée dans la société.
>
> **L'affaire du clochard de Vitry-sur-Seine.** Quelques jours après le verdict du tribunal de Liverpool, trois enfants, en France, sont mis en examen pour avoir participé au meurtre d'un clochard éthylique à coups de pieds et de madriers. Avant d'enfouir le cadavre dans un puits comblé, ils lui ont enflammé les cheveux et les jambes.

Banlieue grise à Liverpool. L'abandon d'enfants à eux-mêmes, dans un univers gris et sordide, suffit-il à expliquer la folie meurtrière de deux enfants trop grands pour qu'on les croit inconscients ?

Dix ans : c'est l'âge des deux meurtriers du petit James Bulger, un garçonnet de huit ans leur cadet, jeté par eux sur la voie ferrée…

Devant le palais de justice où sont jugés les jeunes meurtriers, la foule crie sa haine.

2000...

Un espoir pour les générations à venir ?
SOIGNER IN UTERO

À la fin du XXe siècle, les médecins disposent de moyens d'investigation de plus en plus précoces sur le fœtus. À partir de quelques échantillons du liquide amniotique, ils savent, avant la naissance, repérer les signes d'un mauvais fonctionnement organique, dépister les maladies génétiques...

Cette batterie de tests prénataux permet à des couples atteints de maladies héréditaires graves de mettre au monde des enfants sains. Des médecins commencent à sauver des bébés en intervenant in utero. La nouvelle discipline inventée par les médecins — la médecine *in utero,* ou dans le ventre de la mère — constitue pour l'humanité de grands espoirs, mais aussi bien des craintes...

Les tests prénataux : amorcer un diagnostic

Apparue au début des années 1970, l'échographie, technique la plus élémentaire de diagnostic, conseillée bientôt pour toutes les femmes enceintes dans les pays développés, réalise d'année en année des progrès. Elle analyse non seulement la morphologie externe, mais aussi la morphologie interne de l'enfant à naître, et elle permet de déceler des malformations cérébrales, cardiaques, rénales, etc. En 1972, un couple de biologistes, Joëlle et André Boué, examine un peu de liquide amniotique prélevé sur une femme enceinte. Ils constatent qu'ils peuvent vérifier l'intégrité des chromosomes du fœtus. Une atteinte à cette intégrité signalerait irréfutablement de nombreux handicaps. L'amniocentèse est née : ce diagnostic prénatal est réalisable, dans les cas où le médecin soupçonne des risques chez l'enfant, dès la dix-septième semaine de grossesse. D'autres méthodes d'investigation se développent parallèlement. Ainsi, un examen intitulé « choriocentèse » consiste dans le prélèvement des villosités choriales — ce tissu qui devient le placenta et qui contient le patrimoine de l'enfant. Cet examen a l'avantage de pouvoir être réalisé très tôt — dès la dixième semaine de la grossesse. Prélever quelques gouttes de sang fœtal sur la veine ombilicale, grâce au guidage de l'échographie, est une autre technique, délicate, mais appliquée dans des centaines de centres spécialisés à travers le monde, et décisive pour le diagnostic des maladies du sang comme l'hémophilie ou les déficits immunitaires. Aujourd'hui, la palette du diagnostic prénatal est ainsi bien fournie. Un certain nombre de handicaps majeurs — et, demain, tous les handicaps — peuvent ainsi être décelés bien avant la naissance. La difficulté réside dans le fait que le diagnostic ne peut intervenir, évidemment, qu'après que le futur enfant a été conçu. Dès lors, de graves problèmes moraux et religieux se posent : le couple, qui sait désormais qu'il donnera naissance à un enfant gravement handicapé, doit prendre la dramatique décision d'interrompre ou de prolonger la grossesse.

Les espoirs de la thérapie fœtale

À moins que les moyens médicaux nouveaux n'offrent une alternative moins désespérante : l'idée, désormais applicable dans certaines conditions, est de remédier au handicap, en soignant l'enfant tant qu'il en est encore temps, c'est-à-dire avant l'achèvement

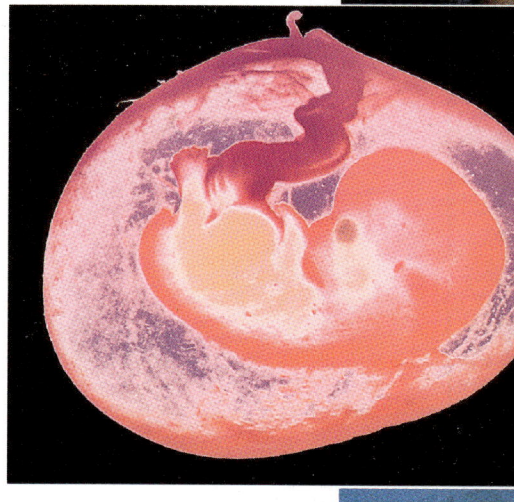

Une opération in utero : l'un des médecins montre à la mère, à l'aide d'une poupée, les étapes de l'opération qui est en train d'être réalisée.

Le fœtus humain à huit semaines. Un immense champ d'exploration pour la médecine de demain.

de sa formation dans le ventre de sa mère. Transfusion sanguine directement dans le cordon ombilical (depuis 1963), pose de cathéters sur une vessie dilatée ou médicaments traversant la barrière placentaire, opérations chirurgicales ou greffes de moelle... Le fœtus est en passe de devenir un patient comme les autres. Encore balbutiante il y a quelques années, la thérapie fœtale semble promettre des miracles. Les opérations chirurgicales, à utérus ouvert surtout, sont l'espoir de la médecine : elles permettent de sauver certains bébés qui, autrement, seraient évidemment perdus. Or, de telles opérations ne relèvent pas de la science-fiction : elles existent déjà réellement. En 1987, le monde apprend qu'une opération de cette sorte a permis de sauver un fœtus de vingt-six semaines souffrant d'une grave malformation des voies urinaires. L'intervention, réalisée en 1985 à San Francisco, a consisté pour la première fois à extraire un bébé de l'utérus maternel pour le soigner avant de l'y replonger. Surnommé Fœtus Mitchell, puis Baby Mitchell, Mitchell — tout court —, aujourd'hui, se porte bien. Au Guy's Hospital de Londres, deux ans plus tard, un fœtus a

L'avenir des bébés-bulles

Les enfants bulles. Jusqu'à présent, les enfants souffrant de déficits immunitaires sévères sont placés dans des bulles (enceintes stériles), dans l'attente d'une greffe de moelle osseuse compatible. Ainsi, David, de Houston aux États-Unis, né en septembre 1971, dépourvu de défenses immunitaires, a séjourné treize années durant dans une bulle...

La greffe de tissus fœtaux. La compatibilité parfaite entre donneur et receveur de moelle osseuse est rare. Une équipe lyonnaise choisit une autre voie avec la greffe de tissus fœtaux, mais cette intervention nécessite quand même un séjour en bulle stérile et deux interventions chirurgicales.

Et demain ? Le développement du diagnostic prénatal de ces déficiences permet d'envisager la correction in utero du déficit par injection dans le fœtus porteur de l'anomalie de cellules hépatiques prélevées sur un fœtus normal. Finie, la bulle ?

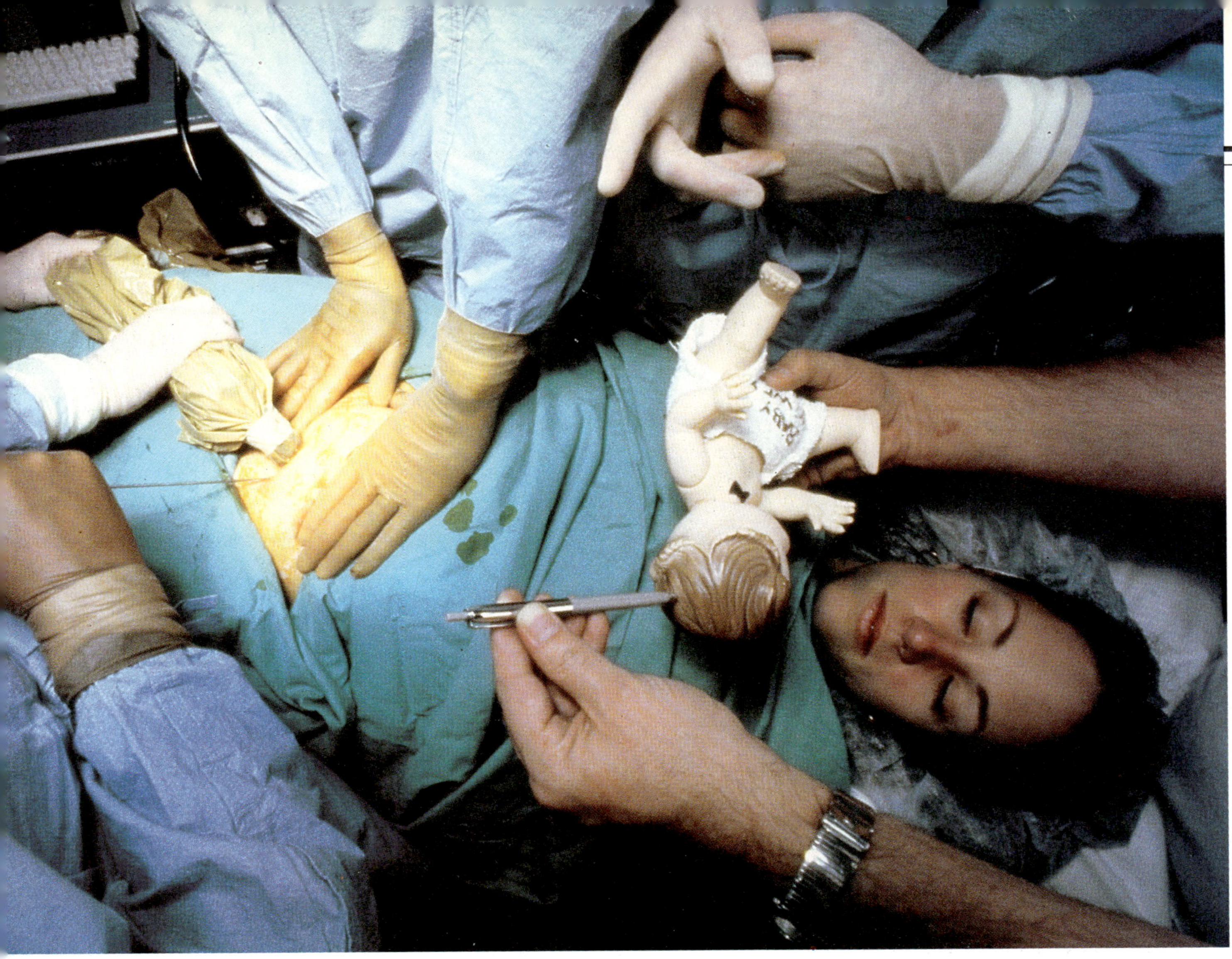

été pour la première fois opéré du cœur après avoir été momentanément sorti de l'utérus de sa mère (en conservant, bien sûr, la liaison du cordon ombilical). Il souffrait d'une sténose cardiaque grave, qui entraîne une fois sur trois la naissance d'un enfant mort-né. Au milieu des années 1990, la chirurgie à utérus ouvert est réservée à de rares cas de malformations congénitales graves. D'autant plus que tous les risques ne sont pas encore parfaitement maîtrisés. L'utérus d'une femme est contractile : la fausse couche menace toujours. Et la cicatrisation difficile peut mettre en péril les grossesses ultérieures. Cette forme de chirurgie très délicate pose le problème des limites que sont prêts à franchir les médecins et les patientes pour mener à bien une grossesse.

L'avortement thérapeutique

La solution, pour qui ne veut ou ne peut entreprendre de telles opérations, ni tolérer de mettre au monde un être dont l'existence sera difficile, est évidemment d'interrompre la grossesse. Cette solution, appelée avortement thérapeutique, est loin d'être acceptée par tous. Une preuve en est la crise qui secoua, en France, en septembre 1988, l'hôpital Notre-Dame-de-Bon-Secours. Cette année-là, la direction de cet institut catholique interdit tout avortement thérapeutique consécutif à un diagnostic prénatal. Les médecins de l'hôpital, qui pratiquaient le diagnostic depuis dix ans, eurent le choix entre se soumettre ou démissionner. La question fondamentale était posée : jusqu'où aller dans le diagnostic anténatal, qui, pour le moment, entraîne le plus souvent le choix — en cas de constat de maladie — d'avorter ? Les diagnostics prénataux permettent de tout voir, y compris des handicaps physiques sans gravité comme les becs-de-lièvre ou les malformations des pieds et des mains. Beaucoup sont scandalisé par l'avortement des hémophiles ou par le diagnostic prénatal de maladies comme la chorée de Huntington, une maladie qui mène à la décrépitude physique accélérée — mais après quand même quarante années de vie normale... Alors que l'opinion publique commence seulement à prendre conscience des problèmes soulevés, le développement des techniques médicales ne fait que s'accélérer, interdisant à l'éthique de proposer ses solutions avant que la science n'impose les siennes.

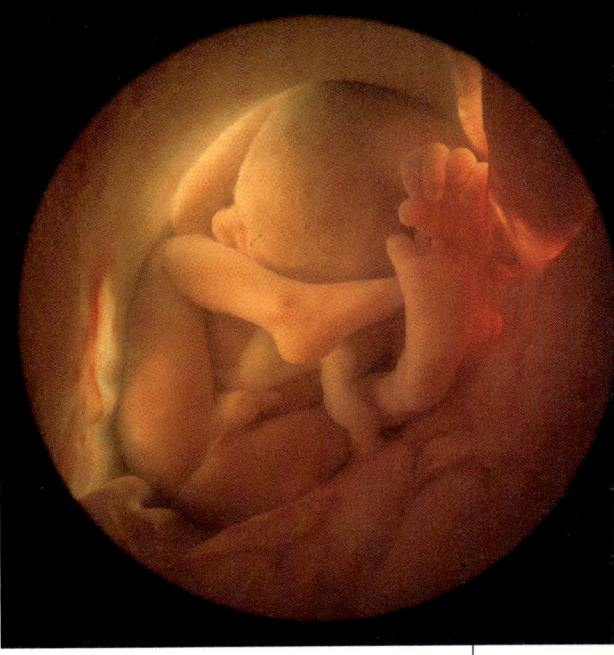

Image d'un fœtus, à huit mois : une vie déjà dans un corps entièrement développé.

INDEX DES PERSONNES

A

Abbisogno (Alessandra), 278
Abélard, 71
Abraham, 24, 32
Aïcha, 45
Aiglon (François Charles Joseph Bonaparte, dit l'), 167
Akhenaton (ou Aménophis IV), 20, 21, 22
Alekhine (Alexandre Alexandrovitch), 127
Alexis (tsarévitch), 202, 203
Amandine, 278
Andersen (Hans Christian), 303
Ankhesenpaaton (ou Ankhesenamon), 20, 22
Anne de Bretagne, 110, 111
Antinoüs, 27
Ariès (Philippe), 134, 303
Aschenbach (Hans-Georg), 277
Ashford (Daisy), 253
Auguste, 38, 44

B

Bach (Jean-Chrétien), 151
Baden-Powell (Robert), 206, 207
Baez (Joan), 249
Bara (Joseph), 164, 165
Barrera (Juan de la), 185
Barthélemy l'Anglais, 88, 89
Barthes (Roland), 252, 253
Baudouin IV, 76, 77
Beauharnais (Eugène de), 264
Berquin (André), 154
Berry (Chuck), 249
Berryman (Clifford), 201
Bettelheim (Bruno), 223, 250, 251
Billoux (François), 183
Binet (Alfred), 180, 218, 219
Bion (Wilhem), 190
Bitcherova (Olga), 276
Blyton (Enid), 147
Bossuet (Jacques Bénigne), 227
Boué (André), 316
Boué (Joëlle), 316
Brando (Marlon), 260
Briand (Aristide), 172
Brontë (Charlotte), 227
Brown (James), 263
Brown (Louise), 278
Bruegel (Pieter), 118, 119
Brumauld (père), 247
Bruno (Augustine Tuillerie, dite G.), 193
Bulger (James), 314, 315
Busch (Wilhelm), 198
Bush (George), 296

C

Calmette (Albert), 220
Carré (Jean-Corentin), 214, 215
Carroll (Lewis), 263
Cennini (Cennino), 93
Cesbron (Gilbert), 242
Chaplin (Charlie), 234
Charlemagne (ou Charles le Grand), 60, 61
Chateaubriand (René de)
Checker (Chubby), 249
Chris (Long), 249
Christiansen (Gotdfred), 259
Christophe (Georges Colomb, dit), 198
Cimabue, 92, 93
Claudio (Thomas), 300
Cochin (Denys), 177
Cochran (Eddie), 249
Colette (Sidonie Gabrielle, dite), 194
Collodi (Carlo Lorenzini, dit Carlo), 154, 155
Comaneci (Nadia), 276, 277
Combes (Émile), 172, 268
Condorcet (Jean Antoine Caritat, marquis de), 160, 161
Conolly (John), 180
Coogan (Jackie), 308
Cook (James), 142
Cornwell (Jack), 214

D

Dalaï-lama (le), 236, 237
Dard (Joséphine), 225
Dart (Raymond), 13
Dean (James), 260
Decroly (Ovide), 223
Defoe (Daniel), 149
Descartes (René), 116, 127
Desnoyers (Louis), 146
Dickens (Charles), 170
Diodore de Sicile, 32
Dirks (Rudolph), 198
Disney (Walter Elias, dit Walt), 234, 235
Dolto (Françoise), 302, 303
Doman (Glenn), 219
Drouet (Minou), 252, 253
Duchesne (Antonin), 154
Dumas (Alexandre), 147
Duncan (Isadora), 212
Dupuis (Jean), 199
Duruy (Victor), 194
Dylan (Bob), 249

E

Eastman (Charles Alexander, ou Hakadah), 186, 187
Édouard IV, roi d'Angleterre, 106
Edwards (Roger G.), 278
Élagabal, 48, 49
Eliot (Mary Ann Evans, dite George), 303
Escutia (Juan), 185
Esquirol (Jean Étienne Dominique), 180
Étienne de Bourbon, 86
Eudèmos, 36, 37

F

Fénelon (François de Salignac de La Mothe), 227
Ferry (Jules), 172, 268
Fischer (Karl), 206
Fischer (Robert dit Bobby), 127
Fitzgerald (Ella), 263
Foa (Ferdinand), 154
Forton (Louis), 198
Fouillée (Alfred), 193
Fourastié (Jean), 245
Fournier (Jacques), futur Benoît XII, 94
Frank (Anne), 238, 239
Freinet (Célestin), 223
Freud (Anna), 204
Freud (Sigmund), 204, 205
Frisch (Monica), 276
Fröbel (Friedrich), 176, 177

G

Gaddi (Taddeo), 92
Gainsbourg (Serge), 309
Garland (Judy), 308
Gaulle (Charles de, ou général de), 242
Gengis Khan (ou Temüdjin), 74, 75
Genlis (Mme de), 226
Ghiberti (Lorenzo), 92, 93
Gilles de Laval, sire de Rais, 102, 103
Giotto, 92, 93
Giscard d'Estaing (Valéry), 159
Goethe (Johann Wolfgang von), 290
Golding (William), 314
Gorki (Maxime), 216
Goscinny et Uderzo, 199
Gotlib (Marcel Gotlieb, dit), 199
Graton (Jean), 199
Grégoire VII, 67
Guérin (Camille), 220, 221
Guerrieri de Tribaldo, 108, 109
Guggenbühl (Johann), 180
Guillaume II le Conquérant, duc de Normandie, 66, 67
Guillaume de Tyr, 76
Guillaume le Maréchal, 71

H

Hachette (Louis), 146, 147, 154
Haley (Bill), 248, 249
Hall (Stanley), 303
Hallyday (Jean-Philippe Smet, dit Johnny), 249
Handler (Elliot), 258
Handler (Ruth), 258
Haroun al-Rashid, 82
Henri IV, roi de France, 122, 133
Henri VI, roi d'Angleterre, 100
Hergé (Georges Rémi, dit), 198, 199
Héroard (Jean), 122, 123

Hérode, 41, 145
Hetzel (Pierre Jules), 146, 147
Hildegarde de Bingen, 68, 69
Hildemar, 62, 63
Himmler (Heinrich), 228
Hitler (Adolf), 228, 230, 231
Holliday (Billie), 263
Hornby (Franck), 259
Hugo (Victor), 162, 303
Humphreys (Margaret), 247

I

Ibn al'-Adîm, 82, 83
Ignace de Loyola, 116
Isaac, 88
Itard (Jean-Marc Gaspard), 168, 169
Izambard (Georges), 188, 189

J

Jackson (Joe), 262
Jackson (Michael), 262, 309
Jacobs (Edgar-Pierre), 199
Jamerey-Duval (Valentin), 156
Janin (Jules), 154
Jeanne d'Arc, 102, 103
Jean-Paul Ier (pape), 278
Jebb (Eglantyne), 297
Jefferson (Thomas), 303
Jésus, 25, 40, 41, 68, 69, 80, 82, 84, 85
Johnson (Reginald), 209
Jordy, 308, 309
Julliard (René), 252, 253

K

Kane (Bob), 298
Kanner (Leo), 251
Karoly (Bela), 276
Karpov (Anatoly), 127
Keats (John), 303
Keller (Helen), 196, 197
Kergomard (Pauline), 176, 177
Khomeyni (Ruhollah), 285
King (Rodney), 301
Klein (Melanie), 204
Knacke (Kristiane), 277
Kournikova (Anna), 276
Kumari (la), 237

L

Laffemas (Barthélemy de), 131
Lagrange (Léo), 232
Laîné (Tony), 286
Lakanal (Joseph), 160
La Mothe Le Vayer (François de), 128
Lang (Jack), 306
Larivière (Virginie), 266
Laval (Pierre), 241
Leduc (Violette), 271
Le Feuvre (Arsène-Marie), 212
Leroux (M.), 154
Le Roy Ladurie (Emmanuel), 94
Lindbergh (Charles Jr), 224, 225
Locke (John), 160
Logan (Danny), 249
Loti (Julien Viaud, dit Pierre), 303
Louis XIII, roi de France, 122, 123, 128, 133
Louis XIV, roi de France, 117, 128, 129, 136
Louis XV, roi de France, 152, 153, 154
Louis XVI, 166, 167
Louis XVII (ou Louis-Charles Capet), 164, 166, 167
Louis Auguste de Bourbon, duc du Maine, 136
Louis-Philippe, roi des Français, 178
Lucien de Samosate, 30
Lulle (Raymond), 89
Lycurgue, 34, 44
Lymon (Frankie), 308
Lyndon Travers (Pamela), 226

M

Mahomet, 45, 82, 257
Maintenon (Mme de), 136, 137
Major (John), 314
Makarenko (Anton), 216
Maketaton, 20, 21
Malot (Hector), 147
Mandela (Nelson), 295
Marbeau (Firmin), 182
Marco Polo, 73
Marie de Bourgogne, 110
Marquez (Francisco), 185
Martin (Jacques), 199
Martini (Simone), 92
Martinus Capella, 55
Mazarin (cardinal), 128, 129
Mays (Kimberly), 283
Mehmed III, 120
Melgar (Agustin), 185
Ménétra (Jacques-Louis), 157
Meredig (Cathy), 258
Méritaton, 20
Michtom (Morris), 201
Mills (Vic), 254
Mitchell (Eddy), 249
Montaigne (Michel de), 116
Montes de Oca (Fernando), 185
Montespan (Mme de), 136, 137
Montessori (Maria), 176
Moore (Clement), 174
More (Thomas), 106
Moroder (Giorgio), 249
Moukhina (Elena), 276
Mozart (Anna Maria), 150
Mozart (Leopold), 150
Mozart (Wolfgang Amadeus), 150, 151
Musset (Alfred de), 154
Mussolini (Benito), 231

N

Nakachian (Mélodie), 225
Napoléon Ier (ou Napoléon Bonaparte), 153, 172, 264
Napoléon III, 183
Nast (Thomas), 174, 175
Néfertiti, 20, 21, 22
Neill (Alexander Sutherland), 222, 223
Néron, 44
Neufchâteau (François), 161
Newbery (John), 146
Nin (Anaïs), 214
Nodier (Charles), 147
Novack (Didier), 264, 265

O

Odoacre, 54, 55
Okada (Yukido), 290, 291
Outcault (Richard), 198

PQ

Pachacuti, 98
Paradis (Vanessa), 309
Pascal (Blaise), 117, 126, 127
Pélage, 52, 53
Perrault (Charles), 103, 138, 139
Pétain (Philippe), 241
Peugeot (Éric), 225
Peyo (Pierre Culliford, dit), 298
Philippe Auguste, roi de France, 81
Philon d'Alexandrie, 46
Pinchon (Émile-Joseph Porphyre), 198
Platon, 26, 34
Pline le Jeune, 42, 46
Plutarque, 34, 44
Presley (Elvis), 248, 249
Presley (Lisa Marie), 263
Puyi, 208, 209
Quine (Carole), 147
Quintilien, 42, 43

R

Rabelais (François), 118
Rabin (Yitzhak), 295
Radiguet (Raymond), 189
Rafsandjani (Hachemi), 285
Ramsès II, 21
Raspoutine, 202, 203
Raye (Johnny), 248
Reifman (Léon), 240, 241
Remus, 46
Renard (Jules), 287
Richard III, roi d'Angleterre, 106, 107
Rimbaud (Arthur), 188, 189
Rivers (Dick), 249
Robespierre, 164, 165, 167
Rochefort (Christiane), 211
Romulus, 46, 47
Romulus Augustule, 54, 55
Roosevelt (Theodore), 201
Rousseau (Jean-Jacques), 148, 149, 160, 165, 303

S

Sagan (Françoise), 252
Saint Aedus, 56
Saint Augustin, 50, 51, 52, 53, 84
Saint Benoît, 62
Saint Bernard, 84, 85
Sainte Bernadette de Lourdes, 68
Sainte Élisabeth de Hongrie, 69
Sainte Marie, 40, 41, 68, 115
Sainte Opportune, 114, 115
Saint-Estève (Constans), 168
Sainte Thérèse de Lisieux, 68, 84
Saint François d'Assise, 84, 85
Saint Guinefort, 86
Saint Joseph, 40, 41
Saint Louis, roi de France, 89, 90, 91
Saint Luc, 41
Saint Maedoc, 56
Saint Malo, 56
Saint Nicolas de Bari, 69
Saint-Simon, 136
Saint Thomas d'Aquin, 53, 62, 69
Saint Vincent de Paul, 124, 125
Saladin, 76, 77
Saladin Ier, 82
Sand (George), 147
Sandeau (Jules), 147
Savinien (Auguste), 154
Savonarole (Girolamo Savonarola, dit Jérôme), 303
Schirach (Baldur von), 230
Schirmann (Richard), 191
Schmitt (Érik), 310
Schonen (Évangéline de), 286
Séguéla (Jacques), 288
Seguin (Édouard), 180, 181
Ségur (Sophie Rostopchine, comtesse de), 146, 147
Shelley (Percy Bysshe), 303
Simon (Jules), 172, 178
Soranos, 44
Spielberg (Steven), 299
Stace, 42
Steiff (Margarete), 201
Stockwell (Dean), 308
Suarez Ferrer (Vicente), 185
Sullivan (Ann), 196, 197

T

Tacite, 58
Tardieu (Ambroise), 210
Taylor (Vince), 249
Teilhard de Chardin (Pierre), 274
Terman (Lewis Madison), 218, 219
Thévenot (Jean), 120
Thoutmosis III, 23
Thoutmosis IV, 23, 25
Tolstoï (Lev Nikolaïevitch, comte), 303
Touraine (Alain), 300
Tourtel (Mary), 201
Toutankhamon (ou Toutankhaton), 20, 22, 23
Trajan, 46
Travolta (John), 249, 309
Tristan, 70, 71
Tristan l'Hermite (ou François Tristan), 132, 133
Tritz (père), 274
Twain (Mark), 197

U

Ugolin (ou Ugolino della Gherardesca), 103

V

Vartan (Sylvie), 249
Vasari (Giorgio), 92
Vaughan (Sarah), 263
Verlaine (Paul), 188, 189
Verne (Jules), 147
Véron (Patrick), 243
Viala (Agricol), 165
Victor (ou l'enfant sauvage), 168, 169
Villon (François), 104, 105
Vincent (Gene), 249
Vincent de Beauvais, 89
Voltaire, 116, 156, 165

W

Wagner (Richard), 303
Weill-Hallé (Benjamin), 220
Weiss (Christian-Felix), 154
Wilson (Jackie), 263
Winburn (Michaël), 212
Winnicott (Donald Woods), 201, 204
Wonder (Stevie), 308

X Y Z

Xénophon, 34, 35
Yaniang, 64
Yesügey, 74, 75
York (William), 315
Yourcenar (Marguerite), 26
Yseut, 70
Zamora (Ronny), 266
Zlatin (Miron), 240, 241

Crédits photographiques

Page 12 : S.P.L./Reader J.P. - Cosmos. 13 h : S.P.L./Reader J.P. - Cosmos. 13 b : Explorer. 14 h : Bridgeman Art Library. 14 m : Bridgeman Art Library. 15 hd : Bridgeman Art Library. 15 m : Bridgeman Art Library. 15 b : Lénars C. 16 h : Mission archéologique de Mari. 16 b : Réunion des Musées Nationaux, Paris. 17 d : Larrieu Ch. - La Licorne. 18, British Museum, Londres. 19 hg : Lessing E. - Magnum. 19 d : Réunion des Musées Nationaux, Paris. 20, Réunion des Musées Nationaux, Paris. 20 h : Bildarchiv Preussischer Kulturbesitz. 21 bd : Réunion des Musées Nationaux, Paris. 22, Dagli Orti G. 23 g : Tétrel P. - Explorer. 23 d : Giraudon. 24, Lessing E. - Magnum. 25 h : Lénars C. 25 b : Lénars C. 26, Bridgeman Art Library. 27 h : Bibliothèque nationale, Paris. 27 b : Coll. E.S. - Explorer. 28/29, Dagli Orti G. 29 h : Dagli Orti G. 29 b : Dagli Orti G. 30, Dagli Orti G. 31 g : Giraudon. 31 d : Lauros - Giraudon. 32, Dagli Orti G. 32/33, Holford M. 33, Frika A. 34, Dagli Orti G. 34 h : Bridgeman Art Library. 35 b : Mary Evans Pict. Lby. 36 b : Bridgeman Art Library. 36 h : Lessing E. - Magnum. 37, Bildarchiv Preussischer Kulturbesitz. 38 g : Dagli Orti G. 38 d : Dagli Orti G. 39, Bridgeman Art Library. 40 g : Bildarchiv Preussischer Kulturbesitz. 40 d : Kharbine - Tapabor. 41, Dagli Orti G. 42, Lessing E. - Magnum. 43 h : Réunion des Musées Nationaux, Paris. 43 b : Réunion des Musées Nationaux, Paris. 44, Scala. 45, Scala. 45 b : Dagli Orti G. 46 h : Dagli Orti G. 46 b : Dagli Orti G. 47, Réunion des Musées Nationaux, Paris. 48 g : Bridgeman Art Library. 48 m : Scala. 49, Bridgeman Art Library, Londres - Giraudon. 50, Dagli Orti G. 51 h : Dagli Orti G. 51 b : Bibliothèque nationale, Paris. 52 g : Lauros - Giraudon. 52 b : Lauros - Giraudon. 53, Scala. 54/55, AKG, Berlin. 54, East L. 55, Holford M. 56, Bibliothèque nationale, Paris. 57 h : Roy P. - Explorer. 57 b : Tétrel P. - Explorer. 58, East L. 58/59, Kharbine/Jonas - Tapabor. 60, Charmet J.L. 60/61, Dagli Orti G. 62, Charmet J.L. 63 h : Bibliothèque nationale, Paris. 63 b : Dagli Orti G. 64 h : Musée de l'Homme, Paris. 64 b : Kharbine - Tapabor. 64/65, Roger-Viollet. 66 g : Charmet J.L. 66 d : Gaâl A. 67, Scala. 68/69, Scala. 69, Charmet J.L. 70, Bibliothèque nationale, Paris. 71, Dagli Orti G. 72, Sygma - Keystone l'Illustration. 73 h : Charmet J.L. 73 b : Lotos Film, Kaufbeuren. 74, Tréla - Artephot. 75 h : Mandel G. - Artephot. 75 b : Bibliothèque nationale, Paris. 76, Roger-Viollet. 78 h : Scala. 79 h : Centre hospitalier régional de Dijon. 79 b : Centre hospitalier régional de Dijon. 80, Kharbine - Tapabor. 81, Roger-Viollet. 82, Michaud R. et S. - Rapho. 83 h : Bibliothèque nationale, Paris. 83 b : Michaud R. et S. - Rapho. 84/85, Scala. 85 g : Vigne J. 85 d : Roger-Viollet. 86, Kharbine - Tapabor. 87 d : Edelmann U. 87 m : Edelmann U. 88, Bibliothèque nationale, Paris. 89 h : Bibliothèque nationale, Paris. 89 b : Edimedia. 90/91, Michaud R. et S. - Rapho. 91 g : Giraudon. 91 d : Michaud R. et S. - Rapho. 92/93, Edimedia. 93, Musée des Beaux-Arts, Bordeaux. 94, Bibliothèque nationale, Paris. 95 h : Bridgeman Art Library, Londres - Giraudon. 95 b : Dagli Orti G. 96/97, Bibliothèque nationale, Paris. 97 h : Scala. 97 b : Dagli Orti G. 98, Musée de l'Homme, Paris. 99 h : Dagli Orti G. 99 b : Musée de l'Homme, Paris. 100, Mansell Collection. 100/101, Mansell Collection. 101, Mansell Collection. 102, Kharbine - Tapabor. 103 h : Edimedia. 103 b : Giraudon. 104, Dagli Orti G. 104/105, Charmet J.L. 105, Vigne J. 106, Mansell Collection. 107 h : Bridgeman Art Library. 107 b : Mansell Collection. 108 g : Bibliothèque nationale, Paris. 108 d : Bibliothèque nationale, Paris. 109 h : Réunion des Musées Nationaux, Paris. 109 b : Bodleian Library, Oxford. 110, AKG, Berlin. 111 h : Bibliothèque nationale, Paris. 111 b : Giraudon. 112 h : Giraudon. 112 b : Bibliothèque nationale, Paris. 113, Dagli Orti G. 114, Bibliothèque nationale, Paris. 115, Bibliothèque nationale, Paris. 116, Dagli Orti G. 117 h : Bibliothèque des Fontaines, Chantilly. 117 b : Charmet J.L. 118 g : Lessing E. - Magnum. 118 d : Lessing E. - Magnum. 119 m : Lessing E. - Magnum. 119 b : Lessing E. - Magnum. 120, Michaud R. et S. - Rapho. 121 h : Michaud R. et S. - Rapho. 121 d : Michaud R. et S. - Rapho. 122 g : Nimatallah - Artephot. 123, AKG, Berlin. 124 g : Charmet J.L. 124 h : Charmet J.L. 125 h : Kharbine - Tapabor. 125 b : Kharbine - Tapabor. 126, Charmet J.L. 127 h : Charmet J.L. 127 m : Charmet J.L. 128, Roger-Viollet. 129 h : Explorer. 129 d : Dagli Orti G. 130, Charmet J.L. 130 h : Charmet J.L. 131 h : Charmet J.L. 132, Coll. Larousse. 133 h : Bibliothèque nationale, Paris. 133 b : Dagli Orti G. 134, Dagli Orti G. 135, Varga - Artephot. 136, Charmet J.L. 137 h : Roger-Viollet. 137 b : Giraudon. 138 g : Giraudon. 138 d : Charmet J.L. 139, Kharbine - Tapabor. 140, Charmet J.L. 141 h : Charmet J.L. 142, Charmet J-L. - Explorer. 143 g : Charmet J.L. 143 d : Terebenin - Artephot. 144 h : Giraudon. 144/145, Charmet J.L. 145 d : Giraudon. 146 b : Vigne J. 146 h : Vigne J. 147 h : Bridgeman Art Library. 147 b : Kharbine - Tapabor. 148, Charmet J.L. 149 g : Dagli Orti G. 149 d : Bildarchiv Preussischer Kulturbesitz. 150, Charmet J-L. - Explorer. 150/151, AKG, Berlin. 152 g : Kharbine - Tapabor. 153 m : Guillard J. - Scope. 153 b : Coll. Gardin. 154, Charmet J.L. 155 h : Vigne J. 155 b : Charmet J.L. 156, Vigne J. 157 h : Musée de La Rochelle. 157 B : Réunion des Musées Nationaux, Paris. 158 m : Charmet J.L. 158 b : Dagli Orti G. 159, Dagli Orti G. 160, Kharbine - Tapabor. 161 h : Giraudon. 161 b : Giraudon. 162, Charmet J.L. 163 h : Musée de l'Assistance Publique, Paris. 163 m : APHP - Sipa Press. 164, Roger-Viollet. 165 h : Giraudon. 165 b : Giraudon. 166 h : Vigne J. 166 b : Roger-Viollet. 166/167, Kharbine - Tapabor. 168 b : Kharbine - Tapabor. 168 h : Charmet J.L. 170, Vigne J. 171 h : Vigne J. 171 b : Vigne J. 172, Charmet J.L. 173 h : Pellegrin P. - Vu. 173 b : Charmet J.L. 174 h : Kharbine - Tapabor. 174 b : Kharbine - Tapabor. 175, AKG, Berlin. 176/177, Charmet J.L. - Explorer. 177 b : Mary Evans Pict. Lby. 177 h : Trois J.-M. - Explorer. 178, Vigne J. 179 m : Kharbine - Tapabor. 179 b : APHP - Sipa Press. 180, Charmet J.L. 181 g : Charmet J.L. 181 d : Charmet J.L. 182, Charmet J.L. 183 m : Dagli Orti G. 183 b : Borredon T. - Explorer. 184 g : Edimedia. 184 d : Dagli Orti G. 185, Dagli Orti G. 186, Peter Newark. 187 h : Kharbine - Tapabor. 187 b : The Granger Collection, New York. 188, Charmet J.L. 189 g : Kharbine - Tapabor. 189 d : Dagli Orti G. 190, Musée Pasteur, Paris. 191 h : Baret M. - Rapho. 192, Kharbine - Edimedia. 193 h : Vigne J. 193 b : Vigne J. 194, Charmet J-L. - Explorer. 194/195, Musée de l'Education, Rouen. 195, Musée de l'Education, Rouen. 196, Bettmann Archive. 197 h : Charmet J.L. 197 b : The Granger Collection, New York. 198 h : The Granger Collection, New York. 198 b : Kharbine - Tapabor. 199, The Granger Collection, New York. 200 g : Bettmann Archive. 200 h : The Granger Collection, New York. 201 Kharbine - Tapabor. 202/203, Sygma - Keystone l'Illustration. 203 g : Sygma - Keystone l'Illustration. 203 d : Sygma - Keystone l'Illustration. 204, Taeke Henstra - Petit-Format. 205 g : Mary Evans Pict. Lby. 205 d : Thursturn L. - Petit-Format. 206, Gout A. - Petit-Format. 207 h : Kharbine - Tapabor. 207 b : Topham. 208, Keystone. 209 d : Roger-Viollet. 209 g : Keystone. 210, Kharbine - Tapabor. 211, Charmet J.L. 211 d : Coll. Christophe L. 212, Coll. Gardin. 212 h : Lotus. 213 b : Colgate-Palmolive. 214, Roger-Viollet. 215 h : Gesgon A. - Cirip. 216, Sygma - Keystone l'Illustration. 216/217, Novosti. 218, Keystone. 219 h : Bettmann Archive. 219 m : Kipa. 220, Musée Pasteur, Paris. 221 h : Musée Pasteur, Paris. 221 b : Musée Pasteur, Paris. 222, Topham. 222/223, Hulton Deutsch Collection. 223, Musée de l'Education, Rouen. 224/225, Bettmann Archive. 225 b : Gesgon A. - Cirip. 225 g : Bettmann Archive. 225 d : Kharbine - Tapabor. 226/227, Walt Disney Production. 227 h : Roger-Viollet. 227 b : Dagli Orti G. 228, Keystone. 229 h : Keystone. 229 m : Keystone. 230, Bildarchiv Preussischer Kulturbesitz. 230/231, Bildarchiv Preussischer Kulturbesitz. 231, Bildarchiv Preussischer Kulturbesitz. 232, Coll. R. Dazy. 232/233, Gesgon A. - Cirip. 233, Winckler V. - Rapho. 234, Walt Disney Production. 235 h : Charmet J.L. 235 b : Walt Disney Production. 236 g : Held S. 236 d : Roger-Viollet. 237 h : Lenars J. - Explorer. 238 g : AKG, Berlin. 238 d : Tallandier. 239, Keystone. 240, Sygma. 240/241, Keystone. 241, Tallandier. 242/243, Coll. Christophe L. 242, Roger-Viollet. 243, Roger-Viollet. 244 h : Roger-Viollet. 244 b : Gesgon A. - Cirip. 246, France 2. 247 g : France 2. 247, Ashby T. - Select. 248, Leloir J.P. 248 d : Bettmann Archive. 249, Cordesse A. - Editing. 250, Coulange O. - Vu. 251 h : Neyrat - Rapho. 251 b : Coulange O. - Vu. 252 m : Tallandier. 252 b : Tallandier. 253, Tallandier. 254, Gyssels H. - Diaf. 255 h : Villeger S. - Explorer. 255 b : Rombout F. - Petit-Format. 256, Basi-Sore - Hoa-Qui. 257 h : Leroy C. - Sipa Press. 257 b : Sarrka-Zeta - Sipa Press. 258, Mattel. 259 h : Régent B. - Diaf. 259 b : Mattel. 260, Bettmann Archive. 261 h : Kharbine - Tapabor. 261 m : Doury C. - Vu. 262 g : Shooting Star/Rodriguez G. - Orop. 262 d : Shooting Star/Britt J. - Orop. 263, Nivière-Villard - Sipa Press. 264, Bajard J.-M. - Editing. 264/265, Keystone. 265, Ancellet F. - Rapho. 266, Kipa. 267 h : S.P.L./Burriel O. - Cosmos. 267 b : Kipa. 268, Durand G. - Diaf. 269 h : Taeke Henstra - Petit-Format. 269 m : Bardinet B. 270, Tiziou - Diaf. 270/271, Coll. Christophe L. 271, Atlan J. L. - Vu. 272, Butzbach P. Y - McDonald's. 272/273, Toutain-Dorbec P. - Sygma. 273, Butzbach P. Y - McDonald's. 274/275, Troncy M. - Hoa-Qui. 275, Burri R. - Magnum. 276, Allsport/Bruty S. - Vandystadt. 277 h : Dejean A. - Sygma. 277 : Dejean A. - Sygma. 278, Keystone. 278/279, De Keerle G. - Gamma. 279, Wolf A. - Explorer. 280, Herzog - Sygma. 280/281, Assemblée Nationale. 281, Hubner Ph. 282, Dannic - Diaf. 283 h : Gyssels H. - Diaf. 283 m : Sarasota/Floride Process - Sipa Press. 284 h : Kalari M. - Sygma. 284 b : Laffont J.P. - Sygma. 285, Delahaye L. - Sipa Press. 286, Nicolas J. - Sipa Press. 287 h : Cinéstar. 287 b : Pugnet - Kipa. 288, Hien Lam - Editing. 289 h : EUROSCG. 289 b : Erwitt E. - Magnum. 290/291, Hamaya H. - Magnum. 291 h : Kalvar R. - Magnum. 291 m : Focus - Sipa Press. 292, Steele C. - Magnum. 293 h : Fusco P. - Magnum. 293 m : Salgado S. - Magnum. 294 h : Bauluz X. - Vu. 294 b : Rosen/Saba - REA. 295, Bauluz X. - Vu. 296, World Summit for Children Team - Sygma. 297 h : Savino T. - Sipa Press. 297 b : Dannic - Diaf. 298, D.R. 299 b : Dannic - Diaf. 299 h : Toussaint M. - Gamma. 300, Haley T. - Sipa Press. 300/301, Zachmann P. - Magnum. 301, Sipa Press. 302, Depardon R. - Magnum. 302/303, Zachmann P. - Magnum. 304, Zachmann P. - Magnum. 305 h : Zachmann P. - Magnum. 306, Gesgon A. - Cirip. 306/307, Gaudenti - Kipa. 307, Russel C. - Kipa. 308, Vallon F. - Kipa. 309, Lefranc D. - Kipa. 309 b : Perrin T. - Sipa Press. 310, Sipa Press. 310/311, Facelly A. - Sipa Press. 311, Boccon-Gibod - Sipa Press. 312, Toutain P. - Cosmos. 313 h : S.P.L./Dorn - Cosmos. 313 b : Ludi Media. 314/315, Duroy S. - Vu. 315 d : Hall T./ Colin Lane-Mercury Press - Sipa Press. 315 g : Liverpool Mercury - Sipa Press. 316, S.P.L./Ansary M.A. - Cosmos. 316/317, Tsiaras A. - Cosmos. 317, Nilsson L.

Couverture : hg, AKG, Berlin ; bg, Musée de l'Éducation, Rouen ; hd, Charmet J.-L. ; bd, Delahaye L. - Sipa Press ; md, Bokelberg W. - Image Bank.

Imprimé en Italie par: G.E.A., MILAN, Italie
Dépôt Légal: Septembre 1995 - Série Editeur 18675 - 505307 - Septembre 1995

```
        SIGNEZ S.V.P.
   305.23           FR.19,482
   L265g   LANEYRIE-DAGEN,
                    NADEIJE
       LES GRANDS ÉVÉNEMENTS DE
   73,65$ L'HISTOIRE DES ENFANTS
```

```
        SIGNEZ S.V.P.
   305.23           FR.19,482
   L265g   LANEYRIE-DAGEN,
                    NADEIJE
       LES GRANDS ÉVÉNEMENTS DE
   73,65$ L'HISTOIRE DES ENFANTS
```

Date Due

MAR 02			
MAR 23			
APR 27			
MAY 11			
MAY 25			
JUN 14			
JUN 28			
JUL 19			
AUG 9			
AUG 30			

BRODART, INC.   Cat. No. 23 233   Printed in U.S.A.

IMPORTANT

Afin d'assurer la protection de ce volume dispendieux, la direction vous prie de bien vouloir SIGNER LA CARTE DU LIVRE; ASSUREZ-VOUS QUE LE LIVRE EST VERIFIE PAR LA SURVEILLANTE avant de l'emprunter et au retour.